John Cornwell

Pius xii.

John Cornwell

Pius XII.

Der Papst, der geschwiegen hat

Aus dem Englischen übersetzt
von Klaus Kochmann

Verlag C.H. Beck München

Titel der englischen Originalausgabe:
Hitler's pope. The secret history of Pius XII.
© Penguin, London 1999
Mit 17 Abbildungen

Die Deutsche Bibliothek – CIP-Einheitsaufnahme
Cornwell, John:
Pius XII. : der Papst, der geschwiegen hat / John Cornwell.
Aus dem Engl. übers. von Klaus Kochmann. –
München : Beck, 1999
Einheitssacht.: Hitler's pope ⟨dt.⟩
ISBN 3-406-45472-0

ISBN 3 406 45472 0

Für die deutsche Ausgabe:
© C. H. Beck'sche Verlagsbuchhandlung (Oscar Beck), München 1999
Satz: Fotosatz Janß, Pfungstadt
Druck und Bindearbeiten: Ebner, Ulm
Gedruckt auf säurefreiem, alterungsbeständigem Papier
(hergestellt aus chlorfrei gebleichtem Zellstoff)
Printed in Germany

Pius der XII. und die Juden ... Die ganze Angelegenheit ist zu traurig und zu ernst, um Erbitterung (auszulösen) ... (Hier herrscht) ein Schweigen, das eine tiefe und vollständige Übereinstimmung mit all den Kräften zum Ausdruck bringt, die Unterdrückung, Ungerechtigkeit, Aggression, Ausbeutung, Krieg betreiben. Mit anderen Worten: schweigende Komplizenschaft gilt als ein höheres Gut als ehrlicher, gewissenhafter Protest.
Thomas Merton

Im Buch eines Schweden lese ich gestern über den Papst Pius XII.: «Sechs Tage arbeitet er für die Deutschen, am siebenten Tage betet er für die Alliierten.» Das ist ziemlich richtig.
Ernst von Weizsäcker, im März 1944

Die Bestrebungen um Seligsprechung und Heiligsprechung von Papst Pius XII., den Millionen Katholiken zu Recht verehren, werden durch ungerechtfertigte und verleumderische Angriffe gegen diesen großen und heiligen Mann nicht aufgehalten oder verzögert werden.
Pater Peter Gumpel S. J., amtlicher Berichterstatter beim Seligsprechungsprozeß für Pius XII.

Inhalt

Anhang

Vorwort

Vor einigen Jahren nahm ich an einem Festessen mit einer Gruppe von Jungakademikern teil, unter denen sich einige Katholiken befanden. Das Thema Papsttum wurde angeschnitten, und die Gesellschaft geriet in Streit. Eine junge Dame behauptete, es sei ihr schwer verständlich, wie ein vernünftiger Mensch heute noch Katholik sein könne, nachdem die Kirche sich auf die Seite der schlimmsten, rechtsextremen Diktatoren des Jahrhunderts – Franco, Salazar, Mussolini und Hitler – gestellt habe. Ihr Vater war Katalane: Während des Spanischen Bürgerkrieges hatten dessen Eltern stark unter Franco gelitten. Dann kam das Thema Eugenio Pacelli auf. Es ging also um Pius XII. – den Papst der Kriegsjahre –, und man sprach darüber, warum er nicht genügend getan habe, die Juden vor den Todeslagern zu bewahren.

Wie vielen anderen Katholiken meiner Generation war mir dieser Vorwurf nur allzu bekannt. Die Auseinandersetzung begann mit Rolf Hochhuths Schauspiel *Der Stellvertreter* (1963), in dem Pacelli – in nicht glaubwürdiger Weise, wie die meisten Katholiken annahmen – als rücksichtsloser Zyniker geschildert wurde, der sich mehr für den Aktienbesitz des Vatikans als für das Schicksal der Juden interessierte. Wichtiger aber noch war, daß Hochhuths Schauspiel eine Kontroverse über die schuldhafte Verstrickung des Papsttums und der katholischen Kirche in die «Endlösung» auslöste. Jeder Beitrag zu dieser Debatte zog eine Erwiderung aus der extremsten Gegenrichtung nach sich. Die wichtigsten Beteiligten, deren Arbeiten ich am Ende dieses Buches erörtern werde, konzentrierten sich in der Hauptsache auf den Pacelli der Kriegsjahre. Doch Pacellis Einfluß im Vatikan setzte bereits im ersten Jahrzehnt des 20. Jahrhunderts ein und nahm während einer Zeitspanne von nahezu 40 Jahren stetig zu, bis er 1939 am Vorabend des Zweiten Weltkriegs zum Papst gewählt wurde. Ich hatte den Eindruck, daß eine angemessene Untersuchung des Pacelli-Pontifikats, der Taten und Versäumnisse dieses Papstes, eine ausführlichere Darstellung verlangte, als sie bisher vorgelegt wurde. Eine derartige Untersuchung müßte nicht nur Pacellis frühes diplomatisches Wirken, sondern sein ganzes Leben eingehend darstellen, eingeschlossen die augenscheinlich zunehmende Spiritualität seit seiner Kindheit. Wenn man die ganze Geschichte dieses Lebens erzählte, dann würden, davon war ich überzeugt, das Pontifikat Pius XII. und die katholische Kirche am Ende entgegen allen Schmähungen gerechtfertigt dastehen. Deshalb entschied ich mich dafür, ein Buch zu schreiben, das den Bedürfnissen einer breiten Leserschaft von Katholiken und Nichtkatholiken, jüngeren wie älteren, die weiterhin Fragen nach der Rolle des Papsttums in der Geschichte des 20. Jahrhunderts stellen, genügen sollte. Das Vorhaben würde, so zeigte sich bald, nicht auf eine konventionelle Biographie hinauslaufen: Dies lag erstens an der restriktiven Praxis der päpstlichen Archive und zweitens daran, daß der Einfluß eines einzelnen Papstes auf den Lauf der Welt die Grenze zwischen Biographie und Geschichtsschreibung verwischt. Ein Papst glaubt schließlich gemeinsam mit vielen hundert Millionen Gläubigen, daß er Gottes Vertreter auf Erden sei.

Ich beantragte, mir den Zugang zu entscheidendem Material in Rom zu gewähren, und machte denjenigen, die für die in Frage kommenden Archive zuständig waren, deutlich, daß ich dem Thema meines Werkes mit Sympathie gegenüberstand. Voller Vertrauen in meine Absichten gewährten mir zwei hochrangige Archivare großzügig Zugang zu bisher geheimem Material: vor dreißig Jahren unter Eid gemachte Aussagen im Rahmen des Seligsprechungsverfahrens für Pacelli und Dokumente des vatikanischen Staatssekretariats, die erst seit kurzem vertrauenswürdigen Gelehrten zugänglich sind. Gleichzeitig begann ich damit, mir den umfangreichen Ertrag der Bemühungen jener Gelehrten anzueignen, die sich mit Pacellis Aktivitäten während der zwanziger und dreißiger Jahre in Deutschland beschäftigt haben. Die Ergebnisse dieser Forschungen sind im Laufe der letzten zwanzig Jahre veröffentlicht worden, vor allem außerhalb Deutschlands dem allgemeinen Publikum aber nicht so bekannt, wie sie es verdienen.

Mitte 1997, als ich meine Recherchen beinahe abgeschlossen hatte, befand ich mich innerlich in einem Zustand, den ich nur als moralische Erschütterung bezeichnen kann. Das Material, das ich gesammelt hatte und das mir einen umfassenden Überblick über Pacellis Leben lieferte, führte nicht zu einer Entlastung, sondern zu einer weitreichenden Anklage. Meine Untersuchungen über die Laufbahn Pacellis seit Beginn des Jahrhunderts erzählen die Geschichte eines Strebens nach beispielloser päpstlicher Macht, das 1933 dazu geführt hat, die Kirche in eine Komplizenschaft mit den dunkelsten Kräften des Jahrhunderts hineinzuziehen. Darüber hinaus fand ich Belege dafür, daß Pacelli von den ersten Schritten seiner Karriere an eine Abneigung gegenüber den Juden hegte und daß seine diplomatische Tätigkeit in Deutschland in den dreißiger Jahren maßgeblich zur Selbstauflösung oder Freigabe der katholischen Verbände beigetragen hat, die vielleicht imstande gewesen wären, Hitlers Regime herauszufordern und die «Endlösung» zu vereiteln.

Eugenio Pacelli war kein Ungeheuer. Sein Fall ist sehr viel komplexer und tragischer. Was seine Geschichte interessant macht, ist die fatale Kombination von hohen spirituellen Zielen und einem wachsenden Verlangen nach Macht und Kontrolle. Pius' Biographie ist kein Portrait des Bösen, sondern die Geschichte einer folgenschweren moralischen Verirrung – eines Strebens nach uneingeschränkter Autorität, das in Widerspruch zur christlichen Nächstenliebe gerät. Die Konsequenz dieses Bruchs ist Einvernehmen mit der Tyrannei und – letztlich – mit der Gewalt.

Auf dem Höhepunkt des Ersten Vatikanischen Konzils im Jahre 1870 begrüßte Erzbischof Henry Manning von Westminster die Lehre von der päpstlichen Unfehlbarkeit und dem Primat des Papstes als einen «Triumph des Dogmas über die Geschichte». Im Jahre 1998 (16. März) sprach Papst Johannes Paul II. in seinem Dokument über die «Endlösung» *Wir Erinnern: Eine Reflexion über die Schoah* von Christus als dem «Herrn der Geschichte». Gewiß ist die Zeit reif, die Lehren aus der jüngsten Papstgeschichte zu ziehen.

Jesus College, Cambridge, April 1999

11

Prolog

Im «Heiligen Jahr» 1950, einem Jahr, in dem Millionen Pilger nach Rom reisten, um ihre Treue gegenüber dem Papsttum zu demonstrieren, war Eugenio Pacelli, Papst Pius XII., 74 Jahre alt und immer noch voller Lebenskraft. Seit seiner Krönung vor elf Jahren hatte er sich körperlich kaum verändert. Er war 1,80 Meter groß[1], mit kaum 70 Kilo auffallend schlank und immer noch sehr beweglich. Sein auffallendster Zug war seine Blässe. «Diese fest über die stark ausgeprägten Züge gespannte Haut war fast aschgrau und sah ungesund und fast wie altes Pergament aus», schrieb ein Beobachter, «aber gleichzeitig wirkte sie doch überraschend durchsichtig, als reflektiere sie eine kalte, weiße Flamme in seinem Inneren.»[2] Die Wirkung, die Pius auf ansonsten unsentimentale Persönlichkeiten ausübte, war oftmals erstaunlich. «Seine Gegenwart strahlte ein Maß an Güte, Ruhe und Heiligkeit aus, wie ich es sicherlich noch nie zuvor bei irgendeinem menschlichen Wesen wahrgenommen hatte», schrieb James Lees-Milne. «Ständig lächelte er auf die süßeste, freundlichste Art, so daß ich mich Hals über Kopf in ihn verliebte. Ich war so von ihm angetan, daß ich kaum ohne Tränen sprechen konnte, und ich merkte, daß meine Beine zitterten.»[3]

Im Jahre 1950, einem Jahr, das von einer Vielzahl päpstlicher Initiativen geprägt war – Heiligsprechungen, Enzykliken (Rundschreiben an die katholischen Gläubigen in aller Welt), ja sogar der Verkündung eines sich auf Unfehlbarkeit berufenden Dogmas (über die Aufnahme der Jungfrau Maria in den Himmel) –, erweckte Pius XII. den Eindruck, zutiefst im Einklang mit seinem Pontifikat zu leben; es schien so, als sei er immer schon Papst gewesen und würde dies allezeit bleiben. Für eine halbe Milliarde katholischer Gläubiger in aller Welt verkörperte er das Ideal dessen, was es bedeutet, Papst zu sein: Frömmigkeit, Hingabe, von Gott gegebene höchste Autorität und unter bestimmten Umständen Unfehlbarkeit bei Stellungnahmen zu Fragen des Glaubens und der Moral. Bis heute bezeichnen ihn ältere Italiener noch als «*ultimo papa*», den letzten Papst.

Ein Mann von mönchischen Gewohnheiten, der Abgeschiedenheit und des Gebets, traf er dennoch in seinen Audienzen mit einer schier endlosen Zahl von Politikern, Autoren, Wissenschaftlern, Soldaten, Schauspielern, Sportlern, Staatsmännern, Königen, Königinnen, Fürsten und Fürstinnen zusammen. Es gab nur wenige, die er nicht in seinen Bann zog und faszinierte. Er besaß wunderschöne, schlanke Hände, die er bei den zahllosen Segnungen mit großer Wirkung einzusetzen wußte. Seine Augen waren groß und dunkel, und sie wirkten hinter seinen goldgerahmten Brillengläsern fast fiebrig. Seine Stimme klang hoch, ein wenig klagend, mit einer Tendenz zu übergenauer Aussprache. Während der Gottesdienste war sein Gesicht teilnahmslos, seine Gesten und Bewegungen schienen beherrscht und elegant. Gegenüber Besuchern war er auffallend freundlich und zuvorkommend, stets aufmerksam und interessiert, dabei ohne jede Wichtigtuerei oder Affektiertheit. Er verfügte über einen schlagfertigen schlichten Humor und zeigte gern ein großes, schweigsames Lachen bei offenem Munde. Seine Zähne ähnelten, so ein Beobachter, «altem Elfenbein».

Einige Zeitgenossen sprachen von einer «felinen» Sensibilität, andere von einer gelegentlichen Neigung zu «femininer» Eitelkeit. Vor Kameras offenbarte er eine Spur von Narzißmus. Und doch beeindruckte er die meisten, die ihm begegneten, durch eine reine, jugendliche Unschuld, die an einen ewigen Seminaristen oder Novizen denken ließ. Er liebte den Umgang mit Kindern und fühlte sich zu ihnen hingezogen. Er verabscheute Klatsch und sprach niemals schlecht über andere. Sein Blick gefror, wenn er sich durch unangemessene Vertraulichkeit oder eine plumpe Formulierung behelligt fühlte. Er war in einem ganz außerordentlichen und extremen Sinne allein.

Wie kann man diese besondere Einsamkeit, diese singuläre päpstliche Erhabenheit begreiflich machen, in der zu leben die Päpste der Moderne sich entschlossen haben?

Überwältigt von der Einsamkeit seiner päpstlichen Rolle gestattete sich Paul VI., der Papst der sechziger und siebziger Jahre, eine private Aufzeichnung, die genausogut von Pacelli hätte stammen können, dem Paul VI. als Giovanni Battista Montini 15 Jahre lang gedient hatte: «Ich war schon früher einsam, aber nun wird meine Einsamkeit umfassend und furchteinflößend. Deshalb die Schwindelgefühle, die Höhenangst. Ich lebe nun wie eine Statue auf einem Sockel. Auch

Jesus war am Kreuz allein. Ich sollte nicht Hilfe von außen suchen, um mich von meinen Pflichten freizusprechen; meine Pflicht ist allzu eindeutig: entscheiden, jede Verantwortung auf sich nehmen, um andere zu führen, selbst wenn dies unlogisch und möglicherweise absurd erscheint. Und allein leiden ... Ich und Gott. Das Zwiegespräch muß umfassend und endlos sein.»[4]

Dieses schwindelerregende päpstliche Bewußtsein verändert ganz sicher den Mann, der die Bürde des obersten Hirtenamts auf seine Schultern lädt. Hier geht es um eine Art von Einsamkeit, die von gewissen Gefahren begleitet ist – nicht zuletzt von der Gefahr einer wachsenden Neigung zu Egoismus und Despotentum. Je länger die Amtszeit eines Papstes dauert, desto tiefer schlägt das päpstliche Bewußtsein Wurzeln. Der Theologe John Henry Newman, der berühmteste britische Konvertit, der im 19. Jahrhundert zum Katholizismus wechselte, gab dazu während eines früheren, lang dauernden Pontifikats ein vernichtendes Urteil ab: «Es ist nicht gut für einen Papst, noch 20 Jahre zu leben. Dies ist eine Anomalie, und sie trägt keine guten Früchte; er wird zu einem Gott, er hat niemanden, der ihm widerspricht. Er kennt die Tatsachen nicht. Er begeht Grausamkeiten, ohne es eigentlich zu wollen.»[5] Nachdem er zehn Jahre Papst gewesen war, hatte Pacelli das Papsttum in beispiellose Höhen emporgehoben; es gab ganz sicher niemanden mehr, der ihm widersprach, und er nahm die Verhaltensweise eines Menschen an, der bereits heilig gesprochen worden war.

Es existiert ein eindrucksvolles Bild Pacellis auf dem Höhepunkt seiner Macht, das im Jahre 1950 veröffentlicht wurde. Das Foto ist aus der Vogelperspektive und gleichzeitig von hinten hoch über dem Petersplatz aufgenommen worden. Der Papst grüßt die erregten Massen dort unten wie ein Gigant, der die gesamte Menschheit umarmt. Das Bild verlockt zu einer gewagten Ausgangsthese: *Die moderne Ideologie vom Primat des Papstes ist eine Erfindung des späten 19. und des frühen 20. Jahrhunderts.* Mit anderen Worten: Es gab eine Zeit, die noch nicht lange zurückliegt, in der das hierarchische, pyramidenförmige Modell der Autorität im Katholizismus – wonach ein einziger Mensch in einem weißen Gewand die Kirche im Rahmen einer ganz und gar auf Ungleichheit beruhenden Machtbeziehung regiert – nicht existierte. Es gab eine Zeit, in der die Autorität der Kirche durch die großen historischen Konzile und ein komplexes Gewebe regionaler Entscheidungsfreiheiten breit gefächert war. Wie in einer mittelalterlichen Kathedrale gab es viele nach oben strebende Turmspitzen der Autorität, und gewiß war das Papsttum die höchste unter diesen; aber die Vorrangstellung Roms bestand zwei Jahrtausende lang eher in einer letzten Revisionsinstanz als in einer autoritär voranschreitenden Autokratie.

Das charakteristische Bild von Pius XII. als der höchsten, wenn auch liebenden Autorität, gleichsam schwebend über dem Petersplatz, verdeutlicht mehrere Unterschiede zwischen den modernen Päpsten und ihren Vorgängern. Je höher, je herausgehobener der Papst, desto kleiner und unbedeutender die Gläubigen. Je verantwortlicher und mit Autorität ausgestattet der Papst, um so weniger verantwortlich und entmündigter der Rest des Gottesvolkes, einschließlich der Nachfolger der Apostel – der Bischöfe. Je heiliger und erhabener der Pontifex, desto profaner und säkularer die ganze Welt.

Dieses Buch berichtet von der Karriere des Eugenio Pacelli, des Mannes, der Pius XII. war, der einflußreichste Mann der Kirche zwischen den frühen dreißiger und den späten fünfziger Jahren. Pacelli trug mehr als jeder andere Vatikanfunktionär seiner Zeit dazu bei, die Ideologie der päpstlichen Macht durchzusetzen – jener Macht, die er selbst 1939 am Vorabend des Zweiten Weltkriegs übernehmen und bis zu seinem Tode im Oktober 1958 ausüben sollte. Doch diese Geschichte beginnt drei Jahrzehnte, bevor er Papst wurde. Im Rahmen seiner langen Diplomatenkarriere war Pacelli für einen Vertrag mit Serbien verantwortlich, der dazu beitrug, jene Spannungen zu verschärfen, die schließlich den Ersten Weltkrieg auslösten. 19 Jahre später traf er mit Hitler eine Vereinbarung, die dem «Führer» dabei half, legal zum Diktator zu werden, während sie gleichzeitig das politische Potential für Protest und Widerstand von 23 Millionen (nach dem Anschluß Österreichs 34 Millionen) deutschen Katholiken neutralisierte.

Pacellis Ziele und sein Einfluß als Diplomat und Papst können nicht von den Voraussetzungen und Zwängen der Institution getrennt werden, die seinem bemerkenswerten Ehrgeiz Raum gewährte. Dieser Ehrgeiz war nicht einfach ein Drang nach Macht um ihrer selbst willen; die Päpste des 20. Jahrhunderts waren keine selbstsüchtigen Egoisten, erfüllt von weltlichem Stolz, Überheblichkeit und Habsucht. Sie waren ohne Ausnahme Männer des Gebetes und eines peniblen Gewissens. Sie trugen schwer an der Bürde der uralten Institution, die sie verkörperten. Pacelli bildete keine Ausnahme. Daß er dennoch einen fatalen und schuldhaften Einfluß auf die Geschichte dieses Jahrhunderts ausübte, ist das Thema dieses Buches.

Pacelli wurde 1876 in Rom in eine Familie von Kirchenjuristen im Dienste des Papstes hinein geboren. In diesen Kreisen war man erschüttert darüber, daß der neu gebildete italienische Nationalstaat sich das Territorium des Kirchenstaates angeeignet hatte. Der Verlust der Souveränität hatte zu einer Krise des Papsttums geführt. Wie konnten sich die Päpste angesichts der politischen Gegebenheiten in Italien als unabhängig betrachten, wenn sie nichts anderes als Bürger dieses neu geschaffenen Königreichs waren? Wie konnten sie eine Kirche, die sich im Konflikt mit der modernen Welt befand, weiterhin führen und behüten?

Seit der Reformation hatte sich das Papsttum immer wieder zögerlich den Realitäten einer gespaltenen Christenheit und den Herausforderungen durch die Ideen der Aufklärung sowie neuer Arten, die Welt zu betrachten, angepaßt. Als Reaktion auf den politischen und gesellschaftlichen Wandel, der sich im Kielwasser der Französischen Revolution beschleunigte, hatte es schließlich darum gekämpft, in einem Klima zu überleben und sich bemerkbar zu machen, das von Liberalismus, Säkularisierung, Wissenschaft, Industrialisierung und dem entstehenden Nationalstaat geprägt war. Die Päpste hatten dabei an zwei Fronten kämpfen müssen – als Führer einer zur Schlacht rüstenden Kirche und als Landesherren eines wankenden Kirchenstaates. Unter dem Zwang einer bestürzenden Reihe von Konfrontationen mit den neuen Herren Europas hatte das Papsttum sich bemüht, die Universalität der Kirche zu bewahren, während es gleichzeitig die Integrität seiner zusammenbrechenden weltlichen Macht zu verteidigen suchte.

Die meisten europäischen Staaten strebten im Modernisierungsprozeß danach, die Kirche vom Staat zu trennen (oder, in der komplexeren Realität der Gegensätze, den Thron vom Altar, das Papsttum vom Reich, den Klerus von der Laienschaft, das Heilige vom Weltlichen). Während eines großen Teils des 19. Jahrhunderts wurde die katholische Kirche in Europa daher zu einem Objekt der Unterdrückung; ihr Eigentum und ihr Reichtum wurden systematisch geplündert und konfisziert, die Orden und der Klerus in ihrem Handlungsspielraum eingeschränkt oder verboten, kirchliche Schulen vom Staat übernommen oder geschlossen. Das Papsttum selber wurde wiederholt gedemütigt (Pius VII. und Pius VIII. waren zeitweilig Gefangene Napoleons), und die weltlichen Territorien des Papstes schwebten in ständiger Gefahr der Zerstückelung und Annexion, seit die Kräfte der italienischen Einigungsbewegung und der Modernisierung an Stärke gewannen.

Durch alle Wechselfälle dieses Zeitalters hindurch war die Kirche im Inneren durch ein Problem gespalten, das Konsequenzen für das moderne Papsttum haben sollte. Der Kampf spielte sich im großen und ganzen zwischen jenen ab, die auf eine absolutistische Vorrangstellung des Papstes in der römischen Zentrale drängten, und jenen, die für eine größere Teilhabe der Bischöfe und ihrer Diözesen an der Autorität eintraten (es gab sogar Stimmen, die für die Bildung von unabhängigen Nationalkirchen eintraten). Diese beiden Tendenzen fanden in Frankreich seit dem 17. Jahrhundert ihren Ausdruck, obwohl die Vorläufer der päpstlichen Autokratie bis ins 11. Jahrhundert und zur Herausbildung der monarchischen Stellung des Papstes zurückreichten. Die päpstliche Autokratie hatte zweifellos zu den Hauptursachen der Reformation gezählt.

Der Triumph der modernen Zentralisten oder «Ultramontanen» (ein Begriff, der in Frankreich geprägt wurde und auf die päpstliche Macht «jenseits der Berge», der Alpen, hindeutete) wurde beim Ersten Vatikanischen Konzil 1870 vor dem Hintergrund der Tatsache besiegelt, daß der Papst seine weltlichen Territorien verloren hatte. Bei jenem Konzil wurde der Papst in Angelegenheiten der Glaubens- und Sittenlehre für unfehlbar erklärt und zu einem unanfechtbaren Alleinherrscher gemacht – die höchste geistliche und administrative Instanz der Kirche. In gewisser Hinsicht befriedigte die neue dogmatische Entscheidung selbst jene, die sie für unangebracht gehalten hatten. Handelte es sich hier doch schließlich immerhin um eine Feststellung über die «Grenzen» wie auch über den Umfang der Unfehlbarkeit.

In den ersten drei Jahrzehnten nach dem Vatikanischen Konzil erlebte die ultramontane Kirche während des Pontifikats Leos XIII. einen bemerkenswerten Aufschwung. Es schien eine Erneuerung zu geben; im kirchlichen Rom erblühten neue wissenschaftliche und administrative Institutionen; die katholischen Missionen drangen bis in die fernsten Winkel der Erde vor. Treue, Gehorsam und Inbrunst gewannen neue Wertschätzung. Das Wiederaufleben der christlichen Philosophie des Heiligen Thomas von Aquin, oder zumindest ihrer römischen Lesart, schuf ein Bollwerk gegen moderne Gedanken und sorgte für eine Verteidigung der päpstlichen Autorität. Im ersten Jahrzehnt des 20. Jahrhunderts jedoch verwischte sich die Vorstellung von den *Grenzen* des Primats des Papstes und der päpstlichen Unfehlbarkeit; die Unfehlbarkeit begann die Schranken zu durchbrechen, die die Konzilsväter des Ersten Vatikanum errichtet hatten. Ein starker juristischer und bürokratischer Apparat hatte dieses Dogma zu einer Ideologie päpstlicher Macht umgeformt, die in der langen Geschichte der römischen Kirche ohne Beispiel dastand.

In den Jahren nach der Jahrhundertwende arbeitete ein glänzender junger Jurist des Vatikans namens Eugenio Pacelli mit an der Neuformulierung des Kirchenrechts in einer Art und Weise, die darauf hinauslief, zukünftigen Päpsten die unumstrittene Vorherrschaft von der römischen Zentrale aus zu sichern: Diese Gesetze wurden, losgelöst von ihrem uralten historischen und gesellschaftlichen Hintergrund, in ein Werk eingebracht, das als der «Codex Iuris Canonici» bekannt wurde. Dieses neue Gesetzbuch der Kirche wurde 1917 veröffentlicht und trat damit in Kraft. Der Kodex, der unter dem katholischen Klerus in der ganzen Welt verbreitet wurde, sollte ein Instrument zur Etablierung, Erhaltung und Durchsetzung einer neuen Machtstruktur von oben nach unten werden.

Als päpstlicher Nuntius in München und Berlin während der zwanziger Jahre strebte Pacelli danach, das neue Kirchenrecht Land um Land in Deutschland durchzusetzen – und hier ging es um eine der größten, gebildetsten und reichsten katholischen Bevölkerungen der Welt. Gleichzeitig kämpfte er um ein Reichskonkordat, einen Vertrag zwischen Kirche und Staat, zwischen dem Heiligen Stuhl und dem Deutschen Reich. Pacellis Streben nach dieser Übereinkunft mit dem Reich stieß auf vielfältigen Widerstand, nicht nur bei protestantischen Kirchenführern, sondern auch bei Katholiken, die der Ansicht waren, daß Pacellis Vision einer zukünftigen Kirche in Deutschland unannehmbar autoritär sei.

1933 fand Pacelli schließlich in Adolf Hitler einen geeigneten Verhandlungspartner für sein Reichskonkordat. Der Vertrag vom 20. Juli 1933 autorisierte das Papsttum, gegenüber den deutschen Katholiken das neue Kirchenrecht durchzusetzen, und gewährte katholischen Schulen und dem Klerus großzügige Privilegien. Dafür zogen sich die katholische Kirche in Deutschland, die politische Partei des Katholizismus, die zahlreichen katholischen Verbände und Zeitungen auf Pacellis Initiative hin «freiwillig» von der gesellschaftlichen und politischen Bühne zurück. Die «freiwillige» Abdankung des politischen Katholizismus im Jahre 1933, die vom Vatikan aus durch Pacelli mit Zustimmung von Papst Pius XI. ausgehandelt und forciert wurde, ermöglichte es dem Nationalsozialismus, ohne störenden Widerstand von seiten einer der mächtigsten katholischen Gemeinschaften der Welt sein diktatorisches Regime zu etablieren: Dies war eine Umkehrung der Situation, wie sie 60 Jahre zuvor geherrscht hatte, als die deutschen Katholiken Bismarcks Kulturkampf geschlossen – und mit Erfolg – entgegentraten. Bei einer Sitzung des Reichskabinetts am 14. Juli 1933 brüstete sich Hitler damit, daß Pacellis Garantie einer Nichtintervention dem Regime freie Hand bei der Lösung der «Judenfrage» lasse. Im Kabinettsprotokoll heißt es: «[Der Reichskanzler] vertrat die Auffassung, daß man hierbei nur den großen Erfolg sehen dürfte. Im Reichskonkordat wäre Deutschland eine Chance gegeben und eine Vertrauenssphäre geschaffen, die beim vordringlichen Kampf gegen das internationale Judentum besonders bedeutungsvoll wäre.»[6] Die Vorstellung, daß das Papsttum den Nationalsozialismus gebilligt habe, trug dazu bei, das Schicksal Europas zu besiegeln.

Die Geschichte, die in diesem Buch erzählt wird, umspannt jedoch zunächst Pacellis Jugend, seine Erziehung und seine höchst erfolgreiche Laufbahn, bevor er Papst wurde. Erst dann treten die schicksalhaften Verhandlungen mit Hitler in den frühen dreißiger Jahren in den Mittelpunkt der Darstellung. Diese Verhandlungen wiederum kann man nicht isoliert von der Entwicklung der Ideologie der päpstlichen Macht im Laufe des Jahrhunderts sehen. In der Nachkriegszeit – während der fünfziger Jahre – wurde sein Pontifikat zur Apotheose dieser Ideologie, als Pacelli über eine monolithische, triumphalistische katholische Kirche herrschte, die sowohl in Italien als auch jenseits des Eisernen Vorhangs in einer antagonistischen Konfrontation mit dem Kommunismus stand.

Aber all dies konnte nicht so bleiben. In den internen Strukturen und der Moral der katholischen Kirche zeigten sich in den letzten Jahren Pius XII. Zeichen der Fragmentierung und des Niedergangs, die ein Bedürfnis nach Neubewertung und Erneuerung weckten. Johannes XXIII., der 1958 Nachfolger Pacellis geworden war, berief das Zweite Vatikanische Konzil ein, und dabei ging es genau darum, das monolithische, zentralistische Kirchenmodell seiner Vorgänger zurückzuweisen und einer kollegialen, dezentralisierten, humanen Gemeinschaft den Vorzug zu geben. In zwei Schlüsseldokumenten *Lumen Gentium* und *Gaudium et Spes* standen die neue Betonung der Geschichte, eine nachvollziehbare Liturgie, die Gemeinschaft, der Heilige Geist und die Liebe im Vordergrund. Das Leitwort der Kirche der Zukunft lautete, sie sei ein «Gefüge aus Menschen ... auf ihrer Pilgerfahrt zum Reich des Vaters». All dies weckte hohe Erwartungen, und es gab keinen Mangel an Streit und Bedenken, denn alte Gewohnheiten und Regeln gehen nur langsam unter. Von Anfang an war zu erkennen, daß der päpstliche und vatikanische Zentralismus nicht so leicht klein beigeben würde.

An der Schwelle zum dritten Jahrtausend hat sich die Kirche Pius' XII. längst wieder behauptet, teils offen, teils klandestin, aber vor allem durch die Bekräftigung des hierarchischen Kirchenmodells – des Glaubens an die Führungsrolle des Mannes im weißen Gewand, der in Einsamkeit aus der Höhe herab seine Entscheidungen diktiert. In den letzten Jahren der langen Herrschaft von Johannes Paul II. erweckt die katholische Kirche den Eindruck, unter schweren Funktionsstörungen zu leiden, trotz der historischen Rolle dieses Papstes beim Zusammenbruch der kommunistischen Diktatur in Polen und der Begeisterung, die im Vatikan für eine moralische Selbstreinigung vor dem Eintritt in das dritte Jahrtausend herrscht.

In der zweiten Hälfte des Pontifikats von Johannes Paul II. ist die Politik von Pius XII. wieder lebendig geworden. Nun werden die Entscheidungen des Zweiten Vatikanums in Frage gestellt, und dies schafft Spannungen innerhalb der katholischen Kirche, die wahrscheinlich in Zukunft noch zu gewaltigen Auseinandersetzungen führen werden. Der britische Theologe Adrian Hastings hat diese Lage so kommentiert: «Die große Flutwelle, die vom Zweiten Vatikanum ausgelöst worden ist, hat zumindest auf der institutionellen Ebene ihre Kraft verloren. Das alte Bild ist wieder aufgetaucht, und das Zweite Vatikanum wird heute in Rom weit stärker im Geiste des Ersten Vatikanums und im Kontext von Pius' XII. als Modell des Katholizismus verstanden.»

Pacelli, dessen Seligsprechung nun weit fortgeschritten ist, ist 40 Jahre nach seinem Tod zu einer Ikone für all jene geworden, die die Bestimmungen des Zweiten Vatikanischen Konzils vom Standpunkt einer Ideologie der päpstlichen Macht lesen und revidieren, die sich in der Geschichte dieses Jahrhunderts bereits als katastrophal erwiesen hat.

1

Die Pacellis

Eugenio Pacelli wurde während seines Pontifikats und nach seinem Tod immer wieder als Angehöriger des «Schwarzen Adels» bezeichnet. Unter dem Schwarzen Adel versteht man eine kleine Gruppe aristokratischer Familien in Rom, die auch nach dem Verlust der weltlichen Herrschaftsgebiete des Vatikans im bitteren Kampf um die Schaffung des italienischen Nationalstaats zu den Päpsten gehalten haben. Bei den Pacellis, die dem Papsttum in leidenschaftlicher Loyalität ergeben waren, handelte es sich allerdings nicht gerade um Aristokraten. Der Hintergrund der Familie war respektabel, aber bescheiden; auf väterlicher Seite stammte sie aus einer hinterwälderischen Gegend in der Nähe von Viterbo, einem Städtchen, das 80 Kilometer von Rom entfernt liegt. Zum Zeitpunkt von Eugenio Pacellis Geburt im Jahre 1876 wurde ein Verwandter, Pietro Caterini, von Mitgliedern der Generation Eugenios gemeinhin als «Graf» bezeichnet. Er besaß noch ein Bauernhaus und ein wenig Land im Dorf Onano. Aber weder Pacellis Vater noch sein Großvater und sein älterer Bruder Francesco verdankten ihre Stellung blaublütiger Herkunft, aristokratischen Beziehungen oder Reichtum, sondern der Zugehörigkeit zu einer Kaste von vatikanischen Laienjuristen im Dienste des Papsttums.[1] Immerhin wurden Pacellis Bruder und drei seiner Neffen in den dreißiger Jahren in Anerkennung ihrer juristischen und geschäftlichen Verdienste um den italienischen Staat und den Heiligen Stuhl geadelt.

Pacellis unmittelbare familiäre Verbindung zum Heiligen Stuhl, dem päpstlichen Bischofssitz von Rom, geht auf das Jahr 1819 zurück, als Eugenios Großvater Marcantonio Pacelli in der Ewigen Stadt ankam, um als Protegé eines Onkels, der Priester war, des Monsignore Prospero Caterini, das kanonische oder Kirchenrecht zu studieren. 1834 war Marcantonio Anwalt am Tribunal der Sacra Rota geworden, einem kirchlichen Gerichtshof, der sich unter anderem mit der Nichtigkeitserklärung von Ehen beschäftigte. Er zog zehn Kinder groß, sein zweites Kind, Eugenios Vater Filippo, kam 1837 zur Welt. Marcantonio wurde schließlich Beamter mit einer Schlüsselstellung im Dienste Pius IX.

Der temperamentvolle, charismatische und an Epilepsie leidende Pio Nono (Giovanni Maria Mastai-Ferretti), der 1846 zum Papst gekrönt worden war, lebte wie seine Vorgänger seit unvordenklichen Zeiten in der Überzeugung, daß die päpstlichen Territorien, die die Mitte der italienischen Halbinsel bedeckten, die Unabhängigkeit der Nachfolger des Heiligen Petrus sicherstellten. Wenn aber der Pontifex maximus nur noch Einwohner eines «fremden» Landes war, wie konnte er dann behaupten, frei von örtlichen Einflüssen zu sein? Drei Jahre nach Beginn seines Pontifikats sah es so aus, als habe Pio Nono auf schmachvolle Weise seine Souveränität über die heilige Stadt an einen republikanischen Mob verloren. Am 15. November 1849 näherte sich ein dem Laienstande angehörender Minister des Kirchenstaates, Graf Pelligrino Rossi, der für seinen beißenden Sarkasmus bekannt war, dem Palazzo della Cancelleria in Rom und grüßte eine finster dreinblickende Menge von Zuschauern mit einem verächtlichen Lächeln. Als der Minister dabei war, das Gebäude zu betreten, stürzte ein Mann hervor und tötete ihn mit einem Stich in den Hals. Am Tag darauf wurde der Quirinal, der Sommerpalast des Papstes oberhalb der Stadt, geplündert, und Pio Nono floh als gewöhnlicher Priester verkleidet in die Seefestung Gaeta, wo er sich im benachbarten Königreich Neapel in Sicherheit befand. Er nahm Marcantonio Pacelli, den Großvater Eugenios, als Berater in rechtlichen und politischen Angelgenheiten mit. Von dieser Festung aus schleuderte Pio Nono seine Brandreden gegen den «abscheulichen Verrat der Demokratie» und bedrohte alle, die sich in Zukunft an Wahlen beteiligen würden, mit Exkommunikation. Nur mit Hilfe französischer Bajonette und eines Kredits des Hauses Rothschild konnte Pio Nono im Jahr darauf seine viel geschmähte Herrschaft über die Stadt Rom und das, was von den päpstlichen Territorien übriggeblieben war, wieder aufnehmen.

Angesichts der reaktionären Tendenzen, die Pio Nono spätestens seit dieser Zeit beherrschten, dürfen wir annehmen, daß Marcantonio Pacelli die Ablehnung seines päpstlichen Brotherrn gegenüber Liberalismus und Demokratie teilte. Nach der Rückkehr nach Rom wurde Marcantonio zum Mitglied des «Concilio di Censura» ernannt – eines Gremiums, das die Aufgabe hatte, über jene Personen Nachforschungen anzustellen, die an der republikanischen «Verschwörung» beteiligt waren. 1852 wurde er zum Unterstaatssekretär für innere Angelegenheiten ernannt. Das päpstliche Regime war während dieser letzten Phase seiner Existenz alles andere als wohltätig. In einem Brief an Gladstone aus dem gleichen Jahr beschreibt ein englischer Reisender Rom als einen Kerker: «Dort gibt es kein freies Atmen, keine Hoffnung auf ein friedliches Leben; zwei fremde Armeen, ein permanenter Belagerungszustand, bösartige Racheakte, wütende Parteikämpfe, allgegenwärtige Unzufriedenheit – so sieht die päpstliche Herrschaft heute aus.»[2]

Die Juden wurden nach dem Ende der Republik zur Zielscheibe der Rache. Zu Beginn seiner Herrschaft hatte Pio Nono eine Politik der Toleranz eingeleitet. Er ließ das alte Ghetto der Juden abschaffen und die Praxis der Bekehrungspredigten an die Juden Roms und der Zwangskatechisierung von Juden, die «zufällig» getauft worden waren, einstellen. Doch obwohl die Rückkehr Pio Nonos durch einen jüdischen Kredit finanziert worden war, zwang man die Juden ins Ghetto zurück, und sie mußten buchstäblich dafür zahlen, daß sie die Revolution unterstützt hatten. Schließlich wurde Pio Nono in einen antijüdischen Skandal verwickelt, der die gesamte Welt bewegte. Im Jahre 1858 wurde ein sechsjähriger jüdischer Knabe, Edgardo Mortara, von der päpstlichen Polizei in Bologna unter dem Vorwand entführt, er sei sechs Jahre zuvor durch eine ganz junge Hausdienerin *in extremis* getauft worden.[3] Das Kind wurde in einem neu eröffneten christlichen Internat untergebracht und dort zwangsweise im katholischen Glauben unterrichtet. Trotz aller Bitten von Edgardos Eltern adoptierte Pio Nono persönlich das Kind. Er spielte gern mit ihm und liebte es, den Jungen unter seiner Soutane zu verstecken, um dann zu rufen: «Wo steckt der Junge?» Die zivilisierte Welt war empört; die *New York Times* veröffentlichte nicht weniger als 20 Leitartikel zu diesem Thema, und sowohl Kaiser Franz Joseph von Österreich als auch der französische Kaiser Napoleon III. baten den Papst, das Kind an seine rechtmäßigen Eltern zurückzugeben – vergeblich. Pio Nono hielt Edgardo in einem Kloster eingesperrt, wo er schließlich zum Priester geweiht wurde.

Die Woge des italienischen Nationalismus allerdings ließ sich nicht ignorieren. Marcantonio Pacelli, der zur nächsten Umgebung seines Papstes gehörte, war bei den Ereignissen zugegen, die für das moderne Papsttum schicksalhaft sein sollten. 1860 hatte der neue italienische Staat unter Führung des Königs von Piemont, Vittorio Emanuele II., nahezu alle päpstlichen Territorien mit Ausnahme der Stadt Rom besetzt. Vier Jahre später verurteilte Pio Nono in seinem berüchtigten *Syllabus Errorum* (1864) 80 «moderne» Irrlehren, darunter den Sozialismus, das Freimaurertum und den Rationalismus. In der 80. Verurteilung, einer Art Universalverdikt, bezeichnete er es als einen gravierenden Irrtum zu glauben, der «römische Pontifex könne und solle sich mit dem Fortschritt, dem Liberalismus und der modernen Zivilisation versöhnen und in Einklang bringen».

Pio Nono hatte um sich herum gleichsam die schützenden Festungsmauern der Zitadelle Gottes aufgerichtet: Nach innen erhöhte er die Anforderungen des katholischen Glaubens, der sich auf das Wort Gottes stützen sollte, so wie er selber es als Pontifex maximus, als Stellvertreter Christi auf Erden, auslegte. Draußen dagegen herrschten die Normen des Antichrist – Ideologien, in deren Mittelpunkt der Mensch stand und die seit der Französischen Revolution stets nur Irrtümer verbreitet hatten. Und die giftige Frucht hatte, so erklärte er, selbst der katholischen Kirche Schaden zugefügt: Eine Bewegung, die (seit ihrem Aufkommen in Frankreich) unter dem Namen Gallikanismus bekannt war, hatte die Macht der Päpste verringern wollen, indem sie von Rom unabhängige nationale Kirchen forderte. Ebenso einflußreich war allerdings eine Tendenz, die vom entgegengesetzten Extrem, dem «Ultramontanismus», herkam – der Ruf nach uneingeschränkter päpstlicher Macht, die ihren Glanz über die ganze Welt leuchten lassen und alle nationalen und geographischen Grenzen überschreiten sollte. Pio Nono begann nun, die Verkündung eines Dogmas vorzubereiten, in dem es genau um diesen ehrfurchtgebietenden Primat ging. Die Welt sollte erfahren, wie sehr er über allen Dingen stand: Und dieser Anspruch sollte sich nicht auf die Heilige Schrift und die Lehren der Kirchenväter, auch nicht auf die Tradition stützen, sondern durch ein Dogma verkündet werden, ein *Fiat*, das unter Androhung der Strafe der Exkommunikation alle Katholiken anzuerkennen hatten. Die Bühne für die Verhandlungen, die der Proklamation zu diesem erhabenen Thema vorausgingen, bildete ein großes Konzil der Kirche, ein Treffen aller Bischöfe unter Leitung des Papstes: das Erste Vatikanische Konzil. Es wurde Ende 1869 einberufen und tagte bis zum 20. Oktober des darauffolgenden Jahres.

Anfänglich war nur die Hälfte der anwesenden Bischöfe bereit, ein Dogma über die päpstliche Unfehlbarkeit zu unterstützen. Aber Pius IX. und seine Anhänger behielten am Ende die Oberhand. Als ein Kardinal protestierend einwandte, nur die versammelten Bischöfe der Kirche könnten in Anspruch nehmen, Zeugen der Tradition der Lehre zu sein, entgegnete Pio Nono: «Zeugen der Tradition? Es gibt nur *einen* Zeugen, der bin ich!»[4]

Die Verkündigung der päpstlichen Unfehlbarkeit, die am 18. Juli 1870 durch 433 Bischöfe bei nur zwei Gegenstimmen verabschiedet wurde, lautet wie folgt: «Wenn der römische Bischof in höchster Lehrgewalt *(ex cathedra)* spricht, das heißt, wenn er seines Amts als Hirt und Lehrer aller Christen waltend in höchster, apostolischer Amtsgewalt endgültig entscheidet, einer Lehre über Glauben oder Sitten sei von der ganzen Kirche festzuhalten, so besitzt er aufgrund des göttlichen Beistandes, der ihm im Heiligen Petrus verheißen ist, jene Unfehlbarkeit, mit der der göttliche Erlöser seine Kirche bei endgültigen Entscheidungen in Glaubens- und Sittenlehren ausgerüstet haben wollte. Diese endgültigen Entscheidungen des römischen Bischofs sind daher aus sich und nicht aufgrund der Zustimmung der Kirche unabänderlich».[5]

Eine weitere Bestimmung besagte, daß der Papst die höchste Jurisdiktion über seine Bischöfe, als einzelne wie als Kollektiv, besitze. Tatsächlich war der Papst damit in noch nie dagewesener Weise Herr seiner Kirche. In der Stunde der großen Entscheidung brach über dem Petersdom ein Sturm los, und ein Donnerschlag, der im Inneren der Kirche gewaltig verstärkt wurde, zerschmetterte eine Glasscheibe in den mächtigen Fenstern. Nach einem Bericht der Londoner *Times* hielten die Gegner des Unfehlbarkeitsdogmas dies für ein Zeichen göttlicher Mißbilligung. Kardinal Manning, der Erzbischof von Westminster und ein enthusiastischer Lobbyist Pio Nonos, nahm es gelassen: «Sie haben den Sinai und die Zehn Gebote vergessen.»[6]

Bevor das Konzil sich anderen Angelegenheiten zuwenden konnte, zogen sich die letzten französischen Truppen aus der Ewigen Stadt zurück, um Paris im französisch-preußischen Krieg zu verteidigen. Italienische Soldaten marschierten ein, und damit war Rom für das Papsttum verloren – diesmal für immer. Alles, was Pio Nono und der Kurie, jenen Kardinälen also, die den ehemaligen Kirchenstaat regierten, blieb, war die eine Quadratmeile der heutigen Vatikanstadt – und dies auch nur, weil der neue italienische Nationalstaat es duldete. Da Pius sich weigerte, die Tatsachen anzuerkennen, sperrte er sich selber im Apostolischen Palast mit Blick auf den Petersdom ein; er lehnte jede Vereinbarung mit dem neuen italienischen Staat ab und versuchte vergebens, den italienischen Katholiken zu verbieten, an der demokratischen Politik mitzuwirken.

Marcantonio Pacelli hätte nun arbeitslos werden können, wäre er nicht an der Gründung einer neuen vatikanischen Tageszeitung im Jahre 1861 beteiligt gewesen. Der *Osservatore Romano* wurde die «moralische und politische» Stimme des Vatikans, und die subven-

Virginia Pacelli

tionierte Zeitung wird inzwischen in sieben Sprachen veröffentlicht. Inzwischen war Eugenios Vater Filippo, der ebenfalls Kirchenrecht studiert hatte, in Marcantonios Fußstapfen getreten. Auch er erhielt eine Berufung an die Sacra Romana Rota und wurde schließlich Vorsitzender des Kollegiums der Anwälte des Heiligen Stuhls (Konsistorialadvokaten).

Pacellis Eltern hatten 1871 geheiratet. Seine Mutter Virginia Graziosi war eine Römerin und, wie es hieß, eine fromme Tochter der Kirche. Sie war eines von 13 Geschwistern. Zwei ihrer Brüder wurden Priester, und zwei Schwestern nahmen den Ordensschleier. Filippo Pacelli leistete seelsorgerische Arbeit in den Pfarreien Roms und verteilte fromme Pamphlete unter den Armen. Vor allem erinnert man sich an ihn wegen seiner Anhänglichkeit an ein Buch mit dem Titel *Massime Eterne* (Ewige Prinzipien), eine Meditation über den Tod

Filippo Pacelli

von Alfonso Liguori, einem katholischen Moralisten und Heiligen des 18. Jahrhunderts. Filippo verteilte viele hundert Exemplare dieses Büchleins in Rom und führte alljährlich eine Prozession an, die zu einem römischen Friedhof führte, wo die Pilger unter seiner Führung über ihre letzte Bestimmung nachsannen.

Die vatikanischen Anwälte aus dem Laienstand wurden bescheiden entlohnt, und die Pacellis waren nicht wohlhabend. Nach 1870 hatte die Familie allem Anschein nach materielle Not zu leiden. In späteren Jahren erinnerte sich Pacelli, daß es in der Mietwohnung der Familie selbst im tiefsten Winter keine Heizung gab, abgesehen von einem winzigen Öfchen, an dem sich Eltern und Kinder die Hände wärmten.[7] Während nach 1870 viele ihrer Zeitgenossen aus dem Laienstand in die gut bezahlte Verwaltung des neuen Italien eintraten, blieben die Pacellis ihrer Überzeugung treu und lehnten

Vittorio Emanueles Usurpation unverändert ab. In den Kreisen des loyalen, päpstlich gesonnenen Bürgertums war es zeitweilig üblich, aus Protest gegen die Konfiszierung des päpstlichen Patrimoniums nur *einen* Handschuh zu tragen, im Wohnzimmer einen Stuhl gegenüber der Wand zu plazieren, die Fensterläden ständig geschlossen zu halten und die Tür des Palazzos nur halb zu öffnen. Wenn auch die Pacellis keinen eigenen Palazzo besaßen, so gehörten sie doch zu jener Gruppe von Getreuen des Papstes. So wurde Eugenio Pacelli in einer Umgebung tiefster katholischer Frömmigkeit, bescheidenen Anstands und in dem dauerhaften Gefühl großgezogen, daß der Papst tiefes Unrecht erlitten habe. Vor allem aber herrschte in der Familie ein hoher Begriff von der Bedeutung des Rechts. In den Augen der Pacellis waren ihr Papsttum und ihre Kirche von allen Seiten durch die zerstörerischen Kräfte der Moderne bedroht. Nur mit Hilfe der geschickten und universellen Anwendung des Rechts würden Papsttum und Kirche überleben und, wenn die Zeit gekommen war, alle Rückschläge überwinden können.

Die unterdrückte Kirche

In den Jahren nach dem Ersten Vatikanischen Konzil bot sich Pio Nono ein besorgniserregendes Bild der Unterdrückung, wenn er von den oberen Stockwerken des apostolischen Palastes auf die katholische Kirche in der Welt blickte. In Italien wurden Prozessionen und Gottesdienste im Freien verboten, Ordensgemeinschaften aufgelöst, kirchlicher Besitz beschlagnahmt, Priester in die Armee eingezogen. Ein ganzer Strom von Maßnahmen, die vom Heiligen Stuhl verständlicherweise als antikatholisch angesehen wurden, ergoß sich aus der neuen Hauptstadt über das Land: Scheidungsgesetzgebung, Säkularisierung der Schulen, Abschaffung zahlreicher Feiertage.

In Deutschland begann Bismarck teilweise als Reaktion auf das «spaltende» Unfehlbarkeitsdogma seinen Kulturkampf gegen den Katholizismus. Der Religionsunterricht kam unter staatliche Kontrolle, religiöse Orden durften nicht mehr unterrichten; die Jesuiten wurden verbannt, Priesterseminare staatlichen Eingriffen unterworfen, Kirchenbesitz von Laiengremien verwaltet, in Preußen wurde die Zivilehe eingeführt. Bischöfe und Geistliche, die den Kulturkampfgesetzen Widerstand leisteten, wurden mit Geldstrafen belegt, kamen ins Gefängnis, mußten ins Exil. In vielen Teilen Europas sah es nicht anders aus: In Belgien wurden die Katholiken vom Lehrerberuf aus-

30

geschlossen; in der Schweiz wurden religiöse Orden verboten; im katholischen Österreich übernahm der Staat Schulen und führte die Zivilehe gesetzlich ein; in Frankreich regte sich eine neue Welle des Antiklerikalismus. In ganz Europa brachten Autoren, Denker und Politiker – Bovio in Italien, Zola in Frankreich, Bismarck in Deutschland, Gladstone in England – die Überzeugung zum Ausdruck, daß das Papsttum und damit der Katholizismus überlebt sei.

Sogar die entschiedensten Anhänger Pio Nonos begannen den Verdacht zu hegen, daß die lange Dauer seines Pontifikats die Wurzel aller Probleme darstellte. 1876, äußerte sich Erzbischof Manning pessimistisch über die «Dunkelheit, Konfusion, Depression ... Untätigkeit und Krankheit» am Heiligen Stuhl. Doch sahen die Dinge wirklich überall und unwiderruflich so schlimm aus? Hatte der Obskurantismus des alternden Pio Nono im Konflikt mit der unaufhaltsamen Dynamik der Modernisierung das Papsttum, die älteste Institution auf Erden, sterbenskrank gemacht? Vielleicht war ja auch das Gegenteil der Fall. Vielleicht eröffnete der endgültige Verlust der weltlichen Besitztümer des Papstes, in Verbindung mit den Möglichkeiten der modernen Kommunikation, neue Machtchancen, von denen man bislang nicht einmal geträumt hatte? Wenn er je eine derartige Vorstellung gehabt haben sollte, dann hat sich Pio Nono nie klar dazu geäußert, sieht man von seinen letzten Worten ab: «Alles hat sich verändert; mein System und meine Politik passen nicht mehr in diese Zeit, aber ich bin zu alt, meinen Kurs zu ändern; das wird die Aufgabe meines Nachfolgers sein.»[8] Nach dem Tod Pio Nonos 1878 wurde sein Leichnam mit einer Woche Verzögerung zu seiner letzten Ruhestätte in der Basilika San Lorenzo gebracht. Als der Leichenzug sich dem Tiber näherte, drohte eine Ansammlung von antiklerikal eingestellten Römern damit, den Sarg in den Fluß zu werfen. Nur das Eingreifen einer Miliztruppe rettete Pio Nonos Leichnam vor diesem letzten Affront.[9]

So endete das längste und vielleicht turbulenteste Pontifikat in der Geschichte des Papsttums.

Kindheit im «neuen Rom»

Vor dem Hintergrund des trüben Endes von Pio Nonos umkämpftem Pontifikat wurde Eugenio Pacelli am 2. März 1876 in Rom in jener Wohnung geboren, die seine Eltern mit seinem Großvater Marcantonio im dritten Stock der Via Monte Giordano Nr. 3 (der heutigen Via degli Orsini) teilten. Das Gebäude war nur einige Schritte von

der Chiesa Nuova mit ihrem reich verzierten und vergoldeten barok-
ken Inneren entfernt; man erblickt deren Portikus, wenn man sich
dem westlichen Ende des Corso Vittorio Emanuele nähert, ein wenig
von der Straße versetzt. Von der Tür der Wohnung braucht man
gerade einmal fünf Minuten, um an der Brücke Sant' Angelo den
Tiber zu erreichen; in zehn Minuten gelangt man zum Petersplatz.
Eines der vier Geschwister, Pacellis ältere Schwester Giuseppina, war
vier bei Eugenios Geburt, sein Bruder Francesco zwei Jahre alt. Eine
zweite Tochter, Elisabetta, kam vier Jahre später zur Welt.

Das Rom, in das Pacelli hineingeboren und in dem er getauft
wurde, hatte sich äußerlich seit 200 Jahren kaum verändert. Mehr
als die Hälfte des Gebietes, das von den aurelianischen Stadtmauern
umfaßt wurde, prunkte mit Kirchen, Kapellen und Konventen. Zwischen den Ruinen des klassischen Altertums und den verfallenen Vil-
len des Adels lagen Gärten voll immergrüner Eichen, Orangenbäu-
men und großartiger Pinien. Große Teile Roms erinnerten an ein
uraltes Marktstädtchen. Herden von Ziegen und Schafen versammelten sich an den Brunnen und teilten die Straßen und Plätze mit Fuß-
gängern und Wagen. All das sollte sich während Pacellis Kindheit
ändern, als die Stadt in den 1880er Jahren zur Hauptstadt eines neuen
Staates wurde und eine moderne Welt der Technik, der Kommunikation und des Transports ihre uralte Trägheit überwand.

Die Männer aus dem Norden waren angekommen, und sie schufen
die Hauptstadt des neuen Nationalstaats in höchster Eile, auf billige
Weise und mit wenig Rücksicht auf Stil oder Planung. Einige der
architektonischen und künstlerischen Neuerungen waren darauf an-
gelegt, feindselige Signale in Richtung Vatikan auszusenden. Mit dem
Bau des triumphalen «Hochzeitskuchens», des Denkmals für Vittorio
Emanuele, wurde 1885 begonnen, um die Einigung des Landes unter
seinem ersten König zu feiern. Eine martialische Statue Garibaldis zu
Pferde wurde auf dem Gipfel des Hügels Gianicolo aufgestellt, als
solle sie sowohl die neue Hauptstadt als auch die Vatikanstadt beherrschen.

Im Alter von fünf Jahren kam Pacelli in einen Kindergarten, den
zwei Nonnen in der heutigen Via Zanardelli unterhielten. Inzwischen
war die Familie in eine größere Mietwohnung in der Via della Vetri-
na, nicht weit vom Ort seiner Geburt, umgezogen. Er machte seinen
Abschluß auf einer privaten katholischen Grundschule, die sich in
zwei Räumen in der Piazza Santa Lucia dei Ginnasi in der Nähe der
Piazza Venezia befand. Dieses Institut war den Vorlieben seines
Gründers und Direktors, Signor Giuseppe Marchi, ausgesetzt, der die

Gewohnheit hatte, von der Höhe seines Lehrerpultes herab über die
«Hartherzigkeit der Juden» Vorträge zu halten.[10] Ein zeitgenössischer
Biograph Pacellis gibt ohne jede Ironie dazu den folgenden Kommen-
tar: «Dennoch kann man nicht umhin, den weisen, ja pädagogischen
Instinkt zu loben, der sich vom richtigen Vorgefühl leiten ließ, daß
Kindheitseindrücke unverwischbar bleiben.»[11]

Im Alter von zehn Jahren kam Pacelli dann auf das Liceo Quirino
Visconti, eine staatliche Schule mit einer antikatholischen und antiklerikalen Ausrichtung. Sie befand sich im Collegio Romano, dem
früheren Sitz der berühmten Jesuitenuniversität. Eugenios Bruder
Francesco war ihm auf der Schule bereits zwei Jahre voraus. Filippo
Pacelli vertrat offensichtlich die Auffassung, daß es für seine Söhne
von Vorteil sei, aus erster Hand ihre weltlichen «Feinde» kennenzulernen, während sie gleichzeitig die beste klassische Erziehung genossen, die in Rom zu haben war.

Eugenio war nach Aussage der Geschwister, die ihn überlebten,
ein Dickkopf. Spindeldürr und von zarter Konstitution, zeigte er von
frühem Alter an ein beeindruckendes Maß an Intelligenz und Ge-
dächtnisstärke. Er konnte nach Bedarf seitenweise auswendig lernen
und nach Verlassen des Klassenzimmers den Inhalt einer ganzen Unterrichtsstunde Wort für Wort wiedergeben. Er hatte eine Begabung
für die klassischen und modernen Sprachen. Schon in seiner Jugend
wie später auch als Erwachsener besaß er eine auffallend klare, elegante Handschrift. Er spielte Geige und Klavier und begleitete dabei
oft seine Schwestern, die sangen und Mandoline spielten. Er
schwamm gerne, und in den Ferien ritt er auf dem Bauernhof des
Vetters in Onano.

An Anekdoten und schriftlichen Zeugnissen ist wenig erhalten geblieben, was einen Eindruck von den Eltern Eugenios, Filippo und
Virginia Pacelli, vermitteln kann. Man weiß nur, daß sie nach Aussage ihrer jüngsten Tochter Elisabetta Menschen von «großer Recht-
schaffenheit» waren. «Über ihre Lippen kamen immer nur sanfte
Worte», behauptete sie. Virginia hielt ihre Kinder dazu an, mehrmals
am Tag vor einem Marienaltar in der Wohnung zu beten, und all-
abendlich sagte die Familie vor dem Essen gemeinsam den Rosenkranz auf. Es gibt keinerlei Hinweise auf Traumata oder seelische
Entbehrungen in der Kindheit; da er nur drei Geschwister hatte,
konnte sich Eugenio großer Aufmerksamkeit der Eltern erfreuen.

Die Zeugenaussagen im Seligsprechungsverfahren gehen selbstverständlich ausführlich auf Eugenios frühe Frömmigkeit ein. Auf dem
Rückweg von der Schule besuchte er regelmäßig das Bild der Jung-

Eugenio Pacelli
im Alter von
sieben Jahren

frau, das unter dem Namen Madonna della Strada bekannt ist, in der Nähe der Grabeskirche des heiligen Ignatius von Loyola, Il Gesù. Hier schüttete er manchmal zweimal am Tage der Jungfrau sein Herz aus. Selbst als Kind soll er ein ungewöhnliches Maß an Züchtigkeit an den Tag gelegt haben. Seine jüngere Schwester erinnerte sich, daß er niemals einen Raum betrat, wenn er nicht vollständig angezogen war. Er war selbständig, einzelgängerisch und erschien zu jeder Mahlzeit mit einem Buch; nachdem er die Erlaubnis seiner Eltern und Geschwister erbeten hatte, las er dann weiter. Als Jugendlicher ging er sehr gern in Konzerte und ins Theater, wobei er stets ein Notizbuch mit sich führte, um während der Pausen kritische Bemerkungen über die Vorstellung zu notieren. Elisabetta erinnerte sich, daß er gern zugunsten von Missionen oder für die Seelen im Fegefeuer Verse für schmuckreiche Poesiekärtchen verfaßte. Sie berichtet auch, daß er sich selber Entbehrungen auferlegte, etwa den Verzicht auf Fruchtsäfte. Noch als Kind erteilte er dem fünfjährigen Sohn des Hausmeisters des Palazzo Katechismusunterricht.

Er war Meßdiener in der Chiesa Nuova und ministrierte bei den Gottesdiensten eines Vetters, der Priester war, wie es viele Jungen taten, die zum Priestertum bestimmt waren. Als Kind bestand sein liebstes Spiel darin, Priestergewänder anzuziehen und in seinem Schlafzimmer die Messe zu zelebrieren. Seine Mutter ermutigte ihn dazu und gab ihm ein Stück Damaststoff, den er als eine Art Priestergewand benutzen konnte; sie half ihm auch, einen Altar mit Kerzen in Zinnfolie aufzubauen. In einem Jahr spielte er sogar die gesamte Osterliturgie durch. Als eine Tante nicht zur Maiandacht gehen konnte, weil sie krank war, veranstaltete der kleine Eugenio für sie eine Ersatzandacht einschließlich der Predigt.

Seit dem achten Lebensjahr wurde ein Oratorianerpriester namens Pater Giuseppe Lais eine wichtige Gestalt in Eugenios Leben. Wie Elisabetta es schildert, bat ihr Vater Pater Lais, sich um das geistliche Wohl Eugenios zu kümmern. Lais wurde ein ständiger Besucher bei den Pacellis und erstattete den Eltern regelmäßig über Eugenios religiöse Fortschritte Bericht. Es gibt Hinweise darauf, daß diese Beziehung jener Art von besonderer Freundschaft entsprach, wie sie häufig zwischen einem frommen Jugendlichen, der über die Berufung zur Priesterschaft nachdenkt, und einem priesterlichen Vorbild existiert.

Eugenio trug den Einfluß seiner Eltern und Pater Lais' mit sich in die weltliche höhere Schule. Als er einen Aufsatz über eine seiner Lieblingsgestalten in der Geschichte schreiben mußte, soll er sich

Augustinus von Hippo als Thema ausgesucht haben, womit er sich den Spott seiner Klassenkameraden zuzog. Als er versuchte, sich ein wenig über die Geschichte der christlichen Zivilisation auszulassen, ein Thema, das im Lehrplan nicht vorgesehen war, tadelte der Lehrer ihn – und teilte ihm mit, nicht er, der Pädagoge, sei hier, um sich belehren zu lassen.

Zur schmalen literarischen Hinterlassenschaft Pacellis zählen Dutzende von Schulaufsätzen. Sie sind zwar ein wenig affektiert, aber dennoch gut gegliedert und flüssig geschrieben. Einer von ihnen trägt den Titel «Das Zeichen, das im Herzen eingeprägt ist, laß im Antlitz erscheinen», handelt vom «Übel des feigen Schweigens» und bezieht sich auf die Geschichte eines «ehrwürdigen Greises», der sich im Unterschied zu anderen Höflingen weigert, einem tyrannischen König nach dem Munde zu reden. Als der König ihn auffordert, offen zu sprechen, erklärte der alte Held, «ich tue meine Gefühle offen kund, indem ich den lobe, der es verdient, gelobt zu werden, und den tadle, der es verdient, getadelt zu werden, denn das Heucheln widerspricht der Tugend.»[12]

In einem anderen Aufsatz mit dem Titel «Mein Selbstportrait», den er im Alter von 13 Jahren verfaßte, bringt Pacelli eine Selbsteinschätzung zu Papier, die ernsthaft und selbstkritisch zugleich ist. «Ich bin von durchschnittlicher Größe», beginnt er, «meine Gestalt ist schlank und meine Erscheinung dunkel, mein Gesicht recht blaß, mein Haar kastanienfarben und weich, meine Augen sind schwarz und meine Nase ist recht hakenförmig. Über meinen Brustkasten möchte ich nicht viel sagen, er ist wohl nicht allzu robust. Schließlich habe ich zwei lange, dünne Beine und Füße, die kaum klein zu nennen sind.» Aus all dem, so verkündet er dem Leser, sei leicht der Schluß zu ziehen, daß «ich körperlich ein ziemlich durchschnittlicher Jugendlicher bin». Als er dann auf sein «sittliches» Wesen eingeht, gibt er zu, daß sein «Charakter recht ungeduldig und gewalttätig ist», er hoffe aber, daß er «es durch Erziehung schaffen wird, ihn unter Kontrolle zu bringen». Er schließt mit dem Hinweis auf seine «instinktive Großzügigkeit des Geistes» und tröstet sich mit der Überlegung: «Während ich Widerspruch nur schwer ertrage, kann ich leicht jenen vergeben, die mich beleidigen.»[13] Ein Schulfreund Pacellis, der später selber Kardinal wurde, berichtet, der Knabe Eugenio habe «eine Selbstkontrolle besessen, wie sie unter jungen Leuten wirklich selten war».[14]

Unter den Aufsätzen seiner Jugend gibt nur einer, den er im Alter von 15 Jahren geschrieben hat, einen Hinweis darauf, daß er möglicherweise die Depressionen der Adoleszenz kennengelernt hat. Geschrieben in der dritten Person, schildert der Aufsatz «einen Menschen, der ... durch eitle Trugschlüsse geblendet, begonnen hat zu zweifeln ... Aber wer ... wird ihm Flügel geben», so fragt der Autor sich, «damit er sich im Fluge des Adlers von dieser elenden Erde bis zu den höchsten Sphären erheben und jenen bösartigen Schleier zerreißen kann, der ihn überall und immer umgibt?» Am Schluß heißt es: «Er jagt die Hände durchs Haar, schließt die Augen ... Wünscht er sich dann vielleicht den Tod, oder wünscht er sich vielmehr, nicht geboren zu sein?» Der Aufsatz endet mit einem Stoßzeufzer «Mein Gott, erleuchte ihn!»[15] Deutete dies auf eine emotionale Krise hin, die durch ein Übermaß an Lerneifer und jugendlicher Askese ausgelöst wurde? Die dunkle Episode ging vorbei, um sich, soweit wir wissen, niemals zu wiederholen.

Der junge Pacelli entwickelte eine Liebe zur Musik, insbesondere zu den Werken von Beethoven, Bach, Mozart und Mendelssohn, und er interessierte sich für Musikgeschichte. Bereits als Knabe las er zu seinem Vergnügen zahlreiche Werke der Klassiker, und er begann mit dem Aufbau einer eigenen klassischen Bibliothek, die er sein ganzes Leben lang pflegte. Er las Augustinus, Dante und Manzoni mit Genuß, aber am meisten schätzte er Cicero.[16] Seine geistliche Lieblingslektüre war *De Imitatione Christi* von Thomas von Kempen, einem Mönch des 15. Jahrhunderts. Die *Nachfolge Christi*, die sich bis in die 1960er Jahre hinein großer Beliebtheit unter Ordensleuten und sogar unter besonders frommen Weltpriestern erfreute, war auf die asketischen Bestrebungen eines weltabgeschlossenen Mönchtums abgestimmt: Sie ermutigte zu einer Innerlichkeit, die sich direkt, ohne gesellschaftliche Vermittlung, an Gott richtete und betrachtete menschliche Bindungen als Unzulänglichkeiten und Ablenkungen. Dennoch riet das Werk zu Fröhlichkeit, Bescheidenheit und Nächstenliebe allen – insbesondere aber jenen – gegenüber, «die wir am wenigsten mögen». Nach einiger Zeit hatte Pacelli dieses Buch auswendig gelernt. Ein weiterer religiöser Lieblingsautor Eugenios war Jacques-Bénigne Bossuet, der französische Bischof des 17. Jahrhunderts, dessen vornehmer und bestechender Eloquenz Pacelli in den folgenden Jahren nacheiferte. Sein ganzes Leben lang lag ein Werk von Bossuet auf seinem Nachttisch.

Nach Pacellis Tod schrieb Pater Robert Leiber S. J., der 40 Jahre lang sein Sekretär gewesen war, Pacellis Spiritualität habe sich im wesentlichen seit seinen Knabenjahren nicht verändert. «Er ist in seinem persönlichen religiösen Leben eigentlich immer der fromme

Junge von damals geblieben ... (Er) hatte für ungeheuchelte, demütige Frömmigkeit einen feinen Sinn und aufrichtige Verehrung. Seit früher Jugend hegte Eugenio Pacelli eine kindliche Liebe zur Gottesmutter.»[17]

Im Sommer 1894 hatte der Achtzehnjährige die höhere Schule mit einem Diplom, einer *licenza* «*ad honorem*», beendet. Pacelli zog sich dann für zehn Tage zu Exerzitien in die Kirche St. Agnese an der Via Nomentana zurück. Das erste (aber nicht das letzte) Mal führte man ihn durch die «Geistlichen Übungen» des Heiligen Ignatius von Loyola, ein Handbuch frommer Meditation. In den *Exerzitien* des Heiligen Ignatius wird das Leben als Kampf zwischen Satan und Christus betrachtet. Die Teilnehmer an den frommen Übungen werden aufgefordert, klare Entscheidungen über ihre Zukunft zu fällen: entweder den Maßstäben Christi oder jenen des Fürsten der Finsternis zu folgen. Bei seiner Rückkehr teilte Pacelli seinen Eltern mit, er wolle Priester werden. Nach Elisabettas Bericht «stellte diese Entscheidung keine Überraschung dar. In unseren Augen war er bereits als Priester zur Welt gekommen.»

Der Seminarist

Das *Almo Collegio Capranicense*, meist einfach die Capranica genannt, befindet sich in einem abweisend aussehenden Bau auf einem ruhigen Platz im Herzen des alten Rom in der Nähe des Pantheon und nicht mehr als zwanzig Minuten zu Fuß von der Wohnstätte der Pacellis entfernt. Die 1457 gegründete Capranica war und ist noch heute als Ausbildungsstätte vatikanischer Karrieremacher bekannt. Eugenio Pacelli wurde dort im November 1894 immatrikuliert und belegte gleichzeitig einen Philosophiekurs an der nahegelegenen römischen Jesuitenuniversität, der Gregoriana.

Pacelli begann sein Theologiestudium auf dem Höhepunkt des Pontifikats von Leo XIII. – dem 1878 gewählten Nachfolger von Pio Nono. Leo XIII. war ein Konservativer, der an Pio Nonos *Syllabus Errorum* mitgewirkt hatte. Als er gewählt wurde, zählte er bereits 68 Jahre, aber er gab sich dennoch alle Mühe, mit der modernen Welt zurechtzukommen. Die ersten Jahre seines Papsttums waren durch eine Reihe bemerkenswerter akademischer Initiativen gekennzeichnet: die Gründung einer neuen Akademie für Philosophie und Theologie sowie von Zentren für biblische Studien und eines astronomisches Instituts. Zu nennen ist hier auch die Öffnung der vatikanischen Archive für nichtkatholische und katholische Gelehrte gleichermaßen. Unter Leo XIII. wurden historische Sichtweisen, die in der katholischen Forschung der Vergangenheit fast völlig vernachlässigt worden waren, aktiv gefördert.

Als Nuntius hatte Leo ganz Europa bereist und die Arbeits- und Lebensbedingungen in den aufstrebenden Industriezentren kennengelernt. In den achtziger Jahren kamen immer häufiger katholische Arbeitergruppen nach Rom, die nach Führung durch die Kirche Ausschau hielten. Im Jahre 1891 veröffentlichte Leo die Enzyklika *Rerum Novarum* («Von neuen Dingen»), mit der der Papst nach Jahrzehnten auf das *Kommunistische Manifest* sowie auf das *Kapital* von Karl Marx reagierte. Trotz allen Bedauerns über die Unterdrückung, ja Versklavung der Armen durch die Mittel des «Wuchers» in der Hand einer «kleinen Zahl sehr reicher Leute», trotz der Befürwortung gerechter Löhne und des Rechts zur Organisation in (vor allem katholischen) Gewerkschaften sowie – unter gewissen Umständen – von Streiks, lehnte die Enzyklika den Sozialismus ab und äußerte sich nur verhalten zur Demokratie. Klassen und Ungleichheit, so behauptete Leo, seien unüberwindbare Grundgegebenheiten des menschlichen Daseins, genauso wie das Recht auf Eigentum – insbesondere, soweit es das Familienleben fördert und schützt. Den Sozialismus verdammte er als illusorisch und gleichbedeutend mit Klassenhaß und Atheismus. Die gesellschaftliche Ordnung, so lehrte er, sei nicht Menschenwerk, sondern von Gott gegeben.

Im Jahre 1880 hatte er an den Erzbischof von Köln geschrieben: «Die Pest des Socialismus, ... welche so gründlich den Sinn unseres Volkes verdirbt, zieht ihre ganze Kraft aus der Verdunkelung des Verstandes, dem das Licht der ewigen Wahrheit fehlt, und aus dem Verlassen der Lebensregeln, welche die christliche Moral vorschreibt.»[18] Leo glaubte, die Antwort auf den Sozialismus, dieses große Übel der Moderne, bestehe in einer geistigen Renaissance des Christentums, die sich auf Glaube und Vernunft stützte. Diese Wiedergeburt, so verkündete er, müsse sich auf die christliche Philosophie des mittelalterlichen Denkers und Theologen Thomas von Aquin gründen.

Der Thomismus oder Neo-Thomismus, wie er bald nach Leos Enzyklika *Aeterni Patris* (1879) über das Wiederaufleben der Studien über Thomas von Aquin genannt werden sollte,[19] ist eine allumfassende geistige Synthese, welche die Wahrheiten der Offenbarung und das Reich des Übernatürlichen, das physische Universum, die Natur, die Gesellschaft, die Familie und das Individuum zu integrieren versucht. Nach mehr als einem Jahrhundert, in dessen Verlauf die weltlichen Schulen der Philosophie überall in Europa und den Vereinigten Staaten immer subjektiver oder materialistischer geworden waren, schien Leos Entscheidung zur Wiederbelebung der unumstößlichen und überzeitlichen Absolutheiten der thomistischen Philosophie neuen Mut zu verbreiten – der Thomismus erhob sich, wie der Papst meinte, gleich einer strahlenden mittelalterlichen Kathedrale über die Nebel des modernen Skeptizismus. Doch so sehr Leo auch das katholische Akademikertum nach Generationen geistiger Erstarrung mit neuer Energie erfüllt hatte, so sehr begünstigte der neue Aufschwung des Neo-Thomismus auf der Ebene des durchschnittlichen Kandidaten für das Priesteramt eine Wende zur Konformität und Verengung des Denkens. Der Neo-Thomismus verwarf, zumindest in der Form, wie er in den Seminaren der 1890er Jahre gelehrt werden sollte, vieles von dem, was an den modernen Ideen gut und richtig war. 1892, zwei Jahre bevor Pacelli sein Studium an der Gregoriana begann, hatte Leo verkündet, daß der Neo-Thomismus auf allen Priesterseminaren und katholischen Universitäten als «definitiv» gelehrt werden solle. Und wenn Thomas einmal ein Thema nicht behandelt hatte, dann drängte man die Lehrer, Schlußfolgerungen zu ziehen, die mit seinem Denken vereinbar waren. Unter dem nächsten Papst, Pius X., sollte der Neo-Thomismus zu einer Orthodoxie werden, die nahezu an ein Dogma grenzte.

Formung in Einsamkeit

Während das neue geistige Klima in Rom allmählich auf Pacelli einzuwirken begann, erfuhren die Arrangements für seine Ausbildung zum Priester im Sommer 1895 eine seltsame Wendung. Am Ende seines ersten Studienjahres, in dem er hauptsächlich Philosophie hörte, verließ er die Capranica und die Gregoriana. Dennoch setzte er sein Theologiestudium fort. Nach Darstellung seiner jüngeren Schwester Elisabetta war an all dem die schlechte Verpflegung an der Capranica schuld: Sein «überempfindlicher» Magen, der auf eine nervöse, angespannte Konstitution hindeutete, sollte ihn für den Rest seines Lebens quälen. «Die ganze Familie», teilte die Schwester dem Kanonisierungstribunal mit, «strömte jeden Sonntag ins Kolleg, um ihm Extrarationen zu bringen.»[20] Sie berichtet dann knapp, daß es ihrem Vater schließlich gelang, für Eugenio die Erlaubnis zu erhalten, daheim zu wohnen, während er seine Studien an der Universität

Eugenio Pacelli, nach seiner Ordination 1899,
im Alter von 23 Jahren

fortsetzte. Diese Regelung führte dazu, daß Eugenio Pacelli unter den mütterlichen Schutz zurückkehrte und zugleich den Gruppenzwängen der Gleichaltrigen, der strengen Disziplin der Seminarausbildung wie auch dem Gemeinschaftsleben im Kolleg entfliehen konnte. Seine Unfähigkeit, mit den Entbehrungen im Seminar fertig zu werden, hätte für die meisten Kandidaten ein abruptes Ende ihrer priesterlichen Ambitionen bedeutet. Die Pacellis jedoch besaßen mächtige Freunde am päpstlichen Hofe.

Abgesehen von einer Freundschaft zu einer jüngeren Cousine, auf die noch einzugehen sein wird, blieb Pacellis Mutter der Mittelpunkt seines Gefühlslebens. Die wechselseitige Zuneigung zwischen Mutter und Sohn wird in den Aussagen zum Seligsprechungsprozeß allenthalben deutlich. Als Eugenio Pacelli Papst wurde, ließ er das

Kreuz, das er am Herzen trug, mit ihren einfachen Edelsteinen schmücken.

Im Herbst 1895 wurde er für das neue akademische Jahr am Athenäum S. Apollinare immatrikuliert, das nicht weit von seiner Wohnung lag, um Theologie- und Bibelwissenschaften zu studieren. Gleichzeitig ließ er sich an der weltlichen Universität, der Sapienza, die ebenfalls in der Nähe lag, einschreiben, um sich mit Sprachen zu beschäftigen. Seine Verbindung zu diesen Institutionen blieb jedoch rein akademisch, soziale Kontakte knüpfte er nicht. Zu Hause, so berichtet Elisabetta, trug er seine Soutane und seinen Priesterkragen den ganzen Tag über und fuhr fort, vom «Einfluß Pater Lais'» zu profitieren», jener Gestalt also, die sein spirituelles Fortkommen in der Kindheit begleitet hatte. Im Sommer 1896, im Alter von 20 Jahren, reiste er mit Lais nach Paris, um an einem Astronomenkongreß teilzunehmen.

Da er sich im privaten Kreis seiner Familie auf das Priestertum vorbereitete, sind über den Verlauf seiner priesterlichen Erziehung während der nächsten vier Jahre keine aussagekräftigen Einzelheiten bekannt. Sicher ist nur, daß er die Examen bestand, die die Voraussetzungen für den Priesterstand bilden. Am 2. April 1899, im Alter von 23 Jahren, wurde er allein in der Privatkapelle eines römischen Weihbischofs zum Priester geweiht und nicht gemeinsam mit den übrigen Kandidaten der Diözese Rom in S. Giovanni in Laterano. Einmal mehr war er der Gruppe seiner Altersgenossen aus dem Wege gegangen. Am folgenden Tag las er seine erste Messe am Altar der Jungfrau in der Basilika Santa Maria Maggiore, assistiert von Pater Lais.

Pacelli hatte seine theologische Ausbildung mit einem Doktorgrad abgeschlossen (allerdings entspricht der Grad nach heutigen Begriffen eher einem «Lizenziat»). Der Titel wurde auf der Grundlage einer kurzen Dissertation verliehen, die der Nachwelt nicht erhalten geblieben ist, hinzu kam eine mündliche Prüfung in lateinischer Sprache. Im Herbst immatrikulierte Pacelli sich erneut am Athenäum S. Apollinare, um kanonisches Recht zu studieren. Nun betrieb er ernsthafte wissenschaftliche Arbeiten, wie sie von einem fortgeschrittenen Studenten erwartet werden, und geriet dabei wohl unter den Einfluß des Jesuiten und Kanonisten Franz Xavier Wernz, eines Experten für Fragen der kirchlichen Autorität im kanonischen Recht.

Der Einfluß der römischen Jesuiten, die Pacelli als Seminarist und dann sein ganzes späteres Leben lang als seine besonderen Mentoren verstand, ist jedoch aus anderen Gründen bemerkenswert. 1898, als

Pacelli noch damit beschäftigt war, seine Studien für das Priesteramt abzuschließen, befand die *Civiltà Cattolica*, das römische Organ der Jesuiten, Alfred Dreyfus, einen jüdischen Armeeoffizier in Frankreich, dem Hochverrat vorgeworfen wurde, für schuldig. Das Blatt beharrte auch im folgenden Jahr, nachdem sich seine Unschuld erwiesen hatte, auf seiner Schuld. Der Herausgeber der Zeitschrift, Pater Raffaele Ballerini, behauptete, die Juden hätten «alle Zeitungen und Gewissen in Europa» gekauft, um die Freilassung von Dreyfus zu erreichen. In einer furchtbaren Schlußfolgerung verkündete er anschließend, «daß überall dort, wo man den Juden die Bürgerrechte gewähre, der Erfolg entweder der sei, daß Christen ‹ruiniert› wurden, oder der, daß sie dazu übergingen, ‹die fremde Rasse› niederzumetzeln».[21]

Wir wissen nicht, wie weit Pacelli durch diese Ansichten beeinflußt wurde, die von einer einflußreichen Zeitschrift in Rom verbreitet wurden. Doch bietet sich hier ein günstiger Anlaß, eine Skizze der allgemeinen Haltung des Katholizismus gegenüber dem Judentum in Rom am Ende des 19. Jahrhunderts einzufügen.

Katholizismus und Antisemitismus

Es gab bedeutende Unterschiede zwischen dem Rassismus des 19. Jahrhunderts – der durch einen pervertierten Sozialdarwinismus geprägt war – und dem traditionellen christlichen Antijudaismus, der sich von der frühen Christenheit herleitete. Der rassistische Antisemitismus, jene Spielart, die die nationalsozialistische «Endlösung» ermöglichte, gründete sich auf die Vorstellung von einer biologischen Minderwertigkeit der jüdischen Rasse. Von daher rührt die finstere Logik, daß die Ausrottung der Juden Vorteile mit sich bringe, da der Weg zu nationaler Größe über die Rasseeinheit führe. Im Spätmittelalter wurden spanische Juden aus der «reinen» Gemeinschaft christlichen Blutes ausgeschlossen, und im Zeitalter der Entdeckungen wurde über den Status von Eingeborenen in der neuen Welt als «natürliche Sklaven» spekuliert. Aber solche Auffassungen waren niemals Teil der christlichen Orthodoxie geworden. Die Christen hatten, wenn sie sich um Konvertiten bemühten, deren rassische und nationale Ursprünge alles in allem fast immer ignoriert.

Die christliche Abneigung gegenüber den Juden stützte sich auf theologische Überzeugungen, wie sie in der frühen christlichen Kirche verbreitet waren, in der Hauptsache natürlich auf die Auffassung,

43

daß die Juden Christus ermordet hätten; sie galten als Gottesmörder. Die frühen Kirchenväter, die großen Autoren der ersten sechs Jahrhunderte der Christenheit, zählten zu den heftigsten Antijudaisten. «Das Blut Jesu», schrieb Origenes, «kommt nicht nur über die Juden jener Zeit, sondern über alle Generationen von Juden bis ans Ende der Zeiten.» «Die Synagoge ist ein Bordell», verkündete Johannes Chrysostomos, «ein Versteck für schmutzige Bestien ... Noch nie hat ein Jude zu Gott gebetet ... Sie sind von Dämonen besessen.»

Auf dem Konzil von Nizäa verfügte Kaiser Konstantin 325, daß das Osterfest nicht zum jüdischen Pessachfest in Konkurrenz treten solle: «Es ist unschicklich», erklärte er, «daß sich das heiligste aller Feste nach den Sitten der Juden richtet; von nun an wollen wir mit diesem verdächtigen Volk nichts gemeinsam haben ...» Es kam dann zu zahlreichen weiteren Maßnahmen des Kaisers gegen die Juden. Dazu zählten Sondersteuern, das Verbot, neue Synagogen zu bauen, und das Verbot von Mischehen zwischen Juden und Christen. Diese Verfolgung setzte sich während der Herrschaft mehrerer Kaiser fort. Im fünften Jahrhundert war es so weit, daß Juden keine öffentlichen Ämter mehr innehaben durften, Synagogen wurden niedergebrannt, und während der Osterwoche wurden immer wieder Juden angegriffen.

Man mag in diesem Zusammenhang fragen, warum die Christen in jener Frühzeit des christlichen Imperiums nicht alle Juden ausrotteten. Christlicher Überzeugung gemäß sollten die Juden überleben und ihre Wanderschaft in der Diaspora als Zeichen des Fluches fortsetzen, den sie selbst über ihr Volk heraufbeschworen hatten. Von Zeit zu Zeit forderten die Päpste des ersten Jahrtausends Zurückhaltung bei der Verfolgung der Juden, jedoch nie deren Ende oder einen Wandel der Gesinnung. Innozenz III. brachte im 13. Jahrhundert die Sicht der Päpste des ersten Jahrtausends auf eine klare Formel: «Ihre Worte – Möge sein Blut über uns und unsere Kinder kommen – haben eine Erbschuld auf ihr gesamtes Volk geladen, die ihnen folgt wie ein Fluch, wo immer sie leben und arbeiten, wenn sie geboren werden und wenn sie sterben.» Das Vierte Lateranische Konzil, das im Jahre 1215 unter Innozenz zusammentrat, faßte den Beschluß, daß die Juden eine besondere Kopfbedeckung tragen sollten, an der sie zu erkennen seien.

Wenn man ihnen die soziale Gleichheit verwehrte, ihnen den Besitz von Land untersagte, sie von öffentlichen Ämtern und aus den meisten Wirtschaftszweigen ausschloß, hatten die Juden kaum andere Möglichkeiten, als Geldverleiher zu werden, was den Christen nach dem Kirchenrecht verboten war. Es wurde den Juden gestattet, nach streng festgelegten Zinssätzen Geld zu verleihen, und dennoch wurden sie als «Blutsauger» und «Wucherer» geschmäht, die sich angeblich an den Schulden der Christen mästeten.

Das Mittelalter war eine Zeit bis dahin beispielloser Judenverfolgungen. Die Kreuzfahrer hielten es für einen Teil ihres Auftrags, auf ihrem Weg ins Heilige Land Juden zu quälen und zu töten. Konversionen und Taufen unter Zwang waren weit verbreitet, und sie betrafen insbesondere jüdische Knaben. Eines der Hauptziele der neuen Predigerorden war die Judenmission, und es gab Dispute zwischen Franziskanern und Dominikanern über das Recht von Fürsten, als Konsequenz ihrer Herrenrechte über die Sklaven innerhalb ihrer Gebiete die Judenkinder zwangsweise taufen zu lassen. Die Juden waren nach Ansicht der Franziskaner, die sich auf den Theologen Duns Scotus beriefen, nach göttlichem Ratschluß Sklaven, während der Dominikaner Thomas von Aquin behauptete, aufgrund des Naturrechts hätten die Juden ein Recht, ihre Kinder in dem Glauben zu erziehen, den sie für sie bestimmten.[22]

Aber das Mittelalter war auch von jener unheilvollen Entwicklung geprägt, die später unter dem Namen «Blutfrevel» bekannt werden sollte. Vom England des 12. Jahrhunderts ausgehend verbreitete sich sehr schnell der Glaube, die Juden quälten und opferten christliche Kinder. Eng verknüpft damit war der Mythos, daß die Juden geweihte Hostien, das während der Messe zum «Leib und Blut» Christi gewordene Brot, stehlen und damit abscheuliche Freveltaten ausführen. Gleichzeitig gaben die Anschuldigungen über Ritualmorde, Menschenopfer und Hostienschändungen der Überzeugung Auftrieb, das Judentum vollziehe magische Riten, die darauf abzielten, die Christenheit zu erschüttern und am Ende zu vernichten.[23] Mit den Hinrichtungen von Juden aufgrund von Ritualmordvorwürfen ging die Zerstörung ganzer jüdischer Gemeinschaften einher, denen man vorwarf, sie hätten ihre magischen Künste angewandt, um den Schwarzen Tod (die Pest) und andere kleine und große Katastrophen heraufzubeschwören.

Seit dem Beginn der Reformation nahm die Zahl der Ritualmordprozesse ab, und an die Stelle des Mythos vom jüdischen «Blutfrevel» trat die Überzeugung, daß Kindesmorde von Hexen verübt würden. Aber bald darauf institutionalisierte ein Papst des 16. Jahrhunderts, Paul IV., das Ghetto und das Tragen des gelben Judenflecks.

Im Laufe des 18. Jahrhunderts erlangten die Juden schrittweise in jenen Gegenden die bürgerlichen Freiheiten, die am weitesten vom römischen Zentrum des Katholizismus entfernt lagen – in Holland, England und den protestantischen Teilen Nordamerikas –, aber im Kirchenstaat gab es bis weit ins 19. Jahrhundert hinein Unterdrük-kungsmaßnahmen gegen Juden. In der kurzen Phase des Liberalismus unmittelbar nach seiner Wahl ließ Pio Nono, wie wir gesehen haben, das Ghetto auflösen, aber er etablierte es direkt nach seiner Rückkehr aus dem Exil in Gaeta erneut. Es bedurfte der Gründung des italie-nischen Nationalstaats, damit das römische Ghetto abgeschafft wur-de, wenn auch der «Ghettobezirk» als Wohngegend für die ärmeren Juden der Stadt bis zum Ende des Zweiten Weltkriegs fortbestand. Inzwischen schwelte der Antijudaismus weiter und flammte in Rom bis in die Regierungszeit Leos XIII., als Pacelli ein Schuljunge war, gelegentlich auf. Die langlebigste Form des Ressentiments galt dem «Starrsinn» der Juden, jenem Lieblingsthema von Pacellis Lehrer Marchi.

Es gab tatsächlich einen zufälligen Zusammenhang zwischen Pa-cellis Geburtsstätte und dem Mythos von der Hartherzigkeit der Juden, der die Bedeutung von Gewohnheiten für den Fortbestand von Vorurteilen zeigt. In der Via Monte Giordano, der Straße, in der Pacelli geboren wurde, war es über viele Jahrhunderte hinweg Sitte, daß die Päpste hier auf ihrem Weg zur Lateranbasilika eine antijüdische Zeremonie vollführten. Hier pflegte der Pontifex seine Prozession zu unterbrechen, um ein Exemplar der Fünf Bücher Mose aus der Hand des römischen Rabbiners, der von seiner Ge-meinde begleitet wurde, zu empfangen. Der Papst gab den Text dann verkehrt herum zusammen mit 20 Goldstücken zurück und tat kund, daß er zwar das Gesetz Mose respektiere, aber den Starrsinn der jüdischen Rasse verurteile. Es war nämlich eine uralte und feste Überzeugung der katholischen Theologen, daß die Juden nur mit offenem Herzen die Argumente für den christlichen Glauben anhö-ren müßten, dann würden sie auf der Stelle ihren Irrweg erkennen und konvertieren.

Die Frage der jüdischen «Hartherzigkeit» war ein entscheidendes Element im Fall Edgardo Mortara. Als die Eltern des entführten Edgardo persönlich den Papst um die Rückkehr ihres Sohns baten, antwortete Pio Nono, sie könnten ihren Sohn sofort zurück haben, falls sie zum Katholizismus überträten – und dies würden sie selbst-verständlich sogleich tun, wenn sie ihre Herzen für die christliche Offenbarung öffneten. Aber sie weigerten sich und taten dies nicht. Also waren die Mortaras nach Ansicht von Pio Nono an ihrem Leid, das Ergebnis ihrer Starrköpfigkeit war, selber schuld.

Jüdische «Hartherzigkeit» hatte eine Parallele und überlappte sich an gewissen Stellen mit der Auffassung von der jüdischen «Blindheit», wie sie sich beispielhaft an der Karfreitagsliturgie des römischen Meßbuchs zeigt, wenn der Priester für die «treulosen Juden» betet und darum bittet: «Gott, unser Herr, möge den Schleier von ihren Herzen wegnehmen, auf daß auch sie unseren Herrn Jesus Christus erkennen».[24] Dieses Gebet, bei dem der Priester und die Gemeinde es verschmähen niederzuknien, wurde erst durch das Zweite Vatikanische Konzil in den 1960er Jahren abgeschafft.

Da er in einer Familie von Kirchenjuristen aufgewachsen – und Marcantonio Pacelli möglicherweise sogar im Fall Mortara konsultiert worden – war, kannte Eugenio Pacelli sehr wahrscheinlich die Geschichte dieses Judenknaben und die Argumente zur Verteidigung des päpstlichen Verhaltens ebenso, wie er zweifellos von Signor Marchis Bemerkungen im Klassenzimmer beeinflußt war. Die Bedeutung des Vorwurfs jüdischer Blindheit und Ignoranz bestand darin, daß er eine Ansicht verstärken konnte, die vielfach von Katholiken vertreten wurde, die nicht judenfeindlich und schon gar keine Antisemiten waren: Die Juden seien eben an ihrem Unglück selber schuld – eine Auffassung, die katholischen Kirchenfunktionären in den dreißiger Jahren in Deutschland beim Wegschauen half, als der Antisemitismus der Nazis sich verschärfte.

Allerdings kam es unter katholischen intellektuellen Klerikern in Rom während des Pontifikats Leos XIII. auch zu Ausbrüchen extremerer Formen des Antijudaismus. Und dies hatte zweifellos auch Einfluß auf die Kandidaten an den päpstlichen Universitäten. So wurden in einer Artikelserie, die zwischen Februar 1881 und Dezember 1882 in Rom in der *Civiltà Cattolica* erschien, erneut Anschuldigungen wegen «Blutfrevels» erhoben. Diese von Giuseppe Oreglia de San Stefano S. J. verfaßten Artikel behaupteten, die Tötung von Kindern für das Pessachfest sei im Osten «allzu üblich», und die Verwendung des Blutes eines christlichen Kindes entspreche einem allgemeinen Gesetz, «dem das Gewissen aller Hebräer verpflichtet sei». Jedes Jahr «kreuzigen die Juden ein Kind». Damit dieses Blut seinen Zweck erfüllt, «muß das Kind unter Qualen sterben».[25] 1890 wandte die *Civiltà Cattolica* erneut ihre Aufmerksamkeit den Juden zu. Dies geschah in einer Artikelserie, die später als Flugschrift unter dem Titel *Della Questione Ebraica in Europa* («Über die jüdische Frage in Europa», Rom 1891) veröffentlicht wurde. Hier ging es darum, die Umtriebe der Juden bei der Bildung des modernen liberalen Nationalstaats bloßzustellen. Die Juden hätten, so hieß es, «durch ihre

Verschlagenheit» die Französische Revolution angestiftet, um staatsbürgerliche Gleichstellung zu erringen. Dann verschafften sie sich Schlüsselpositionen in den meisten Volkswirtschaften, um diese zu kontrollieren und ihre «gehässigen Kampagnen gegen das Christentum» durchzuführen. Die Juden seien «eine Rasse, die Ekel erregt», «ein faules Volk, das niemals arbeitet oder irgend etwas produziert, das vom Schweiß anderer lebt». Das Pamphlet schloß mit der Forderung nach Abschaffung der «staatsbürgerlichen Gleichheit» der jüdischen Rasse und nach deren Trennung vom Rest der Bevölkerung.

Während es durchaus einen Unterschied zwischen dem rassistischen Antisemitismus und dem religiösen Antijudaismus gibt, exemplifiziert dieser Text, der in Rom während der Schulzeit Pacellis veröffentlicht wurde, eine Unterströmung bösartigster Ressentiments. Daß solche Ansichten von der führenden jesuitischen Zeitschrift, die sich päpstlichen Wohlwollens erfreute, verbreitet wurden, zeigt deren potentielle Reichweite. Derlei Vorurteile waren durchaus mit den rassistischen Theorien zu vereinbaren, deren Konsequenzen in den grauenerregenden Verbrechen der Nazis gegen das europäische Judentum gipfelten. Es ist sogar nicht unwahrscheinlich, daß diese katholischen Vorurteile zu bestimmten Aspekten des nationalsozialistischen Antisemitismus indirekt beigetragen haben.

1908 reiste der junge Adolf Hitler nach Wien. Hier begegnete er den Auffassungen von Karl Lueger, dem Bürgermeister der Stadt und Führer der antisemitischen Christlich-Sozialen Partei, die in den vorangegangenen zwei Jahren einige der Artikel aus der *Civiltà Cattolica* hatte übersetzen lassen. Hitler berichtet in *Mein Kampf*, er habe damals antisemitische Flugschriften gelesen. So ist es denkbar, daß er einige seiner antisemitischen Ideen aus der *Civiltà Cattolica* bezog. Dreißig Jahre später, als *Der Stürmer* eine Artikelserie brachte, in der der längst tot geglaubte Mythos des «jüdischen Ritualmordes» wieder aufgewärmt wurde, fanden sich darin ausführliche Zitate aus der *Civiltà Cattolica*.[26]

2

Leben im Verborgenen

Im päpstlichen Archiv findet sich ein Foto von Leo XIII., dem Papst der Jahre 1878 bis 1903. Er sitzt auf einem Thron, welcher auf einem Podium in den vatikanischen Gärten steht. Der Papst scheint erschöpft und dürr; er erweckt den Eindruck, sich im Einklang mit seiner absoluten monarchischen Autorität zu befinden. Leo XIII. ist von seinen nächsten Helfern unter den Prälaten umgeben, aber nur einer von ihnen sitzt auf diesem Bild – der beleibte Kardinal Mariano Rampolla del Tinaro, Kardinalstaatssekretär und Chefarchitekt der internationalen Politik Leos. Er sitzt auf einem einfachen Stuhl, dabei ist er seitwärts von der Kamera plaziert, als solle vermieden werden, daß er mit seinem Papst den Standpunkt teilt.

Es gibt auch ein fotografisches Portrait Pacellis aus dieser Zeit. Es zeigt einen flehentlich dreinblickenden, sanftäugigen jungen Priester. Im Jahre 1901, zwei Jahre vor Leos XIII. Tod, wurde Pacelli für dessen mächtigen und intimen Hofstaat rekrutiert, wo er die Seilschaften der vatikanischen Bürokratie kennenlernen und sogleich eine herausragende Günstlingsrolle spielen konnte. Wer war er nach fünf Jahren Priesterausbildung, verbracht im Schutze der mütterlichen Wohnung? War er ein formbares Faktotum, ausgewählt wegen seiner Biegsamkeit unter Hunderten von Kandidaten aus den großen römischen Priesterseminaren? Oder war er eine starke und entschiedene Persönlichkeit, die nun aufgrund einer seit langem verfolgten Strategie in ihrem wahren Element angekommen war? Die Ereignisse würden sehr bald Pacellis Stärke offenbaren: seine Fähigkeit, eine Aufgabe in einer Verwaltung zu erfüllen, die sich im Übergang zur Apotheose der päpstlichen Macht befand.

Trotz seines Interesses für soziale Fragen war Leo XIII. eine autoritäre Gestalt, die viele der Maßstäbe setzte, die bis zur Wahl Johannes XXIII. für das übersteigerte Selbstverständnis des Papsttums im 20. Jahrhundert gültig blieben. Von katholischen Besuchern wurde erwartet, bei der Begrüßung zu seinen Füßen zu knien, und während seines Pontifikats sprach er nie auch nur ein einziges Wort zu seinen niederen Dienern. Leo XIII. förderte den Kult um seine eigene Person, wirkte bei der Herstellung massenhafter Farbreproduktionen seines Portraits mit und ermutigte große Pilgergruppen, in die Ewige Stadt zu reisen. Doch es verlangte ihn auch danach, von seiner römischen Freistätte aus einen direkten und konkreten Einfluß auf die Außenwelt auszuüben. Mit häufigen, in blumenreicher Sprache formulierten Enzykliken begründete er die moderne Praxis der ständigen Verkündung päpstlicher Lehren von einem erhabenen Aussichtspunkt herab.

Der päpstliche Einfluß nahm durch die modernen Kommunikationsmittel zu, während die katholische Kirche aufgrund der Missionsanstrengungen wuchs, die katholische Bevölkerung in den Industriezentren sich vervielfachte, und die Einwanderung von Katholiken in der Neuen Welt rasch anstieg. Leo erkannte die Notwendigkeit, mit einer sich dramatisch verändernden Welt Schritt zu halten, und er ergriff Maßnahmen, um die Reichweite seiner Macht zu erhöhen; er wollte sich auf die neuen Entwicklungen durch Stärkung der Verbindungslinien und des Informationsflusses zwischen dem römischen Zentrum und den entferntesten Punkten der Erde einstellen. Als geschulter Diplomat glaubte Leo, der früher Nuntius in Brüssel gewesen war, daß die päpstliche Diplomatie sowohl bei der Durchsetzung der inneren Disziplin in der Kirche als auch bei der Gestaltung der Beziehungen zwischen der Kirche und den Staaten eine entscheidende Rolle zu spielen habe. 1885 baten Spanien und Deutschland Leo um Vermittlung bei einer Auseinandersetzung um den Besitz der Karolineninseln im Pazifik. 1899 versicherten sich Zar Nikolaus II. von Rußland und Königin Wilhelmine der Niederlande seiner guten Dienste bei ihren Bemühungen um eine Friedenskonferenz europäischer Staaten. Leos Ehrgeiz strebte danach, als unabhängiger Vermittler, ja als oberster Richter in weltlichen Angelegenheiten anerkannt zu werden. Die vatikanische Diplomatie im Geiste des Thomas von Aquin betrachtend, legte er 1886 in der Enzyklika *Immortale Dei* die Beziehungen zwischen dem Heiligen Stuhl und den Nationalstaaten dar. Dem Völkerrecht entsprechend erkennen weltliche Staaten gegenseitig ihre Souveränität nicht nur durch Verträge, sondern auch durch den Austausch akkreditierter Repräsentanten an. Der päpstliche Nuntius war nach Leos Ansicht im gleichen Sinne Vertreter der päpstlichen spirituellen Souveränität, wie ein Botschafter der Repräsentant der politischen Souveränität seiner Nation ist. Leo XIII. betrachtete die enigmatische Institution eines nichtstaatlichen, überweltlichen Heiligen Stuhls so, als sei diese spirituelle Macht eine «perfekte Gesellschaft», wie er es ausdrückte – vollkommen in ihrer Integrität und Souveränität. Dank Leos Begeisterung für die Möglichkeiten der päpstlichen Diplomatie und einer tatkräftigen Rekrutierungs- und Ausbildungspolitik unter Führung Rampollas wuchs die Zahl der permanenten Missionen, die beim Heiligen Stuhl akkreditiert waren, von 18 auf 27 an.

Als frisch geweihter Priester diente Eugenio Pacelli als Seelsorger der Schüler des Konventes «Cenacolo» in Rom, und er war ein regelmäßiger Besucher im Konvent Mariä Himmelfahrt in der Nähe der Villa Borghese, wo er die Messe zelebrierte. Zweifellos unter dem Einfluß seines Großvaters, seines Vaters und seines Bruders Francesco arbeitete Pacelli eifrig an seiner Fortbildung im kanonischen Recht in der Erwartung, daß er sehr bald den Ruf erhalten würde, seine «kirchliche Laufbahn» zu beginnen, wie sein Vater es ausgedrückt hatte, als er sich an der Capranica um einen Platz für Eugenio bemühte.

Einzelheiten darüber, wie ein hochrangiger Kirchenmann die Fähigkeiten des jungen Priesters erkannt und ihn engagiert habe, sind Legende geworden.[1] Anfang 1901 war Pacelli eines Abends zu später Stunde zu Hause und spielte Geige, wobei ihn seine Schwester Elisabetta mit der Mandoline begleitete. Plötzlich klopfte es an der Tür, und es erschien Monsignore Pietro Gasparri, der kürzlich erst ernannte Sekretär der Kongregation für außerordentliche Angelegenheiten. Nach dem Bericht seiner Schwester konnte Pacelli seine Überraschung nicht verbergen. Gasparri, damals 49 Jahre alt, ein kurzgewachsener, wohlbeleibter Mann von bäuerlicher Herkunft, genoß bereits wegen seiner Brillanz als Kirchenjurist internationales Ansehen. 18 Jahre lang hatte er am Institut Catholique in Paris den Lehrstuhl für kanonisches Recht innegehabt. Als der Prälat Pacelli einlud, mit ihm im Staatssekretariat zusammenzuarbeiten, erwiderte der junge Priester, es sei stets sein Bestreben gewesen, «als Seelenhirte» zu wirken. Doch nachdem er sich angehört hatte, was der Monsignore über die Bedeutung der Verteidigung der Kirche gegen den Ansturm des Säkularismus und Liberalismus überall in Europa zu sagen hatte, gab er schließlich nach.

Während der nächsten dreißig Jahre sollten Gasparri und Pacelli, in ihrem körperlichen Erscheinungsbild und ihrer gesellschaftlichen Herkunft denkbar verschieden, sozusagen als Tandem während eines Zeitabschnitts zusammenarbeiten, in dem das kanonische Recht und das Recht der Konkordate – der Spielraum der internationalen Beziehungen des Heiligen Stuhls – die Expansion der päpstlichen Macht im 20. Jahrhundert maßgeblich gestalten sollten. 1930 sollte Pacelli schließlich Nachfolger Gasparris als Kardinalstaatssekretär werden, und er blieb auf diesem Posten, bis er Papst wurde.

Einige Tage nach diesem denkwürdigen Besuch wurde Pacelli als *apprendista*, «Auszubildender», in Gasparris Kongregation eingestellt. Bereits einige Wochen später übertrug Leo XIII. persönlich einer offiziellen Darstellung zufolge[2] Pacelli die Aufgabe, ein Kondolenzschreiben anläßlich des Todes von Königin Victoria nach London zu bringen und am Hof von St. James an König Edward VII. zu übergeben. Er war gerade erst 25 Jahre alt und bereits für eine rasche Karriere vorgesehen.

Im Jahre 1902 übernahm er neben seiner vatikanischen Stellung eine Teilzeitaufgabe als Lektor am Athenäum S. Apollinaris. Darauf folgte eine Nebenbeschäftigung an der *Accademia dei Nobili Ecclesiastici*, der Ausbildungsstätte für junge Diplomaten, wo er Zivil- und Kirchenrecht unterrichtete. 1904 erhielt er einen Doktorgrad für eine Arbeit über die Beziehungen zwischen Kirche und Staat. Seine Dissertation konzentrierte sich auf das Wesen der Konkordate, also der Sonderverträge zwischen dem Heiligen Stuhl und weltlichen Staaten. Er legte die Rolle dar, die das kanonische Recht übernimmt, wenn ein Konkordat – aus welchem Grund auch immer – zeitweilig außer Kraft tritt. Die Bedeutung dieser wissenschaftlichen Arbeit wird an späterer Stelle deutlich werden, wenn Pacelli in eine Reihe von Neuverhandlungen über Konkordate hineingezogen wird, die darauf abzielen, die Verträge zwischen Kirche und Staat in Übereinstimmung mit dem neuen Kodex des Kirchenrechtes zu bringen.[3]

Sehr bald wurde er befördert und erhielt die Stellung eines *minutante*; als solcher hatte er die Aufgabe, Zusammenfassungen von Berichten zu schreiben, die aus aller Welt im Staatssekretariat eingingen. Im gleichen Jahr wurde er zum päpstlichen Kammerherrn mit dem Titel *Monsignore* ernannt, und im folgenden Jahr wurde er erneut befördert, als er den Rang eines Hausprälaten erhielt. Zwei Jahre später durfte er erneut nach London reisen, diesmal als Begleiter von Kardinal Rafael Merry del Val, dem spanisch-irischen Kardinalstaatssekretär, zu einem Eucharistischen Kongreß – einer großen Kundgebung von Klerikern und Laien, bei der er in leuchtendem Magentarot durch die Straßen von Westminster schritt.

In den Zeugenaussagen zum Seligsprechungsprozeß ist die Rede von Pacellis enormem Hunger auf Arbeit sowie extremen Liebe für

Ordnung und Disziplin. Die einzige Erholung, die er sich gönnte, war sein täglicher Verdauungsspaziergang nach dem Essen mit dem Brevier in der Hand im Garten der Villa Borghese. Nur ein einziges Intermezzo läßt den Eindruck aufkommen, Don Eugenio könne je ein wenig von seinem wohlbereiteten Pfad abgewichen und während der frühen Jahre seiner Priesterschaft einer emotionalen Gefahr ausgesetzt gewesen sein.

Pacelli hatte eine Cousine, Maria Teresa Pacelli, die Tochter seines Vetters Ernesto, eines anderen Pacelli im Laienstand mit «einem gewissen Einfluß am Heiligen Stuhl». Maria Teresas Eltern hatten sich getrennt – warum, erfahren wir nicht –, und daraufhin wohnte sie ab dem Alter von fünf Jahren bei den Nonnen des Konvents Mariä Himmelfahrt. Etwa im Jahre 1901 fiel Maria Teresa im Alter von dreizehn Jahren in einen *Silenzio Sepolcrale*, ein Grabesschweigen oder eine Depression, zu dem es nach einem Streit zwischen ihrer Mutter und einer der Nonnen gekommen war, die allem Anschein nach während einer Unterrichtsstunde herabsetzende Bemerkungen über den König von Italien gemacht hatte.

Onkel Ernesto beschwor, ohne Maria Teresa davon zu erzählen, Don Eugenio «sie aus ihrem psychischen Versteck herauszuholen», und damit begann eine Beziehung, die fünf Jahre lang gedauert zu haben scheint. Jeden Dienstag gingen der junge Priester und seine Cousine in der Vorhalle der Kapelle des Konvents auf und ab und sprachen mindestens zwei Stunden lang miteinander. Hier war, so berichtet sie, von Dingen die Rede, die unter den Schutz des Beichtgeheimnisses fallen. «Er öffnete mich», erzählte sie dem Seligsprechungstribunal, «und ich habe mich ihm anvertraut.» Aber es geschah noch mehr: Nach Maria Teresa «kamen unsere beiden Seelen zusammen, verbunden durch Gott».[4] Sie entdeckte in Eugenio, so glaubte sie, «einen anderen Christus». Doch als die junge Frau 18 Jahre alt war, wurde ihr Vater mißtrauisch und sorgte für ein Ende der Beziehung. «Mein Vater», so stellt sie die Dinge dar, «begriff diese Diskretion und Geheimhaltung nicht, noch verstand er die edle Integrität von Don Eugenio.» Pacelli, so Maria Teresa, «akzeptierte diese Erniedrigung voller Bedauern, und ich verlor einen Beistand sowie eine einzigartige sittliche und geistliche Führung». Das nächste Mal sah sie ihn erst viele Jahre später bei einer päpstlichen Sonderaudienz wieder: «Er ging an mir vorbei: sein Auftreten war offen, bescheiden, demütig, zurückhaltend, aber fröhlich und wie immer durch Schlichtheit geprägt. Von ihm strahlte die Reinheit eines Menschen aus, der in der Gegenwart Gottes lebt. Und alle Mädchen im

Konvent pflegten zu sagen – ‹Wer kann ihn anschauen, ohne ihn zu lieben!›»[5]

Abgesehen von solchen Mosaiksteinen gibt es nicht genug überlieferte Einzelheiten, um Eugenio Pacellis Charakterentwicklung erfassen zu können. Dagegen hat sich in den letzten Jahren ein klareres Bild von einer Reihe innerkirchlicher Erschütterungen ergeben, die Pacelli vom Epizentrum des Vatikan aus erlebte. Die Tatsache, daß er durch diese Krise hindurch seine Favoritenstellung behielt – und weiterhin befördert wurde, während andere abgeschoben wurden –, verrät uns viel über seine Diskretion, seine Flexibilität und seine Überlebenskunst. Die Krise, von der hier die Rede ist, wird gemeinhin als Feldzug gegen den Modernismus bezeichnet. Daß Pacelli davon unmittelbar betroffen war, steht außer Zweifel.

Papst Pius X.

In den ersten Tagen des Juli 1903 gestand Leo XIII., nunmehr 93 Jahre alt, sich schließlich ein, daß er bald sterben würde. Während der nächsten beiden Wochen schwärmten Scharen von Prälaten und anderen Besuchern durch die päpstlichen Gemächer, während sich draußen auf dem Petersplatz die Menschen versammelten. Doch Leo hing am Leben. Schließlich verbreitete sich das Gerücht, er habe sich wie durch ein Wunder wieder aufgerafft und werde bald zurück an die Arbeit gehen. Am Morgen des 20. Juli verlangte Leo Schreibzeug und Papier und begann tatsächlich damit, lateinische Verse zu Ehren des heiligen Anselm zu verfassen. Um vier Uhr nachmittags jedoch verschied er bei einem Erstickungsanfall.

Der Leichnam wurde erst am nächsten Tag einbalsamiert, und da es sehr heiß war, wurde diesmal auf das übliche Zeremoniell verzichtet, und die nackten Füße des Papstes blieben ungeküßt. Nach Vollendung der althergebrachten, komplizierten Begräbnisriten, bei denen der päpstliche Leichnam dreimal in verschiedene Särge gelegt werden mußte, waren die *sampietrini*, jene Männer, die die Aufgabe hatten, den Sarg in die Gruft herabzulassen, gezwungen, diesem einen heftigen Fußtritt zu versetzen, damit er an Ort und Stelle gelangte. Giuseppe Sarto, der Patriarch von Venedig, beobachtete den Zwischenfall voller Entsetzen und bemerkte zu einem Priesterkollegen: «Sieh an, so enden Päpste.»[6]

Die Kardinäle begaben sich im darauffolgenden Monat vom 1. bis zum 4. August ins Konklave, und es wurde allgemein erwartet, daß

Rampolla, der Mann, der für eine Fortsetzung der Politik Leos XIII. stand, zum Papst gewählt werden würde. Während des Konklaves brachte Kaiser Franz Joseph von Österreich, der über ein Vetorecht verfügte, jedoch seine Bedenken gegen den ehemaligen Kardinalstaatssekretär zum Ausdruck. Allem Anschein nach stieg als Reaktion auf diesen Einmischungsversuch zunächst die Unterstützung für Rampolla, dann ebbte sie jedoch wieder ab. Am Ende ging die Tiara an Giuseppe Sarto, der in den Machtstrukturen des Vatikans und der Kurie vollkommen unerfahren war. Er nahm den Namen Pius X. an. Zum letzten Mal in der Geschichte der Papstwahlen hatte eine weltliche Institution interveniert. Der neue Papst sorgte dafür, daß Einwirkung von außen niemals wieder zugelassen würde. Einerseits hatte die Kirche als souveräne Gemeinschaft so schließlich jene «Vollkommenheit» erreicht, nach der Leo XIII. so eifrig gestrebt hatte. Andererseits war damit die letzte Spur von säkularem Pluralismus aus dem Prozeß der Papstwahl getilgt.

Der sechsundsechzigjährige Sarto war das Gegenteil seines eher zurückhaltenden und aristokratischen Vorgängers. Er war der Sohn eines Postbeamten und einer Näherin aus Venedig. Indem es ihn wählte, entschied sich das Konklave der Kardinäle für einen pastoral orientierten Papst, einen Mann des Gebets und außerordentlicher Frömmigkeit, der einen großen Teil seines Priesterlebens als Seelsorger, als Gemeindepfarrer, als geistlicher Direktor eines Seminars und als Diözesanbischof verbracht hatte.

Sarto strebte danach, das spirituelle Leben der katholischen Kirche zu erneuern. Er wollte eher eine echte persönliche Frömmigkeit als eine bloß äußerliche Zurschaustellung von Religiosität fördern, und er wollte jungen Menschen ein Gefühl für religiöse Erfahrungen vermitteln. Sein Motto lautete: «Alles in Christo erneuern». Im Laufe seines Pontifikats, das von 1903 bis 1914 dauerte, ermutigte er dazu, die Unterweisung im Katechismus und die Spendung der Kommunion zu routinemäßigen Bestandteilen des Gemeindelebens zu machen. Er setzte das Alter, in dem Kinder frühestens «den Leib des Herrn» empfangen können von elf auf sieben Jahre herab, und dies führte zu den volkstümlichen Feiern der Ersten Heiligen Kommunion mit ihren weißen Kleidern, Schärpen, Geschenken und Familienfesten.

Pius X. umgab die Aura eines frommen, hingebungsvollen Pastors, doch er betrachtete alle intellektuellen und modernen Dinge mit Mißtrauen. Seine Frömmigkeit, die keinem verborgen blieb, der mit ihm in Berührung kam, wurde allerdings noch von seinem «heiligen

Zorn» übertroffen. Wo Leo XIII. den Eindruck erweckt hatte, sich auf die moderne Welt einzulassen und mit ihr zu arrangieren, wandte sich Sarto von ihr ab. Er förderte die Herrschaft eines ängstlichen Konformismus, der sich auf Seminaristen, Theologen, Priester, Bischöfe und sogar Kardinäle nachhaltig auswirkte.

Die Modernismuskrise

Einige Wochen nach der Amtseinführung Pius' X. wurde der Beginn des akademischen Jahrs 1903 am wichtigsten Mailänder Diözesanseminar durch eine Antrittsvorlesung von Pater Antonio Fumagalli vor den versammelten Kandidaten und Professoren in Gegenwart des Kardinalerzbischofs begangen.[7] Pater Fumagalli forderte alle Anwesenden auf, wachsam gegenüber einem intellektuellen Gift zu sein, das in Frankreich seine schädliche Wirkung entfalte und sich nun auch in Italien ausbreite. Er bezog sich dabei auf eine Reihe von Vorstellungen, die zusammenfassend als «Modernismus» bezeichnet und von gewissen katholischen Gelehrten in Frankreich im Widerspruch zu den Lehren des Heiligen Thomas von Aquin vertreten wurden. Diese französischen Theologen behaupteten, es existiere eine unüberbrückbare Kluft zwischen den natürlichen und dem übernatürlichen Wissen. Ihre Sichtweise, so Pater Fumagalli, laufe darauf hinaus, die katholische Rechtgläubigkeit und den Glauben frommer Katholiken zu unterminieren. Die bösen Folgen seien Relativismus und Skeptizismus sowie die Behauptung, die Inhalte der Bibel seien nicht im wörtlichen Sinne wahr.

Wenn man sich nach einem Jahrhundert in der Rückschau mit dieser Kontroverse beschäftigt, erscheint es angemessen, die modernistischen Angeklagten nicht in erster Linie als progressive, liberale Neuerer zu beschreiben, sondern als Autoren und Denker, die versuchten, «das katholische Leben, Denken und Glauben wieder mit den Kräften zusammenzuführen, die die Kultur jener Zeit prägten».[8] Die Furcht vor modernen Einflüssen in der Kirche hatte sich während des Pontifikats Leos XIII. auf eine ähnlich heterogene Gruppe von Modernisierern in Amerika konzentriert. Diesen transatlantischen «Modernisten» (von ihren Kritikern Amerikanisten genannt) ging es vor allem darum, Katholizismus und Demokratie in Einklang zu bringen. Traditionalisten in den Vereinigten Staaten und in der römischen Kurie befürchteten deshalb, hiervon könne ein Ruf auch nach Demokratisierung innerhalb der Kirche ausgehen. Leo hatte

sich in einem Hirtenbrief im Januar 1899 entschieden dagegen ausgesprochen. «Der religiöse Amerikanismus», so schrieb der Papst,
«bedeutet eine größere Gefahr und ist um so feindseliger gegenüber
der katholischen Lehre und Disziplin, da die Anhänger dieser neuen
Tendenzen die Auffassung vertreten, eine gewisse Art von Freiheit
solle auch in der Kirche eingeführt werden.»[9] Der «Amerikanismus»
starb angesichts des ersten kalten Hauchs päpstlicher Mißbilligung
einen plötzlichen Tod.

Das «Gift» des europäischen Modernismus hatte bereits in den
1870er Jahren mit den Lehren und Werken von Louis Duchesne,
Professor am Institut Catholique in Paris, zu wirken begonnen. Der
Gelehrte stellte die Auffassung in Frage, daß Gott direkt in die An-
gelegenheiten der Menschheit eingreife. In den frühen 1890er Jahren
ging Duchesnes Schüler, der katholische Priester und Gelehrte Alfred
Loisy, noch weiter. Er bestritt nämlich, daß jede Zeile der Heiligen
Schrift wörtlich und nicht nur bildlich wahr sei. In seinem Buch
L'Évangile et l'Église, das 1902 erschien, betonte Loisy, es sei wichtig,
die Kirche aus gesellschaftlichen, symbolischen und «organischen»
Perspektiven zu erforschen, und zwar gerade deshalb, weil nur so
den vorherrschenden liberalen, protestantischen Ideen entgegengetre-
ten werden könne. Aber was auch immer Loisys Intentionen gewesen
sein mögen, seine Arbeiten provozierten wie diejenigen Duchesnes
den Zorn der Kurie, die alle derartigen Auffassungen, selbst wenn
sie vorgaben, die Kirche zu verteidigen, als gefährliche Herausforderungen der katholischen Glaubenslehre und der römischen Autorität
betrachtete. Das Buch wurde dennoch von einer großen Zahl französischer Seminaristen und Lehrer, die daraufhin als Modernisten
gebrandmarkt wurden, mit Begeisterung begrüßt. Es wurde auch in
England von dem Theologen Friedrich von Hügel sowie von dem
Jesuiten George Tyrrell willkommen geheißen. Tyrrell zog dadurch
so großen römischen Zorn auf sich, daß es reichte, um ihm ein
christliches Begräbnis zu verweigern. Schließlich wurden fünf Bücher
Loisys auf den Index gesetzt. Nun aber mußte das «Gift», von dem
man behauptete, es verbreite sich in der Kirche, beseitigt werden.

Der Mann, der für Pius X. den Feldzug gegen den Modernismus
leitete, war Monsignore Benigni. Er arbeitete im Herzen des Vatikans, in der Abteilung für außerordentliche Angelegenheiten im
Staatssekretariat. Umberto Benigni verfügte über viel Charme und
Energie und hatte sowohl das Vertrauen der führenden Kardinäle als
auch das des Papstes für sich gewonnen. Er sollte jene, die des Modernismus verdächtig waren, mit unbeirrbarem Eifer zur Strecke

bringen. Obwohl er Kirchengeschichte studiert und zeitweise sogar Vorlesungen darüber in einem der römischen Seminare gehalten hatte, verurteilte er einmal eine Gruppe von angesehenen Historikern als Männer, für die die «Geschichte nichts als ein fortwährender, verzweifelter Versuch ist, sich zu erbrechen. Für Menschen dieser Art gibt es nur ein Heilmittel: die Inquisition.»[10]

Benigni führte ein Doppelleben. Am Morgen arbeitete er im Vatikan als Untersekretär in der Abteilung für außerordentliche Angelegenheiten im Staatssekretariat. Am Nachmittag und am Wochenende leitete er von seiner Privatwohnung aus den Geheimdienst, der unter dem Namen *Sodalitium Pianum* bekannt geworden ist. Darüber hinaus stand er an der Spitze einer katholischen Nachrichtenagentur und einer katholischen Zeitung. Daher verfügte er über die modernsten Medientechniken, um seinen Spionagedienst zu leiten. Er organisierte die antimodernistische Propaganda und sammelte durch ein Netzwerk von Mitarbeitern und Korrespondenten Informationen über «Missetäter».

Zahllose Seminaristen, Seminarlehrer, Seelsorger, Gemeindepriester und Bischöfe wurden wegen Irrlehren «angezeigt» oder gemeldet, und die Einzelheiten wurden in gewaltigen Aktenbeständen festgehalten. Sogar Kirchenfürsten waren dagegen nicht gefeit. Die Kardinalerzbischöfe von Wien und Paris wurden «angezeigt», desgleichen die gesamte Gemeinschaft der Dominikaner an der Universität Fribourg in der Schweiz. Die «Vergehen» reichten von zustimmenden Äußerungen über «christliche Demokratie» bis zu der Anschuldigung, eine liberale Zeitung abonniert zu haben. So wurden Vorwürfe gegen Leute erhoben, die Zweifel an der «Wahrheit» verbreitet hatten, daß die Engel, die bei der Geburt Christi in Nazareth zugegen waren, in die Stadt Loreto weitergezogen seien. Eine zufällige Bemerkung im Refektorium oder im Gemeinschaftsraum der Seminaristen, die Tatsache, daß man in Begleitung von jemandem gesehen wurde, der unter dem Verdacht des Modernismus stand, konnten ebensosehr wie die Abhaltung einer Predigt mit unorthodoxer Tendenz zu einer Denunziation führen, worauf die Versetzung von einem Posten mit akademischer Verantwortung in eine abgelegene Dorfpfarrei folgte. Und wem konnte man vertrauen, wenn Studenten und sogar alte Freunde mit Benignis Spionagenetz vielleicht aus Überzeugung, vielleicht aus Karrierestreben zusammenarbeiteten.

Da wir keine entsprechenden Quellen besitzen, können wir nur Vermutungen darüber anstellen, wie der junge Kurienbürokrat Pacelli durch den antimodernistischen Feldzug beeinflußt wurde, der die Kirche bis in ihre Grundfesten erschütterte und eine geistige Enge und Ängstlichkeit auslöst, die mehr als ein halbes Jahrhundert andauern sollte. Wie die Dokumente für seinen Kanonisationsprozeß zeigen, war Pius X. letztendlich persönlich für dieses geistige Kesseltreiben verantwortlich. So berichtet sein persönlicher Sekretär: «Der große Kampf gegen den Modernismus, der mit soviel Energie und Effizienz angegangen und durchgeführt wurde, wurde trotz eines beträchtlichen Maßes an Widerstand und Protesten von Pius X. persönlich geleitet und unterstützt.» Pius' X. Haltung gegenüber den Modernisten wurde im Laufe der Zeit immer ungeduldiger. «Sie möchten, daß man sie mit Öl, Seife und Liebkosungen behandelt», bemerkte er einmal und bezog sich damit auf jene, die Mitleid gegenüber den vermeintlichen Übeltätern empfanden. «Aber man sollte sie mit Fäusten schlagen. Beim Zweikampf kann man die Schläge nicht zählen oder messen, man schlägt zu, wie man kann. Einen Krieg führt man nicht mit Nächstenliebe: und hier geht es um einen Kampf, ein Duell.» Es kann nicht überraschen, daß der Papst bereit war, Benignis bemerkenswerte Maßnahmen zur Verfolgung und Vernichtung des angeblichen Feindes zu billigen.

In seiner Vorlage für den Heiligsprechungsprozeß Pius' X. beurteilte Pietro Gasparri, Pacellis Chef und enger Vertrauter während jener Jahre, die persönlichen Initiativen Pius' X. bei dieser Kampagne sehr kritisch. «Papst Pius X.», teilte Gasparri dem Tribunal mit, «billigte, segnete und ermutigte einen geheimen Spionagedienst außerhalb und oberhalb der Hierarchie, der gegen Mitglieder der Hierarchie selbst und sogar gegen Ihre Eminenzen, die Kardinäle, spionierte. Kurzum, er billigte, segnete und ermutigte eine Art von Freimaurertum innerhalb der Kirche, und dies war etwas, was es bislang in der Kirchengeschichte nicht gegeben hatte.»[11]

Als die Verfolgung sich ausweitete, gab Pius X. wiederholt Warnungen heraus und ließ immer mehr Werke auf den Index der verbotenen Schriften setzen. Am 17. April 1907 hielt er eine Allokution gegen die «Rebellen», die angeblich danach strebten, die katholische Glaubenslehre und die Beschlüsse der Konzile zu verwerfen und «sich den Zeiten anzupassen». Ihre Irrtümer, so behauptete er im Rahmen einer maximalistischen Definition des Modernismus, seien «nicht eine Ketzerei, sondern eine Zusammenfassung und das Gift aller Ketzereien».[12] Am 3. Juli 1907 publizierte er das Dekret *Lamentabili*, in dem er 65 modernistische Auffassungen verdammte, beispielsweise die Irrlehre, daß «der historische Christus weit unter dem Christus steht, der Gegenstand des Glaubens ist». Er verwarf auch die Auffassung, der Katholizismus könne nur dann mit der wahren Wissenschaft versöhnt werden, wenn er in ein nichtdogmatisches Christentum umgewandelt werde, also in einen breiten und liberalen Protestantismus. Zwei Monate später gab er unter dem Titel *Pascendi* seine Enzyklika gegen den Modernismus heraus.

Diese Enzyklika[13] ist von entscheidender Bedeutung für die Geschichte der katholischen Kirche im 20. Jahrhundert, denn sie bildet die Grundlage für einen großen Teil der dogmatischen und zentralistischen Tendenzen in den päpstlichen Lehrauffassungen bis zum Zweiten Vatikanischen Konzil der 1960er Jahre. Gleichzeitig definiert sie darüber hinaus die Machtverhältnisse zwischen dem Papsttum und der Gesamtkirche durch die Ideologie vom päpstlichen Primat. Ein für alle Mal macht sie unzweideutig klar, daß geistige Fragen innerhalb der katholischen Kirche keine Sache gelehrter Diskussionen, sondern eine moralische Angelegenheit sind, die durch die päpstliche Autorität entschieden werden. Wie damals mit einem Wort von Alfonso Liguori gesagt wurde: «Papstes Wille, Gottes Wille.»

In der Zwischenzeit äußerte sich Pius X. auch mit scharfen Worten über die «Irrtümer» des «Amerikanismus», den er in den Vereinigten Staaten noch immer am Werk glaubte. Der Papst spielte darauf an, daß der «Amerikanismus» ein Vorläufer des Modernismus gewesen sei, und erklärte, daß die Modernisten «in moralischen Fragen das Prinzip der Amerikanisten übernehmen, daß Handeln tugendhafter als Erdulden sei, und dies gelte theoretisch wie praktisch».[14] Bei ihren Versuchen, sich von allen Elementen des Modernismus zu distanzieren, ermutigten die Angehörigen der amerikanischen kirchlichen Hierarchie nun die Kirche in den Vereinigten Staaten, sich in eine «passive» geistige Stagnation fallen zu lassen, aus der sie sich dreißig Jahre lang nicht erheben sollte.

Drei Jahre später veröffentlichte Pius X. als letzten Nötigungsakt am 1. September 1910 eine Direktive[15], die alle Ordinanden und Priester in Lehr- und Verwaltungsstellungen darauf verpflichtete, einen Eid abzulegen, den Modernismus zu verwerfen und die Aussagen von *Lamentabili* und *Pascendi* zu unterstützen. Dieser Antimodernisteneid, der bis heute in modifizierter Form von allen katholischen Priesteramtskandidaten verlangt wird, schreibt die Akzeptanz aller päpstlichen Lehren vor, und zwar in der Bedeutung und dem Sinn, die der Papst ihnen gibt. In einem neueren Kommentar zur Autorität des Papstes formuliert Pater Paul Collins dies so: «Es gab keinerlei Möglichkeit für irgendeine Form der Abweichung, nicht einmal für einen inneren Vorbehalt. Das Gewissen desjenigen, der diesen Eid schwor, war nicht nur gezwungen zu akzeptieren, was Rom beabsichtigte, sondern er mußte dies sogar in dem Sinne tun, wie Rom es interpretierte. Dies stand nicht nur im Gegensatz zum traditionellen katholischen Verständnis von der Bedeutung des Gewissens, es war darüber hinaus eine Form von Gedankenkontrolle, die selbst unter faschistischen und kommunistischen Regimen nicht ihresgleichen hatte.»[16] Diese Atmosphäre des Mißtrauens beherrschte die unmittelbare Umgebung, in der Pacelli lebte, als er die schlüpfrige Leiter der vatikanischen Bürokratie hinaufkletterte.

Die Kurie baute durch die detaillierte Beschreibung der modernistischen Konspiration mehr oder weniger ein Phantom auf. Keineswegs imaginär aber war die päpstliche Furcht vor der modernen Welt, das Entsetzen angesichts zentrifugaler Gewalt, das Pius X. zu Anfang des neuen Jahrhunderts in eine Haltung getrieben hatte, die selbst moderaten Aspekten der gesellschaftlichen und politischen Moderne unversöhnlich gegenüberstand.

Man kann unmöglich sagen, wie diese Kampagne Pacelli persönlich beeinflußte – ob er durch Vorsicht jedem Verdacht aus dem Wege ging oder ob er ein stiller Parteigänger der Verfolgung wurde. Es ist jedoch offensichtlich, daß die herrschende Atmosphäre des Mißtrauens seine Fähigkeit steigerte, sich einer verschleiernden und umschreibenden Sprache zu bedienen. Pacellis Verteidiger haben darauf hingewiesen, daß er als Papst viele Jahre später bereit war, einem exkommunizierten Modernisten zu vergeben.[17] Während Pacellis älterer Kollege Gasparri Pius X. Verhalten ganz offensichtlich verabscheute, war es Pacelli, der als Pius XII. am 29. Mai 1954 Pius X. als großen Heiligen der Kirche kanonisierte und dabei frohlockte: «Himmlische Freude überströmt Unser Herz.»[18]

3

Päpstliche Machtspiele

Pius X. wird wegen seiner pastoralen Fürsorglichkeit verehrt, und wegen seiner Kampagne gegen den Modernismus bis heute von Liberalen verurteilt. Viel weniger aber erinnert man sich an ihn aufgrund eines Projektes, das vielleicht das wichtigste Ereignis in der neueren Geschichte der katholischen Kirche darstellt – die Abfassung, Verkündung und Veröffentlichung eines katholischen Gesetzbuches, das als Codex Iuris Canonici von 1917 bekannt wurde. Dieser Text, mit dessen Erarbeitung 1904, also zeitgleich mit der Einführung des Antimodernismuseids begonnen wurde, sollte das Instrument werden, mit dessen Hilfe der Heilige Stuhl die neue, ungleiche und beispiellose Machtbeziehung, die sich zwischen Papsttum und Kirche ergeben hatte, durchsetzte und auf Dauer aufrechterhielt. Die wichtigsten Architekten dieses Gesetzesgebäudes waren Gasparri und Pacelli, wobei sie sich auf die Mitarbeit von 2000 Gelehrten und 700 Bischöfen in aller Welt stützen konnten. Diese Aufgabe sollte Pacelli dreizehn Jahre lang beschäftigen.

Das kanonische Recht, das Korpus der internen Gesetze der katholischen Kirche, hatte sich über viele Jahrhunderte hinweg zu einem Dschungel von Dekreten, Regeln und Verfügungen ausgewachsen, die meist eher nach Daten als nach Themen geordnet waren und sich in vielfältiger Weise lokal unterschieden. Der Gedanke, in dieses juristische Dickicht Ordnung zu bringen, wurde zunächst von Pio Nono an die Kurie herangetragen, aber weitere Entscheidungen auf diesem Feld wurden bis zum geplanten Ersten Vatikanischen Konzil verschoben, das sechs Jahre später stattfand. Der Ausbruch des deutsch-französischen Krieges und die einstweilige Aussetzung des Konzils am 20. Oktober 1870 verzögerten die Entscheidung über die Erneuerung des kanonischen Rechts um weitere dreißig Jahre.[1]

Die Entscheidung, einen Kodex zu schaffen und nicht nur eine bloße Zusammenstellung oder Sammlung von bestehenden Bestimmungen, war von großer Bedeutung. Kodifizierung bedeutet stets auch Abstraktion, das Einpassen von Gesetzen in knappe Formeln, abgelöst von ihren historischen und gesellschaftlichen Ursprüngen. Seit dem Code Napoléon von 1804 (der eine große Rolle bei der «Modernisierung» der französischen Gesellschaft spielte) war die Kodifizierung geradezu – vor allem in der Schweiz, Deutschland und Italien – zu einer Mode geworden. Paradoxerweise bediente sich ausgerechnet der Antimodernist Pius X. der Kodifizierung des Kirchenrechts als Akt der Modernisierung: Es ging um Herstellung von Konformität, Zentralisierung, Disziplin.[2] Der Kodex sollte weltweit ohne lokale Abweichungen oder Zugeständnisse angewandt werden. Er beschrieb die Linien der Autorität und enthielt feste Bestimmungen, Regeln und Strafen: Er änderte die Machtstellung des Papsttums und damit auch das Bewußtsein dessen, was es bedeutet, Papst zu sein und Katholik. Der neue Kodex, mit den modernsten Techniken gedruckt und verbreitet, ging über alle kulturellen Grenzlinien hinweg an jeden katholischen Priester in der Welt. Seine Überzeitlichkeit und Universalität verlieh einer neuen und beispiellosen Auffassung von höchster päpstlicher Autorität ewige Gültigkeit.

Nach Ulrich Stutz, einem berühmten protestantischen Kirchenrechtler jener Zeit, hatte die ideologische Bedeutung des neuen Kirchengesetzbuchs enorme Auswirkungen auf die Zukunft der katholischen Kirche. «Nachdem dem Papsttum», schrieb er mit einer Offenheit, die sich seine katholischen Kollegen nicht erlauben konnten, «auf dem Gebiete des Glaubens und der Sitten die Unfehlbarkeit zugesprochen worden ist, hat es auf dem Gebiete des Rechtes ganze Arbeit gemacht und der Kirche ein zusammenfassendes, die innerkirchlichen Verhältnisse erschöpfend und einheitlich regelndes Gesetzbuch, einen *unicus et authenticus fons* für Verwaltung, Rechtsprechung und Rechtsunterricht geschenkt, wie sie es in ihrem bald zweitausendjährigen Bestande bisher nicht besaß.»[3]

An der Spitze der pyramidenförmigen Hierarchie stand der Papst, dessen Supremat in Kanon 218 beschrieben wurde: «Der römische Papst, des Heiligen Petrus Nachfolger im Primat, hat nicht nur ein Ehrenprimat, sondern die höchste und umfassendste iurisdiktionelle Vollmacht in der universellen Kirche, in Angelegenheiten des Glaubens und der Sitten sowie auch in jenen, die sich über die Disziplin und Verwaltung der Kirche in der ganzen Welt erstrecken.» Unter den Auspizien dieser einzigen Spitze der Hierarchie regelte und koordinierte der Kodex das gesamte Leben der Kirche sowie ihre Beziehungen zum Papsttum und zur römischen Kurie, die Pius X. gleichzeitig einer gründlichen Reform unterzog.[4]

Theoretisch hatte die päpstliche Kommission für das kanonische Recht keinerlei Befugnis, neues Recht zu setzen. Aber wie wir noch sehen werden, sollte es als Ergebnis des Abstraktionsprozesses bedeutsame Nuancen und neue Schwerpunktsetzungen geben. Während Rom einseitig seine Unabhängigkeit von allen weltlichen Einflüssen erklärt hatte, war es offensichtlich, daß parallel ein Transfer der Autorität von den örtlichen Diözesen auf die römische Zentrale im Gange war.

Zu den wichtigen neuen Akzentsetzungen zählte die Verwischung der Unterscheidung zwischen dem ordentlichen und dem feierlichen Lehramt des Papstes in Kanon 1323 – genau diese Konfusion hatten die Väter des Ersten Vatikanischen Konzils vermeiden wollen.[5] Dies bedeutete, daß es nun, wenn auch nicht in der Theorie, so doch in der Praxis, einen neuen Spielraum für päpstliche Enzykliken gab, als ebenso autoritativ betrachtet zu werden wie ein *ex cathedra* ausgesprochenes Dogma. Man sprach in diesem Zusammenhang von einer «schleichenden Unfehlbarkeit». Gleichzeitig wurden durch die Begriffsbildung in Kanon 1324 Ketzerei und Irrtum verschmolzen: «Es reicht nicht aus, Ketzerei zu vermeiden, man muß auch sorgfältig allen Irrtümern aus dem Wege gehen, die ihr mehr oder weniger nahekommen; ferner müssen alle Konstitutionen und Dekrete beachtet werden, durch die der Heilige Stuhl Ansichten dieser Art untersagt und verboten hat.» In einem Kommentar zu diesem Text, der in der Standardausgabe enthalten ist, die bis 1983 in amerikanischen Priesterseminaren benutzt wurde, finden wir die folgende Klarstellung: «Dies gilt für alle die Lehre betreffenden Dekrete des Heiligen Stuhls, selbst wenn sie nicht als unfehlbar deklariert werden und sogar obwohl sie von Heiligen Kongregationen mit Zustimmung des Heiligen Vaters oder von der Bibelkommission stammen ... Solche Dekrete erhalten keine Glaubenswahrheiten; sie sind nicht *de fide catholica*. Aber sie verdienen höchste innere und geistige Zustimmung und loyalen Gehorsam.»[6] Auf diese Weise wurde der Antimodernismuseid in den Kodex überführt.

Durch die straffere Zuordnung der Kirche zur zentralisierten römischen Autorität beschnitt der Kodex in Kanon 1325 auch das Recht auf ökumenische Diskussion unter Gleichrangigen: «Katholiken sollen Debatten oder Konferenzen über Glaubensangelegenheiten mit Nichtkatholiken insbesondere in der Öffentlichkeit vermeiden, wenn sie nicht die Erlaubnis des Heiligen Stuhles oder in einem dringenden Fall die des

Ortsordinarius haben.»[7] Und nach Kanon 246 waren alle Urteile in Glaubensfragen dem Heiligen Offizium (der früheren römischen Inquisition) anvertraut. Parallel zu diesen Vorschriften gab es neue Regelungen zur Durchsetzung der Zensur. Nach Kanon 1386, § 1 durfte kein Priester ohne Genehmigung des zuständigen Bischofs ein Buch veröffentlichen oder herausgeben oder einen Beitrag zu einer Zeitung, einer Zeitschrift oder einem Magazin liefern. Jede Diözese sollte ihren eigenen Zensor haben (Kanon 1393, § 1). Von den Zensoren wurde das Ablegen eines besonderen Glaubensbekenntnisses verlangt (Kanon 1406, § 1), und sie mußten dafür Sorge tragen, daß alle Werke denen sie die Druckerlaubnis der Diözese, das Imprimatur, erteilten, sich in voller Übereinstimmung mit den allgemeinen Konzilen der Kirche, «und den apostolischen Konstitutionen sowie Vorschriften» befanden (Kanon 1393, § 2). Der Name des Zensors durfte darüber hinaus nicht bekannt gemacht werden, solange der Bischof kein zustimmendes Urteil über das Werk abgegeben hatte (Kanon 1393, § 5).

Am wichtigsten aber war Kanon 329, § 2, der dem Papst das alleinige Recht zur Nominierung von Bischöfen sichert. Die Entwicklung moderner Nationalstaaten im Laufe des 19. Jahrhunderts und die damit einhergehende Trennung von Kirche und Staat hatte zum schrittweisen und freiwilligen Nachlassen der Beteiligung weltlicher Mächte an der Nominierung von Bischöfen und der Übernahme dieser Rechte durch den Heiligen Stuhl geführt. Während langer Phasen der Kirchengeschichte hatten die Päpste das Recht zur Nominierung von Bischöfen hauptsächlich innerhalb des Kirchenstaates und in jenen Gegenden des Ostens geerbt, wo die Diözesen direkt dem Papst unterstanden. Die Päpste besaßen also nur in Ausnahmefällen ein Recht zur Nominierung von Bischöfen. Kanon 329, § 2 nahm die jüngsten Zeitumstände und machte aus ihnen ein universelles, absolutes und überzeitliches Gesetz – was weder durch die Geschichte noch durch die Tradition gerechtfertigt war. Garrett Sweeney hat bei seiner Untersuchung über dieses Thema mit einem eindrucksvollen Bild die Auswirkungen dieser Regelungen verdeutlicht. «Falls die ‹Kirche› als eine einzige Maschine begriffen wird, bei der der göttliche Beistand an der Spitze konzentriert ist, und nicht mehr von den Bischöfen verlangt wird, als die Maschine effizient zu bedienen, dann ist es völlig angemessen, daß sie von Rom ernannt werden.»[8]

Die Ernennung von Bischöfen mußte zudem wichtige Auswirkungen auf die Verkündung von unfehlbaren oder definitiven Lehren haben, weil dann alle katholischen Bischöfe als Kollegium im Einklang miteinander und mit dem Papst lehren. Diese Vorstellung von

Unfehlbarkeit, die sechs Jahrzehnte später in einer revidierten Fassung des kanonischen Rechts bestätigt wurde, gründete sich vermeintlich auf die Autorität des kollegialen Pluralismus. Aber das Kollegialprinzip ist sinnlos, wie Kritiker bemerkt haben, wenn der Papst jeden Bischof in diesem Kreis seinen eigenen Ansichten und Vorurteilen entsprechend auswählt.[9]

In der Praxis wurden die neuen Bestimmungen über die Ernennung von Bischöfen jedoch zunächst nicht angewandt. Es waren noch viele Konkordate in Kraft, die im Laufe der Jahrhunderte zwischen dem Heiligen Stuhl und Regierungen und Monarchen in aller Welt ausgehandelt worden waren und gewöhnlich Regelungen für die Ernennung neuer Bischöfe enthielten. In den meisten Fällen ließen diese Konkordate sowohl weltliche Beteiligung als auch ein gewisses Maß an Kollegialität zu – so wurden zum Beispiel häufig die Wünsche der Kanoniker der Kathedrale berücksichtigt. Gasparri und Pacelli war deshalb sehr bald klar, daß einige wichtige Konkordate einer Neuverhandlung oder einer Nichtigkeitserklärung bedurften, wenn der Kodex wirklich Geltung erlangen sollte.[10]

Die komplexe Aufgabe, die konkordatsrechtlichen Bestimmungen neu zu ordnen, sollte sich als schwieriger erweisen, als die Spezialisten im Vatikan angenommen hatten. Als im Mai 1917 der vollständige Kodex veröffentlicht wurde, erhielt Pacelli die Aufgabe, die Hindernisse aus dem Weg zu räumen, die seiner vollen Durchsetzung unter der größten und mächtigsten katholischen Bevölkerung der Welt – in Deutschland – entgegenstanden.

Pacelli und die Beziehungen zwischen
Kirche und Staat in Frankreich

Noch während er mit der gewaltigen Aufgabe betraut war, das kanonische Recht zu kodifizieren, erhielt Pacelli zusätzlich den Auftrag, sich wichtigen Vorhaben auf dem Feld der internationalen Beziehungen zu widmen. Das wichtigste davon betraf die Beziehung zwischen Kirche und Staat in Frankreich, wo der Antiklerikalismus um sich griff. Die Probleme und die Geschichte der Beziehungen zwischen der Dritten Republik und dem Heiligen Stuhl sollten Pacellis Verständnis des Verhältnisses zwischen Kirche und Staat in der folgenden Zeit bestimmen.

Die französische Regierung stand der katholischen Hierarchie und dem Klerus wegen deren royalistischen Tendenzen feindselig gegen-

über. Leo XIII. hatte deshalb in den 1880er Jahren seine eigene mon-
archistische Gesinnung ein wenig gezügelt. Die katholische Hierarchie
in Frankreich verspürte jedoch keinerlei Neigung, die republikanische
Regierungsform hinzunehmen, selbst wenn der Papst persönlich sie
dazu ermutigte. Die Dinge entwickelten sich dann zum schlechteren,
als die katholische Zeitung *La Croix* sich in der berüchtigten Affäre
Dreyfus auf die falsche Seite stellte. Dreyfus, ein jüdischer Armeeoffizier, war zu Zwangsarbeit auf der Teufelsinsel verurteilt worden,
nachdem man ihn angeklagt hatte, nationale Geheimnisse verraten zu
haben, eine Anschuldigung, die die französischen Bischöfe angesichts
ihrer antisozialistischen und antisemitischen Vorurteile zu glauben geneigt waren. Ein katholischer Geistlicher, Abbé Cros, forderte, auf
Dreyfus sollte «am Morgen und am Abend herumgetrampelt werden,
... und man solle ihm die Nase einschlagen».[11] *Civiltà Cattolica*, die
Halbmonatsschrift der Jesuiten, proklamierte niederträchtig: «Der
Jude wurde von Gott geschaffen, um überall als Verräter tätig zu
werden.» Das Blatt fügte hinzu, Frankreich müsse nun das Gesetz von
1791 bedauern, das den Juden die Bürgerrechte verliehen hatte, da die
Juden selbst jetzt noch Geld in Deutschland für ein Berufungsverfah-
ren zugunsten von Dreyfus sammelten. Als Dreyfus schließlich am
20. Juni 1899 freigesprochen wurde, war der katholische Klerus entsprechenden Angriffen von sozialistischer Seite ausgesetzt.

Die kriselnde französische Regierung unter Waldeck-Rousseau
nutzte eine weitere Welle des Antiklerikalismus in Frankreich, indem
sie 1901 für die Verabschiedung eines Gesetzes sorgte, das katholischen Orden das Unterrichten verbot. Die Jesuiten schlossen ihre
Schulen und wandten sich anderen Aufgaben zu. Ganze Ordensgemeinschaften emigrierten nach England, Belgien, Holland und in die
Vereinigten Staaten. In den folgenden Jahren wurde die Verfolgung
durch Waldeck-Rousseaus Nachfolger Émile Combes noch verschärft, der sich im September 1904 damit brüstete, er habe 13 904
katholische Schulen geschlossen.[12]

Pius X., der auf dem Höhepunkt der antiklerikalen Verfolgung in
Frankreich gewählt wurde, machte deutlich, daß er keine Aussöhnung mit der französischen Republik anstrebte. Er weigerte sich,
bestimmten Kandidaten zuzustimmen, die von der Regierung Combes für die Diözesen als Bischöfe vorgeschlagen worden waren, und
legte einen offiziellen Protest bei König Vittorio Emanuele III. ein,
als der französische Präsident Émile-François Loubet 1904 einen
Staatsbesuch in der Ewigen Stadt ankündigte. Die französische Regierung reagierte darauf, indem sie die diplomatischen Beziehungen

zum Vatikan abbrach und anschließend ein Gesetz verabschiedete, das offiziell die Trennung von Kirche und Staat besiegelte. Ein Nebenergebnis dieser Trennung, das für Eugenio Pacelli persönlich von großer Bedeutung sein sollte, war die Entscheidung des Kardinalstaatssekretärs Merry del Val, bei Gasparri ein Weißbuch über die jüngste Geschichte der Beziehungen zwischen dem Heiligen Stuhl und Frankreich in Auftrag zu geben. Gasparri delegierte diese Aufgabe an Pacelli, «eine meiner tüchtigsten Kräfte im Staatssekretariat, zu dem (sic) ich besonderes Vertrauen hegte».[13] Pacellis Schrift beschuldigte die französische Regierung eines rabiaten Fanatismus, ferner hieß es darin, Regierungsmitglieder seien an dem Auftrag beteiligt gewesen, in die Nuntiatur des Heiligen Stuhls in Paris einzubrechen, um den Geheimkode für die Kommunikation mit dem Vatikan zu stehlen.

In der Zwischenzeit verschärfte sich die Krise. Die französische Regierung versuchte, Kirchenbesitz unter ihre Kontrolle zu bringen, indem sie gemeinsame Verwaltungskörperschaften von Laien und Klerikern bildete (ursprünglich sollten daran auch nichtkatholische Laien beteiligt sein). Um die Kirche von diesem weltlichen Einfluß zu befreien, überließ Pius X. nun freiwillig alles kirchliche Eigentum dem französischen Staat. Damit gab er dem höchsten *Gut* der Kirche den Vorrang gegenüber ihren *Gütern*. Die französische Regierung antwortete darauf mit der Ausweisung von Priestern und Ordensleuten aus ihren Wohnstätten und Klöstern. Sie war entschlossen, die Jurisdiktion über die vom Staat getrennte Kirche auszuüben; Pius X. dagegen war entschlossen, einen uneingeschränkten Primat über die Kirche als geistige, doktrinäre, rechtliche und administrative Einheit auszuüben. Das war die päpstliche Vision einer totalen Trennung der Souveränitäten – auf der einen Seite die Kirche mit dem Papst als allmächtiger Spitze und auf der anderen die Welt, dazwischen als Mittler der päpstliche diplomatische Dienst und die Bischöfe.

Dieser Leitgedanke sollte auch die Einstellung Pius X. gegenüber den katholischen politischen Parteien in Frankreich, Italien und Deutschland bestimmen. Sie waren ihm gleichgültig, weil er sie nicht kontrollieren konnte. Dies nimmt Pacellis späteren Umgang mit der katholischen Parteipolitik in Deutschland in den zwanziger und dreißiger Jahren vorweg. Papst Pius X. hat einmal über die deutsche katholische Zentrumspartei gesagt: «Ich mag sie nicht, *weil sie eine katholische Partei ist*.»[14] Diese Aussage ist um so bemerkenswerter, als Pius X. alt genug war, um sich an die Rolle zu erinnern, die die Zentrumspartei nach 1870 beim Kampf gegen die Verfolgung der katholischen Kirche im Bismarckreich gespielt hatte. Die Lehren des Kulturkampfs waren im päpstlichen Staatssekretariat durchaus verstanden worden. «Laßt die französischen Katholiken» so Kardinal Merry de Val, «dem Beispiel der verfolgten Katholiken in Bismarcks Deutschland folgen. Indem sie sich zu ihrer eigenen Verteidigung zusammentaten, siegten die deutschen Katholiken im *Kulturkampf*.» Pius X. zog demgegenüber den Untergang aller katholischen politischen Parteien vor, sei es nun in Frankreich, Italien oder Deutschland, und dies genau deshalb, weil für einen Pluralismus, der Laien und Klerus umfaßte, in seiner päpstlichen Machtideologie kein Platz war. Der Historiker und Journalist Carlo Falconi schreibt gar zu den Ansichten Pius' X. über den politischen Katholizismus: «Erstens glaubte er die Vermischung zwischen Politik und Religion sei höchst unausgewogen und für die katholische Kirche gefährlich, zweitens fördere dies im allgemeinen und insbesondere in der Gegenwart die Teilnahme von Priestern am politischen Leben; und schließlich war er dagegen, weil er es für überflüssig hielt, denn die Katholiken könnten stets Unterstützung für ihre religiösen Forderungen bei jenen weltlichen Parteien suchen, die der Kirche gegenüber positiv oder zumindest nicht feindselig eingestellt seien.»[15] Diese Vorstellungen fanden, wie wir noch sehen werden, bei Pacelli zwanzig Jahre später Widerhall, der als Kardinalstaatssekretär eine schweigende und unterwürfige Kirche förderte und die Zusammenarbeit mit der NSDAP einem Weiterbestehen der katholischen Zentrumspartei vorzog.

Pacelli hatte sich während des Konflikts mit der Regierung Combes, als er an der schwierigen Aufgabe saß, das kanonische Recht zu kodifizieren, und er sich außerdem den Alltagsgeschäften der Kongregation für außerordentliche Angelegenheiten zu widmen hatte, zum Spezialisten für die auswärtigen Beziehungen des Vatikan entwickelt. Gleichzeitig sorgte Pacelli Jahr für Jahr in wachsendem Maße dafür, das Vertrauen seiner Vorgesetzten zu gewinnen, bis er den Rang eines Untersekretärs in der Kongregation für außerordentliche Angelegenheiten erhielt.[16] Damit übernahm er das Amt von Umberto Benigni, der aus gesundheitlichen Gründen zurückgetreten war (ein Rücktritt, der möglicherweise mit seinem anstrengenden Doppelleben als vatikanischer Bürokrat und Spionagechef zu tun hatte).

Im Jahr darauf wurde Pacelli ein weiterer Gunstbeweis zuteil. Man bat ihn erneut, nach England zu reisen, diesmal in Begleitung von Kardinal Gennaro Granito Pignatelli di Belmonte, um dort an der Krönung König Georges V. teilzunehmen. Diesmal reiste er auch nach Portsmouth, wo er eine große Flottenparade der Royal Navy erlebte, eine Erfahrung, an die er sich, nachdem er Papst geworden war, oftmals bei Privataudienzen mit englischen Pilgern erinnerte. Im Herbst jenes Jahres wurde er außerdem zum *Consultore* oder Berater des Heiligen Offiziums ernannt, was deutlich machte, daß an seiner strenggläubigen Haltung nicht der Hauch eines antimodernistischen Zweifels aufgekommen war.

Als protegierter Untersekretär und seit 1912 Prosekretär und kommende Größe in der Welt der internationalen Diplomatie und des Rechtes war er nun an einer Reihe von Verhandlungen beteiligt, die beträchtlich zu den extremen Spannungen zwischen Serbien und dem Österreich-Ungarn im Vorfeld des Ersten Weltkriegs beitrugen.

Die Einzelheiten dieser Verhandlungen, die jene Strategie vorwegnahmen, die er in Deutschland ein Jahrzehnt später verfolgen sollte, sind in einer Vielzahl von Akten im Vatikan enthalten. Das Archiv, das den Namen Abteilung für Berichte über Staaten trägt, ist nach den vatikanischen Aktivitäten gegenüber verschiedenen Staaten unterteilt. In den Kisten mit der Aufschrift «Austria-Ungheria 1913 – Serbia – Belgrado 1913–1915» gibt es eine Sammlung unter dem Stichwort «Concordato tra la Santa Sede e la Serbia» (Konkordat zwischen dem Heiligen Stuhl und Serbien), in der sich Briefe und chiffrierte, höchst geheime Denkschriften, Protokolle der Sitzungen von Kardinälen sowie Vertragsentwürfe befinden – all dies lag einstmals in den Händen von Eugenio Pacelli und ist in seiner sorgfältigen Handschrift verfaßt.

In der Einleitung zu diesen Archivalien heißt es, der Verhandlungsführer auf serbischer Seite sei Signor Luigi Bakotic vom dortigen Außenministerium, unterstützt vom serbischen Beauftragten am Heiligen Stuhl, einem italienischen Priester namens Denis Cardon, gewesen. Die Verhandlungen hätten 1913 «auf Ersuchen von Monsignore Eugenio Pacelli, Sekretär der Heiligen Kongregation für außerordentliche Angelegenheiten,» begonnen.

Das serbische Konkordat und der Erste Weltkrieg

Genau um 11.30 Uhr am Morgen des 24. Juni 1914, vier Tage vor der Ermordung des österreichischen Erzherzogs Franz Ferdinand in Sarajevo, trafen Vertreter des Heiligen Stuhls und der serbischen Regierung im großen *salone* des vatikanischen Staatssekretariats zusammen, um ihre Unterschrift unter einen Vertrag zu setzen, der als das serbische Konkordat bekannt werden sollte. Anwesend waren bei dieser Zusammenkunft die wichtigsten serbischen Verhandlungsführer unter Milenko Vesnitch, dem serbischen Botschafter in Paris, sowie Luigi Bakotic vom serbischen Außenministerium. Den Vatikan repräsentierte Kardinal Merry del Val und neben ihm saß der groß gewachsene, schlanke achtunddreißigjährige Monsignore Eugenio Pacelli. Im Laufe der vergangenen achtzehn Monate hatte Pacelli das Dokument entworfen und ausgehandelt.

Im Rahmen dieses Vertrages gewährte Serbien dem Heiligen Stuhl das Recht, das neue Kirchengesetzbuch gegenüber dem katholischen Klerus und den katholischen Laien seines Landes durchzusetzen. Katholiken wurde die Freiheit der Religion, der Abhaltung von Gottesdiensten und der Ausbildung auf dem Territorium des Staates garantiert. Serbien verpflichtete sich außerdem, Gehälter an den Erzbischof von Belgrad, den Bischof von Uesbek und den Klerus der katholischen Pfarrgemeinden zu zahlen. Gleichzeitig bedeutete dieser Vertrag das Ende der uralten Schutzrechte Österreich-Ungarns über die katholischen Enklaven auf serbischem Gebiet.

Die Vorstellung, daß der Vatikan ein katholisches europäisches Land beauftragte, sich als Schutzmacht der Katholiken in einem nicht-katholischen Lande zu betätigen, war im Kolonialzeitalter nicht ungewöhnlich gewesen.[17] Frankreich vor allem hatte seinen Status als Schutzmacht im Fernen und im Nahen Osten bis zum Bruch mit dem Vatikan 1905 ausgeübt; Österreich, Spanien, Belgien hatten zu verschiedenen Zeiten und in unterschiedlichen Teilen der Welt versucht, ihren Rang als Schutzmacht mehr oder weniger für politische und kommerzielle Zwecke auszunutzen. Doch bislang war die Frage eines Konkordats mit Serbien niemals ein Thema gewesen, da die Zahl der Katholiken in jenem Land sehr klein war – bis zu den Erfolgen Serbiens im Ersten Balkankrieg gegen die Türkei 1912 und seiner Expansion nach Mazedonien, dem Epirus und dem nördlichen Albanien. Dadurch wuchs die Zahl der Katholiken in Großserbien über Nacht von etwa 7000 auf schätzungsweise 40000 an, und die Serben, die meist der orthodoxen Kirche angehörten, sahen es als einen Vorteil an, sich die Katholiken zu Freunden zu machen.

Die österreichisch-ungarischen Schutzrechte, die mehr als ein Jahrhundert lang eifersüchtig gewahrt worden waren, hatten inzwischen weitgehend nur noch eine symbolische Bedeutung, aber zu ihnen zählte das Privileg, Bischöfe vorzuschlagen, Priester des lateinischen Ritus für den Balkan in Seminaren in Österreich und Ungarn auszubilden, und sogar das moralische Recht Wiens, in der Region militärisch zu intervenieren, wenn katholische Gemeinden als bedroht betrachtet wurden. Diese symbolischen Rechte waren für die Österreicher nicht verhandelbar. Zu einem Zeitpunkt, da Serbien, ermutigt durch Rußland, die österreichisch-ungarische Einflußsphäre auf dem Balkan in Frage stellte, war Kaiser Franz Joseph eifrig bemüht, alle Loyalitätsbindungen an sein Reich aufrechtzuerhalten. Das serbische Konkordat, das der Vatikan an jenem Tag unterzeichnete, zerstörte diese Verbindungen und den Einfluß, der auf ihnen beruhte.

Serbien seinerseits hatte durch das Konkordat nur zu gewinnen, denn es beseitigte Bedenken wegen seiner fanatischen Parteinahme für die orthodoxen Christenheit und förderte seine imperialen Ambitionen, angesichts der Gemengelage von slawischen Völkern lateinischer und orthodoxer Konfession zum Brennpunkt der Einheit in der Region zu werden. Auch der Vatikan hatte viel zu gewinnen, denn das Konkordat verkündete das Ende von Jahrhunderten des Antagonismus zwischen Rom und dem orthodoxen Schisma und eröffnete die Aussicht auf eine katholische (also vom Heiligen Stuhl beherrschte), teils dem lateinischen, teils dem östlichen Ritus folgende Evangelisierung in Rußland und Griechenland. Vor allem aber – und die Dokumente zeigen, daß dies Pacelli primär motivierte – verschaffte das Konkordat dem Papsttum wichtige Rechte, darunter das der Ernennung von Bischöfen und Prälaten, wie es im Kodex von 1917 verankert werden sollte, bislang aber nach altem Brauch dem österreichischen Kaiser zustand. Bei all dem konnte Österreich-Ungarn nur verlieren, denn der Vertrag drohte den serbischen, panslawistischen Einfluß an seinen Südgrenzen zu vergrößern und ließ Österreich-Ungarn als Objekt diplomatischer Demütigung durch Serbien erscheinen.

Die serbischen Konkordatsverhandlungen spielten sich höchst geheim im Dreieck Wien – Belgrad – Vatikan ab. Die Österreicher versuchten ihrerseits, die Verhandlungen zum Scheitern zu bringen, aber der Vatikan, vertreten durch Eugenio Pacelli, drückte das Projekt trotz aller Mahnungen zur Vorsicht, einschließlich einiger ernsthafter Warnungen des päpstlichen Nuntius in Wien, bis zum Abschluß durch.

Wien reagierte auf die Nachricht vom Abschluß des Konkordats mit Entsetzen. «Die österreichische Presse und das Volk», berichtete der italienische Botschafter aus Wien am 25. Juni, «betrachten das serbische Konkordat als eine wichtige diplomatische Niederlage ihrer Regierung.»[18] *Die Zeit*, eine Wiener Zeitung, schrieb unter der Überschrift «Eine neue Niederlage» an jenem Tag: «Nun wird sich das serbische Prestige unmäßig steigern, und die Bischöfe und Priester des Landes werden ein bedeutender Faktor bei der panslawistischen Agitation werden ... Warum in Gottes Namen hat Österreich so große finanzielle Verpflichtungen in diesen Balkanländern aufgrund unserer Protektoratsverpflichtungen, die nicht so sehr religiös wie politisch sind, auf sich genommen, um all dies in wenigen Wochen ohne Kampf fortzuwerfen?» Und noch schärfer fragte die *Arbeiterzeitung* am Tag nach der Unterzeichnung in einem Leitartikel: «Wird man nach dieser Erniedrigung je wieder auf die Stimme Österreichs hören?» Die Wiener Regierung, so behauptete die Presse, sei mit den Serben zu zaghaft und inkompetent umgegangen. Das Resultat war ein steiles Ansteigen antiserbischer Rhetorik und ein lauter werdender Ruf nach Taten. Als der Erzherzog drei Tage später in Sarajevo ermordet wurde, waren die Emotionen bereits hochgepeitscht. Das serbische Konkordat trug ohne Zweifel zu den kompromißlosen Forderungen Österreichs an Serbien bei, die den Krieg unvermeidlich machten.

Pacellis Geheimdiplomatie

Den Ausgangspunkt dieser seltsamen Geschichte bildet eine Reise, die ein Priester vom Lande, Pfarrer Denis Cardon, im Sommer 1912 nach Belgrad machte, «um die Balkanländer kennenzulernen, bevor er nach Wien zurückkehrte, um am Eucharistischen Kongreß teilzunehmen».[19] Cardon war ein korpulenter, geschäftiger, sich gern ungefragt einmischender Geistlicher, der mehrere Sprachen beherrschte, darunter die serbo-kroatische. Er stand einer kleinen Pfarrei im Örtchen Taggia in den Seealpen oberhalb von Ventimiglia an der Riviera vor.

In seinem Belgrader Hotel unterhielt sich Pater Cardon eines Abends mit einem Minister der serbischen Regierung, dessen Name aus den vatikanischen Dokumenten nicht hervorgeht. Man kam auf religiöse Angelegenheiten zu sprechen, und der Priester deutete an, ein Konkordat könne im gemeinsamen Interesse der Kirche und der Serben liegen. Der Minister meinte, wegen des heftigen Widerstands Österreichs habe er Zweifel daran, ob die serbische Regierung den Vatikan direkt ansprechen könne. Viele hochgestellte Persönlichkeiten, so berichtete er dem Priester, hätten dies bereits versucht und seien gescheitert.

Aber Cardon pries mit derartiger Überzeugungskraft die Vorzüge eines Konkordats, daß der Minister an Ort und Stelle diesen beschei-

denen und anscheinend manipulierbaren Priester zu Serbiens Sonder-
beauftragten beim Heiligen Stuhl ernannte. Am nächsten Tag erhielt
Cardon Instruktionen durch den serbischen Kultusminister, und der
Geistliche stellte schließlich den Kontakt zum Staatssekretariat im
Vatikan her. «Man fragt sich», schrieb ein Leitartikel des *L'Éclai-
reur*, der erstmals am 26. Juni 1914 über Cardons Bemühungen berichtete, «ja man verlangt tatsächlich zu wissen, wer wirklich der
zentrale Verhandlungsführer bei diesem wichtigen Ereignis war!»
Aus den Akten im Archiv des Staatssekretariats geht hervor, daß dies
niemand anderer war als der Prosekretär der Kongregation für außerordentliche Angelegenheiten, Eugenio Pacelli, der Kardinalstaatssekretär Merry del Val direkt unterstand. Alle Vorgänge im Zusammenhang mit Cardon, den Diplomaten in Wien, Belgrad und dem
österreichischen Botschafter am Heiligen Stuhl liefen über Pacelli. Er
entwarf alle Bestimmungen des Konkordats, beantwortete jede Anfrage und schrieb dabei stets mit eigener Hand im Auftrage von
Merry del Val, wobei er sogar dessen Briefe vor der Verschlüsselung
umformulierte; er organisierte und protokollierte die Sitzungen der
Kurie, bei denen die letzten Entscheidungen fielen.

Ein ganzes Jahr lang waren weder die Wiener Diplomaten in Rom,
noch der päpstliche Nuntius in Wien, noch die zuständigen österreichischen Minister an den Verhandlungen beteiligt. In einem handgeschriebenen Memorandum in französischer Sprache an Pacelli, datiert auf den 10. Januar 1913[20], beschwerte sich der österreichische
Botschafter beim Heiligen Stuhl, er habe von Gerüchten über Bemühungen Serbiens gehört, die Schutzmachtregelungen für die Katholiken auf seinen Territorien neu zu gestalten. Der Diplomat machte
den Vatikan nachdrücklich darauf aufmerksam, daß für die österreichische Regierung ihre Schutzmachtstellung auf dem Balkan, die sie
seit «unvordenklichen Zeiten» innehabe, keine Angelegenheit von
«Rechten, sondern von Pflichten» sei. Die Denkschrift äußerte sich
voller Mißbilligung über die serbische Absicht, «die auf seinem Territorium lebenden Katholiken zu emanzipieren, sie aus dem Joch
Österreichs zu befreien und fremde Priester durch einheimische zu
ersetzen». Der Botschafter endete mit der Bitte um Bestätigung, daß
der Heilige Stuhl sich direkt mit der österreichischen Regierung über
die Notwendigkeit der Aufrechterhaltung der Schutzrechte auseinandersetzen werde.

Eine zweite Note des österreichischen Botschafters folgte am 4. Februar[21]. Darin hieß es, der Pfarrer der Stadt Üsküb in Serbien sei von
einem Beamten des Belgrader Kultusministeriums angesprochen wor-

den, der die Zahl der Katholiken in der Diözese erfahren sowie über Einkünfte und Besitztümer des Erzbischofs informiert werden und Einzelheiten über dessen rechtliche Stellung kennenlernen wollte. «Unser Konsul in Ueskub hat den Pfarrer aufgefordert, diese Bitte um Information zurückzuweisen», schrieb der Botschafter, und er beendete seinen Brief damit, daß er Pacelli an seine Bitte um Klarstellung erinnerte und diese wiederholte. Schließlich hielt der Botschafter in einem Aide-mémoire vom 17. Februar 1914[22] die nachdrückliche Reaktion seiner Regierung zu den Entwicklungen fest, indem er die Bedingungen formulierte, unter denen Österreich eine Veränderung der Schutzmachtverhältnisse ins Auge fassen könne. Dazu zählten die namentliche Erwähnung von Kaiser Franz Joseph und seiner Familie in Gebeten während jeder Messe; ein Ehrenplatz für den Kaiser in jeder Kirche; ein besonderer Platz für den Vertreter des Kaisers bei jeder kirchlichen Prozession – «dessen Vertreter haben besondere Vorrechte während der Zeremonie der Opferung, dem Friedenskuß, dem *agnus dei*, dem Empfang der Kommunion und so weiter»; die Präsenz des kaiserlichen Wappens und die Feier seines Geburtstags. Aus heutiger Sicht scheint es sich hier um Trivialitäten zu handeln, aber wenn es um kulturelle Loyalität ging, so waren dies doch symbolische Fragen von maßgeblicher Bedeutung.

Auch der nicht informierte und entsprechend verblüffte päpstliche Nuntius in Wien bekam Gerüchte zu hören. Erzbischof Rafaele Scapinelli berichtete Pacelli in einem Brief vom 15. Februar 1913 über Begegnungen mit serbischen Diplomaten in letzter Zeit.[23] Der Nuntius war ganz offensichtlich über die Verhandlungen nicht in Kenntnis gesetzt worden, aber er stellte seine eigenen Überlegungen an und äußerte sich unaufgefordert zu den Vor- und Nachteilen eines serbischen Konkordates. Insgesamt, so Scapinelli, würde ein Konkordat positive neue Aussichten für den katholischen Einfluß auf dem Balkan eröffnen («wo die Katholiken als Fremde betrachtet werden und ohne Einfluß auf das politische und kulturelle Leben des Landes» seien), aber er schloß dennoch mit einer erschreckend prophetischen Warnung:

«Österreich scheint jedoch entschlossen, unnachgiebig mit Serbien umzugehen, und in breiten Kreisen glaubt man, daß es im Frühjahr einen Krieg mit diesem Land geben könnte, was diese Angelegenheiten äußerst komplizieren würde. Wäre es nicht besser, (die Konkordatsverhandlungen) gegenwärtig zu unterlassen, statt unter ungewissen und gefährlichen Umständen Risiken einzugehen, die nur mit einer militärischen Erniedrigung Serbiens enden können: denn Serbien stellt einen Magneten für die Ambitionen der Staaten des südlichen Balkans dar – sie alle scheinen entschlossen, die Integrität Österreich-Ungarns in Frage zu stellen?»[24]

Während der folgenden zwölf Monate dokumentieren die Akten des Staatssekretariats ein geschäftiges Pendeln Pfarrer Cardons zwischen Rom und Belgrad, während Pacelli weiterhin mit den österreichischen Diplomaten und dem päpstlichen Nuntius in Wien Katz und Maus spielte. Aus den besorgten Äußerungen der Österreicher ergibt sich, daß Pacelli, was auch immer Wien dazu sagen mochte, entschlossen war, weniger zum Wohle der serbischen Katholiken als vielmehr im Interesse einer zentralistischen päpstlichen Politik die Schutzmachtstellung zu beenden. Gleichzeitig propagierte er, gleichsam als Lockmittel für die Österreicher, die Idee von Patronatsrechten als «reinen Ehrenrechten, die mit dem kanonischen Recht vereinbar sind». Der mit allen Wassern gewaschene Kirchenjurist verfolgte offenkundig die Absicht, die Österreicher ins Dickicht des römischen kanonischen Rechts zu führen, denn er wußte sehr gut, was die Österreicher kaum gewußt haben dürften, nämlich daß der in Vorbereitung befindliche Kodex ihnen keinerlei «Ehrenrechte» gewähren würde. Die Österreicher waren auf diese Weise zwar nicht zufriedenzustellen; aber dennoch gab es außer der Bitte um klar formulierte Schutzmachtrechte im Konkordat oder in einer Ergänzung dazu nichts, was sie unternehmen konnten, um dem Heiligen Stuhl Einhalt zu gebieten.

Zwischen dem Abschluß der Verhandlungen und der Unterzeichnung des Konkordats gab es zwei Sitzungen der Kurie. Die erste wurde für den 3. Mai 1914 10.30 Uhr, an einem Sonntag, einberufen, was das wachsende Gefühl einer Krise widerspiegelte. Die Kardinäle Vannutelli, De Lai, Gotti, Ferrata, Gasparri und Merry del Val waren anwesend. Pacelli, inzwischen Sekretär, fungierte als Protokollführer.[25] Serbien hatte damit gedroht, sich aus den Verhandlungen zurückzuziehen, falls der Vatikan Österreich zu sehr entgegenkomme oder weitere Verzögerungen einträten. Damit war die Kurie gleichsam in eine Ecke manövriert. Wenn Serbien die Verhandlungen tatsächlich abbrach, so glaubte man im Vatikan, dann würde die Lage der Katholiken in der Region sich verschlechtern. Die Kardinäle waren sich dessen bewußt, daß die Zeit für eine Entscheidung unwiderruflich gekommen war; doch das Protokoll dieser Sitzung erweckt den Eindruck, daß sie sich gleichsam wie Traumwandler ins Unvermeidliche schickten.

Zunächst drängte Vannutelli seine Kollegen, den Vertrag zu unterzeichnen, denn er war überzeugt, das Konkordat liege im Interesse der katholischen Kirche im Osten. Er sei sich, so versicherte er, der österreichischen Empfindlichkeiten bewußt: «Aber wir sollten versuchen, (die Österreicher) zu veranlassen, eher die Vorteile als die

Nachteile zu sehen.» Er sprach davon, Wien mit Ehrenrechten zufriedenzustellen, schlug aber in dieser Hinsicht nichts Genaues vor.
Dann nahm De Lai kurz Stellung. Er schloß sich allem an, was
Vannutelli gesagt hatte, und plädierte dafür, das Konkordat voranzutreiben, weil «es das beste Konkordat (sei), das wir je konzipiert
haben», eine unverhüllte Verbeugung vor Pacelli. Als nächster ergriff
Gotti das Wort, der sich dafür aussprach, den Entwurf zu akzeptieren, da es nicht in der Macht der Kurienkardinäle stehe, ein Ersuchen
um einen Vertrag zurückzuweisen. Er betonte jedoch, daß man
«sorgfältig abwägen müsse, wie wir Österreich behandeln», ohne
allerdings diesbezügliche Vorschläge zu machen. Dann erörterte er
auf eine etwas spitzfindige Weise die Möglichkeit, Österreich seiner
reinen Ehrenstellung als «Patron» zu versichern, und fügte hinzu:
«Es besteht keine Notwendigkeit, dies durch eine Sondervereinba-
rung zu unterstreichen.» Mit anderen Worten, das Versprechen einer
Ehrenstellung müsse im Konkordat nicht erwähnt werden.

Nun sprach Ferrata, der zur Vorsicht mahnte. «Serbien», so behauptete er, «ist kein vertrauenswürdiges Land, und es ist klar, daß
es nur nach einem Konkordat strebt, um Österreichs Einfluß auszuschalten.» Der Kardinal betonte nochmals, wie wichtig es sei, den
Interessen Österreichs entgegenzukommen; aber wie die anderen hatte er in dieser Hinsicht nichts Konkretes vorzuschlagen.

Gasparri, Pacellis Ratgeber und Mentor, befürwortete dann wie
alle übrigen das Konkordat – «e anch'egli, tutto considerato, per
l'affirmativa», wie Pacelli schrieb. Der Rest des Protokolls ist knapp
und nichtssagend. «Österreich hat kein Recht auf einen Schutz-
machtstatus nach dem Rückzug der Türkei aus der Region», befand
Gasparri.

Nun ergriff Kardinalstaatssekretär Merry del Val das Wort und
trug die bislang stärksten Argumente vor, wobei er sich allerdings
einer Logik bediente, die die Österreicher gewiß nicht überzeugen
konnte. «Eine Ablehnung», so begann er, «würde den Slawen einen
Vorwand bieten, die Katholiken noch stärker als Geiseln zu behandeln. Und wir müssen uns daran erinnern, daß die Serben an uns
herangetreten sind ... Sie sind daran interessiert, die Situation zu
regeln. Eine solche Gelegenheit ergibt sich möglicherweise nie wieder.
Auf jeden Fall funktioniert die österreichische Schutzmachtstellung
nicht länger mehr und ist nicht praktikabel.»

Und dann erklärte Merry del Val in einer Art und Weise, an die
sich Pacelli sehr wohl erinnert haben mag, als er es etwa zwanzig
Jahre später mit Hitler zu tun hatte: «Wenn wir sagen, daß wir den

Serben nicht vertrauen können, dann haben wir um so mehr Grund, sie durch ein Konkordat festzunageln.»

Bei einer letzten Sitzung der Kardinäle im Staatssekretariat am 7. Juni 1914 um 10.30 Uhr[26] ging es erneut um die Frage der Patronatsrechte – die Minimalforderung der Österreicher, falls sie dem Konkordat widerwillig ihren Segen erteilen sollten. Aber wie die Kardinäle, die einer nach dem anderen Stellung nahmen, einräumten, würden die serbischen Verhandlungsführer sich gewiß eher ganz zurückziehen, als durch den Vertrag solche Rechte zu garantieren.

Gegen Ende der Sitzung konstatierte Merry del Val beinahe verzweifelt: «Es wird zu schwerwiegenden Konsequenzen führen, wenn wir jetzt die Verhandlungen abbrechen. Die Serben werden die Kirche schlecht behandeln, sie werden erklären, daß wir niemals eine angemessene rechtliche Basis für das gewollt haben, was sie angeboten haben. Und falls sich die katholischen Gemeinden dann gezwungen sehen, sich wegen ihres Schutzes an die Österreicher zu wenden, dann werden sie mit doppelter Verachtung gestraft werden.»

Es war jedoch Sache Gasparris, die vorsichtigen Bemerkungen ins Gedächtnis zu rufen, die der Nuntius in Wien, Erzbischof Scapinelli, achtzehn Monate zuvor gemacht hatte:

«Der Hauptgrund, warum Serbien dieses Konkordat anstrebt, besteht darin, daß es sich den slawischen Gemeinschaften empfehlen möchte, die Verpflichtungen gegenüber Österreich-Ungarn haben, und dabei alle Hindernisse auszuschalten versucht, die sich aus religiösen oder kulturellen Erwägungen ergeben könnten. Die Serben wollen zeigen, daß ihr Königreich über freundschaftliche Beziehungen zum Heiligen Stuhl verfügt und den Katholiken Garantien für Freiheit und Wohlfahrt anbietet.»

Dies war das letzte Wort der Kurie in dieser Angelegenheit, bevor Pius X. das Konkordat unterschrieb, und es war gleichzeitig inmitten eines Chors von Ja-Sagern der einzige substantielle Einwand in der letzten Sitzung. Zumindest Gasparri hatte verstanden, daß der Vatikan, verleitet durch den Wunsch der Kurie nach direkter päpstlicher Herrschaft über die Katholiken auf dem Balkan und durch die Aussichten auf missionarische Erfolge im Osten, in eine Falle gegangen war. Serbien hatte den Vatikan in die sprichwörtlichen Komplexitäten der Balkanpolitik hineingezogen, und der Vatikan hatte es versäumt zu bedenken, in welchem Maße das Konkordat zu den Spannungen in der Region beitragen würde.

Es gibt keine Anzeichen dafür, daß Pacelli, der den gesamten Pro-

Die Unterzeichnung des Konkordats mit Serbien.
Kardinal Merry del Val, sitzend, unterzeichnet für den Heiligen Stuhl.
Links hinter ihm stehend Eugenio Pacelli

zeß dirigierte, jemals, damals oder später, die Klugheit seiner Vorgehensweise in Frage gestellt hat. Auch deutet nichts darauf hin, daß Gasparri das Ausmaß der Initiativen seines Schützlings wirklich erkannt hat.

Das 22 Artikel umfassende Konkordat wurde am 24. Juni unterzeichnet, und es enthielt die Kernpunkte von Pacellis zukünftiger

Politik – die Erweiterung der päpstlichen Macht über die katholische Ortskirche und vor allem die vollständige Kontrolle über die Ernennung von Bischöfen. Diese Eliminierung lokaler Mitwirkungsmöglichkeiten bei Bischofswahlen sollte in der Kirche bis zum Ende des Jahrhunderts eine wichtige Streitfrage bleiben.

Artikel 1 hielt fest, daß «die katholische und apostolische römische Religion im Königreich Serbien frei und öffentlich ausgeübt werden darf». Artikel 3 bestimmte, der Erzbischof von Belgrad und der Bischof von Üsküb sollten «in kirchlichen Angelegenheiten direkt gegenüber dem Heiligen Stuhl verantwortlich sein», und Artikel 4 betonte, daß «Seine Heiligkeit Kandidaten für Bischofssitze nominieren werde». Davon würde die serbische Regierung für den Fall in Kenntnis gesetzt werden, daß ein Kandidat politisch nicht akzeptabel sei. Sechs weitere Artikel betonten die freie Ausübung der katholischen Religion in Übereinstimmung mit den Regeln des kanonischen Rechtes, darunter auch der weit gefaßte Artikel 20: «Wenn sich bei der Interpretation dieser Artikel irgendwelche Schwierigkeiten ergeben ..., werden der Heilige Stuhl und die königliche Regierung gemeinsam und in Übereinstimmung mit dem kanonischen Recht nach einer Lösung streben.»

Das Konkordat enthielt großzügige finanzielle Regelungen für den Unterhalt der Bischöfe, der Geistlichen und der katholischen Religionslehrer. Innerhalb Serbiens sollten Priesterseminare errichtet werden, und die Ordinanden und Katecheten sollten dazu angehalten werden, die katholische Glaubenslehre in der Landessprache zu verbreiten. Während der Messe sollten Gebete für den König von Serbien gesprochen werden. Österreich-Ungarn wurde nicht erwähnt; nicht in einer Zeile wurde darauf eingegangen, daß seine althergebrachten Verbindungen zum Katholizismus in jener Region noch einen Rest von Rücksichtnahme verdienten. Ein Patronatsrecht blieb unerwähnt.

Die österreichische Zeitung *Die Zeit* brachte am folgenden Tag einen Aufmacher über dieses Ereignis unter dem Titel «Eine neue Niederlage». Der Artikel erläuterte die politische Dimension des Konkordats, die Pacelli während der achtzehn Monate dauernden Verhandlungen vernachlässigt hatte. Die katholische Hierarchie in der Region, so die Zeitung, sei nun durch Treuepflichten an Serbien gebunden, ebenso der Klerus, der nun in einem Seminar innerhalb Serbiens ausgebildet würde. «Dies sei ein großer Verlust an Einfluß, der Österreich nicht gleichgültig sein könne.» Dann hieß es weiter: «Österreich hat über Jahrhunderte im Interesse der Katholiken des Balkans, einschließlich Albaniens – wo wir ebenfalls unseren Status als Schutzmacht bedroht sehen – ganz umsonst gewaltige Opfer gebracht. Dies ist ein schrecklicher Schlag gegen unser Prestige.»

Ein drittes, höchst aufschlußreiches Argument, das die Zeitung an jenem Tag anführte und das in anderen Zeitungen in aller Welt widerhallte, ließ am wenigsten Gutes ahnen. «Das Konkordat ist das allerbeste Propagandainstrument zugunsten eines Groß-Serbien. Das einzige Hindernis für eine Union von Serben und Kroaten besteht in der Spaltung zwischen der orthodoxen und der katholischen Religion. Falls die Serben zusätzlich zu ihren militärischen Erfolgen (gegen die Türkei) diplomatischen Erfolg über Österreich erreichen, dann wird Serbien unvermeidlicherweise zum Brennpunkt für die Slawen südlich der österreichischen Grenzen werden. Die pan-serbischen Agitatoren betrachten die Hilfe der Bischöfe und des Klerus in diesem Kampf als ganz entscheidend.»

Als Erzherzog Franz Ferdinand und seine Gemahlin einen Tag, nachdem dieser Kommentar erschienen war, von einem serbischen Fanatiker in Sarajevo niedergeschossen wurden, strömten die Emotionen, die das serbische Konkordat ausgelöst hatte, in die allgemeine Welle antiserbischen Zorns. Das Konkordat trug gleichwohl zu den Spannungen bei, welche die österreichische Regierung veranlaßten, das Spiel zu überreizen, indem sie ein demütigendes Ultimatum an Serbien stellte. Nichts deutet darauf hin, daß Papst Pius X. die Rolle des Heiligen Stuhls bei der Steigerung des Drucks begriff, der Österreich-Ungarn und Serbien an den Rand des Krieges führte. Die Kriegserklärung soll bei ihm eine tiefe Depression ausgelöst haben, aus der er sich nie wieder befreite. Er starb Ende August 1914 – an gebrochenem Herzen, wie es heißt.

Die Geschichte des serbischen Konkordats macht die große potentielle Wirkung der vatikanischen Diplomatie auf kulturelle und politische Beziehungen deutlich sowie ihre Macht, Unzufriedenheit und Unsicherheit hervorzurufen, und ihre Möglichkeiten, Spannungen zwischen Staaten zu verschärfen. Der Heilige Stuhl, so scheint es, war nicht einfach ein geistlicher Zuschauer, der sich ausschließlich für das religiöse Wohl der Katholiken in Serbien interessierte, sondern ein Mitspieler auf der Weltbühne mit eigenen langfristigen Ambitionen und Zielen. In den kommenden Jahren sollten sich Pacellis Initiativen in der Außenpolitik auf die Revision von Konkordaten konzentrieren, die im Gegensatz zum neuen kanonischen Recht standen. Es gibt keinen Hinweis darauf, daß die gefährlichen Konsequenzen der serbischen Verhandlungen Pacelli im nachhinein zu Zweifeln veranlaßten. Die ganze Episode ist deshalb bezeichnend für den Gleichmut Pacellis gegenüber den weitreichenden Konsequenzen seiner diplomatischen Schritte im Auftrag des Papstes.

4

Nach Deutschland

Drei Wochen nach dem Tod Pius' X. wurde Giacomo della Chiesa am 3. September 1914 als Benedikt XV. zum Papst gewählt. Dieser kleingewachsene Genueser Aristokrat (sein Spitzname lautete *picoletto* – «der Kleine») war fromm, bescheiden, schlau und dynamisch. Als Schützling von Rampolla, dem Kardinalstaatssekretär Leos XIII., hatte della Chiesa einen steilen Aufstieg in den Rängen des diplomatischen Dienstes absolviert und war schließlich Unterstaatssekretär (Substitut) im Staatssekretariat bei Kardinal Merry del Val geworden. In der überspannten Atmosphäre des Pontifikats Pius' X. war jedoch ein gewisser Verdacht auf della Chiesa gefallen – höchstwahrscheinlich, weil er sich unklugerweise sehr häufig auf die glücklichereren Tage und Ratschlüsse Leos XIII. bezog. 1907 hatte er den Vatikan verlassen, um Erzbischof von Bologna zu werden, eine Ernennung, die als Degradierung angesehen wurde. In dieser Stellung erhielt er erst 1914 den Kardinalspurpur, normalerweise für den Oberhirten dieser wichtigen Diözese eine Selbstverständlichkeit.

Als della Chiesa Papst wurde, trennte er sich sogleich von Merry del Val. Der scheidende Kardinalstaatssekretär hatte kaum Zeit, seinen Schreibtisch aufzuräumen. Gleichzeitig wurde Benignis Spionagenetzwerk, das Sodalitium Pianum, in aller Eile aufgelöst (Benigni beendete seine Tage in angemessener Weise als Informant im Dienste Mussolinis)[1] und die Hexenjagd gegen die Modernisten eingestellt. Dennoch blieben der Antimoderneneid, die Zensur von Büchern, die von Geistlichen geschrieben waren, sowie die Restriktionen durch das kanonische Recht, dessen Neufassung immer noch in Vorbereitung war, und all dies diente während eines großen Teils des Jahrhunderts dazu, die Zustimmung zur neuen Ideologie der päpstlichen Macht zu erzwingen.

Benedikt richtete jetzt sein ganzes Streben darauf, die kriegführenden Völker Europas zu Friedensverhandlungen an einen Tisch zu bringen. Ihn quälte das Schauspiel eines Krieges, in dem Katholiken gegen

Katholiken, Christen gegen Christen kämpften. Unverzüglich nach seiner Wahl veröffentlichte er einen Protest an die ganze Welt gegen diese «schreckliche Schlächterei». Er empfinde, so verkündete er, «unaussprechliches Entsetzen und Zorn angesichts des monströsen Schauspiels dieses Krieges mit seinen Strömen von christlichem Blut».[2] Mit aller Entschiedenheit vertrat er die Ansicht, eine streng neutrale oder, wie er es formulierte, unparteiische Haltung des Heiligen Stuhles könne am ehesten dazu dienen, der Kirche Einfluß zu bewahren. In Anbetracht der reichen Möglichkeiten zur Manipulation religiösen Protestes für Propagandazwecke gab es einen starken Druck auf Benedikt, Partei zu ergreifen. Benedikt weigerte sich, bei der Verdammung von Greueltaten für die eine oder die andere Seite Stellung zu nehmen, und dies führte dazu, daß er von beiden Seiten Kritik erntete. Als Italien im Mai 1915 auf seiten der Alliierten in den Krieg eintrat, bestand die italienische Regierung im Geheimvertrag von London darauf, daß die Ententemächte Vertreter des Heiligen Stuhls daran hindern sollten, an Friedensvereinbarungen oder der Regelung von Problemen, die mit dem Krieg zusammenhingen, teilzunehmen. Allem Anschein nach war nicht nur Italien der Ansicht, das Papsttum sei immer noch fähig, die Krise eines Weltkriegs für seine eigenen Ziele in der nach wie vor ungelösten «römischen Frage» auszunutzen.

Benedikt ernannte Pietro Gasparri zum Kardinalstaatssekretär, und dieser sollte den Posten während der nächsten sechzehn Jahre innehaben. Pacelli war seit 1914 Sekretär der Kongregation für außerordentliche Angelegenheiten und bemühte sich vor allem darum, die Lage der Kriegsgefangenen auf beiden Seiten zu verbessern. Er entfaltete ganz außergewöhnliche administrative Energien und verlangte dem Netzwerk der katholischen Kirche im Dienste der Gefangenenhilfe das äußerste ab. In jeder Diözese, in der es Kriegsgefangenenlager gab, sollten alle Priester mit entsprechenden Sprachkenntnissen eingesetzt werden, um die Kommunikation zwischen den Gefangenen und ihren Familien zu gewährleisten. In Zusammenarbeit mit dem Internationalen Roten Kreuz und der Schweizer Regierung handelte Pacelli den Austausch von verwundeten Gefangenen aus.[3] Als Ergebnis seiner Bemühungen wurden schätzungsweise 65 000 Gefangene repatriiert. Pacellis Kongregation beschäftigte sich auch mit der Sammlung von Nachrichten über Vermißte und Tote und verwaltete Mittel, die der Heilige Stuhl zum Kauf von Medikamenten und Nahrungsmitteln bereitgestellt hatte.

Während der ersten drei Jahre des Krieges, in denen Pacelli sich geweigert haben soll, auch nur einen einzigen Tag Urlaub zu machen, arbeitete er weiter an den Vorbereitungen zur Publikation und Promulgation des Codex Iuris Canonici. Während des Jahres 1916 liefen im Vatikan Gerüchte um, Pacelli solle bald zum päpstlichen Nuntius in München ernannt werden, aber schließlich ging dieses Amt an Erzbischof Giuseppe Aversa, der bereits Nuntius in Brasilien gewesen war. Nach Darstellung von Baron Monti, einem italienischen Diplomaten und Kenner der vatikanischen Verhältnisse, der allem Anschein nach häufig mit Benedikt über die Laufbahn Pacellis gesprochen hat, war Gasparri ganz und gar dagegen, daß Pacelli Rom verlasse, bevor der neue Kodex veröffentlicht war.

In der Zwischenzeit hatte Papst Benedikt auf eine günstige Gelegenheit gewartet, um die Großmächte für einen vom Vatikan ausgehenden Friedensplan zu gewinnen. Der geeignete Augenblick schien im Frühjahr 1917 während einer für die alliierte Seite sehr schwierigen Phase des Krieges gekommen zu sein. Bukarest war von den Deutschen besetzt worden; der U-Boot-Krieg zeitigte katastrophale Folgen für die alliierte Schiffahrt; die Offensiven an der Westfront waren steckengeblieben; und Rußland versank im Chaos der Revolution. Die Vereinigten Staaten waren immer noch nicht in den Krieg eingetreten. Benedikt war überzeugt, die Ereignisse hätten sich nun so entwickelt, daß die Kriegführenden an den Verhandlungstisch gebracht werden könnten; aber wen sollte er mit der schwierigen Aufgabe betrauen, sich an die Deutschen zu wenden?

Ob es sich um einen Zufall oder um Vorsehung handelte, kaum hatte sich Erzbischof Aversa in München niedergelassen, da starb er plötzlich am 8. April an einer Blinddarmentzündung. Benedikt entschied, daß Pacelli der ideale Nachfolger sei. Bei einer kleinen privaten Feier in der Sixtinischen Kapelle weihte Benedikt XV. am 13. Mai 1917 persönlich Pacelli zum Erzbischof von Sardes. Sardes war keine «lebendige» Diözese, sondern eine von 700 Diözesen der östlichen Christenheit, die durch die muslimische Invasion zerstört worden waren und in Rom als *in partibus infidelium* (in den Gegenden der Ungläubigen) galten. Die Männer, die sich an jenem Tag in der Kapelle versammelt hatten, bildeten eine bemerkenswerte Konzentration kirchlicher Macht: Papst Benedikt XV., Pietro Gasparri und Achille Ratti, der vatikanische Bibliothekar, Diplomat, Kollege und Freund Pacellis, der fünfzehn Jahre später selbst zum Papst gewählt werden sollte. Ebenfalls anwesend waren Pacellis Mutter und sein Bruder Francesco, nicht aber sein Vater, der im vorangegangenen November an einer Grippe gestorben war.

85

Wer einen Sinn für die Bedeutung von marianischen Daten besitzt, mag es bemerkenswert finden, daß Pacelli genau an dem Tag zum Bischof geweiht wurde – Sonntag, den 13. Mai 1917 –, an dem drei Kinder an einem Ort namens Fátima in Portugal die Erscheinung einer Dame in blendendem Licht gesehen haben wollen. Die Erscheinung, die später als die Jungfrau Maria identifiziert wurde, sagte zu ihnen: «Kommt ein halbes Jahr lang stets am 13. Tag jeden Monats um diese Zeit hierher, und ich werde Euch erzählen, wer ich bin und was ich will.»[4] Nach diesem Ereignis kam es zu dem Phänomen der rotierenden Sonne von Fátima, das Tausende von Zeugen erlebt haben sollen, und zu den berühmten Weissagungen von Fátima, Prophezeiungen über Krieg und Kommunismus im Laufe des 20. Jahrhunderts. Vierzig Jahre später sollte Pacelli als Papst selbst in den Gärten des Vatikans etwas ähnliches erleben. Der selbstbeherrschte, realistische Verwaltungsmensch besaß eine seltsam mystische Seite, die am Ende seines Lebens deutlicher zum Vorschein gelangte. Der Tag seiner Konsekration, der 13. Mai, sollte der Festtag Unserer Lieben Frau von Fátima werden.

Verhandlungen um den Friedensplan

Am 18. Mai 1917 setzte sich Erzbischof Eugenio Pacelli in großem Stil von der römischen Stazione Termini nach München in Bewegung. Pacelli verfügte im Zug nicht nur über sein eigenes Privatabteil, sondern zusätzlich auch über einen versiegelten Waggon zum Transport von 60 Kisten Lebensmitteln, damit sein empfindlicher Magen nicht unter den Ernährungsverhältnissen leiden mußte, wie sie während des Krieges in Deutschland herrschten. Es war Baron Monti, der Benedikt XV. am 19. Mai von Pacellis Extravaganzen berichtete.[5] Monti erzählte dem schockierten Heiligen Vater, er habe sich, um Pacellis Ansprüchen für die Reise zu entsprechen, gezwungen gesehen, nicht weniger als vier Ministerien der italienischen Regierung nachdrücklich um Hilfestellung zu ersuchen, und allein die Kosten für Pacellis Proviant hätten 8000 Lire betragen, die der Heilige Stuhl aufbringen müsse. Der Sonderwaggon mit den Lebensmitteln sei versiegelt und per Expreß nach Zürich gebracht worden, und Pacellis Privatabteil, ein Zugeständnis, das es sonst während des Krieges überhaupt nicht gab, habe speziell von den staatlichen italienischen Eisenbahnen bereitgestellt werden müssen. Darüber hinaus seien alle Bahnhofsvorsteher zwischen Rom und der Schweizer Grenze in

Alarmbereitschaft versetzt worden für den Fall, daß Erzbischof Pacelli besonderen Beistandes bedürfe. Unterdessen habe das Außenministerium Spezialpässe bereitgestellt und das Finanzministerium eine Sondergenehmigung für die Ausfuhr einer so gewaltigen Menge von unter die Embargobestimmungen fallenden Lebensmitteln aus Italien erteilt.

Nach dem Bericht von Monti schüttelte der Heilige Vater höchst verwundert den Kopf und bemerkte dazu, hätte man ihn nach München geschickt, so würde er es vorgezogen haben, wie jedermann sonst in Bayern zu leben. Monti fügt all dem in seiner Darstellung einen schmeichlerischen Vergleich hinzu – er verweist auf den Papst, der entsetzt war, als er erfuhr, daß ein Hühnchen, das auf die päpstliche Tafel gelangt war, zwanzig Lire gekostet hatte. «Hier ist ein einfacher Priester», schrieb Monti, «der ohne Pomp oder Ansprüche lebt.» Doch so sehr Benedikt XV. auch die Extravaganzen Pacellis mißbilligt haben mag, der junge Erzbischof erfreute sich beim Papst und bei der Kurie dennoch höchster Wertschätzung. Er sollte nunmehr eine Schlüsselrolle bei der Realisierung der päpstlichen Friedenspläne einnehmen.

Am 25. Mai bezog Pacelli die Nuntiatur in München, ein Palais in der Brienner Straße, direkt gegenüber jenem Gebäude, das später zum Braunen Haus, der Parteizentrale des Nationalsozialismus, werden sollte (beide Gebäude wurden während des Zweiten Weltkriegs durch eine Bombe zerstört). Der Haushalt wurde von einigen Bediensteten geführt, und Pacelli verfügte über einen Assistenten oder *Uditore*, Monsignore Schioppa. In der Garage stand ein großes Auto, auf dessen Türen das päpstliche Wappen prangte.

Pacelli machte sich sofort daran, den Friedensvorschlag Benedikts XV. ins Spiel zu bringen. Dieser Vorschlag, der sehr eindeutig, was die Prinzipien anging, und sehr verschwommen in den Einzelheiten war, forderte eine schrittweise Entwaffnung, ein Ende der Wehrpflicht, Verhandlungen statt Krieg, Sanktionen gegen Länder, die sich weigerten, Schiedsgerichtssprüche zu akzeptieren, und die Freiheit der Weltmeere. Besonders wichtig war die Forderung nach Rückgabe der besetzten Gebiete, wobei besondere Vorschläge für die Behandlung umstrittener Regionen wie Elsaß-Lothringen, Trient und Triest, unter angemessener Berücksichtigung der Wünsche der Bevölkerung, gemacht wurden. Belgien sollte nach den Vorstellungen Benedikts die Unabhängigkeit garantiert werden, und Polen sollte wiedervereinigt und als Staat wiederhergestellt werden.

Am 28. Mai, drei Tage nach seiner Ankunft, wurde Pacelli in einer Pferdekutsche ins königliche Schloß gebracht, wo er König Ludwig III. von Bayern, in dessen Begleitung sich der bayerische Außenminister Georg Friedrich Graf von Hertling befand, sein Beglaubigungsschreiben überreichte. Wichtigere Begegnungen sollten folgen: in Berlin und später in Kreuznach – dem militärischen Hauptquartier Kaiser Wilhelms II.

Am 25. Juni, einem Montag, reiste Pacelli mit dem Zug nach Berlin. In einem Brief an Gasparri, in dem er über Einzelheiten seiner Reise berichtet, vernehmen wir zum ersten Mal seit den Aufsätzen aus seinen Kindertagen wieder die Stimme Pacellis im Originalton. Lebendig, ja beinahe journalistisch, erweckt er einen Eindruck von sensibler Wachsamkeit für das ihm angemessene Maß an Ehrerbietung.

«Um 7.20 Uhr früh kamen wir in Berlin an. Am Bahnhof empfing mich der Abgeordnete Erzberger, und wir fuhren in einem großartigen Militärauto, das er mir während meines gesamten Aufenthalts in Berlin uneingeschränkt zur Verfügung stellte. Er begleitete mich ins Hotel Continental, eines der besten in der Hauptstadt, wo ich in einer erträglich geräumigen Suite im ersten Stockwerk als Gast der Reichsregierung untergebracht wurde. Ich machte Herrn Erzberger mit Nachdruck deutlich, wie wichtig es sei, die Presse fernzuhalten, um feindselige Kommentare gegen den Heiligen Stuhl (und) über den Friedensplan in den Zeitungen zu vermeiden, die höchstwahrscheinlich den Heiligen Stuhl so darstellen würden, als neige er der deutschen Seite zu. Meine Bitte wurde vollständig erfüllt. Die Zensur sorgte dafür, daß in der Presse keinerlei Kommentare über die Angelegenheit erschienen.

Um 10.00 Uhr früh zelebrierte ich die Heilige Messe in der katholischen St. Hedwigs-Kirche, ... und um 11.30 Uhr begann mein Treffen mit dem Reichskanzler (Theobald von Bethmann Hollweg) ... Herr Bethmann Hollweg, eine imposante Gestalt mit ausgeprägten Gesichtszügen besitzt ein etwas derbes Äußeres, scheint aber offen und ehrlich.»[6]

Reichskanzler von Bethmann Hollweg versicherte Pacelli, Deutschland «wünsche ernsthaft ein Ende dieses schrecklichen Krieges, den es nicht provoziert habe», und er fügte hinzu, das Land habe seit dem vorangegangenen Dezember seine Bereitschaft unter Beweis gestellt, mit seinen Feinden zu verhandeln. Dieses Angebot, so fuhr der Reichskanzler fort, «ist als ein Zeichen der Schwäche verstanden worden und nicht als Ausdruck des echten Wunsches, dem sinnlosem Gemetzel ein Ende zu bereiten, auch wenn die Mittelmächte militärisch nicht zu besiegen seien». Tatsächlich sei es an der Zeit, Frieden zu schließen, unterstrich Bethmann Hollweg, und das einzige, was dem im Wege stehe, sei die fehlende Bereitschaft der Feinde Deutschlands, «wie sie sich in den Reden von Lloyd George und Wilson zeigt».

Dann wandten sich die beiden Männer Einzelheiten zu. Pacelli teilte Gasparri später mit, der Kanzler habe die Themen der allmählichen und gegenseitigen Abrüstung, der Unabhängigkeit Belgiens, die Elsaß-Lothringen-Frage und die Grenzstreitigkeiten zwischen Österreich und Italien angesprochen. Bethmann Hollweg, so Pacelli, habe «nicht ohne Zögern» akzeptiert, daß eine gewisse Bewegung in diesen Angelegenheiten nicht auszuschließen sei. Dann kam der Kanzler auf eine weitere Reihe von Themen zu sprechen – er spekulierte darüber, ob Österreich möglicherweise bei den Grenzstreitigkeiten mit Italien ein wenig nachgeben könne; und vorsichtig neckte er Pacelli wegen der Tendenz der französischen Bischöfe, den Haß gegen die Deutschen zu schüren. Bethmann Hollweg fuhr fort, indem er Großbritannien kritisierte, weil es Rußland finanziell Beistand leiste, und erklärte, das revolutionäre Chaos in Moskau mache es schwierig zu entscheiden, wie man mit Rußland umgehen solle.

Dann berichtete Pacelli über die Ehre, die ihm bei einem Diner am Abend jenes Tages zuteil wurde, und in einer handgeschriebenen Fußnote brachte er sein Erstaunen darüber zum Ausdruck, daß einer der wichtigsten Führer der christlichen Gewerkschaften eingeladen war: «Ein Anzeichen dafür», fügte er hinzu, «daß die Regierung tatsächlich beabsichtigt, Arbeiterparteien zu fördern».[7]

Pacelli und der Kaiser

Am Donnerstag, den 28. Juni, verließ er abends Berlin, um sich gemeinsam mit Monsignore Schioppa ins Hauptquartier des Kaisers im Rheinland zu begeben – in einem «prächtigen Sonderwagen der Reichsbahn», wie er befriedigt bemerkte.

Er wurde dann in die Residenz des Kaisers im Schloß der alten Stadt Kreuznach gebracht, wo ein «elegantes Appartement» zu seiner persönlichen Verfügung stand. Anschließend wurde Pacelli in einen karg ausgestatteten Raum geleitet, in dem ihn der Kaiser hinter einem Schreibtisch erwartete.

Pacelli berichtete Gasparri, er habe dem Kaiser den «ehrwürdigen Brief des Pontifex in Übereinstimmung mit den mir gegebenen Instruktionen» vorgelesen. Die Botschaft erwähnte die «tiefe Besorgnis» des Heiligen Vaters «über die lange Dauer des Krieges», die ständig steigende materielle und sittliche Zerstörung, den Selbstmord der europäischen Zivilisation, die das Werk vieler Jahrhunderte menschlicher Geschichte war. Der Papst zweifle nicht daran, erklärte Pacelli, daß der deutsche Kaiser ihm bei der Bemühung helfen wolle, den Krieg zu beenden.

Der Kaiser hörte allem Anschein nach mit «respektvoller und großer Aufmerksamkeit» zu. Dann begann er mit seiner Erwiderung. Seine Stimme, seine Gesten und sein Gesichtsausdruck waren nach Pacelli «recht fanatisch und nicht ganz normal» *(esaltato e non del tutto normale).*[8]

Der Kaiser legte dem Nuntius dar, daß Deutschland den Krieg nicht provoziert habe. «Wir waren gezwungen, uns gegen die destruktiven Ziele Englands zu verteidigen, dessen kriegerische Macht zerschlagen werden mußte.» Daraufhin, so beobachtete Pacelli, schlug Wilhelm mit der Faust in die Luft. Deutschland habe im vorangegangenen Dezember versucht, fuhr der Kaiser fort, einen Friedensvorschlag zu unterbreiten, doch dies habe der Papst nicht erwähnt. Der Rest der kaiserlichen Ausführungen war nach Pacelli ein Wortschwall über die Gefahren des internationalen Sozialismus und die Notwendigkeit eines Friedens. Schließlich legte Wilhelm dem Nuntius dar, was der Papst tun solle: nämlich feierlich dem Klerus und den katholischen Gläubigen befehlen, für den Frieden zu arbeiten und zu beten. Die preußische Armee und die katholischen Hierarchien sollten danach eine gemeinsame Front gegen die Gefahr des Sozialismus bilden.

Laut Pacelli berührte der Kaiser noch eine Reihe weiterer, zusammenhangloser Themen: den Verrat des italienischen Königs, die Notwendigkeit, dem Papst ein eigenes Territorium mit Zugang zum Meer zu verschaffen, die Lage in Rußland und den Plan Englands, dieses Land finanziell zu unterstützen, um es im Kriege zu halten, sowie die Zukunft Belgiens. An diesem Punkt, so Pacelli, griff der Nuntius ein, um mit Nachdruck «im Namen des Heiligen Vaters und in Übereinstimmung mit dem Versprechen Seiner Majestät für die Beendigung der Deportationen von Belgiern nach Deutschland» zu plädieren. (In einigen Berichten über dieses Treffen, aber nicht in demjenigen Pacellis, heißt es, der Kaiser sei nun versöhnlich gestimmt gewesen und habe versprochen, er würde dieser Praxis sofort ein Ende bereiten.)[9]

Nach dem Gespräch gab es ein Essen für Pacelli, bei dem ihm «alle Ehren» erwiesen wurden. Während der Mahlzeit, an der mehrere Fürsten teilnahmen, «saß ich», wie der Nuntius festhielt, «zur Rechten des Kaisers und Monsignore Schioppa links von ihm».

Der Kaiser war von der Begegnung mit Pacelli derart beeindruckt, daß er in seinen eigenen Erinnerungen ausführlich darauf einging.[10] Die Lesart des Kaisers, die sich allem Anschein nach auf Aktennotizen stützt, fasziniert wegen der geschilderten Nachgiebigkeit Pacellis und der merkwürdigen Entlastungsaktionen Schioppas, der den Eindruck hatte, daß der Nuntius nicht ganz auf der Höhe war und Schwierigkeiten mit der Sprache hatte.

Der Kaiser empfand Pacelli als eine «vornehme, sympathische Erscheinung, von hoher Intelligenz und vollendeten Umgangsformen». Er hatte den Eindruck, der Nuntius beherrsche die deutsche Sprache so weit, «daß er deutscher Konversation gut folgen kann, ... aber nicht so, daß er sie geläufig spricht». Sie sprachen französisch miteinander, wenn auch der Nuntius sich «zuweilen einzelner deutscher Ausdrücke» bediente. Monsignore Schioppa, den der Kaiser als «Kaplan» bezeichnete, sprach fließend deutsch und «beteiligte sich – auch unaufgefordert – an dem Gespräch, sobald er befürchtete, daß der Nuntius zu sehr von meinen Ausführungen beeinflußt werde».

Als der Kaiser auf die Frage eines Friedens zwischen Österreich und Italien einging, griff Pacelli ein und sagte, es wäre für den Papst schwierig zu intervenieren, da es keine Beziehungen zwischen dem Vatikan und der italienischen Regierung gebe und Italien den Vorschlag zu einer Konferenz nicht günstig aufnehmen würde, wenn er vom Papst käme.

Hier griff nach Darstellung des Kaisers Monsignore Schioppa ein und hielt entgegen, ein derartiger Schritt komme auf keinen Fall in Frage, da die italienische Regierung dann «die piazza», die Straße, mobilisieren würde. Als der Kaiser dies bezweifelte, wurde Schioppa nach Darstellung des Monarchen ungebührlich laut. Der Monsignore wandte ein: «Ich kennte, meinte er, die Römer nicht, die seien, wenn sie aufgehetzt wären, ganz schrecklich ... Dann könne man sich sogar auf einen Sturm auf den Vatikan gefaßt machen, durch den der Papst selbst in Lebensgefahr kommen könnte.» Trotz der geschilderten Versuche des Kaisers, die Befürchtungen des «Kaplans» zu beschwichtigen, fuhr Schioppa «unbeirrt fort, die Schrecken der ‹Piazza› auszumalen».

Nun übernahm Pacelli wieder die Initiative und meinte, es sei für den Papst schwierig, irgend etwas wirklich Konstruktives für den Frieden zu tun, ohne unter den Laien Italiens Anstoß und Widerstand zu erregen, was ihn persönlich einer Gefahr aussetzen würde. In einer Zusammenfassung, in der die alten Klagen über die ungelöste «Römische Frage» nachhallten und die zugleich die Verteidigung seines eigenen Schweigens als Papst vorwegnahm, sagte der Nuntius dann weiter: «Er sei eben leider nicht frei. Wenn der Papst eigenes Land oder wenigstens einen eigenen Bezirk besitzen würde, wo er autonom regieren und frei walten könnte, dann läge die Situation ganz anders; so aber sei er zu sehr vom weltlichen Rom abhängig und könne nicht so, wie er wolle.»

Der Kaiser trat seinem eigenen Bericht zufolge an dieser Stelle keineswegs dafür ein, daß der Papst wieder ein eigenes Territorium erhalten solle (wie Pacelli es dargestellt hat), sondern er habe Pacelli daran erinnert, daß der Papst Mut brauche: «Ich bemerkte: Das Ziel, der Welt den Frieden zu bringen, sei so heilig und groß, daß der Papst unmöglich aus rein weltlichen Gründen sich davon abschrekken lassen dürfe, diese für ihn wie geschaffenen Aufgaben zu lösen.»

Dies, so Wilhelm, beeindruckte Pacelli, «und er meinte, ich hätte doch recht, der Papst müsse in der Frage etwas tun». Die Darstellung des Kaisers über seine eigenen Bemerkungen zu Sozialismus und Katholizismus steht in auffallendem Gegensatz zu dem, was Pacelli an Gasparri berichtet hat:

«Was solle ein katholischer Soldat sich denken, wenn er immer nur von den Bemühungen sozialistischer Männer um den Frieden höre, nie aber von einem Versuch des Papstes, ihn aus der Kriegsnot zu befreien? Tue der Papst nichts, dann bestehe die Gefahr, daß der Friede durch die Sozialisten erzwungen werde, und dann sei es mit der Machtstellung des Papstes und der römischen Kirche auch bei den Katholiken vorbei!»

Nach Aussage des Kaisers tat dieses Argument seine Wirkung; Pacelli erwiderte, er werde darüber sofort an den Vatikan berichten und die Argumentation unterstützen, daß der Papst handeln müsse. An diesem Punkt des Gesprächs griff «Kaplan» Schioppa erneut ein, um darauf hinzuweisen, daß der Papst sich selber durch ein derartiges Handeln in Gefahr bringen würde, da die «piazza» ihn dann angreifen würde. Aber der Kaiser erwiderte, Jesus Christus habe sich niemals vor dem Mob gefürchtet.

«Und nun solle ich glauben, daß sein ‹Statthalter auf Erden› Angst haben sollte, eventuell ein Märtyrer nach seines Herrn Vorbild zu werden, um der blutenden Welt den Frieden zu bringen, nur wegen des lumpigen römischen ‹Piazza›? Dazu dächte ich, der Protestant, viel zu hoch von einem römischen Priester, zumal vom Papst.»

In diesem Moment, so erinnert sich der Kaiser, ergriff Pacelli «mit leuchtenden Augen» seine Hand und sagte tief bewegt in französischer Sprache zu ihm: «Sie haben durchaus recht. Das ist die Pflicht des Papstes, er muß handeln, durch ihn muß die Welt den Frieden wiedererhalten.»

Wenn wir den Erinnerungen des Kaisers glauben dürfen, werden wir hier erstmals Zeuge des außerordentlichen Glaubens Pacellis an die mystische Rolle des Papsttums. Die Begegnung offenbart Pacellis Überzeugung im Jahre 1917, daß der Papst an der Spitze der katholischen Hierarchie den einzigartigen Auftrag habe, das Schicksal der Völker zu bestimmen. Als Pacelli selber das Amt des Papstes übernahm, trieb er diesen Glauben an eine einsame Verantwortung bis zur letzten Konsequenz: Auf den Schultern des Papstes – und nur dort – ruhe das Schicksal der Welt. Dies bedeutete eine Verantwortung, angesichts derer Konsultationen, Kollegen und Kollegialität keine Rolle spielen durften.

Hatte er aber eigentlich, wie es Monsignore Schioppa offenbar tat, die Versuche des Kaisers durchschaut, diese Vorstellung von einer einzigartigen Verantwortlichkeit im Interesse Deutschlands zu instrumentalisieren? Wie dem auch sei: Hier endete Pacellis Gesprächsdiplomatie im Auftrage von Papst Benedikt XV.

Das Schicksal von Benedikts Friedensplan war weitgehend vorhersehbar angesichts der Tatsache, daß beide Seiten immer noch davon überzeugt waren, den Krieg gewinnen zu können, und daß die entsetzlichen Opfer ihrer Völker in einem gewissen Grade gerechtfertigt erschienen. Präsident Wilsons Reaktion auf die Vorschläge des Papstes lautete, sie sähen aus wie eine Rückkehr zu einem Frieden unter dem Status quo ante. Als Wilson am 27. August die Antwort der Vereinigten Staaten formulierte, erklärte er: «Wir können dem Wort der gegenwärtigen Herrscher Deutschlands nicht ausreichend vertrauen, um uns auf ihre Versöhnungshaltung bei einer Friedenskonferenz zu verlassen.» Es gehe in diesem Krieg jetzt um nichts anderes als um «die Befreiung der freien Völker der Welt von der Bedrohung und tatsächlichen Macht eines gewaltigen Militärsystems.»

Die Franzosen und die Briten blieben stumm. Sie warteten immer noch auf eine Reaktion des Vatikans auf Ermittlungen über die wirklichen Absichten Deutschlands. Gleichzeitig versuchte Deutschland über spanische Kanäle herauszufinden, wie weit die Alliierten nachzugeben bereit waren.

Die Antworten Deutschlands und Österreichs auf den päpstlichen Friedensplan wurden schließlich am 20. September durch eine Schweizer Presseagentur veröffentlicht. Die Österreicher verkündeten, sie begrüßten die Vorschläge, und sie deuteten an, daß sie zu Friedensgesprächen bereit seien. Die Reaktion der Deutschen enthielt vorwiegend selbstgefälliges Wortgeklingel über die Friedensliebe des Kaisers und brachte den frommen Wunsch zum Ausdruck, daß aus den Vorschlägen etwas werden möge. Eine offizielle Reaktion kam von Georg Michaelis, der am 24. September Bethmann Hollweg im Amt des Reichskanzlers nachgefolgt war. In der niemals veröffentlichten Stellungnahme hieß es, «die Lage sei nicht klar genug». Mit anderen Worten: Die Deutschen wollten sich nicht festlegen, da sie fürchteten, sie würden am Ende weniger bekommen, als sie durch Fortsetzung des Krieges erreichen könnten.

Im Oktober 1917 reiste Pacelli kurz zu einer Manöverkritik über die Friedensinitiative mit Benedikt und Gasparri nach Rom; dann kehrte er wieder nach München zurück, um sich der Arbeit für die Kriegsgefangenen zu widmen.

Nuntius und Seelsorger

Unermüdlich reiste Pacelli während der letzten zwölf Monate des Krieges in Deutschland umher. Er brachte im Auftrag des Heiligen Stuhls den Hungernden «aller Religionen» Nahrung und Kleidung.[11] Nazareno Padellaro, ein früher und ehrfurchtsvoller Biograph Pius' XII., zitiert einen Kriegsgefangenen, der Pacellis Ankunft in einem Lager erlebt hatte: «Ein vielstimmiger Schrei brach aus und erschütterte den Raum. Alle umherstehenden Offiziere drängen sich zu der strengen Gestalt des Nuntius. Die einen strecken ihm die Arme entgegen, andere weinen. Er aber, aufrecht und stark, ruhig und heiter, richtet den gedankenschweren Blick auf jene Menge, deren Herzen er zutiefst berührt hat.»[12]

Im Frühherbst 1917 zeigte sich Pacelli in einem weniger sympathischen Licht gegenüber «allen Religionen», als er sich in einem bestimmten Fall weigerte, deutschen Juden zu helfen. Diese Episode schildert Pacelli selbst in einem Brief an Kardinal Gasparri, der bis jetzt in den Akten des vatikanischen Staatssekretariats verborgen geblieben ist.[13] Am 4. September 1917 teilte Pacelli Gasparri mit, ein gewisser Dr. Werner, Rabbiner in München, sei als Vertreter der «israelitischen Gemeinschaft in Deutschland» an die Nuntiatur mit einer Bitte herangetreten. Wegen des Laubhüttenfests, das am 1. Oktober beginne, benötigten die Juden Palmwedel, die normalerweise aus Italien kamen. Unglücklicherweise hatte die italienische Regierung deren Ausfuhr über die Schweiz verboten. Eine Lieferung von Palmen, die die Juden gekauft hatten, werde nun in Como festgehalten. «Die israelitische Gemeinde», fuhr Pacelli fort, «bittet um das Eingreifen des Papstes in der Hoffnung, daß er sich zugunsten von Tausenden deutscher Juden einsetzt. Sie vertrauen auf ein glückliches Ergebnis dieser Bitte.»

Mit einer Selbstsicherheit, die für Pacellis zukünftigen Umgang mit seinen Vorgesetzten typisch sein sollte, erläuterte Pacelli nun Gasparri im nachhinein, wie man mit solch einer Bitte umzugehen habe – denn es war offenkundig, daß er bereits nach eigenem Gutdünken gehandelt hatte.

«Ich hatte den Eindruck, dieser Bitte nachzugeben, würde bedeuten, den Juden besondere Hilfe zu leisten, und dies nicht auf dem Feld praktischer, rein bürgerlicher und natürlicher Rechte, wie sie allen menschlichen Wesen zukommen, sondern ihnen in positiver und direkter Weise bei der Ausübung ihres jüdischen Kultus beizustehen. Dementsprechend erwiderte ich dem erwähnten Rabbiner höflich, ... daß ich in dieser Angelegenheit einen dringenden Bericht an den Heiligen Vater geschickt habe. Ich bezweifle aber aufgrund der durch den Krieg verursachten Verzögerung der Kommunikation, daß ich rechtzeitig eine Antwort erhalten könne. Und der Heilige Vater werde viel Zeit verlieren, da er die Angelegenheit ausführlich mit der italienischen Regierung erörtern müsse.»

Der Brief nahm dann in einem Diplomatenkoffer auf dem Landweg seinen Schneckengang. Gasparri reagierte am 18. September mit einem chiffriertem Telegramm.

«Ich habe über diese Angelegenheit gründlich nachgedacht und stimme ganz und gar der Art und Weise zu, wie sie mit dieser delikaten Affäre umgegangen sind. Der Heilige Stuhl kann offensichtlich der Bitte von Professor Dr. Werner nicht nachkommen. Doch um diesem Herrn eine Antwort zu geben – eine Antwort, bei der ich mich auf ihre wohlbekannte Gewandtheit verlasse –, sollte diese die Tatsache in den Vordergrund stellen, daß der Heilige Stuhl keine diplomatischen Beziehungen zur italienischen Regierung unterhält.»[14]

So also reagierte Pacelli auf eine anrührende Bitte der jüdischen Gemeinschaft, deren Erfüllung für viele tausend Juden spirituellen Trost bedeutet hätte. Am 28. September 1917 schrieb er erneut an Gasparri, er habe mit Professor Werner «höchst taktvoll mündlich gesprochen» und dabei, «wie Eure Eminenz es geraten hat, die Tatsache betont, daß der Heilige Stuhl keine diplomatischen Beziehungen zur italienischen Regierung unterhält». Er fügte hinzu: «Professor Werner sah die von mir genannten Gründe vollkommen ein und dankte mir warmherzig für alles, was ich in seinem Interesse unternommen habe ...»

*Während des Ersten Weltkriegs trat Pacelli, hier mit italienischen
Kriegsgefangenen, durch seinen karitativen Einsatz hervor*

Einige katholische Kirchenrechtler dürften diese Handlungsweise
bis heute verteidigen und behaupten, Pacelli sei tatsächlich verpflichtet gewesen, Nichtchristen bei der Praktizierung ihrer Religion *nicht*
zu helfen. Doch widerspricht diese Episode späteren Behauptungen,
er habe eine große Liebe für die Juden empfunden, und sein Handeln
sei stets in deren wohlverstandenem Interesse gewesen. Daß er imstande war, den Heiligen Stuhl in ein diplomatisches Täuschungsmanöver hineinzuziehen, um die Möglichkeit zu durchkreuzen, den
deutschen Juden auch nur bei einem geringfügigen liturgischen Problem zu helfen, legt die Annahme nahe, daß er nicht gerade Sympathie für die jüdische Religion empfand.

Dennoch gab Pacelli in diesen Jahren zahlreiche Beweise tätiger
Nächstenliebe – die freilich für die Augen seiner Vorgesetzten und
insbesondere des Papstes persönlich im Detail dargelegt wurden. Erneut wollte er damit vor allem die alles sehende, grenzenlos barmherzige Güte des Heiligen Vaters in Rom unter Beweis stellen.

Am 17. Oktober schrieb er aus dem Kriegsgefangenenlager Puch-
heim, wo er etwa 600 Franzosen und mehr als 1000 Russen besucht
hatte, die alle «einfache Soldaten» waren, an Gasparri.[15] Im Lager

hatte er eine Predigt in französischer Sprache gehalten, die er für Gasparri vollständig aufgeschrieben hatte. Dabei hatte er den zerlumpten und durchnäßten Gefangenen, die in der Mehrzahl keine Katholiken waren, versichert, wie sehr sich Papst Benedikt XV. um ihre Leiden sorge. «Im Namen des Papstes und seines großen Herzens sage ich Euch», so begann Pacelli, «habt Mut und Hoffnung! Wenn Euch in bestimmten Momenten Euer gegenwärtiges Dasein unerträglich erscheint, dann erinnert Euch daran, das es jemanden gegeben hat, der aus Liebe das Kreuz auf sich nahm und an ihm starb, und dies sogar unter noch schlimmeren Bedingungen und nicht weniger blutig. So findet durch das Gebet zu neuer Kraft, Euer Kreuz zu tragen!» So predigte er vor einer Gemeinde von Gefangenen, die nun ihren Platz im «Herzen des Heiligen Vaters» hatten, und erinnerte sie an die Leiden Christi.

Nachdem er den Gefangenen den Segen erteilt hatte, verteilte er Pakete, die speziell aus dem Vatikan nach Deutschland geschickt worden waren. «Jedes Paket», so berichtete er, «enthielt das Wappen des Papstes und den Spruch ‹Der Heilige Vater segnet Euch›, und darin befanden sich 200 Gramm Schokolade, ein Paket Kekse, sechs Päckchen amerikanischer Zigaretten, 125 Gramm Seife, eine Dose Kakao, 100 Gramm Tee und 200 Gramm Zucker.»

Daraufhin machte er einen Rundgang durch das Lager, schritt die Reihen der armseligen Gefangenen ab und inspizierte anschließend die Unterkunftsbaracken und die Küche, «wo ihre tägliche Ration an Suppe und verdorbenem Brot zubereitet wird». Schließlich stand er in sich versunken auf dem kleinen Friedhof, «wo die armen Gefangenen bestattet wurden, die während der Inhaftierung verstorben sind».

Als er diese Menschen verließ, so schrieb er an Gasparri, war er sich dessen bewußt, daß die «leidenschaftliche und unerschöpfliche Nächstenliebe des Heiligen Vaters einen lindernden Balsam des Glaubens und der Liebe in ihrem schrecklichen Leid ausgeteilt hat».

Pacelli und die «bolschewistischen Juden»

Während Pacelli in seinen ersten zwölf Monaten als päpstlicher Nuntius in München auf diese Weise beschäftigt war, ging Deutschland auf die Katastrophe zu. Nachdem die deutsche Militärführung die Gelegenheit verworfen hatte, einen maßvollen Frieden mit den Westmächten zu schließen, erhöhte sie die U-Boot-Angriffe in der Nordsee und sorgte damit für den Eintritt der Vereinigten Staaten in den Krieg. Schließlich setzte sie in einer anspruchsvollen, aber zum Scheitern verurteilten Offensive an der Westfront alles auf eine Karte.

Bei Kriegsende hatte Deutschland zwei Millionen Tote zu beklagen. Es fiel der Nation schwer zu akzeptieren, daß solch ein Blutopfer vergeblich gewesen war. Auf das gewaltige Ausmaß der Niederlage war Deutschland schlecht vorbereitet; aber eines schien in den letzten Tagen dieses Krieges klar: Präsident Woodrow Wilson und die Westmächte waren nicht bereit, mit dem Kaiser und den Repräsentanten der alten Ordnung Frieden zu schließen, sondern nur mit den Vertretern des Volkes. Als in der zweiten Novemberwoche 1918 in einem Eisenbahnwaggon im Wald von Compiègne mit den Alliierten über den Waffenstillstand verhandelt wurde, war Matthias Erzberger, der Abgeordnete der katholischen Zentrumspartei, Leiter der deutschen Delegation. Das war jener Politiker, der Pacelli im Sommer 1917 in Berlin vom Bahnhof abgeholt hatte und der seit Mitte des Krieges für den Frieden eingetreten war. Im Laufe der nächsten zwei Tage dankte der Kaiser ab und begab sich nach Holland ins Exil; der letzte Kanzler des von Bismarck gegründeten Reiches, Prinz Max von Baden, übergab seine Autorität an den Sozialdemokraten Friedrich Ebert. Der am 11. November 1918 unterzeichnete Waffenstillstand sah die Auslieferung des schweren Kriegsmaterials und der U-Boote sowie die Räumung der besetzten Westgebiete und des linken Rheinufers vor. Der Versailler Vertrag vom 28. Juni 1919 enthielt die Feststellung der deutschen «Kriegsschuld» (Artikel 231) und begündete damit erhebliche Reparationsverpflichtungen, die dem Reich auferlegt wurden.

Es sollte keinen sanften Übergang zur Demokratie geben. Deutschland stürzte in ein politisches Vakuum, das revolutionäre Unruhen sowie ein wirtschaftliches und gesellschaftliches Chaos zur Folge hatte. Eine Zeitlang hatte es den Anschein, als würde sich der bolschewistische Erfolg in Rußland noch einmal in Deutschland wiederholen: Es bildeten sich Arbeiterräte, eine Meuterei in der Marine weitete sich überall in Deutschland zu spontanen Revolten aus. In München, wo Pacelli lebte, stürzte der unabhängige Sozialist Kurt Eisner, unterstützt von einer bunten Anhängerschaft aus Arbeiterräten, demobilisierten Soldaten und Bauern, am 8. November die Monarchie und rief eine sozialistische Republik aus. In Berlin stellte der «Rat der Volksbeauftragten» für kurze Zeit eine neue deutsche Regierung, während sich daneben ein «Vollzugsrat des Arbeiter- und Soldatenrates» bildete.

Doch die Gruppierungen der extremen Linken besaßen nicht jenen Rückhalt in der Bevölkerung, über den die gemäßigten Sozialisten verfügten. Die stärkste Anhängerschaft besaß die SPD unter Friedrich Ebert, von der sich 1917 die Unabhängige Sozialdemokratie (USPD) abgespalten hatte, die den Krieg beenden und einen «echten» Sozialismus durchsetzen wollte. Die Unabhängigen wiederum wurden – allerdings nur sehr bedingt – vom Spartakusbund unter Führung von Rosa Luxemburg und Karl Liebknecht unterstützt, der eine Revolution nach leninschem Muster forderte. Eine dritte einflußreiche Gruppe, die Pacelli mit starkem Interesse beobachtete, war die katholische Zentrumspartei, die aus dem bismarckschen Kulturkampf vierzig Jahre zuvor gestärkt hervorgegangen war. Sie stützte sich auf die katholische Bevölkerung Deutschlands, die 35 Prozent aller Staatsbürger ausmachte, also auf mehr als 20 Millionen Gläubige. Durch das Bündnis mit den Mehrheitssozialdemokraten gewann sie sehr bald eine Schlüsselrolle in der Weimarer Politik.

Bei seinem Ringen mit den linksradikalen Bewegungen war Ebert auf das Militär angewiesen, um die Ereignisse im Vorfeld der Wahlen zu einer Verfassunggebenden Nationalversammlung unter Kontrolle zu bringen. Nachdem die USPD aus dem Rat der Volksbeauftragten ausgetreten war, sammelte sich die extreme Linke in der Kommunistischen Partei Deutschlands (KPD), und das Land glitt weiter in Richtung Anarchie und gewalttätige Revolution.

Pacelli befand sich im Zentrum des Sturms. Anfang November schickte er drei chiffrierte Mitteilungen an Gasparri, in denen er über die sich verschärfenden Spannungen und das politische Chaos in München berichtete. Er schloß mit dem Hinweis, die provisorische Regierung unter Eisner gestatte es nicht länger, chiffrierte Nachrichten nach Rom zu schicken. Sei es nicht ratsam, fragte er, unter diesen Umständen München ganz zu verlassen?[16]

Am 13. November teilte Gasparri Pacelli mit, Benedikt XV. sei damit einverstanden, die Nuntiatur zu verlegen, er solle aber zunächst den Rat des Erzbischofs von München einholen.[17] Eine Woche später erwiderte Pacelli, der Erzbischof habe ihm geraten, Deutschland zu verlassen und sich in die Schweiz zu begeben. Er fuhr dann in seinem Brief fort: «Heute bin ich abgereist und halte mich zunächst in Rorschach auf ... Die Zustände scheinen ungewiß und ernst.»[18] Von einem friedlichen Schweizer Sanatorium aus, das von Nonnen geleitet wurde, beobachtete Pacelli wahrscheinlich bis Februar 1919 die Entwicklung vorerst aus der Distanz.[19] Inzwischen führte Monsignore Schioppa, der gestrenge *uditore*, die Geschäfte in München.

99

Am 21. Februar 1919 tötete ein junger aristokratischer Kriegsteilnehmer, Graf Anton Arco-Valley, Eisner durch einen Kopfschuß, als der Ministerpräsident sich gerade in den Landtag begab. Die darauffolgenden Ereignisse führten zur Machtübernahme durch eine Gruppe von linksextremen Bohemiens, während die Mehrheitsozialisten, die sich selber als «Exilregierung» betrachteten, nach Bamberg flohen. Am 13. April wurde auch der schwärmerische «Schwabinger Sowjet» aus den Regierungsgeschäften vertrieben, und es begann eine Terrorherrschaft unter Führung der Berufsrevolutionäre Max Levien, Eugen Leviné und Towia Axelrod. Um das Kommen der Diktatur des Proletariats zu beschleunigen, nahm das neue Regime Geiseln aus der «Mittelschicht» und steckte sie ins Gefängnis Stadelheim. Die Revolutionäre schlossen die Schulen, führten die Zensur ein und beschlagnahmten Wohnungen und Eigentum. Familien, die als bürgerlich galten, erhielten keine Nahrungsmittel. Das Regime verletzte die Exterritorialität verschiedener Botschaften und Konsulate und beschlagnahmte dort Nahrungsmittel, Möbel und Autos.

In seinem Brief an das Staatssekretariat[20] über die revolutionären Entwicklungen hatte Pacelli eine Menge mitzuteilen. Die Rote Garde der Räterepublik, so informierte er den Kardinalstaatssekretär, habe den Dienstwagen der preußischen Gesandtschaft beschlagnahmt und für kurze Zeit den österreichisch-ungarischen Generalkonsul verhaftet. Nach diesen «bedauerlichen Ereignissen» kam es, so berichtete er weiter, zu einer Zusammenkunft des Diplomatischen Corps, bei der über die Reaktion auf die Geschehnisse entschieden werden sollte. Nach langer Debatte wurde beschlossen, direkt mit Levien zu sprechen, um eine eindeutige Garantie zu erhalten, daß die kommunistische Regierung die Immunität der diplomatischen Vertreter und die Exterritorialität ihrer Residenzen anerkenne.

«Da es für mich vollkommen unwürdig gewesen wäre, den genannten Herrn persönlich aufzusuchen», schrieb Pacelli, «schickte ich den Uditore (Schioppa), der heute morgen gemeinsam mit dem Geschäftsträger Preußens, Herrn Graf von Zech, dort empfangen wurde.»

Schioppa berichtete genügend Einzelheiten von seinem Besuch in Leviens Hauptquartier in der Residenz, so daß der Nuntius Gasparri eingehend informieren konnte. Der Bericht ist durchsetzt mit Ressentiments, die der Nuntius entweder von Schioppa übernahm oder selbst hinzufügte. Der maschinengeschriebene Brief ist von Pacelli persönlich unterschrieben und hier und da mit Zusätzen versehen worden:

«Die Szene in der Residenz war unbeschreiblich. Das Durcheinander völlig chaotisch, der Dreck ganz und gar ekelerregend; Soldaten und bewaffnete Arbeiter gehen ein und aus. Das Gebäude, einst Heimstätte eines Königs, hallt wider von Geschrei, vulgärer Sprache, Flüchen. Es ist die absolute Hölle. Ein Heer von Angestellten wieselt hin und her, erteilt Befehle, wedelt mit Papieren, und in der Mitte all dessen lungerte eine Bande von jungen Frauen von zweifelhaftem Aussehen, Juden, wie sie alle, mit provokativem Benehmen und zweideutigem Grinsen in den Büros herum. Die Chefin dieses weiblichen Abschaums war Leviens Gefährtin: eine junge Russin, Jüdin und geschieden, die für alles verantwortlich war. Und dieser Person mußte die Nuntiatur ihre Ehrerbietung erweisen, um vorgelassen zu werden.

Dieser Levien ist ein junger Mann von etwa 30 oder 35 Jahren, ebenfalls Russe und Jude. Blaß, schmutzig, mit von Drogenmißbrauch gezeichneten Augen, rauher Stimme, vulgär, abstoßend, mit einem Gesicht, das gleichzeitig intelligent und verschlagen wirkt. Er ließ sich dazu herab, den Monsignore Uditore im Flur zu empfangen, umgeben von einer bewaffneten Eskorte, darunter ein bewaffneter Buckliger, sein treuer Leibwächter. Mit dem Hut auf dem Kopf und eine Zigarette rauchend, hörte er sich an, was Monsignore Schioppa ihm zu sagen hatte, wiederholt quengelte er, er sei in Eile und hätte wichtigere Dinge zu tun.»[21]

Pacellis wiederholtes Hervorheben des Judentums der Revolutionäre deckt sich mit der wachsenden und weitverbreiteten Überzeugung unter den Deutschen, daß «die Juden» die Anstifter der bolschewistischen Revolution seien und ihr Hauptziel darin bestehe, die christliche Zivilisation zu zerstören. Aber das Zitat verrät auch noch in anderer Hinsicht etwas über die Haltung seines Verfassers. Die Hinweise auf das Judentum dieser Leute im Kontext der ausgiebigen Beschreibung ihrer körperlichen und sittlichen Widerwärtigkeit hinterläßt den starken Eindruck einer stereotypen rassistischen Verachtung.

Nach Pacelli bestand Monsignore Schioppa darauf, daß die Mission des Nuntius eine besondere Behandlung verdiene, worauf Levien in «übertrieben ironischem Tonfall» erwiderte, das Hauptziel des Nuntius sei es, die Zentrumspartei zu schützen. Der Monsignore gab zurück, «der Nuntius sei dazu da, die Rechte aller Katholiken und dies nicht nur in Bayern, sondern in ganz Deutschland zu verteidigen».

Nach dieser Auseinandersetzung wurde Schioppa zu einem gewissen «Genossen Dietrich» gebracht, der für die auswärtigen Angelegenheiten verantwortlich war und dem Monsignore rundweg mitteilte, daß man den Nuntius «ins Gefängnis werfen» werde, sollte er irgend etwas gegen die Interessen der Räterepublik unternehmen. Er fügte hinzu, es gebe keine Notwendigkeit für eine Nuntiatur in München, da nun eine vollständige Trennung zwischen Kirche und Staat bestehe.

Nachdem er sich ein wenig beruhigt hatte, sagte «der Genosse» zu, die Exterritorialität der Nuntiatur zu respektieren und eine Bestätigung darüber anzufertigen. An dieser Stelle bemerkte Pacelli, dieses Dokument sei das Papier nicht wert, auf dem es geschrieben wurde, da es von dem in der Stadt marodierenden Mob nicht verstanden würde, der ungestraft in verschiedene Gesandtschaften einbräche.

So endete Pacellis Versuch, die Stellung der Nuntiatur zu klären, eine Bemühung, die sich innerhalb von Tagen als wohlbegründet erweisen sollte.

Das Auto des Nuntius

Etwa eine Woche später war Pacelli zu einer direkten Konfrontation mit einem roten Stoßtrupp gezwungen, der zur Nuntiatur zog, um den Dienstwagen zu konfiszieren. Über dieses Ereignis gibt es mehrere Versionen, denen zufolge Pacelli die Plünderer durch die schiere Kraft seines Charismas besiegt zu haben scheint. Der Zwischenfall ist auch oftmals herangezogen worden, um seinen großen Haß gegen den Kommunismus zu erklären und sowohl seinen Mut im Angesicht persönlicher Gefahr als auch die hypnotisierende Kraft seiner heiligwürdigen Persönlichkeit zu veranschaulichen.[22] Sein Leibarzt hat behauptet, Pacelli habe danach sein ganzes Leben lang immer wieder von dieser Episode geträumt.

Die wichtigste Quelle zu dieser Geschichte, wie sie nach Pacellis Tod dargestellt wurde, war seine Haushälterin, eine damals 23 Jahre alte Nonne, Schwester Pasqualina Lehnert, die im März des vorangegangenen Jahres in den Dienst der Nuntiatur getreten war. Schwester, später Mutter Pasqualina sollte in Pacellis häuslichem Leben eine wichtige Rolle spielen und die Quelle zahlreicher frommer Anekdoten werden. Sie war eine bayerische Nonne, die man im März 1918 aus ihrem Pflichtkreis als Grundschullehrerin in einem kleinen schwäbischen Dorf herausgeholt und für zwei Monate «zur Aushilfe» in der Münchener Nuntiatur aufgefordert hatte. Diese «Aushilfe» sollte niemals enden. Pasqualina diente für den Rest ihres Lebens als Pacellis Haushälterin und Mutterersatz. In ihren Erinnerungen an Pacelli, die sie 1959, ein Jahr nach seinem Tode verfaßte, behauptet sie, Zeugin, ja sogar maßgebliche Beteiligte bei der Auseinandersetzung um den Dienstwagen gewesen zu sein.

Ihrer Darstellung zufolge drangen zwei Spartakisten, die vom Hausdiener eingelassen worden waren, ins Haus ein. Dann tauchte Pacelli, der nicht daheim gewesen war, von einer Behandlung im Krankenhaus kommend, an der Haustür auf. Als «die beiden Spartakisten» den Nuntius erblickten, so Schwester Pasqualina, waren sie «wie erstarrt» und schienen «wie betäubt» vor ihm zu stehen; was dann geschah, schildert die Zeugin so: «Den Bann abschüttelnd, riefen sie frech, dem Nuntius die Revolver auf die Brust setzend, daß sie nur mit dem Auto weggehen würden».[23] Auf Befehl des Nuntius, so die Nonne, wurde die Garage nun geöffnet, und die Revolutionäre verschwanden mit dem Auto.

Seitdem unlängst die Archive des Staatssekretariats zugänglich gemacht worden sind, verfügen wir erstmals über eine eigenhändige Schilderung Pacellis dieser Episode, datiert auf den 30. April 1919. In einem Schreiben an Kardinalstaatssekretär Gasparri berichtet Pacelli, der Kommandant einer Roten Brigade, ein Mann namens Seyler, sei zusammen mit einem «Komplizen» namens Bongartz und anderen Soldaten «bewaffnet mit Gewehren, Pistolen und Handgranaten» in die Nuntiatur eingedrungen. Der Diener öffnete die Tür, sie polterten ins Haus und erklärten, sie wollten das Auto beschlagnahmen – «einen herrlichen Wagen mit päpstlichem Wappen», wie Pacelli dazu bemerkte.

«Da Monsignore Uditore nicht im Hause war», berichtete Pacelli, «griff ich persönlich ein und machte dem Befehlshaber deutlich, daß dieses gewalttätige Eindringen in die Nuntiatur und die Forderung nach dem Auto eine flagrante Verletzung des von allen zivilisierten Nationen anerkannten Völkerrechts seien, und ich zeigte ihm die Urkunde über den exterritorialen Status, die der Volksbeauftragte für auswärtige Angelegenheiten ausgefertigt hatte.» Daraufhin, so Pacelli weiter, «drückte der Komplize sein Gewehr gegen meine Brust, und der Befehlshaber – ein schrecklicher Verbrechertyp, der seinen Leuten befohlen hatte, ihre Handgranaten bereitzuhalten – sagte mir frech, alles Gerede sei sinnlos, und er müsse den Wagen sofort haben.»

Trotz heftiger Proteste habe der Anführer den Hausdiener angewiesen, die Gruppe in die Garage zu führen, wo sich ein neues Drama abspielte. Der Chauffeur der Nuntiatur hatte «wohl solch ein Ereignis vorausgesehen» und das Auto fahruntüchtig gemacht. Daraufhin rief der Befehlshaber im Kriegsministerium an, und dort sagte man ihm, wenn der Wagen nicht sofort in den Dienst des Volkes gestellt würde, solle die gesamte Anlage in die Luft gejagt und «die ganze Nuntiaturbande» auf der Stelle verhaftet werden.

In der Zwischenzeit hatte Monsignore Schioppa vom Stand der Dinge erfahren, und er versuchte nun, die Beschlagnahme des Autos im letzten Moment zu verhindern, indem er im «Hauptquartier der Spartakisten» ein Gesuch stellte. Daraufhin tauchten drei «Sicherheitsleute» auf und veranlaßten den Kommandeur zum Rückzug. Um 18.00 Uhr rückten Seyler und seine Einheit unverrichteter Dinge ab. «In der Nuntiatur war es nun wieder friedlich», schrieb Pacelli, und er fügte hinzu: «Aber nicht für lange.»

Am nächsten Tag, dem 30. April, um 9.00 Uhr früh, tauchte die gleiche Gruppe wieder auf. Diesmal hatten sie einen Beschlagnahmebefehl dabei, den Rudolf Egelhofer, der Oberkommandierende der Roten Armee, persönlich unterzeichnet hatte. Diesmal war Schioppa im Dienst und Pacelli abwesend. «Ich befand mich in der Klinik von Professor Jochner», berichtete Pacelli später an Kardinal Gasparri, «da ich kürzlich einen schweren Grippeanfall erlitten und ein Magenleiden habe, weswegen ich mich einer besonderen Behandlung unterziehe.»

Durch Verhandlungen mit dem revolutionären Vollzugsrat und der italienischen Militärmission in Berlin gelang es Schioppa, die Rücknahme des Beschlagnahmebefehls zu erreichen. Daraufhin wurden Seyler und sein «Komplize» gezwungen, den Befehl vor den Augen Schioppas zu widerrufen. Dies geschah, so kommentierte Pacelli, «nicht, ohne daß die Gallenflüssigkeit von seinen Lippen tropfte, wobei er Drohungen ausstieß, die darauf hinausliefen, die gesamte Bande in der Nuntiatur gehöre hinter Gitter!»

So wurde also das Auto des Nuntius gerettet. «Es bleibt jedoch der Tatbestand einer Verletzung der Rechte des Repräsentanten des Papstes», fuhr Pacelli fort, «woraufhin ich gemeinsam mit dem Monsignore Uditore (Schioppa) beschlossen habe, einige Nächte lang nicht im Hause zu schlafen. Selbstverständlich habe ich dafür gesorgt, daß alles gut bewacht wurde.»

Die Auseinandersetzung um das Auto, so teilte er Gasparri mit, verlief unter dem Pfeifen von Gewehrschüssen, die einen Hinweis auf «den Bruderkrieg zwischen den weißen und den roten Brigaden im Kampf um die Befreiung der bayerischen Hauptstadt (gaben), die so sehr unter einer grausamen jüdisch-russischen, revolutionären Tyrannei leidet». Pacellis Augenzeugenbericht über diese Ereignisse liefert keinerlei Hinweise auf Heroismus oder hypnotisierendes Charisma, obwohl er den Eindruck erweckt, angesichts der Umstände einigermaßen beherzt gehandelt zu haben. Wenn es bei diesen Ereignissen überhaupt einen Helden gab, dann war es wohl eher Monsignore Schioppa.

Nach weiteren drei Wochen revolutionärer Erschütterungen in München befahl Reichspräsident Ebert den Einsatz von Freikorps und Reichswehreinheiten, die sich aus Veteranen des Ersten Weltkriegs zusammensetzten, um die Münchener Räterepublik zu zerschlagen. Dies taten sie mit großer Brutalität und unter erheblichen Verlusten an Menschenleben. Während die Regierungseinheiten regelrechte Straßenschlachten schlugen, um München zu befreien, gab es, bevor alles vorüber war, jedoch noch einen letzten Affront gegen das Münchener Palais des Nuntius.

Fünf Tage, nachdem das Auto zurückgegeben worden war, eröffnete spätabends eine Gruppe von Soldaten mit Maschinengewehren und anderen Schußwaffen das Feuer auf die Nuntiatur. Wieder befand sich Pacelli in sicherer Distanz, denn er verbrachte die Nacht in der Klinik von Professor Jochner. Monsignore Schioppa war jedoch trotz aller Ermahnungen, daß auch er nicht in der Nuntiatur übernachten solle, im Hause und hatte gerade sein Abendessen beendet. Erneut verfaßte Pacelli auf der Grundlage des Augenzeugenberichts von Schioppa einen Rapport an Kardinal Gasparri.[24] Allem Anschein nach hatte Schioppa gerade das Licht seines Schlafzimmers angeschaltet, da war ein Schrei von einem Zug Soldaten zu hören, die draußen auf der Straße patrouillierten. Sie glaubten, es werde auf sie geschossen, und daraufhin bestrichen sie die oberen Stockwerke des Gebäudes mit Maschinengewehrfeuer, bevor sie schließlich gegen die Vordertür der Nuntiatur anstürmten und eine Hausdurchsuchung verlangten.

Schioppa leitete eine Gruppe von Soldaten durch alle Räume des Hauses, und sie fanden nichts. Sie postierten für den Rest der Nacht zwei Wachen vor dem Gebäude, und der Zug entfernte sich. Als Schioppa die oberen Stockwerke inspizierte, bot sich ihm dort ein Bild der Verwüstung. Am nächsten Morgen zählte er mehr als 50 Löcher in der Fassade des Gebäudes. «Es war ein Wunder», kommentierte Pacelli, «daß nicht eine der Kugeln das Gasrohr traf, was eine gewaltige Explosion ausgelöst hätte.»

Nach diesem nervenaufreibenden Angriff war die Münchener Krise, zumindest soweit sie Pacelli betraf, beendet, und er konnte beginnen, über den wahren Zweck seiner Mission in Deutschland nachzudenken.

5

Pacelli und die Weimarer Republik

Nachdem Krieg und Revolution überstanden waren, ging es bei Eugenio Pacellis Hauptaufgabe in Deutschland um nichts geringeres als darum, mit Hilfe des kanonischen Rechts von 1917 eine radikale Vormachtstellung des Papstes über die katholischen Bischöfe, Geistlichen und Gläubigen im Lande durchzusetzen. Es gab jedoch bestehende Konkordate zwischen den deutschen Ländern und dem Heiligen Stuhl, die die Zielsetzungen des Kodex zu durchkreuzen drohten. Dies galt insbesondere für die Frage der Nominierung der Bischöfe – die Kernfrage bei jeder Machtveränderung zugunsten eines zugespitzten päpstlichen Zentralismus. Der neue Kodex konnte nicht einfach per Befehl durchgesetzt werden. Die alten Konkordate mußten vielmehr durch neue ersetzt werden, in denen der Staat das Recht des Papstes anerkannte, den Kodex gegenüber seinen katholischen Bürgern anzuwenden. In den nächsten dreizehn Jahren sollte Pacelli sich ganz auf die Aufgabe konzentrieren, die Konkordate mit den einzelnen deutschen Ländern auszuhandeln, während er gleichzeitig ein allumfassendes Reichskonkordat plante, das all die anderen überflüssig machen sollte. Dieses letztgenannte Ziel führte 1933 zum Reichskonkordat mit Hitler und dem NS-Regime.

Von Anfang an waren die Umstände in Deutschland für Pacellis Vorhaben günstig. Die Wirtschaft des Landes war dem Zusammenbruch nahe, seine Bündnisse waren zerfallen, die militärische Macht zerschlagen, die Gesellschaft anfällig für Revolution und Bürgerkrieg. Gedemütigt und durch die harten Friedensbedingungen von Versailles unter Druck gesetzt, benötigte Deutschland verzweifelt Freunde und Verbündete mit moralischem Einfluß. Der Nuntius des Heiligen Stuhls konnte offene Ohren für die legitimen Interessen der katholischen Kirche erwarten, wenn er Deutschland zu Hilfe eilte. Die Leitartikler des *Osservatore Romano* waren bereits im Februar und dann erneut im April 1919 dafür eingetreten, daß die Siegermächte ihre Forderungen bei der Friedenskonferenz in Versailles mäßigen sollten. Doch es gab noch mehr, was der Heilige Stuhl für Deutschland tun konnte – von der Ausübung von Druck bei der Festlegung umstrittener Grenzen und Gebiete bis zur Ermutigung diplomatischer Verbindungen mit früheren Feinden und Neutralen. Im übrigen konnte der Heilige Stuhl, ganz abgesehen von seinen Konkordatsplänen, nur davon profitieren, wenn er Deutschland dabei half, sich ökonomisch und politisch zu erholen. Deutschland hatte vor dem Krieg einen größeren Beitrag zur Finanzierung des Heiligen Stuhls geleistet als alle anderen Nationen der Welt zusammen.[1] Je länger Deutschland brauchte, um seine Wirtschaft wieder in Schwung zu bringen, um so länger hatte der Vatikan finanziell darunter zu leiden.

Die politische Führung der katholischen Laien in Deutschland sah die neue Situation im Lande ebenfalls als eine große Chance an, allerdings aus einer ganz anderen Perspektive. Nachdem die deutschen Katholiken sich während des Krieges loyal verhalten hatten, vertrauten sie darauf, daß die Tage ihrer Inferiorität, die Zeiten, da man sie als «Reichsfeinde» betrachtete, ein für allemal vorbei seien. Die deutschen Katholiken hatten in der Vorkriegszeit etwa ein Drittel der Bevölkerung gestellt. (In Hitlers Großdeutschem Reich – mit dem Saargebiet, dem Sudetenland und Österreich – stieg ihr Anteil dann später fast auf die Hälfte.) Sie verfügten über ein mächtiges Netz sozialer und politischer Einrichtungen – Gewerkschaften, Zeitungen, Verlage, Jugendorganisationen, Frauenverbände, Schulen, Hochschulen –, und viele dieser Institutionen waren ursprünglich als Reaktion auf die Verfolgung der katholischen Kirche unter Bismarck in den 1870er Jahren entstanden und dann vier Jahrzehnte lang bewahrt und erweitert worden.

Auf der Ebene der Reichspolitik ging die katholische Zentrumspartei als wichtige politische Kraft aus dem Krieg hervor. Sie verfügte über ein landesweites Netzwerk von Parteibüros sowie über erfahrene Parlamentsabgeordnete. Die Zentrumspartei hatte 1912 ihre führende Stellung im Reichstag an die Sozialdemokraten abgeben müssen, sie hatte aber dennoch während des Krieges an Einfluß gewonnen und am 19. April 1917 einen bedeutenden Erfolg errungen, als sie die Aufhebung der Gesetze gegen die Jesuiten aus dem Jahre 1872 durchsetzte. Von diesem Zeitpunkt an durfte die Gesellschaft Jesu wieder unbehelligt nach Deutschland zurückkehren und Kommunitäten, Schulen und Hochschulen gründen, was sie mit großer Entschlossenheit tat.

Bei den Wahlen vom 19. Januar 1919 eroberte die Zentrumspartei fast sechs Millionen Stimmen und 91 Reichstagsmandate. Damit war sie die zweitstärkste Kraft hinter den Mehrheitssozialdemokraten, die 11,5 Millionen Stimmen und 163 der 421 Sitze der Nationalversammlung erlangten. Die Zentrumspartei spielte damit eine Schlüsselrolle in der ersten Weimarer Koalitionsregierung wie auch in den ihr folgenden Koalitionen. Sie war gleichsam der Makler der Macht zwischen den Sozialdemokraten und den anderen Regierungsparteien. Zwischen 1919 und 1933 wurden nicht weniger als fünf katholische Mitglieder der Zentrumspartei in zehn verschiedenen Kabinetten Reichskanzler.

Die Entschlossenheit der Katholiken, bei der Schaffung einer demokratischen und pluralistischen deutschen Republik eine positive Rolle zu spielen, verdankte der päpstlichen Soziallehre oder der Ermutigung durch den Papst wenig oder nichts. Im Gegenteil: Die Zentrumspartei sah sich wiederholt gezwungen, sich dem Verlangen Pacellis und des 1922 gewählten Pius XI. zu verschließen, Bündnisse mit den Mehrheitssozialdemokraten zu vermeiden, mit denen sie vielmehr eine Regierungspartnerschaft pflegen mußte, wenn sie nicht ins politische Abseits geraten wollte. Allerdings hätte die politische Führung des Katholizismus mit Ausnahme eines kleinen reaktionären Flügels, der sich nach der Monarchie zurücksehnte, bei dem seit langem verstorbenen Leo XIII. Trost finden können. Dieser Papst hatte, das Beispiel der Vereinigten Staaten vor Augen, widerstrebend eingeräumt, daß die republikanische Demokratie möglicherweise ein annehmbares politisches System neben anderen sei.[2]

Einen Eindruck von der Weltanschauung der politischen Führung des deutschen Katholizismus geben die politischen und religiösen Vorstellungen von Max Scheler, dem damals prominentesten katholischen Philosophen Deutschlands. Scheler, fast genauso alt wie Pacelli und das Kind eines protestantischen Vaters und einer jüdischen Mutter, sollte auf das katholische Europa des 20. Jahrhunderts nachhaltigen Einfluß ausüben. In den fünfziger Jahren hatte Karol Wojtyla, der spätere Papst Johannes Paul II., als er in einem Krakauer Seminar an seiner Dissertation über die menschliche Person arbeitete, die Werke Schelers stets griffbereit. Scheler, der seinem früheren deutschen Nationalismus 1916 abgeschworen hatte (und später die katholische Kirche nach Scheidung und Wiederheirat verlassen sollte), glaubte, daß die christliche Ethik Gesellschaften, Gemeinschaften und Individuen in konkreten, sozialen und politischen Situationen anleiten könne. Er hielt das Christentum also für eine soziale Religion und stand damit in einem diametralen Gegensatz zur ahistorischen und abstrakten Denkweise Pacellis. Scheler war gegen eine Deutung des Individuums, die die Solidarität mit anderen leugnete.[3] Aber gleichzeitig war er auch gegen einen Kollektivismus kommunistischen Typs, der die Verantwortlichkeit und die Würde der Einzelperson bestritt.

Schelers Bedeutung liegt für unseren Zusammenhang gerade in seinem Gegensatz zum wachsenden Einfluß Eugenio Pacellis auf die katholischen Angelegenheiten in Deutschland. In den dunkelsten Tagen des Ersten Weltkriegs forderte Scheler, die Katholiken sollten Deutschland und Europa weder eine strenge römisch-katholische Orthodoxie, noch Apologetik oder päpstliche Macht im Vatikan anbieten, sondern Subsidiarität: einen wohltätigen und selbstbestimmten Einfluß, der von den kleinsten Gruppen und Gemeinschaften ausging. Die «katholische Lebens- und Kulturform» sah er geprägt durch ihr «gemildertes Tempo im Arbeits- und Emporkömmlingswillen, ihre tiefere hingegebenere Weltfreudigkeit und ihre heiterere Harmonie, ihr(en) konkretere(n) Realismus über den abstrakten Ordnungs- und Einheitsgedanken, ihre volksverwurzeltere Naivität und ihre vertrautere unbekümmertere Art, aus lebendigen Traditionen heraus resolut zu leben, und das Gewachsene immer mehr zu lieben als das, wenn auch noch so klug, Gemachte.» Diese Vergleiche deuten den Abgrund an, der, aus seiner Perspektive, zwischen dem sozialen Katholizismus und der hierarchischen Ideologie päpstlicher Suprematie klaffte, die den Papst als einen Autokraten betrachtete, bei dem in Fragen des Glaubens und der Kirche die Initiative lag. Scheler erwartete darüber hinaus für die Zukunft, daß die Zentrumspartei und die katholischen Gewerkschaften zu Sammelpunkten für christliche Demokraten aller Konfessionen werden würden; auch die Juden sollten hier nicht ausgeschlossen bleiben.[4] Er betonte, daß der katholische Einfluß nicht einfach neben etwas stehen sollte, was man Deutschtum nannte: «Züge des katholischen Wesens dürfen nicht wie bisher fast unsichtbar neben dem repräsentativen Deutschtum und seinem Geiste stehen, sondern sie müssen sich in Wahrheit einweben, daß sie auch in seinem Gesamtbild in Institutionen, Werken, Waren, daß sie besonders im Umgang mit dem Ausland und der Verwaltung angrenzender Länder fühlbar werden.»[5] Diese Vorstellung von einem besonderen katholischen «Moment», das Versöhnung im Inneren und internationale Orientierung verbindet, wurde von Matthias Erzberger, einem einflußreichen Zentrumsabgeordneten, unterstützt. Seit 1916 hatten Scheler und Erzberger bei

Friedensbemühungen zusammengearbeitet. Scheler war mehrfach in die Schweiz, nach Holland und nach Österreich gereist, um Möglichkeiten eines Waffenstillstands und der Abrüstung zu sondieren. Erzberger war es, der den Waffenstillstand mit den Alliierten in einem Eisenbahnwaggon bei Compiègne unterschrieb und für die Annahme des Vertrags von Versailles eintrat. Dies brachte ihm die Schmähung als «Novemberverbrecher» ein und führte schließlich zu seiner Ermordung.

Bereits 1917 versuchte Erzberger den Erzbischof von München-Freising, Michael von Faulhaber, davon zu überzeugen, daß eine «große katholische Renaissance» bevorstehe, ganz gleich, ob man den Krieg nun verlieren oder gewinnen würde. 400 Jahre nach Luthers Wittenberger Thesenanschlag könne man den Katholizismus als Brennpunkt eines christlichen, kulturellen und geistigen Wiederauflebens ansehen, sagte er dem Prälaten. Das natürliche Zentrum dieser Erneuerung, so Erzberger, solle München sein, das Herz des katholischen Bayern, aber ihre Früchte sollten der ganzen Nation zugute kommen.

Erzberger war ein typischer Vertreter jener katholischen Politiker, die auf einen neuen politischen Pragmatismus der Katholiken im Nachkriegsdeutschland drängten. Nicht länger sei Deutschland mit dem Protestantismus gleichzusetzen: Ein Geist der Versöhnung und der Toleranz sei jetzt auf beiden Seiten der großen religiösen Trennungslinie notwendig. Die Katholiken, die traditionell im höheren Bildungswesen, in den freien Berufen und im Staatsdienst benachteiligt waren, müßten, so drängte Erzberger, nun den ihnen zustehenden Platz in der Gemeinschaft einnehmen und ihre Präsenz deutlich machen.

Genau in dem Augenblick jedoch, da deutsche Katholiken danach strebten, zu einem festen Bestandteil der deutschen Kultur, Gesellschaft und Politik zu werden, gerade in dem Moment, da sogar protestantische Politiker davon sprachen, neue Verbindungen zum Heiligen Stuhl zu knüpfen, war eine historische Initiative des Vatikans dabei, diesem ganzen Prozeß ein Ende zu bereiten. Pacellis zentrale Aufgabe als päpstlicher Nuntius bestand im Abschluß eines Vertrages zwischen Kirche und Staat, der den 400. Jahrestag der lutherischen Reformation in ganz anderer Weise ins Gedächtnis rufen sollte, als von Erzberger beabsichtigt. Am 10. Dezember 1520 hatten Luther und seine Studenten als Zeichen ihres Bruchs mit der römischen Kirche am Lestertor zu Wittenberg das Corpus Iuris Canonici verbrannt. Diese Tat symbolisierte nicht nur Luthers Absage an die päpstliche

Autorität, sondern seine Überzeugung, daß Rom seine eigenen Anordnungen wichtiger nehme als die Gebote Gottes. Die Bände des kanonischen Rechts, so hatte Luther geklagt, «sagen nichts über Christus». Dieser historische Akt der Lossagung, der dem deutschen Protestantismus geradezu heilig war, verlieh den Absichten Pacellis eine ungeheure Bedeutung ging es doch nach vier Jahrhunderten darum, für den neuen Kodex des kanonischen Rechts von 1917 die offizielle Anerkennung und Einwilligung der deutschen Regierung zu erreichen. Der neue Kodex zielte, wie wir gesehen haben, auf die Konzentration der kirchlichen Autorität in der Person des Papstes ab. In diesem Schritt zu größtmöglicher Hierarchisierung und Zentralisierung lag, so sah es Pacelli, die zukünftige Quelle der Einheit, des Geistes, der Kultur und der Autorität des Katholizismus – in krassem Gegensatz zu der pragmatischen, pluralistischen, kommunitären Ausprägung des Katholizismus, wie sie von Scheler und Erzberger vertreten wurde.

Pacellis Konkordat und Hitler

Das Sichfügen des deutschen Volkes angesichts des Nationalsozialismus kann nicht in seiner ganzen Komplexität verstanden werden, wenn man den langen Weg nicht berücksichtigt, der zum Reichskonkordat von 1933 führte und der bereits Anfang der zwanziger Jahre begann; auch Pacellis entscheidende Rolle und Hitlers Gründe für die Unterzeichnung des Vertrages sind dabei zu beachten. Die Verhandlungen wurden auf katholischer Seite über die Köpfe der Gläubigen, des Klerus und der deutschen Bischöfe hinweg ausschließlich von Pacelli im Auftrag des Papstes geführt. Die diplomatische Korrespondenz jener Zeit zeigt, daß Pacelli und Gasparri die meisten Dokumente unterzeichneten, während der Papst sozusagen die Rolle des Moses gegenüber einem Gasparri im Kostüm des Aaron spielte.[6] Aber die Strategie und der Stil des Ganzen wurden, wie sich noch zeigen wird, Pacelli persönlich überlassen.

Seit Jahrhunderten hatte es bei den vatikanischen Konkordaten eine Vielfalt von Vereinbarungen zwischen dem Heiligen Stuhl und weltlichen Regierungen gegeben. Sie sicherten das Recht auf Auslegung der Lehre, die Bedingungen der Spendung der Sakramente, die Rechtsgrundlagen für den Gottesdienst und das Erziehungswesen; es ging um Gesetze zur Regelung von Eigentumsfragen, um Priesterseminare, die Ernennung und Bezahlung von Priestern und Bischöfen, schließlich um rechtliche Regelungen zur Eheschließung und zur Auflösung von Ehen. Vor dem Ersten Weltkrieg unterschieden sich die Bestimmungen der Konkordate von Land zu Land, ja innerhalb Deutschlands selbst von Einzelstaat zu Einzelstaat, und jeder dieser Verträge war genau auf die jeweiligen lokalen Umstände, Sitten und säkularen Patronageverhältnisse zugeschnitten.

Mit dem neuen Kodex von 1917 veränderte sich jedoch die Konkordatspolitik des Vatikans. Von nun an sollten die Konkordate zu Konsensinstrumenten werden, durch welche das Leben von Bischöfen, Geistlichen, Ordensleuten und Gläubigen geregelt wurde, und zwar auf allen Stufen der Hierarchie, weltweit und stets auf der gleichen Grundlage. Darüber hinaus setzten die Konkordate nun das Recht Roms voraus, die Gläubigen ohne Konsultation auf alle Bedingungen zu verpflichten, auf die es sich im Verlauf örtlicher Verhandlungen einließ.

Am Ende dieses Prozesses, der dreizehn Jahre dauern sollte, stand nur ein einziger Mann, Adolf Hitler, zwischen Pacelli und der Verwirklichung seiner Träume von einem «Superkonkordat», das allen Katholiken in Deutschland in gleicher Weise das ganze Gewicht des kanonischen Rechts auferlegen würde. Gleichsam als Vorleistung auf diese Einigung forderte Hitler 1933 nicht weniger als den freiwilligen Rückzug der deutschen Katholiken von gesellschaftlichem und politischem Handeln als Angehörige einer Religionsgemeinschaft; dazu gehörten die Selbstauflösung der Zentrumspartei und der BVP, die zu jenem Zeitpunkt die einzigen noch existierenden, funktionsfähigen demokratischen Parteien in Deutschland waren. Diese freiwillige Abdankung des politischen Katholizismus sollte von Pacelli selbst, inzwischen Kardinalstaatssekretär im Vatikan, Schritt für Schritt durchgesetzt werden, der dabei die erhebliche Überzeugungskraft walten ließ, die ihm zu Gebote stand.

Pacellis bemerkenswerte Agenda war, wie wir gesehen haben, von einer beinahe messianischen Überzeugung geleitet, die seit drei Generationen in der Familie Pacelli herrschte. Danach konnte die katholische Kirche nur durch Stärkung der päpstlichen Autorität mit Hilfe des Kirchenrechts überleben und als eine Einheit in der modernen Welt existieren. Pacellis Konkordatspolitik konzentrierte sich nicht so sehr auf die Interessen der katholischen Kirche in Deutschland wie auf das hierarchische Modell kirchlicher Autorität, das seit Pius IX. im Entstehen war. Im Unterschied zu Scheler und Erzberger interessierte sich Pacelli weder für das Schicksal verwandter Glaubensrichtungen, religiöser Gemeinschaften oder Institutionen noch für Menschenrechte und Sozialethik. Die Klagen des deutschen Episkopats über das NS-Regime, wenn es zu ihnen kam, handelten in erster Linie von Übergriffen gegen katholische Interessen, wie sie im Konkordat festgehalten waren, und wurden über den Vatikan geleitet.

Nichts hätte weiter von der Auffassung entfernt sein können, daß ein organischer, selbstbestimmter, pluralistischer Katholizismus, der als Sammelbecken für eine überkonfessionelle christlich-demokratische Bewegung diente, zur Quelle neuer Stärke werden könne. Nichts hätte besser geeignet sein können als die Politik Pacellis, um die mächtige Institution der katholischen Kirche in Deutschland Hitlers Absichten gefügig zu machen. Unmittelbar nach dem Ersten Weltkrieg blieben die Widersprüche zwischen den Absichten Roms und denen der Führung des deutschen Katholizismus – sowie deren Konsequenzen für die Zukunft – jedoch noch unerkannt.

Pacellis Konkordatsstrategie

Von Anfang an ging Pacelli gegen eine Reihe von Hindernissen vor, die sich aus der langen und wechselhaften Geschichte der Beziehungen zwischen Deutschland und dem Papsttum ergaben. Ohne daß Pacelli dazu etwas beitragen mußte, begannen sich einige dieser Schwierigkeiten bereits mit der Formulierung einer neuen Verfassung in Weimar aufzulösen.

1872 hatte Bismarck in einer berüchtigten Rede vor dem Reichstag die Vorstellung von einem Reichskonkordat mit dem Vatikan für alle Zeiten ausgeschlossen: «Ich halte es nach den neuerdings ausgesprochenen und öffentlich promulgierten Dogmen der katholischen Kirche nicht für möglich für eine weltliche Macht, zu einem Konkordat zu gelangen, ohne daß diese weltliche Macht bis zu einem Grade und in einer Weise effacirt würde, die das Deutsche Reich wenigstens nicht annehmen kann.»[7]

Diese Rede wurde anläßlich der Auflösung der Gesandtschaft des Reiches beim Heiligen Stuhl gehalten, ein Schritt, der Deutschland, Preußen und den Vatikan praktisch ohne gegenseitige Vertretungen und ohne schriftliche Vereinbarungen zum Schutz der Rechte der Katholiken in Preußen ließ, abgesehen von der päpstlichen Konstitution *De salute animarum* von 1821[8], der der preußische König widerwillig seine «Zustimmung und Sanktion» erteilt hatte. 1882, als die Katholikenverfolgung durch Bismarck zu Ende ging, wurde wieder eine preußische Gesandtschaft beim Heiligen Stuhl in Rom eingerichtet; es gab allerdings weiterhin keine Gesandtschaft des Reiches. Und so blieb die Lage bis 1918. Daher stellte sich folgendes Problem: Wie konnte Pacelli ohne eine Nuntiatur in Berlin mit dem Status einer Botschaft und ohne eine Botschaft des Reiches beim Heiligen Stuhl Verhandlungen über ein Reichskonkordat aufnehmen? Diese Ausgangssituation zu ändern, war eine der Prioritäten Pacellis.

Anläßlich der Verabschiedung der neuen Verfassung am 11. August 1919 in Weimar erkannte er, daß die Entscheidung der jungen Republik zur Trennung von Kirche und Staat für Preußen die Möglichkeit geschaffen hatte, den umstrittensten Paragraphen des neuen Codex Iuris Canonici zu akzeptieren – nämlich jenen, der dem Papst das alleinige Recht zur Nominierung neuer Bischöfe zuschrieb. Artikel 137 der Weimarer Reichsverfassung schien alle staatlichen Vorrechte in kirchlichen Angelegenheiten durch die Erklärung zu beseitigen, daß religiöse Gemeinschaften ihre eigenen Angelegenheiten «ohne Mitwirkung des Staates oder der bürgerlichen Gemeinde» regeln. Damit wurde das Selbstbestimmungsrecht wieder an die Kirchen zurückgegeben oder, wie Pacelli es für den Katholizismus interpretierte, an den Papst persönlich. Allerdings gab es einen «Haken», weil der Verfassungsartikel nur eine allgemeine Richtlinie enthielt und die Details Sache der einzelnen Länder waren. Es war deshalb nach Meinung Pacellis höchste Zeit, nach und nach Konkordate mit den Ländern auszuhandeln und gleichzeitig die Möglichkeiten eines Reichskonkordats auszuloten.

In einer anderen Verfassungsbestimmung entdeckte Pacelli eine für seine Gesamtstrategie nützliche Ambiguität. In Artikel 78 hieß es: «Die Pflege der Beziehungen zu den auswärtigen Staaten ist ausschließlich Sache des Reichs.» Da in Pacellis Sichtweise der Heilige Stuhl strenggenommen zwar ein ausländischer Souverän, nicht aber ein ausländischer Staat war, ergab sich daraus eine Möglichkeit zur Schaffung von Verbindungen sowohl zu den einzelnen Ländern wie auch zum Reich, was wiederum vielfältige Gelegenheiten schuf, beide Seiten gegeneinander auszuspielen.

In einem weiteren Artikel, der für alle katholischen Eltern nicht weniger als für Pacelli von höchster Bedeutung war, reservierte die neue Verfassung dem Reich weitgehende Zuständigkeit für den Religionsunterricht; dies betraf insbesondere die Schulaufsicht, die Lehrpläne und die Qualifikationsanforderungen sowie das Recht, Lehrer einzustellen und zu entlassen. Da die Schulen das Saatbeet des Katholizismus darstellten, war Pacelli mit aller Entschiedenheit der Ansicht, daß dieser Artikel der Verfassung – zumindest für die Katholiken – verschwinden müsse, wenn er auch nicht die Absicht hatte, die in der Verfassung vorgesehene Verpflichtung des Staates in Frage zu stellen, die Finanzierung kirchlicher Schulen und des Religionsunterrichts in staatlichen Schulen sicherzustellen. Vielmehr strebte Pacelli danach, in allen deutschen Ländern Korrekturen in der Schulfrage zu erreichen und letztendlich die Streichung dieser Bestimmung für das gesamte Reich in einem zukünftigen umfassenden Reichskonkordat herbeizuführen.

Bayern mit seiner großen katholischen Bevölkerung und seinen historischen Verbindungen zur römischen Kirche bot sich als Ausgangspunkt für sein erstes Länderkonkordat geradezu an. Unterdessen konnte das überwiegend protestantische Preußen, dessen Hauptstadt auch Sitz der Reichsregierung war, eine Weile warten. Das katholische Bayern mit seinem Sinn für kulturelle Unabhängigkeit vom Norden war stets darauf bedacht, den Spielraum seiner regionalen Autonomie auszureizen, und Pacelli hatte somit die Chance, durch ein Musterkonkordat mit einem dem Papst gewogenen Einzelstaat des Reiches einen Präzedenzfall zu schaffen.

Die Frage der Bischöfe

Pacelli hatte jedoch noch einen weiteren Grund, das protestantische Preußen zunächst behutsam zu behandeln. Am 11. November 1919 wurde der altehrwürdige Erzbischofsstuhl im zu Preußen gehörenden Köln durch den Tod von Kardinalerzbischof Felix von Hartmann frei, und damit gab es einen Testfall für jene grundlegende Bestimmung im Kirchenrecht von 1917, die die Nominierung eines neuen Erzbischofs dem Papst selbst vorbehielt. Seit unvordenklichen Zeiten war die Nominierung in Köln ein Vorrecht des Domkapitels gewesen, das darüber – nach Abstimmung mit dem preußischen König – entschied. Dies geschah nach örtlichen, uralten Präzedenzien, die durch die päpstliche Konstitution von 1821 bestätigt worden waren. Dieser erste Testfall für die Anwendung des neuen Kodex löste leidenschaftliche Auseinandersetzungen über das Verhältnis von päpstlich-zentralistischem Absolutismus und lokalen Ermessensvorbehalten aus.

Bereits am Tage von Hartmanns Tod unterzeichneten die neun wichtigsten Mitglieder des Kölner Domkapitels, darunter zwei Weihbischöfe, einen Brief an den Papst mit der Bitte um seinen Segen, «da es nun unsere Aufgabe ist, einen neuen Erzbischof zu wählen».[9] Dies war der Anlaß für ein «dringendes» chiffriertes Telegramm von Gasparri an Pacelli vom 17. November: Der Nuntius solle die Domherren darüber informieren, daß «sie hinsichtlich der Nominierung eines Erzbischofs Anweisungen vom Heiligen Stuhl abwarten müssen».[10] So kam es, daß Pacelli kaum eine Woche nach Hartmanns Tod an die Kölner Domkapitulare schrieb, sie sollten auf keinen Fall eine Wahl vornehmen, sondern «das hohe Metropolitankapitel möge bezüglich der Ernennung des Erzbischofs Instruktionen abwarten, welche der Heilige Stuhl ihm zuzusenden nicht ermangeln wird.»[11] Die Domherren waren jedoch nicht bereit, auf ihre alten Rechte zu verzichten, und auch die preußische Regierung war keineswegs gewillt, sich in dieser Angelegenheit neutral zu verhalten.

Am 2. Dezember erhielt Pacelli einen Brief des preußischen Geschäftsträgers, in dem dieser die nachdrückliche Ansicht seiner Regierung wiedergab, daß die Weimarer Verfassung nichts an den Vorschriften der päpstlichen Konstitution *De salute animarum* ändere.[12] Das hieß mit anderen Worten: Pacellis Interpretation der neuen verfassungsrechtlich festgelegten Trennung von Kirche und Staat zugunsten des Vatikans wurde von Preußen energisch bestritten, zumindest soweit es um die Auswahl neuer katholischer Bischöfe ging. Jeder Versuch, in die Wahl des Kölner Erzbischofs einzugreifen, so der Diplomat, werde schwerwiegende Konsequenzen für die Beziehungen zwischen dem Heiligen Stuhl und den deutschen Katholiken haben. Und Schlimmeres sollte folgen. In einem chiffrierten Telegramm vom 15. Dezember warnte Pacelli Gasparri, das Kölner Domkapitel habe ihm in seiner Antwort mitgeteilt, höchstwahrscheinlich werde die Regierung das Gehalt des Bischofs streichen und die Kosten für dessen Amtsführung nicht mehr tragen, falls der Heilige Stuhl einseitig das Wahlverfahren ändere. «Wollen sie Ihre bisherigen Anweisungen aufrechterhalten?» telegraphierte Pacelli an Gasparri.[13]

Inzwischen hatte in der ersten Dezemberwoche der päpstliche Nuntius in der Schweiz, Luigi Maglione, vom preußischen Gesandten am Heiligen Stuhl, Diego von Bergen, erfahren, daß die preußische Regierung, die deutschen Bischöfe und das Kölner Domkapitel allesamt der Ansicht seien, daß der gegenwärtige Bischof von Paderborn, Monsignore Schulte, der beste Kandidat für den freigewordenen Erzbischofssitz in Köln sei. Magliones sich daraus ergebender Vorschlag ist ein Beispiel für die subtilen Kunstgriffe der päpstlichen Diplomatie jener Zeit.

«Vielleicht wäre es für den Heiligen Vater ebenso akzeptabel, wie es dies in meinen Augen ist», schrieb Maglione an Gasparri, «diesen höchst wichtigen frei gewordenen Posten zur größten Befriedigung von jedermann in Deutschland zu besetzen.»[14] Maglione machte dann mit äußerster Behutsamkeit deutlich, ein deutscher Abgesandter habe ihm zu verstehen gegeben, die Regierung hätte nichts gegen die Wahl von Schulte (dieses «ausgezeichneten» Kandidaten «in den Augen aller Betroffenen»), wenn es einen Hinweis darauf gebe, daß er beim nächsten Konsistorium zum Kardinal ernannt werden solle. Maglione legte dann dar, daß bislang für das nächste Konsistorium (die angekündigte Nominierung neuer Kardinäle durch den Papst) noch keine deutschen Kandidaten nominiert worden seien. Dagegen verfüge Polen, «dieser neu gegründete Staat», bereits über zwei Kandidaten für den Kardinalspurpur. Einer von ihnen war der «Erzbischof von Gnesen und Posen – einer Region, die Deutschland entrissen worden» sei.

Zweifellos unter der sanften Anleitung durch den Nuntius in der Schweiz hatte sich der deutsche Emissär persönlich von jeder Spur von Beanstandung oder Ausübung moralischen Drucks distanziert. Maglione konnte berichten, der Abgesandte habe am Schluß gesagt: «Ich möchte den Heiligen Stuhl nur darauf hinweisen, daß unser Volk aufgrund der vielen Leiden, die es durchgemacht hat, besonders empfindlich geworden ist; dies geht so weit, daß die Menschen nur sehr ungern daran zweifeln würden, daß sie sich des erhabenen Wohlwollens des Heiligen Vaters erfreuen.» Mit anderen Worten: Wenn der Heilige Vater ernsthaft unter Beweis stellen wolle, daß er nicht deutschfeindlich gesinnt sei, dann täte er sehr gut daran, «uns» einen Kardinal zu gewähren.

Daraufhin schickte Gasparri am 17. Dezember ein weiteres verschlüsseltes Telegramm an Pacelli und modifizierte darin im Lichte der einhelligen Zustimmung für den Kandidaten seine früheren Anweisungen. «Eure Exzellenz sollte sich nach Berlin begeben, wo die Regierung keine Einwände gegen die Ernennung (Schultes) vorbringen wird, da sie nun konsultiert worden ist. Eure Exzellenz wird sich dann nach Köln begeben und dem Domkapitel mitteilen, daß es in diesem Fall den Bischof von Paderborn haben kann, da die Zustimmung der Regierung bereits vorliegt.»[15]

Daraufhin reiste Pacelli eilends per Zug nach Köln und teilte dem versammelten Domkapitel mit, daß es diesmal – und nur diesmal – in Übereinstimmung mit den alten Privilegien einen neuen Erzbischof wählen könne; die Domherren müßten aber zur Kenntnis nehmen, daß dies keine permanente Regelung für die Zukunft bedeute.

Pacelli konnte 1919 um so leichter nachgeben, als er und die Kurie über den Kandidaten des Domkapitels einer Meinung waren[16]; aber es gab noch andere Gründe für Pacelli, seine allgemeine Strategie mit Zuversicht zu betrachten und an seiner Überzeugung festzuhalten, daß ihm schließlich mit dem Reich gelingen würde, was ihm mit Preußen nicht zu glücken schien.

Zwischen Berlin und München

Am 27. September kündigte Reichsaußenminister Hermann Müller an, die preußische Botschaft in Rom solle eine voll ausgebaute deutsche Botschaft am Heiligen Stuhl, und Diego von Bergen im Einvernehmen mit dem Vatikan der erste Botschafter werden, der sowohl das Reich als auch das Land Preußen zu vertreten habe. Infolgedessen sah Matthias Erzberger, der ebenfalls dem Reichskabinett angehörte, keine Hindernisse für ein Reichskonkordat, für eine vollständige Neugestaltung der Beziehungen zwischen Kirche und Staat, zwischen dem Vatikan und Deutschland, wobei die Verhandlungen über diese Neuregelung «einheitlich von allen Ländern unter Leitung des Reiches geführt werden sollten».[17] Er gab dies auch bei einem Bankett bekannt, das der Reichspräsident und der Reichskanzler in Berlin nach Weihnachten zu Ehren Pacellis gaben.

Das neue Arrangement über die deutsche Botschaft beim Vatikan barg jedoch einige Schwierigkeiten. Sie hatten mit den komplexen und sehr alten Rivalitäten zwischen Bayern und Preußen, München und Berlin, dem katholischen und dem protestantischen Deutschland zu tun. Doch Pacelli machte sich mit der Geschicktheit eines versierten Pokerspielers daran, diese Probleme zur vollen Zufriedenheit des Papstes und der römischen Kurie zu lösen. Was die Minister in Berlin anging, so ging die Entscheidung, eine Botschaft des Reiches beim Heiligen Stuhl in Rom einzurichten, von der Annahme aus, daß die bestehende bayerische Gesandtschaft dann geschlossen würde. Das lag jedoch keineswegs in Pacellis Interesse. Er hatte nicht die Absicht, sich ausschließlich mit dem traditionell protestantischen Reich auseinanderzusetzen, wenn es die Möglichkeit gab, gleichzeitig nach der Devise *divide et impera* mit dem katholischen Bayern zu verhandeln. Deshalb machte er sich weiterhin die Vorteile zunutze, die sich in Deutschland aus den Spannungen und Rivalitäten zwischen Reichs- und Landesregierungen ergaben, und setzte dabei auch ein gewisses Maß an diplomatischer Erpressung ein.

«Der Heilige Stuhl», so teilte Pacelli den Regierungen der Länder und des Reichs mit, «gebe Vorzug einer Reichsbotschaft beim Vatikan mit päpstlicher Nuntiatur in Berlin für die Angelegenheiten Deutschlands, Bayern ausgenommen, und einer bayerischen Gesandtschaft beim Vatikan in Rom mit päpstlicher Nuntiatur in München für die kirchlichen Angelegenheiten.» Doch falls die Reichsregierung sich mit dieser Regelung nicht einverstanden erklären könne, so fuhr er fort, «wünsche der Heilige Stuhl den Status quo ante aufrecht zu erhalten». Er würde dann also davon Abstand nehmen, gegenseitige diplomatische Vertretungen zwischen dem Reich und dem Heiligen Stuhl auszutauschen, was allerdings zur Folge hätte, daß Deutschland den Vatikan als eloquenten Verbündeten auf der Bühne der Weltpolitik verlieren würde. Wie auch immer, so der Nuntius, der Heilige Stuhl wünsche «auf jeden Fall die Aufrechterhaltung der Nuntiatur in München».[18]

Das Reich gab nach und Preußen erklärte sich bereit, seine eigene Vertretung in Rom in eine Abteilung der Reichsbotschaft beim Vatikan umwandeln zu lassen. In der Zwischenzeit berichtete Gasparri im Mai 1920 dem deutschen Botschafter, sein päpstlicher Nuntius beim Reich werde zukünftig in Berlin residieren und Pacelli werde diese Aufgabe übernehmen. Der Heilige Stuhl gab jedoch bekannt, daß der neue Nuntius am Sitz der Reichsregierung zunächst weiterhin zugleich das Amt des Nuntius in München mit Zuständigkeit für Bayern wahrnehmen werde. Er werde nach Bedarf zwischen beiden Städten hin und her pendeln. Pacelli hatte nun also sämtliche Zügel in seiner Hand, und in allen Einzelheiten dieses bemerkenswerten Arrangements ist seine diplomatische Meisterschaft zu erkennen. Die Dinge hatten sich seit Anfang 1917 weit entwickelt. Damals hatte Matthias Erzberger dem Vorgänger Pacellis in München, dem verstorbenen Erzbischof Aversa, versichert, der Kaiser werde niemals damit einverstanden sein, daß ein Nuntius in Bayern gleichzeitig für das Reich oder für Preußen akkreditiert würde, da dies den Anschein erwecken könne, als spiele das Reich gleichsam die zweite Geige.[19]

Doch so geschickt all dies auch eingefädelt sein mochte, so hat dieses diplomatische Kunststück doch die Verhandlungen um ein Reichskonkordat verzögert. Und dieses Resultat «schuf», wie der deutsche Kirchenhistoriker Klaus Scholder bemerkt, «jenen verhängnisvollen Ansatzpunkt, von dem aus Hitler 1933 in wenigen Wochen den deutschen Katholizismus zur Kapitulation zwingen sollte».[20] Pacelli erwiderte, daß er seine ganze Kraft daransetzen werde, «die Beziehungen zwischen dem Heiligen Stuhl und Deutschland zu pflegen und weiter zu festigen». (Dreizehn Jahre später benutzte Hitler eine ähnliche Formulierung, als er im Gegenzug für die Zustimmung der Zentrumspartei zum «Ermächtigungsgesetz», das Hitler diktatorische Vollmachten verlieh, eine sofortige Neuordnung der Beziehungen zwischen Berlin und dem Heiligen Stuhl in Angriff zu nehmen versprach.)[21]

Trotz dieser vielversprechenden Sätze widmete sich Pacelli zunächst fast ausschließlich den Verhandlungen über ein Konkordat mit der bayerischen Regierung, der er bereits einen Vertragsentwurf unterbreitet hatte, dessen exzessive Forderungen die Minister in Erstaunen versetzten. In der Schulfrage beispielsweise bestand er darauf, daß der Staat auf alle Vorschläge des Ortsbischofs zur Einstellung von Religionslehrern eingehen müsse; der Staat solle verpflichtet sein, Religionslehrer zu entlassen, falls der Bischof dies wünsche. Gleichzeitig sollte der Staat natürlich alle finanziellen Verpflichtungen weiter übernehmen und obendrein die Geltung des kanonischen Rechts gegenüber den Gläubigen uneingeschränkt gewährleisten.[22]

Die Reaktion in München auf Pacellis Wunschliste war eher Bestürzung als Schock, und dies selbst bei jenen, die einem Konkordat gegenüber positiv eingestellt waren. Im September 1920 erfuhr der Beamte, der im Auswärtigen Amt in Berlin für vatikanische Angelegenheiten zuständig war, Professor Richard Delbrück, daß Pacelli München «durch seine Überforderungen verstimmt» habe. «Bei Pacelli», meldete er nach Berlin, «war am auffallendsten, daß er nur wenig Gefühl für das zu haben scheint, was in Deutschland möglich ist und verhandelt, als hätte er es mit Italienern zu tun.»[23]

Delbrück hielt darüber hinaus fest, wie weit Pacelli zu gehen bereit war. Der Nuntius wolle seinen Forderungen mit der unverhohlenen Androhung diplomatischer Repressalien Nachdruck verschaffen. Wenn seinen Forderungen nicht entsprochen werde, so Pacelli zur bayerischen Regierung, dann werde es kein Konkordat geben; und ohne Konkordat könne der Heilige Stuhl Deutschland in keiner Weise bei territorialen Auseinandersetzungen mit seinen Nachbarstaaten beistehen, «z. B. in der Frage des Saarbistums, die jederzeit sehr akut werden könne» und bei welcher der Vatikan dann «würde mit tiefstem Bedauern nachgeben müssen».

Pacelli bezog sich hier auf die sensible Problematik der früheren deutschen Gebiete, die von den Siegermächten bei Kriegsende annektiert oder entmilitarisiert worden waren. Viele dieser Gebiete an den Ost- und Westgrenzen des Reiches wurden von Katholiken bewohnt. Sollten diese Gegenden weiterhin zu ihren alten deutschen Diözesen gehören? Und wenn nicht, sollte zumindest ihr Klerus aus deutschen Seminaren hervorgehen und so Deutschland weiter Einfluß sichern?[24]

Eugenio Pacelli *1920*

Ganz eindeutig lag es im Interesse der deutschen Regierung, den kulturellen und religiösen Einfluß Deutschlands auf seine ehemaligen Staatsbürger aufrechtzuerhalten. Dies war eine Angelegenheit, die Pacelli persönlich mit einem Federstrich beeinflussen konnte. Doch mit einer bemerkenswerten Unverfrorenheit informierte er die bayerische Regierung und damit das Reich, daß seine Kooperation einen Preis habe: nämlich Kapitulation in der Schulfrage.

Die Besorgnis des Reichs in Grenzangelegenheiten war derart groß, daß im November 1920 die Zustimmung zum bayerischen Konkordat, einschließlich der Regelungen in Schulfragen, erfolgte: allem Anschein nach ein Triumph für Pacelli. Die Frage blieb jedoch: Welchen Eindruck machte dies auf das protestantische Deutschland und insbesondere auf Preußen? Im Dezember gab Pacelli dem Pariser Blatt *Le Temps* ein Interview, in dem er seine Pläne für gleichlautende Konkordate mit dem übrigen Deutschland oder mit Preußen darlegte. Wieder ließ er offen, ob er sich zuerst Preußen oder dem Reich zuwenden würde. In der Zwischenzeit bemühten sich beide Seiten um ihn, die Reichsregierung und parallel dazu die preußische Landesregierung, die fürchtete, daß das Reich für Pacelli ein leicht zu bezwingender Gegner sein würde, und die daher ihre eigenen Kriterien für ein Konkordat von vornherein klarstellen wollte.

Ein häusliches Drama

Pacelli wurde zu jener Zeit in ein häusliches Unwetter hineingezogen, das ein Machtkampf in Küche und Keller zwischen Schwester Pasqualina, seiner jungen Haushälterin, und den Laienbediensteten heraufbeschworen hatte.[25] Es hat den Anschein, als sei eine Clique unter den ständigen Mitarbeitern, die die Ankunft der Nonne verärgert hatte, darum bemüht gewesen, ihr das Leben schwer zu machen. Wie Zeugen im Seligsprechungsprozeß ausgesagt haben, war mit Pasqualina nicht immer leicht auszukommen. Dies galt insbesondere für solche Mitarbeiter, die weniger engagiert als sie waren. Sie besaß, was ein Zeuge in italienischer Sprache als «*snellezza*» bezeichnete.

Mit Zustimmung Pacellis übernahm Pasqualina schließlich die Leitung des gesamten Haushalts der Nuntiatur, einschließlich Putzen, Kochen und Waschen, und machte damit ihre Gegner praktisch überflüssig. Von da an war sie in ihrem Reich die uneingeschränkte Herrscherin. Nach Aussage von Pacellis Schwester Elisabetta revanchierten sich ihre Widersacher jedoch damit, daß sie in München das

Gerücht verbreiteten, der Erzbischof habe auf die Nonne nicht nur ein priesterliches Auge geworfen.

Durch diese Anschuldigung tief getroffen, so Elisabetta fünfzig Jahre später vor dem Seligsprechungstribunal, habe Pacelli auf einer Untersuchung über diese «*orribile calunnia*» (diese schreckliche Verleumdung) auf höchster Ebene im Vatikan bestanden. Später habe er ihr geschrieben, so weiter Elisabetta, und seine Befriedigung über das Ermittlungsergebnis (unschuldig) zum Ausdruck gebracht. Er habe «nun wieder Friede und Ruhe des Geistes gefunden – deren er so sehr bedurfte, um seine schwere Arbeitslast tragen zu können».[26]

Ungefähr seit dieser Zeit konnte er sich der Vorzüge eines idealen Assistenten erfreuen. Der Jesuit Robert Leiber trat in seine Dienste, ein ruhiger Mann, der in einer Aussage vor dem Seligsprechungstribunal als ein «melancholischer und trauriger Typ» beschrieben wird, «stets seufzend, aber gleichzeitig ein großer Arbeiter und, was die Probleme der Kirche anging, ... vollständig im Gleichklang mit dem Nuntius». Die beiden arbeiteten beinahe täglich stundenlang zusammen. Damals soll Pater Leiber über Pacelli bemerkt haben: «Er ist ein geborener Monarch.» Leiber hatte auch eine Meinung über Schwester Pasqualina: «Der Nuntius sollte sie wegschicken, aber das will er nicht, weil sie sich im Haushalt außerordentlich gut auskennt.»[27]

Die schwarze Schmach

Ein aufschlußreiches Beispiel für die nationalen und internationalen Probleme, mit denen sich Pacelli damals auseinandersetzen mußte, war der Streit zwischen Deutschland und Frankreich über den Einsatz schwarzer Truppen in den besetzten Gebieten. Bereits im April 1920 hatte Pacelli in Beantwortung von Bitten deutscher Bischöfe und Laien Gasparri darüber informiert, daß die schwarzen Truppen der Franzosen im Rheinland immer wieder deutsche Frauen und Kinder vergewaltigten. Der Heilige Stuhl möge seinen Einfluß geltend machen und Druck auf die französische Regierung ausüben, damit sie die entsprechenden Einheiten sofort zurückziehe. Am 31. Dezember 1920 schrieb Kardinal Adolf Bertram von Breslau einen Brief in lateinischer Sprache an Gasparri, indem es hieß, «Frankreich ziehe es vor, afrikanische Truppen einzusetzen, die angesichts eines gefährlichen Mangels an Kultur und heidnischer Moralvorstellungen der weiblichen Bevölkerung dieser Gegend unaussprechliche Mißhandlungen zugefügt haben; es sei eine Lage entstanden, die inzwischen unter dem Schlagwort ‹die schwarze Schmach› bekannt sei».[28] Die Franzosen, so Bertram, verfolgten den Plan, sogar noch mehr schwarze Truppen in diese Gebiete zu schicken. Inzwischen hätten Untersuchungen der deutschen Regierung jede Menge Beweise erbracht über «die Verbrechen, die diese Truppen begangen haben». All dies summiere sich zu «einem ganzen Katalog, der unter anderem sadistischen Mißbrauch, Vergewaltigung und schreckliche Mißhandlungen an Frauen und Grausamkeiten gegenüber Kindern aufzählt».

In einer Antwort an Gasparri vom 16. Januar[29] wies der französische Botschafter beim Heiligen Stuhl mit Nachdruck die Vorwürfe Pacellis und Bertrams zurück. Er bezeichnete sie als «abscheuliche Propaganda», die von Berlin ausgehe. Tatsache sei, daß sich nur eine Handvoll nordafrikanischer Soldaten in Westdeutschland aufhalte, die meisten entstammten «einer alten Zivilisation, und unter ihnen seien viele Christen». In der Zwischenzeit war eine internationale Kampagne gegen diese schwarzen Truppen und ihre angeblichen Grausamkeiten in Gang gekommen. Das Repräsentantenhaus der Vereinigten Staaten gab unter einem Trommelfeuer mehr oder weniger rassistischer Petitionen eine Ermittlung in Auftrag,[30] die die deutschen Vorwürfe widerlegte. Der Untersuchungsausschuß empfahl der US-Regierung, auf die Beschwerden der deutschen Regierung und des Heiligen Stuhls nicht einzugehen.

Aber Pacelli, der ein Exemplar des amerikanischen Untersuchungsberichts erhalten hatte, ließ sich davon nicht überzeugen. Am 7. März 1921 schrieb er in der Angelegenheit erneut an Gasparri und drängte auf ein Eingreifen des Papstes zugunsten der schwer bedrängten deutschen Frauen und Kinder. Gasparri unternahm bei der französischen Regierung nichts weiter, doch Anschuldigungen wegen der «schwarzen Schmach» hallten nach, bis die Gebiete schließlich durch Hitler «befreit» wurden. Für Pacelli wurde die Vorstellung von der «schwarzen Schmach» zu einer Erfahrung, die seine Haltung zu Fragen der Rasse und des Krieges nachhaltig prägte. 25 Jahre später, als die Alliierten den Einmarsch in die Stadt Rom vorbereiteten, bat er den britischen Botschafter am Heiligen Stuhl, das Foreign Office mit Nachdruck aufzufordern, daß «keine farbigen Truppen der Alliierten unter der kleinen Zahl jener sein mögen, die nach der Besetzung in Rom kaserniert werden».

6

Der glänzende Diplomat

Auch 1921 manövrierte Pacelli weiterhin zwischen dem Reich und Preußen und suchte nach dem günstigsten Verhandlungsansatz für seine Konkordatspolitik. Dabei gewann er in Ludwig Kaas, einem Spezialisten für kanonisches Recht, überdies Reichstagsabgeordneter der katholischen Zentrumspartei und – für einen Berufspolitiker ungewöhnlich – katholischer Priester, einen ergebenen Helfer. Der gewandte Kaas führte stets einen eleganten Spazierstock mit sich und war als «der Prälat» bekannt. Bei den Konkordatsverhandlungen wurde er für Pacelli zum kundigen Mitarbeiter. Wie sich zeigen sollte, war es für die Deutschen ein Verhängnis, daß Kaas, obwohl offiziell «Sprecher des Reiches», Pacelli zunehmend emotional verpflichtet war.

Kaas spukt durch die ganze Geschichte der Konkordatspolitik Pacellis und damit auch Hitlers. Seine zwiespältige Position wurde im Laufe des Geschehens immer ungewöhnlicher. Als der ehemalige Reichskanzler Wilhelm Marx im Oktober 1928 vom Vorsitz der Zentrumspartei zurücktrat, wurde Kaas sein Nachfolger als Parteichef. Kaas war der erste Priester, der in der langen Geschichte der Partei den Vorsitz der Zentrumspartei übernahm, und dies zu einer Zeit, da die Kluft zwischen den Interessen des Vatikans und jenen des deutschen Katholizismus immer größer wurde. Von Pacelli ermutigt, trat er angesichts einer Konkurrenz zwischen Laienkandidaten unterschiedlicher Strömungen in der Partei als Kompromißkandidat an. Doch Kaas' Anspruch, eben die Partei zu repräsentieren, die das Machtgleichgewicht in Deutschland gewährleistete, wurde am Ende durch die Fakten widerlegt: Wie sich noch zeigen wird, war Kaas ab 1931 mehr als alles andere Pacellis persönlicher Assistent, sein Freund, Vertrauter und liebster Gefährte. Er vertrat die Interessen Pacellis und des Papsttums bis zur letzten Konsequenz.

Wie Pacelli war Kaas davon überzeugt, daß das neue kanonische Recht zentraler Bestandteil jedes zukünftigen Konkordats sein müsse.

Ludwig Kaas

Darüber hinaus bestärkte Kaas Pacelli immerzu in dem Glauben, daß ein umfassendes, alle anderen aufhebendes Reichskonkordat notwendig sei, um zu vermeiden, daß einzelne Länder Maßnahmen ergriffen, die an den Kulturkampf erinnerten. Es war zum Teil diese Überzeugung, die Pacelli in die von Hitler geknüpfte Schlinge führte.[1]

Doch zunächst, im Sommer 1921, übte die Reichsregierung unter Kanzler Joseph Wirth, einem katholischen Politiker vom linken Flügel der Zentrumspartei, Druck auf Pacelli aus, bald ein Reichskonkordat abzuschließen. Das Konkordat konnte für Deutschland bei seiner erbitterten Grenzauseinandersetzung mit Polen hilfreich sein. Polen erhob Ansprüche auf Oberschlesien. Wirth war überzeugt, daß engere Verbindungen zum Vatikan auf diese Ansprüche mildernd einwirken könnten. Pacelli zögerte wohl deshalb, weil er Wirths linke Neigungen kannte.

In der Hoffnung, mit Pacelli ins Gespräch zu kommen, bat Wirth den Nuntius im Herbst, ihm wenigstens eine Liste mit Punkten zu überreichen, die für den Vatikan von besonderer Bedeutung seien. Was Pacelli ihm daraufhin überreichte, war mehr oder weniger der Entwurf des bayerischen Konkordats mit den – für Preußen beleidigenden – Bedingungen in der Schulfrage.[2] Wieder einmal verblüffte Pacelli die Minister mit offenen Drohungen. Bei einem Treffen im Kultusministerium im Dezember 1921 versicherte er sowohl Minister Otto Boelitz als auch Staatssekretär Carl Heinrich Becker, er werde Deutschland durch schnelle Ernennung eines deutschen Bischofs in Trier helfen, der auch zuständig für das Saarland war, jenes Territorium, um das es Konflikte mit Frankreich gab. Voraussetzung sei allerdings, daß die Regierung beim Konkordat in der Schulfrage nachgebe. Dann fügte er, wie üblich, hinzu: Der Heilige Stuhl werde lieber auf ein Konkordat verzichten, wenn er sich in der Schulfrage nicht durchsetzen könne. Die Spitzenleute des preußischen Kultusministeriums hatten am Ende den Eindruck, daß die Probleme der deutschen Politik Pacellis Verständnishorizont überforderten.[3] Doch nach intensiven Verhandlungen ließ sich Preußen am 6. Januar 1922, im Austausch gegen die schnelle Ernennung eines Deutschen als Bischof von Trier, die Zusage abringen, es werde «auf Ersuchen des Reichs» in eine Diskussion über die Schulfrage eintreten.[4]

Nachdem er die Schulfrage mit dem territorialen Streit auf eine Stufe gestellt hatte, rühmte sich Pacelli gegenüber Kardinal Adolf Bertram geradezu seines Triumphs und fügte hinzu, sein Erfolg in dieser Angelegenheit sei nicht auf irgendwelche persönlichen Talente, sondern auf das Eingreifen Gottes zurückzuführen. Kardinal Bertram und Erzbischof Schulte, die führenden katholischen Kirchenfürsten in Preußen, waren entsetzt. In einem Brief an Bertram vom 9. Januar bezeichnete Schulte das von Pacelli hergestellte Junktim als «ganz außerordentliche Gefahr», denn sie bedeute eine «Unterstützung der eroberungssüchtigen französischen Saarpolitik». Letzten Endes, so Schulte, werde sich all dies gegen die Interessen des Vatikans und Deutschlands auswirken. Im Anschluß an diesen Briefwechsel beschwor Kardinal Bertram Pacelli, die Dinge nicht zu weit zu treiben, denn die Zuständigkeit des preußischen Staates in Erziehungsfragen sei unantastbar. Pacelli jedoch meinte besser Bescheid zu wissen als die führenden deutschen Bischöfe.

Also setzte er seine Politik fort, beachtete den Rat seiner Brüder im Bischofsamt nicht, ignorierte die gesellschaftlichen und politischen Realitäten in Deutschland und war so sehr davon besessen, in der Schulfrage einen Sieg zu erringen, daß er die ernsthaften Konsequenzen nicht im Auge hatte: Hier zeigte sich die charakteristische Mischung aus Beharrlichkeit und Verblendung, die ihn ein Jahrzehnt später in den Augen Hitlers zu einem ungemein geeigneten Verhandlungspartner machen sollte.[5]

Ein neuer Papst

Wie sich zeigte, sollten die deutschen Bischöfe recht behalten: Da er seine Zermürbungsstrategie gegen die preußische Regierung fortsetzte, wurde das Jahr 1922 für Pacelli zum Jahr der Enttäuschungen. Im Blick auf die Entwicklung in Rom sah es für den Nuntius etwas besser aus. Am 22. Januar starb Benedikt XV. nach kurzer Krankheit, am 6. Februar wurde Achille Ratti als Pius XI. sein Nachfolger. Ratti, 64 Jahre alt, Sohn eines Seidenfabrikanten aus der Nähe von Mailand, war Fachmann auf dem Gebiet der Paläographie und Archivar, zudem ein begeisterter Bergsteiger. Nach einer Dienstzeit in der vatikanischen Bibliothek hatte man ihn als Nuntius nach Polen gesandt, wo er sich als geschickter und mutiger Diplomat erwies. Während der Schlacht um Warschau im August 1920 weigerte er sich, seinen Posten zu verlassen. Im folgenden Jahr wurde er Erzbischof von Mailand und gleichzeitig Kardinal. Pius XI. sollte einer der willensstärksten Päpste in der jüngeren Geschichte des Papsttums werden.

Zum ersten Mal seit 1870 wurde der Segen *Urbi et Orbi* nun wieder von der Loggia über den Petersplatz erteilt, ein Hinweis darauf, daß Pius XI. entschlossen war, die «Römische Frage» zu lösen. Der Rektor des englischen Kollegs, der den neuen Papst beobachtete, als er an jenem Tag über den Petersplatz blickte, meinte, daß er «ruhig war und selbstbeherrscht, als stehe er auf dem Gipfel des Monte Rosa oder verbringe eine Nacht auf einem Felsvorsprung im Alpensturm».[6]

Pacelli und Ratti kannten sich gut und waren Geistesverwandte in Haß und Furcht gegenüber dem Bolschewismus. Für Pacelli war von Vorteil, daß Pietro Gasparri erneut zum Staatssekretär ernannt wurde. So konnte der Nuntius seine Konkordatspolitik ungehindert fortsetzen.

Während seiner Verhandlungen über neue Konkordate mit den deutschen Einzelstaaten sah sich Pacelli in den Jahren 1923/24 einer politischen und ökonomischen Krise gegenüber, die ihn stark beschäftigen mußte: der Besetzung des Ruhrgebiets durch die Franzosen und der dadurch ausgelösten Inflation.

Am 11. Januar 1923 besetzten französische und belgische Truppen das Ruhrgebiet unter dem Vorwand, Kohle- und Bauholzlieferungen seien zurückgehalten worden. Im Gegenzug stellte Berlin die Reparationszahlungen ein und rief zum passiven Widerstand und Streiks auf. Den streikenden Arbeitern mußten Ausgleichszahlungen geleistet werden. Sabotagekommandos gingen mit Unterstützung der Reichswehr gegen Eisenbahnen und Industrieanlagen vor. Die Besatzungstruppen reagierten mit Verhaftungen, Hinrichtungen und Zwangsmaßnahmen gegen Zivilisten. Die Mark geriet in einen freien Fall, im November 1923 betrug der Wechselkurs vier Milliarden Mark für einen US-Dollar.

Die bitteren Beschwerden der Franzosen darüber, daß der Vatikan Deutschland bevorzuge, trafen bei Gasparri auf taube Ohren. Er warnte vielmehr – ganz das Sprachrohr Pacellis – vor der Gefahr einer kommunistischen Machtübernahme an der Ruhr, falls Deutschland durch die französischen Maßnahmen in die Verzweiflung getrieben werde. Unter dem Druck des deutschen Botschafters am Heiligen Stuhl und Pacellis Berichten, in denen auch von der Gefährdung der Konkordatsverhandlungen die Rede war, veröffentlichte Pius XI. am 28. Juni im *Osservatore Romano* einen offenen Brief. Er verurteilte die strengen Reparationsmaßnahmen und die Besetzung des Ruhrgebiets. Die Deutschen waren froh, die Franzosen wütend. Pacellis Diplomatie brachte beide Seiten schließlich an den Verhandlungstisch, obwohl die Franzosen weiterhin den Absichten des Vatikans mißtrauten.[7] In der Zwischenzeit verbreitete Gasparri in Zusammenarbeit mit Pacelli und mittels «geheimer, inoffizieller Aufträge» Warnungen bei französischen Prälaten, Frankreich spiele an der Ruhr ein gefährliches Spiel: Er habe Berichte erhalten, wonach Rußland im Begriff sei, sich die Unruhe in Westeuropa zunutze zu machen. So setzte der Vatikan in Privatgesprächen, mittels verschlüsselter Telegramme und durch leise Ratschläge für französische und deutsche Ohren seine Mittlerdienste ein, um beide Seiten zusammenzubringen.

Das bayerische Konkordat

Pacellis Bemühungen um den Abschluß eines bayerischen Konkordats waren schließlich im März 1924 erfolgreich. Das Dokument war reif für die Unterzeichnung. Pius XI. und Pacelli hatten Anfang Januar 1924 im Apostolischen Palast den deutschen Text Wort für Wort

Eugenio Pacelli als Nuntius, hier 1924 in Bamberg

abgestimmt. Einige Tage später wurde das nach fünf Jahren erreichte Verhandlungsergebnis im bayerischen Landtag mit 73 gegen 52 Stimmen verabschiedet. Gasparri war höchst zufrieden, insbesondere mit seinem Schützling Pacelli, und er ging dabei soweit, dem bayerischen Gesandten in Rom zu sagen, er halte Pacelli «für einen der besten, wenn nicht den besten Nuntius».[8]

Das Konkordat stellte sicher, daß der neue *Codex Iuris Canonici* vom bayerischen Staat als Grundlage für die Ernennung von Erzbischöfen, Bischöfen, Monsignori und Kanonikern anerkannt wurde. Es gewährte Pacelli all die Rechte, die er für Konfessionsschulen und obendrein für den Religionsunterricht im gesamten Schulsystem gefordert hatte, und verankerte daneben für alle Zukunft die Anerkennung, den Schutz und die Förderung der katholischen Kirche und all ihrer Verbände und Institutionen. Im Gegenzug erklärte sich die Kirche in Artikel 13 damit einverstanden, daß nur Geistliche mit bayerischer Staatsangehörigkeit oder der eines anderen deutschen Landes beschäftigt werden sollten, da der bayerische Staat die Gehälter des Klerus zahlte.[9]

Der erfolgreiche Abschluß des bayerische Konkordats brachte jedoch sogleich Probleme für die Aussichten auf ein Konkordat mit dem Reich und mit Preußen mit sich. Die preußischen Minister waren um so mißtrauischer, als Pacelli sich öffentlich rühmte, er beabsichtige, ihnen mit Hilfe eines Reichskonkordats seinen Willen aufzuzwingen. Am 27. November teilte die preußische Regierung dem Reich mit, da Bayern sein eigenes Konkordat ausgehandelt hatte, müsse Preußen mit Nachdruck auf einem eigenen besonderen Konkordat bestehen. Es sei für den größten deutschen Einzelstaat nicht akzeptabel, daß seine Politik auf dem Felde der Beziehungen zwischen Kirche und Staat von Rom diktiert und nicht in Berlin gemacht werde. Gleichzeitig erklärten die Minister, es könne kein Reichskonkordat ohne Zustimmung der preußischen Regierung geben.

Pacelli – der vollendete Gastgeber

Am 18. August 1925 zog Pacelli offiziell nach Berlin und bezog mit seiner Nuntiatur eine großartige Residenz mit einem parkähnlichen Grundstück, in der Rauchstraße 21 im Bezirk Tiergarten. Der hochgewachsene Kirchenfürst mit seinem eleganten, purpurnen Seidenmantel wurde in der Reichshauptstadt eine bekannte Gestalt. Häufig fuhr er mit seinem Dienstwagen vor den Reichsministerien vor oder erschien auf Botschaftsempfängen.

Er gab Gesellschaften für die diplomatische und politische Elite Berlins und stand bald im Ruf eines vollendeten Gastgebers. Reichspräsident Paul von Hindenburg war regelmäßiger Gast in der Nuntiatur, ebenso Außenminister Gustav Stresemann und andere Regierungsmitglieder. Pacelli galt als bezaubernder Causeur, war hochgeschätzt wegen seiner amüsanten Schlagfertigkeit und der Fähigkeit, über jedes Thema in beinahe jeder Sprache zu konversieren. Lord D'Abernon, von 1930 bis 1936 britischer Botschafter in Berlin, hielt Pacelli für den «bestinformierten Diplomaten in Berlin».[10] Die amerikanische Journalistin Dorothy Thompson hielt ihn sogar für den «bestinformierten Diplomaten in Deutschland».[11] Damals begann Pacelli offenbar seine asketische Haltung im Blick auf den reibungslosen Gang der diplomatischen Geschäfte aufzugeben. So wird berichtet, daß er gern auf den Gütern der Wohlhabenden außerhalb Berlins ausritt. Wie Schwester Pasqualina mitteilt, kauften ihm Berliner Freunde ein elektrisch betriebenes mechanisches Pferd. Er ritt darauf, so behauptet sie, in Reithose und Jacke.

Schwester Pasqualina, die ihr Buch nach Pacellis Tod schrieb, erinnert sich: «Er gewann aller Herzen durch seine feine, vornehme
Bescheidenheit … Überall offenbarte er sich als der Überlegene und
doch allen so menschlich nahe Priester und edle Kirchenfürst». Im
gleichen, schmalzigen Tonfall fuhr sie fort: «Er übersieht nicht die
Blume, die seinen Tisch ziert, und keine Aufmerksamkeit, die sein
einfaches Mahl verschönern will, nicht einmal die Katze, die sich
hereingestohlen hat und sich schmeichelnd zu seinen Füßen setzt …
Er liebte alle Tiere mit Ausnahme der Fliegen, gegen die er eine
besondere Abneigung hat».[12] Im privaten Bereich der Nuntiatur, so
Pasqualina weiter, war er «genauso würdevoll und schlicht, wie in
der Öffentlichkeit im vollen Ornat». Eines Morgens, bei der Rückkehr von einem Spaziergang im Tiergarten, erzählte ein hocherfreuter
Pacelli Schwester Pasqualina, ein kleiner Junge sei an ihn herangetreten und habe gefragt: «Bist Du vielleicht der liebe Gott?»

Hat sich der brillante, disziplinierte, nüchterne Kirchenfürst jemals
wirklich gelockert? Interessant für den Zusammenhang mag eine
kleine Beobachtung sein, die ein Berliner Nachbar überliefert hat.
Hans-Conrad Stahlberg berichtete von einem seltsamen Ritual: Pacelli und er pflegten einander jeden Morgen zu grüßen, während sie
ihre Rasierklingen schärften und sich dabei von ihren Badezimmer-
fenstern aus beobachteten. «Pacelli hatte mich eines Tages damit
überrascht, daß er sein Rasiermesser vor mir, wie einen Degen, grü-
ßend senkte», erzählte Stahlberg seinem Sohn.[13]

Das preußische Konkordat

Während dieser Zeit seines gesellschaftlichen Glanzes als Doyen des
diplomatischen Korps in Berlin konzentrierte Pacelli sich weiterhin
auf den Abschluß der Konkordatsverhandlungen mit der preußischen
Regierung. Die preußischen Minister waren bestrebt, den deutschen
Katholizismus als Gegengewicht zum Vatikan zu stützen, und hielten
fest an der Bewahrung traditioneller Rechte der örtlichen Domkapitel. Pacelli seinerseits betrachtete die protestantische Intransigenz in
der Frage der Nominierung von Bischöfen als Beweis papstfeindlicher
Vorurteile. Im Laufe der sich über Monate hinziehenden Verhandlungen nahmen beide Seiten immer unüberbrückbarere Positionen
ein. Pacelli steigerte zunehmend katholische Befürchtungen gegenüber der Bedrohung katholischer Konfessionsschulen. Und die Protestanten sahen sich als Bannerträger des Liberalismus gegenüber der

römischen Dogmatik. Versuchte nicht dieser italienische Nuntius im Kernland des Protestantismus eine neue Gegenreformation anzustiften? Je mehr Pacelli lavierte, um so heftiger setzten die Preußen nach. Im Herbst 1928 war das zentrale Problem, die Schulfrage, immer noch ungelöst. Nun war die Zeit gekommen, in aller Offenheit miteinander zu reden. Der preußische Ministerpräsident Otto Braun sagte Pacelli, «keine irgendwie geartete Bestimmung über die Schule (könne) in das Konkordat aufgenommen werden». Pacelli gab verzweifelt zurück, «mit einem Konkordatsentwurf, der nicht der Schule Erwähnung tue, könne er unmöglich zum Heiligen Vater nach Rom gehen». Braun hielt dem entgegen: «Und ich (sagte), daß ich mit einem Konkordat, das die Schule erwähnt, nicht vor das Parlament gehen könne, ohne mich der sicheren Niederlage auszusetzen».[14]

Im Frühjahr 1929 gab Pacelli schließlich nach. Seinen Wünschen entsprechend wurde in der letzten Verhandlungsphase die Einrichtung einer neuen Diözese Berlin vereinbart. In der Frage der Ernennung der Bischöfe gab es einen zeitweiligen Kompromiß: Den Domherren der Kathedrale wurde erlaubt, eine Liste von Namen aufzustellen, aus der der Heilige Stuhl dann eine endgültige kurze Vorschlagsliste von drei Kandidaten zusammenstellen konnte, und aus ihr sollten die Kanoniker wiederum ihre definitive Wahl treffen. Eine Sonderklausel räumte der preußischen Regierung ein Vetorecht ein, wenn es schwerwiegende Einwände gab. Alle Geistlichen mußten deutsche Staatsbürger sein und eine akademische Ausbildung haben.[15] In der Schulfrage: Schweigen.

Das Konkordat wurde am 14. Juni 1929 paraphiert. Einen Monat später stimmte das preußische Abgeordnetenhaus mit 243 gegen 171 Stimmen zu. Am 5. August schickte Pacelli eine offizielle Note an den preußischen Ministerpräsidenten und führte aus, der Kompromiß in der Schulfrage sei «nur notgedrungen» geschlossen worden. Er sehe sich veranlaßt zu erklären, «daß diese seine Stellungnahme niemals als ein Verzicht auf die Grundsätze gedeutet werden darf», auf die er sich berufen und die er bei anderen Konkordaten in der Schulfrage durchgesetzt habe.[16]

Pacelli hatte das Ziel, ein Reichskonkordat abzuschließen, nicht aufgegeben; aber der richtige Zeitpunkt war immer noch nicht da, das Reich war erneut in eine lebensgefährliche äußere und innere Krise geraten.

Ende Oktober 1929 kam es mit dem Zusammenbruch der New Yorker Börse zur Weltwirtschaftskrise. Drei Wochen später starb Gustav Stresemann, erschöpft nach jahrelangen Versuchen, für Deutsch-

Pacelli verläßt Berlin 1929,
um sein neues Amt als Kardinalstaatssekretär anzutreten.

land wieder die Stellung zurückzugewinnen, die es in der Vorkriegszeit innegehabt hatte. Stresemann hatte Deutschland in den Völkerbund geführt, hatte den Dawes-Plan und den Young-Plan ausgehandelt, mit denen die Reparationen auf ein realisierbares Niveau reduziert worden waren. Stresemann war darüber hinaus einer der
wichtigsten Architekten des Locarno-Pakts gewesen, der Europa ein
gewisses Maß an Frieden gesichert hatte. Mit seinem Tod und dem
Aufziehen der wirtschaftlichen und industriellen Sturmwolken waren
die Tage der Weimarer Republik gezählt. Nach dem Börsenkrach in
der Wall Street hörte der Zufluß von Anleihen aus den Vereinigten
Staaten auf, und die alten Kredite wurden gekündigt. Da der Welt-
handel zusammenbrach, litt auch das deutsche Exportgeschäft, das
Land konnte demzufolge auch seine Einfuhren an Rohstoffen und

Nahrungsmitteln nicht mehr bezahlen. Die Arbeitslosigkeit stieg. Unternehmen und Banken brachen zusammen.

Im November 1929 wurde Pacelli nach Rom zurückberufen, während er sich an seinem liebsten Zufluchtsort, dem Sanatorium des Klosters Rorschach, erholte, wo er sich seit 1917 mindestens zweimal im Jahr aufgehalten hatte. Kardinalstaatssekretär Pietro Gasparri hatte sich, fast achtzigjährig, schließlich zurückgezogen. Sein Schützling und Favorit war zu seinem Nachfolger auserwählt worden. Pacelli eilte nach Berlin zurück, um seinen Schreibtisch aufzuräumen und seine Abschiedsvisiten zu machen.

Unter den vielen Festlichkeiten war ein Lunch, den Reichspräsident Hindenburg für ihn gab. Als er Pacelli zutoastete, erklärte er: «Ich danke Ihnen für alles, was Sie während dieser langen Jahre für die Sache des Friedens erreicht haben, inspiriert waren Sie dabei von einem hohen Gerechtigkeitsgefühl und einer tiefen Liebe zur Menschheit; und ich kann Ihnen versichern, daß wir Sie und Ihre Arbeit hier nicht vergessen werden.» [17]

Am 10. Dezember verließ Pacelli Berlin. Die Regierung hatte ihm eine offene Kutsche zur Verfügung gestellt, die ihn zum Anhalter Bahnhof brachte. Sein Wohnsitz an der Rauchstraße war von Zehntausenden fackeltragenden Mitgliedern katholischer Verbände gesäumt. Fahnen wurden geschwenkt, Kirchenlieder erschallten, Menschen jubelten, als er vorüberfuhr. Am Bahnsteig spielte eine Kapelle die päpstliche Hymne. Die Schranken, die die Massen zurückhielten, wurden beinahe niedergerissen. Wiederholt segnete Pacelli die Menge. [18]

Weihnachten wurde Pacelli der rote Kardinalshut verliehen. Er habe diese Stellung nie angestrebt, versichert Schwester Pasqualina, sie habe ihn nicht erfreut. In Wahrheit, so schrieb sie, habe er gehofft, «eine Diözese (zu) erhalten ..., die seinem Herzensdrang, sich den Seelen widmen zu dürfen, Genüge hätte leisten können». [19] Am 7. Februar 1930 übernahm er jedoch sein neues Amt als Kardinalstaatssekretär, die mächtigste Stellung in der katholischen Kirche nach der des Papstes. Er war noch nicht 54 Jahre alt.

7

Hitler und der deutsche Katholizismus

Adolf Hitler hatte sehr früh schon die Macht des katholischen Widerstands gegenüber dem Nationalsozialismus erkannt. Bereits in *Mein Kampf* schrieb er, eine Konfrontation mit der katholischen Kirche in Deutschland würde zu einer Katastrophe führen. Während seiner Jugendjahre als Vagabund in Wien hatte er, so erinnerte er sich, die Unfruchtbarkeit des Kulturkampfs kennengelernt und die Bedeutung einer strengen Grenzziehung zwischen politischem und religiösem Katholizismus erkannt. «Politische Parteien», so Hitler, «haben mit religiösen Problemen, solange sie nicht als volksfremd die Sitte und Moral der eigenen Rasse untergraben, nichts zu schaffen; genau so wie Religion nicht mit politischem Parteiunfug zu verquicken ist.»[1] Nach seiner Entlassung aus dem Gefängnis wegen seiner Beteiligung am Putschversuch vom November 1923 wiederholte er diese Ansicht in der Parteizeitung *Völkischer Beobachter* vom 26. Februar 1925 und erklärte, die Nationalsozialistische Bewegung werde sich nicht in religiöse Auseinandersetzungen hineinziehen lassen. Zwei Jahre später ließ er in einem Parteirundschreiben von 1927 verbreiten, alle Stellungnahmen zu religiösen Fragen seien aus taktischen Gründen verboten.[2] Er versprach, es werde bei seiner Auseinandersetzung mit der katholischen Zentrumspartei keinen neuen Kulturkampf geben, diese Partei werde ausschließlich auf politischer Grundlage angegriffen.

Was die Kirchen anging, hatte Hitler tatsächlich zwei Ansichten – eine öffentliche und eine private. So erklärte er im Februar 1933 vor dem Reichstag, die Kirchen sollten ein integrierter Bestandteil des nationalen Lebens der Deutschen sein. Will man Hermann Rauschning Glauben schenken, dann verkündete er im Monat darauf: «Das wird mich nicht abhalten, mit Stumpf und Stiel, mit all seinen Wurzeln, das Christentum aus Deutschland auszurotten. Man ist entweder Christ oder Deutscher. Beides kann man nicht sein.»[3] Gleichzeitig

bemühte er sich im Interesse seiner eigenen Ziele um einen bedacht-
samen Umgang mit der Macht der Kirchen.

Im Jahre 1927 eröffnete Hitler einen aufschlußreichen privaten
Briefwechsel mit dem katholischen NS-Sympathisanten, Benefiziat
Magnus Gött, einem ziemlich schwierigen jungen Geistlichen, den
seine Vorgesetzten in einen sehr hinterwäldlerischen Ort namens Le-
henbühl versetzt hatten. Gött hatte mehrere streitbare, aber bewun-
dernde Briefe an Hitler geschrieben und erhielt daraufhin zwei Antworten.[4] In der ersten charakterisierte Hitler die katholische Kirche
als «eine(n) ungeheure(n) technische(n) Apparat», gegen den der der
NSDAP «klein» sei. Es sei nicht Aufgabe der Partei, sich an treue
Christen zu wenden, so fuhr er fort, «sondern alle jene Elemente der
Nation und ihrer geistigen und moralischen Kultur wiederzugewinnen, die sie schon verloren hatte». In einem zweiten Brief, den er im
März in München schrieb, erklärte Hitler: «Ich lebe in der Befürchtung, daß sich unsere politischen Parteien zu sehr in Dinge der Religion einmischen, daß diese dadurch politisiert wird und damit
zwangsläufig auf ein Gebiet gerät, in dem sie eines Tages Schaden
nehmen muß.» Die Politisierung der Religion, so fuhr er fort, sei
«verderblich», und er beschuldigte die katholische Zentrumspartei,
seit Ende des Ersten Weltkriegs einen scharfen Kampf gegen den
nationalen Gedanken zu führen. Er endete mit der allgemeinen Feststellung, daß die Kirche durch die Politisierung des Christentums
«keinen neuen inneren Anhänger erworben, wohl aber Millionen
verloren» habe. Diese Meinung erinnerte in unheimlicher Weise an
die Empfindungen Pius' X. gegenüber Frankreich und Pius' XI. gegenüber Italien und der katholischen Volkspartei *Partito Popolare*.
Sehr bald sollte Eugenio Pacelli in bezug auf Deutschland und die
Zentrumspartei zu der gleichen Ansicht kommen.

Der beispiellose Aufschwung des katholischen Lebens in Deutschland war vor allem auf die Zentrumspartei zurückzuführen, die in
der deutschen Politik der Nachkriegszeit eine Schlüsselrolle einnahm. Das förderte die Entwicklung der katholischen Verbände und
katholischen Gewerkschaften, des Verlagswesens und die Zunahme
des öffentlichen Engagements. Auch die religiösen Berufungen wurden wieder häufiger. Die Anzahl der katholischen Diözesangeist-
lichen stieg im Laufe der zwanziger Jahre von 19000 auf 21000. Die
Männerklöster verdoppelten sich beinahe von 366 auf 640, die Ordensangehörigen nahmen von 7000 auf 14000 zu. Bei den Frauenor-
den stiegen die Zahlen von 60000 auf 77000. Die katholische Bevölkerung im Reich betrug 1930 etwa 23 Millionen Menschen, das

entsprach rund 35 Prozent der Bevölkerung, sie war seit der Zeit vor dem Ersten Weltkrieg trotz beträchtlicher Verluste an Gebieten, die sehr stark von Katholiken bevölkert waren, um fast 2,5 Millionen angewachsen.[5] Auch 1933 noch übertraf die Zahl der Mitglieder katholischer Jugendverbände jene der Hitlerjugend im Verhältnis zwei zu eins.

Entsprechend den Zukunftsvorstellungen Schelers und Erzbergers trugen katholische Autoren, Dichter, Künstler und Journalisten erheblich zu den umwälzenden kulturellen Aktivitäten der Weimarer Zeit bei. Unter dem Einfluß von Denkern wie Romano Guardini und Peter Lippert erwarb sich katholisches Denken den Ruf, anregend und originell zu sein: Lehrstühle für katholische Moraltheologie wurden in Frankfurt am Main, Breslau und Berlin eingerichtet. Katholische Berufsverbände, akademische Gemeinschaften und Gesellschaften blühten. Überall in Deutschland fanden Konferenzen und Seminare zu katholischen Themen statt. Obwohl der Katholizismus die Glaubensform einer Minderheit blieb, war er im Vergleich zu den protestantischen Kirchen weit besser organisiert. Etwa 700 000 junge Menschen gehörten protestantischen Jugendgruppen an, dagegen hatte die «Katholische Jugend» allein 1,5 Millionen Mitglieder. Und selbst nach den raschen Erfolgen der NS-Organisationen vor 1933 blieb der Katholizismus die größte gesellschaftliche Institution im Lande.

Ende der zwanziger Jahre gab es etwa 400 katholische Tageszeitungen mit nahezu 15 Prozent der täglichen Auflage aller Blätter im Reich. Daneben existierten in Deutschland etwa 420 katholische Zeitschriften, davon 30 mit Auflagen von über 100 000 Exemplaren. Zwei katholische Nachrichten- und Artikeldienste verbreiteten Material im ganzen Land, und die katholische *Filmrundschau* beeinflußte nachdrücklich die expandierende deutsche Filmindustrie.

Massenkundgebungen katholischer Arbeiter, Pfadfinder und sonstiger Jugendgruppen fanden ständig in allen Teilen des Landes statt, ebenso Gottesdienste unter freiem Himmel. Einer derartigen Messe wohnten im Jahre 1927 in Dortmund 80 000 Menschen bei.[6] Durch die Weimarer Reichsverfassung von den Einschränkungen des religiösen Versammlungsrechts befreit, wurden katholische Prozessionen selbst dort beliebt, wo sie seit Menschengedenken nie stattgefunden hatten, darunter auch in Berlin. Dort wurde am Fronleichnamsfest der sakramentale Leib Christi in einer geschmückten Monstranz über die Straße Unter den Linden getragen. Katholische Politiker folgten, oft angeführt vom jeweiligen katholischen Reichskanzler.

Als die NSDAP angesichts der hohen Arbeitslosigkeit (3,2 Millionen im Januar 1930) bei den Reichstagswahlen vom 14. September 1930 einen spektakulären Sprung nach vorn schaffte, war die katholische Kirche in Deutschland immer noch eine gewaltige Kraft. Wieweit war es Hitler im Laufe der zwanziger Jahre gelungen, die Ängste der Katholiken vor dem Nationalsozialismus zu besänftigen? Wieweit war Hitlers Anfangserfolg nicht sogar der Beginn eines katholischen Erdrutschs in Richtung Nationalsozialismus?

Hitlers Riesenerfolg bei den Wahlen im September 1930 trug seine Partei von 2,6 Prozent der Wählerstimmen auf 18,3 Prozent empor und steigerte die Zahl ihrer Mandate im Reichstag von zwölf auf 107. Damit wurde die NSDAP die zweitstärkste Partei nach den Sozialdemokraten. Diese Wählerbewegung schien der Anziehungskraft einer rechten Weltanschauungspartei für Protestanten, die nach radikalen Auswegen aus der grauenvollen Wirtschaftslage suchten, viel zu verdanken. Es gibt sogar Hinweise darauf, daß katholische Arbeiterorganisationen, beispielsweise im Schwarzwald, zum Nationalsozialismus neigten. Dies ging zurück auf lokalen Antiklerikalismus und die Enttäuschung über die Weimarer Republik.[7] Doch während die Liberalen fast vernichtet wurden und die Sozialdemokraten fünf Prozent Stimmenanteil verloren, konnte sich die katholische Zentrumspartei dennoch auf ihre traditionelle Anhängerschaft in katholischen Gegenden verlassen und hielt ihre Stellung – tatsächlich vergrößerte sie die Zahl ihrer Parlamentssitze von 62 auf 68 und erhielt 11,8 Prozent der Wählerstimmen.

Am Ende des Jahrzehnts war die katholische Kritik am Nationalsozialismus sowohl in der Presse als auch auf den Kanzeln besonders heftig. Der katholische Journalist Walter Dirks, der sich im August 1931 in der Zeitschrift *Die Arbeit* äußerte, beschrieb die katholische Reaktion auf den Nationalsozialismus so: «Zum Lehrsystem der Kirche steht die gegenwärtig verkündete Ideologie der Nationalsozialisten in der Tat in einem offenen, ausdrücklichen, leicht aufzeigbaren Gegensatz, und die Front der offiziellen katholischen Organe ist denn auch eindeutig: der Katholizismus steht in einem offenen und erklärten Abwehrkrieg gegen den Nationalsozialismus.»

Unter den Berichten von NS-Aktivisten, die Theodor Abel gesammelt hat, finden sich heftige Beschwerden über den katholischen Widerstand gegenüber dem Nationalsozialismus in den frühen dreißiger Jahren. «Die (katholische) Kirche machte uns das Leben schwer. Die Tröstungen der Religion wie auch die Bestattung in geweihter Erde wurden ermordeten Nationalsozialisten vorenthalten», schrieb ein

Zeitzeuge.[8] Ein anderer berichtete von der «Verfolgung» der Nationalsozialisten durch das Zentrum und beklagte sich, daß «wir bei einer örtlichen Missionsveranstaltung von den Sakramenten ferngehalten wurden, weil wir uns weigerten, die Partei zu verlassen. Ein Brief an den Bischof erwies sich als nutzlos.»

Konnte angesichts dieser Gegnerschaft des Katholizismus gegenüber dem Nationalsozialismus die Konfrontation ausbleiben, die Hitler so sehr fürchtete?

Aufschlußreich mag da ein Briefwechsel sein, der nach den Reichstagswahlen von 1930 zwischen der nationalsozialistischen Gauleitung in Hessen und dem bischöflichen Ordinariat in Mainz geführt wurde. Der Pressechef der Gauleitung wollte wissen, ob der Bischof die Ansichten eines Gemeindepriesters in Kirschhausen teile, der seinen Pfarrangehörigen die folgende Leitlinie gegeben hatte:

«1. Jedem Katholiken ist es verboten, eingeschriebenes Mitglied der Hitlerpartei zu sein.

2. Jedem Mitglied der Hitlerpartei sei nicht gestattet, in korporativer Zusammensetzung an Beerdigungen oder sonstigen Veranstaltungen teilzunehmen.

3. Solange ein Katholik eingeschriebenes Mitglied der Hitlerpartei ist, könne er nicht zu den Sakramenten zugelassen werden.»[9]

Die Anfrage der Gauleitung wurde umgehend mit der Bestätigung des Generalvikars in Mainz beantwortet, der Pfarrer in Kirschhausen befinde sich tatsächlich in Übereinstimmung mit der Grundhaltung der Diözese. Der Prälat richtete die Aufmerksamkeit darüber hinaus auf den von der NSDAP propagierten Rassenhaß, der, so der Generalvikar, «unchristlich und unkatholisch» sei. Dann führte er aus, Hitler habe zwar in seinem Buch *Mein Kampf* anerkennende Phrasen im Hinblick auf katholische Institutionen gedroschen, dies könne aber die Tatsache nicht vernebeln, daß die «Kulturpolitik des Nationalsozialismus mit dem katholischen Christentum im Widerspruch steht».

Die Mainzer Kontroverse wurde damals heftig diskutiert und war bei vielen katholischen Bischöfen in Deutschland Anlaß zur Sorge. War Mainz gewissermaßen «aus der Reihe getanzt»? Sollten die Bischöfe nicht besser eine generelle Stellungnahme veröffentlichen? Einige fragten sich insgeheim, ob es der Mainzer Politik nicht an taktischer Klugheit fehle: Hatte sich der Nationalsozialismus schließlich nicht für ein «positives Christentum» erklärt, und sei er nicht gegen den atheistischen Marxismus angetreten? Der Mangel an Einmütigkeit in strategischen Fragen mag deutlich machen, warum die katholischen Bischöfe nicht imstande waren, ein gemeinsames Dokument zu erarbeiten, als sie sich im Spätherbst zu ihrer Konferenz in Fulda versammelten. Statt dessen äußerte sich der Vorsitzende der Konferenz, der Breslauer Kardinal Bertram, am Jahresende und warnte die katholische Kirche in Deutschland in sehr allgemeinen Formulierungen vor politischem Extremismus und Rassenwahn.

Im Februar 1931 jedoch fanden sich die bayerischen Bischöfe zusammen, um eine spezifizierte Stellungnahme zu formulieren, die sich an die Geistlichen ihrer Region richtete. Dabei vermieden sie die Deutlichkeit der Mainzer Position und vertraten einen stärker pluralistischen Ansatz, der sich nach den jeweiligen konkreten Bedingungen an der Basis richten sollte. Man solle den Priestern gestatten, jede Situation nach lokalen Gesichtspunkten gesondert zu würdigen: «Die Bischöfe müssen also als Wächter der wirklichen Glaubens- und Sittenlehre vor dem Nationalsozialismus warnen, solange und soweit er kulturpolitische Auffassungen kundgibt, die mit der katholischen Lehre nicht vereinbar sind.»[10] Im Monat darauf machten die katholischen Erzbischöfe von drei anderen Regionen – Köln, Paderborn und Oberrhein – deutlich, daß Nationalsozialismus und Katholizismus unvereinbar seien, und sie wiederholten dabei den Kernsatz des Briefes der bayerischen Bischöfe.

Somit waren also in den kritischen Jahren vor 1933, als Hitlers große Stunde immer näherrückte und die NS-Bewegung wuchs und gedieh, diese bischöflichen Initiativen symptomatisch für eine gemeinsame und deutliche Reaktion der katholischen Kirche. Allerdings gab es eine andersdenkende Minderheit; zu ihr gehörten etwa der ehemalige Benediktinerabt Alban Schachleitner, der die Nationalsozialisten aus Gründen, die er für taktisch hielt, gegen die Lutheraner unterstützte; und der geistig aus dem Gleichgewicht geratene Pater Wilhelm Maria Senn glaubte, Hitler sei durch göttliche Vorsehung in die Welt gesandt worden. Schließlich war da noch Pater Gött, Hitlers katholischer Brieffreund.

Konnte es überhaupt noch einen Zweifel beim durchschnittlichen nachdenklichen Katholiken im Hinblick auf die NS-Ideologie und ihre wahrscheinlichen Konsequenzen geben? In seiner Erörterung der katholischen Publizistik zum Nationalsozialismus erwähnt der deutsche Kirchenhistoriker Klaus Scholder zwei wichtige Bücher und eine heftige Pressekampagne.

Im Frühjahr 1931 veröffentlichte ein katholischer Reichstagsabgeordneter, Karl Trossmann, ein Buch unter dem Titel *Hitler und Rom,*

das zum Bestseller werden sollte. Darin beschreibt er die Nationalsozialisten als «eine brutale Parteiherrschaft, die mit allen Volksrech-
ten aufräumen würde». Hitler, so heißt es hier, eröffne «die Aussicht
auf einen neuen Krieg, der bei den gegebenen Verhältnissen noch
verhängnisvoller enden müßte als der letzte Krieg». Bald darauf publizierte der katholische Autor Alfons Wild einen vielgelesenen Essay
unter dem Titel *Hitler und das Christentum*, in dem er behauptete:
«Hitlers Weltanschauung ist kein Christentum, sondern die Botschaft
von der Rasse, eine Botschaft, die nicht Frieden und Recht verkündet,
sondern Gewalt und Haß.»

Derweil unterzogen zwei katholische Journalisten, Fritz Gerlich
und Ingbert Naab, den Nationalsozialismus in der Münchener Zeit-
schrift *Der Gerade Weg* einer vernichtenden Kritik. Sie charakteri-
sierten die Bewegung mit dem Satz: «Der Nationalsozialismus ist eine
Pest!» In der Ausgabe der Zeitschrift vom 21. Juli 1932 schrieben sie:
«Nationalsozialismus ... bedeutet: Feindschaft mit den benachbarten
Nationen, Gewaltherrschaft im Innern, Bürgerkrieg, Völkerkrieg.
Nationalsozialismus heißt: Lüge, Haß, Brudermord und grenzenlose
Not. Adolf Hitler verkündigt das Recht der Lüge ... Ihr, die Ihr
diesem Betruge eines um die Gewaltherrschaft Besessenen verfallen
seid, erwacht!»[11]

Diese leidenschaftliche und einige Front der katholischen Kirche
in Deutschland stand jedoch im Widerspruch zur Sichtweise im Inneren des Vatikans – zu einer Auffassung also, die in wachsendem
Maße durch Eugenio Pacelli geprägt und vertreten wurde.

Pacelli auf vertrautem Parkett

Mit der Übernahme seines Amtes im Vatikan als Kardinalstaatssekretär verband Pacelli die Verantwortung für die Außenpolitik des
Kirchenstaats und seine Beziehungen zu den Staaten der Welt in einem Moment, als Pius XI. durch Krankheit geschwächt war und sich
zunehmend auf seinen Lieblingskardinal stützen mußte.

Pacelli war in mehrfachem Sinn wieder auf heimischem Terrain.
Schließlich hatte er sechzehn Jahre lang im Staatssekretariat gedient
– vom einfachen Mitarbeiter hatte er es dort bis zum Staatssekretär
gebracht. Während er sich in die Aufgabe einarbeitete, die komplexen Beziehungen der Kirche auf allen Kontinenten zu überwachen,
wurde er abermals in ein häusliches Drama hineingezogen. Wieder
ging es um seine Haushälterin, Schwester Pasqualina.[12]

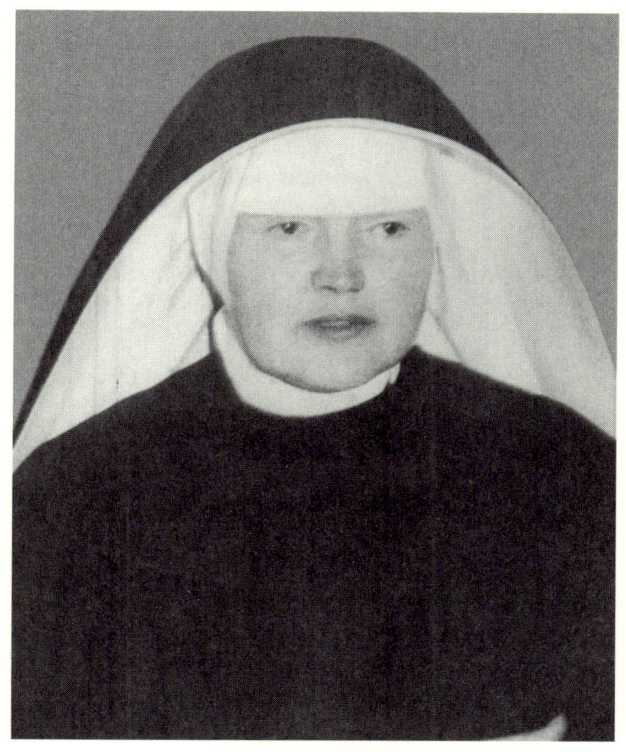

Schwester Pasqualina Lehnert

Als er sich im Dezember von den Berlinern verabschiedete, trennte er sich auch, nicht ohne eine gewisse Erleichterung, von Pasqualina und den beiden als ihre Gehilfinnen tätigen Ordensschwestern, die zu einem Teil des Haushalts geworden waren. Es war nicht beabsichtigt, die Nonnen nach Rom mitzunehmen. Wie Pacellis Schwester Elisabetta erzählte, hatte er sich inzwischen eine recht negative Meinung über Pasqualina gebildet. Elisabetta beschrieb sie als «herrisch» und «außerordentlich verschlagen» *(scaltrissima)*. Nach seiner Ankunft im Vatikan wohnte Pacelli zeitweise bei seinem Bruder Francesco in der Via Boezio, bevor er sich in der vatikanischen Dienstwohnung des Kardinalstaatssekretärs oberhalb der Loggien des Apostolischen Palastes etablierte. Kurz vor diesem Umzug bat er Elisabetta, die Führung seines neuen Haushalts im Vatikan zu übernehmen. Elisabetta machte ihn darauf aufmerksam, daß sie als Ehefrau und Mutter gewisse Verpflichtungen habe; aber Pacelli ließ sich davon nicht abbringen. Er werde dafür sorgen, versicherte er ihr, daß durch das Arrangement ihre familiären Pflichten nicht in Mitleidenschaft gezogen würden.

Einen Tag nach diesem Gespräch, so berichtete Elisabetta dem Seligsprechungstribunal, tauchte Schwester Pasqualina in Rom auf. Dies geschah ohne Vorwarnung und ohne das Einverständnis ihres Ordens oder Pacellis. Zuerst bezog sie gemietete Räume in einem Kloster an der Via Nicolo V, dann brachte sie unter Hinweis auf ihre Armut und ihren Mangel an Kenntnissen der italienischen Sprache Elisabetta dazu, sie aufzunehmen. Sehr schnell richtete sie sich nun ein und übernahm in jeglicher Hinsicht wieder ihre übliche Befehlsstellung. Elisabetta berichtet, sie habe die Nonne aus Rücksicht auf ihren Bruder ertragen, fügt aber hinzu, sie habe nicht verstehen können, warum er ihr nicht die Tür gewiesen habe. Schließlich ersann Elisabetta einen Plan, Pasqualina durch eine drastische Maßnahme aus dem Hause – und, wie sie hoffte, auch aus Rom – zu entfernen: «Ich konnte sie einfach nicht mehr ausstehen, und so sagte ich ihr schließlich, wir würden die Wohnung aufgeben, weil wir nach Lourdes reisen wollten.» Elisabetta handelte entsprechend, aber kaum hatte sie die Stadt verlassen, zog Schwester Pasqualina in Pacellis Wohnung im Vatikan unter dem Vorwand, diese mit Möbeln ausstatten und eine Renovierung in die Wege leiten zu wollen. Nachdem sie sich in dem neuen Quartier eingenistet hatte, ließ sie ihre beiden früheren Gehilfinnen, die beiden Nonnen aus Deutschland, nachkommen. Pacelli war nun wieder in den Händen Pasqualinas und der Ordensschwestern, und dies sollte so bleiben bis zum Tage seines Todes, fast dreißig Jahre später.

Das Rote Dreieck

Von dem Augenblick an, da er die Leitung des vatikanischen Staatssekretariats übernahm, war Pacelli intensiv von deutschen Angelegenheiten in Anspruch genommen; nicht zuletzt sorgte er sich wegen des Aufstiegs der NSDAP. Doch bei aller Abneigung gegen den offenen Rassismus des Nationalsozialismus wurde diese Aversion von einer anderen noch übertroffen – den Ängsten gegenüber dem Kommunismus, seiner Aggressivität und seinen Zielen vor allem in dem Bereich, den man im Vatikan sehr bald das «Rote Dreieck» nannte: Sowjetrußland, Mexiko und – seit 1933 – Spanien. Das Urteil des Heiligen Stuhls über Hitler war, um es milde auszudrücken, zwiespältig. Immerhin hatten die Nationalsozialisten nicht die Absicht geäußert, das Christentum zu vernichten; ja, sie hatten sogar gegenüber der katholischen Kirche sanfte Töne anklingen lassen. In den Augen des Staatssekretärs war die Bedrohung der Weltkirche durch den Kommunismus eine weit ernstere Angelegenheit.

Lenin und danach Stalin hatten ihre Absichten nie verheimlicht. Sie hatten der Religion selber den Krieg erklärt, und die orthodoxe Kirche in Rußland war durch die Kommunisten seit 1917 mörderisch verfolgt worden. Bischöfe und Priester wurden eingesperrt und ermordet, Kirchen geplündert, zerstört oder in Museen des Atheismus umgewandelt; die Schulen und die Medien wurden als Mittel zur Verunglimpfung der Religion mißbraucht. Es galt als Verbrechen, Kindern unter sechzehn Jahren Religionsunterricht zu erteilen. Obwohl es in Rußland nicht mehr als 1,5 Millionen Katholiken gab, die keine Bedrohung für das Regime waren, wurde die katholische Kirche ebenfalls Opfer der bolschewistischen Verfolgung. Im Jahre 1923 wurden der Administrator der wichtigen katholischen Erzdiözese von Mohilev und sein Generalvikar zusammen mit dreizehn Priestern verhaftet. Ihnen wurde vorgeworfen, sie hätten «die Konterrevolution gefördert». Dem Generalvikar wurde ein Ohr abgerissen, und er wurde gefoltert, bis er zusammenbrach. Am Karfreitag des gleichen Jahres wurde er hingerichtet. Wenig später wurde der Exarch der byzantinisch-katholischen Kirche in Rußland zu lebenslanger Haft verurteilt. Gleichzeitig wurden viele hundert Bischöfe, Geistliche und Laien zusammengetrieben und in einen Gulag auf der Insel Solowki im Weißen Meer gebracht. 1921 hatte es noch 963 katholische Priester in Sowjetrußland gegeben, 1930 waren schließlich nur noch weniger als 300 übrig, davon befanden sich 100 hinter Gittern.[13]

Am 19. März 1930, einen Monat nachdem Pacelli offiziell sein neues Amt übernommen hatte, führte Pius XI. eine Sühnezeremonie im überfüllten Petersdom durch, bei der die Heiligen des heiligen Rußlands angerufen wurden und ein *De profundis* für die Seelen der allerjüngsten Märtyrer gesungen wurde.

Auch in Mexiko waren Katholiken seit der zweiten Hälfte des 19. Jahrhunderts bei aufeinanderfolgenden Wellen von einheimischen – kommunistisch angehauchten – Revolutionen verfolgt worden. Diese Aufstände hatten selbst nach 1917 kaum etwas mit dem Marxismus oder der Komintern zu tun. Im Jahre 1924 jedoch war Mexiko, gleichzeitig mit der Übernahme des Präsidentenamts durch Plutarco Elías Calles und der Entfesselung einer weiteren gnadenlosen Verfolgungswelle, das zweite westliche Land, das die Sowjetunion anerkannte. Nach katholischen Quellen wurden während der vier Jahre der Präsidentschaft von Calles und der weiteren sieben Jahre seines Einflusses etwa 5300 katholische Priester, Ordensangehörige und Laien ermordet. Die bloße Anwesenheit eines Priesters in Mexiko stellte unter Calles bereits ein todeswürdiges Verbrechen dar. Daraufhin ging die Kirche in den Untergrund, ihre Priester reisten, wie später in Graham Greenes Roman *Die Macht und die Herrlichkeit* geschildert, verkleidet im Land umher und lasen die Messe in Scheunen und Ställen.

Im Jahre 1926 prangerte Pius XI. das Regime Calles in seiner Enzyklika *Iniques afflictusque* an. Er behauptete, daß «in Mexiko alles, was den Namen Gottes trägt, alles, was an öffentlichen Gottesdienst erinnert, verboten ist, und es wird darauf herumgetrampelt». Um den Widerstand anzufachen, ermutigte der Papst den mexikanischen Episkopat, ein Interdikt auszusprechen, also das Verbot aller kirchlichen Amtshandlungen im Lande zu verkünden. Die Verfolgungen gingen ungebrochen weiter, ebenso der Widerstand auf allen Ebenen, darunter die militanten Aktivitäten jener Formationen, die unter dem Namen *Cristeros* bekannt wurden. Nach Ansicht des Kirchenhistorikers H. Daniel-Rops führte dieser Widerstand schließlich zur Niederlage der religionsfeindlichen Kräfte in der herrschenden Elite Mexikos.[14]

Der Lateranvertrag und seine Auswirkungen

Papst Pius XI. und Pacelli erkannten, daß es mit dem Kommunismus nirgends in der Welt Verständigung geben könne. Im Hinblick auf die totalitären Bewegungen der Rechten sahen sie die Dinge freilich anders. In Italien hatte der Heilige Stuhl im Februar 1929 einen Vertrag mit Mussolini unterzeichnet, das Vorspiel zu Pacellis Konkordat mit Hitler von 1933. Den Vertrag hatten Pacellis Bruder Francesco und sein Vorgänger als Kardinalstaatssekretär, Pietro Gasparri, ausgehandelt und entworfen. Das Abkommen überwand – äußerlich betrachtet und für die unmittelbare Gegenwart – die Feindschaft, die zwischen dem Heiligen Stuhl und dem italienischen Staat seit 1870 geherrscht hatte.

Nach den Bestimmungen des Lateranvertrags wurde der römische Katholizismus zur einzigen anerkannten Religion im Lande. Entscheidend war, daß die Vereinbarung das Recht des Heiligen Stuhls bestätigte, das neue kanonische Recht in Italien zu etablieren. Dies kam für

Pius XI. vor allem im Artikel 34 zum Ausdruck, der den Staat verpflichtete, die Gültigkeit kirchlicher Eheschließungen anzuerkennen. Dem Papst wurde die Souveränität über ein winziges Gebiet in der Vatikanstadt gewährt, außerdem erhielt er territoriale Rechte in bestimmten Gebäuden und Kirchen Roms und im Sommerpalast von Castel Gandolfo am Albaner See. Als Ausgleich für den Verlust von Land und Eigentum bekam der Vatikan eine Geldzuweisung, die zum Zeitpunkt des Vertragsabschlusses dem Wert von 85 Millionen US-Dollar entsprach. Der Vertrag war allerdings unter der stillschweigenden Voraussetzung zustandegekommen, daß die mächtige demokratische katholische Volkspartei, der *Partito Popolare* – in vieler Hinsicht der Zentrumspartei in Deutschland ähnlich –, aufgelöst werden und ihr Führer, Don Luigi Sturzo, sich ins Exil begeben solle. Anders gesagt: Der Vatikan selber wies die Katholiken an, sich *als Katholiken* aus der Politik zurückzuziehen, und damit wurde ein politisches Vakuum geschaffen, in das die Faschisten eindringen konnten. Bei den Wahlen, die im März nach dem Abschluß des Lateranvertrags stattfanden, wurden die Geistlichen überall in Italien vom Vatikan ermuntert, die Faschisten zu unterstützen, und der Papst bezeichnete Mussolini als einen «von der Vorsehung gesandten Mann».

Gleichsam als «Ersatz» für den politischen Katholizismus in Italien war es dem Heiligen Stuhl nach Artikel 43 gestattet, eine Bewegung zu fördern, die «Katholische Aktion» genannt wurde. Das war eine von der Geistlichkeit dominierte religiöse Massenbewegung, die Pius XI. nicht ohne Mühe als «die organisierte Teilnahme der Laien am hierarchischen Apostolat der Kirche», charakterisierte.[15] In Artikel 43 hieß es jedoch, die Katholische Aktion werde nur solange anerkannt, wie sie «ihre Aktivität außerhalb aller politischen Parteien und in direkter Abhängigkeit von der Kirchenhierarchie mit dem Ziel der Verbreitung und Durchsetzung katholischer Prinzipien» entfalte. Ein weiterer Absatz dieses Artikels bestimmte, allen Geistlichen und Ordensangehörigen in Italien sei es verboten, irgendeiner politischen Partei beizutreten oder in einer solchen aktiv zu sein.

Vor dem Reichskonkordat hatte Pacelli in den späten zwanziger Jahren in Deutschland nicht weniger deutlich die «Katholische Aktion» gefördert. Bei einem Katholikentag in Magdeburg gab er 1928 ihre Gründung bekannt. Wie wir gesehen haben, geht Pacellis tiefes – aber zunächst nicht artikuliertes – Unbehagen am politischen Katholizismus auf die Zeit Pius X. und die turbulenten Auseinandersetzungen zwischen Kirche und Staat in Frankreich zurück. Sein Interesse an der katholischen Zentrumspartei und sogar an Katholiken in der Regierung konzentrierte sich, so wurde immer deutlicher, auf die Verhandlungsmasse bei dem Versuch, ein für den Heiligen Stuhl günstiges Reichskonkordat zu erstreiten. Der Lateranvertrag mit all seinen Maßnahmen, die darauf abzielten, den politischen Katholizismus zu behindern, umfaßte schon all das, was Pacelli sich für ein Reichskonkordat ersehnte.

Es liegt eine merkwürdige Ironie darin, daß ausgerechnet Hitler angesichts der Unterzeichnung des Lateranvertrags die gleiche Erleichterung empfunden hat und sich Hoffnungen auf eine ähnliche Vereinbarung für die Zeit seines Regimes machte. Er schrieb nach Unterzeichnung des Lateranvertrags in der Parteizeitung *Völkischer Beobachter* am 22. Februar 1929 einen Artikel, in dem er die Vereinbarung «auf das Herzlichste» begrüßte. «Wenn aber die Kurie mit dem Faschismus Frieden schließt, so beweist das, daß der Vatikan diesem politischen System Vertrauen entgegenbringt. Jedenfalls mehr als dem liberaldemokratischen Staat von einst, mit dem er keinen Frieden zu schließen vermochte.» Dann wandte sich Hitler der Lage in Deutschland zu, er tadelte die Führung der Zentrumspartei wegen ihrer Bindung an die demokratische Politik. «Wenn nun heute Zentrums-Organe (...) zu erklären versuchen, daß die Demokratie für die Katholiken nach wie vor vorzuziehen sei, so setzen sie sich damit in offenen Widerspruch mit dem Geiste jenes Vertrages, den der römische Stuhl heute mit dem faschistischen Staate abgeschlossen hat.»

Die Schlußfolgerung seiner Tirade enthielt eine gewaltiges Zerrbild, zeugt aber gleichzeitig von einer bemerkenswerten Intuition für zukünftige Chancen: «Denn wenn die Kirche heute mit dem faschistischen Italien zu einer Verständigung kommt, die mit dem liberaldemokratischen undenkbar gewesen wäre, dann ist damit unzweifelhaft bewiesen, daß die faschistische Gedankenwelt mit dem Christentum näher verwandt ist, als die jüdischliberale, oder gar atheistisch-marxistische, mit der sich die sog. katholische Partei des Zentrums heute zum Schaden jeglichen Christentums und unseres deutschen Volkes so sehr verbunden fühlt.»

Trotz Hitlers Werben um Vertrauen neigte der Vatikan in keiner Weise zur NSDAP. Er billigte weder den versteckten noch den offenen Rassismus des Nationalsozialismus. Der Heilige Stuhl warnte vor dessen Bemühungen, einen Götzenglauben durchzusetzen, der sich auf heidnische Phantasien und eine pseudowissenschaftliche völkische Geschichtsauffassung gründete. Allerdings bestärkte der Vatikan seit den Tagen Pius' IX. das Mißtrauen gegen die Sozialdemokratie als Vorbotin des Sozialismus und damit des Kommunismus.

In der Praxis war daher das Urteil des Vatikans über politische Parteien erheblich von ihrer Einstellung zur kommunistischen Gefahr geprägt. Und in diesem Sinne war sogar die Verwendung des Begriffs Sozialismus im Parteinamen der Hitlerbewegung geeignet, bei einigen Monsignori im Vatikan Zweifel an der antikommunistischen Ausrichtung der NSDAP zu wecken. Im *Osservatore Romano* vom 11. Oktober 1930 erklärte der Leitartikler, die Mitgliedschaft in der nationalsozialistischen Partei «sei mit dem katholischen Gewissen nicht zu vereinbaren», und er fügte hinzu, «so wie (der katholische Glaube) mit der Mitgliedschaft in sozialistischen Parteien aller Schattierungen vollkommen unvereinbar ist».

Die ablehnende Haltung gegenüber der Linken führte dazu, daß der Heilige Stuhl es 1924 dem italienischen katholischen *Partito Popolare* verbot, sich den Sozialisten anzunähern, und damit untergrub er dessen Versuche, Mussolini einen Strich durch die Rechnung zu machen. Da die NSDAP offen dem Sozialismus und Kommunismus gleichermaßen den Krieg erklärt hatte, waren Pius XI. und Pacelli geneigt, über die Vorteile einer taktischen Allianz mit Hitler nachzudenken, ein Umstand, den Hitler im gegebenen Augenblick nutzen sollte. Wie sehr dieser potentielle Pakt mit dem Teufel das Ergebnis von Sorgen über die Zukunft der Kirche in Deutschland war, und inwieweit es sich hier um eine Taktik handelte, das päpstliche Machtstreben zu fördern, wird noch deutlich werden.

Kaas' Doppelrolle

Pacellis kontinuierliche Beschäftigung mit deutschen Angelegenheiten nach seiner Rückkehr nach Rom wurde durch das politische Doppelleben seines engsten Vertrauten und Schülers, Ludwig Kaas, erleichtert, der seit 1928 Vorsitzender der Zentrumspartei war. Kaum hatte Pacelli sich im Vatikan niedergelassen, da begann Kaas damit, seine politischen Pflichten in Deutschland zu vernachlässigen und auf Bitten des Kardinalstaatssekretärs zwischen Rom und Berlin hin und her zu pendeln, wobei er ganze Wochen in Pacellis vatikanischer Wohnung verbrachte. Wenn das politische Schicksal Deutschlands in irgendeiner Weise von den Ansichten und Handlungen der Zentrumspartei abhing, dann war Kaas' Doppelstellung als Parteichef und intimer Vertrauter Pacellis erstaunlich.

Was veranlaßte den Vorsitzenden der Zentrumspartei, nach Rom zu reisen und wochenlang ohne Unterlaß und in aller Heimlichkeit mit Pacelli zu beraten? Kaum hatte Pacelli Anfang Februar 1930 sein neues Amt angetreten, da nahmen er und Kaas die Arbeit am Reichskonkordat wieder auf, während sie gleichzeitig die Verhandlungen um das badische Konkordat fortsetzten.[16] Inzwischen hatte Pacelli seinem Nachfolger in der Berliner Nuntiatur, Erzbischof Cesare Orsenigo, klar gemacht, daß diese Angelegenheiten von höchster diplomatischer Bedeutung Rom vorbehalten waren, nur er selbst und Kaas würden sich damit beschäftigen.

Wie es bei Verhandlungen seine Art war, fand Pacelli zweckdienliche Mittel und Wege, um diplomatisch voranzukommen. Im Jahre 1930 bot sich als Hebel die Militärseelsorge an, ein Gegenstand, der beträchtliche Bedeutung hatte. Sollten katholische Militärgeistliche einem besonderen Militärbischof unterstehen, oder sollten sie dem jeweiligen Ortsbischof untergeordnet sein, in dessen Diözese sie tätig waren? Die Reichswehr war für die erstgenannte Lösung eingetreten, um Interessenkonflikte auszuschalten und Kontrolle auszuüben. Die deutschen katholischen Diözesanbischöfe neigten selbstverständlich zu der anderen Lösung; Pacelli jedoch sollte die Angelegenheit als «einen wichtigen Trumpf» in seinen Händen betrachten und ihn bei den Konkordatsverhandlungen voll ausspielen, wie der Bischof von Paderborn empfahl.[17]

Daher informierte der bayerische Vatikangesandte Freiherr von Ritter München am 9. März, Kaas befinde sich im Vatikan und Pacelli habe um ein Gespräch über die Frage des Militärbischofs gebeten. Der Kardinalstaatssekretär wolle «aus diesem Anlaß eventuell in ein Konkordatsverhältnis mit dem Reich» treten, «um dann als Gegengabe des Reiches auch noch einige Wünsche des Heiligen Stuhls erfüllt zu erhalten».[18] Als sich der Reichsgesandte beim Heiligen Stuhl, Diego von Bergen, klar gemacht hatte, welches Kompensationsgeschäft Pacelli da anstrebte, reagierte er schroff: «Kardinalstaatssekretär», so kabelte Bergen im Telegrammstil nach Berlin, «erwähnt Möglichkeit, Frage Militärseelsorge im Rahmen Reichskonkordat zu lösen. Verschiebung der Angelegenheit auf diese Plattform zurückgewiesen.»[19]

Zu dieser Zeit hatte die Reichsregierung andere Prioritäten, als Einvernehmen mit Pacelli zu erzielen und Kompensationsgeschäfte zu tätigen, die ihre Besorgnisse nur steigern konnten. Während Kaas und Pacelli in Rom darüber nachdachten, wie die Bemühungen um das Konkordat voranzutreiben seien, sah sich die parlamentarische Demokratie in Deutschland angesichts der Weltwirtschaftskrise unmittelbar bedroht. Das hatte dann die Wahlen vom 14. Sep-

Heinrich Brüning, Mitte, im April 1932

tember 1930 zur Folge – und im Ergebnis den enormen Aufstieg der
NSDAP.

Die Demontage der deutschen Demokratie wurde überdies von
einer Clique einflußreicher Militärs begünstigt, unter ihnen General
Kurt von Schleicher, der sich Einfluß auf Reichspräsident Hindenburg
gesichert hatte. Als Protegé eines anderen hochrangigen Militärs,
des Generals Wilhelm Groener, war Schleicher, der nach dem
Ersten Weltkrieg bei der Aufstellung der Freikorps mitgewirkt hatte,
zu einem aufsteigenden Stern in der neuen Reichswehr geworden. Er
verfügte über vielfältige Kontakte zu Persönlichkeiten aus unterschiedlichen
politischen Lagern und war in der Spätphase der Weimarer
Republik einer der mächtigsten Männer in Deutschland.

Der Aufstieg Brünings

Am 27. März 1930 brach die Große Koalition unter Reichskanzler
Hermann Müller über einem Konflikt zwischen Kabinett und Reichstag
hinsichtlich der Beitragserhöhungen zur Arbeitslosenversicherung
auseinander. Wieder einmal wurde die Zentrumspartei zum Makler

der Macht, als einer ihrer bekanntesten Abgeordneten, der fromme Katholik Heinrich Brüning, der vom Gewerkschaftsflügel der Partei kam, von Hindenburg zum Kanzler auserwählt wurde. Dieser ruhige 45jährige Junggeselle und Kriegsteilnehmer war stark durch seine Fronterfahrungen in den Gräben des Weltkriegs geprägt. Er wollte das Land zusammenführen, die Bürde der Reparationszahlungen an die Alliierten überwinden und Deutschland wieder zur maßgeblichen Wirtschaftsmacht in Europa machen. Unglücklicherweise stand seinem persönlichen Mut ein geringes Gespür für die Kunst des Möglichen entgegen. Der als «Hungerkanzler» in die Geschichte eingegangene Brüning schlug eine Reihe von Sparmaßnahmen vor zu dem Zweck, den Staatshaushalt auszugleichen. Als der Reichstag im Juli 1930 dem Paket seiner Maßnahmen die Zustimmung verweigerte, setzte er es mit einer verfassungsrechtlich gestützten Notverordnung durch. Doch der Reichstag konnte Notverordnungen für ungültig erklären. Brünings Verordnungen wurden mit 236 Stimmen gegen 222 niedergestimmt, das hatte automatisch Neuwahlen zur Folge. Sich auf eine allgemeine Wahl einzulassen, während sich die Wirtschaft in totalem Chaos befand, erwies sich als schwerer Fehler. Am 14. September 1930 verachtfachte sich der Stimmenanteil der Nationalsozialisten von 800 000 auf 6,4 Millionen, und dies machte die NSDAP zur zweitstärksten Partei. Die verschärfte Wirtschaftskrise verhalf ihr zu wachsendem Einfluß.

Brünings Verhängnis war es, fast zwei Jahre lang mit Hilfe der Notverordnungsvollmacht des Reichspräsidenten eine schwache Minderheitsregierung zu leiten und der kränkelnden Demokratie eine immer strengere Arznei verabreichen zu müssen. Das geschah ohne Beteiligung der großen sozialdemokratischen und nationalsozialistischen Fraktionen im Reichstag. Als Brüning im Januar 1930 erstmals ins Amt kam, betrug die Zahl der Arbeitslosen drei Millionen. Im September jenes Jahres war ihre Zahl auf 4,48 Millionen gestiegen, und Ende 1931 stand sie bei 5,615 Millionen.[20] Während Hitler auf seine Stunde wartete, machte der Rückzug der parlamentarischen Demokratie den Weg frei für die öffentliche Akzeptanz einer Diktatur im Jahre 1933. Und doch war Brüning – was seinen Charakter und seine Ziele betraf – ganz das Gegenteil eines Demagogen. Brünings politisches Weltbild gründete auf national-konservativen, preußisch-gouvernementalen Prägungen sowie den Begriffen Solidarität und Subsidiarität, die Scheler und Erzberger entwickelt hatten. Danach sollte die regulative Gewalt möglichst an freiwillige Verbände der Arbeitgeber und der Gewerkschaften delegiert werden, wobei allerdings die letzte politische Entscheidung von einem Parlament ausgehen sollte, das aus allgemeinen Wahlen hervorgegangen war. Mit der Befürwortung eines solchen Programms stand er im schärfsten Gegensatz zu dem katholischen Industriellen Fritz Thyssen, der einen Kreuzzug gegen die Gewerkschaften unternahm und ein korporatistisches politisches Modell vertrat. Thyssen bezog sich dabei auf die Enzyklika *Quadragesimo anno* Pius' XI. (1931), die zur Feier des 40. Jahrestags der Enzyklika *Rerum novarum* Leos XIII. verfaßt worden war. Später kritisierte Brüning Pius XI., daß dieser Thyssen und seinesgleichen in der Ansicht bestärkt habe, das Papsttum würde sich einem Faschismus italienischen Stils gegenüber sanft verhalten.[21] In der Rückschau sagte Brüning, seine Strategie für Deutschland sei stillschweigend darauf hinausgelaufen, das Land zu einem britischen Verfassungsmodell hinzuführen, also zu einer parlamentarischen Demokratie mit einem konstitutionellen Monarchen. Die Auseinandersetzungen über seine Schilderungen dieser Jahre, wie er sie 1970 in seinen Memoiren festgehalten hat, dauern ebenso bis heute an wie die Debatten über eventuelle Alternativen zu seiner streng deflationären Politik.[22]

Der Hintergrund von Brünings Kanzlerschaft – die Wirtschaftskrise und drohende Vorzeichen einer politischen Katastrophe – macht Pacellis Umgang mit diesem Mann um so seltsamer. In seinen Augen war Brünings schwere Verantwortung als deutscher Kanzler in der Krise bedeutungsloser als seine Stellung als beeinflußbarer Katholik. Nur diesem war, so meinte Pacelli wohl, ein Reichskonkordat, das für den Heiligen Stuhl günstig war, aufzudrängen.

Im März 1931, als es in Deutschland ökonomisch und politisch drunter und drüber ging, bombardierte Pacelli Berlin mit seinen Konkordatsforderungen, unter anderem bestand er darauf, daß das Reich in der Schulfrage nachgeben solle – beim Konkordat mit Preußen hatte er das nicht durchsetzen können. Als Gegenleistung, so deutete Pacelli an, sei er bereit, dem Reich in der Frage der Militärseelsorge und ihrer Unterstellung unter einen Militärbischof nachzugeben.

Verständlicherweise war in Berlin niemand bereit, auf Pacellis Geschäft einzugehen, nicht einmal unter den loyalsten Führern der katholischen Zentrumspartei, sieht man von Ludwig Kaas ab. Die Dinge spitzten sich um Ostern zu, als mehrere Parteimitglieder unter Führung von Reichsinnenminister Joseph Wirth Rom besuchten. Wirth sagte Pacelli, angesichts der Instabilität der politischen Verhältnisse in Deutschland käme eine Erfüllung der Forderungen des Heiligen Stuhls überhaupt nicht in Betracht. Bei einer anderen Begegnung im Vatikan geriet Wirth mit Piux XI. aneinander, als der Papst versuchte, ihn zu überzeugen, daß die Zentrumspartei ihre Koalition mit den Sozialdemokraten im preußischen Landtag aufkündigen solle. Die Diskussion wurde so stürmisch, daß Wirth voller Zorn die Audienz verließ.[23] Unverzagt entschloß sich Pacelli abzuwarten, bis er Auge in Auge mit Reichskanzler Brüning zusammentreffen konnte. Die Gelegenheit für eine solche Begegnung ergab sich im August, als Brüning zu Gesprächen mit Mussolini nach Rom kam.

Brüning kam auf dem Höhepunkt einer schweren Bankenkrise in Deutschland, die durch den Zusammenbruch der Darmstädter und der National Bank am 13. Juli ausgelöst worden war, in die Heilige Stadt. Der Zusammenbruch führte überall im Lande zur Auflösung von Sparanlagen und zur vorübergehenden Schließung von Banken. Als am 5. August die normalen Bankgeschäfte wieder aufgenommen wurden, betrug der Leitzins 15 Prozent und der Depositenzins nicht weniger als 20 Prozent. Angesichts von 4,5 Millionen Arbeitslosen und des Absturzes der industriellen Erträge und Exporte hatte Brüning gehofft, Mussolini veranlassen zu können, Deutschland in der Frage der Reparationszahlungen zu unterstützen.

Pacellis Zusammenstoß mit Brüning

Als Brüning vor einer geplanten Audienz mit dem Papst am Morgen des 8. August 1931 Pacelli aufsuchte, war er äußerst gereizt über das zeitraubende protokollarische Verfahren, das ihn zwang, sich im Schneckengang durch die endlosen Räume zu bewegen. Das war «nichts für schnellreisende Politiker, die jede Stunde ausnutzen mußten». Er verbrachte schließlich eine dreiviertel Stunde allein mit Pacelli in dessen Amtszimmer.

«Die Unterhaltung begann», wie Brüning berichtet, «sehr liebenswürdig», bis Pacelli anfing, zu Handlungen zu drängen, die die politische Lage in Deutschland nur noch verschärfen konnten. Nach Brüning besaß Pacelli nur ein sehr unzureichendes Gespür für die Lage und die Stimmung seines Gastes.[24] Als Pacelli seinen Vorschlag eines Kompensationsgeschäfts wiederholte – also erneut einen Kuhhandel vorschlug, der die Unterstellung der Militärgeistlichen mit Fragen des Reichskonkordats verknüpfte –, war Brüning darüber keineswegs erfreut. Er hatte das Reich bereits auf eine Politik festgelegt, derzufolge die Militärgeistlichen dem Militärbischof unterstehen sollten, und gehofft, daß Pacelli ihn uneingeschränkt darin unterstützen würde. Ludwig Kaas hatte die Begegnung im Vatikan wohl nicht gerade perfekt vorbereitet. Jedenfalls war Brüning vollkommen davon überzeugt, daß es keinen Spielraum für ein Reichskonkordat gebe, das der katholischen Kirche in der Schulfrage entgegenkam: «Ich sagte ihm, es sei unmöglich für mich als katholischen Kanzler, angesichts der Spannungen in Deutschland, an diese Frage überhaupt heranzugehen. Fast alle deutschen Länder von Bedeutung hatten bereits Konkordate, und mit den übrigen sei man in aussichtsreichen Verhandlungen. Würde ich jetzt die Frage eines Reichskonkordats aufgreifen, so würde ich auf der einen Seite den furor protestanticus aufpeitschen und auf der anderen Seite auf völlige Verständnislosigkeit bei der Linken stoßen.»[25]

Pacelli ignorierte vollkommen die politischen Realitäten, die ihm dargelegt wurden. Der Kardinalstaatssekretär drängte den Reichskanzler, so berichtet Brüning: «Ich müsse eben mit Rücksicht auf ein Reichskonkordat eine Regierung der Rechten bilden und dabei zur Bedingung machen, daß sofort ein Konkordat abzuschließen sei.»[26] Das hieß also: Um ein Reichskonkordat zu erreichen, sollte Brüning die Nationalsozialisten und Hitler unverzüglich in seine Minderheitsregierung aufnehmen.[27]

Der Kanzler reagierte schroff. Er entgegnete, «daß er (Pacelli) die politische Situation in Deutschland und vor allem den wirklichen Charakter der Nazis verkenne». Zweifellos erinnerte sich Brüning in diesem Moment an seine Begegnung mit Hitler am vorangegangenen 5. Oktober, bei der künftige Kooperationsmöglichkeiten ausgelotet worden waren. Hitler hatte eine Stunde lang schwadroniert, während bei dieser vermeintlich geheimen Privatbegegnung vor der Tür Braunhemden auf und ab gingen. Brüning war erschüttert darüber, wie häufig Hitler das Wort «vernichten» gebrauchte, und er schloß daraus, Hitlers Prinzip werde immer sein: «Erst Macht, dann Politik».[28]

Zwischen Pacelli und Brüning erhitzte sich die Debatte, als die Rede auf eine Reihe von Staatsverträgen mit protestantischen Kirchen kam. Verschiedene aufeinanderfolgende Regierungen der Weimarer Republik hatten Vereinbarungen mit anderen Konfessionen in Deutschland nach dem Muster von Pacellis Konkordaten gern zugelassen, und Brüning war bestrebt, diese Politik fortzusetzen. Pacelli sagte ihm rundheraus, er halte es für unglaublich, daß ein katholischer Kanzler einen protestantischen Kirchenvertrag unterzeichne.[29]

Darauf reagierte Brüning so: «Ich antwortete scharf, daß ich schon dem Geiste der Verfassung entsprechend, die ich beschworen habe, die Interessen des gläubigen Protestantismus auf der Grundlage völliger Gleichberechtigung wahrnehmen müsse.»[30]

Es hat den Anschein, daß dies für Pacelli Anlaß eines beachtlichen Wutanfalls war. Er verdammte nun «eine solche Politik» des Kanzlers und nahm Zuflucht zu einer Drohung, die auch nach vielen Jahren noch so unglaublich erscheint, wie sie es offensichtlich damals schon für Brüning war.

Sich feindselig an den Reichskanzler wendend, sagte Pacelli, wegen dessen mangelnder Kooperationsbereitschaft befinde sich Ludwig Kaas nun in einer peinlichen Situation, sein Ansehen im Vatikan sei nun zerstört. Pacelli fügte hinzu, er werde darauf bestehen, daß Kaas den Vorsitz der deutschen Zentrumspartei niederlege und einen untergeordneten kirchlichen Posten im Vatikan annehme.[31]

Der erstaunte Brüning erwiderte, er könne Pacelli «insoweit nicht widersprechen, als Kaas Priester sei, aber jedem Versuch, auf meine politischen Entschlüsse und auf die Politik der Zentrumspartei vom Vatikan aus Einfluß zu nehmen, müsse ich widerstehen».[32]

Nach Brünings Darstellung folgte nun ein seltsamer Wortwechsel, bei dem der Reichskanzler Mussolinis unheilvolle Verstöße gegen bestimmte Artikel des Lateranvertrags zur Sprache brachte und in diesem Zusammenhang auf die natürlichen Mängel von Konkordaten mit totalitären Politikern hinwies.

In den vorangegangenen Wochen, gerade einmal zwei Jahre nach Unterzeichnung des Lateranvertrags, hatte Mussolini die harmlose, unpolitische Bewegung der Katholischen Aktion angegriffen und der Kirche vorgeworfen, unter dem Deckmantel religiöser Verbände, insbesondere der Jugendverbände, Politik zu betreiben. Mussolinis Strategie zielte darauf ab, die verbliebenen kirchlichen Massenorganisationen zu zerschlagen, die noch Machtpotentiale für politisches Handeln hatten, wenn sie sie auch real nicht einsetzten, und die daher die Möglichkeit besaßen, in Zukunft Agitation und Protest zu betreiben. Im Mai 1931 wurden Exemplare des *Osservatore Romano* mit kritischen Artikeln gegen das Regime verbrannt. Faschistische Schlägertrupps verprügelten die Zeitungsverkäufer. Drei Wochen vor Brünings Ankunft in Rom hatte Pius XI. seine Enzyklika *Non abbiamo bisogno* veröffentlicht. Sie enthielt eine strenge Kritik an der faschistischen Regierung wegen ihres unfairen Umgangs mit der Katholischen Aktion. Allerdings wählte Pius als Anlaß für seinen Einspruch die inakzeptable Forderung des italienischen Faschismus über die Totalität des Lebens der Bürger zu gebieten. Die grotesken politischen Realitäten im Faschismus wurden jedoch nicht gerügt. Zwei oder drei Jahre später war der ebenso gebremste katholische Protest gegen das NS-Regime in Deutschland ähnlich punktuell.

Brüning ging nun auf die Krise zwischen dem Vatikan und der Regierung Mussolini ein und sagte, er habe feststellen müssen, «wie die Funktionäre der faschistischen Partei sich lustig machten über die Ängstlichkeiten der vatikanischen Prälaten gegenüber faschistischen Übergriffen». Er fügte hinzu, er sehe «in einer weiteren starken Identifizierung der vatikanischen politischen Auffassungen mit dem faschistischen System eine große Gefahr für die Kirche in einer ferneren Zukunft».

Nach Brüning bestand Pacelli dennoch darauf, daß die deutsche Zentrumspartei sich um ein Einvernehmen mit der NSDAP bemühen solle. Darauf Brüning: «Ich erklärte ihm, daß bislang alle Versuche mit der Rechten zu einer für den Staat und das Volk verantwortbaren Einigung zu kommen, mißlungen seien. Er verkenne die Natur des Nationalsozialismus. Die Sozialdemokraten in Deutschland seien nicht religiös, aber tolerant, während ich bislang noch die Überzeugung habe, daß die Nazis weder religiös noch tolerant seien.»[33] An diesem Punkt mußte Brüning sich verabschieden, da er sich bereits für seine Audienz beim Papst verspätet hatte.

Beim Papst hörte Brüning zu, und Pius XI. sprach «fast ununterbrochen mit einem bewundernswerten Erinnerungsvermögen, über persönliche Erlebnisse und Beziehungen, die ihn mit Deutschland verknüpfen» Brüning berichtet weiter: «Nach der Unterhaltung mit Pacelli traute ich meinen Ohren nicht, als der Papst plötzlich die deutschen Bischöfe beglückwünschte zu ihrer klaren und unerschrockenen Haltung gegenüber den Irrlehren des Nationalsozialismus». Brüning seinerseits bemerkte: «Konkordate brächten erfahrungsgemäß immer die Gefahr mit sich, daß die Kirche in Fragen der Auslegung des Konkordats schrittweise immer weiter nachgeben müsse. Zu einem Bruch könne es dann nur wegen Fragen kommen, die jeder Katholik ohne weiteres begreife und bei denen er sich instinktiv auf die Seite des Vatikans stellen würde. Ein Bruch über weniger klar entscheidende Fragen würde schwer verständlich sein. Ich fühlte, daß diese Ausführungen auf den Heiligen Vater starken Eindruck machten.»

Bei seiner zweiten Begegnung mit Pacelli anläßlich eines Empfangs am Abend jenes Tages kam es zu einem Zusammenstoß, der das Ende jeder Beziehung zwischen den beiden mit sich bringen sollte. Brüning teilte dem Kardinalstaatssekretär mit, wie seine Audienz beim Papst verlaufen sei. Der Kanzler informierte Pacelli «in etwas scharfer

Form», daß er sich nach dem morgendlichen Gespräch mit ihm entschieden habe, die Themen Militärseelsorge und Reichskonkordat ganz und gar fallen zu lassen und diese Angelegenheiten seinem Nachfolger im Amt zu überlassen.

Brüning schloß mit der – bei aller Weitsicht «etwas scharfen» – Bemerkung: «Ich fügte ironisch hinzu, ich hoffte, daß der Vatikan mit Hitler und Hugenberg einen größeren Erfolg haben werde als mit dem Katholiken Brüning.»[34] Brüning – oder der Lektor seines Buches – entschloß sich jedoch, seine vernichtendste Charakterisierung Pacellis unpubliziert zu lassen. Im Manuskript seiner Memoiren spricht er sie an einer Stelle, die später gestrichen wurde, ganz offen aus: »Erfolge (so glaubte Pacelli) seien nur zu erzielen durch päpstliche Diplomatie. Das System der Konkordate führte ihn und den Vatikan dazu, die Demokratie und das parlamentarische System geringzuschätzen ... Strenge Regierungen, starker Zentralismus und strikte Verträge, sollten den Auftakt zu einer Ära stabiler Ordnung, einer Ära des Friedens und der Ruhe bilden.»[35]

Am Abend jenes Tages nahm Brüning den Schlafwagen nach Deutschland. Über die Rückreise erzählt er in seinen Erinnerungen: «Übermüdet und gereizt schlief ich die Nacht nicht. Am Brenner fing es an zu nieseln. Nördlich vom Brenner goß es in Strömen. Die Temperatur schien uns eisig kalt, und ich fing an zu frieren. In Innsbruck stieg Kaas in den Zug, sehr gespannt, und fragte mich nach meinen Unterhaltungen mit Pacelli. Ich muß es auf meine körperliche Ermüdung zurückführen, daß ich dann die volle Kraft von Pacellis Verlangen vielleicht nicht wiedergab. Müde und bedrückt kam ich in Berlin an.»[36]

Brünings Auseinandersetzung mit Pacelli und seine Warnung an Pius XI. vor verheerenden Konsequenzen hinderten Pius XI. und Pacelli nicht, die Führung der Zentrumspartei weiterhin zu ermutigen, die Vorteile einer Zusammenarbeit mit den Nationalsozialisten auszuloten. Der Katalysator war dabei Ludwig Kaas, der immer häufiger mit Pacelli zusammen war und zunehmend dessen Meinungen artikulierte. Als sich im Laufe des Jahres die Frage nach Kaas' Loyalität stellte, bot er seinen Rücktritt an. Für seine Partei war das ein Signal der Treue, das alle Zweifel zu beseitigen schien. So wurde das Angebot abgelehnt. Aber im November 1931 äußerte Kaas die bereits von Pacelli vorgetragene und von Brüning ganz eindeutig zurückgewiesene Ansicht, es sollten doch Gruppen der Rechten und der Linken, «die bisher eine Zusammenarbeit noch nicht gekannt haben», zu einem «auf Zeit begrenzten Zweckhandeln» zusammenkommen.[37]

Ende Dezember brachte der Papst die gleiche Empfehlung gegenüber dem bayerischen Gesandten am Heiligen Stuhl, Freiherrn von Ritter, zum Ausdruck: Eine Zusammenarbeit zwischen der Kirche in Deutschland und den Nationalsozialisten «vielleicht nur vorübergehend für bestimmte Zwecke» könne geeignet sein, «ein noch größeres Übel zu verhindern».[38] Ritter machte in einem Telegramm deutlich, daß der Vorschlag des Heiligen Vaters nicht mehr sei als eine pragmatische Erwägung. Wie also konnte die Zentrumspartei auf die nationalsozialistische Bewegung reagieren, wenn diese weiterhin an Macht gewinnen und schließlich eine Regierung bilden sollte? Wie die Ereignisse zeigten, war die Idee einer solchen Kooperation, die ihren Ursprung im vatikanischen Kardinalstaatssekretariat hatte, sehr weit vom Denken der katholischen Bischöfe, des Klerus und der Gläubigen in Deutschland entfernt.

Nachdem schließlich Pacellis Versuche, Brüning durch Einschüchterung zu einem Reichskonkordat zu drängen, im August gescheitert waren, ergab sich nun für den Kardinalstaatssekretär eine weitere Gelegenheit, seine Konkordatspolitik auf dem Weg über die deutschen Länder voranzutreiben. Diesmal ging es um das Land Baden, in dem die Dinge immer noch ungeklärt waren und wo der örtlich zuständige Oberhirte, der Freiburger Erzbischof Carl Fritz, der sich Pacellis Konkordatswünschen gegenüber stets ungeniert kühl verhalten hatte, am 7. Dezember 1931 starb. Sofort ergriff Pacelli die Gelegenheit, den Wahlprozeß für einen neuen Bischof für seine Zwecke auszunutzen. Die badische Regierung bestand zu jener Zeit aus einer diffizilen, von der Zentrumspartei geführten Koalition mit den Sozialdemokraten. In der Überzeugung, daß ein Druck auf den Abschluß des Konkordats den instabilen Zustand ins Wanken bringen würde, bat der Vorsitzende der badischen Zentrumspartei, Peter Fohr, Pacelli um Zurückhaltung. Fohr reiste nach Rom und erklärte Pacelli persönlich, der beste Weg zur Erhaltung der Koalition und zur Bewahrung der Vorrangstellung der Zentrumspartei bestehe darin, das Konkordat auf unbestimmte Zeit zu verschieben. Er bat Pacelli, Abmachungen, die zwischen Baden und dem Heiligen Stuhl im vorangegangenen Jahrhundert vereinbart worden waren, zu bestätigen, die örtliche und weltliche Mitwirkungsrechte bei der Wahl eines neuen Bischofs zuließen.

Pacelli dachte überhaupt nicht daran, einen derartigen Rat eines Landespolitikers aus Deutschland auch nur zur Kenntnis zu nehmen. In einem recht überheblichen Brief an Fohr, in dem er die «Auffassung und die Absichten» der badischen Regierung zurückwies, erklärte er, zufriedenstellende Beziehungen zwischen Kirche und Staat seien nur unter einem neuen Konkordat zu erreichen. In einem noch offenherzigeren Brief an den badischen Kultusminister wandte Pacelli dann eine schon vertraute Methode moralischer Erpressung an: «Falls ... die Regierung nicht bereit sein sollte, auf den Vorschlag eines möglichst baldigen Konkordatsabschlusses einzugehen, bliebe dem Heiligen Stuhl kein anderer Weg, als zur Ernennung eines neuen Oberhirten der Diözese Freiburg entsprechend Can. 329 § 2 des neuen kirchlichen Gesetzbuches zu schreiten.»[39]

Die Verhandlungen zogen sich bis ins Frühjahr 1932 hin, Pacelli hielt unnachgiebig an seiner Position fest. Er setzte die Ernennung eines neuen Bischofs, ohne Rücksicht auf Rechte oder Wünsche der Diözese, mit päpstlichem Machtspruch durch. Wie sich herausstellte, fiel die Wahl, wie Kaas Mitte April im Reichstag verkündete, auf Conrad Gröber, den Bischof von Meißen, der in Baden recht beliebt war. Auf lange Sicht wichtiger war jedoch, daß Gröber ein begeisterter Anhänger Pacellis und seiner Konkordatspolitik war. Der neue Bischof begann sogleich, auf die badische Regierung Druck auszuüben, um den baldigen Abschluß eines Konkordats zu erreichen.

Pacelli erreichte schließlich sein Ziel. Doch was die politischen Konsequenzen betraf, sollte Fohr Recht behalten. Sobald der neue Vertrag im August in Pacellis vatikanischem Amtssitz paraphiert worden war, kam es zu einer Reihe von heftigen politischen Auseinandersetzungen. Die Sozialdemokraten verließen die badische Koalition, die seit 1918 die Stabilität im Lande gewährleistet hatte. Die neue Koalition zwischen Zentrumspartei, Deutscher Volkspartei und Wirtschaftspartei konnte das Konkordat nur mit der bei einem Patt entscheidenden Stimme des Landtagspräsidenten durchsetzen. Die Zukunft der Zentrumspartei war von nun an außerordentlich unsicher.

Brünings Sturz

Während Pacelli das badische Konkordat als Vorspiel zu einem Reichskonkordat durchsetzte, zerfiel die Demokratie in Deutschland vor dem Hintergrund von über fünf Millionen Arbeitslosen und gewaltiger ökonomischer Probleme weiter. Schleichers Ränkespiele, aber auch die Enttäuschung Hindenburgs über die Umstände seiner Wiederwahl führten am 30. Mai 1932 zur Entlassung Brünings. Schleicher und seine Freunde in der Reichswehr hatten Hindenburg dazu veranlaßt, Franz von Papen zum Nachfolger Brünings zu ernennen.

Papen, ein aristokratischer, charmanter, rechtsgerichteter Abgeordneter der katholischen Zentrumspartei, zählte zu den oberen Zehntausend und konnte sich mit Leichtigkeit und Selbstvertrauen in einem Milieu höherer Offiziere, Industrieller und Junker bewegen. Unter der Vormundschaft Schleichers stellte er ein Kabinett zusammen, das von ganz und gar nicht repräsentativen Aristokraten und Geldleuten beherrscht wurde; Schleicher persönlich sicherte sich das Reichswehrministerium. Gleichzeitig machte sich Papen, der ohne jede Unterstützung im Reichstag war, seine eigene Partei, das Zentrum, zum Gegner. Ludwig Kaas, immer noch Vorsitzender dieser Partei, hatte Papen bereits versichert, er werde nicht Brünings Nachfolger als Kanzler werden; und Papen hatte Kaas sein Wort gegeben, daß er kein eigenes Kabinett ernennen würde. Kaas genehmigte sich in der Stunde der größten Not seiner Partei schmollend einen Urlaub in Südtirol, um dort einen Aufsatz über den Lateranvertrag zu schreiben. Währenddessen bestand Papens erste politische Tat als Kanzler darin, den Reichstag aufzulösen und Neuwahlen für den 31. Juli anzuberaumen. Sein zweiter Streich war die Aufhebung des SA-Verbots.

Es folgte ein von Gewalt beherrschter Wahlkampfsommer. Im Juni gab es überall im Lande hunderte von Zusammenstößen sowie bei ständigen Straßen- und Saalschlachten zwischen Nationalsozialisten und Kommunisten Dutzende Tote. Papen schrieb die schlimmsten Gewalttätigkeiten in Preußen den Kommunisten zu und machte die kommissarisch amtierende Landesregierung zum Sündenbock. Hindenburg genehmigte ihm die Absetzung des preußischen Ministerpräsidenten Otto Braun, und Papen übernahm als Reichskommissar die Exekutivgewalt in Preußen. Knapp zwei Wochen nach diesem «Preußenschlag» errangen die Nationalsozialisten bei den Reichstagswahlen einen gewaltigen Triumph. Sie erzielten 37,3 Prozent der Stimmen gegen 21,6 Prozent der Sozialdemokraten und 12,5 des Zentrums. Die Kommunisten bekamen 16,9 Prozent. Deutschland war nun eigentlich unregierbar, da zwei Parteien, die auf den Umsturz der Weimarer Verfassungsordnung aus waren – die Nationalsozialisten und die Kommunisten –, über eine zahlenmäßige Mehrheit im Reichstag verfügten. In der Tat waren die Nationalsozialisten mit nunmehr 230 Reichstagsmandaten die stärkste politische Kraft in Deutschland. Sie konnten eine Wählerschaft von 13,7 Millionen Menschen mobilisieren und verfügten über eine Parteiarmee von 400 000 SA- und SS-Mitgliedern.

Nach den Juliwahlen wiederholte der deutsche katholische Episkopat seine öffentliche Verurteilung der Nationalsozialisten. Die Fuldaer Bischofskonferenz im August bestätigte dies nochmals. «Sämtliche Ordinariate», so hieß es in deren Protokoll, «haben die Zugehörigkeit zu dieser Partei für unerlaubt erklärt.» Das Programm der Nationalsozialisten, so die Bischöfe, enthalte «Irrlehren ... glaubensfeindlichen Charakters ... (wodurch) für die kirchlichen Interessen der Katholiken die dunkelsten Aussichten sich eröffnen».[40]

Papen jedoch schien eine Koalition mit Hitler die beste Aussicht für den Erhalt seiner Kanzlerschaft zu bieten. Eine Koalition, die die Nationalsozialisten einband, hatte auch für Pacelli, wenn auch aus ganz anderen Gründen, ihren Reiz. Wieder einmal versuchte er, die Idee einer Koalition in Umlauf zu bringen, die darauf abzielte, die Sozialisten «auszusperren» und eine Bolschewisierung Deutschlands zu verhindern. So fragte er den Freiherrn von Ritter, ob «Zentrum und bayerische Volkspartei nicht gut daran täten, sich jetzt mehr nach rechts zu orientieren und dort eine für ihre Grundsätze tragbare Position zu suchen».[41] Schließlich zog die Zentrumspartei im August Koalitionsverhandlungen mit Hitler in Erwägung, freilich eher in der Absicht, eine verfassungsgemäße Regierung zustandezubringen, nicht aber, sich die NS-Politik zu eigen zu machen. Genau diesen Prozeß charakterisierte im September die katholische Zeitschrift *Der Gerade Weg* als «ein Märchen von Wölfen und Schafen». Hitler jedoch spielte nun um höhere Einsätze, er wollte sich auf nichts einlassen, was weniger als die vollständige Machtübernahme bedeutete. Er verlangte für seine Partei das Reichskanzleramt und Schlüsselstellungen im Kabinett. Noch aber scheute Hindenburg vor dem Äußersten zurück.

Während im Laufe dieses Sommers unter Papens Kanzlerschaft die demokratischen Strukturen in Deutschland immer rascher zerfielen, schloß Kaas Mitte November 1932 seinen Aufsatz über die politische Bedeutung des Lateranvertrags ab. Er war überzeugt, daß seine Überlegungen zu diesem Thema für die Beziehungen zwischen Staat und Kirche nicht nur in Italien, sondern auch andernorts von Bedeutung seien.[42] Angesichts der engen Beziehungen zwischen Pacelli und Kaas verdeutlicht diese Arbeit des «Prälaten» auch Pacellis Denkweise in dieser Phase.

Kaas erklärte, das Konkordat mit Mussolini sei eine ideale Vereinbarung zwischen dem modernen totalitären Staat und der modernen Kirche, ein Vertrag, in dem die Akzeptanz des kanonischen Rechts durch den Staat für seine katholischen Bürger von zentraler Bedeutung sei. «Der ‹autoritäre Staat›», so Kaas, «mußte die autoritäre Kirche besser in ihren Postulaten begreifen als andere.» Mussolini habe die Dinge auf der Grundlage einer hierarchischen Konzentration der Macht unter dem uneingeschränkten Willen des Duce geordnet und doch, so erklärte Kaas, hätte es keinen Sinn für den Herrscher, in die Einzelheiten des kanonischen Rechts einzugreifen. «Niemandem mochte der Geltungsanspruch des kirchlichen Allgemeinrechts im Rahmen des der Kirche belassenen Aktivitätsrahmen so verständlich erscheinen wie dem Diktator, der in seinem Bereich einen radikal-einfachen, lücken- und konkurrenzlosen Stufenbau faschistischer Hierarchie errichtet hatte.»

Nirgends ist die Ideologie vom Primat des Papstes, wie sie gerade einmal 15 Jahre zuvor, im *Codex Iuris Canonici* von 1917, Kirchengesetz geworden war, klarer charakterisiert worden, nirgendwo sind ihre politischen Vergleichsgrößen je offener benannt worden, und nie wurde die vermeintliche Notwendigkeit des Rückzugs der Katholiken von politischem Handeln je offener dargelegt als hier. Unvorstellbar ist, daß dieser Artikel ohne vorherige Konsultation, ja sogar ohne Pacellis strengste Kontrolle, gar ohne sein Einverständnis verfaßt wurde, denn Kaas brauchte, den neuen kirchenrechtlichen Bestimmungen zufolge, die Genehmigung seines unmittelbaren kirchlichen Oberen zur Publikation. Pacellis Geist sprach tatsächlich aus jeder Zeile dieses Manifests über die Beziehungen zwischen dem Heiligen Stuhl und dem faschistischen Staat. Und es entstand, nach Lage der Dinge, zu dem Zeitpunkt, als Entscheidungen über das künftige Schicksal der katholischen Kirche in Deutschland im Vatikan ausschließlich in den Händen Pacellis lagen.

8

Hitler und Pacelli

Nur ein Diktator konnte Pacelli die Art von Konkordat gewähren, die er anstrebte. Nur ein Diktator von Hitlers Verschlagenheit konnte das Konkordat als Mittel betrachten, die katholische Kirche in Deutschland zu schwächen. Nachdem Pacelli und Hitler ihre schicksalhafte Vereinbarung im Juli 1933 geschlossen hatten, brachten beide Männer – jeder für sich – ihre Ansichten über die Bedeutung des Vertrages zum Ausdruck. Die Kluft zwischen ihren jeweiligen Zielen war bemerkenswert.

In einem Schreiben an die Partei vom 22. Juli erklärte Hitler: «Die Tatsache, daß der Vatikan mit dem neuen Deutschland einen Vertrag schließt, bedeutet die Anerkennung des nationalsozialistischen Staates durch die katholische Kirche. Durch diesen Vertrag wird vor der ganzen Welt klar und unzweideutig erwiesen, daß die Behauptung, der Nationalsozialismus sei religionsfeindlich, eine Lüge ist.»[1]

Während der Kabinettssitzung vom 14. Juli, die auf die Paraphierung des Konkordats folgte, legte Hitler seinen Ministern die entscheidende Bedeutung dieser moralischen Beglaubigung dar: «Im Reichskonkordat wäre Deutschland eine Chance gegeben und eine Vertrauenssphäre geschaffen, die bei dem vordringlichen Kampf gegen das internationale Judentum besonders bedeutungsvoll wäre.»[2]

Nach Kenntnisnahme des Rundbriefes an die Partei vom 22. Juli ließ Pacelli am 26. und 27. Juli einen zweiteiligen Artikel im *Osservatore Romano* erscheinen. Zunächst widersprach er kategorisch Hitlers Behauptung, das Konkordat impliziere eine moralische Zustimmung zum Nationalsozialismus. Dann legte er aus seiner Sicht das wahre Ziel der Konkordatspolitik dar, das er von den serbischen Konkordatsverhandlungen 1913 bis zum Abschluß des Reichskonkordats 1933 im Auge gehabt hatte. Es sei zu betonen, so schrieb er, «daß der Codex iuris canonici die Grundlage und die wesentliche juristische Voraussetzung des Konkordats bilde». Dies bedeute «nicht nur die offizielle Anerkennung der Gesetzgebung der Kirche, sondern auch die Übernahme vieler Bestimmungen dieser Gesetzgebung und den Schutz des gesamten kirchlichen Rechtsguts». Der historische Sieg, von dem diese Vereinbarung zeuge, sei einzig und allein ein Sieg des Heiligen Stuhls; denn der Vertrag enthalte ganz eindeutig keine Zustimmung des Heiligen Stuhls für den NS-Staat, sondern im Gegenteil die vollständige Anerkennung und Akzeptanz des Kirchenrechts durch den Staat.

Die gegensätzlichen Auffassungen Pacellis und Hitlers waren der tragische Hintergrund der Konkordatsverhandlungen, die unter größter Geheimhaltung über die Köpfe des deutschen Episkopats und der katholischen Laienschaft hinweg sechs Monate lang geführt wurden, während Hitler seine Machtstellung festigte.

Hitlers Aufstieg

Hitlers Weg zur Macht stand am Ende einer Abfolge von Kabinetten, die dem Parlament immer ferner standen und daher immer weniger mit einer demokratischen Regierung zu tun hatten. Bei der ersten Arbeitssitzung des Reichstags am 12. September 1932 wurde Papen, der Salonlöwe und heimliche Hitlerbewunderer, mit einem Mißtrauensvotum konfrontiert, und unmittelbar darauf wurden Neuwahlen für den 6. November ausgeschrieben. In der Zwischenzeit blieb er geschäftsführender Kanzler und wurde an beiden Flanken – von Nationalsozialisten und Kommunisten – angegriffen, die sich nur einig waren in der Verachtung demokratischer Politik.

Die zweite Reichstagswahl im Jahr 1932 ergab zwar, daß die Nationalsozialisten wieder stärkste Partei waren, aber sie verloren diesmal zwei Millionen Stimmen. Außerdem gab es einen beträchtlichen Rückgang der Mitgliederzahl der Partei – was darauf hindeuten mochte, daß die NSDAP an Schwungkraft verlor. Ende 1932 lag die absolute Mehrheit für die Nazis in weiter Ferne. Während Hitler vor einer Koalition zurückscheute, die sich auf eine parlamentarische Mehrheit stützte, war Hindenburg nicht bereit, ihm das Reichskanzleramt zu überlassen. Zugleich aber waren weder die Reichswehr noch die Industriellen willens, eine weitere von Sozialisten geprägte Regierung zu akzeptieren. Daher herrschte in der katholischen Zentrumspartei das Gefühl, sie sei außerstande, einen Regierungspartner auszumachen, gleichsam auf Grund gelaufen. Dennoch war sie entschlossen, an der konstitutionellen Regierungsform festzuhalten.

Am 2. Dezember akzeptierte Reichspräsident Hindenburg Papens Rücktritt, und für kurze Zeit wurde Schleicher Reichskanzler. Er versuchte, die NS-Fraktion im Reichstag zu spalten und eine neue Koalition zu bilden, die einen Teil der Nationalsozialisten – allerdings ohne Hitler – umfassen sollte. Trotz all seiner Machenschaften scheiterte Schleicher jedoch, ebenso wie zuvor Papen, bei seinen Bemühungen, eine lebensfähige Regierung zu bilden.

Nach Gesprächen mit Hitler trug Papen im neuen Jahr Hindenburg ein politisches Projekt vor. Man solle doch Hitler die Kanzlerschaft überlassen, während er selbst, als Vizekanzler, hinter den Kulissen die wahre Macht ausübe. Hindenburg blieb im Blick auf Hitler skeptisch, aber er ließ sich am Ende für die Bildung einer neuen Regierung gewinnen.

Am 30. Januar wurde Hitler als Reichskanzler vereidigt, gemeinsam mit Hermann Göring, der Reichsminister ohne Geschäftsbereich und zugleich kommissarischer Innenminister Preußens wurde und damit die Kontrolle über die Polizei in Preußen übernahm. So hatte Göring die Möglichkeit, in den kommenden Wochen Gegner der Partei zu eliminieren. Neuer Reichswehrminister wurde General Werner von Blomberg, der damit entscheidenden Einfluß auf das Heer gewann – ein NS-Sympathisant, der sich von Hitlers Charisma hatte gefangennehmen lassen. Alfred Hugenberg, Führer der erzkonservativen Deutschnationalen Volkspartei (DNVP) übernahm als Wirtschafts- und Landwirtschaftsminister eine Doppelrolle. Hitler jedoch ließ sich nicht auf die Teilung der Macht ein. Zwei Tage nach seiner Ernennung wurde der Reichstag aufgelöst. Bis zu den Neuwahlen am 5. März nutzte er entschlossen die staatlichen Machtmittel, um den Wahlkampf zu führen und gegen politische Gegner vorzugehen.

Am 27. Februar brannte der Reichstag, der Brandstifter war wahrscheinlich ein Einzeltäter, ein holländischer Kommunist. Im Zusammenhang dieses Geschehens erließ Hindenburg auf Kabinettsbeschluß die «Verordnung zum Schutz von Volk und Staat», welche eine Reihe von politischen Grundrechten der Weimarer Verfassung außer Kraft setzte. Hitler nutzte diese Maßnahme gezielt zur Förderung seiner Wahlkampagne, die der NSDAP eine absolute Mehrheit verschaffen sollte.

Das gelang ihm bei den Wahlen vom 5. März 1933 jedoch nicht. Er gewann die Mehrheit gleichwohl gemeinsam mit seinen zeitweiligen Verbündeten aus Hugenbergs rechtskonservativem Lager und verfügte nun über 340 von 647 Reichstagssitzen. Bei einer Wahlbeteiligung von 88,7 Prozent hatten die Nationalsozialisten 43,9 Prozent der Stimmen erhalten, die Sozialdemokraten ereichten nur 18,3 Prozent der Wählerstimmen. Die katholische Zentrumspartei, die trotz der Einschüchterung durch die Nationalsozialisten eine mutige Kampagne veranstaltet hatte, blieb mit 11,2 Prozent nicht nur beeindruckend stabil, sie gewann sogar vier Reichstagsmandate hinzu.

Die 23 Millionen deutschen Katholiken stellten bis März 1933 also immer noch eine beeindruckende unabhängige, demokratische Wählergruppe, die zusammen mit dem Episkopat in ihrer Ablehnung des Nationalsozialismus fest blieb. Wenn es auch für die Zentrumspartei keine Möglichkeit gab, irgendeine für sie akzeptable Koalition zu bilden, so befürchtete Hitler doch eine Reaktion des politischen Katholizismus. Hier ging es schließlich um eine Gruppe, die naturgemäß weit umfassender war als die der Wähler der Zentrumspartei und die allenthalben im Lande über starke Beziehungen und Verbindungen auf vielen Ebenen verfügte. Angesichts seiner Entschlossenheit, einen neuen Kulturkampf mit dem Risiko eines erfolgreichen katholischen Widerstands zu vermeiden, wollte Hitler sich nicht direkt mit den Bischöfen anlegen. Es mußte jedoch etwas geschehen, um sie zu neutralisieren. Und genau an diesem Punkt kam Pacellis Streben nach einem Reichskonkordat Hitler zu Hilfe.

Als ideale Lösung für die potentielle katholische Bedrohung erschien Hitler eine Spitzenvereinbarung mit dem Vatikan, die in manchen Aspekten dem Lateranvertrag ähnelte, der katholische politische Aktivitäten in Italien verboten und die Kirche praktisch ins faschistische Italien integriert hatte. Eine solche Vereinbarung sollte der katholischen Kirche eingeschränkte Freiheiten auf religiösem Gebiet und im Schulwesen gewähren im Austausch gegen einen Rückzug des Katholizismus aus der politischen Arena.

Es konnte jedoch kein Reichskonkordat geben, solange die Bischöfe ihre Ablehnung des Nationalsozialismus nicht widerriefen und Hitler nicht die alleinige diktatorische Gewalt hatte. Während der Weimarer Republik hatte keine Regierung auch nur im entferntesten daran gedacht, Pacellis Bedingungen für ein Konkordat zu akzeptieren. Nur diktatorische Anordnung konnte einen solchen Vertrag zustandebringen.

Bei der ersten Kabinettsitzung nach den Wahlen, am 7. März, offenbarte Hitler seine Befürchtungen über die Macht des Katholizismus; die Zentrumspartei könne nur dann zerschlagen werden, wenn der Vatikan sie fallenlasse.[3] Als Hitler das Thema des «Ermächtigungsgesetzes» aufwarf, berichtete Papen von einem Gespräch, das er am Vortag mit Ludwig Kaas gehabt habe. Kaas, der nicht ohne

Pacellis Einverständnis Initiativen unternahm, habe «erklärt, daß er nunmehr bereit sei, einen Strich unter die Vergangenheit zu setzen. Im übrigen habe er die Mitarbeit des Zentrums angeboten.» Die Ereignisse sollten zeigen, wieweit Kaas – oder genauer gesagt Pacelli – bei der Schaffung eines Junktims zwischen der Unterstützung für das «Ermächtigungsgesetz» und dem Beginn von Verhandlungen über ein Reichskonkordat ging. Gleichzeitig sollte offenbar werden, auf welche Weise die Fäden im Staatssekretariat des Vatikans gezogen wurden.

Ein Zeichen dafür, daß Pacelli die Fühler nach Berlin ausstreckte, war am 13. März eine Note an den deutschen Gesandten im Vatikan, mit der Pacelli die Aufmerksamkeit auf kürzlich gemachte Äußerungen des Papstes zum Lobe Hitlers wegen dessen antibolschewistischen Kreuzzugs lenkte. «Im Staatssekretariat», so der Gesandte, «wurde mir nahegelegt, darauf hinzuweisen, daß dieses Wort als indirekte Anerkennung des entschiedenen Vorgehens des Reichskanzlers sowie der Regierung gegen den Kommunismus zu deuten ist.»[4]

Trotz dieser schmeichelhaften Signale aus Pacellis Amt blieben die deutschen Bischöfe im großen und ganzen Hitler gegenüber wie stets bei ihrer ablehnenden Haltung. Kardinal Faulhaber, der sich im Vatikan aufgehalten hatte, als der Papst bei einem Konsistorium der Kardinäle seine Bemerkungen machte, berichtete, daß alle Anwesenden überrascht gewesen seien. Sein Kommentar lautete: «Der Hl. Vater sieht das aus weiter Ferne, sieht nicht die Begleiterscheinung, sondern nur das große Ziel.»[5]

Kardinal Bertram machte sich so große Sorgen um die Katholiken unter Hitler, daß er am 6. März an Reichspräsident Hindenburg einen Brief richtete, in dem es hieß, «daß das alles schwerster Gefährdung ausgesetzt werden wird, ist ... die Befürchtung weitester Kreise des katholischen Volkes».[6] Als Papen schließlich am 18. März Kardinal Bertram besuchte, um auszuloten, ob es einen Gesinnungswechsel unter den Bischöfen gegeben habe, teilte der Sprecher der deutschen Bischöfe ihm mit, es habe sich nichts geändert; wenn es irgendeine Veränderung geben sollte, dann sei es «der Führer der Nationalsozialisten selbst», von dem sie kommen müsse.[7] Damit bestätigten sich Hitlers Befürchtungen. Weder mit den Bischöfen, noch mit der gesamten Führung der Zentrumspartei war zu reden, sondern allein mit dem deutschen Vertreter Pacellis und Vorsitzenden der Zentrumspartei, Ludwig Kaas.

In den Tagen nach den Märzwahlen wurde Kaas seltsam untätig und unansprechbar. Bei einer Sitzung der Zentrumspartei in Köln eine Woche nach der Wahl drängte Ex-Kanzler Heinrich Brüning die Partei, einer derart verfassungswidrigen Maßnahme wie dem «Ermächtigungsgesetz» nicht zuzustimmen. Nach Aussage des Protokollführers schlug Kaas, der sich bis dahin nicht geäußert hatte, auf den Tisch und erklärte: «Bin denn nun ich der Führer der Partei, oder wer sonst?» Der Protokollant schloß dann die Frage an: «Hatte Kaas bei seinen Verhandlungen mit Hitler diesem vielleicht Zusagen gemacht, so daß er (daran) festhalten *mußte*?»[8]

Wie der Historiker Owen Chadwick festgestellt hat, «ist Kaas' Rolle bei der Gewährleistung der Zustimmung der Partei für Hitlers Ermächtigungsgesetz vom März 1933 immer noch eine der umstrittensten Angelegenheiten in der deutschen Geschichte.»[9]

Kaas war tief in Verhandlungen mit Hitler verstrickt und kommunizierte dabei eng mit Pacelli in Rom. Die Gespräche schienen Fortschritte zu machen, denn bei der Kabinettssitzung am 15. März konnte Hitler mitteilen, er erwarte nun keine Schwierigkeiten mehr, eine Zweidrittelmehrheit für das «Ermächtigungsgesetz» zu erlangen. Fünf Tage später notierte Goebbels in sein Tagebuch: «Im Kabinett wird das Ermächtigungsgesetz ... angenommen. Wir haben Nachricht, daß auch das Zentrum es akzeptieren wird.» (1937 behauptete Goebbels dann in seinem Blatt *Der Angriff*, Kaas habe dem «Ermächtigungsgesetz» im Gegenzug zu einer Einverständniserklärung der Regierung zugestimmt, mit dem Heiligen Stuhl in Verhandlungen über das Reichskonkordat einzutreten).[10]

Als Kaas schließlich am 22. und 23. März in Berlin vor der entscheidenden Abstimmung des Parlaments über das «Ermächtigungsgesetz» der Reichstagsfraktion der Zentrumspartei gegenübertrat, plädierte er für eine Zustimmung zu dem Gesetz, um einen moralischen Einfluß auf Hitler und seine Zusicherungen an die katholische Kirche auszuüben – Versprechen, von denen er überzeugt war, daß Hitler sie schriftlich geben würde. Brüning erklärte, er könne dem Gesetz niemals zustimmen: «Das Ermächtigungsgesetz sei das Ungeheuerlichste, was je von einem Parlament gefordert worden wäre.». In seiner Reichstagsrede ging Hitler über die vom Zentrum geforderten Garantien hinaus, als er erklärte: «Ebenso legt die Reichsregierung, die im Christentum die unerschütterlichen Fundamente des sittlichen und moralischen Lebens unseres Volkes sieht, den größten Wert darauf, die freundschaftlichen ... Beziehungen zum Heiligen Stuhle weiter zu pflegen und auszugestalten.». Nach Brüning erklärte Kaas ihm persönlich, «daß vor allem die Formel ‹die freundschaftlichen Beziehungen zum Heiligen Stuhl› der größte Erfolg sei, den man seit zehn Jahren in irgendeinem Lande gehabt habe».[11] Diese Formulierung gab in geradezu gespenstischer Weise – so als sei sie für diese Rede von anderswo übernommen worden –, die Worte Pacellis wieder, die dieser 14 Jahre zuvor gesprochen hatte, als er Reichspräsident Ebert sein Beglaubigungsschreiben überreichte. Damals hatte er gesagt: «Was mich betrifft, so werde ich meine ganze Kraft daransetzen, die Beziehungen zwischen dem Heiligen Stuhl und Deutschland zu pflegen und weiter zu festigen.» Hitlers Erklärung war ein deutlicher Hinweis auf eine Einigung mit dem Katholizismus über die beiderseitigen Beziehungen, die auf höchster Ebene durch die einander entsprechenden autoritären Machthaber in Berlin und Rom ausgehandelt werden sollte.

Nach der Rede plädierte eine Minderheit der Zentrumsfraktion unter Führung Brünings leidenschaftlich dagegen, Hitler auf legalem Weg die Mittel zur Errichtung einer Diktatur zu übergeben. Bei einer Probeabstimmung in der Fraktion nahmen jedoch nur 14 von 74 Abgeordneten gegen das Gesetz Stellung. Kaas appellierte dann an die Minderheit und wies auf die Risiken für deren persönliche Sicherheit hin, woraufhin Brüning sagte, er denke daran, sein Abgeordnetenmandat niederzulegen. Mit tränenerstickter Stimme bot Wirth an, dies ebenfalls zu tun. Schließlich aber, nachdem er sich im halb zerstörten Reichstagsgebäude unterschiedliche Meinungen katholischer Gewerkschaftler angehört hatte, ließ Brüning sich überzeugen, daß eine Spaltung der Zentrumspartei jede Aussicht auf einen zukünftigen Widerstand der Katholiken gegen religiöse Verfolgung unmöglich machen würde.[12] Um eine disziplinierte und einheitliche Stellungnahme der Partei zu gewährleisten, schloß sich die Minderheit schließlich der Mehrheit an. Sie folgte ihren Kollegen und ging durch Bataillone jubelnder uniformierter Nationalsozialisten in die Krolloper zur Abstimmung.

Die Zustimmung der Zentrumspartei zum «Ermächtigungsgesetz» erfolgte am Ende, wie es scheint, in der Annahme, daß Kaas, der die ganze Zeit in engem Kontakt mit Hitler gestanden hatte, die Sache am besten beurteilen könne.

Das Gesetz, das noch am selben Tage mit 441 gegen 94 Stimmen verabschiedet wurde (nur die Sozialdemokraten stimmten dagegen), verlieh Hitler das Recht, ohne Zustimmung des Reichstags Gesetze zu erlassen und Verträge mit auswärtigen Regierungen zu schließen (einer der ersten dieser Art sollte sein Konkordat mit Pacelli sein). Im Gesetz hieß es außerdem, die Rechte des Präsidenten sollten unangetastet bleiben, aber unter den neuen Bedingungen erschien dieser

Satz fast bedeutungslos. Hitler konnte jedenfalls nun versuchen, Hindenburg zu umgehen und auf legitimer Grundlage einen totalitären Einparteienstaat zu errichten.

Ohne irgend jemand in seiner Partei über seine Absichten zu informieren, reiste Kaas tags darauf nach Rom, um dort Geheimgespräche mit Pacelli zu führen. Zwei Jahre später bestätigte Kaas in einem Brief an den deutschen Gesandten im Vatikan die Verknüpfung zwischen seiner Zustimmung zum «Ermächtigungsgesetz» und dem zukünftigen Reichskonkordat: «Unmittelbar nach der Verabschiedung des Ermächtigungsgesetzes, an dessen Annahme ich auf Grund bestimmter, mir durch den Herrn Reichskanzler gegebener Zusicherungen (sowohl allgemeinpolitischer als kulturpolitischer Art) positiven Anteil genommen hatte, fuhr ich am 24. März nach Rom. Abgesehen von Erholungszwecken wollte ich – in Fortführung der von mir am 23. März im Reichstag vertretenen Haltung – die durch die Reichskanzlererklärungen geschaffene Lage darlegen und die Möglichkeiten einer umfassenden Verständigung zwischen Kirche und Staat prüfen.»[13]

Inzwischen brachte Hitlers geschickte Einlassung im Reichstag, mit der er enge Beziehungen zum Heiligen Stuhl versprach und sehr allgemein auf die bereits eingeleiteten Fühlungnahmen hinwies, die deutschen katholischen Bischöfe in eine prekäre Lage, die sich zuvor schon angebahnt hatte. Denn in einer Rundfunkrede an die ganze Nation hatte Hitler sich auf Gott berufen und versichert, das Christentum werde die Grundlage der nationalen Wiedergeburt sein. Am 21. März veröffentlichte Hitler eine Stellungnahme, in der es hieß: «Die katholischen Bischöfe von Deutschland haben in der jüngsten Vergangenheit in einer Reihe von Erklärungen ... Führer der NSDAP als Abtrünnige der Kirche bezeichnet, die nicht in den Genuß der Sakramente kommen dürften ... Infolgedessen sah sich der Kanzler zu seinem Leidwesen nicht in der Lage, am katholischen Gottesdienst in Potsdam teilzunehmen.» Die Bischöfe wurden damit praktisch gezwungen, dem neuen Reichskanzler auf diese Herausforderung zu antworten. Während einige unter ihnen glaubten, es sei höchste Zeit, die Verdammung der Partei zurückzuziehen, gab es andere sehr wichtige Kirchenfürsten, darunter der Kölner Kardinal Schulte und die Bischöfe von Aachen, Limburg, Trier, Münster und Paderborn, die darauf drängten, diese Ablehnung sogar zu erneuern und zu verschärfen. Hitlers Reichstagsrede vom 23. März sowie das Schweigen der Zentrumspartei und die außerordentlichen Beteuerungen der Regierung über die Freiheit der katholischen Religionsausübung und Erziehung in Deutschland hatten die Entschlossenheit wichtiger Bischöfe geschwächt. Hinzu kamen Pacellis Signale aus Rom.

Kardinal Faulhaber schickte am 24. März einen Brief an den bayerischen Episkopat. Darin hieß es: «Ich muß mir aber nach dem, was ich an höchsten Stellen in Rom erlebt habe, hier aber nicht mitteilen kann, vorbehalten, trotz allem mehr Toleranz gegen die neue Regierung zu üben, die heute nicht bloß im Besitz der Macht ist, was unsere Grundsätze nicht umstoßen könnte, sondern rechtmäßig wie noch keine Revolutionspartei in den Besitz der Macht gelangte.»[14] Der Hinweis auf das legale Zustandekommen der Regierung Hitler war – und dies festzuhalten ist wichtig – zuerst im *Osservatore Romano* zu finden. Auf diese Weise wurde die Legalität, die Hitler angestrebt hatte und zu der Kaas mit Pacellis Unterstützung beim «Ermächtigungsgesetz» beigetragen hatte, nun ausgerechnet zu einem Argument gegenüber den katholischen Bischöfen, das Hitlerregime gutzuheißen.

Am 24. März verbreitete Kardinal Bertram, der Wortführer der Bischöfe, den Entwurf einer versöhnlichen Stellungnahme zur Beurteilung durch alle Bischöfe. Das ungeheure Tempo, mit dem die Bischöfe darauf antworten sollten, ist noch heute verblüffend. Ludwig Volk, ein Historiker und Jesuit, der sich mit jener Zeit beschäftigt hat, formulierte in seiner ursprünglichen Darlegung dieser Ereignisse, daß der Druck «von anderer Seite» gekommen sei – womit er den Vatikan meinte. Papen, so behauptete er, habe ein ganzes Wochenende damit verbracht, bei Bertram Überzeugungsarbeit zu leisten: Eine auf Versöhnung abzielende öffentliche Stellungnahme der Bischöfe könne den Prozeß der Schaffung eines Reichskonkordats fördern. Komme es nicht zu einer solchen Stellungnahme, werde die Sache nur aufgehalten. Unterdessen hatte Papen schon eine Begegnung mit Pacelli in Rom vereinbart. Pacelli hatte mit Kaas begonnen, die Vereinbarung vorzubereiten.

Am 26. März verkündeten die protestantischen Kirchen überall in Deutschland offiziell ihre Zustimmung zur Hitlerregierung. Sie hatten die Konkordatsverhandlungen des Vatikans mit Hitler verfolgt und strebten nun – am Ende mit Erfolg – danach, eine vergleichbare Vereinbarung nach dem katholischen Modell abzuschließen.

Am 28. März wurde überall im Lande eine Erklärung der Fuldaer Bischofskonferenz verbreitet. Sie enthielt zwar Bedenken, ließ aber auf ein katastrophales Schweigen des katholischen Episkopats schließen.

«Ohne die in unseren früheren Maßnahmen liegende Verurteilung bestimmter religiös-sittlicher Irrtümer aufzuheben, glaubt daher der Episkopat das Vertrauen hegen zu können, daß die vorgezeichneten allgemeinen Verbote und Warnungen nicht mehr als notwendig betrachtet zu werden brauchen. Für die katholischen Christen, denen die Stimme ihrer Kirche heilig ist, bedarf es auch zum gegenwärtigen Zeitpunkte keiner besonderen Mahnung zur Treue gegenüber der rechtmäßigen Obrigkeit und zur gewissenhaften Erfüllung der staatsbürgerlichen Pflichten unter grundsätzlicher Ablehnung allen rechtswidrigen oder umstürzlerischen Verhaltens.»[15]

Die NS-Presse hieß die Erklärung als Bestätigung der Politik Hitlers willkommen, gab aber keinen Hinweis auf Zweideutigkeiten, die die Bischöfe etwa im Sinn hatten. Die Zentrumspolitiker waren entsetzt: Hatte es doch den Anschein, als sei hier zum Ausdruck gebracht, daß die Nationalsozialisten der katholischen Zentrumspartei vorzuziehen seien. Die katholischen Gläubigen reagierten bestürzt und vermittelten den Eindruck, man habe einen Treubruch begangen. Durchaus typisch reagierte der Studentenpfarrer Pater Franziscus Stratmann, an der Berliner Universität. Am 10. April schrieb er an Faulhaber: «Die Seelen aller Gutgesinnten sind durch die nationalsozialistische Gewaltherrschaft aufgewühlt, und ich spreche nichts als eine Tatsache aus, wenn ich sage, daß die bischöfliche Autorität durch die Quasi-Approbation der nationalsozialistischen Bewegung bei zahllosen Katholiken und Nichtkatholiken ins Wanken geraten ist.»[16]

Unmittelbar nach der Rückkehr aus Rom nannte Kaas jedoch Anfang April in der *Kölnischen Volkszeitung* Hitlers Reichstagsrede die logische Konsequenz der Aussöhnung von Kirche und Staat: «Wir stehen ... in einem Evolutionsprozeß ... Das unleugbare Übermaß formaler Freiheiten ... wird eine herbe, vorübergehend zweifellos auch übertriebene staatliche Disziplinierung all dieser Lebensbereiche ablösen.» Die Führer der Zentrumspartei, so fuhr er fort, hätten «die Pflicht gefühlt, mit den anderen Sämänner der Zukunft zu sein».[17]

Als wolle er die unkonventionelle Eile entschuldigen, mit der die katholische Hierarchie das Regime anerkannt hatte und zugleich Pacellis Rolle bei diesen Vorgängen unterstreichen, schrieb Faulhaber am 20. April, die Bischöfe seien «durch die Haltung Roms» in diese Situation geraten.[18] Für Rom jedoch, repräsentiert durch Eugenio Pacelli, war die Phase das Stillschweigen im Blick auf die Zerstörung des politischen Katholizismus in Deutschland noch keineswegs beendet.

Hitler hatte nach der Stellungnahme der Bischöfe zum 31. März einen Arbeitsausschuß zusammengerufen, der sich mit den Beziehungen zwischen Kirche und Staat beschäftigen sollte. Kaas sah sich veranlaßt, eilends nach Berlin zurückzukehren, um für den Schutz der katholischen Erziehung einzutreten.

Der Moment der Einberufung des Ausschusses war bedeutsam. Am 1. April begannen die Nationalsozialisten mit dem Boykott jüdischer Unternehmen, durchaus nicht das erste Anzeichen bevorstehender Verfolgungen. Eine Woche zuvor waren dreißig Braunhemden in jüdische Wohnungen in einer kleinen Stadt in Südwestdeutschland eingebrochen, hatten die Bewohner ins Rathaus getrieben und sie verprügelt. Der Angriff wiederholte sich in einer Nachbarstadt und führte dort zum Tod von zwei Männern. Der Boykott der jüdischen Geschäfte war jedoch eine andere Sache. Nach Saul Friedländer war er «der erste große landesweite Test für die Einstellung der christlichen Kirche zur Lage der Juden unter der neuen Regierung».[19] Doch selbst während Hitler über die künftigen Beziehungen zwischen Regierung und Kirchen verhandelte, gab es angesichts dieser ersten systematischen Verfolgung von Juden weder aus Deutschland noch aus Rom ein Wort des Protestes.

Kardinal Faulhaber schrieb anläßlich der Angriffe auf die Juden an Pacelli, Protest sei ausgeschlossen, «weil der Kampf gegen die Juden zugleich zum Kampf gegen die Katholiken werden würde und weil die Juden sich selber helfen können ... Ungerecht und schmerzlich ist bei diesem Vorgehen gegen die Juden besonders die Tatsache, daß auch solche, die seit zehn und zwanzig Jahren getauft und gute Katholiken sind, sogar solche, deren Eltern katholisch waren, gesetzlich noch als Juden gelten und als Ärzte oder als Rechtsanwälte ihre Stelle verlieren sollen.» Für eine Antwort Pacellis gibt es keinen Beleg. Ein Plädoyer, das um Intervention bei der Judenverfolgung bat, beantwortete Faulhaber mit den Worten: «Für die kirchlichen Oberbehörden bestehen weit wichtigere Gegenwartsfragen; denn Schule, der Weiterbestand der Katholischen Vereine, Sterilisierung sind für das Christentum in unserer Heimat noch weit wichtiger.» Und am Schluß wiederholte er, «die Juden seien imstande, sich selber zu helfen».[20]

Unter den vielen Tausenden, die vom Boykott gegen die Juden betroffen waren, befand sich auch Edith Stein, eine deutsch-jüdische Philosophin, die, an der Universität Freiburg auch von Max Scheler beeinflußt, eine Dissertation «Zum Problem der Einfühlung» (1917) schrieb. Stein, in jungen Jahren Atheistin, konvertierte 1922 zum Katholizismus und schrieb später, daß die Rückkehr zu Gott sie habe wieder jüdisch fühlen lassen und daß ihre Konversion zum Christentum nicht nur in einem geistigen Sinne, sondern auch in einem «blutmäßigen» erfolgt sei. Als 1933 der Judenboykott wirksam wurde, war sie Dozentin am Deutschen Institut für wissenschaftliche Pädagogik in Münster. Nach den Aprilverordnungen gegen die Juden wurde sie entlassen.

Im Oktober 1933 trat sie in ein Karmeliterkloster in Köln ein und wählte den Ordensnamen Schwester Theresa Benedicta vom Kreuz. Aus dem Kloster schrieb sie einen leidenschaftlichen Brief an Pius XI. und bat ihn, «den Haß, die Verfolgung und die Zurschaustellung von Antisemitismus gegen die Juden» jederzeit und egal von wem zu verurteilen. Ihr Brief blieb unbeantwortet. Vier Jahre sollten vergehen, bis der Papst schließlich die verspätete Enzyklika *Mit brennender Sorge* gegen den nationalsozialistischen Rassismus herausgab.

Papen und Kaas in Rom

Am 2. April 1933 waren die Gespräche in Hitlers Arbeitsausschuß soweit fortgeschritten, daß der päpstliche Nuntius in Berlin Pacelli darüber informieren konnte, Vizekanzler von Papen wünsche nach Rom zu kommen, um mit ihm noch vor Ostern Gespräche zu führen. Pacelli war, wie gesagt, über die Judenverfolgungen informiert, als er mit den Tätern in substantielle Verhandlungen über ein Konkordat eintrat. Das Reichskonkordat sollte ja gerade Fragen von besonderer Bedeutung allein dem Papst beziehungsweise seinem Staatssekretär überlassen. Es kann also nicht verwundern, daß die katholischen Bischöfe sich der Verantwortung für das Schicksal der Juden enthoben sahen, das, wie die Verantwortung für das Schicksal ihrer eigenen Kirche, Sache des Heiligen Stuhls war.

Am Abend des 7. April reiste Papen in die Ewige Stadt, nachdem er dem Verantwortlichen für vatikanische Angelegenheiten im Auswärtigen Amt vertraulich mitgeteilt hatte, «er beabsichtige als eine der Hauptgegenforderungen die Aufnahme einer auch im italienischen Konkordat enthaltenen Bestimmung zu verlangen, wonach den Geistlichen verboten wird, sich bei irgendeiner politischen Partei einzuschreiben oder zu betätigen». Für die Zentrumspartei konnte dies angesichts der traditionellen, wenn auch nur eine Minderheit der

Parteimitglieder umfassenden, aktiven Mitwirkung von Geistlichen und ihrer Abhängigkeit von Strukturen der Pfarrgemeinden auf vielen Ebenen nur das Ende bedeuten. Dasselbe galt für das gesellschaftliche und politische Handeln katholischer Verbände in Deutschland.

Tags darauf, am 8. April, traf Papen «unerwartet im Speisewagen» des Expresszuges von München nach Rom Ludwig Kaas, der nach Rom zurückkehrte. Es scheint ganz unwahrscheinlich, daß beide gleichzeitig zu Pacelli eilten, ohne von den Plänen des anderen zu wissen, wie Kaas später andeutete. Papen legte Kaas skizzenhaft die Grundvoraussetzungen des Vertrages aus der Perspektive der Reichsregierung dar. Die Formel lautete: «Die Sicherung der kirchlichen Rechte gegen die Entpolitisierung des Klerus und die Preisgabe der Zentrumspartei».

Laut Kaas sprachen sie beim Frühstück über das ideale Verhältnis der 23 Millionen deutschen Katholiken zum Hitlerregime. Kaas versicherte dem Vizekanzler, «daß zunächst einmal der Nachweis für die Schaffung hinreichender kulturpolitischer Garantien erbracht sein müsse. Wenn letzteres der Fall sei, werde ich wahrhaftig nicht kleinlich sein.»[21] Kaas, der bei den Verhandlungen keine offizielle Funktion hatte, wurde gleichwohl zur Schlüsselfigur bei den bevorstehenden Unterredungen. Während sie durch die italienische Landschaft reisten, bot Kaas an, Papen bei den Verhandlungen «zur Verfügung zu stehen»; Papen nahm dankend an. So übernahm Kaas eine Vermittlerrolle – mit ungebrochener Loyalität gegenüber Kardinal Pacelli.

Wie vertraut er inzwischen mit Pacelli war, offenbaren Bemerkungen in den Erinnerungen, die Schwester Pasqualina nach dem Tod beider Männer verfaßte. Da heißt es etwa: «Msgr. Kaas begleitete den Nuntius und später den Kardinal auch manchmal in die Ferien nach Rorschach ... Verehrung, aufrichtige Liebe und unbedingte Treue verband Msgr. Kaas bis zu seinem Tode mit dem Heiligen Vater.» Auch Spannungen zwischen Kaas und Pater Leiber kommen zur Sprache: «Beide, wohl wissend, daß sie einander nicht nachstanden, konnten es nicht überwinden, wenn einmal des anderen Meinung oder Arbeit mehr gewertet wurde als die eigene. Für den Heiligen Vater mit seinem wunderbaren Einfühlungsvermögen war es nicht schwer, hier wieder auszugleichen. Waren es aber andere, persönliche Gründe intellektueller oder politischer Art, wo die Ansichten auseinander gingen, war es nicht so einfach, einen Ausgleich zu finden.» Pacelli habe sich einmal zutiefst unglücklich gefühlt, als Kaas plötzlich nach Deutschland hatte abreisen müssen.[22]

Pacelli und Papen trafen sich am Montag der Karwoche, dem

10. April, und einigten sich auf einen Arbeitsplan, nach dem Papen und Kaas den Entwurf für eine Begegnung am Karsamstag vorzulegen hatten. Während der arbeitsreichsten Woche im liturgischen Kalender der Kirche machten sich die beiden Männer mit großer Eile ans Werk. Sie entwarfen Artikel, die unter anderen Umständen einer jahrelangen Reifezeit bedurft hätten. Über Ostern gingen Pacelli und Kaas den Entwurf Punkt für Punkt durch.

Weder die deutschen Bischöfe noch die Zentrumspartei oder die Laien erfuhren offiziell auch nur von der *Tatsache* der Verhandlungen. Damit kam unvermeidlich die Gerüchteküche in Gang. Als Kardinal Bertram am 18. April Befürchtungen über die Verhandlungen vortrug, reagierte Pacelli zwei Wochen lang überhaupt nicht. Schließlich bestätigte er nur, man bemühe sich, «damit die zwischen dem Hl. Stuhl und dem Reich angebahnten Besprechungen und evtl. Verhandlungen mit möglichst großem Nutzen für die katholische Kirche in Deutschland zu einem guten Ergebnis geleitet werden können». Drei Wochen später, als es schon um die letzten noch offenen Punkte ging, untertrieb Pacelli offenkundig, als er Faulhaber mitteilte, es habe Gespräche über ein Konkordat gegeben, «wenn auch bis jetzt etwas Konkretes noch nicht vorliegt».[23]

Die Zentrumspartei wurde durch die Abwesenheit ihres Vorsitzenden Ludwig Kaas, der sich nun ständig bei Pacelli aufhielt, weiter geschwächt. Man schlug vor, Kaas den Rücktritt nahezulegen; aber der weigerte sich mit dem Argument, «das könne die Dinge in Rom zum Platzen bringen», – ein höchst deutlicher Hinweis darauf, daß eine der letzten großen demokratischen Parteien in Deutschland nun nach der Pfeife Pacellis tanzte. In einem Brief an den damaligen Generalvikar von Passau schrieb Franz Eggersdorfer von der Universität München bissig: «Zukunft des deutschen Katholizismus scheint ganz in Rom entschieden zu werden. Konsequenz des fortschreitenden Zentralismus.»[24]

Was veranlaßte Pacelli, einen ersten Entwurf mit derart unziemlicher Hast und Geheimhaltung abzuschließen? In seinen Augen mußte die Zentrumspartei verschwinden. Doch bis zu ihrer schließlichen Auflösung bot die Tatsache ihrer weiteren Existenz für ihn (gemäß seiner seit zwei Jahrzehnten gewohnten Taktik) die Möglichkeit eines Bauernopfers bei seinem Verhandlungsschach mit Hitler. Dabei spielte der Zeitfaktor eine wichtige Rolle.

Hitler seinerseits verfolgte bei der Vereinbarung zwei Ziele. Er war einerseits entschlossen, den religiösen Katholizismus per Gesetz vom politischen Katholizismus zu trennen. Zweitens brauchte er einen internationalen Propagandaerfolg. 1929 hatte er den Abschluß des Lateranvertrags mit den Worten kommentiert: «Wenn der Papst heute mit dem Faschismus zu einer solchen Verständigung kommt, dann ist zumindest er der Ansicht, daß der Faschismus und damit der Nationalismus für die Gläubigen vertretbar und mit dem katholischen Glauben vereinbar ist.»[25] Während der Heilige Stuhl seit Jahrhunderten gewohnt war, mit Monarchen und Regierungen, die seine Glaubensüberzeugungen und Wertmaßstäbe ablehnten, Verträge abzuschließen, hatten die Inhalte des Lateranvertrags tatsächlich den Eindruck beispielloser Nähe zwischen dem Katholizismus und dem korporativen Staat gemacht. So sah Hitler ganz klar, daß das Konkordat als päpstliche Billigung des NS-Regimes und seiner Politik ausgegeben werden konnte. Als ihm Pacellis Ungeduld und die innere Schwäche der Ziele des Kardinalstaatssekretärs deutlich wurden – denn Pacelli ging es vor allem um die Machtstellung des Papsttums –, konnte Hitler, indem er das Tempo der Verhandlungen bestimmte, sie ganz und gar zu seinem eigenen Vorteil manipulieren.

Die deutschen Bischöfe kapitulieren

Papen kehrte am Dienstag der Osterwoche nach Berlin zurück und konnte, nachdem er die Angelegenheit «in großen Zügen» mit Hitler durchgesprochen hatte, Pacelli informieren, Hitler sei bereit, «weitgehende Sicherungen auf dem Gebiet der Schule zuzugestehen», dagegen erscheine ihm die Formulierung des «Entpolitisierungsartikels» keineswegs ausreichend».[26] In einem Anflug von diplomatischer Überheblichkeit hatte Pacelli, obwohl er persönlich für die Entpolitisierungsverpflichtung war, versucht, Hitler mit einem neu hinzugefügten Artikel des *Codex Iuris Canonici* abzuspeisen, der eine bischöfliche Erlaubnis verlangte, falls ein katholischer Priester ein Amt in einer politischen Organisation übernahm.

Was mochte Pacelli bewegt haben, mit dieser Entpolitisierungsklausel das Gesprächsklima abzukühlen? Hatten ihn in letzter Minute Zweifel beschlichen? War er im Begriff, den Widerstand der Kirche gegen den Nationalsozialismus zu schwächen? Ein solcher Gedanke scheint ihm nicht gekommen zu sein. Es handelte sich um eine Kriegslist. So gingen die Verhandlungen bis in den Mai weiter und konzentrierten sich ausschließlich auf die Frage der Entpolitisierung – bis Hitler kategorisch eine Formulierung forderte, die *sämtliche* politischen Aktivitäten des katholischen Klerus verbot.

Das Ende der Zentrumspartei war unausweichlich. Sie war ohne Führung, von Rom und vom deutschen Episkopat im Stich gelassen. Ihre Anhänger gaben zu Hunderttausenden alle Hoffnung auf. Die Nationalsozialisten sahen sich schon als einzige Partei im Staate. Sie würden dem Land Vollbeschäftigung und Wohlstand bringen, nach Jahren der Wirtschaftskrise und der Erniedrigung. Die Flucht von Katholiken zum Nationalsozialismus, alsbald ein breiter Strom in den Abgrund, war das Resultat des Untergangs der einst so großen Zentrumspartei.

In einem letzten verzweifelten Aufbäumen bestand die Parteiführung auf dem Rücktritt von Kaas. Widerwillig erklärte er sich – telefonisch aus dem Vatikan – damit einverstanden. Am 6. Mai wurde Heinrich Brüning zu seinem Nachfolger gewählt. Aber der Moloch Hitler war nun nicht mehr zu stoppen, ebensowenig die Kräfte, die für die freiwillige Auflösung der Zentrumspartei eintraten. Trotz allem appellierte Brüning an die Parteimitglieder, zusammenzuhalten und ihre Selbständigkeit zu bewahren.

Inzwischen waren die Verhandlungen über das Konkordat weit fortgeschritten, und nun beschloß Pacelli, die deutschen Bischöfe über die Lage zu informieren. Die Gelegenheit ergab sich bei einem offiziellen *ad limina* Besuch des Bischofs Berning von Osnabrück und des Erzbischofs Gröber von Freiburg am 18. Mai in Rom. Pacelli hatte die Auswahl seiner Gesprächspartner nicht dem Zufall überlassen. Beide waren Hitler-Sympathisanten. Die Zeit sei reif, teilte Pacelli den beiden Kirchenfürsten mit, daß alle deutschen Bischöfe ihre gemeinsame Ansicht über das Konkordat festlegten.

Zufällig war schon für Ende Mai eine deutsche Bischofskonferenz vereinbart, die den Standpunkt des Episkopats gegenüber dem Dritten Reich zu überprüfen sollte. Als sie zusammentrat, bestimmte allein das Konkordat die Beratungen. Dafür sorgten Berning und Gröber. Sie versicherten den Konferenzteilnehmern, das Konkordat sei so gut wie fertig. Der einzige noch offene wichtige Verhandlungspunkt sei die Entpolitisierungsklausel.[27] Der Kardinalstaatssekretär verlange in dieser Angelegenheit ihre Unterstützung, teilte Berning den Bischöfen mit, und Eile sei vonnöten.

Aus den fragmentarischen Notizen des Bischofs von Speyer, Ludwig Sebastian, wissen wir, daß es bei dieser entscheidenden Begegnung Meinungsverschiedenheiten gab. Der Kölner Kardinal Schulte erklärte: «Die Regierung ist eine Revolutionsregierung, Gesetz und Recht existieren zur Zeit nicht. Mit einer solchen Regierung könne man kein Konkordat schließen.» Bischof Konrad von Preysing verteilte eine Denkschrift, in der die Bischöfe daran erinnert wurden, daß die Weltanschauung der NSDAP derjenigen der katholischen Kirche vollständig zuwiderlaufe. Die Bischöfe seien es «dem katholischen Volke schuldig, ihm die Augen zu öffnen über die Gefahren für Glaube und Sitte, die sich aus der nationalsozialistischen Weltanschauung» ergeben. Er ging soweit, einen Hirtenbrief an alle deutschen Katholiken zu fordern, in dem die Irrtümer des Nationalsozialismus aufgezählt werden sollten: «Wir müssen uns bei einem wahrscheinlich kommenden Konflikt auf diesen Hirtenbrief berufen können.»[28] All dies war zu wenig, und es kam zu spät.

Die Bedenkenträger waren in der Minderheit. Die Tatsache, daß der Vatikan sich in direkten Verhandlungen mit Hitler befand, die kurz vor dem Abschluß standen, erfüllte die Bischöfe mit einem gewissen Maß an Vertrauen. Dennoch sahen sie offensichtlich klarer als Pacelli die Gefahren der Entpolitisierungsbestimmung in Artikel 31, da sie zu einer Zurückdrängung der Geistlichen aus dem öffentlichen Leben führen konnte. Doch von den Pacelli nahestehenden Bischöfen in die Ecke gedrängt, entschied sich der Episkopat, man wolle die Überarbeitung des Vertragsentwurfs nicht zur Vorbedingung einer Akzeptanz machen. Nach Erzbischof Gröbers überzeugendem Plädoyer für die Einwilligung stimmten die deutschen Bischöfe dem Konkordat zu und reichten damit die Verantwortung an Pacelli zurück.

Die Entscheidung der Bischöfe wurde am 3. Juni in einem Hirtenbrief veröffentlicht, in dem das Ende der Opposition gegen das NS-Regime unter der Bedingung angekündigt wurde, daß der Staat die Rechte und Freiheiten der Kirche respektiere – insbesondere hinsichtlich der katholischen Schulen und Verbände. Nach der Zustimmung der Bischöfe schrieb Gröber an Kaas: «Gottlob ist es mir gelungen, das beiliegende Hirtenschreiben, das ich am letzten Sonntag konzipiert hatte, durchzubringen ... Es sind eine Reihe von Wünschen geäußert worden, die ich aber schon mündlich zurückweisen konnte, weil sie Unmögliches verlangen.»[29]

Kardinal Faulhaber schloß die Angelegenheit ab, indem er Papen informierte, er sei willens, im Hinblick auf Artikel 31 nachzugeben, denn: «Das Konkordat im ganzen ist so wichtig, etwa Confessionsschule, daß ich meine, daran dürfe es nicht scheitern.»[30] Aus Pacellis Perspektive war die Entscheidung der Bischöfe ein Sieg, weniger ein Nachgeben vor Hitler, sondern eine Kapitulation vor dem Willen des Heiligen Stuhls. Er hatte nach seiner Auffassung nun die Freiheit, das Konkordat mit Unterstützung der Bischöfe zu einem nach seinen eigenen Maßstäben erfolgreichen Abschluß zu bringen.

Pacellis Selbstzufriedenheit sollte sich als kurzlebig erweisen. Denn genau in der Woche, in der er die Meldung vom Einverständnis der Bischöfe in Rom empfing, erreichte ihn eine andere Nachricht, die ausschloß, von der Bösartigkeit der NS-Herrschaft und der wahren Natur seines Verhandlungspartners keine Notiz zu nehmen. Der Stein des Anstoßes war eine Massenveranstaltung des katholischen Gesellenvereins (Kolpingverein), die für den 8. bis 11. Juni in München geplant war und an der 25 000 junge katholische Gäste aus ganz Deutschland teilnehmen sollten. Ursprünglich war diese Veranstaltung von Heinrich Himmler, dem Reichsführer SS und Chef der Bayerischen Politischen Polizei, und seinem Stellvertreter Reinhard Heydrich verboten worden. Sie wurde dann aber doch unter der Bedingung gestattet, daß die Teilnehmer mit eingerollten Fahnen marschierten. Einzelnen SA-Angriffen auf junge Katholiken folgten nach zwei Tagen organisierte Überfälle uniformierter Schläger auf größere Gruppen. Hunderte katholischer Jugendlicher wurden verprügelt und von den Straßen gejagt. Die orangefarbenen Hemden, an denen sie zu erkennen waren, wurden ihnen vom Leib gerissen. Eine große Messe im Freien, die für den Sonntagmorgen vorgesehen war, mußte abgesagt werden. Sollte Pacelli noch irgendwelche Illusionen darüber gehabt haben, was die Nationalsozialisten unter «politischem Katholizismus» verstanden, so war er nun davon befreit. Es war jetzt ganz klar, daß das Verbot politischer Aktivitäten des katholischen Klerus und das Verbot aller nicht rein religiösen Verbände nach Artikel 31 des Konkordatsentwurfs sich auf jede Art von öffentlichem Engagement erstrecken würde, das die Nationalsozialisten nach Gutdünken als politisch definierten.

Die Reaktion der katholischen Bischöfe entsprach genau dem, was die SA-Hetzer wohl erwartet hatten. Bischof Faulhaber schrieb an die bayerischen Bischöfe und riet ihnen, keine weiteren Veranstaltungen katholischer Jugendverbände durchzuführen, «wenn wir nicht das Leben unserer Jungmänner auf das Spiel setzen und das staatliche Verbot der Jugendvereine riskieren wollen». Gleichzeitig bestand er darauf, daß harte Maßnahmen «gegen die Geistlichen, die unklug reden», ergriffen werden müßten. Hier zeigte sich, was Pacellis zentralistische Politik für den deutschen Katholizismus im Frühsommer 1933 von Anfang an bedeutete: eine Form der Selbstunterdrückung. Das Konkordat war damals noch nicht ratifiziert, und der NS-Polizeistaat steckte noch in den Kinderschuhen.

Eine einstmals mächtige Kirche mit pflichtbewußten Geistlichen und einer Vielzahl von gesellschaftlichen und politischen Laienorga-

nisationen befand sich nun im Zustand einer selbst auferlegten Läh-
mung, blickte nach Rom, was den nächsten Schritt, den nächsten
Gedanken, die nächste Direktive anging. Gleichzeitig machte sich
Hitler diese Passivität zunutze, um jede Spur von gesellschaftlicher
und politischer Handlungsfähigkeit und Identität des Katholizismus
zu verbieten und zu zerstören. Im Laufe des Juni wurden Abgeordnete und Mitglieder der Zentrumspartei Opfer einer Terrorwelle. In
München wurde Fritz Gerlich, der mutige und freimütige katholische
Herausgeber von *Der Gerade Weg*, in den Büroräumen der Zeitschrift beinahe zu Tode geprügelt und dann in ein Konzentrationslager geworfen (ein Jahr später wurde er ermordet). In Bayern, wo die
regionale Schwesterpartei des Zentrums, die Bayerische Volkspartei,
traditionell enorm stark war, wurden 2000 ihrer Anhänger und Funktionäre verhaftet. Die NS-Presse behauptete, es gebe Beweise, daß
der «Katholizismus bestrebt ist, in jeder Weise die Anordnungen der
Regierung zu sabotieren und ihr entgegenzuarbeiten».[31]

Am 22. Juni traf Papen mit Hitler zusammen, um den Stand der
Konkordatsverhandlungen zu erörtern. Dies war ein Vorspiel zum
letzten Auftritt des Vizekanzlers im Vatikan anläßlich einer Ab-
schlußsitzung mit Pacelli. Hitlers definitive Stellungnahme zu Artikel
31 lautete nun wie folgt: «Im Hinblick auf die durch die Bestimmungen des vorstehenden Vertrags geschaffenen Sicherungen einer die
Rechte und Freiheiten der Katholischen Kirche im Reich und seinen
Ländern wahrenden Gesetzgebung trifft der Heilige Stuhl Bestimmungen, welche bei allen Geistlichen und Ordensleuten die Teilnahme an parteipolitischer Betätigung ausschließen.»[32] Diese Klausel erkannte die Macht des Heiligen Stuhls an, katholische Geistliche in
Deutschland hinsichtlich ihrer politischen Tätigkeit zu kontrollieren
und mit effizienten Sanktionen durch das kanonische Recht zu einem
bestimmten Verhalten zu zwingen. Dies war genau die Vereinbarung
über das Verhältnis zwischen Kirche und Staat, die den Wunschträu-
men der Autoritären entsprach.

Die Abschlußverhandlungen

Papen kam am 28. Juni in Rom an, und Pacelli, die Kurie und der
Papst mußten über Artikel 31 nachdenken, während gleichzeitig im
vatikanischen Staatssekretariat laufend Nachrichten über neue Ver-
folgungs- und Unterdrückungsmaßnahmen gegen die katholische
Kirche in Deutschland eintrafen. Pacelli mag sich hier wohl an jene

letzte Sitzung im Juni 1914 erinnert haben, als die Kardinäle keine Möglichkeit sahen, vor dem Abschluß des Konkordats mit Serbien einen Rückzieher zu machen, um das er sich derart beharrlich bemüht hatte, denn jeder Rückzug hätte für die Katholiken in der Region noch größere Bedrängnis bedeutet.

Der Konkordatstext wurde am Sonntagmorgen, den 1. Juli 1933, abgeschlossen, und Pacelli ging den Text am gleichen Tag mit Pius XI. durch. Dieser hartnäckige Papst, der sich der Gewaltakte gegen Katholiken überall in Deutschland während der letzten Wochen voll bewußt war, stellte eine neue und letzte Bedingung. Pacelli notierte am Ende des Gesprächs, der Papst habe darauf bestanden, es solle «Garantien (geben), daß die Gewalttat wiedergutgemacht wird. Hier ist der Hl. Vater unnachgiebig.» Pius XI. hatte genug davon, daß «hier verhandelt, dort mißhandelt» wurde. Wie eine zukünftige Braut, die durch ihren Bräutigam heftig bedrängt wird und lautstark nach Entschädigungsklauseln in ihrem Heiratsvertrag verlangt, bat Pius XI. um eine «Erklärung Hitlers» und setzte hinzu: «Ich werde nur unter Vorbehalt der Wiedergutmachung paraphieren».[33] Am 2. Juli nahmen Pacelli und Kaas noch letzte Schönheitskorrekturen am Vertrag vor. Aber es gab immer noch einen entscheidenden, unerledigten Punkt, an dem alles bisher Erreichte scheitern konnte.

Zu Hause in Deutschland hatte Brüning, der neue Chef der am Boden liegenden Zentrumspartei, versucht, von der demoralisierten Organisation zu retten, was noch zu retten war. Er mußte sie gleichzeitig auf die Zeit der Verfolgung vorbereiten, die ihm vor Augen stand. Papen hatte Pacelli und Kaas gesagt, Brünings Weigerung, die Partei aufzulösen, sei die Ursache neuer Verzögerungen bei der Vollendung des Konkordats und von Angriffen auf die katholische Kirche. Die deutschen Bischöfe warnten Pacelli, Papens Darstellung der Ereignisse Glauben zu schenken, aber die Würfel waren gefallen. Mit Pacellis Zustimmung rief Kaas am 2. Juli Joseph Joos, einen Vertreter des linken Flügels der Zentrumspartei, an und brüllte ins Telephon: «Habt ihr euch noch nicht aufgelöst? Macht doch schnell!» Joos sollte sich für den Rest seines Lebens an dieses Diktat aus dem Vatikan erinnern, den Befehl zur Opferung der Zentrumspartei, um den Erfolg von Pacellis Diplomatie sicherzustellen.[34]

Da Papen bereits Hitlers Vollmacht für eine umfassende Regelung in Händen hatte und da die Formulierung des Entschädigungsbegriffs und die Verschleppung der Wiedergutmachung gewiß endlos lange dauern würden, sah er in der letzten päpstlichen Forderung kein Problem und leitete den Text am 3. Juli mit Sonderkurier und mit einem sich selbst beglückwünschenden Begleitbrief an Hitler weiter. Genau an dem Abend, da der Text des Konkordatsentwurfs nach Berlin abging, erzählte Pacelli Papen (in Anwesenheit von Kaas und Erzbischof Gröber), die Zentrumspartei sei erledigt und er stimme ihrer Auflösung zu.[35]

Die aufgelöste Zentrumspartei

Zwei Tage später, also am 5. Juli, stimmte Brüning voller Erbitterung der Auflösung der Partei zu, nachdem viele Zentrumspolitiker damit gedroht hatten, zu den Nationalsozialisten überzulaufen – es war die letzte demokratische Partei in Deutschland. Und die Tatsache, daß sich die Partei dem Druck beugte und selbst auflöste, sollte kurzfristige wie auch langfristige Folgen haben. Die Selbstauflösung der Zentrumspartei und die anscheinende Zustimmung der Bischöfe zum Einparteienstaat ließ die Nationalsozialisten jubeln – und trieb Katholiken in immer größerer Zahl in den Schoß der NSDAP.

Monsignore Ludwig Kaas, der den Rest seines Lebens im Vatikan verbringen sollte, trug einen Großteil der Schuld am kläglichen Zusammenbruch der Partei. Sein Opportunismus, seine gespaltene Loyalität, seine monatelange Abwesenheit im Dienste Pacellis waren unvereinbar mit den Verantwortlichkeiten des Vorsitzenden einer großen demokratischen Partei. Aber Pacelli trug sicher die Hauptverantwortung, denn zumindest seit 1930 war er Kaas' Mentor und geistlicher Betreuer sowie sein enger persönlicher Vertrauter. Seine Abneigung gegenüber katholischen politischen Parteien, die unabhängig von der Kontrolle durch den Heiligen Stuhl waren, hatte sich ungebrochen erhalten.

Beinahe dreißig Jahre später behauptete Pater Leiber, als Pacelli von der Auflösung der Partei hörte, habe er gesagt: «Schade, daß es in diesem Augenblick gekommen ist.»[36] Pacellis Lobredner haben diesen Satz benutzt, um ihn von jeder Verantwortung für das unwürdige Ende der Partei freizusprechen. An anderer Stelle jedoch hat Leiber eingeräumt, daß dies kein Wort des Bedauerns, sondern ein Ausdruck der Irritation angesichts des Verlusts eines Verhandlungspunkts vor dem Abschluß des ganzen Werks war. «Gewiß, die Partei würde sich nicht mehr lange habe halten können», erinnerte sich Leiber 1958 an Pacellis Worte. «Hätte sie jedoch nur ihre Auflösung wenigstens bis nach dem Abschluß des Konkordats verschoben; die bloße Tatsache ihres Bestehens war für uns in den Verhandlungen immer noch von Nutzen.»[37] Im folgenden Jahr, 1934, leugnete Pacelli, daß die Auflösung der Partei Gegenstand von Verhandlungen zwischen Kurie und Reichsregierung gewesen sei. Doch Klaus Scholder, der führende protestantische deutsche Historiker zu dieser Thematik, bemerkt dazu: «Dies entspricht nach allem, was wir wissen, nicht der Wahrheit.»

Auch Exkanzler Heinrich Brüning, der den gesamten Auflösungsprozeß der Partei miterlebt hatte, war überzeugt, daß es diesen Zusammenhang gegeben hat. Im Jahre 1935 soll er gesagt haben

«Hinter der Verständigung mit Hitler stehe nicht der Papst, sondern die vatikanische Bürokratie und ihr Augure Pacelli. Ihnen schwebe ein autoritärer Staat und eine autoritäre, von der vatikanischen Bürokratie geleitete Kirche vor, die miteinander einen ewigen Bund schlössen. Daher seien Pacelli und seinen Leuten katholische parlamentarische Parteien in den einzelnen Ländern, wie das Zentrum in Deutschland, unbequem und würden von ihnen ohne Bedauern fallengelassen. Der Papst (Pius XI.) teile nicht diese Ideen.»[38]

Hitler hatte nun alle Trümpfe in der Hand und spielte sie rücksichtslos aus. Als Pacelli meinte, daß der Abschluß nur noch eine Angelegenheit von Stunden sei, stoppte Hitler alles noch einmal. Er rief Rudolf Buttmann, einen Fachjuristen des Reichsinnenministeriums, zu sich und bestand darauf, der Beamte solle das Dokument noch einmal zwecks einer allerletzten Überarbeitung durchgehen. Das zeigt die Bedeutung, die Hitler dem Vertrag zuschrieb (Hitler verwandte nach Scholder mehr Zeit und Mühe auf das Konkordat mit Pacelli als auf irgendeinen anderen Vertrag während des gesamten Dritten Reichs). Er bat Buttmann um eine kritische Stellungnahme zu dem Dokument in Anwesenheit des Innen-, des Außen- und des Finanzministers am Vormittag des 5. Juli. Am gleichen Tag flog Buttmann von Berlin nach München und weiter von München nach Rom, wo er mit Papen zusammentraf. Anschließend hatte er eine Unterredung mit Pacelli, um ihm Hitlers in letzter Minute hinzugekommene Rückfragen und Forderungen darzulegen. Die Gegenstände, die noch zur Debatte standen, umfaßten den Schutz der katholischen Verbände und die Bitte um Präzisierung der letzten Forderung des Papstes nach Wiedergutmachung von Schäden durch Angriffe der Nationalsozialisten.

Am 7. Juli wurde Pacelli schließlich nervös und sprach offen von einem «Geist des Mißtrauens» auf deutscher Seite. Angesichts der Haltung der Verhandlungsführer des Reiches, so erklärte er, erscheine es unwahrscheinlich, daß man zu einem Abschluß gelangen könne.[39]

In Buttmann jedoch traf der Kardinalstaatssekretär auf einen Mann gleichen Kalibers. Der Beamte erwiderte, es sei doch sehr viel sinnvoller, in diesem Stadium alles in die rechte Ordnung zu bringen anstatt es später, nach Vertragsunterzeichnung, auf Schwierigkeiten ankommen zu lassen. Außerdem betonte er zu Pacellis äußerster Verärgerung, daß ein Vergleich zwischen Lateranvertrag und Reichskonkordat nicht angängig sei. In Deutschland gebe es neben dem Katholizismus auch andere Konfessionen, darunter die «überwiegende protestantische Mehrheit»; das müsse man berücksichtigen.

Ein unüberwindliches Hindernis blieb die Frage der katholischen Verbände. Buttmann argumentierte, nur jene, «welche rein religiösen, kulturellen und karitativen Zwecken dienen», könnten Schutz genießen, alle anderen würden somit ungesichert bleiben. Aber wie sollte zwischen beiden Kategorien – religiös und weltlich – unterschieden werden, und wer sollte dies tun? Da Pacelli nicht bereit war, Buttmanns Formel ohne eine formale Definition des Unterschieds zwischen religiös und weltlich zu akzeptieren und darauf bestand, auch alle übrigen Verbände in den Schutz des Art. 31 aufzunehmen, solange sie außerhalb jeder politischen Partei tätig seien, einigten sie sich schließlich darauf, eine Klausel in das Konkordat aufzunehmen, wonach man sich zu einem späteren Zeitpunkt um eine gemeinsame Definition bemühen werde. Dies war, wie der Lauf der Dinge zeigte, eine völlige Fehlentscheidung Pacellis. Die präzise Formulierung der Wiedergutmachungsklausel, die Pius XI. verlangt hatte, machte ebenfalls Schwierigkeiten. Sie wurden von Hitler persönlich im Verlauf eines Marathon-Telefonats mit Buttmann am Abend des 7. Juli überwunden.

Am folgenden Tag, Samstag, den 8. Juli, um 18.00 Uhr, trafen beide Seiten beim Läuten der Glocken des Petersdoms im großen Empfangszimmer des Staatssekretariats zur Zeremonie der Paraphierung des Vertrages zusammen. Pacelli und Papen saßen Seite an Seite. Pacelli wurde von Monsignore Giuseppe Pizzardo vom Staatssekretariat und von Ludwig Kaas begleitet, Papen war mit Buttmann erschienen. Pacelli war offensichtlich gereizt, da er die Nachricht erhalten hatte, daß in dem Ort Königsbach der Gemeindpfarrer barfuß aus seinem Pfarrhaus geschleift und brutal zusammengeschlagen worden war.[40]

Bei der Paraphierung schrieb Pacelli, der normalerweise in Angelegenheiten des Protokolls außerordentlich genau war, versehentlich seinen vollen Namen auf eine der Seiten. Kaas sah den Fehler und schlug vor, diese Ausfertigung für das Sekretariat einzubehalten. Als

sie fertig waren, brachte Pacelli das Gespräch auf den Fall des miß-
handelten Priesters. Der höchst gewiefte Buttmann sprach die Vermutung aus, es habe sich hier möglicherweise um einen stark politi-
sierenden Geistlichen gehandelt. Jedenfalls, so fügte er hinzu, seien
die Menschen in jener Gegend sehr leicht erregbar.[41]

Hitler jubelt über das Konkordat

Am Montag darauf brachte die Presse überall in Deutschland die
Nachricht über das Konkordat mit großen Schlagzeilen, und Hitler
segnete eine Erklärung ab, der Pacelli am vorangegangenen Freitag
zugestimmt hatte. Sie enthielt die zwei wichtigen Konzessionen, auf
denen der Vatikan bestanden hatte; doch die veröffentlichte Version
wurde durch einen Satz eingeleitet, der nicht vereinbart worden war
und der diese Konzessionen zu einen gewaltigen Sieg für den Nationalsozialismus machte:

«Durch den Abschluß des Konkordats ... (so schrieb Hitler) erscheint mir genü-
gende Gewähr dafür gegeben, daß sich die Reichsangehörigen des römisch-ka-
tholischen Bekenntnisses von jetzt ab rückhaltlos in den Dienst des neuen nationalsozialistischen Staates stellen werden.

Ich ordne daher an:

1. Die Auflösungen solcher katholischen Organisationen, die durch den vorliegenden Vertrag anerkannt sind und deren Auflösung ohne Anweisung der
   Reichsregierung erfolgte, sind sofort rückgängig zu machen.
2. Alle Zwangsmaßnahmen gegen Geistliche und andere Führer dieser katholischen Organisationen sind aufzuheben. Eine Wiederholung solcher Maßnahmen ist für die Zukunft unzulässig und wird nach Maßgabe der bestehenden
   Gesetze bestraft.»[42]

Der Vertrag wurde im Staatssekretariat des Vatikan am 20. Juli durch
Papen und Pacelli in aller Form unterzeichnet. Ein Foto der Zeremonie zeigt die Teilnehmer steif und ohne Lächeln. Danach kam es zu
einem Austausch von Geschenken. Pacelli erhielt eine Madonna aus
Meißner Porzellan, Papen einen päpstlichen Orden. Buttmann bekam
ein Foto des Papstes in einem Silberrahmen. Die deutsche Botschaft
in Rom spendete 25 000 Lire für karitative Zwecke an den Heiligen
Stuhl.[43]

Auf Reichsebene wurde die bemerkenswerte Thematik des Konkordats bei der Kabinettssitzung vom 14. Juli abgeschlossen, als Hitler sich weigerte, die Sache mit seinen Ministern zu erörtern und

Die Unterzeichnung des Reichskonkordats zwischen der
NS-Regierung und dem Heiligen Stuhl am 20. Juli 1933.
Von links nach rechts: Ludwig Kaas, Franz von Papen,
Monsignore Pizzardo, Pacelli, Monsignore Ottaviani,
Rudolf Buttmann, Monsignore Montini (der spätere Papst Paul VI.)
und der deutsche Konsul am Heiligen Stuhl, Dr. Klee

darauf bestand, «daß man hierbei nur den großen Erfolg sehen dürfe». Dann zählte er die Vorteile des Vertrages auf, er hob die Anerkennung «dieses einen nationalen deutschen Staates» durch den Vatikan und den Rückzug der Kirche aus politischen Organisationen
hervor. Die Auflösung der Zentrumspartei, so stellte er fest, sei nun
«als endgültig zu bezeichnen».[44]

Bei dieser Kabinettssitzung äußerte Hitler die beklemmende Ansicht, das Konkordat habe «eine Vertrauenssphäre geschaffen, die bei
dem vordringlichen Kampf gegen das internationale Judentum besonders bedeutungsvoll wäre». Von weiteren Darlegungen wird nicht
berichtet, aber die Stellungnahme kann sehr leicht aus zwei unterschiedlichen Perspektiven verstanden werden. Erstens: Die Tatsache,
daß der Vatikan einen solchen Vertrag unterzeichnet hatte, erweckte
trotz gegenteiliger Äußerungen Pacellis am 26. Juli im In- und Ausland den Eindruck, daß der Katholizismus Hitlers Politik moralisch
billigte. Zweitens veranlaßte der Vertrag den Heiligen Stuhl, die deutschen Bischöfe, den Klerus und die Gläubigen zur Zurückhaltung bei
Fragen, die das NS-Regime für politisch erklärte. Konkret: Da die
Verfolgung und Eliminierung der Juden in Deutschland nun offiziell
verkündete Politik war, dämpfte der Vertrag die Bereitschaft der ka-

tholischen Kirche in Deutschland, bei Übergriffen gegen die Juden deutliche Worte der Mißbilligung zu sprechen.

Ebenfalls während der Kabinettssitzung vom 14. Juli wurde das «Gesetz zur Verhütung erbkranken Nachwuchses» angenommen. Dieses Gesetz ermöglichte die Sterilisierung von Menschen, die unter erblicher Geisteskrankheit oder Wahrnehmungsschäden litten, darunter Blindheit und Taubheit. Im Laufe der nächsten vier Jahre sollten in Deutschland 200000 Patienten sterilisiert werden, und dies vielfach, ohne daß sie selber oder ihre Familien zugestimmt hätten.[45] Solch eine Form staatlicher «Rassenhygiene», die mit der «Endlösung der Judenfrage» endete, verstieß gegen die von Pius XI. in seiner Enzyklika *Casti connubii* (30. Dezember 1930) geäußerten Feststellungen über die Heiligkeit des Lebens. Das Konkordat, so wurde bald deutlich, hatte die katholische Kirche in die Zwangslage gebracht, die eine Strategie in der «Rassenfrage» und ihre praktische Durchführung als eine im Zweifelsfall politische Angelegenheit hinnehmen zu müssen. Selbst wenn es nur um Diskussionen über die Euthanasie-Politik ging, von Beschwerden ganz zu schweigen, ließ sich einwenden, daß die Grenze zum Politischen damit bereits überschritten werde.

Darüber hinaus standen die deutschen Katholiken durch die Bestimmungen des Konkordats über die katholische Erziehung – das wichtigste Feld, auf dem die Kirche durch den Vertrag Vorteile erreichte – nun direkt vor einem moralischem Dilemma. Nach Artikel 21 des Konkordats mußte Hitler den Religionsunterricht für katholische Schüler und Studenten in allen Institutionen von der Primarstufe bis zum Abschluß der Sekundarausbildung gewährleisten, und der Staat mußte für die Kosten aufkommen. Die katholischen Diözesanbehörden erhielten das Recht zur Aufsicht über den Religionsunterricht in den Schulen und zur Einstellung und Entlassung von Religionslehrern. Darüber hinaus konnten katholische Eltern – und das war noch wichtiger – nach Artikel 23 die Schaffung von katholischen Konfessionsschulen verlangen, wo sie noch nicht existierten, abhängig von den lokalen Bedingungen. Auf diese Weise hatte Hitler einen Freibrief zur Ausdehnung der katholischen Erziehung ausgestellt. Genau zu dem Zeitpunkt jedoch, als Hitler und Pacelli mit der Aushandlung dieser Vergünstigungen für Katholiken im Erziehungswesen beschäftigt waren, verabschiedete die NS-Regierung am 25. April 1933 unter großem Getöse ihr «Gesetz gegen die Überfremdung deutscher Schulen und Hochschulen», das darauf abzielte, die Zahl der jüdischen Schüler und Studenten zu reduzieren, die an Schulen und Universitäten zugelassen wurden. Das Gesetz legte eine strikte Quote fest (1,5 Prozent der Plätze an Schulen und Universitäten), die im Blick auf den Anteil der jüdischen Bevölkerung als angemessen ausgegeben wurden. Genau die Regierung also, mit der Pacelli Ausbildungsprivilegien für Katholiken ausgehandelt hatte, trampelte gleichzeitig auf den Bildungsrechten der jüdischen Minderheit herum. Damit luden das Papsttum, der Heilige Stuhl und die deutschen Katholiken eine irreversible Mitschuld auf sich, weil sie mit einer rassistischen und antisemitischen Regierung zusammenarbeiteten.

Exemplarisch für diese Mittäterschaft der katholischen Kirche war, daß Tausende von Priestern im ganzen Land zu Rädern in der Maschinerie der antisemitischen Bescheinigungs-Bürokratie wurden. Sie stellten nämlich anhand von Ehe- und Taufregistern Einzelheiten über «Blutreinheit» für den «Ariernachweis» zur Verfügung, mit dessen Hilfe die Quoten für Juden in Schulen, Universitäten, Berufsverbänden, und insbesondere in der Beamtenschaft bestimmt wurden. Diese Nachweise waren eine Voraussetzung für die spätere Anwendung der Nürnberger Gesetze. Die Komplizenschaft des katholischen Klerus bei diesem Prozeß sollte während des gesamten NS-Regimes andauern und letztendlich die katholische Kirche – wie auch die protestantische Kirche[46] – sogar mit den Todeslagern in Verbindung bringen. Der Heilige Stuhl jedoch lud ein weit größeres Maß an Schuld auf sich. Man versäumte, die starken Möglichkeiten, die nach kanonischem Recht bei der Zentrale lagen und deren Durchsetzung und Konsolidierung Pacelli einen großen Teil seines Lebens gewidmet hatte, einzusetzen, um dem Geschehen Einhalt zu gebieten. Tatsächlich scheint eher das Gegenteil der Fall gewesen zu sein. Günther Lewy schreibt: «Die Kirche verrichtete diese Dienstleistung auch noch in den Kriegsjahren, als man für die jüdische Herkunft nicht mehr mit der Entlassung aus dem Staatsdienst und dem Verlust des Lebensunterhaltes bezahlen mußte, sondern mit der Deportation und dem Leben.»[47] Viele tapfere Priester nutzten ihre Kontrolle über die Taufregister aus, um den Nationalsozialisten einen Strich durch die Rechnung zu machen, aber das blieben Einzelfälle.

So sah der moralische Abgrund aus, in den Pacelli, der zukünftige Papst, die einstmals große und stolze katholische Kirche in Deutschland geführt hatte. Er hatte freilich bald keine Illusionen mehr über das verbrecherische Wesen des NS-Regimes, mit dem er paktiert hatte. Anfang August 1933 hatte Ivone Kirkpatrick, der britische Gesandte im Vatikan, ein «langes Gespräch» mit Pacelli im Staatssekretariat, wobei der Kardinal «keinen Versuch machte, seinen Abscheu vor den Taten der Regierung Hitler zu verbergen».[48] In einem Bericht an Robert Vansittart im britischen Außenministerium sagte Kirkpatrick über Pacelli, dieser verabscheue die nationalsozialistische «Verfolgung der Juden, das Vorgehen gegen politische Gegner, die Herrschaft des Terrors, dem die gesamte Nation unterworfen sei». Pacelli fühlte sich nun bemüßigt, «entschuldigend zu erklären, wie es dazu gekommen sei, daß er ein Konkordat mit solchen Leuten unterzeichnet habe». Überhaupt nicht erwähnt wurde dabei seine frühere Behauptung im *Osservatore Romano*, daß das Konkordat ein Triumph für das kanonische Recht, ein Sieg für den Heiligen Stuhl gewesen sei, noch kam er darauf zu sprechen, daß er über Jahre hinweg solch ein Reichskonkordat angestrebt hatte. Jetzt sagte er: «Eine Pistole ... sei gegen seinen Kopf gerichtet worden, und er habe keine Alternative gehabt.» Und dann folgte ein außerordentliches Eingeständnis: «Die deutsche Regierung», so berichtete Kirkpatrick über Pacellis Aussage, «habe ihm Konzessionen angeboten, Konzessionen, so müsse man zugeben, die weitergingen als alles, was jede vorausgegangene deutsche Regierung zuzugestehen bereit gewesen wäre, und er hätte zu wählen gehabt zwischen einer Vereinbarung auf Grundlage der Bedingungen der anderen Seite und der tatsächlichen Auslöschung der katholischen Kirche im Reich.» Doch Brünings warnende Aussage über die innere Schwäche von Konkordaten mit totalitären Herrschern schien Pacelli sehr schnell vergessen zu haben.

Pacelli sagte zu Kirkpatrick, der dies nach London weitergab, auch, «die Kirche ... habe keine eigennützigen Zwecke zu verfolgen. Sie stehe außerhalb der politischen Arena.» Und dann machte Pacelli eine letzte Bemerkung: «Wenn die deutsche Regierung das Konkordat verletze, und dies würde gewiß geschehen, dann werde der Vatikan eine Grundlage haben, von der aus er protestieren könne.» Schließlich fügte Pacelli noch mit einer Art von Lächeln hinzu: «Die Deutschen werden vielleicht nicht alle Artikel des Konkordats gleichzeitig verletzen.»[49]

Brünings Flucht

Und was geschah mit Heinrich Brüning, der Pacelli wie ein radikaler Liberaler erschienen war? Brüning, ohne jede politische Basis, verbrachte seine Zeit damit, die Bischöfe zu drängen, die Ratifizierung des Reichskonkordats aufzuhalten. Er reiste in Deutschland umher, las Berichte über die körperliche Folter von Juden und Sozialdemokraten und warnte, Hitlers Endziel werde die Zerstörung der Kirche sein. Nach Pater Friedrich Muckermann, einem Jesuiten und Organisator des Widerstands, war es Brüning, der ihn aus der moralischen Gleichgültigkeit aufrüttelte, die eine Folge des Konkordats und letztlich auf Pacelli zurückzuführen war. Denn der Vatikan habe der Politik der Nationalsozialisten zugestimmt. Brüning hingegen predigte die Notwendigkeit des Widerstands.

Im Oktober 1933, durch ständige polizeiliche Überwachung am Ende seiner Kräfte, brach Brünings Gesundheit schließlich zusammen. Das Krankenhaus, in dem er sich wegen eines Herzleidens einer Behandlung unterziehen mußte, wurde bedroht. Nun begann er, alle drei Tage seine Unterkunft zu wechseln. Im Frühjahr 1934, so erinnert sich Pater Muckermann in seinem Erlebnisbericht über den Widerstand, habe Brüning ausgesehen wie ein gejagtes Tier: vollkommen erschöpft und «auf die endgültige Kugel» wartend. Schließlich gestattete er Muckermanns Bruder, ihn am 21. Mai 1934 über die niederländische Grenze zu fahren, um ein neues Leben im Exil zu beginnen. Er hatte nur einen Koffer bei sich.

9

Das Konkordat in der Praxis

Mit der Unterzeichnung des Reichskonkordats wurden dessen Vereinbarungen vom deutschen Katholizismus übernommen. Der Vertrag verstand sich auch als moralische Verpflichtung der Katholiken zum Gehorsam gegenüber den nationalsozialistischen Herrschern. Die katholischen Kritiker wurden damit zum Schweigen gebracht. Eine große Kirche, die zur Basis des Widerstands hätte werden können, zog sich in die Sakristei zurück. Es gab freilich bedeutende Ausnahmen, etwa Kardinal Faulhabers Adventspredigten zur Verteidigung des «jüdischen» Alten Testaments im Herbst des Jahres. Aber das waren Einzelfälle und, wie sich herausstellte, begrenzte Taten des Widerstands; sonst gab es nichts, was man auch nur annähernd eine abgestimmte Protestaktion innerhalb Deutschlands hätte nennen können, und dies selbst, wenn es um Verletzungen der Klauseln des Vertrages ging.

Mit der Unterzeichnung des Konkordats hörten die Angriffe auf katholische Organisationen, die nach den Kriterien der Kirche unpolitisch waren, keineswegs auf. NS-Parteifunktionäre und Regierungsbeamte fühlten sich nirgendwo in Deutschland an den «Geist» eines Konkordats gebunden, das durch Pacellis Ungestüm immer noch unvollständig war, weil eine Definition der «politischen» Verbände fehlte. Daher kam es weiterhin und immer häufiger zu Verfolgungen katholischer Institutionen. Insbesondere gab es Verbote und Einschüchterungsmaßnahmen gegen die katholische Presse in Bayern – dem traditionellen Kernland des deutschen Katholizismus, wo Himmler und Heydrich die umfangreichsten Aktivitäten entfalteten. Am 19. September verbot ein Runderlaß der Bayerischen Politischen Polizei «jedwede Betätigung katholischer Organisationen»; ausgenommen waren «lediglich die unbedingt notwendigen Proben von Kirchenchören, sowie im mäßigsten Umfange die Vorstandssitzungen von Vizenziusvereinen zur Erledigung von Unterstützungsgesuchen».[1] Der zentralisierte Prozeß des «Schutzes», den Pacelli im Vatikan eingeleitet hatte, versetzte die Kirche gleichwohl in einen Zustand selbstauferlegter Passivität. Der Episkopat war aus Furcht, die Bestimmungen des Konkordats zu verletzen und Rom herauszufordern, nicht willens, sich direkt oder öffentlich zu beschweren. Von Pacelli erwarteten die deutschen Bischöfe vielmehr, daß er Beschwerden gegen Vertragsverletzungen weiterleite. Doch Pacelli konnte wenig unternehmen, solange es keine Definition – oder zumindest eine Liste jener Organisationen, die Schutz verdienten – gab. Noch konnten sich die Täter des bürokratisierten NS-Terrors auf den Standpunkt stellen, diese Verbände hätten keinen schützenden Sonderstatus. Jede weitere Verzögerung lag durchaus im Interesse der Nationalsozialisten; denn die unter schweren Druck gesetzten Organisationen würden sich wohl im Laufe der Zeit, wie man erwartete, schließlich selbst auflösen.

Im Hinblick auf seine einzige und letzte Waffe – die Entscheidung, das Konkordat zu ratifizieren oder nicht – war Pacelli schließlich erschöpft und unsicher. Er zögerte, die Verantwortung für den letzten, unwiderruflichen Akt zu übernehmen. Er bat die deutsche Kirchenhierarchie, eine Vollversammlung der Bischöfe einzuberufen, um eine gemeinsame Stellungnahme zu erarbeiten. Obwohl ihre Konferenz in Fulda in der letzten Augustwoche 1933 unter anderem Befürchtungen hinsichtlich der Überlebenschancen der deutschen katholischen Presse zum Ausdruck brachte, war der Augenblick vorbei, da man sich noch vom Vertrag hätte zurückziehen können. Die Bischöfe beschlossen daher, Pacelli zu bitten, das Konkordat unverzüglich zu unterzeichnen. Dies geschah in der schwachen Hoffnung, daß die Ratifizierung die Lage verbessern könnte; aber sie baten den Kardinalstaatssekretär auch, dem Regime eine Liste ihrer Klagen vorzulegen – sie enthielt auch die ergreifende Bitte für jene Juden, die zum Katholizismus konvertiert waren. Dieser Umweg jedoch erwies eine der schlimmsten Schwächen der zentralistischen Politik Pacellis: Er führte zu langen Verzögerungen zwischen der Verfolgung und einer Reaktion aus Rom.

Die Bitte der Bischöfe lautete folgendermaßen: «Wird es möglich sein, daß der Heilige Stuhl ein warmherziges Wort einlegt für jene vom *Judentum* zur christlichen Religion *Bekehrten*, die selbst oder deren Kinder oder Großkinder jetzt wegen Mangels der arischen Abstammung in Elend kommen?»[2] Pacelli ließ sich jedoch durch die Bitte nach einem von Herzen kommenden Wort zugunsten jüdischer Katholiken nicht bewegen. Er gab später, am 9. September 1933, ein vertrauliches Promemoria in dieser Angelegenheit ab.

Die Ratifizierung des Konkordats sollte am 10. September bei einer Zeremonie im Apostolischen Palast im Vatikan vollzogen werden. Einzelheiten sollten Pacelli und Botschaftsrat Eugen Klee von der deutschen Botschaft in allerletzter Minute regeln. Wiederum hatte Pacelli es versäumt, den Unterschied zwischen religiösen und «politischen» Verbänden zu klären. Das hätte man leicht durch eine abgestimmte Liste von Organisationen erreichen können. Nach direktem Kontakt mit der Reichsregierung war ihm jedoch versichert worden, die gegenwärtigen Angriffe auf katholische Körperschaften würden nur bei schneller Ratifizierung des Konkordats aufhören. Diese Zusage veranlaßte Pacelli zu raschem Handeln.

Bei den Besprechungen über die Ratifizierung behandelte Klee Pacelli mit einer Arroganz, die an Verachtung grenzte. Als der Kardinalstaatssekretär dem deutschen Diplomaten eine Denkschrift über Beschwerden aushändigen wollte, die auch von der Behandlung jüdischer Konvertiten sprach, weigerte sich Klee, diese auch nur entgegenzunehmen. Daraufhin faßte Pacelli das Dokument neu und erwähnte die jüdischen Katholiken in einem Promemoria. Wieder verweigerte Klee die Annahme und erklärte, daß er «doch darauf bestehen müsse, daß Eingangs (sic!) zum Ausdruck gebracht werde, es liege dem Heiligen Stuhl fern, sich in innerdeutsche staatliche Verhältnisse einmischen zu wollen, daß der Satz über Gleichberechtigung Katholiken jüdischer Abstammung gestrichen werde und auch sonst Abschwächung eintrete».[3]

Am Ende zog Pacelli das Promemoria zurück, übergab es allerdings später der Botschaft in Form einer Note, in der er tatsächlich einräumte, «es liege dem Heiligen Stuhl fern, sich in innerdeutsche staatliche Verhältnisse einmischen zu wollen». Dann fügte er jedoch hinzu: «Bei der Gelegenheit erlaubt sich der Heilige Stuhl noch ein Wort einzulegen für diejenigen deutschen Katholiken, die selbst vom Judentum zur christlichen Religion übergetreten sind oder von solchen zum katholischen Glauben übergetretenen Juden in erster oder entfernterer Generation abstammen und die jetzt aus den der Reichsregierung bekannten Gründen gleichfalls unter gesellschaftlichen und wirtschaftlichen Schwierigkeiten leiden.»[4] Die bloße Tatsache, daß Spitzfindigkeiten dieser Art formuliert wurden, verrät bereits Pacellis diplomatisches Einverständnis mit der antisemitischen Gesamtpolitik des Reiches.

Der Schlußakt der Ratifizierung löste bei Pacelli einen Nervenzusammenbruch aus. Am 9. September, dem Vorabend des offiziellen feierlichen Austausches der unterzeichneten Dokumente, war er in sein Sanatoriumsversteck im schweizerischen Rorschach abgereist. Buttmanns Bitte, ob er ihm dorthin folgen dürfe, um einige noch offene Streitpunkte zu erörtern, wurde abgelehnt. Von deutscher Seite hieß es später, wäre es Buttmann ermöglicht worden, sich mit Pacelli in der Schweiz zu treffen, hätte man die noch bestehenden Differenzen schnell und leicht klären können.[5]

In der folgenden Woche wurde in Deutschland die Ratifizierung des Konkordats mit einem Dankgottesdienst im Berliner Hedwigsdom unter Leitung des päpstlichen Nuntius Orsenigo gefeiert. NS-Flaggen und katholische Fahnen wehten; auf dem Höhepunkt des mitreißenden Gottesdienstes wurde in der Kirche das «Horst-Wessel-Lied» gesungen und für das vieltausendköpfige Publikum nach draußen übertragen. Wer konnte nun noch daran zweifeln, daß das NS-Regime auf den Segen des Heiligen Stuhls vertrauen durfte? Tatsächlich ging Erzbischof Gröber sogar soweit, das Dritte Reich zum Anbruch der neuen Ära der Versöhnung zu beglückwünschen. Und doch war es vom ersten Tag der Ratifizierung an deutlich, daß in verschiedenen Teilen Deutschlands, nicht zuletzt in Bayern, das Versäumnis, zwischen religiösen und «politischen» Verbänden zu unterscheiden, ausgenutzt wurde, um den Katholizismus zu unterdrücken.

Proteste via Rom

Der deutsche Episkopat begann nun mit der schablonenhaften und langwierigen Prozedur, seine Beschwerden nicht nur den Tätern vorzutragen, sondern auch dem Papst, oder genauer gesagt: Pacelli. Bei einem *ad limina* Besuch deutscher Bischöfe trug Kardinal Bertram am 4. Oktober 1933 einen Katalog von Protesten vor, der in angemessener Weise das Ausmaß der ständigen und zunehmenden nationalsozialistischen Verfolgung der christlichen Kirchen in Deutschland und insbesondere der katholischen Kirche behandelte. Seine Beschwerden richteten sich unter anderem gegen den «Totalitätsanspruch ... des Staates» mit seinen Konsequenzen für die Familien und das öffentliche Leben; gegen die Unterdrückung kirchlicher Verbände, darunter sogar katholische «Nähzirkel für die Winterhilfe»; gegen Maßregelungen der katholischen Presse, die der Kardinal für schlimmer hielt als alles, was sich während Bismarcks Kulturkampf ereignet hatte; gegen die Entlassung katholischer Beamter und die landesweite Diskriminierung jüdischer Konvertiten zum Katholizismus. Schließlich sah Bertram wegen des Sterilisierungsgesetzes einen ernsthaften Konflikt voraus.

Obwohl Gröber und Papen die Beschwerden herunterzuspielen versuchten, übten die unglücklichen deutschen Bischöfe doch immerhin Druck auf Pacelli aus. Aber wie lautete die Botschaft der Bischöfe an ihn nun wirklich? An Pacellis nächstem Schritt wird deutlich, daß zumindest einige von ihnen einen heftigen Protest des Papstes und sogar eine Kündigung oder Nachbesserung des Konkordats vorschlugen, – dies wäre ein Schritt in Richtung auf Rückgewinnung der Initiative und potentiellen Widerstand gewesen, der selbst zu diesem späten Zeitpunkt unvorhersehbare und weitreichende Konsequenzen für Hitler hätte haben können. Am 12. Oktober wies der deutsche Botschafter beim Heiligen Stuhl, Diego von Bergen, das Auswärtige Amt auf eine Information Pacellis hin: Der Papst Pius XI. habe die Absicht angedeutet, «gegen die trotz allen feierlichen deutschen Zusagen ständig zunehmenden Konkordatsverletzungen und Bedrängung der Katholiken scharfen Protest einzulegen». Pacelli habe hinzugefügt, der Papst plane «in einer Ansprache ... gegen die beanstandeten Vorgänge in Deutschland öffentlich Stellung zu nehmen».[6]

Nun begann ein langes diplomatisches Versteckspiel. Dabei war die «Drohung», der Papst könne den Vertag noch «platzen lassen», Pacellis wichtigste List; die Verhandlungsführer des Reiches versuchten ihrerseits, offizielle päpstliche Proteste dadurch aufzuschieben, daß sie den Eindruck erweckten, man sei weiter verhandlungsbereit. Pacellis Ansatz lautete, der Heilige Stuhl sei geneigt, Hitlers Reich, was auch immer sich dieses an Verletzungen der Menschenrechte oder an Übergriffen gegen andere Konfessionen und andere Glaubensrichtungen herausnehmen mochte, unter der Voraussetzung anzuerkennen, daß die katholische Kirche in Deutschland in Frieden gelassen werde.

Für Hitler stand jetzt der Austritt aus dem Völkerbund und das Bestreben an, ein Plebiszit über dieses Thema durchzuführen. Buttmann, der Hauptgesprächspartner in der Schlußphase der Konkordatsverhandlungen, wurde auf schnellstem Wege in den Vatikan entsandt, wo Pacelli ihm sein Promemoria überreichte, das die Beschwerden der Bischöfe enthielt. Pacelli traf dann mit Buttmann am 23., 25. und 27. Oktober zu langen Gesprächen zusammen, und beide Männer versuchten wieder einmal zu klären, was denn eine «politische» katholische Organisation sei. Die Argumente gingen wieder hin und her. Als Buttmann vorschlug, daß alle katholischen Jugend-, Sport- und Berufsorganisationen den entsprechenden nationalsozia-

197

listischen Verbänden eingegliedert werden sollten, erklärte Pacelli erregt: «Das wäre ein Bruch des Völkerrechts. Völkerrecht bricht Reichsrecht.»[7]

Buttmanns Entscheidung, nach Rom zu reisen, hatte jedoch eine endgültige und unwiderrufliche Verweigerung des Vertragsabschlusses durch den Papst verhindert. Der Beamte kehrte nun nach Berlin zurück, um sich mit anderen Angelegenheiten zu beschäftigen, die die Beziehungen zwischen Kirche und Staat betrafen, darunter eine Konferenz zur Erörterung des Sterilisierungsgesetzes. Selbst hier spielte, trotz der Bitte um einen Beitrag der Bischöfe, die katholische Position bei der Durchführung der Verordnung keine Rolle. Nun allerdings hatte Buttmann keine Eile, nach Rom zurückzureisen, um die noch offenstehenden Differenzen zu klären. Doch während Pacelli eine Lösung in Aussicht stellte, hielt er den Papst davon ab, vor der ganzen Welt seinen Protest zu verbreiten.

Inzwischen verkündete Kardinal Faulhaber von der Kanzel der St. Michaelskirche in München einen eingeschränkten Protest im Namen aller Christen in Deutschland. Er deutete dabei – isoliert und daher so gut wie wirkungslos – das unerprobte Potential des Protests an. Zwischen dem ersten Adventssonntag und dem Neujahrstag hielt er eine Reihe von fünf Predigten gegen die Herabsetzung des Alten Testaments durch die Nationalsozialisten. Diese Predigten hörte jeweils eine große Gemeinde. (Im Münchener Bürgersaal und in der Studienkirche gab es Übertragungen per Lautsprecher.) Die Texte wurden im ganzen Land verbreitet.[8]

Faulhaber erhob den Anspruch für alle Christen, also sowohl für die Protestanten als auch für die Katholiken, zu sprechen und verkündete: «Wir reichen unseren getrennten Brüdern die Hand, ... um gemeinsam mit ihnen die Hl. Bücher des Alten Testamentes zu verteidigen und dem deutschen Volk dieses kostbare Lehrgut für die christliche Schule zu erhalten.» – Faulhaber wiederholte für jene, die zwischen den Zeilen zu lesen verstanden, was er bereits drei Jahre zuvor gesagt hatte: Der Nationalsozialismus sei eine Form der Ketzerei. In seiner vierten Predigt verkündete der Münchener Kardinal, es braue sich ein Sturm zusammen; die Nationalsozialisten drohten damit, das Alte Testament fallenzulassen, da seine Bücher jüdisch seien. Die zentrale Aussage der Predigten Faulhabers lautete, Christus habe «Blutsbeziehungen» zurückgewiesen und sie durch «Glaubensbeziehungen» ersetzt. In seiner letzten Predigt erklärte er: «Wir dürfen aber niemals vergessen: Wir sind nicht mit deutschem Blut erlöst ... Wir sind mit dem kostbaren Blut unseres gekreuzigten Herrn erlöst.»

Faulhabers Predigten waren mutig und klar; aber über die deutschen Juden wurde hier nichts gesagt, und gewiß gab es hier nichts zur Verteidigung des Talmud zu hören; und sehr vieles entsprach, wie Saul Friedländer bemerkt hat, den «Klischees des traditionellen religiösen Antisemitismus». Faulhaber verteidigte tatsächlich die Konvertierten, nicht aber alle Juden. Die Predigten richteten sich grundsätzlich gegen den theologischen Antisemitismus,[9] und Faulhaber bestätigte, es sei nicht seine Absicht, zeitgenössische Aspekte der «Judenfrage» zu behandeln, vielmehr habe er, «in den Adventspredigten das altbiblische Schrifttentum Israels verteidigt, nicht aber zur Judenfrage heute Stellung genommen.»[10]

Wie dem auch sei, ein geheimer Bericht eines Mitarbeiters von Himmler behauptete, Kardinal Faulhaber werde «allgemein als der geistige Führer des katholischen Widerstands gegen den nationalsozialistischen Staat angesehen, besonders in der Auslandspresse ... Seine gelegentlichen Mahnungen an den Klerus, ‹mit dem Staat zusammenzuarbeiten›, fielen nicht ins Gewicht gegenüber der aufhetzenden Wirkung seiner Adventspredigten über das Judentum und besonders seiner Silvesterpredigt über das Germanentum».[11]

War es möglich, daß Kardinal Faulhaber – in dem Augenblick, da der politische Katholizismus kapituliert zu haben schien – dabei war, das Maß an Mut auszuloten, auf den sich ein letzter Kampf «des katholischen Widerstands gegen den nationalsozialistischen Staat» stützen konnte? Wenn dem so war, dann ließ er den geeigneten Augenblick verstreichen, indem er sich auf keinen Protest einließ. Seinen eigenen Worten nach wollte Faulhaber sich «keineswegs auf einen grundsätzlich oppositionellen Kurs festlegen lassen».

Jedenfalls kontrollierte der Heilige Stuhl nun wohl oder übel die Politik der katholischen Kirche in Deutschland gegenüber dem Staat, eine Politik, die einen Ausgleich der Interessen anstrebte, indem sie Adolf Hitler versöhnlich zu stimmen suchte. Diese Politik der zentralistischen Anpassung und der Anerkennung des NS-Regimes, die von Eugenio Pacelli stur verfolgt wurde, sicherte dem Hitlerregime zunehmend Vertrauen und beruhigte das deutsche Volk, insbesondere die Katholiken unter den Deutschen, durch Billigung des «Führers» im In- und Ausland. Das einzige Element der Kirche, das unter diesen Umständen eine Blüte erleben sollte, war die Politik der zentralistischen päpstlichen Machtausübung.

Ende November wurde Pacelli zunehmend nervös, weil Buttmann immer noch nicht reagierte. Die Sorgen des Kardinals nahmen weiter zu, als er erfuhr, daß Vizekanzler von Papen die Absicht verfolge, die katholischen Jugendorganisationen in die Hitlerjugend zu integrieren. Die deutschen Bischöfe waren von diesen Entwicklungen stärker betroffen als Pacelli, der aber bestand darauf, daß die Angelegenheit nur zwischen ihm und Berlin geregelt werden könne, und er bat die Bischöfe inständig, fest hinter ihm zu stehen, zu schweigen und seine Verhandlungsführung zu unterstützen. So nahm er den Bischöfen abermals die Möglichkeit, sich in ihren jeweiligen Diözesen mit der Herausforderung auseinanderzusetzen. Pacellis Forderung nach einer zentralistischen Politik auf höchster Ebene während der Krise rechtfertigend, erläuterte Ludwig Kaas die Angelegenheit gegenüber Erzbischof Gröber wie folgt: «Beim Staat gilt das Führerprinzip, beim Vatikan desgleichen. Wenn der ‹Parlamentarismus› im Episkopat noch weiter herrscht, so wird die Leidtragende die Kirche sein.»[12]

In der Annahme, daß der Druck auf Pacelli unvorhersehbare Folgen haben könne, wurde Buttmann durch den deutschen Gesandten im Vatikan veranlaßt, noch einmal nach Rom zu kommen. Er verbrachte den größten Teil des 18. Dezember bei Pacelli, der dem Verhandlungsführer des Reiches noch einmal erklärte, der Papst sei «sehr beunruhigt» und werde bald die Geduld verlieren. Pius XI. habe zu ihm gesagt, «er müsse in seiner Weihnachtsallokution unbedingt auf Deutschland zu sprechen kommen». Dann fügte Pacelli hinzu und legte damit die bestürzende Schwäche seiner Taktik offen: «Wenn ich ... Seiner Heiligkeit nur irgend etwas Erfreuliches vorlegen könnte, so glaube ich, daß die Stimmung des Papstes dadurch verbessert würde.»[13] Protest war in dieser Weise zu einem bloßen Nützlichkeitsfaktor in Pacellis großer Partie geworden, mit dem man drohen konnte und den man zurückziehen konnte, je nach dem Stand des diplomatischen Spiels.

Daraufhin telefonierte Buttmann mit Hitler. Schon am nächsten Tage hatte Pacelli dann eine telegrafisch aus Berlin übermittelte Absichtserklärung in Händen. Ihr Inhalt war jedoch kaum ein positiver Schritt zur Überwindung der Beschwerden der deutschen Katholiken. Da gab es das Versprechen: «Die Reichsregierung beabsichtigt, ... demnächst in mündliche Verhandlungen einzutreten.» Hinzu kam die Entscheidung, dem Heiligen Stuhl in der Frage der Auswahl eines Bischofs nachzugeben, sowie die Freistellung der Priesteramtskandidaten vom Militärdienst. Aber es fand sich kein Wort über die Verfolgung der «nicht-arischen» Katholiken; es gab keinen konstruktiven Fortschritt in der Frage der Verbände. Dennoch genügte all dies für Pacelli, den Papst davon abzubringen, das Hitlerregime in seiner Weihnachtsansprache zu kritisieren.

Aber kaum war die Reichsregierung der Gefahr einer Rüge durch den Papst entkommen, ging sie wieder in die Offensive. Der deutsche Botschafter am Heiligen Stuhl riet dem Auswärtigen Amt in Berlin: Da Pacelli sich gern ausführlich mit Dokumenten beschäftige, solle eine sehr detaillierte Antwort an den Vatikan gerichtet werden, in der auf alle bisherigen Proteste des Heiligen Stuhls eingegangen werde. Gleichzeitig versuchte Außenminister Konstantin von Neurath gegen angebliche Einmischungen katholischer Priester in politische Angelegenheiten zu protestieren; dies betraf insbesondere Geistliche in Österreich. Könnte die Kirche sich nicht bei ihren ungerechtfertigten Angriffen auf die gewählte Regierung zurückhalten?

Auf diese Weise war Pacelli bis April 1934 intensiv damit beschäftigt, weitere Begegnungen mit Buttmann durch eine Reihe von Promemoria vorzubereiten; all dies führte freilich zu nichts. Entscheidend war die Frage der katholischen Jugendorganisationen. Buttmann argumentierte: Wenn man den katholischen Jugendlichen Zeit und Gelegenheit gebe, ihre religiösen Pflichten zu erfüllen, könne es doch sicher keine Einwände gegen die Eingliederung aller kirchlichen Gruppen in die Hitlerjugend geben. Am 29. März wurde Buttmann von Hitler ausdrücklich angewiesen, diesen Kompromiß in der nächsten Gesprächsrunde mit Pacelli durchzusetzen; sie war für die zweite Aprilwoche vorgesehen. Aber Pacelli weigerte sich, die katholischen Jugendorganisationen auf bloße Gebetszirkel zu beschränken. Er fürchtete, daß die katholischen Jugendlichen dann vom Neuheidentum der Nationalsozialisten überschwemmt würden. Im Februar hatte der Heilige Stuhl das Werk *Der Mythus des 20. Jahrhunderts* von Alfred Rosenberg wegen seines antichristlichen Rassismus auf den Index der verbotenen Bücher gesetzt. Rosenberg galt jetzt als «Chefideologe» der Nationalsozialisten.

Im Laufe der nächsten Monate fanden die beiden Verhandlungsparteien in der Frage der katholischen Verbände keinen Ausweg aus der Sackgasse. Pacelli war vor allem empört, weil die Konsultationspflicht des Reiches gegenüber den Landesregierungen vorgeblich der Grund für die Verzögerung war. Am 14. Mai sandte er eine erstaunliche Note an Buttmann, die in der Wilhelmstraße offensichtlich Überraschung und sicher auch Heiterkeit auslöste. Pacelli gab zu verstehen, daß die neue Führung des Deutschen Reiches über Möglichkeiten verfüge, die zögernden Länder zur Annahme der Klauseln des Konkordats zu bewegen: «Ein autoritäres Regime, das sich mit Bewußtsein von den behaupteten Mängeln und Unzulänglichkeiten eines von Massenstimmungen abhängigeren Regimes abwendet und im Führergedanken die Grundvoraussetzung staatlicher Aufbauarbeit sieht, kann weniger als andere Herrschaftsformen seine Aufgabe darin erblicken, vor solchen Stimmungen zu kapitulieren oder sie durch Toleranz indirekt zu begünstigen.»[14]

War es tatsächlich möglich, daß Pacelli Hitler Vorwürfe machte, weil dieser sich nicht in ausreichendem Maße wie ein Diktator verhielt? Oder handelte es sich hier um einen Fall von bitterer Ironie, mit der der Kardinalstaatssekretär andeuten wollte, er sei sich durchaus bewußt, daß eine Berufung auf Verzögerungen wegen des Widerstandes auf Länderebene nur eine List der Reichsregierung war? Vielleicht steckt in beiden Überlegungen ein Quentchen Wahrheit. Jedenfalls war es nun an Pacelli, sich widerspenstig zu zeigen.

Am 27. Juni trafen drei deutsche Bischöfe (Gröber, Berning und Nikolaus Bares), die von Pacelli als Verbindungsleute zwischen Episkopat und Staat für Fragen der gegenseitigen Beziehungen benannt worden waren, mit Hitler zusammen. Der Reichskanzler versicherte ihnen, zur Frage der Verbände werde er bei Abschluß der laufenden Verhandlungen erklären, «daß die Regierung ebenso wie die Partei der Betätigung der katholischen Kirche auf ihrem Gebiet wohlwollend und fördernd gegenüberstehen». Am 29. Juni schlossen die drei Bischöfe und die Verhandlungsführer des Reiches ohne Verweis auf Rom einen Entwurf ab, der – oberflächlich betrachtet – eine vernünftige Basis für die Überwindung der noch bestehenden Differenzen bildete. Viele kirchliche Organisationen wurden als religiöse Vereinigungen anerkannt, darunter jene Jugendverbände, die sich auf sittliche und religiöse Erziehung beschränkten. Sport- und Arbeiterorganisationen sollten sich unter rein religiösen Vorzeichen mit der Katholischen Aktion verschmelzen; aber die Leibeserziehung mußte dem Staat vorbehalten bleiben. Die Bischöfe versprachen, daß die Katholische Jugend keine Uniformen tragen und keine Zeltfahrten unternehmen würde.

Angesichts der Tatsache, daß zu diesem Zeitpunkt jede Art von Vereinbarung mit der Reichsregierung wenig wert zu sein schien, war dies wohl eine Regelung, die – angesichts der gefährdeten Lage, in der sich die katholische Kirche zunehmend befand – überhaupt keiner Vereinbarung vorzuziehen war. Aber der Abschluß des Abkommens wurde durch einen typischen Akt des römischen Zentralismus aufgehalten, der wieder einmal offenbarte, daß der Heilige Stuhl nicht bereit war, den deutschen Bischöfen unter welchen Umständen auch immer Entscheidungsgewalt zu gewähren. Bevor der Entwurf an das Innenministerium in Berlin weitergeleitet werden konnte, übermittelte Kardinal Bertram ihn an Pacelli mit der Bitte um Zustimmung. Doch das Abkommen wurde, wie es heißt, vom Papst persönlich nach den blutigen Säuberungsaktionen des 30. Juni 1934 abgelehnt.

Es ist bis heute nicht genau zu sagen, wie viele Menschen dieser «Nacht der langen Messer» zum Opfer fielen. Unter den schätzungsweise 85 Opfern waren Leute, die Hitlers Aufstieg begünstigt hatten: Ernst Röhm, Kurt von Schleicher und Gregor Strasser. Im Laufe jener Nacht wurden aber auch katholische Gegner Hitlers ermordet, darunter Erich Klausener, Leiter der Katholischen Aktion, Edgar Julius Jung, ein Mitarbeiter Papens, Adalbert Probst, Vorsitzender eines katholischen Sportverbandes, Fritz Gerlich, Herausgeber der katholischen Wochenzeitung *Der Gerade Weg*. In all diesen Fällen haben die Mörder später Dementis und Alibis zusammengebraut.[15]

Der mörderische Charakter des Gangsterregimes der Nationalsozialisten hatte sich vor aller Augen offenbart. Hitlers Regierung war nicht nur eine gewalttätige totalitäre Diktatur, sie war auch bereit, Morde zu billigen, um ihre Ziele zu erreichen. Zu ihrer Schande hörte man weder von der deutschen Hierarchie noch von Pacelli selbst angesichts dieses Massakers an mutigen katholischen Laienführern auch nur den geringsten Protest. Der Papst und sein Kardinalstaatssekretär jedoch ließen sich nur zu dem minimalen Protestschritt bewegen, die Verhandlungen über die Einfügung des Beschlusses der Bischöfe in den noch unvollständigen Artikel 31 des Konkordats nicht fortzuführen. Kaum drei Wochen später kam es zu einem Ereignis, nach dem Pius und Pacelli noch weniger bereit waren, diese Lösung zu akzeptieren: Am 25. Juli wurde der österreichische Bundeskanzler Engelbert Dollfuß ermordet, der im Vormonat ein für die katholische Kirche günstiges Konkordat mit dem Vatikan unterzeichnet hatte. Solange jedoch der Beschluß zu Artikel 31 nicht in Rom bestätigt worden war, weigerte sich Hitler, seine Erklärung zu veröffentlichen, die der katholischen Kirche in Deutschland Schutz vor Angriffen gewährt hätte.

Am 2. September informierte Pacelli die deutschen Bischöfe, die Konzessionen der deutschen Regierung lägen unterhalb des Grades an religiöser Freiheit, der vom Text des Konkordats garantiert werde.[16] Die beiden Seiten – die Verhandlungsführer des Reichs und die deutschen Bischöfe – unterbrachen ihre Verhandlungen auf unbestimmte Zeit, da Pacelli sich auf eine längere Reise in eine andere Hemisphäre aufmachte. Dies war die erste von mehreren Reisen, die ihn aus seinen Amtsräumen fortführten, während die Dunkelheit über Europa zunahm.

Nach Südamerika

Während der vier Jahre, in denen Pacelli bereits als Kardinalstaatssekretär des Vatikans diente, hatte er auf den autokratischen Pius XI. einen tiefen Eindruck gemacht. Vom Temperament her völlig unterschiedlich, verband beide Männder die Überzeugung, die Kirche sei eine «vollkommene Gesellschaft, überlegen aufgrund ihrer eigenen Ordnung». Diese Vorstellung, die, wie wir gesehen haben, Leo XIII. entwickelt hatte, war in das Modell einer zentralistischen Bürokratie, kontrolliert durch das kanonische Recht und das Recht der Konkordate, umgeformt worden. Pius XI. hatte den Begriff in seiner Enzyklika *Quas primas* (1925) bis zur äußersten Schlußfolgerung zugespitzt, als er erklärte, die Kirche «symbolisiert nicht nur die definitive Herrschaft Gottes über das Universum, sondern sie bringt, wenn auch in unterschiedlichem Grade, die Souveränität Christi in der Welt zum Ausdruck, indem sie Menschen und Völker in ihr Recht der Gerechtigkeit und des Friedens einschließt». Im gleichen Jahr etablierte Pius XI. das Christkönigsfest. Nach Aussage des Papstes beherrschte Christus der König nicht nur die Katholiken, sondern alle Menschen, und nicht nur einzelne, sondern auch ganze Gesellschaften. Im Vergleich zur universellen Herrschaft Christi waren so weltliche Projekte wie der Völkerbund nach Ansicht von Pius XI. bedeutungslos. Während die Sturmwolken des Krieges sich am Horizont zusammenbrauten, bestand demnach die einzige Hoffnung für menschliche Gesellschaften in der Unterwerfung gegenüber der Kirche und dem Stellvertreter Christi auf Erden.

Pius hatte offensichtlich diesen universellen, spirituellen und moralischen Monarchismus vor Augen, als er Pacelli 1934 aufforderte, im päpstlichen Auftrag Reisen zu unternehmen und sich selbst in der Fremde als Vertreter des Stellvertreters Christi auf Erden zu präsentieren. Aber der Papst hatte dabei auch noch ein anderes Motiv. Pius XI. wollte seinen bevorzugten Schützling vor den Bischöfen der Welt vorteilhaft zur Geltung bringen. Aus dem Jahre 1936 berichtet der damalige Monsignore Domenico Tardini: «Einmal sagte Pius XI. zu mir: ‹Ich schicke ihn auf Reisen, damit die Welt ihn und er die Welt kennt.› Dann fuhr er fort – mit jenem Ton von Gewißheit und Feierlichkeit, den er annahm, wenn es sich um wichtige Dinge handelte: ‹Das wird ein guter Papst.›»[17] Angesichts dieser und anderer Bemerkungen wird deutlich, daß «Papa Ratti» bereits 1934 entgegen der Tradition des modernen Papsttums danach strebte, das Resultat des nächsten Konklaves zu beeinflussen, indem er zugunsten Pacellis Vorkehrungen traf.

Trotz Pacellis drückender Verantwortung in einer Phase sich verschärfender Kriegsgefahr in Europa schickte Pius XI. seinen Kardinalstaatssekretär im Herbst 1934 als päpstlichen Legaten zum Eucharistischen Weltkongreß nach Buenos Aires. Die Reise hatte nicht nur religiöse, sondern auch politische Dimensionen. Angesichts eines antiklerikalen kommunistischen Regimes in Mexiko und ständiger Unruhen auf dem ganzen Kontinent betrachtete Pius XI. mit höchstem Wohlwollen den traditionellen Katholizismus in Argentinien unter einem milden Militärpräsidenten, der den Anschein einer republikanischen Demokratie aufrechterhielt. Im Jahr zuvor hatte es Wahlen gegeben. Stand Argentinien nicht wirklich für Harmonie zwischen Kirche und Staat in dieser von Revolutionen zerrissenen Region? Gleichzeitig bedeutete die Reise des päpstlichen Legaten ein Zeichen dafür, daß die Welt noch nicht vom Glauben abgefallen sei. Die triumphale Ankunft Pacellis in Lateinamerika war beispiellos in der Geschichte der katholischen Kirche und sollte ein Vorspiel für die Reisen späterer Päpste in alle Welt sein – so etwa für Paul VI. und Johannes Paul II.

Pacellis hatte sich minutiös auf diese Reise vorbereitet. Alle Aspekte wurden sorgfältig geplant, um eine maximale Wirkung in der Öffentlichkeit zu erzielen. Mit der päpstlichen Fahne an der Mastspitze stach am 24. September von Genua aus das italienische Linienschiff *Conte Grande* in See, unter dem Läuten der Glocken in der Stadt, der Musik vieler Kapellen und einer jubelnden Menge, die sich am Hafen versammelt hatte, um Pacellis Segen zu empfangen, als handelte es sich um den des Papstes. Sein Quartier im Heck des Schiffes enthielt eine Privatkapelle, ein Büro, ein Wohnzimmer und zwei andere repräsentative Räume. Sein Arbeitsraum war mit einem großen Schreibtisch und einem Teil seiner persönlichen Handbibliothek ausgestattet. Ein Radiotelefon war installiert, so daß er mit dem Staatssekretariat in Kontakt bleiben konnte. In einem anderen Teil des Schiffes war sein Gefolge untergebracht: Sekretäre, vier Bischöfe, verschiedene lateinamerikanische Diplomaten und Vertreter von Orden. Ebenfalls dabei war Monsignore Kaas, der im Milieu des Staatssekretariats eine Art Faktotum geworden war. Außerdem hatte Pacelli seine Nichte dabei. Die Presse bezeichnete das Schiff als «schwimmende Kathedrale».

Nach Berichten über die Reise[18] zeigte sich Pacelli kein einziges Mal den Passagieren, auch nicht in der Gesellschaft. Nur an dem Tag, als das Schiff den Äquator erreichte, ordnete er statt des üblichen, recht zotigen, karnevalsartigen Festes die Abhaltung eines Gottesdienstes an. Er kam in Goldgewändern von unten herauf, schritt mit all seinen Prälaten und Meßdienern die ganze Länge des Schiffes ab und hielt dann inne, um die vier Himmelsrichtungen zu segnen.

Als das Schiff sich nach zwei Wochen Buenos Aires näherte, kam der argentinische Präsident, General Pedro Justo, vom Schlachtschiff *25 de Mayo* an Bord, um Pacelli zu begrüßen: «Eminenz, ich begrüße im Päpstlichen Gesandten den ersten Souverän der Welt, vor dessen geistlicher Macht sich alle Herrscher in Ehrfurcht neigen.»

Mit einer Prachtkarosse zog Pacelli in die Stadt ein, wie ein Kaiser mit Blumen von jedem Balkon überschüttet. Während der fünf folgenden Tage beeindruckte er die Bürger der argentinischen Hauptstadt mit seinem wie von El Greco gemalten Gesicht und seiner Erscheinung, die von konzentrierter Frömmigkeit zeugte. Gespräche über die Politik in der Region mit verschiedenen Regierungsvertretern und Diplomaten wechselten ab mit lang dauernden Prozessionen und Gottesdiensten im Parco Palermo, wo durchsichtige, aber kugelsichere Abschirmungen den Altar und den Thron Pacellis schützten. Ein auf Räder gestellter Altar wurde von Hunderten von Priestern in weißen Roben durch die Straßen von Buenos Aires gezogen. Obenauf kniete Pacelli vor dem zur Schau gestellten Leib Christi.

Ein aufschlußreicher Vorgang spielte sich eines Abends ab, als Pacelli eingeladen war, an einer Vorstellung von Refices *Cecilia* im Theater Colón teilzunehmen. Im letzten Augenblick hatte er sich entschlossen, statt dessen mit einem Flugzeug über die Stadt zu fliegen. Wie Fotos zeigen, saß er während des Fluges aufrecht da und las in seinem Brevier. Am folgenden Abend wiederholte er diese Prozedur, diesmal in einem Militärflugzeug, dem er der höheren Geschwindigkeit wegen den Vorzug gab.

Bei diesem höchst sichtbaren Ausflug war das fromme Erscheinungsbild, das sein Auftreten in späteren Jahren als Papst bestimmte, bereits erkennbar: Wie Carlo Falconi es formulieren sollte, war sein Image «aus Asketentum und religiöser Inspiration zusammengesetzt»; wo immer er unter Gruppen von örtlichen, staatlichen oder kirchlichen Würdenträgern erschien, posierte er stets «mit zusammengefalteten Händen, als nehme er an einer liturgischen Zeremonie teil».[19]

Seine Rückreise unterbrach Pacelli in Montevideo, um die Massen der Gläubigen im Hafen zu grüßen, dann reiste er weiter nach Rio de Janeiro, wo er vom Präsidenten und der Regierung wie ein Staatsoberhaupt auf Staatsbesuch begrüßt wurde. Er wurde zu dem Gipfel jenes Berges oberhalb von Rio geleitet, auf dem sich die riesige Statue des Auferstandenen befindet. Der Kardinalstaatssekretär segnete von dort oben das Land Brasilien im Namen des Heiligen Vaters. Seine Abreise in die Heimat wurde von Salutschüssen aus Küstenbatterien, von einer Luftparade und von hupenden Marineeskorten begleitet.

Statt sogleich nach Genua zurückzukehren, unterbrach die *Conte Grande* am 1. November ihre Fahrt in Barcelona, und Pacelli führte Gespräche mit General Domingo Batet, dem Militärgouverneur von Katalonien. Die Stadt hatte sich während des Monats Oktober im Aufruhr befunden, nachdem der Separatistenführer Luis Companys einen unabhängigen katalanischen Staat proklamiert hatte.

Der General organisierte einen Empfang für Pacelli, auf dem er Prälaten sowie militärischen und zivilen Würdenträgern aus verschiedenen Teilen Spaniens begegnete. Pacelli reagierte auf die Gastfreundschaft mit geradezu königlichem Selbstbewußtsein; er gab an Bord des Schiffes für Mitglieder der Madrider Regierung und den Erzbischof von Tarragona ein großes Galadiner. Wie hätte Pacelli – anders als General Batet – die Explosion der Gewalt ahnen können, zu der es in Spanien sehr bald kommen sollte? Tausende von Geistlichen und Ordensleuten sollten ihr Leben verlieren. General Batet wurde zwei Jahre später selber hingerichtet, weil er die Brutalität vermied, die Franco im Bürgerkrieg für unbedingt erforderlich hielt.[20]

Pacelli erreichte Genua am 2. November. Am nächsten Tag wurde er mit seinem gesamten Gefolge vom Papst, der seinen Lieblingskardinal gleichsam mit Lob und Dankbarkeit überschüttete, in Audienz empfangen. Pacelli konnte berichten: «Ich hatte niemals zuvor eine ganze Nation – Regierende und Regierte – in so demütiger Gläubigkeit vor Ihm niederknien sehen, der gesagt hat: ‹Rex sum ego … sed regnum meum non est de hoc mundo›. (Mein Königreich ist nicht von dieser Welt.)»[21] Der Apostolische Palast hatte derlei Szenen seit den großen Zeiten des barocken Papsttums nicht mehr erlebt.

Wie Pacellis Hagiographen berichten[22], trat am folgenden Abend ein Sekretär mit einem dringenden Telegramm in Pacellis Zimmer.

Im dämmrigen Licht des Raumes erblickte der überraschte Geistliche am Fenster eine hohe Gestalt, die vom Marmorfußboden aufstand, wo sie im Gebet ausgestreckt dagelegen hatte. Als das Licht anging, empfing Pacelli das Telegramm, und als er die Aufregung des Untergebenen wahrnahm, sagte er mit einem Lächeln: «Mach dir keine Sorgen. Nach so viel Ruhm und Glanz ist es notwendig, am Boden zu liegen und zu wissen, daß wir nichts sind.»

Pacelli war in ein Europa zurückgekehrt, das sich am Rande eines großen Konflikts zu befinden schien. Am Tage seiner Ankunft in Buenos Aires, dem 9. Oktober, waren König Alexander von Jugoslawien und der französische Außenminister von einem kroatischen Nationalisten in Marseille ermordet worden. Die Drahtzieher dieser «Verschwörung» saßen in Ungarn, und es gab starken Druck in Jugoslawien, Vergeltung zu üben. Im komplexen Geflecht der Allianzen in Europa befanden sich Italien und Frankreich nun in der Gefahr, in einen militärischen Konflikt hineingezogen zu werden.

In der Zwischenzeit hatte Hitler in den letzten Wochen des Jahres 1934 all seine Bemühungen auf die Vorbereitung einer Volksabstimmung für den Anschluß an Deutschland im politisch umkämpften Saargebiet konzentriert. Die Abstimmung fand im Januar 1935 statt und führte zu einem überwältigenden Sieg für Deutschland. Dazu trugen auch die Katholiken bei, die in diesem Landstrich in der Mehrheit waren. Wenig später verkündete Hitler die Einführung der allgemeinen Wehrpflicht. Das Weißbuch der britischen Regierung über das Scheitern der Abrüstungskonferenz und Görings Bekanntgabe, die Luftwaffe aufzubauen, verschärften die Spannungen zwischen den europäischen Mächten.

Gleichzeitig hatte Mussolini unverhüllt seine Absicht zum Ausdruck gebracht, mit Waffengewalt ein Imperium zu schaffen. Am 1. Februar 1934 hatte der «Duce» bekanntgegeben, er beabsichtige zur Verwirklichung dieses Traumes und in Erfüllung des faschistischen Kulturauftrags Äthiopien zu erobern. Im November 1934, als Pacelli aus Spanien zurückkam, hatten italienische Truppen bereits Grenzzwischenfälle provoziert, die einen Vorwand für Vergeltungsmaßnahmen liefern sollten. Das führte schließlich zur Invasion. Nach Mussolinis Überzeugung war es zwar unwahrscheinlich, daß Großbritannien eingreifen würde, der Haltung Frankreichs durfte er aber um so weniger sicher sein, da die Franzosen in eine Eisenbahn investiert hatten, die von Addis Abeba zum Hafen Djibouti auf französischem Kolonialgebiet führte.

Pierre Laval, der neue französische Außenminister, kam am 5. Januar 1935 zu Gesprächen mit Mussolini nach Rom und hoffte bei dieser Gelegenheit, die französisch-italienischen Spannungen mildern zu können. Der Besuch wurde zu einem Erfolg. Die Gespräche beendeten die Befürchtungen, die Mussolini möglicherweise wegen der Lage in Jugoslawien oder vor einem französischen Eingreifen in Äthiopien hegte. Laval informierte den «Duce» über Paktverhandlungen zwischen Frankreich und der Sowjetunion und öffnete den Weg für ein besonderes Vertrauensverhältnis zwischen Frankreich und Italien.

Während dieses Staatsbesuchs erschien Laval am Nachmittag des 7. Januar auch im Vatikan und führte Gespräche mit Pacelli in dessen Amtsräumen im Staatssekretariat. Sie sprachen über die wachsende Gefahr, die von Deutschland ausgehe, und über die Wahrscheinlichkeit eines «Anschlusses» Österreichs. Am selben Tag trafen sie sich nochmals bei einem Essen, das für Pacelli in der Residenz des französischen Botschafters gegeben wurde. Pacelli erhielt am Abend das Großkreuz der Ehrenlegion. Lavals Besuch brachte die Chance, Frankreich und die französischen Katholiken näher an den Heiligen Stuhl heranzuführen.

Seit Beginn des Pontifikats von Pius XI. war die Kirche in Frankreich durch eine Gruppierung der extremen Rechten und die mit ihr verbundene Zeitung gespalten: die *Action française* unter der Führung von Charles Maurras. Diese Bewegung – die unter den Katholiken viele Sympathisanten und Anhänger hatte, und dies eher wegen ihres Antirepublikanismus als wegen ihrer spezifischen Vorurteile – verkündete den Vorrang der Kirche über den «Hebräer Christus», die Unterwerfung des Einzelmenschen unter das gesellschaftliche Ganze und vermittelte Enthusiasmus für den Nationalismus und die Rückkehr zur Monarchie. Die *Action française* war antisemitisch und hatte das seltsame Ziel, den Katholizismus zu entchristianisieren. Für Pius XI. war diese Bewegung ein gefährliches Kuckucksei im Nest des Katholizismus. Der Papst war entschlossen, sie zu unterdrücken und verurteilte sowohl die Zeitung als auch die Bewegung durch ein Interdikt. Die Bischöfe schlossen sich an. Viele Mitglieder der Bewegung, ob Laien oder Geistliche, wurden diszipliniert. 1935 war es soweit, daß die *Action française* kapituliert hatte und Pius XI. danach strebte, Frankreich, «die älteste Tochter der Kirche», an seine Brust zu drücken und den Bruch innerhalb des französischen Katholizismus zu heilen.

Pacelli wurde nun dazu auserwählt, den Papst in Frankreich auf einer Pilgerfahrt zum Heiligtum der Jungfrau in Lourdes zu vertreten. Als begeisterter Anhänger des Marienkults setzte «Papa Ratti» die Neigung der modernen Päpste fort, das Dogma von der päpstlichen Unfehlbarkeit und das der Unbefleckten Empfängnis Mariä gleichzusetzen, wobei das letztere von Pius IX. 1854 aus eigener Machtvollkommenheit proklamiert worden war. «Alle wirklichen Gefolgsleute Christi», schrieb Pius XI. im Jahre 1928, «werden an das Dogma der Unbefleckten Empfängnis der Mutter Gottes mit der gleichen Kraft glauben wie an das Mysterium der Allerheiligsten Dreifaltigkeit, die Unfehlbarkeit des römischen Papstes und die Wiederauferstehung.»[23] Die Marienverehrung symbolisierte kollektive und persönliche Unterwerfung unter den Heiligen Stuhl; so wie sich die Stellung der Gottesmutter auf ein päpstliches Dogma gründete.

Bevor er nach Frankreich abreiste, wurde Pacelli ans Sterbebett seines Bruders Francesco gerufen, jenes hervorragenden vatikanischen Juristen, der den Lateranvertrag ausgehandelt hatte. Pacelli war so betroffen vom Tod seines Bruders, daß er beabsichtigte, die Reise nach Lourdes abzusagen. «Ein menschlich verständlicher Entschluß», so sein früher Biograph Padellaro mit offensichtlicher Zustimmung, «doch allzu menschlich, um nicht bald der tieferen Einsicht und Weisung zu weichen, daß die Pflicht seiner Mission über allem persönlich Erlebten stand.»

Am 25. April reiste Pacelli nach Frankreich ab, und er wurde am nächsten Tag am Bahnhof von Lourdes mit Botschaften des Präsidenten der Republik und den Ehrenbezeugungen empfangen, wie sie beim Staatsbesuch eines Souveräns üblich sind. Inmitten einer Viertelmillion Pilger betete Pacelli und nahm drei Tage lang an Prozessionen zur Grotte teil. In einer für ihn typischen Predigt äußerte er sich über die Feinde der Kirche: «In der Illusion, neue Weisheiten zu preisen», so sagte er, «sind sie nur bedauerliche Nachahmer, die alte Irrtümer mit neuem Plunder zudecken. Es bedeutet wenig, daß sie sich massenhaft um die Fahne der sozialen Revolution versammeln. Sie sind inspiriert von einer falschen Auffassung über die Welt und das Leben.» Dann übte er in heftiger Weise Kritik am «Aberglauben von Blut und Rasse» und an falschen Auffassungen über die gesellschaftliche und wirtschaftliche Weltordnung und erklärte: «Mögen diese Abtrünnigen nicht glauben, mit der Kirche paktieren zu können.» Dabei hatte er selbst die Hälfte des Jahres 1933 der Bemühung gewidmet, mit Hitler einen Pakt zu schließen.

Am letzten Tag der Reise, einem Sonntag, predigte er über die «mit der Sonne bekleidete» Frau der Apokalypse (Offenbarung, 12,1), über die Erlösung der menschlichen Rasse und über Golgatha – «das Zentrum der Geschichte der Menschheit». In diesem Zusammenhang sprach er von der «Vergötzung von Rasse und Blut» in Deutschland und davon, daß die Kirche eher das Blut des Kalvarienberges wählen würde, als ihren Gemahl zu betrügen. All dies stand in schlagendem Gegensatz zu den Realitäten der Appeasementpolitik und der Kapitulation, die er in Deutschland in den vergangenen Jahren ermutigt und betrieben hatte.[24]

Während seines Aufenthalts in Lourdes verbrachte Pacelli einen großen Teil der Nächte im Gebet und weigerte sich, in einem anständigen Bett zu schlafen. Statt dessen legte er sich nur auf eine Couch. Eines Nachmittags in Lourdes gestattete sich Pacelli, wie Falconi berichtet, eine kurze Pause von seinen zeremoniellen Pflichten, um das Tal von Labigorre in der Nähe von Saint-Savin zu besuchen. Ein Priester saß mit ihm in einer Pferdekutsche, um als Führer zu dienen. Aber sobald sie einmal aus der Stadt heraus waren, öffnete Pacelli ein Brevier und begann zu lesen. Er gönnte der Landschaft, durch die sie fuhren, nicht einen einzigen Blick. Und nach etwa einer Stunde sagte der Kardinal dann zu seinem Begleiter: «Und nun, Monsignore, wollen wir zurückfahren.» Auf der Rückfahrt saß Pacelli wie in mystischer Trance mit geschlossenen Augen da. Als sie seine Unterkunft erreichten, sagte er zu seinem Weggefährten nur «Entschuldigung» und eilte ins Haus.

Doch die Reise nach Frankreich war ein Erfolg, und es gab sogar vor seiner Abreise bereits Gerüchte über einen zweiten Besuch. Bei jedem weiteren Aufenthalt, so die Meinung der französischen Presse, sei nichts besser als das Schloß von Versailles geeignet, dem päpstlichen Legaten als Unterkunft zur Verfügung gestellt zu werden.

Am 9. Juli 1937 kehrte Pacelli nach Frankreich zurück, er erreichte Paris unter dem Klang von Militärkapellen und wurde mit einer offiziellen Begrüßungszeremonie geehrt. Er las die Messe in Sacre-Cœur, bevor er dann mit dem Zug nach Lisieux in der Normandie weiterreiste. Auf allen Bahnhöfen am Wege hatten sich Menschenmassen versammelt. Die Stadt Lisieux begrüßte ihn mit militärischen Ehrenbezeugungen, noch mehr Musikkapellen, Flaggen und einer Kavallerieeskorte. Nicht weniger als 300 000 Pilger, so hieß es, hatten sich am Weg zum Bischofspalast eingefunden. Ein Zeitungskorrespondent verglich Pacelli mit einer Figur vom Königsportal der Kathedrale von Chartres.

Pacellis Hauptaufgabe in Lisieux war die Einweihung der neuen

Basilika, die über dem Grabmal der Heiligen Thérèse errichtet worden war, einer Karmeliternonne, die 1889 im Alter von 15 Jahren in den Konvent von Lisieux eingetreten und dort 1898 im Alter von 24 Jahren an Tuberkulose gestorben war. Dieser feierliche Akt war die Anerkennung einer Spiritualität, die Innerlichkeit gegenüber Gemeinschaftlichkeit, Unterwerfung gegenüber sozialem Handeln, Schweigen gegenüber Aussprechen, Erfüllung im Jenseits statt im Diesseits den Vorrang gab. Die Heilige Thérèse war berühmt für den Gedanken: «Ich möchte mir den Himmel verdienen, indem ich Gutes auf Erden tue.» Ihr Erbe bestand in einer postumen geistlichen Autobiographie, *Geschichte einer Seele*, die eine Heiligkeit offenbarte, die sich auf ein schlichtes Alltagsleben in einem Schweigekloster gründete.

Als Pius XI. sie 1925 heilig sprach, war der Kult der Heiligen Thérèse zu einem wichtigen Mittelpunkt katholischer Volksfrömmigkeit unter Ordensleuten, Geistlichen und Laien überall in der Welt geworden. Pius erklärte die neue Heilige zur Patronin der Missionen, und sie war unter Diözesanpriestern besonders beliebt. Henri Daniel-Rops, der französische katholische Historiker, meinte, ihr «kleiner Weg» sei die Antwort des Jahrhunderts auf die beiden großen Apostasien des Zeitalters, die zu Kommunismus und Nationalsozialismus geführt hatten. «Den Behauptungen von Nietzsche und Karl Marx setzt die Heilige die einzige mögliche Antwort entgegen ... ‹Gott ist tot›, sagte der Prophet von Sils-Maria. (Aber) für Thérèse (galt) ... wenn alles sie von seiner Vernichtung hätte überzeugen können, dann wußte sie dennoch, daß nichts Ihn zerstören könnte, weil Er die einzige Realität ist.»[25]

Pius' XI. Liebe und Verehrung für die Heilige Thérèse kannte keine Grenzen. Er bat Pacelli, ihm aus Lisieux drei Rosen mitzubringen, «drei besondere Gnadenbeweise, die wir von der geliebten kleinen Heiligen erflehen». Die Rosen wurden von den Wächtern der Weihestätte pflichtgemäß geliefert, aber Pacelli, so Padellaro, «vermied alle Sentimentalität und studierte die drei Rosen mit der Akkuratesse eines Botanikers».[26]

Bevor er Frankreich wieder verließ, reiste Pacelli zurück nach Paris, um in französischer Sprache in der Kirche Notre Dame vor einer riesigen Gemeinde kirchlicher und nicht-kirchlicher Würdenträger zu predigen. Es heißt, er sei ein wenig nervös erschienen, als er die Kanzel betrat. Aber bald erwärmte er sich an seinem Thema und rief aus: *«Vigilate fratres!»* («Seid wachsam, Brüder!»). Er erinnerte Frankreich an seine Berufung, das «Gesetz der Liebe» zu befolgen, da es dieses Gesetz sei, das «eine gerechte und christliche Lösung der entscheidenden Frage des Proletariats» fordere. Seine Argumentation enthielt eine Reihe von Verallgemeinerungen und zielte auf eine Zurückweisung jener «falschen Propheten», die die Welt in eine neue Zeit der Finsternis zurückgeführt hätten, vergleichbar der Dunkelheit der vorchristlichen Ära. Am Schluß seiner Predigt erklärte er: «Je eher ein jeder voll erkennt, daß es eine bestimmte Beziehung zwischen der Mission der Kirche Christi und dem Fortschritt und der Größe der Nationen gibt, desto eher wird die Harmonie eintreten, die Gott wünscht.»[27] Ungewöhnlich war – vor allem nach einer katholischen Predigt –, daß sich am Ende die Gemeinde erhob und stehend applaudierte.

Dabei war nicht ein einziges Wort gefallen, das von einer der Konfliktparteien zu beanstanden gewesen wäre, die sich in Europa immer unversöhnlicher gegenüberstanden. Eine Woche später konnte Diego von Bergen, der Botschafter des Deutschen Reiches am Heiligen Stuhl, nach Berlin berichten, Pacelli habe mit Nachdruck auf dem «rein religiösen Charakter» seiner Predigt bestanden. Die Reise nach Frankreich, so habe Pacelli dem Botschafter des Dritten Reiches versichert, habe «keinerlei politische Zwecke verfolgt, eine auch nur indirekte Demonstration gegen Deutschland ... hätte dem Vatikan völlig fern gelegen».[28]

Pacelli in den Vereinigten Staaten

In Spanien verursachte der sozialistische Wahlsieg im Februar 1936 schon wenige Monate später den Ausbruch des Bürgerkriegs. Die katholische Kirche, die sich in der ideologischen Auseinandersetzung mit der reaktionären Seite identifizierte oder mit ihr gleichgesetzt wurde, war nun einigen der schlimmsten Gewalttaten – hauptsächlich von seiten der Anarchisten – ausgesetzt. Nach katholischen Quellen[29] wurden während der dreißig Monate des Krieges mehr als 700 Priester und Ordensleute niedergemetzelt. Pacelli war sich gewiß der Grausamkeiten bewußt, die auf Francos Seite begangen wurden, aber er konnte nicht ignorieren, daß der Caudillo erklärt hatte: «Spanien wird ein Reich sein, das seine Augen auf Gott richtet.» Als Pius XI. im September eine Gruppe spanischer Pilger empfing, verurteilte er das «satanische Unternehmen» des Marxismus, das den Krieg ausgelöst habe, und segnete jene, die «die Rechte und die Ehre Gottes gegen den wilden Ausbruch der Kräfte (verteidigten), die derart primitiv und grausam sind, daß es beinahe unglaublich erscheint».[30]

213

In den vielen Reden Pacellis über das Thema Gerechtigkeit und Frieden wurde Mussolinis Angriff auf Äthiopien am 3. Oktober 1935 vom Heiligen Stuhl nicht verurteilt. Auch bremste Pius XI. die italienischen Bischöfe nicht in ihrer Kriegsbegeisterung. «Oh Duce!» erklärte der Bischof von Terracina, «heute ist Italien faschistisch und die Herzen aller Italiener schlagen mit dem Deinen. Die Nation ist zu jedem Opfer bereit, um den Triumph des Friedens und der Römischen und Christlichen Zivilisation sicherzustellen ... Gott segne Dich, oh Duce.»[31] Solche Empfindungen schienen eine Korrespondenz zwischen der Auffassung des Heiligen Stuhls von der Kirche als universeller «souveräner Gemeinschaft» und Mussolinis Phantasie eines bevorstehenden weltlichen Imperiums anzuzeigen. Wenn Pius XI. auch im September zu einem Freund gesagt hatte, ein Krieg mit Äthiopien wäre «beklagenswert»[32], waren nach den Ereignissen seine Erklärungen doch so gewunden und vage, daß sich ihnen keine klare Aussage entnehmen läßt.

Vor diesem Hintergrund fuhr Pacelli, begleitet von Enrico Galeazzi und Schwester Pasqualina, am 8. Oktober 1936 auf dem Luxusdampfer *Conti di Savoia* von Neapel aus nach Nordamerika. Es war das erste Mal überhaupt, daß ein päpstlicher Kardinalstaatssekretär die Vereinigten Staaten besuchte. Einer der ersten Besucher an Bord des Schiffes war, nachdem es im Hafen von New York festgemacht hatte, der damals siebenunddreißigjährige Bischof Francis Joseph Spellman, ein Freund Pacellis, der dazu bestimmt war, eines Tages Kardinal und Erzbischof von New York zu werden. Spellman hatte Pacelli den in Amerika üblichen schwarzen Anzug eines Geistlichen, bestehend aus Jacke und Hose, mitgebracht, aber diese dem Kardinalstaatssekretär weltlich erscheinende Tracht wurde sofort zurückgewiesen.

Spellman, ein früherer Mitarbeiter des Vatikans von enormer Energie und Effizienz, war damals Weihbischof in Boston. Trotz der Versuche seines Vorgesetzten, des Kardinalerzbischofs William O'Connell, ihn zu zügeln, hatte Spellman die Reise Pacellis zum größten Teil organisiert. Während der dreißig Tage, die Pacelli im Land verbrachte und in denen er 6500 Meilen weit – meist per Flugzeug – reiste, spielte Pacelli vor allem seine geistliche Würde aus, glänzte in seiner Soutane und seinem Seidenmantel, übertrat die Schwellen zahlloser katholischer Colleges, Konvente, Schulen, Klöster und Pfarrkirchen.

Die unausgesprochene Absicht des Besuchs war der Austausch von Gunstbezeugungen zwischen Pacelli und Präsident Franklin D. Roosevelt. Der Präsident brauchte Unterstützung gegen den berüchtigten

katholischen Radiopriester Pater Charles Coughlin, der allwöchent-
lich vor 15 Millionen amerikanischen Radiohörern aufrührerische
Predigten hielt. Coughlin war Pastor einer Kirche, die der Heiligen
Thérèse von Lisieux geweiht war, in Royal Oak, einem Vorort von
Detroit. Er war ein Gegner des New Deal und schrieb die Schuld an
den Übeln Amerikas dem Präsidenten, den Juden, den Kommunisten
und den «gottlosen Kapitalisten» zu. Roosevelt wünschte, daß
Coughlin zum Schweigen gebracht werde. Pacelli hingegen machte
es Sorgen, daß die Vereinigten Staaten drei Jahre zuvor die Sowjetunion anerkannt hatten. Roosevelt sollte ihn mit der Aufnahme diplomatischer Beziehungen zwischen den Vereinigten Staaten und dem
Vatikan beruhigen.

Er traf den Präsidenten erst am 6. November, am Ende seines Aufenthalts, nachdem die Wahlen entschieden waren und der Präsident
in seinem Amt bestätigt worden war. Nach dem Besuch in Roosevelts
Landsitz Hyde Park wurde deutlich, daß Pacelli sein Ziel erreicht
hatte. Die Vereinigten Staaten entsandten erstmals seit 1867 wieder
einen Diplomaten an den Heiligen Stuhl. Damals hatte Pius IX. den
antidemokratischen *Syllabus Errorum* durchgesetzt. Das machte ihn
verständlicherweise bei Demokraten und Liberalen sehr unbeliebt;
daraufhin strich der US-Senat die Mittel zur Finanzierung der Botschaft am Heiligen Stuhl. Im Jahre 1870 schließlich verlor der Papst
seine weltliche Macht, und damit entfiel nach der US-Verfassung die
Voraussetzung für diplomatische Beziehungen. 1929 stellte der Lateranvertrag schließlich wieder eine Grundlage dafür her, den Heiligen
Stuhl als staatliches Gebilde anzusehen, doch der Senat zögerte weiterhin, ein entsprechendes Gesetz zu verabschieden. So eine Entscheidung konnte nur den Zorn der protestantischen Mehrheit in den
Vereinigten Staaten hervorrufen. Allem Anschein nach sagte Roosevelt Pacelli zu, er werde diese Schwierigkeiten durch die Entsendung
eines persönlichen Vertreters umgehen, der ohne Gehalt arbeite. Die
Ernennung erfolgte freilich erst 1940, als Myron Taylor beim Heiligen
Stuhl akkreditiert wurde.

Inzwischen gab Pater Coughlin am 8. November bekannt, daß er
nunmehr seine letzte Radiopredigt gehalten habe, und er stand zu
seinem Wort. Pacelli hat niemals etwas über das Gespräch mit
Coughlin verlauten lassen. Obwohl die Presse ausführlich über den
Besuch berichtete, gelang es niemandem, über diese oder andere sensible Fragen mit Pacelli zu sprechen. Spellman hatte offenbar für gute
Abschirmung gesorgt.

Im übrigen bewegte sich Pacelli auf einer endlosen Berg- und Talfahrt von Gottesdiensten, Lunches, Dinners, Reden und Vorlesungen in buchstäblich jeder wichtigen Stadt der Vereinigten Staaten, wobei er allerdings die Südstaaten mied. Unter anderem war er in Boston, Philadelphia, Baltimore, Washington, South Bend, Cleveland, St. Paul, Cincinnati, Detroit, Chicago, San Francisco, Los Angeles und St. Louis. Er fuhr zur Spitze des Empire State Building hinauf und warf einen Blick auf den Boulder-Staudamm und den Grand Canyon. Er erlebte, wie in Hollywood ein Film hergestellt wurde, und er erhielt Ehrendoktorwürden von verschiedenen Colleges. Überall, wo er ankam, fand sich eine begeisterte Menschenmenge, ähnlich jener, die sich später einfinden sollte, um die reisenden Päpste im letzten Teil des Jahrhunderts zu begrüßen. Allen Schilderungen zufolge genoß Pacelli das Spektakel, nicht zuletzt auch das Tempo seiner Autokolonnen und die heulenden Sirenen der vorausfahrenden Begleiter. Die Presse nannte ihn «den fliegenden Kardinal», hatte er doch einen großen Gefallen an Flugzeugen entwickelt. Und der Anblick der Berge, Wüsten, Wälder und Ebenen des Kontinents aus der Luft scheint ihn sehr bewegt zu haben. Auf dem Rückweg nach Osten sah er die Niagarafälle. Schweigend stand er eine Weile ganz am Rande des Katarakts und betrachtete die furchteinflößende Szenerie. Er schickte sich an zu gehen, wandte sich dann aber noch einmal um. In einer für ihn charakteristischen Geste segnete Kardinal Pacelli die gewaltigen Wasserfälle.[33]

Als er sich vor seiner Rückkehr nach Europa in New York aufhielt, verbrachte Pacelli einen großen Teil seiner Zeit als Gast auf dem Besitz von Mrs. Nicholas Brady in Inisfada, Long Island. Der Papst hatte der reichen Katholikin für ihre Großzügigkeit gegenüber dem Heiligen Stuhl einen Herzogtitel verliehen. Duchess Brady veranstaltete in ihrer Villa im georgianischen Stil einen großen Empfang für Pacelli. Fackeln illuminierten die Auffahrt; Pacelli und die Herzogin empfingen ihre vornehmen Gäste unter dem Klang einer Elektroorgel, die für diese Gelegenheit installiert worden war, in einem rosengeschmückten Saal, in dem Kaminfeuer aus ungespaltenen Baumstämmen brannten.

Bevor er die Vereinigten Staaten verließ, vertraute Pacelli dem stets dienstbereiten Spellman 113 000 Dollar an, Geschenke, die ihm während der Reise von wohlhabenden Amerikanern aufgedrängt worden waren und die er nach persönlichem Gutdünken verwenden sollte. Bald nach Pacellis Abreise starb Mrs. Brady. Sie hinterließ dem Kardinalstaatssekretär persönlich 100 000 Dollar.[34]

10

Pius XI. nimmt Stellung

Nach Pacellis Veto gegen den von den deutschen Bischöfen empfohlenen Kompromiß zu Artikel 31 des Konkordats hatten sich die Beziehungen zwischen den deutschen Katholiken und dem NS-Regime während des Sommers 1935 weiter verschlechtert. Am 28. August veröffentlichten die deutschen Bischöfe einen gemeinsamen Hirtenbrief, der von den Kanzeln aller katholischen Kirchen verlesen werden sollte. Tragisch war, daß es darin nicht gelang, Ideale in Handlungsanweisungen umzusetzen. Der Gegensatz von Wort und Tat war unübersehbar. Zurückgewiesen wurde das Prinzip, «Religion habe mit Politik nichts zu tun». Die Bischöfe erinnerten die Gläubigen mit Zitaten aus dem Matthäus-Evangelium, «die Sendboten des Christentums sollten das ‹Salz der Erde› und das ‹Licht der Welt› sein (Matthäus 5,13 f.) und ‹ihr Licht vor den Menschen leuchten lassen› (5,16)». Die Kirche solle sein wie eine Stadt auf dem Berge, von weitem sichtbar im Leben der Menschen. Mehr als wohlfeile Ermahnungen hatte der Protest der Bischöfe jedoch nicht zu bieten. Sie warteten weiter auf Pacelli, der die Beschwerdewege des Papstes kontrollierte.

Hitler beantwortete den Hirtenbrief der Bischöfe am 11. September auf dem Nürnberger Parteitag mit der Erklärung, er sei an sich nicht gegen das Christentum, aber: «Wir werden ... diesen Kampf ... führen zur Reinhaltung unseres öffentlichen Lebens von jenen Priestern, die ihren Beruf verfehlt haben, die Politiker hätten werden müssen und nicht Seelsorger.»[1]

Vier Tage später ließ Hitler die «Nürnberger Gesetze» verabschieden, die die deutsche Staatsbürgerschaft definierten und die Juden als bloße «Staatsangehörige» zu Bürgern minderen Rechts herabwürdigten und vielfältigen Diskriminierungen aussetzten. Wieder kam kein Wort des Protestes von Pacelli.

Um das reibungsvolle Verhältnis des NS-Staates zu den Kirchen neu zu ordnen, hatte Hitler den früheren preußischen Justizminister

Hans Kerrl mit der Bearbeitung der «kirchlichen Angelegenheiten» beauftragt. Kerrl, der sich bald Reichsminister nannte, traf Anfang September mit Kardinal Bertram zusammen und lud die katholische Hierarchie wieder einmal ein, eine neue Liste katholischer Organisationen aufzustellen, denen staatlicher Schutz gewährt werden solle. Die Liste wurde am 2. Oktober Kerrls Ministerium übergeben, aber die darauffolgenden Verhandlungen blieben ohne Ergebnis. Die Bischöfe wollten die Struktur der katholischen Verbände erhalten, und das Hitlerregime war ebenso entschieden darauf aus, Organisationen, die sie für Vertreter des politischen Katholizismus hielten, zu behindern und zu zerstören. Sowohl der Eindruck, es werde verhandelt, als auch die Aussichten auf künftige Versöhnung standen der Entscheidung des Vatikans für einen Protest im Weg.

Typisch für die Taktik des NS-Regimes, Zuckerbrot und Peitsche einzusetzen, war jedoch die erste Welle von Devisen- und «Sittlichkeits»prozessen, die der NS-Staat in den Jahren 1935–1936 einleitete. Katholischen Ordensleuten wurden sexueller Mißbrauch von Kindern und Jugendlichen und Devisenvergehen vorgeworfen. Die erstgenannten Vorwürfe richteten sich insbesondere gegen Ordensbrüder, die für Kinder in Waisenhäusern und Schulen verantwortlich waren. Der Vorwurf von Devisenvergehen betraf religiöse Orden, die finanzielle Verantwortung für Missionen und Gemeinschaften im Ausland hatten. Die Wirtschaftskrise der dreißiger Jahre hatte zu komplizierten Gesetzen über Valutageschäfte geführt, und dies brachte für Orden, die finanzielle Verpflichtungen außerhalb des Landes hatten, Probleme mit sich.

Innerhalb Deutschlands in die Defensive gedrängt, gleichzeitig eingeengt von der zentralistischen Kontrolle durch den Vatikan, befand sich die katholische Kirche in Deutschland 1936 weiterhin in einem Zustand bedächtiger Trägheit. Zweifelhaften Trost bot nur der Gedanke, daß die Dinge noch schlimmer stehen könnten. Im Sommer zeigten dann die Nachrichten über Greueltaten an Nonnen und Priestern während des Spanischen Bürgerkriegs – wie der Papst selber sogleich darlegen sollte –, um wieviel schlimmer die Lage unter dem «Bolschewismus» war. Und genau dies war im November das Thema eines dreistündigen Gesprächs unter vier Augen zwischen dem Münchener Kardinal Faulhaber und Adolf Hitler auf dem Obersalzberg. Hitler gab sich höchst charmant und wies ständig auf die Gefährlichkeit des Kommunismus hin. Er beschwor den Kardinal, die Bemühungen um Versöhnung mit dem Reich fortzusetzen. In einem streng vertraulichen Bericht über die Aussprache schrieb Faulhaber:

«Der Führer beherrscht die diplomatischen und gesellschaftlichen Formen mehr wie ein geborener Souverän sie beherrschte ... Der Reichskanzler lebt ohne Zweifel im Glauben an Gott. Er anerkennt das Christentum als den Baumeister der abendländischen Kultur ... Weniger klar steht das Bild der katholischen Kirche vor seinem Geist als göttliche Stiftung, mit ihrer göttlichen dem Staat gegenüber selbständigen Mission, mit ihren unveränderlichen Dogmen, mit ihrer geschichtlichen und kulturellen Größe.»[2]

Nach dem Treffen veröffentlichte Faulhaber einen Hirtenbrief, der im Januar 1937 überall in Bayern in den Kirchen verlesen wurde. Er ermutigte zur Zusammenarbeit zwischen Kirche und Staat bei der Bekämpfung des Kommunismus, forderte aber auch die Wahrung der Rechte der Kirche, wie sie im Konkordat niedergelegt seien.

Doch das Jahr 1937 sollte eine Vertiefung der Spannungen zwischen den Nationalsozialisten und der katholischen Kirche mit sich bringen. In der zweiten Januarwoche trafen die Bischöfe in Fulda zusammen und stellten eine Liste mit 17 Verletzungen des Konkordats auf. Mit ähnlichen Beschwerden ausgestattet, machten sich nicht weniger als drei Kardinäle (Bertram, Faulhaber und Schulte) gemeinsam mit zwei einflußreichen Bischöfen (Galen und Preysing) höchst entschlossen in Richtung Vatikan auf, um mit Pacelli zu sprechen, der sie am Abend des 16. Januar empfing. In Anbetracht ihrer beeindruckenden Appelle an den Papst, zu handeln, hatte Pacelli keine andere Wahl, als den Heiligen Vater hinzuzuziehen. Pius XI. litt an Diabetes, war herzkrank, hatte Geschwüre an den Beinen, aber er empfing Pacelli und die deutsche Delegation dennoch an seinem Krankenbett. Er lag dort «fast unerkennbar, blaß, ausgemergelt, sein Gesicht tief in Falten, seine Augen geschwollen und halb geschlossen».[3] Er hörte den bischöflichen Gästen aus Deutschland lange zu und sprach ausführlich mit ihnen. Er berichtete ihnen, daß er während seiner Krankheit viel über das Mysterium der Kreuzigung Christi und die Erlösung durch das Leid gelernt habe. Er beschloß nun, eine Enzyklika über die Notlage der Kirche in Deutschland zu verfassen.

In höchster Eile formulierte Faulhaber den ersten Entwurf und übergab ihn am Morgen des 21. Januar Pacelli. Dieser bearbeitete ihn und fügte Material über die betrübliche Geschichte des Konkordats hinzu.[4] Dies ist bedeutsam, denn die schließlich verkündete Enzyklika *Mit brennender Sorge*, eine offene Verdammung der Behandlung der Kirche durch das Dritte Reich, bleibt für viele Katholiken ein Symbol mutiger päpstlicher Deutlichkeit und wird gegenüber Pacellis Schweigen während des Krieges hervorgehoben. Während Pacelli für das endgültige Dokument und die komplexen Vorbereitungen zu seiner Veröffentlichung in Deutschland starke Verdienste in Anspruch nehmen kann, kam die Enzyklika dennoch sehr spät und unterließ es, den Nationalsozialismus und Hitler *expressis verbis* zu verurteilen.

Die Vorbereitungen zur Veröffentlichung geben dennoch einen Einblick in die Möglichkeiten der Gemeinde-Netzwerke im katholischen Deutschland und in den Umfang ihres nicht genutzten Potentials für Protest und Widerstand. Das Dokument wurde ins Land geschmuggelt und dort unter größter Geheimhaltung in zwölf verschiedenen Druckereien gedruckt. In der Woche vor Palmsonntag, dem 21. März 1937, jenem Tag, da es von jeder Kanzel überall in Deutschland verlesen werden sollte, wurde es von Kurieren ausgeliefert, meist jungen Burschen zu Fuß oder per Fahrrad, und viele von ihnen nahmen ihren Weg durch Felder und Wälder, um öffentliche Straßen zu vermeiden. Der offizielle Postweg wurde gemieden. In einigen Fällen wurde es dem Gemeindepfarrer im Beichtstuhl übergeben. Viele Priester hielten das Dokument im Tabernakel, neben dem Allerheiligsten, bis zu dem Augenblick versteckt, da es vorzulesen war.[5] Die Enzyklika war in deutscher Sprache verfaßt und wandte sich nicht nur an die deutschen Bischöfe, sondern an den katholischen Episkopat in aller Welt.[6]

Die Enzyklika beginnt mit den Worten: «Mit brennender Sorge und steigendem Befremden beobachten wir seit geraumer Zeit den Leidensweg der Kirche, die wachsende Bedrängnis der ihr in Gesinnung und Tat treubleibenden Bekenner und Bekennerinnen inmitten des Landes und des Volkes, dem Sankt Bonifatius einst die Licht- und Frohbotschaft von Christus und dem Reiche Gottes gebracht hat.» Der Papst skizziert dann die Geschichte der Verhandlungen über das Konkordat und seine Befürchtungen über den Abschluß des Vertrages zu jener Zeit. Die Erfahrung der letzten Jahre, so fuhr er fort, habe ihm verdeutlicht, der Vertragspartner der Kirche im Konkordat habe «die Unkrautkeime des Mißtrauens, des Unfriedens, des Hasses, der Verunglimpfung, der heimlichen und offenen, aus tausend Quellen gespeisten und mit allen Mitteln arbeitenden grundsätzlichen Feindschaft gegen Christus und seine Kirche» gestreut. Anstelle des wahren Glaubens an Gott, so erklärte er, sei eine Vergötzung von Rasse, Volk und Staat festzustellen. Er warnte die Bischöfe, auf der Hut zu sein vor verderblichen Praktiken, die daraus folgen müßten, und er verlangte die Anerkennung des Naturrechts. «Der gläubige Mensch hat ein unverlierbares Recht, seinen Glauben zu bekennen und in den ihm gemäßen Formen zu betätigen. Gesetze, die das Bekenntnis und die Betätigung dieses Glaubens unterdrücken oder erschweren, stehen im Widerspruch mit einem Naturgesetz.»[7]

Er forderte die katholische Jugend auf, ihr Land von Feindseligkeit gegenüber dem Christentum zu reinigen. Er ersuchte Priester und Ordensleute, für mehr Nächstenliebe zu beten. Er beschwor die Laien und insbesondere die Eltern, ihre Bemühungen um die Erziehung der Kinder zu vergrößern: «Wenn man versucht, den Tabernakel, der durch die Taufe geweihten Kinderseele durch eine christusfeindliche Erziehung zu entweihen ... dann ist die geistige Tempelschändung nahe, dann wird es für jeden bekennenden Christen zur Pflicht ... sein Gewissen von jeder schuldhaften Mitwirkung an solchem Verhängnis und Verderbnis freizuhalten.»

Es fanden sich auch Formulierungen, insbesondere beim Hinweis auf das Naturrecht, die möglicherweise auf die Juden anzuwenden waren, aber von einer ausdrücklichen Verdammung des Antisemitismus war nicht die Rede, nicht einmal in Hinblick auf «nichtarische» Katholiken. Schlimmer aber noch war, daß die unterschwellige Aussage gegen den Nationalsozialismus fünf Tage später durch eine noch nachdrücklichere Verdammung des Kommunismus in der Enzyklika *Divini redemptoris* abgemildert wurde. Doch bei aller päpstlichen Zurückhaltung enthielt *Mit brennender Sorge* doch starke Worte. Ganz gewiß sahen die Nationalsozialisten die Enzyklika als einen staatsfeindlichen Schritt an. Die Firmen, die am Druck des Dokuments mitgewirkt hatten, wurden sogleich geschlossen, und viele ihrer Mitarbeiter wurden verhaftet; als Kardinal Bertram und der päpstliche Nuntius in Berlin, Erzbischof Orsenigo, dagegen protestierten, wiesen das Auswärtige Amt und das Kirchenministerium den Protest scharf zurück.

Heydrich befahl, alle außerhalb der Kirchenräume kursierenden Exemplare des Dokuments zu beschlagnahmen. Kerrl schickte einen Brief an die deutschen Bischöfe in dem es hieß: «Das päpstliche Rundschreiben an Erzbischöfe und Bischöfe Deutschlands vom 14. März stellt eine schwere Verletzung der im Reichskonkordat festgestellten Vereinbarungen dar. Es steht im krassen Widerspruch zum Geist des Konkordats und seinen ausdrücklichen Bestimmungen. (Das) Rundschreiben enthält schwere Angriffe, auf Wohl und Interesse deutschen Staatswesens.»[8] Hitler war wegen der Enzyklika so erzürnt, daß er in seiner Maiansprache darauf einging. Er forderte: «Und von jedem Deutschen muß ich verlangen: Auch du mußt gehorchen können ... Biegen oder Brechen – eines von beidem! Wir können nicht dulden, daß diese Autorität, die die Autorität des deutschen Volkes ist, von irgendeiner anderen Stelle angegriffen wird. Das gilt auch für alle Kirchen ... Wenn sie versuchen, durch irgendwelche Maßnahmen, Schreiben, Enzykliken usw. sich Rechte anzumaßen, die nur dem Staat zukommen, werden wir sie zurückdrücken in die ihnen gebührende geistlich-seelsorgerische Tätigkeit.»[9]

Daß die Kirche die Macht hatte, das Regime zu erschüttern, wurde deutlich an der offiziellen Reaktion auf eine Rede des Chicagoer Kardinals George Mundelein vor 500 seiner Diözesanpriester am 18. Mai 1937. Ohne allen päpstlichen Schwulst und in amerikanischer Offenheit sagte Munderlein: «Vielleicht werdet ihr euch fragen, wie es kommen kann, daß eine Nation von sechzig Millionen intelligenten Menschen sich in Furcht und Knechtschaft einem Ausländer unterwirft, einem österreichischen Anstreicher, der nicht einmal sein Handwerk versteht, sowie einigen seiner Gefährten wie Goebbels und Göring, die dem Volk jeden seiner Schritte diktieren.» Er äußerte ferner die Vermutung, man habe wohl 60 Millionen Deutschen das Hirn entfernt, ohne daß diese es auch nur bemerkt hätten.[10]

Goebbels reagierte darauf in der folgenden Woche mit einer zweistündigen Rede vor großem Publikum und gab bei dieser Gelegenheit die Fortführung der Sittlichkeitsprozesse bekannt, die seit Mitte 1936 unterbrochen waren. Aber das Regime hatte vom deutschen Katholizismus wenig zu befürchten, solange Pacelli weiterhin die Fäden zog. Das führte auch dazu, daß er selbst die vehement öffentlich zum Ausdruck gebrachten Gefühle des Papstes neutralisierte. Als Pius XI. am 17. Juli 1937 eine Pilgergruppe aus Chicago begrüßte, lobte er die Stadt und ihren Kardinal, «der so besorgt und eifrig ist bei der Verteidigung der Rechte Gottes und der Kirche und bei der Errettung der Seelen».[11] Am Vortag jedoch hatte der deutsche Botschafter im Vatikan, Diego von Bergen, Pacelli aufgesucht, und am 23. Juli legte der Diplomat darüber den folgenden Bericht an seine Herren in Berlin zu den Akten:

«In auffallendem Gegensatz zum Verhalten des Papstes, stehen aber die Äußerungen des Kardinalstaatssekretärs bei dem Besuch, den ich ihm am 16. d. M., also am Tage vor der Ansprache des Papstes abstattete. Es war dies der erste Besuch nach meiner Rückkehr und die Unterhaltung trug privaten Charakter. Pacelli empfing mich mit betonter Freundlichkeit und versicherte mir im Laufe des Gesprächs emphatisch, die Beziehungen zu uns möglichst bald wieder normal und freundschaftlich zu gestalten. Das gelte besonders für ihn, der 13 Jahre in Deutschland geweilt und dem deutschen Volk stets größte Sympathien entgegengebracht habe. Er wäre auch jederzeit zu einer Aussprache mit leitenden Persönlichkeiten wie z. B. Reichsaußenminister und Ministerpräsident Göring gern bereit.»[12]

Diese Notiz offenbart den starken Gegensatz zwischen den Auffassungen des Papstes und der Anpassungspolitik Pacellis, die in Deutschland beim Vorsitzenden der Bischofskonferenz, Kardinal Bertram, Widerhall fand. Tatsächlich ließ der umständliche Stil der Enzyklika zwei unterschiedliche Interpretationen zu. Sie konnte einerseits als letzter Versuch der Kirche verstanden werden, auf ihren Rechten im Rahmen des Konkordats zu bestehen. Zugleich konnte sie als Aufruf zur offenen Konfrontation interpretiert werden: als Forderung nach Nichtzusammenarbeit und katholischem Massenprotest. Diese gegensätzlichen Möglichkeiten boten sich sowohl für die Appeaser Kardinal Bertrams als auch für Bischof von Preysings «Rebellen» an. Dazu hat Klaus Scholder bemerkt: «Es spricht für die Geschicklichkeit Pacellis, daß beide Seiten ihn auf ihrer Seite vermuteten.»[13] Es kann jedoch keinen Zweifel daran geben, daß Pacellis Politik alles in allem nachdrücklich auf seiten der Appeaser stand. Während sich die Krise zwischen der deutschen Kirche und dem NS-Regime im Laufe der nächsten zwölf Monate verschärfte, ließ Pacelli im März 1938 der Reichsregierung streng geheim seine Bereitschaft übermitteln, «auf Wunsch zu Verhandlungen nach Berlin zu kommen», um das Konkordat zu retten.[14]

Pacelli in Osteuropa

Einen Monat später, im Mai 1938, stellte Pacelli seine Bereitwilligkeit zur Beschwichtigung noch dramatischer öffentlich unter Beweis. Wieder einmal war er als päpstlicher Legat auf Reisen. Diesmal ging es nach Budapest, wo er am 25. Mai den 34. Eucharistischen Weltkongreß eröffnen sollte. Einige Tage vor seiner Ankunft wurde Béla Imrédy dort zum Ministerpräsidenten ernannt. Imrédy war ein heftiger Antisemit, der erklärte, jeder, der nicht beweisen könne, daß seine Vorfahren in Ungarn geboren waren, müsse ein Jude sein. Und selbst während der Kongreß tagte, debattierte das ungarische Parlament die vorgeschlagenen judenfeindlichen Gesetze. Der Machthaber Ungarns war der Reichsverweser Admiral Miklós Horthy, der entschlossen war, sein Land möglichst weitgehend an Deutschland anzuschließen.

Der Kongreß fand kurz nach dem Anschluß Österreichs am 12./13. März 1938 statt. Himmler hatte verboten, daß Deutsche zur Teilnahme nach Ungarn reisten, und er hatte außerdem alle Berichte über dieses Ereignis in der katholischen Presse untersagt. Diese Verbote mögen den Zorn der Nationalsozialisten darüber widergespiegelt haben, daß der Papst Anfang März gerade in dem Moment von Rom nach Castel Gandolfo abgereist war, als Hitler zu einem Besuch in die Ewige Stadt kam.

Aber Pacelli vermied es nicht nur, auf den wachsenden Antisemitismus in Ungarn einzugehen. Er äußerte bei diesem größten katholischen Forum des Jahres auch kein Wort der Kritik an dem Regime jenseits der Grenze. Tatsächlich schien er an der wichtigsten Stelle seiner Predigt vor den Zehntausenden von Gläubigen eine Art von moralischem Appeasement zum Ausdruck zu bringen, dem noch im gleichen Jahr in der weltlichen Politik Frankreich und Großbritannien Gleiches an die Seite stellen würden:

«In der Gestaltung des eigenen Schicksals und der eigenen Gaben folgt jedes Volk – innerhalb des von Schöpfung und Erlösung vorgezeichneten Rahmens – seinen besonderen Wegen, indem es die ungeschriebenen Gesetze und Umstände begünstigt, wie es seine Kräfte, Neigungen, Eigenheiten sowie seine allgemeine Lage ihm nahelegen, oder oft sogar aufzwingen. Solange die Achtung vor dem Gesetz Gottes und dem Heil der Seelen gewahrt bleibt, folgt die Kirche diesen so oft verschiedenartigen Wegen der Völker zu ihrem Ziele mit der gleichen Langmut und liebevollen Einfühlung, mit welcher Mütter die Entwicklung, das Wachstum und den stetigen Aufstieg ihrer Kinder verfolgen.»[15]

In einer anderen Passage, in der es um das Beispiel der tätigen Liebe geht, erwähnte er die Juden indirekt: «Im Gegensatz zu den Widersachern Jesu, die ihm ins Gesicht schrien ‹Kreuzige ihn!›, bringen wir ihm Hymnen der Loyalität und der Liebe dar. Wir handeln nicht aus Bitterkeit in dieser Weise, nicht aus einem Gefühl der Überlegenheit heraus, nicht aus Arroganz gegenüber jenen, deren Lippen ihn verfluchen und deren Herzen ihn sogar heute noch zurückweisen.» Moshe Y. Herczl, der diese Stelle in seinem Werk *Christianity and the Holocaust of Hungarian Jewry* (1993) zitiert, vermutet, daß Pacelli es seinem Publikum überließ, die Identität jener Feinde Jesu auszusprechen, die ihm ein «Kreuzige ihn!» ins Gesicht geschrien hatten. «Pacelli», so Herczl, «war sich sicher, daß seine Zuhörerschaft ihn genau verstand.»[16] Der Repräsentant des Papstes beim Eucharistischen Weltkongreß machte auf diese Weise deutlich, daß die «umfassende Liebe», die er predigte, die Juden nicht einschloß.

Katholische Demoralisierung

Während Hitler das Volk in den späten dreißiger Jahren in den Abgrund zu führen begann, hielt er die Kirche weiterhin in einem Zustand nervöser Willfährigkeit. Er spielte die Hierarchie im Lande gegen den Vatikan aus, verstieß immer wieder gegen Bestimmungen des Konkordats und trat doch für die Erhaltung des Vertrages ein, da dieser die Katholiken von politischem Handeln abhielt. Die Unterdrückung ging eher auf lokale Initiativen an der Basis zurück, weniger auf Befehle von oben. Insgesamt entstand jedoch der Eindruck, daß es Verfolgungswellen gab, die durch kurze Phasen der Befriedung von oben unterbrochen wurden. Die Belastung der Kirche erreichte nie das Ausmaß eines Kulturkampfs nach dem Muster der Bismarckzeit. Es war eher ein breit angelegter Zermürbungsprozeß durch zahllose einzelne Restriktionen vor Ort, an dem aber auch verschiedene Reichsbehörden beteiligt waren. Obwohl Kerrl offiziell in der Reichsregierung für die Beziehungen zu den Kirchen zuständig war, stand der Katholizismus unter dem Druck einer Vielzahl von Autoritäten innerhalb des Reiches: Baldur von Schirach, Führer der Hitlerjugend, unterhöhlte die katholischen Jugendorganisationen; lokale Parteiführer suchten die katholischen Bekenntnisschulen zu beseitigen, und die Zollverwaltungen suchten nach Verstößen gegen die Devisengesetze. Überall in Deutschland gab es Versuche, schrittweise den Einfluß des Katholizismus in den Schulen zu brechen – dies reichte vom – wegen der Proteste von Eltern nur zeitweiligen – Kruzifixverbot und der Abnahme religiöser Bilder von den Wänden bis zum Verbot der Doppelmitgliedschaft in nationalsozialistischen und katholischen Berufsverbänden und zur Entlassung katholischer Religionslehrer und Ordensleute.

Derweil wurden die Bedingungen für die volle Entfaltung des Hitlerschen Polizeistaats geschaffen. Am 1. Juli 1937 legte Heydrich die Aufgabenbereiche für den Sicherheitsdienst der SS (SD) und für die Gestapo fest. In der Kirchenpolitik sollte der SD alle allgemeinen und grundsätzlichen Angelegenheiten, die Gestapo alle Einzelfälle, in denen eingeschritten wurde, bearbeiten. Die offensichtliche Überlappung der Kompetenzen unter der persönlichen Führung Heydrichs war Triebfeder eines fanatischen Wettbewerbs und einer unheilvollen Effizienz. Mitte 1937 gab es Anweisungen zur Beschaffung von Informationen über Aktivitäten der Kirchen, ihrer Organisationen und ihrer Führer; das Netzwerk von Spitzeln und Agenten der SS und der Gestapo wurde dichter. Die Direktiven enthielten Anweisungen über die Berichterstattung zum Inhalt von Predigten und zur Reaktion von Gottesdienstteilnehmern.

Doch die Nationalsozialisten vermieden es sorgfältig, diese Restriktionen über eine bestimmte Grenze hinauszutreiben. Sie schlossen keine Pfarrkirchen, und es gab keine Versuche, die regelmäßige Teilnahme an der Messe und den Empfang der Sakramente zu behindern. Nach katholischer Meinung, gestützt vom Steuermann im Vatikan, hätte alles schlimmer kommen können; Gehorsam sei eben der Preis des Überlebens. Doch unterwarfen sich nicht alle Katholiken in gleicher Weise. Laien weigerten sich in bestimmten Fällen, die Entfernung religiöser Kultgegenstände aus Schulen zu akzeptieren, sie fanden sich weiterhin zu Prozessionen zusammen, selbst wenn ihnen die Polizei Hindernisse in den Weg legte. Es gab viele Einzelfälle von mutigen Initiativen, insbesondere von seiten der Jesuiten, die regelmäßige Pfarrmissionsveranstaltungen und Exerzitien organisierten und sich gelegentlich sehr deutlich äußerten. Aber all dies waren Ausnahmefälle, die nur die Regel der allgemeinen Trägheit unter Beweis stellten.

Ein herausragender Regimegegner war Monsignore Bernhard Lichtenberg, Dompfarrer von St. Hedwig in Berlin. Lichtenberg protestierte seit 1933 offen und nachdrücklich gegen den Antisemitismus und gegen Menschenrechtsverletzungen. Er sollte 1943 auf dem Transport nach Dachau sterben. Ein anderes hervorstechendes Beispiel war Pater Rupert Mayer aus München, ein Jesuit, der in der Arbeiterseelsorge tätig war. Er wurde 1937 zu sechs Monaten Haft verurteilt, weil er gegen den nationalsozialistischen Antisemitismus gepredigt hatte. Mayer hatte im Ersten Weltkrieg gedient und dabei ein Bein verloren. Er war der erste katholische Feldgeistliche, der das Eiserne Kreuz erhielt. Zunächst verteidigte Kardinal Faulhaber Pater Mayer – das zeigte abermals das Potential für Unbotmäßigkeit innerhalb der Kirche. Aber einige Monate später, und dies spiegelt beispielhaft die Anpassung wider, zu der Pacelli in Rom Jahr für Jahr ermutigte, gratulierte Faulhaber den Nationalsozialisten bei seiner Neujahrspredigt 1938 für ihre Erfolge bei der Bekämpfung des Rauchens und Trinkens: «Das ist ein Vorzug unserer Zeit. Auf der Höhe des Reiches haben wir das Vorbild einer einfachen und nüchternen, alkohol- und nikotinfreien Lebensführung.».

Auf diese Predigt hin erklärte Pater Mayer, er werde nun jede Art des Protests einstellen, denn «seit diesem Augenblick … war in meinem Herzen etwas gesprungen, was mich davon abhielt, mich dort noch einmal sehen zu lassen».[17] Dennoch wurde Mayer für einige Zeit ins KZ Sachsenhausen gesteckt, und er verbrachte den Krieg unter Hausarrest in einem bayerischen Benediktinerkloster.

Die ebenso schrecklichen wie einflußreichen Gemeinplätze Kardinal Faulhabers muß man vor dem Hintergrund der «Kristallnacht» und der Geschichte der Anwendung der «Nürnberger Gesetze» sehen, die die deutsche Staatsbürgerschaft umdefinierten und «Rassenschande» zum Straftatbestand machten. Ab Mitte 1935 legten die «Nürnberger Gesetze» die Grundlage für die Definition dessen, was unter einem *Juden* zu verstehen sei. Am Anfang stand die Erklärung, ein «Volljude» sei jemand, der mindestens drei jüdische Großeltern habe. Die Kriterien wurden dann weiter eingeengt, um auch jene einzubeziehen, die als «Mischlinge» etikettiert wurden. Solche Definitionen konnten zu gegebener Zeit über Leben oder Tod der deutschen Juden entscheiden. Im November 1938 bekamen die deutschen Juden dann einen Vorgeschmack auf die Gewalt, die ihnen bevorstand.

Am 7. November 1938 wurde der Legationssekretär der deutschen Botschaft in Paris, Ernst vom Rath, durch einen polnischen Studenten erschossen, der damit gegen die Judenverfolgung protestieren wollte. Am 9. November, dem Jahrestag des Putschversuches von 1923, ließ Hitler Ausschreitungen gegen die Juden im ganzen Land zu. Die SA wurde von der Leine gelassen, um Synagogen und jüdische Geschäfte zu zerstören und zu schänden. Etwa 100 Juden wurden ermordet, etwa 26 000 in Haft genommen und in Konzentrationslager geschafft. Danach wurden Juden aus Theatern, Kinos, Konzerten und Ausstellungen verbannt. Jüdische Kinder durften keine staatlichen Schulen mehr besuchen.

Saul Friedländer schreibt dazu: «Abgrundtiefer Haß heißt das A und O des Angriffs. Das einzige unmittelbare Ziel war, die Juden so schwer zu verletzen, wie es die Umstände erlaubten, und das mit allen möglichen Mitteln: sie zu verletzen und sie zu demütigen. Der Pogrom und die ihm unmittelbar folgenden Initiativen sind ganz zu Recht als ein *Erniedrigungsritual* bezeichnet worden.»[18]

Diese Gewalt entfaltete sich höchst sichtbar, nachhaltig und wiederholt überall in deutschen Städten bis hinab zu den kleinsten. Friedländer zitiert einen aufschlußreichen Augenzeugenbericht des amerikanischen Konsuls in Leipzig: «Nachdem sie Wohnungen demoliert und den größten Teil des Mobiliars auf die Straße geworfen hatten, warfen die unersättlich sadistischen Täter viele der zitternden Bewohner in einen kleinen Bach, der durch den Zoologischen Garten fließt, und forderten die Zuschauer auf sie anzuspeien, mit Lehm zu besudeln, sich über ihre Not lustig zu machen ... Das geringste Anzeichen von Mitleid rief auf Seiten der Täter einen regelrechten Zorn hervor, und die Menge war nicht in der Lage, etwas anderes zu tun, als die erschreckten Augen von dem Schauspiel der Beleidigung abzuwenden oder sich zu entfernen. Diese Taktik wurde während des gesamten Morgens des 10. November angewandt, ohne das die Polizei eingriff, und zwar richtete sie sich gegen Männer, Frauen und Kinder.»

Nach der «Kristallnacht» gab es weder aus dem Vatikan noch vom deutschen Episkopat eine klare Äußerung. Und dennoch hatte Pacelli für sich und den Heiligen Stuhl zu einem früheren Zeitpunkt in jenem Jahre eine moralische Sonderstellung in Anspruch genommen, als er den Massen der Gläubigen beim Eucharistischen Kongreß in Budapest wie auch der Welt insgesamt verkündet hatte: «Wir lieben diese unsere Zeit, trotz ihrer Drohungen und Ängste, wegen dieser Gefahren und wegen der schweren Aufgaben, die sie uns stellt. Sind wir doch zu jenem uneigennützigen und bedingungslosen Einsatz bereit, ohne den nichts Großes und Entscheidendes geschaffen werden kann.»[19]

Die vatikanische Politik bestand jedoch, wie wir gesehen haben, darin, öffentlich zu schweigen und sich intern dem Schicksal der Juden gegenüber gleichgültig zu verhalten. Die Grundeinstellung ließ sich, wie die Korrespondenz zwischen den deutschen Bischöfen und Pacellis Staatssekretariat wiederholt bestätigte, in dem Satz zusammenfassen: Die Juden müssen eben für sich selbst sorgen. Doch gibt es Anzeichen dafür, daß Pius XI. zu einer stärker von Sympathie geprägten Sicht von der Notlage der Juden gelangte, als die Ereignisse ihren Fortgang nahmen.

Die «unterschlagene» Enzyklika

Pius XI. war besorgt, als sich der Antisemitismus in der zweiten Hälfte der dreißiger Jahre insbesondere in Osteuropa immer weiter auszubreiten begann. Schließlich gab er im Frühsommer 1938 eine Enzyklika über den nationalsozialistischen Rassismus und Antisemitismus in Auftrag. Diese Enzyklika wurde niemals verkündet, und ein Textentwurf in französischer Sprache ist erst kürzlich durch die Arbeit belgischer Gelehrter ans Licht gekommen.

Entwürfe von Enzykliken sagen nichts sicheres über die wirklichen Empfindungen von Päpsten und genauso wenig von Kardinalstaatssekretären aus; aber der entdeckte Text bestätigt bis zu einem gewissen Punkt, was über die Politik des Vatikans gegenüber den Juden bereits bekannt ist. Es gibt keine überzeugenden Beweise, daß Pacelli an diesem Entwurf mitgearbeitet hat, aber da er immerhin Pius' XI. Vertrauter in deutschen Angelegenheiten und zugleich sein favorisierter Nachfolgekandidat war, ist es unwahrscheinlich, daß Pacelli nichts mit der Auftragsvergabe zu tun hatte oder daß das Ergebnis nicht seine Ansichten widerspiegelte. Da das Dokument ausschließlich von Jesuiten erstellt wurde, die Pacelli während seiner gesamten Karriere immer wieder intellektuell unterstützten, ist vielmehr davon auszugehen, daß sich Pacelli mit diesem Dokument identifiziert hat.

Die Leitung des Projekts lag in den Händen des Jesuitengenerals Wladimir Ledóchowski, der seinerseits drei gelehrte Jesuiten zur Mitarbeit berief – Gustav Gundlach aus Deutschland, Gustave Desbuquois aus Frankreich und John LaFarge aus den Vereinigten Staaten von Amerika. Diese entwickelten das Dokument bis zur Entwurfsstufe – und das entspricht dem Text, der kürzlich zugänglich geworden ist.[20]

LaFarge war gegen den Rassismus in den Vereinigten Staaten aktiv gewesen und hatte ein Buch über dieses Thema unter dem Titel *Inter-racial Justice* geschrieben, das Pius XI. gelesen hatte. LaFarge hatte sich dafür eingesetzt, daß die katholische Kirche die Erringung rassischer Gleichheit als ein entscheidendes Ziel für das 20. Jahrhundert betrachten solle. Gustav Gundlach andererseits hatte für die Ausgabe des *Lexikons für Theologie und Kirche* von 1930 einen Beitrag zum Thema Antisemitismus geschrieben, in dem es unter anderem hieß: «Man kann eine völkisch und rassenpolitisch eingestellte von einer staatspolitisch orientierten Richtung des Antisemitismus unterscheiden ... Die erste Richtung des Antisemitismus ist unchristlich ... Die zweite Richtung ... ist erlaubt, sobald sie tatsächlich schädlichen Einfluß des jüdischen Volkes auf den Gebieten des Wirtschafts- und Parteiwesens, des Theaters, Kinos und der Presse, der Wissenschaft und Kunst (liberal-libertinistische Tendenzen) mit sittlichen und rechtlichen Mitteln bekämpft.» Der britische Historiker und Journalist Roland Hill, der Gundlach in den fünfziger Jahren begegnet ist, hat dazu bemerkt, dieser «sei zwar kein Antisemit gewesen, habe aber den Abscheu seiner Generation vor religiös entwurzelten Einwanderern aus Osteuropa geteilt, von denen man weithin annahm, sie hätten während der Depression der dreißiger Jahre den Deutschen ihre Arbeitsplätze weggenommen».[21] Wie dem auch sei – die wichtige Frage lautet, wieweit Pius XI. und Pacelli derartige Abneigungen teilten. Am 22. Juni 1938 unterhielt sich Pius XI. mit LaFarge in der päpstlichen Sommerresidenz Castel Gandolfo und sagte zu ihm: «Sagen Sie einfach, was Sie sagen würden, wenn Sie selbst der Papst wären». Doch ein präziserer Hinweis auf die Gedanken Pius' XI. zu diesem Thema läßt sich aus einer Bemerkung gewinnen, die der Papst am 6. September 1938 machte.

Eine Gruppe belgischer Pilger hatte ihm ein uraltes Meßbuch geschenkt. Er schlug die Stelle für das zweite Gebet nach der Erhebung der Hostie in der Messe auf und las vor, als Gott gebeten wird, die Gabe mit derselben Großzügigkeit anzunehmen, mit der er einstmals Abrahams Opfer empfangen habe. «Welch großartige Worte! Sooft wir sie lesen», so sagte Pius, «sind wir von ihnen ergriffen. Das Opfer unseres Patriarchen Abraham. Bedenkt, daß Abraham, unser Patriarch, unser Vorfahr genannt wird. Der Antisemitismus ist mit dem Geist und der erhabenen Wirklichkeit, die in diesen Worten zum Ausdruck kommen, nicht zu vereinbaren.»[22] Mit Tränen in den Augen ging er dann auf das Elend der Juden Europas ein: «Nein, es ist den Christen nicht möglich, am Antisemitismus teilzunehmen. Wir erkennen jedem das Recht zu, sich zu verteidigen und geeignete Mittel zu gebrauchen, um sich gegen alles, was die eigenen legitimen Interessen untergräbt, zu schützen. Der Antisemitismus ist nicht vertretbar. Wir sind im geistlichen Sinne Semiten.»

Die Reflexion über «Selbstverteidigung» und «legitime Interessen» läßt eine seltsame Bedeutung anklingen. Sie unterscheidet sich von der bekannten antijüdischen Strömung im Katholizismus des frühen 20. Jahrhunderts, der Gundlach angehörte und die von Pacelli in seinem Briefwechsel mit Gasparri aus München 1917 tatsächlich klar vertreten wurde. Gleichzeitig entsteht der Eindruck, daß sich zwischen Pius XI. und Pacelli in der «jüdischen Frage» ein Abgrund aufgetan habe. Die Worte des Papstes wurden weder im *Osservatore Romano* veröffentlicht, den Pacelli kontrollierte, noch in der *Cività Cattolica*, die einst für ihre antisemitischen Stimmungen berüchtigt war und auf die Pacelli beträchtlichen Einfluß hatte. Diese Bemerkung des Papstes ist nur deshalb erhalten geblieben, weil der katholische Exilpolitiker Don Luigi Sturzo, der Chef des verbotenen *Partito Popolare*, sie eine Woche später in der belgischen Zeitung *Cité Nouvelle* veröffentlichte.[23]

Es ist durchaus zweifelhaft, ob Pius XI. je den Text des ersten Entwurfs der verlorenen Enzyklika über den Antisemitismus unter dem Titel *Humani generis unitas* (Die Einheit des Menschengeschlechts) zu sehen bekam, denn zum Zeitpunkt seiner Fertigstellung war er bereits ernsthaft krank und hatte nur noch wenige Wochen zu leben. Es gibt keinen Bericht über seine Reaktion auf diesen Text, noch gibt es Beweise für die Existenz irgendeiner Anordnung zur Publikation, doch deutet manches darauf hin, daß Pacelli diesen Text zwischen dem Tod Pius' XI. und dem Konklave verschwinden ließ. Im Jahre 1950 schließlich sollte Pacelli den Titel in der Kurzform *Humani generis* für eine Enzyklika ganz anderer Art benutzen.

Der Abschnitt der nie veröffentlichten Enzyklika, der vom Rassismus handelt, ist nicht außergewöhnlich; aber die Überlegungen über Judentum und Antisemitismus strotzten trotz aller guten Absichten von traditioneller katholischer Judenfeindlichkeit. Die Juden, so heißt es in der Enzyklika, seien für ihr Schicksal selber verantwortlich. Gott habe sie auserwählt, um den Weg zur Erlösung durch Christus zu bereiten, sie aber hätten ihn verleugnet und getötet. Und dann heißt es: Da sie «durch den Traum von weltlichem Gewinn und materiellem Erfolg verblendet» waren, hätten sie den «weltlichen und geistlichen Ruin» selber über sich heraufbeschworen.

In einem anderen Abschnitt nimmt der Text zu den «spirituellen Gefahren» Stellung, «denen der Kontakt mit den Juden die Seelen aussetzen kann», solange «der Unglaube des jüdischen Volkes andauert und seine Feindschaft gegenüber dem Christentum fortbesteht». Daher sei die katholische Kirche, so der Entwurf, gezwungen, wenn sie entdecke, «daß der Haß gegen die christliche Religion – sei er nun jüdischen Ursprungs oder nicht – vom rechten Wege abgekommene Unglückliche dazu bringt, revolutionäre Bewegungen zu unterstützen und zu propagieren, die auf nichts anderes abzielen, als die gesellschaftliche Ordnung umzustürzen ... vor diesen Bewegungen zu warnen, die Tücken und Lügen ihrer Anführer zu entlarven und die von ihr als notwendig erachteten Maßnahmen zu ergreifen, um die Ihrigen zu schützen».

Diese beiden Empfindungen knüpfen an Pacellis persönliche Vergangenheit an. Zuerst waren da die «Starrköpfigkeit» und die «Hartherzigkeit» der Juden – die bei den römischen antijüdischen Vorurteilen zur Zeit Pius IX. eine so große Rolle spielten.[24] Es folgte die Gleichsetzung der Juden mit der bolschewistischen Verschwörung zur Zerstörung des christlichen Europa, und Pacelli glaubte davon in München einiges unmittelbar miterlebt zu haben.

Der Entwurf der Enzyklika verteidigt im weiteren die katholische Kirche gegen den Vorwurf des Antisemitismus, wie es auch Pacelli persönlich nach dem Krieg tun sollte. Aber an einer wichtigen Stelle – und hier nimmt der Text Pacellis unausgesprochenen Standpunkt der Kriegszeit vorweg – verweist das Dokument auf die Risiken für die Kirche, indem der Antisemitismus «sie in die politischen Ränke und Kämpfe hineinzieht und indem er ihre ... Verteidigung der christlichen Prinzipien der Gerechtigkeit und der Menschlichkeit im

Sinne rein menschengemachter Politik interpretiert». Der Gedanke, der hier zum Ausdruck kommt, wird in der letzten Behauptung des Textes erweitert: Ihre, der Kirche «Sorgen sind ganz anderer Natur: das Vermächtnis der Wahrheit zu erhalten, das ihr anvertraut wurde … die rein profanen Probleme, in die sich das jüdische Volk verstrickt sehen mag, interessieren sie nicht.» Das heißt: Die Juden selber haben ihre Probleme auf sich geladen, nicht wegen ihrer Religion, nicht wegen ihrer Rasse, sondern wegen rein weltlicher, von Menschen gemachter politischer und wirtschaftlicher Ziele, wofür sie nun einen Preis zu zahlen haben. Daher könnte die Verteidigung der Juden, wie sie die «christlichen Prinzipien der Gerechtigkeit und der Menschlichkeit» fordern mögen, zu nicht akzeptablen Kompromissen in der weltlichen Politik führen, nicht zuletzt zur Zusammenarbeit mit dem Bolschewismus und damit zu seiner Förderung durch Blockierung solcher Staaten, die willens sind, ihn zu bekämpfen.

Die Enzyklika wurde im Herbst 1938 dem Jesuitengeneral Wladimir Ledóchowski übergeben, der sie zunächst für sich behielt und sie schließlich an den Chefredakteur von *Civiltà Cattolica* weiterreichte, der sich dann ebenfalls nicht weiter darum gekümmert zu haben scheint. Warum wurde die Enzyklika nicht in angemessener Zeit vollendet und dem Papst übergeben? Darauf wissen wir keine Antwort. Aber angesichts all der Unzulänglichkeiten, die sie als klare Verdammung des Antisemitismus kennzeichnen, ist es wahrscheinlich, daß die Jesuiten und wohl auch Pacelli, dessen Einfluß während der Krankheit Pius' XI entscheidend war, gezögert haben, die Nationalsozialisten durch die Publikation dieses Textes zu reizen. Das Dokument erreichte Pius XI. schließlich einige Tage vor seinem Tode am 9. Februar 1939. Trotz all der darin enthaltenen Vorurteile hätte die Enzyklika wohl der Welt deutlich machen können, daß der Papst den Antisemitismus verurteilte. Es blieb jedoch unveröffentlicht.

11

Dunkelheit über Europa

Seit Mitte der zwanziger und bis Ende der dreißiger Jahre hatte Hitler sich Sorgen gemacht, die katholische Kirche könnte seine Pläne durch Proteste, Verweigerung der Zusammenarbeit und aktiven Widerstand durchkreuzen. Seine Befürchtungen gründeten sich auf das historische Beispiel der katholischen Reaktion auf Bismarcks Kulturkampf in den 1870er Jahren und auf seine Besorgnisse gegenüber dem politischen Katholizismus. Wie echt waren diese Befürchtungen? Wie real waren vor Ausbruch des Krieges die Aussichten auf einen katholischen Widerstand?

Die Ursprünge des Kulturkampfs sind vielfältig und komplex.[1] Die Katholiken wurden von Bismarck, insbesondere nach der Publikation von Pius' IX. *Syllabus Errorum* und der Verkündung der päpstlichen Unfehlbarkeit beim Ersten Vatikanischen Konzil, zunehmend als Reichsfeinde betrachtet, sie galten als potentielle Quelle der inneren Spaltung. Darüber hinaus mißtraute Bismarck dem polnisch-katholischen Bevölkerungsteil im neuen Reich, und vor allem mißbilligte er die Bildung einer parlamentarischen katholischen Zentrumspartei. «Durch die Ausbeutung des liberalen Antiklerikalismus, der seinen Höhepunkt nach der Verkündung der päpstlichen Unfehlbarkeit 1870 erreichte», schreibt der amerikanische Historiker David Blackbourn, «wollte er wahrscheinlich den politischen Ehrgeiz der liberalen Mehrheit im deutschen Reichstag und im preußischen Landtag ablenken, indem er sie in einen Kampf gegen die katholische Kirche hineinzog.»

Der Kulturkampf begann mit einer Reihe antikatholischer Gesetze, die den «Mißbrauch» der Kanzel für politische Zwecke unterbinden sollten, die Jesuiten unterdrückten, den katholischen Religionsunterricht und die Ernennung von Gemeindepfarrern einer Kontrolle unterwarfen. Zu dem Bündel der Maßnahmen gehörten außerdem die Beschlagnahme von Kirchenbesitz, die Entlassung von Geistlichen und die Einstellung staatlicher Zahlungen an Priester, die sich weigerten, im Sinne des Kulturkampfs zu wirken. Viele Kirchen und zahlreiche Priesterseminare wurden geschlossen. Hunderte von Priestern kamen hinter Gitter, und noch mehr Geistliche mußten sich verstecken oder ins Ausland fliehen. Bis zum Ende der Auseinandersetzung sollen schätzungsweise 1800 Priester ins Gefängnis gekommen oder ausgewiesen worden sein. Katholische Organisationen wurden ausspioniert, infiltriert und vor allem dann behindert, wenn zu vermuten war, daß Arbeiterorganisationen Verbindungen zur Kirche hätten. Das katholische Presse- und Verlagswesen wurde an die Kandare genommen und ständig belästigt.

Alles in allem wurde die katholische Kirche während des Kulturkampfs eher schärfer verfolgt als durch die Nationalsozialisten zwischen 1933 und 1938. Die Katholiken nutzten jedoch in den 1870er Jahren ihre Vereine, Organisationen, Bruderschaften und Innungen, um gemeinsam mit ihren Geistlichen und Bischöfen zu handeln. Die katholische Reaktion in den Kommunen, am Arbeitsplatz und in den Pfarrgemeinden verblüffte die Regierung ebenso wie die lokale Beamtenschaft. Als der Bischof von Trier, Matthias Eberhard, im März 1874 wegen Mißachtung der Gesetze verhaftet wurde, sammelten sich die katholischen Massen und «warfen sich auf den Boden, rauften sich in den Haaren, und man hörte ein die Seele durchschneidendes Wehklagen». Als der Bischof schließlich, bevor er ins Gefängnis ging, ein letztes Mal die Menge segnete, war die «Erregung der Menge in diesem letzten Augenblick ... so stark, ihr Jammern und Wehklagen so herzdurchdringend, und die Rührung, von welcher selbst feste Männer mächtig erfaßt wurden, so überwältigend, daß das ganze sich nicht beschreiben läßt.»[2]

Daß diese Solidarität direkt aus dem Volk hervorging und weniger auf der päpstlichen Führung beruhte, wurde zu dieser Zeit anerkannt und ausgesprochen, selbst von den Bischöfen. Der Mainzer Bischof Ketteler, ein prominenter Führer des deutschen Katholizismus, hat dazu bemerkt: «Ich mißbillige ... eine gewisse Großtuerei und Prahlerei mit der Gewalt des Papstes, als ob er in der Lage wäre, mit einem Worte alle seine Gegner niederzuwerfen und die ganze Welt gegen sie aufzubieten.»[3]

Die Bereitschaft der Katholiken an der Basis in vielen Teilen Deutschlands, Gewalt mit Gewalt zu beantworten, zählt zu den bemerkenswertesten Aspekten dieser historischen Ereignisse. Wenn Beamte auftauchten, um Kirchen zu schließen, dann riskierten sie den Zorn der Menschen und die Drohung, verprügelt zu werden. Ein

Bürgermeister, der 1875 im Rheinland damit drohte, eine katholische Demonstration aufzulösen, wurde zusammengeschlagen und schließlich erstochen. Als 1876 in Emsdetten zwei Katholiken verhaftet wurden, versammelte sich eine protestierende Menge vor dem Gefängnis und warf mit Steinen; am Ende zerstörten sie das Gebäude und befreiten dann die Gefangenen. In Hamborn stürmten 1874 tausend Katholiken den Bahnhof, um ihren verhafteten Pfarrer zu befreien.

Meist jedoch ging man aus taktischen Gründen Konfrontationen mit dem Militär aus dem Wege, wenn dieses in voller Stärke aufmarschierte. David Blackbourn hat über das Muster des Widerstands überall in Preußen geschrieben: «Katholiken verweigerten die Zusammenarbeit mit den Behörden, indem sie ausweichend antworteten, wenn sie gefragt wurden, und gewaltlose Methoden fanden, um ihrer Verachtung für Gendarmen und andere Beamte Ausdruck zu geben – zum Beispiel durch Gelächter. Versuche von Staatsbeauftragten, sich Kirchenurkunden anzueignen, wurden behindert, kirchliche Mittel, die beschlagnahmt werden sollten, wurden beiseite geschafft, bei Zwangsversteigerungen von kirchlichem Eigentum fanden sich keine Bieter.»[4]

Im übrigen gab es einen weitverbreiteten passiven Widerstand: Katholiken halfen Priestern, die sich auf der Flucht oder im Versteck befanden, und begleiteten jene, die verhaftet wurden, auf dem Weg bis Gefängnis. Sie feierten die Freilassung von Gefangenen mit Girlanden und Salutschüssen. Jene, die Spitzeldienste leisteten oder mit den Behörden zusammenarbeiteten, wurden von der Gemeinschaft gemieden. Wenn Kirchen geschlossen wurden, versammelten sich die Gläubigen im Wald oder in Kellern, um ihre Messen abzuhalten. Das Phänomen der Resistenz – etwas weniger Dramatisches als der heroische, physische Widerstand, nämlich die Solidarität einer Gemeinschaft in der Verweigerung der Zusammenarbeit – war allenthalben festzustellen.

Auch in den dreißiger Jahren gab es in der Tat isolierte katholische Widerstandsakte, die mit den Erfahrungen der Kulturkampfzeit vergleichbar waren, so etwa Proteste im Jahre 1936 gegen die Entfernung von Kruzifixen und Heiligenbildern aus Schulen oder die Entschlossenheit, sich zur Fronleichnamsprozession zusammenzufinden und Wallfahrten nach berühmten Wallfahrtsorten wie Kevelaer oder Altötting durchzuführen. Aber der grundsätzliche Unterschied zwischen beiden Phasen bestand in den 1930er Jahren in der «Appeasementpolitik» des Vatikans – von den Bischöfen bis zu den Laien. In den 1870er Jahren dagegen machte Rom keinen Versuch, die Ereignisse von der Zentrale aus zu kontrollieren, sieht man von Pius' IX. Enzyklika *Quod nunquam* (5. Februar 1875) ab, die die Kulturkampfgesetze für nichtig erklärte, soweit sie das Gewissen der Katholiken betrafen.

Es gab andere wichtige Unterschiede. Die neuen, schnelleren Möglichkeiten der Kommunikation und des Reisens versetzten die Nationalsozialisten in die Lage, die Ereignisse rascher unter Kontrolle zu bringen, als dies in den 1870er Jahren möglich gewesen war. Überdies war der Einfluß des Parlaments und einer freien Presse – die während der Bismarckzeit immer noch wirksam waren – 1933 vollständig unterbunden. Darüber hinaus sorgte Hitler, der seine Lektion aus den Lehren des Kulturkampfs gelernt hatte, sorgsam an jedem Wendepunkt dafür, Frontalangriffe gegen Ausdrucksformen der Volksfrömmigkeit zu vermeiden. Die Kirchen blieben offen, und man hielt die Gläubigen nicht davon ab, ihre gewohnte religiöse Praxis auszuüben.

Der Unterschied zwischen den Aktivitäten von unten in den 1870er und der Lethargie an der Basis in den 1930er Jahren wirft jedoch noch weitere Fragen auf. Wäre es besser gewesen, wenn es nach 1933 nicht eine so zentralistische, von oben nach unten ausgeübte Kontrolle durch Pacelli gegeben hätte? Wäre dann ein Widerstand, vergleichbar der katholischen Reaktion auf Bismarcks Kulturkampf, überhaupt entstanden?

Das stärkste Argument für den Glauben an den Erfolg eines katholischen Widerstands – wäre dieser früh erfolgt, weit verbreitet und gut abgestimmt gewesen – bieten jene Fälle, bei denen SS und Gestapo angesichts von Volksprotesten einen Rückzieher machten. Ein herausragendes Beispiel dafür war der Protest in der Rosenstraße in Berlin im Februar 1943 – eine Episode, die Nathan Stoltzfus in seinem Werk *Widerstand des Herzens. Der Aufstand der Berliner Frauen in der Rosenstraße 1943* ausführlich untersucht.[5] Was dieses Ereignis so bedeutsam macht, ist die Tatsache, daß es sich nach der Niederlage in Stalingrad abspielte, als die NS-Sicherheitskräfte immer radikaler vorgingen und mit den bösartigsten Mitteln arbeiteten. Im Laufe jenes Monats verhaftete die Gestapo die letzten 10 000 Juden, die noch in Berlin lebten und arbeiteten, und von «denen die Industriellen behaupteten, daß sie als Arbeitskräfte unentbehrlich seien». Von ihnen wurden 2000 in einem Gebäude in der Rosenstraße im Bezirk Mitte gefangengehalten. Sie alle – die meisten von ihnen waren Männer – hatten nichtjüdische deutsche Ehepartner. Sobald die Nachricht von der Razzia sich verbreitete, versammelten sich viele hundert Ehefrauen vor dem Gefängnis, um zu demonstrieren. Sie riefen ununterbrochen: «Wir wollen unsere Männer wiederhaben! Wir wollen unsere Männer wiederhaben!» Die Demonstration zog sich eine ganze Woche lang Tag und Nacht hin. Immer wieder vertrieben Polizei und SS die Frauen und drohten damit, sie niederzuschießen. Doch stets sammelten sich die Demonstrantinnen erneut, stießen in geschlossenen Reihen vor und boten der bewaffneten SS mutig Paroli. Schließlich gab die Gestapo nach und ließ die 2000 Juden frei. Dies war die einzige öffentliche Demonstration dieser Art von deutschen Nichtjuden zur Befreiung von Juden, und sie war ein eindrucksvoller Erfolg.

In seiner Analyse des Protestes in der Rosenstraße vergleicht Nathan Stoltzfus diese Demonstration mit ähnlichen katholisch inspirierten Protesten, um zu zeigen, daß in den Jahren 1933 und 1934 Widerstand an der Basis von seiten der katholischen Kirche zu einer starken Herausforderung des Regimes hätte werden können. Stoltzfus' überzeugendstes Argument gründet auf dem Umstand, daß das Regime der Zustimmung durch das Volk bedurft hätte. «Proteste gegen Geheimprogramme brachten nicht nur Dissens zum Ausdruck», so schreibt er, «sondern sie drohten auch zu entschleiern, was das Regime unbedingt verschleiern mußte. Öffentliche Proteste bedrohten die Geheimhaltungspolitik ganz besonders.» Daher läßt sich sagen, daß öffentlicher Protest die wirksamste Form des Widerstands war. Er konnte dazu führen, Meinungsunterschiede innerhalb der Führung ans Licht zu bringen. Das NS-Regime wollte den Eindruck erwecken, als sei das deutsche Volk ausnahmslos dem Nationalsozialismus gegenüber positiv eingestellt. So mußten einzelne katholische Dissidenten sehr bald verzweifeln in dem Bewußtsein, gegen einen reißenden Strom anzuschwimmen.

Katholischer öffentlicher Protest auf örtlicher Ebene, wurde, wie hier wiederholt gezeigt, durch die zentralistische Politik des Vatikans extrem erschwert; sie unterminierte den politischen Katholizismus zwei Jahrzehnte lang. Während der entscheidenden Phase der zwanziger und dreißiger Jahre, als die katholischen Parteien – der *Partito Popolare* in Italien und die Zentrumspartei in Deutschland – die einzige christlich-demokratische Option der politischen *Mitte* für die Wählerschaft waren, entschied sich der Vatikan dafür, diese Parteien fallenzulassen, da er sie nicht kontrollieren konnte. Ohne eine dynamische politische Basis, die von der Kirche unterstützt wurde (wie sie mit der *Solidarnosc* in Polen in den siebziger und achtziger Jahren auftauchte), konnte es keinen lebensfähigen und effektiven Widerstand geben.

So wie die Dinge standen, läßt sich die ungeheure Tragödie der

Abdankung des Katholizismus begreifen, wenn man sich zwei Beispiele des Protests vor und während des Krieges näher ansieht – die Affäre um die Entfernung der Kruzifixe 1936 und die Auseinandersetzung um das «Euthanasie»-Programm 1941. Wären diese Proteste wiederholt worden und hätten sie sich überall in Deutschland seit 1933 vervielfacht, dann hätte die Geschichte des NS-Regimes möglicherweise einen anderen Verlauf genommen. Hätten die Katholiken insbesondere gegen die «Kristallnacht» und gegen den Aufstieg des Antisemitismus protestiert, dann wäre den Juden in NS-Deutschland, ja sogar in Europa unendliches Leiden erspart worden. Diese Schlußfolgerung ist zumindest von drei angesehenen Historikern, die sich mit dieser Zeit beschäftigt haben, gezogen worden – von Nathan Stoltzfus, von J. P. Stern und von Günter Lewy.[6] So schreibt Stern, wenn er die Haltung der Kirche im Falle der Euthanasie-Aktion mit der zur Verfolgung der Juden vergleicht: «Es ist nicht einzusehen, warum ähnliche Proteste zugunsten ihrer jüdischen Mitbürger nicht genauso erfolgreich gewesen wären – beweisen läßt es sich nicht.»

Eines der Beispiele für katholischen Protest ist ein einziger starker und mutiger Bischof, Clemens Graf von Galen, an dem zu zeigen ist, was zu erreichen war, wenn man die Vormachtstellung des Vatikans ignorierte und das Volk zu kollektivem Protest und Widerstand ermutigte. Galen unterstützte den Protest gegen den Befehl zur Beseitigung von Kruzifixen in den Schulen in Oldenburg im November 1936. Nach dem Erlaß des Dekrets durch den oldenburgischen Gauleiter und Reichsstatthalter Carl Röver reagierten die Katholiken der Stadt Cloppenburg mit tiefer Empörung. Es gibt Beweise dafür, daß diese Unruhe sich sogar unter Mitgliedern der NSDAP und auch in der Hitlerjugend ausbreitete, letztere stellte sich sogar den Protestierenden zur Verfügung. Am 25. November 1936 wurde die Verordnung zurückgezogen, ein Ereignis, das von Katholiken weithin als der erste Sieg der Kirche über den nationalsozialistischen Staat verstanden wurde.

Ein zweites Beispiel, bei dem es um das Verbot von Kruzifixen, öffentlichen Gebeten und Liedern ging, ereignete sich 1941 in Bayern als Folge einer Verordnung des bayerischen Innenministers und stellvertretenden Ministerpräsidenten Adolf Wagner. Bei den nun folgenden Protesten und Unruhen lag die Führung weitgehend in den Händen von Frauen. Das Ereignis ist als «Revolte der Mütter» bezeichnet worden, die in die Schulen strömten und damit drohten, ihre Kinder fortzunehmen.[7] Schließlich gab Wagner nach, und die Kruzifixe wurden wieder aufgehängt.

Zur gleichen Zeit protestierten Katholiken mit Unterstützung des Bischofs von Galen erfolgreich gegen Hitlers «Euthanasie»-Programm und leisteten Widerstand. Etwa 70 000 Deutsche, die als geisteskrank definiert worden waren, wurden in den 19 Monaten von Januar 1940 bis August 1941 umgebracht, viele von ihnen in Gaskammern. Die gesamte Bevölkerung des Dörfchens Asberg in Bayern, darunter Mitglieder der NSDAP, protestierte im Februar 1941 aktiv und öffentlich gegen die Deportation von Euthanasieopfern, die per Bus an die Stätten ihres Todes geschafft wurden. Als sich die Unruhe ausbreitete, verwiesen Stimmungsberichte des SD auf den demoralisierenden Effekt von Gerüchten, sarkastischen Bemerkungen und Witzen über das Regime vor Ort. Man befahl den Lauschern des SD, mit deutscher Gründlichkeit Untersuchungen anzustellen: «Jeder, der (ein Gerücht) weitererzählte, sollte darauf befragt werden. Wenn möglich, sollte die Person, die ein Gerücht oder einen Witz in Umlauf gebracht hatte, namhaft gemacht werden.»[8] Der SD hielt weiterhin fest, «daß zahlreiche politische Witze und Gerüchte von schädlichem und gegen den Staat gehässigem Charakter, zum Beispiel abträgliche Witze über den Führer, führende Persönlichkeiten, die Partei, die Wehrmacht usw. in Umlauf seien».[9] Im Sommer jenes Jahres hielt von Galen drei Predigten gegen das Euthanasie-Programm und die Enteignung von Klöstern durch die Gestapo. Er führte aus, der «Gnadentod» könne am Ende auch verwundeten Soldaten, Krüppeln, Alten und Gebrechlichen zugefügt werden. Diese Predigten wurden gedruckt und verbreitet, und Tausende von Gläubigen versammelten sich im Dom zu Münster zu Schweigekundgebungen der Solidarität mit dem Bischof.

Der Leiter der Partei-Kanzlei, Martin Bormann, und andere NS-Führer forderten die Hinrichtung Galens. Aber Hitler hatte sich in diesem Fall allein die Entscheidung vorbehalten. Goebbels, der richtig erkannte, daß diese Angelegenheit von höchster Bedeutung für die öffentliche Moral und die Propaganda war, behauptete, die Bevölkerung ganz Westfalens würde dem Regime ihre Unterstützung verweigern, sollte Galen etwas zustoßen. Obwohl das Euthanasie-Programm nicht vollständig eingestellt wurde, und es Gründe für die Annahme gibt, daß Galens Intervention für die Abnahme der Zahl der Todesfälle nicht entscheidend war,[10] wurde es nun in aller Heimlichkeit fortgesetzt und in kleinerem Rahmen betrieben. Opfer waren nun «nur» noch jene, für die sich unter der Bevölkerung niemand einsetzte. Galen überlebte all dies wohlbehalten.

Dieses Beispiel zeigt, daß die öffentliche Meinung das NS-Regime noch beeinflussen konnte, während Hitler sich schon auf dem Höhepunkt seiner Macht befand. Wäre die Öffentlichkeit in Deutschland gegen andere Verbrechen mobilisiert worden, hätte der Lauf der Geschichte anders sein können. Ohne die lähmende Hand der vatikanischen Kontrolle hätte der Widerstand überall im Land von Anfang an um ein Vielfaches größer sein können. Und hätte die Amtskirche nicht von Beginn an angesichts der aufsteigenden Welle der antisemitischen Propaganda und Verfolgung die Augen geschlossen, dann wäre es nie zu der schrecklichen Katastrophe gekommen, deren Opfer die Juden wurden.

Guenter Lewy gelangt in seinem Werk *Die katholische Kirche und das Dritte Reich* zu der Schlußfolgerung: «Die öffentliche Meinung Deutschlands und die Kirche stellten eine Macht dar, mit der man grundsätzlich rechnen mußte; diese Macht hätte auch bei der Judenkatastrophe eine Rolle spielen können – das ist die Lehre, die man aus der Wendung, die Hitlers Euthanasieprogramm genommen hat, ziehen sollte.»[11]

Pacelli – der Papst im Wartestand

Als die dreißiger Jahre zu Ende gingen, schien sich Pacelli selbst bereits als auserwählt für das höchste Kirchenamt zu betrachten; im Jahre 1938 wirkte er in wachsendem Maße zurückgezogen und abgehoben, so als sähe er alle Dinge *sub specie aeternitatis*. Der Journalist Nazareno Padellaro, der ihn aus nächster Nähe beobachten konnte, hat davon einen lebhaften Eindruck festgehalten.[12] Bei einem Festessen, das der Leiter des Salesianerordens in Rom gab und an dem verschiedene Kardinäle und Kirchenfürsten teilnahmen, erschien Pacelli eine volle Stunde zu spät: «Nun segnete Pacelli das Mahl ... Auf den Lippen Pacellis ... wuchs diese Formel Silbe für Silbe zu ungewohnter Länge an.» Pacellis Gesicht war dabei «gezeichnet von Konzentration ... dieser Mann war tief geprägt von Konzentration und Andacht». Während alle Anwesenden eifrig Speis und Trank zusprachen und sich angenehm miteinander unterhielten, «war zu bemerken, daß der Staatssekretär den Speisen gegenüber eine Haltung einnahm, als blättere er in der Tagespost. Jeder Gang war ein Brief, eine Notiz, eine Mitteilung: der gleiche Abstand, die gleiche Besorgnis, Wert oder Unwert richtig einzuschätzen, Kardinal Pacelli las die Speisen, er aß sie nicht, und zuweilen genügte, wie in der Büropraxis, ein rasches Überfliegen, ein einziger Bissen, um zur nächsten Nummer der Post zu greifen.» Padellaro fügt hinzu, daß Pacelli sehr wenig trank und Wasser in seinen Wein mischte, die übrigen Gäste lachten sehr viel, «aber Pacelli lachte nicht mit ... wohl war seine Stimmung heiter und ausgeglichen, aber niemand sah ihn an jenem Tage lachen».

Jemand fragte nach dem Gesundheitszustand des Papstes, und plötzlich herrschte Schweigen am Tisch, zum ersten Mal, so scheint es, ergriff nun Pacelli das Wort. Padellaro berichtet darüber: «Wir lachten (...) von Herzen, bis wir aus der plötzlich herabgestimmten Atmosphäre das Wort ‹Frieden› auffingen. Der Papst arbeite für den Frieden. Wie oft haben wir im Verlauf des Krieges diesen Satz angehört. ‹Der Papst arbeitet für den Frieden.›»

Schließlich erhob sich Pacelli, um zu gehen. «Eilfertig holte sein Sekretär den weiten, schweren Mantel herbei und legte ihn sorgfältig um seine Schultern.» Padellaro, der hier weiter berichtet, konnte in diesem Moment einen Blick auf Pacellis Gesicht werfen: «Wie fern schien noch das Gespenst des Hungers, das bald in millionenfacher Gestalt Kinder, Frauen und Greise zu Skeletten verwandeln sollte!»

Zu jener Zeit war Pacellis persönlicher Haushalt, der eine Art Küchenkabinett darstellte, wohl eingerichtet. Dazu gehörten Mutter Pasqualina mit ihren beiden Nonnen als Helferinnen; dazu zählte der Mediziner Professer Ricardo Galeazzi-Lisi, ein Augenfacharzt, dem Pacelli die Aufgabe anvertraute, die jeweils angemessenen Spezialisten auszuwählen; hier war der Halbbruder des Professors «Ingenieur» Graf Galleazzi zu finden, der Ratschläge zu Bauprojekten innerhalb des Vatikans erteilte; schließlich zählte noch Pacellis Neffe Carlo dazu, ein Sohn Francescos, der die Nachfolge seines Vaters als ziviler Verwaltungschef der Vatikanstadt angetreten hatte. Die beiden Jesuiten, Pater Leiber und Pater Hentrich, sowie Pacellis alter Vertrauter und Freund, Monsignore Kaas, standen stets als enge Mitarbeiter zur Verfügung.

Pacellis jüngere Schwester Elisabetta äußerte vor dem Seligsprechungstribunal, Pasqualinas starker Einfluß auf ihren Bruder sei zu «einem wahren Kreuz (geworden), ein Kreuz, das er aus den Händen Gottes als Mittel zur Heiligwerdung empfing». Pasqualina kontrollierte nunmehr selbst für Familienmitglieder den Zugang zu Pacelli; das sollte sich während seines gesamten Pontifikats nicht ändern. Und obwohl Professor Galeazzi-Lisi ärztliches Können durchaus fraglich war, beharrte die Nonne darauf, niemand wisse besser als er, was Pacelli an ärztlicher Hilfe benötige.

Elisabetta erzählte der Seligsprechungskongregation auch eine andere seltsame Geschichte, die sich um Pasqualina drehte – sie mochte sich Mitte bis Ende der dreißiger Jahre – vor dem Tod von Pacellis Bruder Francesco – ereignet haben. Der Vorfall offenbart die Spannungen, Eifersüchteleien und Intrigen, die im Küchenkabinett herrschten. Die Herzogin Brady (die jenen Empfang für Pacelli auf Long Island veranstaltet hatte) hatte den Ingenieur Graf Galleazzi zum Verwalter ihrer italienischen Villa außerhalb Roms bestellt, die sie Pacelli zur Verfügung stellen wollte. «Schwester Pasqualina», so erklärte Elisabetta, «reiste dort hin und ließ verschiedene Gäste dort wohnen. Bei einer Gelegenheit gelang es meinem Neffen Carlo, unbemerkt ein Foto zu machen, das Schwester Pasqualina in intimem Einvernehmen mit Graf Galleazzi zeigt *(un atteggiamento troppo confidenziale verso Il Conte Galleazzi)*. Carlo gab das Foto an seinen Vater weiter, der es dann Eugenio zukommen ließ.»[13] Niemand, so Elisabetta, wisse, was sich zwischen Pacelli und der Nonne nach diesem Zwischenfall abgespielt habe, die Folge aber war, daß Pacelli noch mehr von seiner Familie isoliert wurde. Er war offensichtlich in einem Loylitätskonflikt.

Der Tod Pius' XI.

Im letzten Jahr des Pontifikats Pius' XI. stieg der katholische Bevölkerungsanteil im «Großdeutschen Reich» durch den «Anschluß» Österreichs und die Annexion des Sudetenlandes so dramatisch an, daß die Katholiken jetzt tatsächlich in der Mehrheit waren. Kardinal Bertram begrüßte in einem Hirtenbrief die neuen Bürger des Reiches, aber der deutsche Katholizismus war weit davon entfernt, an Schwungkraft für Widersetzlichkeit und Protest zu gewinnen, im Gegenteil, man paßte sich an.

Ironischerweise überschritt ausgerechnet der Primas von Österreich und Erzbischof von Wien, Kardinal Innitzer, die von Pacelli abgesteckten Grenzen bei weitem. Ohne den Kardinalstaatssekretär zu Rate zu ziehen, ging dieser Kirchenfürst so weit, Hitler nach seinem Triumphzug durch Wien zu empfangen und noch vor dem Plebiszit öffentlich seine Genugtuung über den «Anschluß» zum Ausdruck zu bringen. Pacelli war entsetzt über diese Dreistigkeit eines Ortsbischofs. Er beorderte den Kardinal unverzüglich in den Vatikan. Innitzer verlegte sich nun auf eine Verzögerungstaktik, er hatte es nicht eilig, sich eine Standpauke anzuhören; daraufhin ließ Pacelli im *Osservatore Romano* vom 1. April einen Artikel veröffentlichen, in dem es hieß, die Willkommensgrüße der österreichischen Hierarchie für Hitler seien ohne Zustimmung des Heiligen Stuhls erfolgt. Jetzt reiste Innitzer auf der Stelle nach Rom. Der Papst weigerte sich zunächst, ihn zu empfangen, aber Pacelli befahl Innitzer, bei ihm persönlich vorzusprechen. Das Gespräch fand am 6. April in eisiger Atmosphäre statt. Pacelli hatte es meisterhaft vorbereitet. Ein Dokument lag zur Unterzeichnung durch den Primas bereit. Darin wurde zum einen festgehalten, daß die österreichischen Bischöfe dem Heiligen Stuhl unterständen, zum anderen aber, daß den österreichischen Gläubigen durch die Willkommensgrüße des Episkopats für Hitler keine Gewissenspflicht auferlegt worden sei.[14]

Einerseits zeigte sich Pacelli damit wohl auf der Seite der Anständigen, aber zum anderen wurde an diesem Vorgang die Durchsetzungskraft der zentralistischen Macht deutlich. Innitzer unterschrieb, unmittelbar darauf sandte man ihn zum Papst. Die Privataudienz soll eine der «stürmischsten» des gesamten Pontifikats Pius' XI. gewesen sein.[15] Innitzer reiste eiligst als geläuterter und gehorsamer Kirchenfürst nach Wien zurück.

Im Januar des nächsten Jahres lieferte Hitler vor dem Reichstag eine vor Selbstgerechtigkeit strotzende Tirade über die Beziehungen zwischen Kirche und Staat. Dabei wies er den Vorwurf zurück, Christen in Deutschland seien verfolgt worden. Er könne zeigen, daß der Kirche Jahr für Jahr mehr Geld, mehr Steuervorteile und mehr Freiheiten als unter der vorangegangenen Regierung zugestanden worden seien. Zwar habe es Probleme gegeben, aber diese seien, so Hitler, auf die Neigung einiger weniger Geistlicher zurückzuführen, sich auf politische Agitation einzulassen. Und was die Sittlichkeitsprozesse gegen katholische Geistliche angehe, so müßten Pädophile und Sexualverbrecher in Deutschland eben ohne Ansehen der Person bestraft werden. Im übrigen habe er es ignoriert, wenn Geistliche ihr Zölibatsgelübde in anderer Hinsicht verletzt hätten: die Regierung des neuen Reiches bestehe nämlich nicht aus Puritanern. Und für jene, die sich weiterhin beklagten, fügte er hinzu, sie sollten sich lieber über das Schicksal Tausender von Priestern und Nonnen Gedanken machen, die in Rußland und Spanien dahingemetzelt worden seien. Sie sollten an die deutschen Freiwilligen denken, die ihr Leben geopfert hätten, um die Ausbreitung des blutrünstigen Bolschewismus zu verhindern. Gegen Ende seiner Rede beschwor er die großartigen Errungenschaften des neuen Reichs, und er schloß mit einem geradezu frommen Schnörkel, der ein eigenartiges Echo der Worte war, die Pacelli auf dem Eucharistischen Weltkongreß in Budapest geäußert hatte: «Danken wir Gott, dem Allmächtigen, daß er unsere Generation und uns gesegnet hat, diese Zeit und diese Stunde zu erleben.».[16]

Pius XI., der mit einem Herzleiden und Diabeteskomplikationen im Sterben lag, schien zumindest klarer zu sehen als Pacelli. Bis zu seiner letzten Stunde gewährte er Audienzen am Krankenbett, aber es gab auch lange Stunden der Einsamkeit, in denen er dalag und über die Dunkelheit meditierte, die über Europa hereinfiel. Er grübelte gerade jetzt über das Gespenst des Antisemitismus, denn Mussolinis Italien hatte im September 1938 rassistische und antisemitische Gesetze nach nationalsozialistischem Vorbild verabschiedet. Ausländische Juden mußten daraufhin innerhalb von sechs Monaten das Land verlassen. Der Papst sprach prophetisch von einem bevorstehenden Krieg, den Italien verlieren werde.

Im Januar 1939, als der britische Premierminister Neville Chamberlain und Außenminister Lord Halifax nach Rom kamen, um Mussolini zu besänftigen, empfing Pius XI. die beiden Staatsmänner im Vatikan. Nach Darstellung der Londoner *Times* vom folgenden Tag belehrte der Papst die beiden, ohne sich für deren Ansichten zu interessieren. Es scheint so, als habe er die ihm auf Erden noch verbliebene Zeit nutzen wollen, um die Briten in ihrer Entschlossenheit zum Widerstand gegen Hitler zu bestärken. Nachdem sie ihn verlassen hatten, bemerkte er, die beiden Engländer seien ihm wie ein Paar «Nieten» vorgekommen und würden sich in den bevorstehenden Konflikten ganz gewiß nicht bewähren.[17]

Im Augenblick des Todes schien Pius XI. die gesamte, von Pacelli vorangetriebene Konkordatspolitik des Heiligen Stuhls seit 1913 zu bedauern. Als er den italienischen Episkopat in der zweiten Februarwoche zu einer Audienz zusammenrief, ging das Gerücht herum, der sterbende Papst bereite eine geradezu apokalyptische Verkündigung gegen den Antisemitismus vor (sollte dies zutreffen, dann wäre es unwahrscheinlich, daß diese über den Textentwurf für *Humani generis unitas* hinausgegangen wäre).

Die Begegnung mit den italienischen Bischöfen sollte am 11. Februar 1939 stattfinden, dem 10. Jahrestag des Lateranvertrags und dem Jahrestag der Berufung Pius' XI. Zwölf Tage zuvor hatte der Papst trotz seines sich ständig verschlechternden Gesundheitszustands damit begonnen, die beiden Ansprachen zu formulieren, die er vor den Bischöfen halten wollte. Er erlitt im Laufe der Woche zwei Herzanfälle. Einen Tag vor der Audienz starb Pius XI. am 10. Februar; seine beiden Ansprachen an die Bischöfe Italiens unterblieben. Seine allerletzten Worte erschienen jedoch wie ein Rückzug auf das besondere, erhabene päpstliche Ich-Bewußtsein: «Anstatt über Frieden und guten Willen zu Menschen zu reden, die nicht hören wollen», so bemerkte er zu einem Freund von H. Daniel-Rops, als es mit ihm zu Ende ging, «ziehe ich es nun vor, mit Gott allein über sie zu sprechen.»

In den Händen Pacellis, der vier Jahre zuvor zum Kämmerer der Heiligen Römischen Kirche ernannt worden war, lag die Verantwortung für die Planung des Begräbnisses und die Vorbereitung des Konklaves. Er stand am Bett des verstorbenen Papstes und erklärte, wie es eine uralte Tradition verlangte, daß dieser tot sei. Dazu bemerkt ein Hagiograph: «Jene, die erlebt haben, wie Kardinal Pacelli sich über den Leichnam des toten Papstes beugte, um ihm Stirn und Hände zu küssen, verstanden, wie sehr er ihn liebte. Diesmal konnte er seine Gefühle nicht verbergen.»

Zwanzig Jahre später wurde ein Bruchstück aus einer der beiden Reden, die für die Audienz der italienischen Bischöfe im Februar 1939 vorbereitet worden waren, von Johannes XXIII. veröffentlicht; dieses Fragment enthielt aber keinen Hinweis auf das Wesentliche dessen, was gesprochen werden sollte. Nicht bestätigte Gerüchte gibt es seitdem in großer Zahl. So heißt es etwa, die Reden seien von den Faschisten gestohlen worden; und schließlich kursierte das Gerücht, der Arzt des Papstes, Dr. Francesco Petacci, Vater der Geliebten Mussolinis, des Filmsternchens Claretta Petacci, habe dem Papst eine Giftspritze verabreicht, um ihn daran zu hindern, die beiden Ansprachen zu halten.[18]

Als er vom Tode des Papstes erfuhr, soll Mussolini geäußert haben: «Jetzt ist wenigstens dieser sture alte Mann tot!» Der faschistische Außenminister Graf Ciano berichtet, die Nachricht vom Tod habe den «Duce» «vollkommen gleichgültig» gelassen. Wie dem auch sei, am 12. Februar vertraute Ciano seinem Tagebuch an: «In gewissen amerikanischen Kreisen geht das Gerücht um, der Kämmerer (Pacelli) habe ein vom Papst verfaßtes Dokument in Händen; der Duce wünscht, daß Pignatti Erkundungen einzieht, und wenn sich die Sache bewahrheitet, soll er versuchen, eine Abschrift davon zu erhalten.»[19] Der hier erwähnte Graf Pignatti war der Botschafter Italiens beim Heiligen Stuhl. Schließlich suchte Pignatti Pacelli auf, der ihn beruhigen konnte. «Es wird ein toter Brief bleiben», sagte Pacelli zu ihm, «ich werde ihn im Geheimarchiv ablegen.»[20] Bevor Pignatti ihn verließ, dankte Pacelli dem Botschafter für die Art und Weise, wie die italienische Regierung an der Trauer um den verstorbenen Papst Anteil genommen habe.

Wir wissen nicht, ob Mussolini die Redeentwürfe Pius' XI. je zu sehen bekam; gewiß aber ist, daß sie dem «Duce» ganz und gar nicht gleichgültig waren, hätte doch der tote Papst die Pläne des römischen Diktators – sogar noch nach seinem Tode – vereiteln können.

12

Triumph

Das Konklave nach dem Tod Pius' XI. am 10. Februar 1939 fand am
1. und 2. März statt. Es war bei dem sich abzeichnenden Konflikt
zwischen den Großmächten von beträchtlicher internationaler Bedeutung. Pius XI. hatte sich schließlich 1937 in seiner Enzyklika *Mit
brennender Sorge* gegen das Regime in Deutschland ausgesprochen,
und seine Beziehungen zum faschistischen Italien waren zum Zeitpunkt seines Todes ein Scherbenhaufen. Der Lateranvertrag und das
Reichskonkordat waren aber dennoch rechtsgültig. Ein neuer Papst
konnte, falls er Hitler und Mussolini wohlgesonnen war, die Achse
Berlin–Rom festigen und den Diktatoren in den Augen der Welt moralischen Auftrieb geben. Er konnte auf der anderen Seite auch neutral bleiben – als ein «Mann des Gebets», ein pastoraler Papst, der
sich weigerte, zugunsten einer der beiden Konfliktparteien Stellung
zu nehmen; oder er konnte sich auf die Seite der Demokratien stellen
und die amerikanische öffentliche Meinung ermutigen, im heraufziehenden Konflikt Frankreich und Großbritannien zu unterstützen.
Angesichts einer halben Milliarde katholischer Gläubiger in aller
Welt war die politische Haltung des neuen Papstes für die Durchsetzung der Ziele der Großmächte auf beiden Seiten der Konfliktlinie
von erheblicher Bedeutung. In den drei Wochen zwischen dem Tod
des Papstes und dem Beginn des Konklaves, zu dem sich die Kardinäle im Apostolischen Palast und der Sixtinischen Kapelle versammelten, gab es in römischen Diplomatenkreise viel Klatsch und Intrigen. Die französischen Diplomaten und Beamten des auswärtigen
Dienstes, die sich der Abstimmungsstärke ihrer neun französischen
oder frankophonen Kardinäle (im Unterschied zu drei aus den USA
und vier aus Deutschland) bewußt waren, hatten den Italienern vorgeworfen, den Versuch zu unternehmen, die Fäden zu ziehen – ein
Vorwurf, der so scheint es, nicht unbegründet war.[1] Inzwischen bemühten sich die Franzosen ebenfalls, das Konklave zu beeinflussen.

Der französische Botschafter am Heiligen Stuhl, Charles-Roux, führte mit allen französischsprachigen Kirchenfürsten Gespräche über ihr beabsichtigtes Abstimmungsverhalten. Dies veranlaßte den Pariser Kardinal Henri Baudrillart, den geschäftigen Diplomaten mit den sarkastischen Worten anzusprechen: «Jetzt weiß ich, welche Entscheidung meine Regierung von mir erwartet.»[2] Währenddessen erwog der einzige britische Kardinal, Arthur Hinsley, ob er den britischen Gesandten am Heiligen Stuhl, Francis D'Arcy Osborne, zu einem Lunch ins Refektorium des English College, des römischen Seminars für englische Ordinanden, bitten solle.

Die Wahlkörperschaft des Jahres 1939 bestand aus 62 Kardinälen, von denen eine Entscheidung mit Zweidrittelmehrheit verlangt wurde. Es gab 35 italienische Kardinäle, das hieß, ein neuer Papst mußte für eine italienische Mehrheit akzeptabel sein, andrerseits hatte kein Kandidat ohne beträchtliche Unterstützung von nicht-italienischer Seite eine Chance. Mitarbeiter des französischen und des britischen Außenministeriums erörterten die Idee, den Versuch zu unternehmen, das Konklave zugunsten Pacellis zu beeinflussen, von dem man annahm, er werde die den Demokratien gegenüber freundliche Politik Pius XI. fortsetzen. Pacelli jedoch, der seine Koffer bereits hatte packen lassen, um den Vatikan zu verlassen, war nach Darstellung von Schwester Pasqualina keineswegs bereits der ausgemachte Sieger, ebensowenig war klar, daß er auf der Seite der Demokratien stand. Einige Diplomaten in Rom waren davon überzeugt, das Konklave werde sich aus Tradition weigern, einen früheren Kardinalstaatssekretär zum Papst zu wählen, denn die Kardinäle wollten stets gern das ausgleichen, was beim verstorbenen Papst gefehlt hatte. Andere fragten sich, ob Pacelli sich nicht als zu schwach erweisen würde, nachdem er unter einem so starken Papst gedient hatte.[3]

Unterdessen schienen deutsche Diplomaten in Rom Pacelli zu bevorzugen, da man ihn für einen Versöhnler hielt, obwohl die Ansichten über ihn unter den Nationalsozialisten in Berlin durchaus gemischt und eher verhalten waren. Die vier deutschen Kardinäle bevorzugten gewiß Pacelli, während Kardinal Innitzer aus Wien, der zweifellos immer noch unter den Nachwirkungen seines Gesprächs mit dem verstorbenen Pius XI. litt, nach Aussage eines deutschen Diplomaten «sehr desorientiert und ängstlich» zu sein schien.[4]

Allem Anschein nach hatte Pacelli von Anfang an die Mehrheit der Angehörigen des Kardinalskollegiums, aber keineswegs alle Wahlberechtigten auf seiner Seite. Charles-Roux, der französische Botschafter, stellte fest, daß der französische Kurienkardinal Eugene

Tisserant unnachgiebig gegen Pacelli war; dieser berühmte bärtige Kirchenfürst war der Überzeugung, daß der Kardinalstaatssekretär Pius' XI. zur Unentschiedenheit neigte. Charles-Roux suchte Tisserant ein zweites Mal auf. Er befürchtete, der Kardinal könne einen bedeutsamen Einfluß haben. Die Franzosen glaubten, die Italiener würden gespalten sein zwischen Befürwortern eines pastoralen Papstes wie dem asketischen «Heiligen» Elia dalla Costa aus Florenz und einem «Politiker» – wobei das letztere offensichtlich Pacellis Favoritenrolle war. Doch manche der Italiener, die für einen «Politiker» eintraten, hätten sich auch für Kardinal Luigi Maglione, den früheren Nuntius in Paris, entscheiden können. Charles-Roux vermutete, Tisserant könne diese Differenzen ausnutzen, um zwei beträchtliche Gruppen von ausländischen Kardinälen aus dem Lager der Pacelli-Befürworter herauszuführen. An seine politischen Vorgesetzten in Paris schrieb er, trotz aller Versuche, Tisserant anderweitig zu beeinflussen, wolle dieser immer noch «nicht von seiner Opposition gegen die Wahl Kardinal Pacellis ablassen». Der französische Kardinal behauptete immer wieder, Pacelli sei «entscheidungsscheu, zögerlich, ein Mann, der eher Befehlen gehorchen als solche erteilen könne».[5]

Die 62 wahlberechtigten Kardinäle versammelten sich am 1. März 1939 um 18.00 Uhr zum Konklave. Drei Kardinäle von jenseits des Atlantik waren in allerletzter Minute in Rom angekommen – O'Connell aus Boston, Leme aus Rio de Janeiro und Copello aus Buenos Aires. Sie waren am Morgen jenes Tages an Bord der *Neptunia* in Neapel eingetroffen. Die Kardinäle wurden der Tradition entsprechend untergebracht: in kleinen Zellen mit einem Priester als Sekretär und persönlichen Diener, der für sie sorgte. Pacelli, der bereits im Apostolischen Palast wohnte, blieb weiter in seiner Wohnung und wurde wie bisher von Pasqualina versorgt.

Das Abstimmungsverfahren im Konklave unterliegt den strengsten Geheimhaltungsregeln unter der Strafandrohung automatischer Selbstexkommunikation bei Verstößen. Dennoch dringt oftmals einiges nach außen, und das Konklave von 1939 war keine Ausnahme. Nach Giancarlo Zizola – der darüber in seinem Buch *Quale Papa?* berichtet[6] – sind die folgenden Wahlergebnisse anzunehmen. Bei der ersten Abstimmung lag Pacelli mit 28 Stimmen in Führung, gefolgt von dalla Costa und Maglione. Im zweiten Wahlgang gingen Anhänger von dalla Costa zu Pacelli über, so daß dieser nun 35 Stimmen auf sich vereinigen konnte.

Am Nachmittag des 2. März, als Pacelli im Begriff war, sich für

*Nach seiner Wahl zum Papst nimmt Pius XII. die Huldigung der
Kardinäle entgegen, 3. März 1939*

die dritte Abstimmung in die Sixtinische Kapelle zu begeben, stürzte
er auf der Treppe, als er sich umwandte, um mit Kardinal O'Connell
zu sprechen. Kardinal Vedier aus Paris soll in diesem Moment ausgerufen haben: «Der Stellvertreter Christi – auf der Erde!». Pacelli
stand sogleich auf und setzte seinen Weg fort, wobei er den offenbar

schmerzenden linken Arm rieb.[7] Er betrat die Kapelle, und um 17.25 Uhr war er im dritten Wahlgang mit 48 Stimmen gewählt. Es war das kürzeste Konklave seit 300 Jahren. Nach Charles-Roux stimmte Tisserant bis zuletzt gegen Pacelli und hielt ihn für eine falsche Wahl.[8]

Wie üblich empfing Pacelli die Bürde des Papsttums mit frommem Widerstreben. Ein Kardinal, der sich in seiner Nähe aufhielt, berichtete: «Nach Verlesen der letzten Stimme schloß der Kardinal bleich und ergriffen die Augen und versenkte sich gleichsam erschrocken in ein tiefes Gebet. So verstrichen einige Minuten in feierlichem Schweigen.»[9] Er wählte den Namen Pius in Ehrerbietung gegenüber einer Tradition, die auf Pio Nono zurückging und über Pius X. – seinen Helden – bis zu seinem unmittelbaren Vorgänger reichte.

Charles-Roux' Nachfolger als französischer Botschafter am Heiligen Stuhl, Graf Wladimir d'Ormesson, war überrascht vom Gegensatz zwischen Pius XI. und dem neuen Papst Pius XII.: «Die beiden waren sehr unterschiedliche Männer. Auf einen robusten Mailänder Bergsteiger folgte ein römischer Bürger von passiverem Temperament. Ein Diplomat übernahm den Platz eines Gelehrten.»[10]

Pius XII. bestätigt Hitler

Vier Tage nach seiner Wahl berief Pacelli eine Besprechung mit den deutschsprachigen Kardinälen – Bertram, Schulte, Faulhaber und Innitzer – ein. Er machte deutlich, daß er sich persönlich mit allen deutschen Angelegenheiten befassen werde. Er wollte ihnen einen Entwurf eines Briefes zeigen, den er als neuer Papst an Adolf Hitler zu schicken beabsichtigte. Während sein Vorgänger verspätet scharfe Worte gegen den Nationalsozialismus und den Antisemitismus vorbereitet und den Rückruf des päpstlichen Nuntius aus Berlin ins Auge gefaßt hatte, formulierte Pacelli die folgenden Worte an den «Führer»:

«Dem Hochzuehrenden Herrn Adolf Hitler, Führer und Kanzler des Deutschen Reiches ...

Wir legen ... gleich zu Beginn Unsere(s) Pontifikats Wert darauf, Ihnen zu versichern, dass Wir dem Ihrer Obsorge anvertrauten Deutschen Volke in innigem Wohlwollen zugetan bleiben und ihm von Gott dem Allmächtigen in väterlicher Gesinnung jenes wahre Glück erflehen, dem aus der Religion Nahrung und Kraft erwachsen. In angenehmer Erinnerung an die langen Jahre, da Wir als Apostolischer Nuntius in Deutschland mit Freude alles daran setzten, um das Verhältnis zwischen Kirche und Staat in gegenseitigem Einvernehmen und hilfsbereiter Zusammenwirken beider Teile zu ordnen und zu gedeihlicher Weiterentwicklung zu bringen, richten Wir jetzt zumal auf die Erreichung solchen Zieles das ganz dringende Verlangen, welches die Verantwortung Unseres Amtes Uns eingibt und ermöglicht. Wir geben Uns der Hoffnung hin, dass dieser Unser heisser Wunsch, der mit der Wohlfahrt des Deutschen Volkes und der wirksamen Förderung jeglicher Ordnung aufs engste verbunden ist, mit Gottes Hilfe zu glücklicher Verwirklichung gelange.»[11]

Mit einem bemerkenswerten Mangel an historischer Genauigkeit versuchte Pacelli nun, die deutschen Kirchenführer davon zu überzeugen, daß Leos XIII. schmeichlerisches Sendschreiben an Bismarck nach dem Tod des hitzköpfigen Pius IX. zum Ende des Kulturkampfs geführt habe.[12] Sollte man nicht auch nun in der Hoffnung auf ein vergleichbares Ergebnis diesen friedenstiftenden Gruß übersenden? Die Kardinäle nahmen diese ungewöhnliche Version der Kirchengeschichte ihres Landes ohne Kommentar hin, und der Rest der Diskussion drehte sich um Belanglosigkeiten, etwa die Form der Anrede für Hitler.

Nachdem man dem Entwurf in der oben zitierten Form zugestimmt hatte, legte Pacelli dar, sein Vorgänger, Pius XI. habe einmal gesagt, weiterhin einen päpstlichen Nuntius in Berlin amtieren zu lassen, «geht gegen Unsere Ehre». «Papa Ratti» hatte wohl «befürchtet, dass die Welt nicht verstehen könnte, wie man diplomatische Beziehungen zu einer Regierung unterhalten könne, die die Kirche so behandelt». Pacelli informierte die Kardinäle nun, wie er als Kardinalstaatssekretär darauf reagiert habe: «Ich habe geantwortet. Heiligkeit, was machen wir hernach? Wie können wir dann die Verbindungen mit den Bischöfen noch aufrecht halten?» Pius XI., so fuhr er fort, habe «verstanden und sich beruhigt».

Darauf erwiderte Kardinal Bertram, indem er ein anderes Argument anführte: «Es darf nicht heissen, der Heilige Stuhl hat zuerst gebrochen.»

Pacelli fügte nun die folgende Überlegung zur Notwendigkeit der Aufrechterhaltung diplomatischer Beziehungen mit Hitlers Reich hinzu: «Es sind schon Kardinäle zu mir gekommen und haben gefragt, wie der deutsche Botschafter noch zu mir kommen könne. Wie er nur den Mut dazu habe. Ich habe geantwortet: Was kann ich tun? Ich muss ihn doch freundlich behandeln. Es geht nicht anders. Brechen ist leicht. Wenn aber wieder aufgebaut werden soll, muss man weiß Gott was für Konzessionen machen. Die Regierung wird nicht wieder die Beziehungen anknüpfen ohne Konzessionen von unserer Seite.»

Von Beginn seines Pontifikats an ging Pacellis Haltung gegenüber Hitler über die freundlichen Formen der Diplomatie hinaus, und seine deutschen Bischöfe richteten sich danach. Sein ungewöhnlich liebenswürdiger Brief an den «Hochzuehrenden Herrn Adolf Hitler» überkreuzte sich mit dem Eintreffen der «wärmsten Glückwünsche des Führers und der Regierung».[13] Am 20. April 1939 richtete Erzbischof Orsenigo, der Nuntius in Berlin, auf Pacellis ausdrücklichen Wunsch als Doyen des Diplomatischen Corps einen Galaempfang zu Hitlers 50. Geburtstag aus. Die Geburtstagsgrüße, die Pacelli auf diese Weise eingeführt hatte, wurden sogleich zu einer Tradition; an jedem 20. April während der verhängnisvollen Jahre, die Hitler und seinem Reich noch blieben, pflegte Kardinal Bertram Glückwünsche wie den folgenden an Hitler zu schicken: «Hochgebietender Herr Reichskanzler und Führer! ... Namens der Oberhirten aller Diözesen Deutschlands (gestatte ich mir), Ihnen die herzlichsten Glückwünsche darzubringen. Es geschieht dies im Verein mit den heißen Gebeten, die die Katholiken Deutschlands am 20. April an den Altären für Volk, Heer und Vaterland, für Staat und Führer zum Himmel senden.»[14]

Beim Gespräch mit den Kardinälen des Staatssekretariats für Außerordentliche Angelegenheiten am 20. Juni 1939 teilte Pacelli diesen mit, ein Abbruch der Verhandlungen würde Hitler von den letzten Spuren des Reichskonkordats befreien.[15]

Die Krönung

Pacelli wurde am 12. März 1939 zum Papst gekrönt. Die ersten der 40 000 zugelassenen Zuschauer versammelten sich um drei Uhr früh auf der Treppe des Petersdoms. Um sechs Uhr brach das blasse Frühlingslicht durch Michelangelos Kuppel, die massiven Bronzetüren wurden geöffnet, und die Gäste strömten in das Gebäude. Um acht Uhr kamen immer noch Menschen und suchten nach einem Sitz in dem riesigen Kirchenbau.

Draußen versammelten sich die Bürger Roms und Pilger aus allen Winkeln der Erde auf dem Petersplatz. Sie füllten die Via della Conciliazione in ihrer ganzen Länge, die Feststraße, die Mussolini zur Feier des Lateranvertrags vom Tiber bis zum Petersdom hatte bauen lassen, und sie strömten über die Brücke auf den Corso Vittorio Emanuele. Zeugen berichten von wachsender Fröhlichkeit der Massen, die man auf mehr als eine Million Menschen schätzte und die sich stundenlang im kalten Sonnenlicht drängten.

Für Hilaire Belloc, den militant katholischen, in Frankreich gebo-
renen englischen Autor, der im Auftrag der Hearst-Blätter in den USA
berichtete, war das Überschäumen der Massen vielversprechend und
weitgehend, so dachte er, auf die Aufhebung des faschistischen Konformismus für diesen einen Tag zurückzuführen: «Es war ein erstaunlich schöner Anblick, der schönste, den ich je in meinem Leben gesehen habe (...) Bei weitem die meisten waren Römer. Ich glaube,
der Grund für diese besondere Erregung lag darin, daß sich hier eine
Gelegenheit bot, wirklich Gefühle zum Ausdruck zu bringen. Unter
den modernen Despotien sind die Chancen dafür selten, und man
nützt sie nach Möglichkeit aus.»[16]

Für andere war die Stimmung symptomatisch für die nervöse An-
spannung, die von der Berichterstattung in Zeitungen und Radio
über Hitlers letzte politische Schritte am Rande des Krieges ausgelöst
worden war. Während sich die Massen vor dem Petersdom versammelten, wurden gerade 40 deutsche Divisionen mobilisiert, und es
gab Berichte über Truppenbewegungen an der tschechischen Grenze
zur Vorbereitung des Vorstoßes nach Prag.

Zwischen Pacellis Wahl und seiner Krönung war das Gefühl weit
verbreitet – und es wurde in Leitartikeln katholischer Zeitungen artikuliert –, daß die Übernahme des Pontifikats durch ihn ein Zeichen
für ein Ende der langen Phase kultischer Erhöhung der Päpste war.
War der neue Papst nicht ein Bewunderer Marconis, der den starken
Radiosender im Garten des Vatikans geplant hatte? Begeisterte er
sich nicht für moderne Medien, insbesondere für das Radio? Es wurde ausdrücklich hervorgehoben, daß er England und Paris besucht
hatte; er hatte als päpstlicher Nuntius in München und Berlin gedient; als Staatssekretär hatte er zweimal den Atlantik – in die Vereinigten Staaten und nach Südamerika – überquert, und er hatte auch
Osteuropa bereist. Kein Staatssekretär in der Geschichte der Kirche,
kein *papabile* war je so weit gereist.

Mit sicherem Gespür für die Stimmung in der Kirche und überzeugt, daß er Pacelli richtig einschätze, erklärte Douglas Woodruff,
Herausgeber des internationalen katholischen Wochenblatts *The Tablet* in seinem Bericht über die Krönung: «Der Papst, der während
der Hochphase der fortschreitenden Verweltlichung in seine Kathedrale getrieben worden war, bewegte sich wieder unter den Menschen.»[17] Eugenio Pacelli, so Woodruff, würde die Übel des fortschreitenden Säkularismus nicht durch triumphalistische Isolation
bekämpfen, sondern indem er zur Verbreitung der christlichen Bot-

schaft den Weg in die Welt suche. Eugenio Pacelli, so legte er der einflußreichen Leserschaft von *The Tablet* dar, sei der Papst, der die Trennungsmauer zwischen Kirche und Welt einreißen werde. Er sei der Papst, der das Papsttum desakralisieren, dezentralisieren und demystifizieren werde. Mit aller Kraft werde er die christliche Botschaft in die Völker der Erde hineintragen, um das Neuheidentum zu bekämpfen.

Die Aussichten für all dies waren jedoch an diesem hellen kalten Morgen nicht günstig. Gewiß, hier fand eine Krönung statt, wie sie sich noch nie derart sichtbar vor den Augen der Öffentlichkeit abgespielt hatte. Aber signalisierte dies das Aufkommen eines neuen päpstlichen Populismus, deutete es auf einen Volkspapst hin? Oder zeichnete sich nicht vielmehr die Apotheose des Triumphalismus ab?

Pacelli hatte angeordnet, daß keine Kosten gescheut werden sollten. Im Jahre 1878 war Leo XIII. unter Ausschluß der Öffentlichkeit in der Sixtinischen Kapelle gekrönt worden, ebenso wie Benedikt XV. in aller Bescheidenheit in den ersten, dunklen Tagen des Ersten Weltkriegs. 1922 war Pius XI. auf einem Podium vor dem Schrein des Heiligen Petrus gekrönt worden. Heute jedoch sollte eine Krönung ohnegleichen stattfinden: die erste Papstkrönung, die über den Rundfunk in alle Welt übertragen wurde, die erste, die vollständig gefilmt wurde; es war auch, seitdem Pius IX. 1846 das höchste Amt der Kirche übernommen hatte, die erste, die im Freien vor den Massen auf dem Petersplatz stattfand. Die damit verfolgte Absicht schien jedoch nicht so sehr darauf hinauszulaufen, den Papst unter das Volk zu bringen, als ihn zu entrücken und die Welt in Staunen zu versetzen.

Pünktlich um 8.30 Uhr kam Pacelli unter einem Beifallssturm im Atrium, dem großen Vorplatz der Basilika, an, um die versammelten ausländischen Würdenträger und Monarchen zu segnen. In Zweierreihen schritten die Fürsten, die Botschafter und die hohen Repräsentanten der Nationen in schimmernder Amtstracht das Südschiff des Doms herab, um ihre Plätze links vom Hochaltar einzunehmen. Darunter waren der Prinz und die Prinzessin von Piemont, der Graf von Flandern, der Herzog von Norfolk als Vertreter des Vereinigten Königreichs, die beiden Exkönige Ferdinand von Bulgarien und Alfonso von Spanien sowie Joseph Kennedy – US-Botschafter in London und prominenter Katholik aus Boston –, der die Vereinigten Staaten vertrat, Paul Claudel, der Dichter und Dramatiker als Delegierter Frankreichs und «recht sonderbar», wie Woodruff bemerkte, Eamon de Valera, der irische Präsident, der im Gleichschritt mit Graf

Galeazzo Ciano, Mussolinis Schwiegersohn und Außenminister, marschierte, der später ein Spektakel auslöste, weil er während der Prozession im Rang unterhalb des Herzogs von Norfolk plaziert worden war. «Im pontifikalen Protokoll herrscht größte Unordnung», hielt Ciano trocken in seinem Tagebuch fest. Das nationalsozialistische Deutschland unterließ es als einzige europäische Großmacht, eine wichtige politische Persönlichkeit zu entsenden, es war nur durch Diego von Bergen, den Botschafter am Heiligen Stuhl, vertreten.

Dann zog die Hauptprozession das Mittelschiff hinauf, der Zug der Prälaten in glänzenden weißen Meßgewändern und Mitren – zuerst die Kardinäle, dann die Patriarchen, darauf Erzbischöfe, Bischöfe und die Äbte der großen Benediktinerklöster. Schließlich war Pacelli selber zu sehen, er trug eine goldene Mitra und einen Priesterrock, der ganz steif vom goldenen Flitterwerk war. Der Chor der Sixtinischen Kapelle sang: *«Tu es Petrus, et super hanc petram aedificabo ecclesiam meam.»* – «Du bist Petrus, der Fels, und auf diesen Felsen will ich meine Kirche bauen.»

Pacelli machte mit seinem blutleeren Asketengesicht, das wie Pergament wirkte, mit den großen, tiefliegenden Augen, die kummervoll durch funkelnde, goldgeränderte Brillengläser auf die Gläubigen starrten, auf alle Welt den Eindruck eines Demagogen. Er wurde mit zeremoniellen Federn angewedelt, die man *flabelli* nennt, und von einer Gruppe der Schwarzen Aristokratie mit weißen Handschuhen hoch oben auf der *sedia gestatoria*, der traditionellen päpstlichen Sänfte getragen. Sich nach vorn beugend, dabei dennoch seinen Hals steif gerade haltend, spendete Pacelli gewandt nach links und rechts seinen Segen, machte mit seinen langen dünnen Fingern tiefe und elegante Gesten, während die Menge der Gläubigen zu beiden Seiten wellenartig auf die Knie sank. Vor ihm stolzierte der Zeremonienmeister, der die Prozession in gewissen Abständen anhalten ließ. Er blickte den neuen Papst dreimal an und setzte ein Stück Flachs auf einem tragbaren Silberleuchter in Brand. Die Flamme flackerte einen Augenblick auf, verfiel dann zu Asche. *«Sancte Pater, sic transit gloria mundi»*, intonierte der Geistliche: «Denke daran, o Heiliger Vater, so vergeht der Ruhm der Welt.»

Ruhm und Glanz traten voll in Erscheinung. Trotz der dichter werdenden Schatten des heraufziehenden Krieges waren die Zeitungskorrespondenten aus aller Welt an diesem Vormittag von den uralten liturgischen Riten wie elektrisiert: Da gab es prachtvolle Meßgewänder, Säulen von Weihrauch, Wälder von Kerzenlicht, Litaneien, gesungene Episteln und Kirchenlieder in Griechisch und

Latein, die ernste Choreographie der Geistlichen, gewandet in Stoffe aus Gold, gesäumt von Taft und Brüsseler Spitzen. Für jene, die die Massenaufmärsche der Faschisten und der Nationalsozialisten miterlebt oder in Wochenschauen gesehen hatten, bildeten diese Liturgien zum Klang gregorianischer Gesänge und barocker Polyphonie einen herausfordernden Kontrast zu den dröhnenden, neuheidnischen Massenveranstaltungen der Diktatoren.

Das kenntnisreiche Auge des Londoner Journalisten Tom Driberg, der immer einen Sinn für gestelztes Gehabe hatte, war entzückt. Es war, so schrieb er, «eine der großartigsten Zeremonien, die ich je miterlebt habe».[18] Driberg, der den Petersdom im Abendanzug mit weißer Krawatte und Handschuhen betrat, notierte fasziniert: «Kardinäle küßten dem Papst Fuß und Hand; Erzbischöfe und Bischöfe küßten ihm Fuß und Knie; Mitren tragende Äbte küßten nur seinen Fuß.»

Viele Zeugen, Katholiken und Nichtkatholiken gleichermaßen, erwähnen insbesondere Pacellis gespannte Aufmerksamkeit, seine Ausstrahlung von Frömmigkeit. Dies war kein «volkstümlicher Papst», es war kein Mensch unter Menschen; hier schien es sich um jemand zu handeln, der bereits göttliche Züge angenommen hatte.

Seit 9.30 Uhr las Pacelli die Messe, und es war Mittag, als der Augenblick der Krönung herankam. Aber er schien die Dinge noch weiter in die Länge ziehen zu wollen. «Es gab nicht das geringste Anzeichen von Ermüdung», schrieb Douglas Woodruff, «als er den Segen nach links und nach rechts erteilte, und seine Stimme ... war weiterhin klar und stark wie eine silberne Trompete.» Ein Beobachter bemerkte begeistert: «Mit seiner asketischen Gestalt, seiner Größe und angesichts der ersten Anzeichen von Grau an seinen Schläfen, mit seinen dunklen Augen und der goldgerahmten Brille auf seiner Adlernase schien er vergeistigt, wie schwebend zwischen Himmel und Erde: tatsächlich ein wahrer Papst, wie eine Brücke zwischen dem Göttlichen und dem Menschlichen.»[19] Ein anderer Augenzeuge hielt fest: «Ihn mitzuerleben, ihn zu sehen, wie er sich im Petersdom in päpstlicher Würde gebärdete, war ein unvergeßliches, erbauliches Erlebnis.» Pacelli vermittelte den Eindruck, «auf einer übernatürlichen Ebene zu leben».[20] Ciano schrieb über den neuen Papst in sein Tagebuch: «Heute scheint er wirklich von einem göttlichen Hauch berührt worden zu sein, der ihn vergeistigt und erhaben macht.»

Nach den gefälschten Weissagungen des Malachias sollte dieser, der 262. Papst seit dem Heiligen Petrus, als «Pastor Angelicus», als der Hirt der Engel bekannt werden. Pacelli, so hieß es, habe diese

Berufung persönlich bestätigt; am Tag seiner Krönung lag das Wort «Pastor Angelicus» auf jedermanns Lippen.

Die Krönung wurde auf der großen Loggia über dem Platz und den Massen zelebriert. «Eine goldene Krone setzt Ihm aufs Haupt», sang der Chor, als der Kardinaldiakon, seine Eminenz Caccia-Dominioni, die Tiara herabsenkte, eine Kopfbedeckung, die auf das Ende des ersten Jahrtausends der Christenheit zurückging. «Empfange diese dreifache Krone», so intonierte der Kardinal, «geschmückt mit drei Kronen, daß Du sein mögest der Vater der Fürsten und der Könige, der Herrscher der Welt, der Stellvertreter auf Erden unseres Heilands Jesus Christus, dem Ehre und Ruhm sei für immer und ewig, Amen.»

Schließlich war der Augenblick für den päpstlichen Segen *Urbi et orbi* – für die Stadt Rom und für den ganzen Erdenkreis – gekommen. Der Herausgeber von *The Tablet*, der immer noch optimistisch ein neues volkstümliches Papsttum erwartete, schrieb später dazu: «Es war ein passenden Zeichen für das neue Zeitalter, daß (der Segen) vom Radio übertragen wurde ... Können wir von den großen Erfindungen unseres eigenen Zeitalters besseres für die Religion erwarten? An diesem Krönungsmorgen wußten wir, daß es gut sein muß, wenn die Stimme des souveränen Papstes und seine Gesten überall auf der Welt gehört und gesehen werden. Seine Stadt hatte Frieden geschlossen mit ihm, und halb Rom hatte sich versammelt, um seinen Segen zu empfangen.»[21]

Währenddessen herrschte auf dem Platz unten nicht wirklich Frieden zwischen dem Papsttum und der Stadt Rom. Dies wurde von dem englischen Autor Hugh Walpole bezeugt, der Augenzeuge war: Polizisten hatten die Massen zurückgedrängt, die zu den Stufen der Peterskirche nach vorn strebten, oben an der Treppe befanden sich Schranken, die die Gäste schützen sollten, die aus der Basilika herausgetreten waren, um den Augenblick der Krönung oben auf der Loggia zu erleben. Die vorwärtsdrängende Menge «bewegte sich wie im Rhythmus einer Musik». Dann schlug die Stimmung der Massen um. Die Leute stießen und traten. Walpole spürte, wie seine Füße den Kontakt mit dem Boden verloren, er hatte die Vorahnung, er würde hier zu Tode gequetscht werden. Er meinte den siebzigjährigen Hilaire Belloc zu sehen, wie er in die Luft hinaufstieg und mit einem Butterbrot winkte, und er sah Tom Driberg in seinem Abendanzug und weißen Handschuhen, «immer noch lächelnd und liebenswürdig, obwohl er sich zur Seite zu beugen schien». Dann hatte er das Gefühl, eine gewaltige Welle schlage ihm in den Rücken. «Ich stürmte, als würde ich eifrig einen Freund grüßen, zur äußeren Mauer.» Er war außer Atem, seine Jacke war zerfetzt und die Schuhe zerrissen. «Ich schaute zum Balkon hin, aber die Zeremonie war vorbei. Den gekrönten Papst Pius habe ich nie erblickt.»[22]

Eugenio Pacelli, Papst Pius XII., wurde nun in die heiligen Hallen des Apostolischen Palastes zurückgebracht, um sein langes und ereignisreiches Pontifikat zu beginnen.

Wer ist Pacelli?

Wie gut informiert waren die Diplomaten und Journalisten über den Mann, der die Würde des Bischofs von Rom geerbt und die Tiara des obersten aller Hirten übernommen hatte, während die Welt sich dem Abgrund des Krieges näherte? Welchen Einfluß, welche Art von Führung erwarteten sie von ihm, was würde er der katholischen Kirche bringen, wie würde er auf weltliche Staatsmänner und Politiker einwirken?

Wenn er die starken Kräfte betrachtete, die sich auf den Krieg vorbereiteten, konnte sich Pacelli auf die Treue und Hingabe einer halben Milliarde Seelen verlassen – tatsächlich war eine Hälfte der Bevölkerung des neuen Großdeutschen Reichs katholisch, zu dieser Konfession zählte auch ein Viertel der Mitglieder der SS – und dies zu einer Zeit, da Bischöfe, Geistlichkeit, Ordensleute und Gläubige in beispiellos geschlossener Disziplin zusammenstanden. Pacelli hatte keine Armee, aber hinter ihm stand ein halbes Jahrhundert zunehmend gestärkter, zentralistischer, päpstlicher Autorität und verlieh ihm außerordentlichen Einfluß über die Herzen und Gedanken der katholischen Gläubigen. Der Papst war seiner eigenen Einschätzung nach der oberste Richter über die irdische Moral, das machte seine Verantwortung um so bedeutsamer. Wie würde die Institution des Papsttums, wie würde Pacelli, die Verkörperung dieser Institution, mit den bevorstehenden Aufgaben fertig werden; mit den außerordentlichsten Herausforderungen in der langen Geschichte der Kirche?

Am Tag seiner Wahl hatte Pacelli seinen 63. Geburtstag gefeiert. In einem Alter, in dem die meisten anderen Menschen an den Ruhestand denken, war er seit mehr als dreißig Jahren in hohen Kirchenämtern tätig gewesen. Die Stationen seiner Karriere waren allgemein bekannt. Seine Jahre als Diplomat und als Kardinalstaatssekretär im Vatikan hatten es mit sich gebracht, daß Pacelli die meisten wichtigen katholischen Kirchenmänner in der Welt persönlich kannte. Und dennoch waren seine Lebensweise und seine Persönlichkeit, seine Talente und seine persönlichen Neigungen ein Geheimnis, sieht man von einigen wohlbekannten Tatsachen und Gemeinplätzen ab. Es hieß, er sei außerordentlich intelligent, habe eine große Sprachbegabung, verfüge über ein erstaunliches Gedächtnis und sei offenbar fromm. Aber wer kannte ihn wirklich und konnte sagen, zu was er fähig sei?

Pacelli hatte, so scheint es, keinen persönlichen Freundeskreis, keine wirklichen Vertrauten. Seit dem Tode seines älteren Bruders Francesco im Jahre 1935 hatte er auch keine engen Beziehungen zu seinen Geschwistern mehr. Seit zwanzig Jahren sorgten drei deutsche Nonnen für seine physischen Bedürfnisse; sein Privatsekretär war ein diskreter, äußerst zurückhaltender deutscher Jesuit, der noch verschlossener war als Pacelli selbst. Nachdem seine Mutter aufgehört hatte, für ihn zu sorgen, als er 1917 Bischof wurde und nach Deutschland abreiste, aß Pacelli stets allein, außer bei Festessen.

Er hatte die Welt bereist und war mit vielen Staatsmännern zusammengetroffen, aber in den letzten Jahren glichen seine Auslandsreisen denen eines Staatsoberhaupts – mit Blaskapellen und roten Teppichen. Im Ausland lebte er in Palästen, Präsidentensuiten, Prunkgemächern für Staatsgäste, die seinen fürstlichen Wohnungen und Büros im Vatikan entsprachen; zu reisen pflegte er in luxuriösen Limousinen, privaten Eisenbahnwagen, speziell gecharterten Flugzeugen; als er Anfang 40 war, hatte man ihn zum letzten Mal in Bayern bei einer Reise in eine Bergwerksstadt in der Öffentlichkeit ohne seine Soutane, ohne seinen magentaroten Gürtel und ohne seinen weiten Seidenmantel gesehen. Als päpstlicher Nuntius in Berlin soll er heimlich ein Pferd auf dem Gut einer wohlhabenden Familie unterhalten haben. Aber im Unterschied zu seinem Vorgänger hielt er nichts von Wanderungen im Gebirge. Mehr als zwanzig Jahre lang nahm er seinen Urlaub in einem exklusiven Schweizer Sanatorium, das von Nonnen eines Schweigeordens geleitet wurde. Wenn er überhaupt mit gewöhnlichen Sterblichen in Kontakt kam, dann mit Fahrern und Leibwächtern. Er neigte jedoch nicht zur Fraternisierung mit Menschen aus den unteren Schichten.

So viel, ja wahrscheinlich sogar viel weniger, war über Pacelli am Tage seiner Krönung jenen bekannt, die den Auftrag hatten, Zeitungsleser und Regierungen zu informieren. Die meist oberflächlichen Urteile von Journalisten, Diplomaten und Beamten zeugten weniger von geringem Urteilsvermögen als von schierem Mangel an Informationen über Pacellis Charakter, seine Psyche und sein Privatleben.

In Italien war die Presse durchweg erfreut. «Er schien wie geschaffen für den Dienst des Heiligen Stuhls», erklärte *Avenire d'Italia*, «nicht nur wegen seiner Neigungen und seiner Gelehrsamkeit, sondern auch weil er ein Römer ist. Er empfindet die weltweite Mission des Apostolischen Rom im höchsten Maße wie ein Römer.» Graf Ciano pries Pacellis Wahl öffentlich als «einen großen Erfolg für Italien», er wurde freilich in diplomatischen Kreisen nicht so recht für voll genommen.

In Großbritannien waren die Einschätzungen im allgemeinen positiv. «Seine einzigartigen Erfahrungen in der Führung der Geschäfte der Kirche als Nuntius und führender Mann der vatikanischen Politik», schrieb der Leitartikler der *Times* «verleihen ihm den Anspruch, Führer der Kirche zu werden.» Die *Sunday Times* sprach von seinem «bewährten Charakter», der *Manchester Guardian* wies auf seine «brillante Diplomatie» hin, der *Observer* erwähnte seine Liebe für den «Frieden, seine Nächstenliebe» und seine «christlichen Ideale». Währenddessen informierte D'Arcy Osborne, der britische Gesandte beim Heiligen Stuhl, das Foreign Office von Pacellis «heiligmäßigem Charakter», er lobte seine «große politische Erfahrung» und seinen «großen persönlichen Charme». Pacelli, so schwärmte Osborne, sei «die Art von Vorbild, wie sie dem Pastor Angelicus entspreche». Er fügte nur eine Einschränkung hinzu: Er «sei nicht ganz sicher, wie stark sein Charakter ist, da er unter einem Autokraten wie Pius XI. gearbeitet habe.»[23]

Auch die Franzosen waren begeistert: «Der Nachfolger Pius' XI.», so hieß es in *Le Temps*, «hat die notwendigen Qualitäten, um seinen Platz in der Geschichte einzunehmen.» Seine Wahl, so meinte *L'Œuvre*, «kann eine neue Ära des Weltfriedens eröffnen». Der französische Gesandte im Vatikan, François Charles-Roux, ließ am 2. März den französischen Außenminister per Telegramm wissen: «Dies stellt die Wahl dar, die am besten geeignet ist, das Papsttum auf dem hohen moralischen Niveau zu halten, auf das Pius XI. es gehoben hat.»[24]

Die portugiesische Presse war meistenteils unglücklich mit Pacelli, da sie Wunschvorstellungen über die Chancen des Patriarchen von Lissabon und jüngsten Kardinals, Erzbischof Cerejeira, gefolgt war. Die Franco-Anhänger in Spanien reagierten ebenfalls kühl, denn sie machten Pacelli für Pius' XI. angebliche Neutralität während des Bürgerkriegs verantwortlich. Das ist allerdings kaum ein angemessenes Urteil über Pacelli, der ein entschiedener Verteidiger des Caudillo war und sich auch weiterhin als solcher erwies. Aber diese isolierten kritischen Bemerkungen wurden mehr als ausgeglichen durch Beifall aus den Vereinigten Staaten, aus Zentral- und Südamerika und selbst aus dem protestantischen Skandinavien.

Daß seine Wahl und seine Krönung in Deutschland auf gemischte Aufnahme stoßen würde, war nur zu erwarten. Am 3. März schrieb die *Berliner Morgenpost*, daß die Wahl Pacellis in Deutschland nicht günstig aufgenommen worden sei, da er stets «feindselig» gegenüber dem Nationalsozialismus gewesen sei. Die *Frankfurter Zeitung* kommentierte am gleichen Tag, viele seiner Reden hätten deutlich gezeigt, daß er die «politischen und ideologischen Kräfte» nicht begriffen habe, die «ihren siegreichen Marsch in Deutschland» begonnen hätten. Der *Danziger Vorposten*, ein Sprachrohr des Nationalsozialismus, befand sogar, daß der neue Papst keineswegs ein «Pastor Angelicus» sei, kein Seelenhirte und Prediger auf der Kanzel, sondern seit vierzig Jahren ein Diplomat und Politiker. Unterdessen erklärte die NS-Zeitung *Graz* in Österreich, Pacelli sei «ein serviler Handlanger der zum Scheitern verurteilten Politik Pius' XI.» Für das deutsche Volk sei es jedoch ohne Bedeutung, ob ein Pius XI. oder ein Pius XII. im Vatikan sitze.

Im Strom der Zeitungsmeldungen und der Telegramme von Diplomaten in Rom an die Außenministerien ihrer Regierungen formulierte jedoch niemand eine so entschieden skeptische Haltung, wie sie von Heinrich Brüning artikuliert wurde. Nach der Wahl Pacellis bat Sir Robert Vansittart vom britischen Foreign Office Brüning, der nun im Exil lebte und sich in London aufhielt, zum Lunch. Sir Robert fragte Brüning, was er denn von Pacelli als Papst halte. «Brüning», konnte Vansittart später an Außenminister Lord Halifax schreiben, «teilt *nicht* den allgemeinen Optimismus in Hinblick auf Kardinal Pacelli ... Pacelli erwäge wohl immer noch die Möglichkeit, durch Vertragsabschlüsse mit den gegenwärtigen Regimen in Deutschland und Italien voranzukommen.»[25]

Tatsächlich hatte Brüning nun schon einige Jahre lang jedem, der zuhören wollte, erzählt, daß Pacelli die freiwillige Auflösung der Zentrumspartei in Deutschland als Gegengabe für das Konkordat erzwungen hatte, und damit habe er den potentiellen katholischen Protest und Widerstand demoralisiert. Brünings Ansicht über Pacelli lautete nicht einfach, der neue Papst werde versuchen, sich in Rom und Berlin beliebt zu machen, um den Frieden zu sichern, sondern er habe bereits die deutschen Katholiken angesichts der Macht und der Absichten Adolf Hitlers zum Schweigen gebracht und in die Kapitulation geführt.

13

Pacelli, der Papst des Friedens

Bernard Wall hat einen besonders eindrucksvollen Bericht von Pacellis Verhaltensnormen in der Frühzeit seines Pontifikats überliefert. Er erzählt von den Räumen, in denen er seine Privataudienzen abhielt, und den protokollarischen Formen.[1]

Man betrat ein Vorzimmer, klein und «übervoll an Gesimsen und Fresken, mit weichen Teppichen versehen, vergoldet und häßlich», mit «scheußlichen» Medaillons der letzten Päpste an den Wänden. Hier mußte der Besucher warten, bis eine «in Purpur gekleidete Gestalt» auftauchte; das erschien auf den dicken weichen Teppichen so, als seien die «unsichtbaren Füße unbeschuht». Der Prälat wies den Besucher an, all seine Handlungen mitzuvollziehen, dann beugte er das Knie hinter der Tür des päpstlichen Arbeitszimmers. Wall tat es ihm nach. Der Prälat verbeugte sich tief vor dem weißgekleideten Papst, der, «die Hände vor sich gefaltet, reglos» an seinem Schreibtisch saß. Pius streckte dem Besucher die Hand zum Ringkuß und wies ihn dann auf einen Sitz neben dem Schreibtisch. Wall nahm im Arbeitszimmer «dicke Vorhänge und Marmor» wahr, der Raum erschien ihm wie einer aus der Empire-Epoche. Auf dem Schreibtisch stapelten sich Dokumente und Zeitungen: «In den Zeitungen waren, so schien mir, wichtige Stellen angestrichen ... Bücher sah ich nicht, dafür aber bergeweis gedruckte Dokumente.»

Pacelli sprach englisch, mit einer «dünnen piepsigen» Stimme. «Ich schätze England sehr. Als ich in England war, habe ich einen Flottenverband in Spithead gesehen.» Er erinnerte sich der Flottenparade 1907, bei der die Royal Navy ihre wichtigsten Einheiten dem Monarchen in Portsmouth vorgeführt hatte. Pacelli erwähnte das stets, wenn er mit Engländern konversierte. Pacelli schien, im Ruf eines Sprachtalents, das Englische nicht besonders gut zu verstehen. Wie so manch anderer war Bernard Wall gleichwohl beeindruckt vom Charme des Papstes:

«Sein lebhafter, verfeinerter Gesichtsausdruck war wandlungsfähig – Heiterkeit auf der einen Seite, tiefernstes Interesse an seinem Gegenüber auf der anderen grundierte seine geschulte Routine im Gespräch. Seine Gesten waren zart und leicht, wie die eines sensiblen Schauspielers ... Eine schmale Stirn, ein hoher Kopf, scharfsinnig, klug, nicht sehr tief, so dachte ich. Doch sein freundliches Interesse war von einer Art, die mich fast traurig machte.»

Pacelli stand um 6.30 Uhr auf und sprach ein kurzes Gebet am offenen Fenster, mit Blick auf den Petersplatz. Nach einer kalten Dusche zelebrierte er dann die Messe in seiner Privatkapelle neben seinem Schlafzimmer. Sein Leibdiener, Giovanni Stefanori, oder sein Chauffeur, Mario Stoppa, waren die Meßdiener. Zur Messe erschienen stets Pasqualina und die drei deutschen Nonnen, die sich um den Haushalt kümmerten. Pius frühstückte allein; warme Milch und ein wenig Brot, bescheiden wie all seine anderen Mahlzeiten. Neben ihren Haushaltspflichten unterhielt Pasqualina auch eine Art Magazin mit Decken, Kleidung und Lebensmittel für die Armen Roms. Für die Verteilung stand auch das päpstliche Auto zur Verfügung.

Während des frühen Vormittags wurde im Privatbüro gearbeitet, Vatikansbeamte stellten sich ein. Dann folgten offizielle Audienzen in den gediegen ausgestatteten Empfangsräumen unter der Wohnung. Dort empfing Pius Diplomaten und andere wichtige Persönlichkeiten, die sich auf Reisen in Rom aufhielten. Nachmittags dann allgemeine Audienzen für kleine und große Gruppen.

Nach dem Mittagessen und einer kurzen Siesta fuhr Mario Stoppa den Papst in einem riesigen altmodischen Cadillac mit Goldklinken und einem Thron anstelle des Rücksitzes in die Vatikanischen Gärten, wo er eine Stunde lang beim Studium von Dokumenten wandelte. Stoppa folgte seinem Herrn mit einem Dokumentenkoffer. Pacellis Abende waren der Arbeit und dem Gebet gewidmet. Den Rosenkranz betete er in seiner Privatkapelle zusammen mit den Nonnen. Nach dem Abendessen arbeitete er weiter, oftmals bis zwei Uhr nachts. Nie legte er sich auf seinem kleinen Eisenbett zur Ruhe, ehe er nicht den Schreibtisch aufgeräumt und alle Dokumente geordnet hatte.

Eine seiner ersten Amtshandlungen als Papst war die Ernennung Kardinal Luigi Magliones zum Kardinalstaatssekretär. Maglione, ein Jahr jünger als Pacelli, hatten schon einige Kardinäle als *papabile* betrachtet. Er stammte aus einem Dorf bei Neapel und war von Jesuiten erzogen worden. Nach einer Zeit als Gemeindepfarrer in Rom wurde er 1907 Nuntius in der Schweiz und schließlich 1926 in Paris. Entschlossen, hochintelligent, erfahren in der Diplomatie wie in anderen weltlichen Dingen, mochten seine Erfahrungen in Frankreich Pacellis Vertrautheit mit Deutschland ergänzen. Maglione interessierte sich leidenschaftlich für Militärgeschichte, an den Wänden seines Büros hingen Karten der napoleonischen Feldzüge. Die Schlachten des Zweiten Weltkriegs verfolgte er mit kleinen Fähnchen auf einer Weltkarte. Er war verschwiegen und hatte die entnervende Gewohnheit, im Beisein anderer kein Wort zu sagen. Doch unversehens konnte er redselig werden. Es gibt Belege für Magliones Ansicht, seine Beziehung zum neuen Papst sei eine Partnerschaft unter Gleichen. Es war nicht Pacellis Art, den Tyrannen zu spielen, wie es Pius XI. getan hatte. Doch Pacelli war genauso ein Autokrat wie sein Vorgänger, und er hatte keineswegs die Absicht, seinen Kardinalstaatssekretär als «Kollegen» zu behandeln. Pacelli hatte das Heft in der Hand, welche Eigenwilligkeiten auch immer Maglione an den Tag legen mochte.

Monsignore Domenico Tardini war Substitut der Kongregation für Außerordentliche Angelegenheiten und für die auswärtigen Beziehungen zuständigen. Er stammte aus dem römischen Arbeiterbezirk Trastevere, war untersetzt, mit breitem Mund und einem flinken Grinsen. Sein Geld spendete er für ein Waisenhaus. Für die Nationalsozialisten und die Faschisten hatte er nichts übrig. Er nannte Hitler «einen motorisierten Attila». Tardini war sehr offenherzig, und er stach unter den intrigierenden Diplomaten des Vatikans der Kriegszeit als volkstümliche und erfrischende Gestalt hervor.

Der andere Stellvertreter, der für die Ordentlichen Angelegenheiten verantwortlich war – also mehr oder weniger für alles, was nicht zu den auswärtigen Angelegenheiten zählte – war Giovanni Montini, der spätere Papst Paul VI. Der Sohn eines Zeitungsverlegers und Politikers wirkte auch als Studentenpfarrer an der römischen Universität, wenn ihn seine Arbeit als vatikanischer Karrierebürokrat und Diplomat nicht zu sehr forderte. Er hatte in Warschau Dienst getan und viele Jahre im Staatssekretariat unter Pacelli gearbeitet. Montini war ein freundlicher und nachgiebiger Mann, allerdings litt er unter Skrupeln, betrachtete jedes Problem von allen Seiten, wurde von der Last der Geschichte niedergedrückt – eine Veranlagung, die ein Vierteljahrhundert später seine Entscheidung in der Frage der Geburtenkontrolle beeinflussen sollte. Pacelli mochte ihn sehr und förderte ihn, bis Montini in den Nachkriegsjahren gewisse sozialistische Neigungen zeigte.

Nachdem Hitler systematisch die Zerstörung der Tschechoslowakei betrieben und ihren alternden und kranken Präsidenten Emil Hácha persönlich gedemütigt hatte, befahl er der Wehrmacht am 15. März 1939, nach Prag zu marschieren und das Land zu besetzen. Nach dem Appeasement von München im Herbst 1938 strebte Hitler nach neuen Triumphen und schien zu glauben, die Westmächte würden sich seinen Ambitionen nicht widersetzen. Hitlers verschärfte Kampagne gegen die Juden konvergierte mit seinen expansionistischen Zielen im Osten. Er wütete gegen die tschechische Regierung und drohte mit bösen Konsequenzen, denn «in der Tschechoslowakei vergifteten die Juden heute noch das Volk».[2]

Wenige Tage nach dem Einmarsch in Prag forderte der «Führer» einen Korridor nach Danzig, dem Ostseehafen, den er als Territorium des Reiches in Anspruch nahm. Um Hitler abzuschrecken, garantierte Chamberlain am 31. März Polens Unabhängigkeit und versprach dem Land Hilfe. Während sich die Krise in Europa vertiefte, beschäftigte sich Pacelli persönlich mit Initiativen, die zu einer Friedenskonferenz führen sollten, bei der der Papst eine führende Rolle zu spielen beabsichtigte. Jetzt hing viel von der Mannschaft der Diplomaten ab, die er um sich versammelt hatte.

Pacellis Ziel war von Anfang an klar: Es sollte keine weiteren Versuche geben, die Nationalsozialisten und die Faschisten zur Ordnung zu rufen. Die Politik des Appeasement hatte er mit dem Satz charakterisiert, der während des Krieges lange nachhallen sollte: «Der Papst arbeitet für den Frieden.» Diese Politik prägte die sichtbare Seite der vatikanischen Initiativen. Um den Grundton für sein Pontifikat anzugeben, hatte er als sein Wappen die Taube aus der Sintflutlegende gewählt, die einen Olivenzweig im Schnabel führte.[3] In seiner ersten offiziellen Predigt als Papst, am Ostersonntag, dem 9. April, beim päpstlichen Hochamt im Petersdom, hatte er über den Text gesprochen: «Ehre sei Gott in der Höhe und Frieden auf Erden den Menschen, die guten Willens sind.» Pacelli berief sich auf verschiedene Propheten des Alten Testaments, auf das Evangelium, auf Paulus und auf Augustinus, und er sprach in fließendem Latein über die Theologie des Friedens. Er bezeichnete das Recht als notwendige Grundlage des Friedens und forderte von Bischöfen und Geistlichen allerorten, die Menschen an ihre Pflicht zu erinnern, das Recht zu bewahren. «Es ist keineswegs so», verkündete er, «daß es glänzende Aussichten auf Frieden gibt, wenn

Gewaltmittel das Zepter der Gerechtigkeit ersetzen – macht dies nicht vielmehr den Weg für die schrecklichen und grausamen Feuer des Krieges frei?»[4]

Diese pontifikale Predigt ging über Abstraktionen und Platitüden nicht hinaus. Zwei Tage zuvor, am Karfreitag, war Mussolini in Albanien eingefallen, um die italienische Machtstellung zu stärken und potentiellen deutschen Bedrohungen auf dem Balkan zuvorzukommen.

Gerade einmal eine Woche später offenbarte Pacelli, als er in einer Rundfunksendung von Radio Vatikan an die spanischen Gläubigen Franco lobte, seine Voreingenommenheit. Er wandte sich an die spanischen Bischöfe und forderte von ihnen, sich zu «einer Politik des Friedensschlusses» zusammenzutun gemäß den «Prinzipien, die die Kirche lehrt und wie sie der Generalissimus mit so viel Noblesse proklamiert hat: nämlich Verbrechen zu sühnen und barmherzige Großzügigkeit für jene walten zu lassen, die verführt worden sind». Er sagte den Spaniern dann, als «ein Vater», daß er Mitleid habe mit «jenen, die durch Lüge und perverse Propaganda verführt worden sind».[5] Vierzehn Tage zuvor hatte er wegen des «katholischen Sieges» in Spanien ein Glückwunschtelegramm an den Generalissimus geschickt. Dieser Sieg hatte eine halbe Million Menschenleben gekostet, und viele sollten ihnen noch folgen.

Pacellis Ehrgeiz, zum obersten aller Richter, zum Vermittler auf Weltebene zu werden – *in* der Welt, aber nicht *von* der Welt –, berief sich nicht so sehr auf strenge Neutralität, sondern auf seine überragende Stellung als Stellvertreter des Königs Christus auf Erden. Diese Zielvorstellung leitete sich aus der «vollkommenen Souveränität» Leos XIII. ab. Hinzu kamen Träume von einem Einfluß, der das Vakuum füllen sollte, das durch den Verlust der weltlichen Macht des Papsttums entstanden war. Was konnte Pacelli im Falle Polens bewirken, eines katholischen Landes, das der erste Testfall für Frieden oder Krieg war?

Obwohl Großbritannien für Polen eine Garantieerklärung abgegeben hatte, gab es genügend französische und britische Politiker und Diplomaten, die dazu neigten, Hitler noch ein wenig mehr nachzugeben. Wenn eine Vereinbarung über einen Eisenbahn- oder Straßenkorridor nach Danzig zwischen dem Frieden und einem Weltkrieg stand, dann wäre es doch vielleicht besser, so dachten sie, wenn die Polen nachgäben. Angesichts der «Ungerechtigkeiten» von Versailles und des Verlustes ehemals deutscher Gebiete betrachtete Pacelli die deutschen Forderungen mit Verständnis. Er regte an, Polen solle den deutschen Bitten im Interesse «internationaler Gerechtigkeit» auf einer vom Vatikan geförderten Friedenskonferenz nachgeben.

Pacelli sondierte bei Mussolini, der begeistert war. Dann bat er seine Nuntien in Paris, Warschau, Berlin und London, die Regierungen, bei denen sie jeweils akkreditiert waren, auf die Möglichkeit einer Konferenz anzusprechen. Das Foreign Office reagierte unwirsch. Warum, so fragte Lord Halifax den Apostolischen Delegaten in Großbritannien, Erzbischof William Godfrey, sei Rußland nicht eingeladen worden? (Angesichts von Pacellis Antibolschewismus lag die Antwort auf der Hand.) Und wer, so fragte Halifax weiter, sollte eine derartige Konferenz leiten? Wollte das etwa Pius persönlich unter vatikanischer Schirmherrschaft in Rom tun? Godfrey erwiderte, Seine Heiligkeit werde sich selbst eine solche Rolle nicht anmaßen, «aber zweifellos willens sein, dies in Betracht zu ziehen, wenn es von den Teilnehmern einer solchen Konferenz vorgeschlagen wird».[6]

Pacellis Neigung zu äußerster Verschwiegenheit hat ihn davon abgehalten, seine Nuntien darüber zu informieren, daß er bei Mussolini bereits im Vorfeld sondiert hatte. Als daher die Angelegenheit am 5. Mai 1939 vor das British Foreign Policy Committee kam, vereitelten Chamberlain und Halifax die Initiative, weil sie sich nicht bewußt waren, daß Mussolini bereits konsultiert worden war; einige Beamte hatten ebenfalls Bedenken, allerdings gerade, *weil* sie dachten, all dies sei in erster Linie der Vorschlag Mussolinis. Schließlich fragte Chamberlain, ob es nicht besser sei, wenn Pacelli mit den fünf führenden Staatsmännern der interessierten Länder – Frankreich, Großbritannien, Deutschland, Italien und Polen – einzeln und persönlich zusammentreffe.[7]

Wie die Dinge standen, hatte Erzbischof Orsenigo, der päpstliche Nuntius in Berlin, bereits um ein Gespräch mit Hitler nachgesucht. Angesichts der Tatsache, daß der «Führer» bereits seinen Generälen schon die Vorbereitung des Feldzugs gegen Polen befohlen hatte, offenbarte dieses Treffen die ganze Tiefe von Hitlers Zynismus und die Vergeblichkeit der Initiative Pacellis. Der Nuntius in Deutschland wurde zunächst nach Salzburg geflogen und dann zu einem Lunch ins Grand Hotel in Berchtesgaden gebracht, bevor man ihn auf den Obersalzberg zu Hitler fuhr. Hitler und Orsenigo unterhielten sich eine Stunde lang und setzten dann das Gespräch beim Tee in Gegenwart von Ribbentrop und dessen Adjutanten Walther Hewel fort, der eine eigene Darstellung über das Treffen hinterlassen hat.[8] In einem Brief an den Vatikan, der mit Hewels Schilderung übereinstimmt,[9] beschrieb Orsenigo, wie Hitler den päpstlichen Konferenzplan «mit

Ehrerbietung» anhörte. Hitler erwiderte Pacellis Vertreter, er könne keine Kriegsgefahr entdecken – weder zwischen Frankreich und Italien noch zwischen Deutschland und Frankreich, gegen das er «undurchdringliche Befestigungen» besitze. Er habe, so betonte Hitler, keinerlei Forderungen an Großbritannien, außer in kolonialen Angelegenheiten, und die könnten kaum zu einem Krieg führen.

Dann ging er auf die Polenfrage ein. «Was Danzig angeht», so Hitler, «so ist dies eine Freie Stadt unter Völkerbundmandat; wir können über den Staat Danzig diskutieren und verhandeln, aber es ist nicht unvermeidlich, daß es deshalb zum Krieg kommt. Und was meine anderen Forderungen betrifft, so werden sie mit der Zeit zur Reife kommen, 1942, 1943 oder vielleicht 1945; ich kann warten. Ich sehe keinen Anlaß für einen Krieg, solange das polnische Volk nicht den Kopf verliert und seine Forderungen verschärft, indem es etwa verlangt, daß die polnische Grenze an die Elbe verlegt wird. Alles hängt von der Ruhe und der Klarheit des Urteils der Polen ab.»

Dann ging Hitler auf die sie umgebende, wunderbare Bergwelt und die Wohltat der von ihr ausgehenden Ruhe ein. Er empfahl dem Erzbischof, die Teilnehmer an der vorgesehenen Friedenskonferenz sollten sich geistig vorbereiten. Nach einer kurzen Unterbrechung begann er, Vorwürfe gegen Großbritannien zu erheben, das andere Völker in den Krieg dränge – Italien, Spanien, China, die Tschechoslowakei. Selbst jetzt, so zürnte er, versuche Großbritannien, Polen zu ermutigen, in den Krieg zu ziehen.

An dieser Stelle stellte Orsenigo Pacellis entscheidende Frage – er ging auf den Korridor nach Danzig ein. Würde ein Ja der Polen die Spannung mindern? Aber da schlug Hitler einen neuen Ton an. Er fürchte sich nicht vor Polen, betonte er, und er wolle es auch nicht angreifen, «solange er nicht durch polnische Provokation dazu gezwungen sei», und er sei darüber hinaus gut gerüstet und steigere die deutsche Verteidigungskraft ständig.

Schließlich wurde Hitler sentimental. Er sprach über Rom und die Kunstschätze Italiens, er ging zu seiner Beziehung zu Mussolini über und betonte, daß er ihm militärisch beistehen werde, was immer auch geschehen möge. «Als er über Rom sprach», so berichtete der Erzbischof, «war er erfreut zu hören, daß der Heilige Vater deutsch spricht, und brachte sein Bedauern zum Ausdruck, daß er während seines Aufenthalts in Rom im letzten Jahr den Petersdom nicht gesehen habe.» Hitler spielte mit dieser Bemerkung darauf an, daß sich Pius XI. während Hitlers Staatsbesuch in Italien nach Castel Gandolfo begeben hatte; der Papst hatte nicht in Rom bleiben wollen, während dort entstellte Kreuze – die Hakenkreuze der Nationalsozialisten – auf den Straßen zur Schau gestellt wurden.

Später führte Orsenigo mit Ribbentrop ein Gespräch unter vier Augen. Hier ging es um Pacellis Appeasementpolitik und Hitlers Fähigkeit, Schmeicheleien mit Drohungen zu kombinieren. Ribbentrop las dem Nuntius einen Bericht vor, der auf den 25. April 1939 datiert war und vom deutschen Botschafter im Vatikan stammte. «Er enthielt einige wenige schmeichlerische – und, wie er bemerkte, auch neue – Worte des Heiligen Vaters über Deutschland und dessen Wiederaufleben.» Er, Ribbentrop habe auch wahrgenommen, wie die Geburtstagsgebete für Hitler in den katholischen Kirchen in Deutschland gesprochen wurden: «All diese respektvollen Manifestationen gegenüber dem Staatsoberhaupt blieben nicht unbemerkt und würden gewiß einen guten Eindruck auf den Führer persönlich machen». Es nähere sich mithin die Zeit (noch sei das nicht erreicht), wo man ins einzelne gehende Gespräche über «die leichten Meinungsverschiedenheiten, die es zwischen Staat und Kirche gibt», führen könne. In einem chiffrierten Telegramm an Kardinal Maglione meldete Orsenigo, Ribbentrop habe darum gebeten, «mein Gespräch mit dem Kanzler nicht in der Presse, auch nicht in der vatikanischen Zeitung zu erwähnen».[10]

Orsenigos Ratschlag als Diplomat vor Ort stimmte also genau mit Pacellis Politik überein: «Ich denke», schrieb der Nuntius, «wenn Polen sich beruhigen würde und schweige, ohne zunächst in irgendeinem Punkt nachzugeben, würde das Motiv für einen Krieg zumindest für den Augenblick nicht mehr existieren. Durch Zeitgewinn würde es so möglich sein, leidenschaftslose Verhandlungen, insbesondere über eine exterritoriale Autobahn durch den Polnischen Korridor als direkte Verkehrsverbindung zwischen den beiden deutschen Gebietsteilen, zu beginnen.»

Drei Tage später sprach Orsenigo mit einem Mitarbeiter der britischen Botschaft in Berlin. Der Nuntius weigerte sich zu erörtern, was zwischen ihm und Hitler besprochen worden war, doch brachte er seine Hoffnung zum Ausdruck, «daß die Regierung Seiner Majestät bemerke, daß der gegenwärtige Papst seit seiner Amtsübernahme öffentlich kein einziges Wort der Kritik an der deutschen Kirchenpolitik geäußert habe. Seine Heiligkeit habe vielmehr ausdrücklich eingegriffen, um dafür zu sorgen, daß der *Osservatore Romano* sich ebenso verhalte.»[11]

Als die Wahrscheinlichkeit eines Krieges zunahm, wurde der Vatikan im wachsenden Maße als ein wichtiger Vermittler internationaler Informationen und als geeigneter Ort für propagandistische Manipulationen begriffen. Die vatikanische Tageszeitung *L'Osservatore Romano* enthielt eine ganze Reihe von Informationen über Ernennungen an der Kurie, Gesetzgebungsakte des Heiligen Stuhls und Reden und Schriften des Papstes. Das Blatt kommentierte aber auch internationale Ereignisse und Beziehungen, und es wurde manchmal falsch zitiert, wenn dies im diplomatischen Interesse europäischer Mächte lag.

Radio Vatikan, das unter der Leitung von Jesuiten stand, wurde ebenfalls von den Nachrichtenagenturen ausgewertet, die seine Nachrichten und Kommentare für ihre Propagandazwecke verzerrten. Der Sender verfügte über eine eigene deutsche 25-Kilowatt-Sendeanlage mit einer Rundstrahler-Antenne und sendete auf vier Kurzwellenbändern vom höchsten Punkt der Vatikanischen Gärten aus Nachrichten und Analysen, aber auch Predigten und religiöse Ansprachen in vielen Sprachen.

Die Sendungen von Radio Vatikan wurden ständig vom deutschen Sonderdienst Seehaus am Ufer des Wannsees mitgeschnitten; die deutsche Botschaft in Rom fing ebenfalls Rundfunksendungen ab. Auf diese Weise zog der Vatikan eine Flutwelle von Protesten auf sich, da der Heilige Stuhl angeblich ständig die Klauseln des Reichskonkordats verletzte. Dies veranlaßte Pacelli schließlich, die Jesuiten, die die Radiostation leiteten, zu instruieren, sie sollten die Zahl der Sendungen in deutscher Sprache verringern und kritische Kommentare zur nationalsozialistischen Politik vermeiden, nahm diese Anweisung jedoch bald wieder zurück.[12] Zunächst lag eine derartige Selbstzensur jedoch in weiter Zukunft.

Als Verwaltungsorgan einer universellen Kirche, die stark zentralistisch geführt wurde, kommunizierte die Kurie (die höheren Beamten des Vatikans) mit den Diözesen überall in der Welt in alltäglichen Verwaltungsangelegenheiten sowie über Fragen der klerikalen Disziplin, der Liturgie und der Erziehung. Da kirchliche Angelegenheiten sich ständig mit staatlichen Interessen überlappten, war die diplomatische Kommunikation des Heiligen Stuhls von beträchtlichem politischen Interesse. Das Auffangen ihrer Mitteilungen wurde für viele Spionagedienste zu einer sehr wichtigen Aufgabe.

Das Staatssekretariat im Vatikan unterhielt zu seinen Nuntiaturen und Legationen in der ganzen Welt mit Hilfe von Telegrammen und Kurierdiensten die Verbindung aufrecht. Vor dem Krieg hatte das Staatssekretariat in aller Regel die diplomatischen Kuriere Italiens mitbenutzt, aber diese Praxis hörte auf, als deutlich wurde, daß sich italienische Dienste am Inhalt zu schaffen machten. Später benutzte der Vatikan schweizerische, spanische, britische und amerikanische Kuriere. Ein großer Teil des Verkehrs lief zunächst über die Schweiz und ging von dort aus nach Madrid und Lissabon weiter.

Streng geheime Nachrichten wurden gewöhnlich chiffriert und dann vom Sender des Vatikan über den Äther ausgestrahlt.[13] Italienische Spionagedienste belauschten den Nachrichtenverkehr des Vatikans von einem Horchposten in Fort Boccea in der Nähe der Vatikanstadt aus. Zu Beginn des Krieges waren italienische Geheimagenten in die päpstliche Gendarmerie und sogar in die Chiffrierabteilung des Staatssekretariats eingeschleust worden. Später sollten die so gesammelten Informationen Zweifel an Anschuldigungen wecken, der Vatikan halte bei der Veröffentlichung seiner Dokumente aus der Kriegszeit, die auf Anordnung von Paul VI. publiziert wurden, geheime Informationen zurück.

Pacelli übt Druck auf Polen aus

Die Regierungen in Großbritannien und Frankreich dachten während der ersten Maiwoche 1939 über Pacellis Vorschlag einer Friedenskonferenz nach, und obwohl es sich um ein Geheimprojekt handelte, begannen in Paris, London und sogar Neuseeland Einzelheiten an die Presse durchzusickern. Dann machte Pacelli am 10. Mai ganz plötzlich einen Rückzieher, und der Plan wurde fallengelassen. Das Staatssekretariat erklärte den Rückzug des Papstes gegenüber den Nuntien mit der Behauptung, es bestehe nun keine Kriegsgefahr mehr. Nach Darstellung des Historikers Owen Chadwick war es Mussolini, der dem Gedanken an eine Friedenskonferenz den Garaus machte, weil er Frankreich – mit dem er erst kürzlich wegen territorialer Fragen in Nordafrika Auseinandersetzungen gehabt hatte – nicht gern in Gegenwart Großbritanniens, Deutschlands und Polens gegenübertreten wollte.[14] Statt dessen schloß sich Mussolini Ribbentrop an und erklärte, die internationalen Spannungen hätten nachgelassen. Inzwischen hatten Mussolini und Ribbentrop am 7. Mai die Vorbereitungen für den «Stahlpakt» erörtert, der Italien und Deutschland zu gegenseitigem militärischen

Beistand verpflichten sollte und der am 22. Mai in Berlin unterzeichnet wurde.

Aber Pacelli war mit seiner Appeasementpolitik immer noch nicht am Ende. Schwer erschüttert durch den Mussolini-Hitler-Pakt, informierte er Francis d'Arcy Osborne, den britischen Gesandten im Vatikan, am 4. Juni, er sei bereit, allein als Vermittler zwischen Deutschland und Polen tätig zu werden, was bedeutete, daß er persönlich die Polen auffordern wollte, einzulenken und einen Korridor nach Danzig zu akzeptieren.

Die westlichen Diplomaten waren verblüfft. War es möglich, daß Pacelli insgeheim im Auftrag Mussolinis handelte? Diese kühne These tauchte im Foreign Office in London auf. Gleichzeitig deutete Pacelli an, Großbritannien erschwere die Vermittlung durch seine Garantie, Polen gegen Angriffe zu verteidigen.[15] Pacellis Eifer, Polen zu Zugeständnissen an Deutschland zu veranlassen, führte im britischen Außenministerium zu der Spekulation, der Heilige Stuhl habe offenbar seine moralische Autorität preisgegeben. Sir Andrew Noble wünschte beispielsweise, «daß der Papst der Welt gegenüber die Unvereinbarkeit zwischen der Verehrung Gottes und der Verehrung des Staates deutlich mache.» Noble glaubte, Pacelli versuche, «den Teufel mit sanften Worten auszutreiben».[16]

Sir Orme Sargent, ein anderer Mitarbeiter des Foreign Office, verfaßte eine Aktennotiz, die Pacelli moralische Impotenz vorwarf. Der Papst beabsichtigte, so Sargent, einen Mittelweg zwischen den Demokratien und den Diktaturen der Faschisten und Nationalsozialisten zu steuern. Pacellis Motiv, so schrieb er, bestehe darin, sich für den richtigen Augenblick eine Rolle als Vermittler zu sichern. Mit anderen Worten: In Pacellis Neutralität stecke ein Element von selbstsüchtiger Überheblichkeit. «Persönlich bin ich der Ansicht,» so Sargent, «er könnte als Befürworter gewisser moralischer Prinzipien in der Welt von heute die Ereignisse viel effektiver beeinflussen, als er dies wahrscheinlich als möglicher, aber unwahrscheinlicher Kandidat für den Posten eines Vermittlers zwischen den Achsenmächten und den Demokratien tun kann.»

Pacelli verlor durch seine Initiativen – insbesondere in Polen – stark an Glaubwürdigkeit. A. J. Drexel Biddle, der US-Botschafter in Warschau, teilte Roosevelt mit, die Polen meinten, Pacelli würde wie ein Italiener handeln. Er sei deutschfreundlich eingestellt und habe kein Verständnis für Polen und das polnische Volk.[17] Gerüchte, Pacelli würde Druck auf die Polen ausüben, Konzessionen gegenüber Deutschland zu machen, waren in jenem Sommer in europäischen

Diplomatenkreisen so weit verbreitet, daß Maglione sich gezwungen sah, ein Dementi zu formulieren. Am 15. Juli schrieb er über Osborne an Halifax: Der Papst habe niemals versucht «die Initiative (zu übernehmen), indem er den beiden Regierungen eine konkrete Lösung des Problems vorschlug», er habe sich nur bemüht, sie «ruhig und maßvoll zum Handeln zu drängen».[18] Maglione fügte hinzu, ihm lägen Versicherungen vor, nach denen Deutschland Polen nicht angreifen werde. Doch die einzige Grundlage für diese Behauptung waren Äußerungen Hitlers und des italienischen Außenministers Graf Ciano.[19]

Am 22. August wurde bekannt, daß Deutschland ein Abkommen mit Rußland unterzeichnen werde. Der Krieg schien nun unvermeidlich. Konnte der Papst in letzter Minute seinen Einfluß für einen Appell an die Vernunft einsetzen? Gewiß nicht ohne propagandistische Hintergedanken drängte Halifax den Papst via Osborne, einen Aufruf gegen die Gewalt und für den Frieden über den Rundfunk zu verbreiten. So kam es dazu, daß Osborne am Vorabend des Hitler-Stalin-Pakts mit Tardini zusammensaß und die beiden an Sätzen herumfeilten, die sich kritisch gegenüber den voraussichtlichen Aggressoren – den Nationalsozialisten und den Kommunisten – äußern sollten. Später legten Tardini und Montini Pacelli vier verschiedene, jeweils schärfer formulierte Entwürfe vor. Pacelli wählte den sanftesten. Dennoch klang sein Appell einprägsam, und Halifax zitierte in seiner eigenen Rundfunkansprache an die britische Nation am Abend jenes Tages den folgenden Passus: «Nichts geht verloren durch den Frieden. Alles geht verloren durch den Krieg ... Laßt die Menschen wieder verhandeln ... Ich spüre die Seele dieses historischen Europas, dieses Kindes des Glaubens und des christlichen Genius. Die gesamte Menschheit will Brot, Freiheit, Gerechtigkeit, nicht Waffen. Christus hat die Liebe zum Herzstück seiner Religion gemacht.»[20]

Die britische Regierung war Ende März, als ein Bündnis mit Polen und Rußland sicher zu sein schien, entschlossen gewesen, Hitler bei der Verfolgung seiner Ziele Einhalt zu gebieten. Nun aber war man in London ängstlich. Im Foreign Office kam die Frage auf: Konnte der Papst nicht ein Zugeständnis im Hinblick auf Danzig erreichen und damit Deutschland zufriedenstellen? Vielleicht hatte er als jemand, der «über all den öffentlichen Disputen und Leidenschaften stand», wie Pacelli es in einer Rundfunkbotschaft an die Welt am 22. August formulierte, eine wichtige Rolle bei der Verhütung des Krieges zu spielen. Am 29. August schickte Maglione Pater Tacchi

Venturi, einen Jesuiten mit geradezu legendären diplomatischen Fähigkeiten, zu Mussolini. Er hatte den Auftrag, Mussolinis Friedensbemühungen überschwenglich zu loben und den «Duce» dann zu drängen, bei Hitler sein Möglichstes zu tun, um einen Krieg zu vermeiden.

Mussolini war inzwischen nicht mehr auf einen Krieg mit den Franzosen und den Briten aus. (Er sagte zu Tacchi Venturi, ein neuer Krieg könne das «Ende der Zivilisation» bedeuten.) Der «Duce» entwarf eine Note für Pacelli zur Weiterleitung an die polnische Führung. Darin wurde festgehalten, was Mussolini für Hitlers Minimalforderungen hielt, um einen Angriff zu verhindern. Die Note begann mit den Worten «Polen erhebt keine Einwände gegen die Rückgabe Danzigs an Deutschland.» Dann hieß es, die Polen sollten Verhandlungen mit Deutschland über den polnischen Verkehr in und über Danzig, den Korridor und die gegenseitigen Minderheitrechte anstreben. Außerdem empfahl Mussolini, Pacelli «solle sich in seiner Radiorede angesichts einer Gefahr, die von Augenblick zu Augenblick größer werde, und veranlaßt durch seine große Liebe zu Polen, an alle Staatsoberhäupter wenden» und dann, in Verfolgung der politischen Linie, wie sie in der Note vorgeschlagen worden war, an den Präsidenten der Polnischen Republik persönlich herantreten.[21]

Pacelli hatte die Botschaft, die Polen in der Danzig-Frage zum Stillhalten riet, sanktioniert, Maglione hatte sie unterzeichnet. Am 30. August 1939 wurde sie an Monsignore Filippo Cortesi, den päpstlichen Nuntius in Polen, geschickt, und sie enthielt exakt die von Mussolini vorgeschlagenen Formulierungen. Cortesi fragte sogleich telegraphisch nach dem Sinn einer derartigen Kapitulation zu diesem späten Zeitpunkt. Maglioni antwortete umgehend und wies ihn zum Handeln an (eine Kopie des Plädoyers an den polnischen Präsidenten ging nach London). Am folgenden Tag verbreitete Pacelli einen «Friedensappell in letzter Stunde». Er bat die «Regierungen Deutschlands und Polens, ihr Äußerstes zu tun, um jeglichen Zwischenfall zu vermeiden und sich von allen Schritten fernzuhalten, die zur Verschlechterung der gegenwärtigen Situation führen könnten».

Der deutsche Angriff auf Polen

Am 1. September 1939 griff Hitler mit einer gewaltigen, hochtechnisierten Militärmacht Polen an. Am 3. September erklärten Frankreich und Großbritannien Deutschland den Krieg.

Der Polenfeldzug sollte bis zum 5. Oktober dauern, und er wurde durch den Einmarsch der Roten Armee am 17. September noch beschleunigt. Die Verluste der Polen während der militärischen Operationen sind auf 70 000 gefallene Offiziere und Soldaten sowie ungefähr 130 000 Verwundete geschätzt worden. Die deutschen Verluste betrugen 8082 Tote und 27 278 Verwundete.[22]

Am 1. September telegraphierte Hitler über den deutschen Botschafter im Vatikan an Pacelli: «Der Führer dankt Seiner Heiligkeit für seine gestrige Botschaft ... Der Führer hat zwei Tage auf die Ankunft eines polnischen Unterhändlers zur friedlichen Beilegung des deutsch-polnischen Konflikts gewartet. Als Antwort auf seine Bemühungen hat Polen die Generalmobilmachung angeordnet. Weiter ist gestern eine neue Reihe unerhörter Grenzverletzungen von Polen begangen worden, bei denen dieses Mal reguläres polnisches Militär auf deutsches Reichsgebiet eingedrungen ist.»[23]

Und dies war nur der Anfang der Agonie Polens. Bis zum Ende des Krieges sollten etwa sechs Millionen Polen Tod und Verwundung erleiden, hinzu kamen die Entwurzelung ganzer Bevölkerungsteile, Hunger und Unterdrückung. Während Pacelli im Laufe des September über die bestürzende Nachricht vom ersten Schritt zur Vernichtung Polens mit seiner Bevölkerung von 35 Millionen, fast ausschließlich katholischen Menschen nachgrübelte, kam von ihm kein Wort. Wollte der Papst in der Hoffnung eine neutrale Haltung einnehmen, in der Zukunft seinen Einfluß als «Supermakler» ausüben zu können? Fürchtete er durch einen Protest Vergeltung an der katholischen Bevölkerung in Polen und Deutschland heraufzubeschwören? Was die Polen anging, so konnte Hitler ihnen kaum Schlimmeres antun. Den Briten und Franzosen war rätselhaft, warum der Papst keine nachdrückliche Verurteilung aussprach. Der polnische Botschafter im Vatikan war tief enttäuscht, dennoch trat er mit Nachdruck dafür ein, daß Polen die Dienste des Heiligen Stuhls nutzen sollte, um der Welt zu verkünden, was im Land geschah. Daher drängte er die polnische Regierung, den Primas von Polen, Kardinal August Hlond, nach Rom zu schicken. Hlond kam am 21. September dort an und wurde von Pacelli herzlich empfangen. Aber immer noch weigerte der Papst sich, zugunsten Polens Stellung zu nehmen.

Kardinal Hlond konnte jedoch über Radio Vatikan sprechen, das dem Polen und Leiter des Jesuitenordens, Pater Wladimir Ledóchowski, unterstand, und er nutzte die Gelegenheit besonders eindrucksvoll. Am 28. September verkündete er der Welt: «Polen, Du Märtyrerland bist durch Gewalt besiegt worden, während Du für die heilige Sache der Freiheit gekämpft hast ... Deine Tragödie berührt das Gewissen der Welt ... Über diese Radiowellen, die um die Welt laufen und vom Hügel des Vatikans aus die Wahrheit verbreiten, rufe ich Dir zu: Polen, Du bist nicht geschlagen! Mit Gottes Willen wirst Du Dich ruhmreich erheben, mein zum Märtyrerland gemachtes Polen!»[24] Zwei Tage später sprach Pacelli zu einer Gruppe von polnischen Pilgern, die von Kardinal Hlond geführt wurden. Er redete mit ihnen voller Mitgefühl und sagte, er sähe die Wiederauferstehung ihres Landes voraus, das sich wie Lazarus von den Toten erheben werde.

Doch das reichte nicht aus. Die polnische Pilgergruppe hatte eine entschiedene Verurteilung Deutschlands und Rußlands erwartet. Die Polen waren verbittert, und ihre Enttäuschung war in Rom deutlich zu vernehmen. Hlond suchte sämtliche Kurienkardinäle auf und versuchte Unterstützung zu mobilisieren. Die Eminenzen hörten ihn meist voll Sympathie an, aber nichts geschah. Dann schloß sich auch Edouard Daladier, der französische Ministerpräsident, den unzufriedenen Polen an. Er telegraphierte seinem Botschafter am Heiligen Stuhl, er sei überrascht, daß der Papst keine Verurteilung ausgesprochen habe. Nicht zu Unrecht betonte er, der Papst müsse dem italienischen Volk die Augen öffnen; weiter zu schweigen, so erklärte er, komme buchstäblich einer Zustimmung gleich. Als Osborne den polnischen Zorn in Rom schilderte, berichtete er, es sei zu hören, daß die «päpstlichen Verlautbarungen seit Ausbruch des Krieges kleinmütig den moralischen Kernfragen ausgewichen seien».[25]

«Dunkelheit über der Erde»

Als Pacelli sich schließlich äußerte, geschah dies in Form einer Enzyklika unter dem Titel *Summi pontificatus*, die auch unter der Bezeichnung «Dunkelheit über der Erde» bekannt geworden ist.[26] Dies war der wichtigste Schritt in der Frühzeit seines Pontifikats, doch es war eine verspätete Stellungnahme. Seit Juli 1939 war das Dokument in Vorbereitung. Es kam am 20. Oktober heraus und wurde am 28. Oktober im *Osservatore Romano* abgedruckt.

Der Papst begann damit, sich selber als den Statthalter Christi zu charakterisieren, der aus einer weltenfernen Sphäre spricht. Er bezog sich auf Leos XIII. Enzyklika *Annum sacrum* als Botschaft aus «einer anderen Welt». Er erinnerte an das Jahr, in dem jener Papst das Menschengeschlecht dem «göttlichen Herz Jesu geweiht» habe. Und während er sich für sein Thema erwärmte, verdammte er das Anwachsen des Antiklerikalismus und dessen, was er als «Laizismus» bezeichnete. Er verlangte eine neue Weltordnung, in der alle Nationen das Königtum Christi anerkennen, des «Königs der Könige und Herrn der Herren», und er forderte seine Leser auf, die jüngsten «äußeren» Ereignisse im «Licht der Ewigkeit» zu betrachten. Es lag eine hoffnungslose Ironie in einem Weltbild, das die Trennung zwischen dem Heiligen und dem Profanen zu vertiefen suchte. Es war wirklichkeitsfremd, während die Welt auf den Krieg zustürzte, die Nationen aufzurufen, ihre säkularen Ineressen hintanzustellen und über geistige Dinge nachzudenken. Gleichzeitig setzte Pacelli, um die Staatsvergottung zu beklagen, den Nationalstaat in Gegensatz zum Individuum und der Kernfamilie, als gebe es dazwischen keinerlei Raum für komplexe soziale Strukturen.

Die Schrift strotzte von päpstlicher Rhetorik, die nur die Härten dessen mildern konnte, was er mitzuteilen hatte: «Unser Herz leidet, wie das Herz eines Vaters bei der Aussicht auf die Ernte leiden muß, die aus den dunklen Samen von Gewalt und Feindseligkeit hervorgehen wird, für die der Krieg nun Furchen von Blut zieht.» Die Botschaft enthielt jedoch starke Worte über die «Einheit des Menschengeschlechts» und seinen gemeinsamen Schöpfer; es fand sich ein passendes Zitat des Heiligen Paulus: «Es gibt nicht mehr Juden und Griechen, nicht Sklaven und Freie, nicht Mann und Frau; denn ihr alle seid ‹einer› in Christus Jesus.» Auch verabsäumte der Papst es nicht, Polen ausdrücklich zu erwähnen: «Das Blut so vieler, die grausam dahingeschlachtet worden sind, obwohl sie keinen militärischen Rang trugen, schreit zum Himmel, insbesondere aus dem geliebten Land Polen ... Es setzt sein Vertrauen in die jungfräuliche Mutter Gottes, die die Hilfe der Christen ist, und wartet auf den Tag, da es ihm erlaubt sein wird, schließlich wieder unbeschädigt aus den Wellen, die es umschlungen haben, aufzutauchen.»

Ein Ausdruck seines Versäumnisses, das nationalsozialistische Deutschland explizit anzuklagen, ist die Art der persönlichen Bearbeitung des Textes: seine Streichungen und Nuancierungen, seine Veränderungen von Gedankengängen. «Eine Autorität», so hatte er in einem frühen Entwurf geschrieben, «die keine Grenzen ihrer Macht anerkannte und sich selbst allem Anschein nach (er schob das abschwächende «allem Anschein nach» quasi nach) einem unbegrenzten Expansionismus hingab, wird dazu neigen, die Beziehungen zwischen den Völkern als einen Kampf zu begreifen, bei dem der Stärkste sich durchsetzen wird; und die Herrschaft der Macht wird

an die Stelle des edlen Königreichs des Rechts treten.» Trotz des
«allem Anschein nach» entschied er sich jedoch dafür, die ganze
Stelle, die ihm offenbar zu heftig erschien, vor der Veröffentlichung
zu streichen.[27]

Trotz aller Unzulänglichkeiten der Enzyklika war Kardinal Hlond
dankbar, das Foreign Office in London stimmte zu, und der französische Präsident lobte es. Mussolinis Italien gestattete die Publikation des Textes. Die französische Luftwaffe warf Zehntausende
Exemplare davon über Deutschland ab. In Polen ließ die Wehrmacht die Enzyklika nachdrucken, ersetzte dabei jedoch das Wort
Deutschland durch Polen,[28] und in Berlin sagte man dem deutschen
Botschafter beim Heiligen Stuhl, Diego von Bergen, Pius XII. habe
nun aufgehört neutral zu sein.

Pacelli und die Verschwörung gegen Hitler

Dann geschah unter größter Geheimhaltung etwas Überraschendes,
das zeigte: Was auch immer Pacelli zu seiner ausweichenden Haltung gegenüber dem nationalsozialistischen Angriff auf Polen motiviert haben mochte, es war weder Feigheit noch gar Sympathie für
Hitler. Im November 1939, einen Monat nach der Enzyklika, sah
sich Pacelli unmittelbar und gefährlich in Bemühungen involviert,
die möglicherweise die aussichtsreichste Verschwörung zum Sturz
Hitlers während des Krieges betrafen.[29] Im Mittelpunkt der Verschwörung stand Hans Oster, ein Mann von starken Prinzipien und
klugem Verstand, der in Berlin bei der Abwehr tätig war. Oster
hatte Kontakt zu einem Kreis von Beamten und Soldaten der Abwehr, deren Führungsgestalt Ludwig Beck, früher Generalstabschef
des Heeres, einen Militärputsch gegen Hitler plante. Ziel der Verschwörer war eine Rückkehr Deutschlands zur Rechtsstaatlichkeit
und eine Föderation, der Österreich angehören sollte. Polen und die
nichtdeutschen Teile der Tschechoslowakei sollten wieder unabhängig werden. Die Verschwörer wußten, daß der Coup nicht gewaltlos
ablaufen konnte, und rechneten sogar mit einem Bürgerkrieg. Bevor
sie den entscheidenden Schritt taten, brauchten sie die Versicherung
der britischen Regierung, daß die westlichen Demokratien aus der
Verwundbarkeit Deutschlands keinen Nutzen ziehen würden. Sie
forderten auch Zusicherungen, daß das Münchener Abkommen ein-
gehalten würde. Ein Schlüsselelement des Planes betraf die Dienste
Pius' XII., welcher von Oster (der Pacelli begegnet war, als dieser

Nuntius in Deutschland gewesen war) als der ideale Mittelsmann eingeschätzt wurde.

Oster bestimmte Josef Müller, einen katholischen Anwalt aus Bayern, zu seinem deutschen Kontaktmann im Vatikan. Müller war als Wehrpflichtiger zur Abwehr abkommandiert worden, als der Angriff auf Polen begann. Von Herbst 1939 an schickte Oster ihm immer wieder unter dem Vorwand nach Rom, über defätistische Stimmungen in Italien zu berichten. In Wirklichkeit ging es aber darum, Verbindungen zum Vatikan und letztendlich zum Papst aufzubauen. Einer der engsten Vertrauten Pacellis war nach wie vor Ludwig Kaas, der jetzt im Exil als Verwaltungschef des Peterdoms tätig war. Kaas brachte Müller mit dem Jesuiten Robert Leiber zusammen, der Pacelli zwei- oder dreimal täglich sah. Leiber war für Pacelli eine Art «Mädchen für alles» und half ihm insbesondere bei der Abfassung seiner Reden und Ansprachen. Leiber behauptete später, zwischen 1940 und 1954 nur drei Tage Urlaub genommen zu haben, ein Beleg für seine enge Zusammenarbeit mit Pacelli.[30]

Der Plan der Verschwörer lief darauf hinaus, daß Pacelli über den britischen Gesandten im Vatikan, Osborne, an Chamberlain herantreten solle, um Garantien für einen ehrenhaften Frieden zwischen den Demokratien und Deutschland nach dem Putsch zu bekommen. Die Informationen sollten dann über Leiber und Müller an Oster zurückgehen.

Die Gefährlichkeit einer solchen Verschwörung für den Papst, die Kurie und all jene, die mit dem Vatikan zu tun hatten, ist nicht zu überschätzen. Der Historiker Harold Deutsch hat geurteilt, man könne den Vorgang «eines der erstaunlichsten Ereignisse in der Geschichte des modernen Papsttums» nennen. «Pater Leiber ... betonte immer wieder, der Papst sei viel zu weit gegangen.» Die Risiken waren in der Tat hoch. Eine Information an Hitler hätte fürchterliche Folgen für die katholische Kirche in Deutschland gehabt. Gleichzeitig hätte Mussolini dies als Bruch der vatikanischen Neutralität und des Lateranvertrags ansehen können; radikale, ja gewalttätige Maßnahmen gegen den Heiligen Stuhl wären dann gerechtfertigt erschienen. Der Vatikan war schließlich, sogar was seine Wasser- und Elektrizitätsversorgung anging, vom faschistischen Italien abhängig, und jeden Augenblick hätten italienische Truppen die Vatikanstadt besetzen können.

Pacelli war sich über die Gefahren und komplexen ethischen Grundsatzfragen, um die es hier ging, genügend im klaren, daß er um Bedenkzeit bat. Zweifellos sprach er mit Kaas und Leiber darüber, und beide haben der Nachwelt von ihrem Unbehagen angesichts des Plans berichtet. Erstaunlicherweise jedoch sagte Pacelli Kardinal Maglione, seinem Staatssekretär, nichts. Dieser wurde von Anfang bis Ende nicht eingeweiht. Pacelli verbrachte nur einen Tag mit stillem Nachdenken, bevor er Leiber mit seiner Entscheidung überraschte. Am 6. November 1939 wurde Müller informiert, der Papst sei bereit zu tun, «was er kann». Die Art, wie Pacelli zu seiner hochwichtigen Entscheidung kam, offenbart die Schwäche und Verwundbarkeit der modernen päpstlichen Autokratie. Da er in der Überzeugung handelte, er habe als Papst die Macht, allein zu entscheiden, sogar ohne Konsultation mit jenen, deren Pflicht es war, ihm mit Rat zur Seite zu stehen, wie Maglione und die entsprechenden Mitglieder der Kurie, war er buchstäblich allein, wenn er historische Entscheidungen von einer derartigen moralischen Tragweite fällen mußte.

Osborne erfuhr am 1. Dezember 1939 zum ersten Mal von der Verschwörung, als er mit Kaas unter vier Augen speiste. Der Prälat skizzierte in allgemeinsten Wendungen, was vor sich ging, und erhielt vom britischen Gesandten eine ebenso vage Ermutigung. Die beiden trafen sich am 8. Januar 1940 erneut, und Kaas berichtete Osborne, daß die Verschwörung sich immer noch in der Vorbereitungsphase befinde; der deutsche Prälat schien ziemlich gereizt, den Namen Müller hatte er immer noch nicht erwähnt.

Vier Tage später empfing Pacelli Osborne in Privataudienz. Er teilte ihm streng vertraulich mit, er habe den Besuch eines Vertreters bestimmter Führungskreise der deutschen Wehrmacht erhalten und besitze verläßliche Informationen, daß Deutschland im Februar einen großen Angriff im Westen plane. Aber zu dieser Offensive würde es nicht kommen, falls hochgestellte Wehrmachtsangehörige Hitler zuvor stürzten, was nur geschehen könne, wenn Großbritannien Deutschland einen ehrenhaften Frieden garantiere. Als er Halifax in einer geheimen Denkschrift Mitteilung von diesem Gespräch machte, hielt Osborne seinen Eindruck von Pacellis seltsam unschlüssiger Haltung fest:

«Er wollte die Nachrichten an mich nur zur Information weitergeben. Er wollte in keiner Weise etwas gutheißen oder empfehlen. Nachdem er meine Kommentare über die Mitteilung gehört hatte, die er erhalten und an mich weitergegeben hatte, sagte er, vielleicht sei es gar nicht richtig, die Angelegenheit weiter zu verfolgen, und er bitte mich daher, die Sache so zu betrachten, als sei gar nichts geschehen. Dies lehnte ich jedoch sofort ab, indem ich sagte, ich weigerte mich, die Verantwortung für das Gewissen seiner Heiligkeit auf mich zu nehmen.»[31]

Osborne stand der Verschwörung skeptisch gegenüber und meinte, man müsse die Franzosen streng vertraulich informieren. Pacelli erwiderte darauf, «nun habe er auf diese Weise sein Gewissen beruhigt, und er erwarte keine weitere Antwort».

Osborne schrieb an Halifax, er habe die ganze Angelegenheit «hoffnungslos vage» gefunden, und «sie habe ihn an die Venlo-Affaire erinnert», ein Täuschungsmanöver, in das britische Agenten in Holland durch deutsche Geheimdienstleute hineingelockt worden waren. Er schloß mit der Bemerkung: Pacellis «spontanes Angebot, das Ganze gleich zu vergessen, nachdem ich Skepsis zum Ausdruck gebracht hatte, zeigt mir, daß er es nicht gern sieht, als Mittelsmann benutzt zu werden, und daß er von dem Ergebnis wenig erwartet. Doch gewiß kann er für die Art seines Handelns nicht getadelt werden.»[32]

Halifax verlas das Geheimschreiben Osbornes am 17. Januar 1940 im Kriegskabinett, das sich dahingehend einig war, «der Staatssekretär im Außenministerium (sollte) angemessene Schritte unternehmen, die französische Regierung von der Mitteilung zu informieren, die Seine Heiligkeit der Papst Herrn Osborne gemacht hat».[33]

Am 6. Februar empfing Pacelli Osborne in Audienz – er hatte seinen *maestro di camere* in tiefster Nacht ausgeschickt, um den Gesandten zu informieren, das Treffen würde am nächsten Tag um 12.00 Uhr mittags stattfinden, und er dürfe weder formell gekleidet sein, noch irgend jemandem mitteilen, daß er den Papst aufsuche. In einem Schreiben an Halifax vom 7. Februar[34] berichtete Osborne, Pacelli sei erneut von den Verschwörern angesprochen worden, aber der Papst habe sich geweigert, irgendwelche Namen zu nennen, er habe nur versichert, ein bekannter deutscher General sei beteiligt. Der Beginn von Hitlers für Februar ins Auge gefaßter Offensive im Westen sei aufgrund der ungünstigen Witterungslage verschoben worden; währenddessen wünschten die Organisatoren des Putsches immer noch eine Bekräftigung, daß Deutschland nach einer britisch-französischen Invasion und einem Waffenstillstand nicht geteilt werde. Osborne weiter: «Entscheidend scheint zu sein, daß man uns diesmal ein ‹demokratisches, konservatives, gemäßigtes› und – wichtiger noch – dezentralisiertes und föderalisiertes Deutschland in den Grenzen von München anbietet.»[35]

Halifax antwortete am 17. Februar mit einem Brief, der im wesentlichen die Absicht verfolgte, Pacelli in Verlegenheit zu bringen. Die Briten, so argumentierte er, müßten die Angelegenheit mit den Franzosen durchsprechen, aber sie könnten dies nicht tun «auf der

Grundlage von Ideen, die aus unbekannten Quellen stammen ...
Wenn irgendwelche Fortschritte erzielt werden sollen, dann müsse
ein definitives und autoritativ verbürgtes Programm vorliegen.»[36]

Halifax' Brief überschnitt sich mit einem weiteren Schreiben Osbornes, der am 16. des Monats gemeinsam mit Halifax' Frau und
Sohn den Papst getroffen hatte. «(Pacelli) zog mich am Ende der
Audienz zur Seite, um mir mitzuteilen, die in meinen vorangegangenen Briefen erwähnten deutschen Militärkreise hätten ihre Absicht
oder ihren Wunsch bestätigt, einen Regierungswechsel herbeizuführen.» Osbornes Reaktion auf das, was Pacelli ihm mitteilte, war
barsch. «Ich fragte nur», so informierte er Halifax, «warum sie denn
nicht handelten, wenn sie einen Regierungswechsel wollten. Ich fügte
hinzu, selbst bei einem Regierungswechsel könnte ich mir nicht vorstellen, wie wir Frieden schließen könnten, solange die deutsche Mi-
litärmaschine intakt bleibe.»[37]

Die an dieser seltsamen Verschwörung Beteiligten verfielen nun in
Schweigen. In London gab es Gerüchte, Kaas sei nicht vertrauens-
würdig – er sei vielmehr ein Spion der Nationalsozialisten. Halifax
erfuhr dann, König Georg VI. wisse bereits von einer Verschwörung
mit dem Ziel, «Hitler umzulegen». Müller reiste unterdessen zwischen Rom und Berlin hin und her. Die Verschwörer warteten weiterhin auf eine britische Garantie, und die Briten ihrerseits warteten
darauf, zu erfahren, wer denn die Verschwörer eigentlich seien.

Am 11. März bat der deutsche Außenminister Ribbentrop, der
Mussolini in der Hoffnung besuchte, Italien in den Krieg hineinzuziehen, um eine Audienz bei Pacelli, die dieser gewährte. Ribbentrop
betrachtete den Besuch als Propagandachance, doch sein wichtigstes
Anliegen war es, Pacelli davon abzuhalten, Kritik am NS-Regime zu
üben.[38] Während der Audienz unterband Ribbentrop jegliche Diskussion über Friedensinitiativen, indem er kategorisch darauf bestand,
daß Deutschland den Krieg gewinnen werde. Als Pacelli auf Angriffe
gegen Katholiken und auf Kircheneigentum einging, «hat der Herr
Reichsaußenminister auf die historische Tatsache hingewiesen, daß
niemals in der Geschichte eine so radikale Revolution, wie sie der
Nationalsozialismus im gesamten Leben des deutschen Volkes her-
beigeführt habe, so wenig den Bestand der Kirche beeinträchtigt habe
... Außerdem sei zu bedenken, daß die Verständigung zwischen Nationalsozialismus und Katholischer Kirche von einer Kardinalvoraus-
setzung abhänge, davon nämlich, daß die katholische Geistlichkeit
in Deutschland auf jede wie auch immer geartete Form politischer
Betätigung verzichte und sich ausschließlich auf die ihr allein zukom-

mende seelsorgerische Tätigkeit beschränke. Die Erkenntnis der Notwendigkeit einer solchen radikalen Scheidung könne aber heute bei den katholischen Geistlichen in Deutschland noch nicht als herrschend angesehen werden … Erst wenn das geschehen sei, könne mit Aussicht auf dauernden Erfolg an die grundsätzliche Auseinandersetzung und Verständigung herangegangen werden … Einstweilen komme es deshalb nach Ansicht des Führers darauf an, den bestehenden Burgfrieden aufrechtzuerhalten und, wenn möglich, zu vertiefen.»[39]

Als Pacelli Ribbentrop um seine Einwilligung bat, daß ein Abgesandter des Vatikans Polen besuche, lehnte Ribbentrop ab. An einer Stelle des Gesprächs fragte Pacelli den Reichsaußenminister, ob er denn an Gott glaube. Ribbentrop erwiderte: «Ich glaube an Gott, aber ich bin unkirchlich.» Sarkastisch wiederholte Pacelli in deutscher Sprache den Satz zwei- oder dreimal und sagte dem Minister dann, er könne nicht anders als an der Wahrheit dieser Worte zweifeln.[40]

Dino Alfieri, der italienische Botschafter beim Heiligen Stuhl, berichtete Mussolini nach dem Treffen: «Es wurde deutlich (und der Papst ist davon überzeugt), daß Ribbentrop nur aus innenpolitischen Gründen im Vatikan empfangen werden wollte – insbesondere ging es darum, die große Masse der Katholiken in Deutschland zu beeindrucken und das Gespräch in einer für Deutschland günstigen Weise in der Welt propagandistisch auszubeuten.»[41]

Am 30. März sprach Pacelli erneut mit Osborne über die Verschwörung gegen Hitler. Er hatte entdeckt, daß auch auf anderen Wegen Friedensfühler nach London ausgestreckt worden waren. Dies brachte ihn schier aus der Fassung. Osborne ging nicht weiter auf Pacellis Zorn ein, aber der Papst war möglicherweise erbost, weil sich die Verschwörung herumgesprochen hatte, und empört, daß er den Heiligen Stuhl sinnlos in Gefahr gebracht hatte.

Angesichts dieses Mangels an Vertrauen und Voraussicht sowohl bei den Briten als auch bei den deutschen Verschwörern war dem Komplott offenbar die Luft ausgegangen. Der Historiker Owen Chadwick meint dazu: «Der Papst hatte das Schicksal der Kirche in Deutschland, Österreich und Polen aufs Spiel gesetzt und vielleicht noch mehr riskiert. Möglicherweise nahm er die Vernichtung der deutschen Jesuiten in Kauf … Er ging dieses große Risiko nur deshalb ein, weil er aufgrund seiner politischen Erfahrung erkannte: So gering die Erfolgsaussichten dieses Planes auch waren, handelte es sich hier dennoch möglicherweise um eine der letzten Chancen, die bevorstehenden Angriffe auf Holland, Frankreich und Belgien zu verhindern, großes Blutvergießen zu vermeiden und den Frieden wieder zurück nach Europa zu bringen.»[42]

Im Londoner Außenministerium hatte sich inzwischen die Meinung herausgebildet, Pacelli sei «Einflüssen gegenüber offener als sein Vorgänger». Osborne antwortete mit einem weitblickenden Vorbehalt. Dies sei wohl richtig, schrieb er Ende Februar 1940 an Kollegen in London, und es gelte «auf jeden Fall im besten Sinne; das heißt, er hört bereitwillig zu, wägt seine Meinungen sorgfältig ab und ist weniger streng und kompromißlos hinsichtlich seiner eigenen Ansichten und Taten. Daraus folgt aber nicht, daß er instabil oder leicht mitzureißen ist.»

Als Pacelli später mit den äußersten moralischen Entscheidungen und Krisen konfrontiert war, schienen angesichts seiner Rolle bei der Verschwörung gegen Hitler während des sogenannten «Sitzkrieges» in Frankreich zwei Dinge deutlich: Wie gut oder schlecht auch immer seine Entscheidungen sein mochten, sie waren auf jeden Fall seine eigenen, und er fürchtete nicht um seine persönliche Sicherheit. Sein Haß gegen Hitler war so groß, daß er auch Risiken für sein eigenes Leben in Kauf nahm und – wie Robert Leiber andeutete – auch für das Leben vieler anderer. Wenn das Risiko angemessen erschien, dann war er fähig, schnell zu handeln. Äußerlich schien er manchen Beobachtern zierlich, übersensibel und schwach. Kleinmütigkeit und Unentschiedenheit – Schwächen, auf die später hingewiesen werden sollte, um sein Schweigen und Nichthandeln in anderen Angelegenheiten zu erklären – gehörten wohl kaum zu seinen hervorstechenden Eigenschaften.

14

Ein Freund Kroatiens

Als sich im Frühjahr 1940 die Gefahr eines deutschen Angriffs im Westen bedrohlich zuspitzte, wurde es immer wahrscheinlicher, daß Italien an der Seite Hitlers in den Krieg eintreten würde. Pacelli spielte nun eine wichtige Rolle bei dem Versuch, Mussolini und alle Italiener so zu beeinflussen, daß dieser die Situation noch einmal überdachte.

Die Möglichkeiten des Papsttums, Informationen zu sammeln und zu verbreiten, waren jedoch bereits vor Ausbruch der Feindseligkeiten gefährdet. Für Pacelli gab es keine Notwendigkeit, italienische Kriegstreiberei zu tadeln, und sein Hauptmittel zur Lancierung von Friedensappellen war der *Osservatore Romano*, dessen Auflage bis April 1940 auf 150000 Exemplare anstieg. Während der dreißiger Jahre lag sie normalerweise bei 80000 Exemplaren, gering für ein Blatt von dieser nationalen Bedeutung, aber da der italienische Klerus es las, wurden seine Botschaften von den Kanzeln aus weit verbreitet. Obwohl *L'Osservatore* sich an das Prinzip der Nichteinmischung in die italienische Politik hielt, wie es im Lateranvertrag festgelegt war, unterstützte die Zeitung Pacellis Friedensaufrufe auf der Basis christlicher Prinzipien. Die Geistlichen überall im Lande reagierten auf die Einflüsse aus dem Vatikan und forderten die Gläubigen zu besonderen Friedensgottesdiensten auf. Als der deutsche Druck auf Italien, in den Krieg einzutreten, zunahm, versuchte Pacelli, Mussolini zurückzuhalten, indem er ihn bei jeder Gelegenheit öffentlich und privat zu seinen «Friedensinitiativen» beglückwünschte. Da konnte es nicht verwundern, daß der «Duce» verärgert war. In der letzten Aprilwoche 1940 nannte er den Vatikan die «chronische Blinddarmentzündung Italiens», und es kam immer häufiger zu Angriffen auf die Zeitung des Papstes. Für einige führende Faschisten wie Roberto Farinacci war das bloße Vorhandensein einer unabhängigen Stimme in der italienischen Presse eine ständige Provokation. Farinacci, der eine eigene Zeitung unter dem Titel *Regime Fascista* herausgab, klagte den *Osservatore* an, sich gegen Italien und die Souveränität des Landes auf die Seite Frankreichs und Großbritanniens zu stellen. Er behauptete, die Mehrheit der Leser des *Osservatore* bestehe aus Juden und Freimaurern. In der ersten Maiwoche wurden Zeitungsverkäufer des *Osservatore* auf der Straße verprügelt, Exemplare des Blattes beschlagnahmt und vernichtet.

In der gleiche Woche jedoch wurde Pacelli aus ganz anderen Gründen Ziel faschistischer Zornesausbrüche. Am 3. Mai hatte er von Josef Müller erfahren, daß Deutschland nun im Begriff sei, Holland und Belgien anzugreifen. Das Staatssekretariat warnte sogleich die Nuntien in Brüssel und Den Haag mit chiffrierten Telegrammen, und die Information gelangte über Osborne und Charles-Roux auch nach Paris und London. Als Pacelli schließlich am 6. Mai bei einer Privataudienz ein Gespräch mit dem italienischen Kronprinzen Umberto hatte, berichtete der Papst von Hitlers nächsten Absichten. Italienische Codebrecher, die nicht weit vom Vatikanhügel entfernt von Fort Boccea aus arbeiteten, fingen die Botschaften an die Nuntien in Holland und Belgien auf und dechiffrierten sie. Umberto ging sogleich zu Mussolini und teilte ihm mit, was Pacelli preisgegeben hatte.

Die privilegierte Stellung des Vatikans als Empfänger von Informationen, und seine Möglichkeit, mit diplomatischen Mitteln zu arbeiten, brachte Pacelli auf diese Weise am Vorabend von Hitlers Westoffensive in Gefahr. In Berlin wurde die Information an die Nuntien als Spionageakt betrachtet. In Rom steckte Mussolini in einem Dilemma – denn es sah einen Augenblick lang so aus, als strebe er gemeinsam mit Pacelli danach, sich aus dem Krieg herauszuhalten. Diese Sachlage hat Owen Chadwick zu der Behauptung veranlaßt, Pacellis «Unvorsichtigkeit» habe dazu beigetragen, «es unvermeidlich [zu machen], daß Mussolini in den Krieg eintrat». Nachdem die Informationen einmal weitergegeben waren, so Chadwick, «konnte Mussolini nichts anderes tun als den Deutschen zu beweisen, daß er das Ansinnen des Papstes voll und ganz zurückgewiesen habe».[1] Wie dem auch sei: Mit Pacellis Rolle als neutraler Friedensstifter und vor allem mit seinem Einfluß auf Mussolini war es nun vorbei.

Als Hitler am 10. Mai 1940 Frankreich, Holland, Belgien und Luxemburg angriff, stand Pacelli unter direktem Druck aus London und Paris, diesen gewaltsamen Bruch des Völkerrechts zu verurteilen und mit allen ihm zur Verfügung stehenden Mitteln den Eintritt Italiens in den Krieg zu verhindern. Tardini entwarf ein päpstliches Sendschreiben, in dem der Überfall verurteilt wurde, der «ohne Provokation und ohne Anlaß (erfolgt sei) ... Wir müssen unsere Stimme erheben, um wieder einmal Niedertracht und Ungerechtigkeit zu bedauern». Aber Pacelli wollte die Deutschen nicht herausfordern und ließ den Entwurf daher fallen.[2] Statt dessen sandte er Telegramme an die drei Monarchen von Holland, Belgien und Luxemburg, in denen er ihnen seine Sympathie und Zuneigung zum Ausdruck brachte. Die Telegramme wurden von den Empfängern mit Dankbarkeit aufgenommen, sie verstimmten jedoch die Mächte auf beiden Seiten des Grabens, der sich durch Europa zog. London und Paris waren entsetzt, weil die Aggression nicht deutlich verdammt wurde. Rom und Berlin klagten den Papst der politischen Einmischung in einer schwierigen Krisensituation an.

Als die Texte der Telegramme am 12. Mai im *Osservatore Romano* veröffentlicht wurden, versuchten die Faschisten, den Vertrieb des Blattes zu verhindern. Erneut wurden Zeitungsverkäufer verprügelt. Jeder, der mit einem Exemplar erwischt wurde, war Angriffen ausgesetzt. Zwei Leute, die in der Nähe des Trevi-Brunnens das Blatt gekauft hatten, wurden ins Wasser geworfen. Am gleichen Tag beklagte sich der italienische Botschafter beim Heiligen Stuhl, Dino Alfieri, der zukünftig Italien in Berlin vertreten sollte, während einer Audienz bei Pacelli über die Telegramme. Die Faschisten seien wütend, und jeden Augenblick könne etwas Ernsthaftes passieren.

Pacelli erwiderte, er fürchte sich nicht davor, in ein Konzentrationslager gesteckt zu werden, er habe gerade die Briefe der Heiligen Katharina von Siena gelesen, und dort werde der Papst jener Tage daran erinnert, daß Gott streng über ihn urteilen werde, wenn er es verabsäume, seine Pflicht zu tun.[3]

Ungefähr zu dieser Zeit (das genaue Datum ist ungewiß) wurde Pacelli in Rom aufgelauert, als er sich auf dem Wege zu einer der römischen Basiliken befand, um dort eine Messe zu zelebrieren. Faschistische Schlägertrupps warfen sich auf seinen Wagen und schrien «Tod dem Papst! Nieder mit dem Papst!»[4] Für die Dauer des Krieges schloß Pius XII. nun seine Sommerresidenz Castel Gandolfo. Bis zum Sturz Mussolinis wagte er sich nicht wieder auf die Straße. Während er seine Diözese Rom nicht ohne Furcht vor Gewalttätigkeiten besuchen konnte, lebte Pacelli nun in freiwilliger Gefangenschaft im Innern des Vatikans. Daher wurde es für ihn um so wichtiger, weiterhin den *Osservatore Romano* zu publizieren, sein nunmehr einziges direktes Kommunikationsmittel mit den Gläubigen in Italien, von Radio Vatikan abgesehen, das auch bedroht war. Als die deutsche Wehrmacht am 15. Mai 1940 die französischen Verteidigungsanlagen bei Sedan durchbrach und mit Panzern in Richtung Kanalhäfen vorstieß, erklärte Mussolini seine Absicht, auf seiten Hitlers zu den Waffen zu greifen, obwohl er dafür kein präzises Datum angab. Erst am 2. Juni, nachdem die Briten ihre Kontinentalarmeen von Dünkirchen aus evakuiert hatten, verkündete Mussolini schließlich, er werde Frankreich am 10. Juni den Krieg erklären.

Ende Mai drängte das Foreign Office in London Osborne immer noch, Pacelli zu einer Verurteilung der deutschen Offensive zu veranlassen – obwohl es am 20. Mai bereits fast so weit war, daß der *Osservatore* nur noch innerhalb des Vatikans verbreitet werden durfte. Am 28. Mai erklärte sich der Vatikan bereit, um einem Verkaufsverbot in Italien zu entgehen, in seiner Zeitung nur noch offizielle Kriegskommuniqués aller kriegführenden Parteien ohne Kommentar zu veröffentlichen.[5]

Der Heilige Stuhl war nun belagert, umgeben von einem Staat, der sich im Kriegszustand mit Frankreich, der ältesten Tochter der Kirche, und mit Großbritannien befand, einem Land, für das Pacelli einen gewissen Respekt aufbrachte, wenn er es auch kaum aus eigener Anschauung kannte, sieht man von Krönungen und Flottenparaden ab. Pacelli verfügte nur über begrenzte Handlungsmöglichkeiten. Seine Telegramme und Nachrichten an die Nuntien überall in der Welt konnten abgefangen werden. Seine Zeitung konnte an den Toren des Vatikans konfisziert werden. Seinen Rundfunksender konnte man stören. Eine Enzyklika, die an die Gläubigen in Deutschland gerichtet war, konnte beschlagnahmt und ihre Verbreitung verhindert werden. Pacellis wichtigstes Ziel war nun, seine Unabhängigkeit und den geringen Handlungsspielraum, den er noch besaß, zu erhalten.

Während des Sitzkrieges hatte es innerhalb des Vatikans Diskussionen über die Frage gegeben, wie es dem winzigen Stadtstaat ergehen werde, falls Italien in den Krieg eintreten sollte. Das Schicksal des Papstes war Thema phantasievoller Spekulationen in Diplomatenkreisen. Vorschläge, er solle nach den Vereinigten Staaten, Portugal oder Südamerika abreisen, zirkulierten und verschwanden wieder. Pacelli war entschlossen, – unter allen Umständen – im Vatikan zu bleiben.

Nach dem Lateranvertrag war der Vatikan ein souveräner Staat. Er hing allerdings bei der Versorgung mit Elektrizität und Wasser von Italien ab. Würde man seine Souveränität, sein diplomatisches Personal und seine Administration respektieren? Mussolini war im Sommer 1939 wegen des Schicksals der Botschafter und Gesandten beim Heiligen Stuhl konsultiert worden, die überwiegend in der Stadt Rom, weniger innerhalb der Mauern des Vatikans residierten. Im Herbst hatte er deutlich gemacht, daß Diplomaten «unfreundlicher Nationen» entweder in den Vatikan selbst umziehen oder das Land verlassen müßten. Am 30. Mai 1940 entschied sich Wladimir d'Ormesson (der Nachfolger von Charles-Roux als französischer Vatikanbotschafter) für ein Quartier innerhalb der Vatikanstadt. Osborne schloß sich an und zog gemeinsam mit Vertretern von Ländern, die von Deutschland besetzt waren oder als feindselig betrachtet wurden, einschließlich der Belgier und der Polen, in eine Diplomatensiedlung im Vatikan.

Und wie stand es um die Finanzen des Vatikans? Nach der Regelung der finanziellen Probleme durch den Lateranvertrag hatte der Vatikan wie jedermann nach dem Zusammenbruch der Börse an der Wall Street Geld verloren, und dies trotz einer sensiblen Diversifizierung der Anlagestrategie. 1935 jedoch begann sich die Lage wieder zu bessern, und der Vatikan hatte sich auf eine Politik der Anlagen in sichere Spitzenwerte in den Vereinigten Staaten umgestellt, die seine finanzielle Solidität bis in die Nachkriegszeit hinein gewährleisten sollte.[6] Während des Krieges jedoch benötigte der Heilige Stuhl Bargeldreserven. In der letzten Maiwoche führte der Vatikan eine bemerkenswerte Transaktion durch, die zu einem streng gehüteten Kriegsgeheimnis werden sollte, als er Goldbarren im Wert von schätzungsweise 7 665 000 Dollar in die Vereinigten Staaten transferierte. Ein Teil dieses Goldes wurde sofort verkauft, um über Bargeld in Dollar zu verfügen.[7]

Die Verteidigung Roms

Historiker, die sich mit dem italienischen Kriegsschauplatz im Zweiten Weltkrieg beschäftigt haben, sind allgemein der Auffassung, daß Pius XII. vor allem ein Problem bewegte, solange Rom von den Feindseligkeiten betroffen war – die Bewahrung der Ewigen Stadt vor Luftangriffen. Es drängt sich der Eindruck auf, als habe er die Erhaltung Roms wichtiger genommen als die Bombardierungen aller anderen Städte Europas, die Schrecken des Blitzkriegs, die Deportationen, die Folterungen und sogar die «Endlösung». Das Problem einer möglichen Bombardierung Roms hat die Vorwürfe für das vermeintlich schuldhafte Schweigen während des Krieges im Blick auf andere Fragen also glaubwürdig gemacht.

Pacelli weigerte sich zugleich, die Bombardierung Coventrys in England zu verdammen oder für den Schutz anderer Orte von religiöser und künstlerischer Bedeutung einzutreten. Seine Kritiker sprechen in diesem Zusammenhang von Doppelmoral, seine Prioritäten seien in skandalöser Weise unausgewogen gewesen, möglicherweise habe er einfach Angst gehabt, im Vatikan bombardiert zu werden. Die Tatsachen allerdings waren komplexer.

Am 10. Juni 1940, also an dem Tag, an dem Italien Frankreich und Großbritannien den Krieg erklärte, bat Kardinalstaatssekretär Maglione Osborne darum, aus London eine Zusicherung zu erwirken, daß die Royal Air Force Rom nicht bombardieren werde. Maglione hatte allem Anschein nach ein Exemplar des Londoner *Daily Telegraph* mit einem Artikel in den Händen, der Bombenangriffe auf italienische Städte, einschließlich der Hauptstadt, ankündigte. Osborne tat diesen Artikel als Unsinn ab. Doch schon drei Tage später tauchten alliierte Flugzeuge über Rom auf und warfen Propagandaflugblätter ab, von denen einige auf vatikanischem Territorium landeten. Die Italiener begriffen die Warnung. Auch für Pacelli war das ein ausreichender Beweis, daß die RAF über die nötige Reichweite verfügte und möglicherweise auch die Absicht verfolgte, Rom und den Vatikan dem Erdboden gleichzumachen. Er konnte schwerlich einen formalen Protest im Namen Italiens einlegen, aber er bat Maglione, sich in London über die Verletzung vatikanischen Territoriums zu beschweren, und übte weiterhin Druck auf Osborne aus, seine Regierung zu der Zusage zu veranlassen, daß Rom auf keinen Fall bombardiert werde.[8] Der diplomatische Notenwechsel zwischen dem Vatikan und London nahm entsprechend zu.

London erklärte sich bereit, eine Bombardierung des Vatikans auf jeden Fall zu vermeiden: Der Petersdom und der Apostolische Palast waren schließlich nicht Teil des Territoriums eines Feindstaats. Aber die britische Regierung sah keinen Grund, warum Rom, die Hauptstadt einer Macht, die sich im Krieg mit Großbritannien befand, besonderen Schutz genießen sollte – und dies angesichts von Gerüchten über bevorstehende Angriffe italienischer Bomber auf England, die gemeinsam mit der deutschen Luftwaffe geflogen werden sollten. Tatsächlich gab es – was auch immer die Absichten Großbritanniens sein mochten – aus Londoner Perspektive keinen Grund, Rom zu einer offenen Stadt zu erklären, die nach dem Völkerrecht entmilitarisiert und immun gegen Luftangriffe gewesen wäre. Sicher war es das beste, Mussolini und die Bürger Roms über die Absichten der Westmächte im unklaren zu lassen. Dies würde sie am ehesten dazu bringen, sich die Bombardierung Londons, Birminghams und Liverpools gut zu überlegen. Zudem hielt London es für unangemessen, wenn das Oberhaupt eines neutralen Staats, der der Vatikan zu sein beanspruchte, also der Papst, sich für Rom einsetzte, das ein Teil Italiens war. Deutete dies nicht darauf hin, daß Pius XII. von den Faschisten als Propagandainstrument mißbraucht wurde?

Pacelli selbst ließ sich in erster Linie von einer starken Liebe für Rom, die Ewige Stadt, bewegen – für das geistliche Zentrum der Christenheit, den Ort des Grabmals des Heiligen Petrus und der Katakomben, die Pilgerstätte, die so reich an uralten Basiliken, Kirchen und Kapellen, an christlichem künstlerischen Erbe aller Zeitalter war. Es wäre ungewöhnlich gewesen, wenn sich der Bischof von Rom keine Sorgen um das Schicksal der Ewigen Stadt gemacht und nicht seinen ganzen Einfluß daran gesetzt hätte, deren Schutz zu gewährleisten. Zwar war Rom seit 1870 die Hauptstadt eines neuen Nationalstaates, es gab jedoch in jeder Straße und auf jedem Platz sichtbare Erinnerungen an seine alte Stellung als Herz der universellen katholischen Kirche. Ebenso wichtig war, daß Pacellis Eintreten für Rom aus der Sicht der Faschisten ein Grund war, den souveränen Status des Vatikans aufrechtzuerhalten.[9] Nachdem Italien in den Krieg eingetreten war, glich der Vatikan mit seinem Gewimmel an ausländischen Diplomaten kriegführender und besetzter Staaten einer Enklave der Geheimdienste. Es gab Forderungen einflußreicher Faschisten, den Stadtstaat zu annektieren und die ausländischen «Spione» hinauszujagen. Wenn der Heilige Stuhl seinen Einfluß geltend machte, um die Bombardierung der Ewigen Stadt zu verhindern, dann war er der faschistischen Regierung nützlich und gab Mussolini deshalb einen Grund, die Immunität des Vatikans gegen Eingriffe und Einfälle von außen zu sichern. Mit der Zeit würde die italienische Regierung sich dafür dankbar erweisen.[10] So zeugten Pacellis Bemühungen, Rom zu einer offenen Stadt erklären zu lassen, von einer alles überragenden Priorität: dem schieren Überleben des Vatikans und des Papsttums. Doch hier handelte es sich kaum um eine Sache, bei der Pius Osborne um Vermittlung in London bitten konnte. Die Briten nahmen ihm übel, daß er den Bombenkrieg gegen Zivilisten in England nicht verurteilte, und das allein nach dem Prinzip der strikten Unparteilichkeit.

Die Dinge spitzten sich Mitte November 1940 zu, als die englische Stadt Coventry und ihre berühmte Kathedrale völlig durch Bomben zerstört wurden. Osborne forderte von Pacelli, diese Vernichtungsaktion öffentlich anzuprangern, doch das Ergebnis seiner Bemühungen war ein Besuch des portugiesischen Botschafters im Londoner Außenministerium, der an die Briten appellierte, keinen Vergeltungsangriff auf Rom zu fliegen. Dieser deplazierte Vorstoß irritierte die Londoner Beamten; sie erwogen noch einmal mit Nachdruck, vom Papst eine Verurteilung der Bombenangriffe der Luftwaffe zu fordern. «Ich plädiere entschieden dafür», schrieb Sir Robert Vansittart vom Foreign Office, «daß (Osborne) dies nur als Erwiderung formuliert und nicht irgendeine Lösung anbietet, aufgrund derer der Papst möglicherweise sagen kann: ‹Nun gut, ich verdamme die Bombardierung englischer Kirchen, und dafür werdet ihr jetzt Rom verschonen.› Dies wäre der niederträchtigste Tauschhandel, der vorstellbar ist.»[11] Vansittarts Sorge war unbegründet, da kein *Quidproquo* zur Diskussion stand. Nach den entsetzlichen Luftangriffen auf Coventry war der Papst zu nicht mehr bereit als einem versteckten Hinweis in einem Gebet für ungenannte «zerstörte Städte und getötete Zivilisten».

Nicht ohne Boshaftigkeit, aber mit allem diplomatischen Ernst wurde Osborne nun von London angewiesen, im Vatikan um ausreichende nächtliche Beleuchtung zu ersuchen, damit bevorstehende RAF-Bombenangriffe von Malta aus nicht ihr Ziel verfehlten. (Ein beleuchteter Petersdom konnte freilich auch den Bombern, die Rom treffen sollten, als Orientierung dienen.) Erzbischof Tardini erwiderte, dieser Vorschlag sei «kindisch»; das veranlaßte Osborne zu der Antwort: «Nicht praktikabel ja; kindisch nein!» Dann erinnerte Tardini ihn an eine Tatsache, die die Briten vergessen zu haben schienen: daß nämlich die Elektrizitätsversorgung des Vatikans aus Italien kam. Tardini fügte hinzu, Mussolini und Hitler wären sicher erfreut, wenn die RAF Rom bombardiere, das würde den Achsenmächten auf der Stelle einen Propagandacoup liefern. Osborne hat sich wohl von dieser Überlegung beeindrucken lassen, denn er begann, London davor zu warnen; und seine Mahnungen wurden häufiger, als die RAF Befehl erhielt, Angriffe auf italienische Städte zu planen, die als Vergeltung geflogen werden sollten, wenn Mussolini bei seiner Invasion Griechenlands die Bombardierung Athens befahl.

Während sich der Krieg in die Länge zog, bat Pacelli mit unermüdlicher Ausdauer um Garantien der Unverletzlichkeit Roms. Gleichzeitig versuchte er weiterhin, Rom zu einer «offenen Stadt» erklären zu lassen. Doch ein solcher Schritt hätte bedeutet, daß Mussolinis Regierung die Hauptstadt hätte räumen müssen. 1942 gab es viel Gerede über einen solchen Plan, und er wurde sogar vom König von Italien unterstützt, aber all dies sollte bis in die Wochen unmittelbar vor der Befreiung Roms durch die Alliierten zu nichts führen. Pacellis unaufhörliche Versuche, die Alliierten von der Unantastbarkeit der Ewigen Stadt zu überzeugen, zahlten sich allerdings während vieler Kriegsjahre aus, auch wenn die Stadt nicht völlig unzerstört blieb.

Für all dies sollte er jedoch vor der Geschichte einen hohen Preis zahlen.

Das grausame Regime des katholischen Kroatien

Pacelli und die Beamten des vatikanischen Staatssekretariats waren, wie die Regierungen überall in Europa, davon überzeugt, daß ein Krieg zwischen Deutschland und der Sowjetunion nur eine Frage der Zeit sei. Angesichts der Möglichkeit eines Europa unter dem Joch Stalins und überwältigender Beweise für die Absicht der Sowjets, die christlichen Kirchen zu unterdrücken, wurde Mussolinis Balkanfeldzug im Oktober 1940 von einigen Mitgliedern der Kurie mit einem gewissen Optimismus betrachtet, denn man betrachtete Jugoslawien in diesem Zusammenhang als ein letztes schützendes Bollwerk für Italien und den Mittelmeerraum. Doch da es Mussolini nicht gelang, die Griechen zu besiegen, sah sich Hitler gezwungen, ihm zu Hilfe zu kommen. Um sich Zugang nach Griechenland zu verschaffen, mußte man Jugoslawien dazu veranlassen, der Achse beizutreten. Das Bündnis zwischen Hitler, Mussolini und Jugoslawien wurde am 25. März 1941 in Wien unterzeichnet. Zwei Tage später ergriff eine Gruppe serbischer Nationalisten in Belgrad die Macht, vertrieb die Regierung und gab bekannt, Jugoslawien stelle sich auf die Seite der westlichen Demokratien. Churchill erklärte in London, die Jugoslawen hätten ihre «Seele» wiedergewonnen.

So griff Hitler am 6. April auch Jugoslawien an. Er ließ die «offene» Stadt Belgrad bombardieren. Dabei kamen 5000 Zivilisten zu Tode. Als die Wehrmacht am 10. April in Zagreb einmarschierte, gestattete man den kroatischen, katholischen Faschisten unter der Führung von Ante Pavelic, ein unabhängiges Kroatien zu proklamieren. Am Tag darauf schlossen sich Italien und Ungarn (ein anderer faschistischer, zu zwei Dritteln katholischer Staat) Hitler an, um ihr Stück vom jugoslawischen Kuchen zu erhalten. Pavelic hatte die Entwicklungen unter dem Schutz Mussolinis in Italien abgewartet. Seine Organisation, die Ustascha, leitet sich von dem Verb *ustati* ab, was «sich erheben» bedeutet. Sie hatte sich der Bildung des südslawischen Königreichs Jugoslawien nach dem Ersten Weltkrieg widersetzt und von sicheren Stützpunkten in Italien aus dessen Zerstörung und Sabotierung geplant: Es war Pavelic gewesen, der die Verschwörung zur Ermordung von König Alexander 1934 angezettelt hatte. Mussolini hatte Pavelic die Benutzung von Ausbildungslagern auf einer abseits gelegenen äolischen Insel gestattet und ihm für Propagandasendungen über die Adria hinweg Zugang zu Radio Bari gewährt.

Dies war der Hintergrund einer Terror- und Ausrottungskampagne, die die Ustascha zwischen 1941 und 1945 im katholischen Kroatien gegen zwei Millionen serbisch-orthodoxe Christen und gegen Juden, Zigeuner und Kommunisten entfesselte. Es war eine «ethnische Säuberung», bevor dieser Euphemismus in den Sprachgebrauch einging. Es ging darum, durch Zwangskonversionen, Deportationen und Massenexekutionen ein «rein» katholisches Kroatien zu schaffen. So entsetzlich waren dabei die Folter- und Mordtaten, daß sich sogar abgehärtete deutsche Truppen davon abgestoßen fühlten. Selbst im Vergleich zu dem Blutvergießen im Jugoslawien unserer Tage bleibt Pavelics Angriff auf die orthodoxen Serben eines der grauenvollsten Massaker an Zivilisten in der Weltgeschichte.

Diese Ereignisse sind für unsere Darstellung in dreifacher Hinsicht von Bedeutung: dem Wissen des Vatikans von den Grausamkeiten, Pacellis Schweigen und der Mitschuld an der «Endlösung», die im nördlichen Europa vorbereitet wurde.

Das historische Erbe, auf das sich die Bildung des NDH *(Nezavisna Drzava Hrvataska)*, des Unabhängigen Staates Kroatien, berief, bestand aus einer Kombination von uralten Treuebindungen an das Papsttum, die 1300 Jahre zurückreichten, und schärfsten Ressentiments gegen die Serben wegen begangener Ungerechtigkeiten in Vergangenheit und Gegenwart. Kroatische Nationalisten hegten einen mächtigen Groll gegen den Aufstieg der Serben, der zum Ausschluß der Kroaten von höher qualifizierten Berufen und zu Diskriminierungen im Erziehungswesen geführt hatte. Die Serben waren schuld, so sahen die Kroaten die Dinge, an der Förderung des orthodoxen Glaubens, der Ermutigung von Spaltungen innerhalb der Katholiken und an der systematischen Kolonisierung katholischer Gebiete durch orthodoxe Serben. Für Serben wie für Kroaten waren Ethnie und Religion identisch – der orthodoxe Serbe stand dem katholischen Kroaten gegenüber. Gleichzeitig wurden die Juden ihrer Rasse und ihrer Verbindungen zum Kommunismus und zum Freimaurertum wegen verurteilt (hinzu kam, daß sie angeblich Abtreibungen befürworteten).

Pacelli hatte den kroatischen Nationalismus freudig begrüßt und im November 1939 die Geschichtsauffassung der Ustascha unterstützt, als ein Pilgerzug nach Rom kam, um für die Heiligsprechung des kroatischen franziskanischen Märtyrers Nicolai Pavilic einzutreten. Der Primas von Kroatien, Erzbischof Alojzije Stepinac, trug das Anliegen der Pilger vor und hielt in Gegenwart des Papstes eine Ansprache. Darauf antwortete Pacelli und benutzte dabei einen Ausdruck, den Papst Leo X. auf die Kroaten angewandt hatte: «Schutzmauer der Christenheit» – als hätten die Serben, also orthodoxe Christen, seit uralter Zeit vom Papst abgespalten, kein Recht, sich Christen zu nennen. «Wir geben euch heute diese Ermutigung mit umso größerem Vertrauen», sagte Pacelli zu den kroatischen Pilgern in einer Ansprache von schrecklicher ungewollter Ironie, «als darin die Hoffnung auf eine Zukunft eingeschlossen scheint, in der die Beziehungen zwischen Kirche und Staat in euerm Vaterland mit einmütiger Tat und zu gegenseitigem Vorteil entsprechender geregelt werden sollen.»[12]

Die Grenzen des neuen Staates umfaßten Kroatien, Slowenien, Bosnien, Herzegowina und einen großen Teil von Dalmatien. Von der Gesamtbevölkerung von etwa 6,7 Millionen, waren 3,3 Millionen Kroaten (und damit Katholiken); 2,2 Millionen waren orthodoxe Serben, 750 000 Muslime, 70 000 Protestanten und etwa 45 000 Juden. Eine protestantisch-deutsche Minorität war kein Problem für die Ustascha-Führung, auch seltsamerweise die große Zahl an Muslimen nicht. Aber den orthodoxen Serben standen «radikale Lösungen» bevor, ebenso den Juden, die sofort zur Verfolgung freigegeben wurden.

Am 25. April 1941 ordnete Pavelic an, daß alle privaten und öffentlichen Publikationen in kyrillischer Schrift (wie sie die orthodoxen Serben benutzen) verboten seien. Im Mai wurden antisemitische Gesetze verabschiedet: Juden wurden nach rassistischen Kriterien definiert, Eheschließungen zwischen Juden und «Ariern» verboten und die «Arisierung» der Verwaltung, der akademischen Berufe sowie der jüdischen Vermögen in Gang gesetzt. Im gleichen Monat wurden die ersten Juden von Zagreb in ein Konzentrationslager in Danica deportiert.[13] Im Juni wurden serbisch-orthodoxe Grundschulen und Kindergärten geschlossen.

Warum sollte man in dieser für die Serben gefährlichen neuen Lage, in der es schien, als würde das Leben unerträglich, wenn man zur orthodoxen Glaubensgemeinschaft zählte, nicht zum Katholizismus konvertieren? Wenige Wochen nach Gründung des kroatischen Staates luden katholische Geistliche serbisch-orthodoxe Christen zum Übertritt in die katholische Kirche ein. Am 14. Juli 1941 jedoch instruierte das Justizministerium die Bischöfe der Nation in Vorwegnahme der selektiven Konversionspolitik und schließlich des Genozids: «Die kroatische Regierung verfolgt nicht die Absicht, in der katholischen Kirche Priester oder Lehrer oder, kurz gesagt, Angehörige der Intelligenz – einschließlich wohlhabender orthodoxer Kaufleute und Handwerker – zu akzeptieren. Detaillierte Bestimmungen über diese Gruppen erfolgen später. Auf keinen Fall dürfen sie den Ruf des Katholizismus beeinträchtigen.»[14] Die Zukunft jener orthodoxen Serben, die von vornherein vom zukünftigen Programm der Zwangskonversion ausgeschlossen waren, hieß Deportation und Vernichtung. Doch bei dem wahnsinnigen Blutvergießen, das nun folgen sollte, war selbst die katholische Taufe nicht in allen Fällen ein Schutz.

Die kroatischen Handlungen und Stellungnahmen in Bezug auf «ethnische Säuberungen» und antisemitische Programme waren dem katholischen Episkopat und der Katholischen Aktion – den Laienverbänden, die Pacelli als päpstlicher Nuntius in Deutschland und als Kardinalstaatssekretär so sehr gefördert hatte – von Anfang an bekannt. Diese rassistischen und antisemitischen Maßnahmen waren daher für den Heiligen Stuhl und für Pacelli kein Geheimnis mehr, als der Papst Pavelic im Vatikan empfing. Diese Taten waren darüber hinaus genau zu dem Zeitpunkt bekannt, als geheime diplomatische Verbindungen zwischen Kroatien und dem Heiligen Stuhl geknüpft wurden. Ein zentrales Charakteristikum dieses «Glaubenskrieges» war die Übernahme von Kirchen, die leerstanden oder den Orthodoxen gehörten, durch kroatische Katholiken: Darüber wurde in der Kurie diskutiert, und es wurden Regeln dazu festgelegt.

Von Anfang an gab es weitere Gewalttaten, und die Nachrichten darüber verbreiteten sich sehr schnell.[15] Pavelic, so kam bald ans Licht, war kein kroatischer Himmler oder Heydrich, denn er teilte nicht deren kaltherzigen Bürokratismus beim Vollzug systematischer Massenmorde. Pavelic und die Ustascha verübten ihre Massaker vielmehr mit einer unvorstellbaren und hemmungslosen Grausamkeit, für die es in der Geschichte nur wenige Parallelen gibt.

Der italienische Autor Carlo Falconi erhielt in den sechziger Jahren den Auftrag, die Geschichte des Genozids der Kroaten an Serben, Juden und anderen zu schreiben. Seine Forschungen in jugoslawischen Archiven und seine Auswertungen jener vatikanischen Quellen, die damals zugänglich waren, zeugen von großer Sorgfalt.[16] Er deckte die folgenden Beispiele von Massakern auf, die ab Frühjahr 1941 überall in Kroatien begangen wurden:

Am 28. April überfiel eine Ustascha-Bande sechs Dörfer im Bezirk Bjelovar, sie nahm 250 Männer, darunter einen Lehrer und einen orthodoxen Priester, mit. Die Opfer wurden gezwungen, einen Graben auszuheben, dann mit Draht umwickelt und lebendig begraben. Einige Tage später trieben die Ustaschi in dem Ort Otocac 331 Serben zusammen, darunter den örtlichen orthodoxen Priester und seinen Sohn. Wiederum wurden die Opfer gezwungen ihre eigenen Gräber zu schaufeln, bevor sie mit Äxten erschlagen wurden. Die Täter ließen den Priester und seinen Jungen bis zuletzt übrig. Der Priester mußte Gebete für die Sterbenden sprechen, während sein Sohn in Stücke gehackt wurde. Dann wurde der Priester gefoltert; Haare und Bart wurden ihm abgerissen, die Augen ausgestochen. Schließlich wurde er bei lebendigem Leibe gehäutet.

Am 14. Mai wurden in Glina hunderte von Serben in eine Kirche gebracht, um zwangsweise an einem Dankgottesdienst für die Bildung des NDH teilzunehmen. Sobald die Serben in der Kirche waren, drang ein Trupp Ustaschi mit Äxten und Messern ein. Sie forderten alle Anwesenden auf, eine Bescheinigung über den Übertritt zum Katholizismus vorzulegen. Nur zwei konnten die geforderten Dokumente vorweisen und wurden freigelassen. Dann wurden die Türen geschlossen und der Rest der Kirchenbesucher niedergemetzelt.

Vier Tage nach dem Massaker von Glina unterschrieb Pavelic, der sogenannte Poglavnik oder «Führer» der Kroaten, in Rom einen Staatsvertrag mit Mussolini. Darin überließ er Italien (unter Druck Hitlers) einige kroatische Kreise und Städte an der dalmatinischen Küste. Während desselben Staatsbesuchs hatte Pavelic eine «erbauliche» Audienz bei Pius XII. im Vatikan. Der unabhängige Staat Kroatien wurde *de facto* durch den Heiligen Stuhl anerkannt. Abt Ramiro Marcone vom Benediktinerkloster Montevergine wurde zum Apostolischen Legaten in Zagreb ernannt. Es gibt keinen Beweis dafür, daß Pacelli oder das Kardinalstaatssekretariat von den Grausamkeiten wußten, die bereits im Frühjahr 1941 in Kroatien begonnen hatten, und es scheint klar, daß die schnelle *de facto* Anerkennung (neue Anerkennungen von Staaten wurden in Kriegszeiten gewöhnlich vermieden) weitgehend auf Kroatiens Stellung als Bastion gegen den Kommunismus zurückzuführen war und nicht als Bestätigung seiner mörderischen Politik mißzuverstehen ist. Immerhin aber war von Anfang an bekannt, daß Pavelic zum einen ein totalitärer Diktator, zum anderen aber auch eine Marionette Hitlers und Mussolinis war, daß er eine ganze Reihe von bösartigen rassistischen und antisemitischen Gesetzen durchgesetzt hatte und daß er Zwangsübertritte von orthodoxen Christen zur katholischen Kirche guthieß. Vor allem aber war Pacelli sich dessen bewußt, daß der neue Staat, wie Jonathan Steinberg es formuliert hat, «nicht das Ergebnis eines heroischen Aufstands des Volkes Gottes, sondern von äußeren Eingriffen» war. Der unabhängige Staat Kroatien war, wie alle Welt wußte, das Resultat eines gewalttätigen und völkerrechtswidrigen Angriffs und der Annexion des Königreichs Jugoslawien (das offizielle diplomatische Beziehungen zum Vatikan unterhielt). Und über all das hielt Pacelli seine schützende Hand und erteilte seinen päpstlichen Segen dazu.

Es dauerte seine Zeit, bis der Heilige Stuhl von diesen Grausamkeiten erfuhr. Aber er erfuhr davon. Einzelheiten über das Massaker an den Serben und die Vernichtung der Juden und Zigeuner kamen der katholischen Geistlichkeit und dem Episkopat Kroatiens sogar schon während der Ereignisse zu Ohren. Schlimmer noch – oft spielte der Klerus selbst eine führende Rolle bei diesen Grausamkeiten.[17]

Die Schlußbilanz scheint fast unglaublich. Nach den zuverlässigsten neuesten Schätzungen wurden zwischen 1941 und 1945 im unabhängigen Staat Kroatien 487 000 orthodoxe Serben und 27 000 Zigeuner ermordet. Darüber hinaus wurden mehr als 30 000 von insgesamt 45 000 Juden getötet, 20 000 bis 25 000 davon in Todeslagern der Ustascha, weitere 7000 wurden in die Gaskammern deportiert.[18] Wie konnte es geschehen, daß trotz der strikt hierarchischen Beziehungen zwischen Papsttum und Ortskirche – ein Machtverhältnis, das durchzusetzen Pacelli sich so sehr bemüht hatte – vom Vatikan aus kein Versuch unternommen wurde, den Morden und den Zwangsübertritten sowie der Aneignung von orthodoxem Eigentum Einhalt zu gebieten? Wie ist es zu erklären, daß Pacelli nicht sogleich und unzweideutig den Heiligen Stuhl von den Taten der Ustascha abrücken ließ und die Täter verurteilte, als die Grausamkeiten im Vatikan bekannt wurden?

Was der Vatikan über Kroatien wußte

Von Anfang an befand sich der Erzbischof von Zagreb, Alojzije Stepinac, in vollständiger Übereinstimmung mit den allgemeinen Zielsetzungen des neuen kroatischen Staates und strebte dessen Anerkennung durch den Papst an. Er suchte Pavelic am 16. April persönlich auf und hörte, wie der neue Führer der Kroaten erklärte, er werde «gegen die serbisch-orthodoxe Kirche nicht tolerant sein», so Stepinac in seinem Tagebuch, «weil sie für ihn nicht eine Kirche darstelle, sondern eine politische Organisation». Dies vermittelte

Stepinac den Eindruck, «der Poglavnik (= Staatschef) sei ein aufrichtiger Katholik».[19] Am gleichen Abend veranstaltete Stepinac ein Festessen für Pavelic und andere Ustascha-Führer zur Feier ihrer Rückkehr aus dem Exil. Am 28. April, dem Tag, an dem 250 Serben in Bjelovar massakriert worden waren, wurde von allen katholischen Kanzeln des Landes ein Hirtenbrief verlesen, in dem von Klerus und Gläubigen gefordert wurde, am Werk des Kroaten-Führers mitzuarbeiten.

War Stepinac so naiv, daß er nicht verstand, was diese Kollaboration insgesamt hieß? Ende Juni 1941 meldete der deutsche bevollmächtigte General in Kroatien, Edmund Glaise von Horstenau, aufgrund verläßlicher Berichte deutscher militärischer und ziviler Beobachter: «Die *Ustasche* haben ... unsinnig gewütet.»[20] Im folgenden Monat informierte Glaise über die Betretenheit der Deutschen, die «mit sechs nur in Fußmarsch beweglichen Bataillonen ... das blinde blutige Wüten der Ustascha» mit ansehen mußten.

Priester, fast in allen Fällen Franziskaner, spielten bei den Massakern keine unwichtige Rolle.[21] Viele waren ständig bewaffnet und taten ihre mörderische Arbeit voller Fanatismus. Ein gewisser Pater Bozidar Bralow, der stets ein Maschinengewehr bei sich trug, wurde später angeklagt, bei Alipasin-Most einen Tanz um die Leichen von 180 exekutierten Serben aufgeführt zu haben. Einzelne Jesuiten und Franziskaner mordeten, setzten Wohnungen in Brand, plünderten Dörfer und verwüsteten ländliche Gebiete Bosniens an der Spitze von Ustascha-Banden. Im September 1941 berichtete ein italienischer Reporter von einem Franziskaner, der südlich von Banja Luka eine Bande von Ustaschi mit seinem Kruzifix nach vorn getrieben habe.

Im Archiv des römischen Außenministeriums befindet sich eine fotografische Dokumentation der Grausamkeiten: Frauen mit abgeschnittenen Brüsten, ausgestochenen Augen, verstümmelten Geschlechtsteilen; zu sehen sind auch die Instrumente der Schlächter: Messer, Äxte, Fleischerhaken.[22]

Und wie reagierten die italienischen Streitkräfte in der Region? In mancher Hinsicht verhielten sie sich ähnlich wie in der allerjüngsten Vergangenheit die Streitkräfte der Vereinten Nationen in Jugoslawien (wenn auch mit offensichtlichen Unterschieden). Sie reagierten hilflos und bestürzt. Das Bündnis mit dem Deutschen Reich und die Kriegsentwicklung begrenzten zudem ihren Handlungsspielraum. Dennoch schätzt man, daß die Italiener bis zum 1. Juli 1943 immerhin 33 464 Zivilisten in ihrer Einflußsphäre Schutz gewährten, darunter 2118 Juden.[23] Falconi schreibt dazu, das Verhalten der Italiener in dieser

Situation sei möglicherweise zum Teil auf den Druck des Vatikans zurückzuführen gewesen, wenn er auch zugibt, daß die Beweise dafür «skizzenhaft und vage» sind.[24] Jonathan Steinbergs grundlegende Forschungen zu diesem Thema bestätigen Falconis Urteil allerdings nur begrenzt. In einer bewegenden Zusammenfassung der Beweggründe für das Zögern der Italiener, sich an Deportation und Vernichtung zu beteiligen, gelangt er zu der Schlußfolgerung: «Ein langer Prozeß, der im Frühjahr 1941 mit der spontanen Reaktion einzelner junger Offiziere begonnen hatte, die nicht dabeistehen und zusehen konnten, wie kroatische Schlächter serbische und jüdische Männer, Frauen und Kinder niedermetzelten, endete im Juli 1943 in einer Art nationaler Verschwörung zur Vereitelung der viel größeren und systematischeren Brutalität des nationalsozialistischen Staates ... Sie beruhte auf bestimmten Voraussetzungen dessen, was ‹italienisch› hieß.»[25]

In den Nachkriegsjahren ist viel Aufhebens von der persönlichen Frömmigkeit Erzbischof Stepinacs gemacht worden, der schließlich seine Stimme gegen Verfolgungen und Massaker erhoben hatte. Doch selbst wenn man ihn von dem Vorwurf freispricht, einen mörderischen Rassenhaß gebilligt zu haben, so ist doch offensichtlich, daß er und das Episkopat der Mißachtung religiöser Freiheiten nicht entgegentraten. Eine Mitschuld an den Gewalttaten bleibt. Stepinac schrieb über die Frage der Konversionen und der Massaker an Pavelic einen langen Brief, den Hubert Butler im Jahre 1946 in Zagreb aus einem maschinenschriftlichen Manuskript übersetzte. Hier werden die Ansichten einer Anzahl seiner Bischofskollegen zitiert, und sie sind allesamt zustimmend. Darunter befindet sich auch ein Brief des katholischen Bischofs von Mostar, eines gewissen Dr. Miscic, der die historischen Hoffnungen zum Ausdruck bringt, die das serbische Episkopat mit den Massenübertritten zum Katholizismus verband.

Der Bischof beginnt mit der Erklärung, es habe niemals «für uns eine so gute Gelegenheit wie heute gegeben, um Kroatien zu helfen, zahllose Seelen zu retten». Er berichtet dann begeistert von Massenübertritten. Aber schließlich muß er hinzufügen, er verabscheue die «engen Ansichten» der Behörden, die selbst die Konvertiten ergreifen und «sie wie Sklaven jagen». Er zählt dann bekanntgewordene Massaker an Müttern, jungen Mädchen, Kindern unter acht Jahren auf, die ins Gebirge geschafft und «lebend ... in tiefe Schluchten ... geworfen wurden». Es folgt eine erstaunliche Passage: «In der Pfarrgemeinde Klepca wurden 700 Schismatiker aus Nachbardörfern abgeschlachtet. Der Subpräfekt von Mostar, Bajitch, ein Moslem, erklärte öffentlich (und als Staatsbeamter hätte er besser den Mund gehalten), allein in Ljubina seien 700 Ketzer in eine Grube geworfen worden.»[26] Als Staatsbeamter hätte er wohl besser den Mund gehalten!

Die moralische Desorientierung, die sich in dieser beiläufigen Bemerkung offenbart, entspricht der moralischen Verwirrung, die das Verhalten der Bischöfe insgesamt kennzeichnet: Sie nutzten Jugoslawiens Niederlage gegen das nationalsozialistische Deutschland aus, um die Macht und die Ausdehnung des Katholizismus auf dem Balkan zu vergrößern. In Stepinacs bemerkenswertem Brief spricht ein Bischof nach dem anderen von den Möglichkeiten, den Katholizismus zu fördern, indem man Konversionen erzwingt, während die gleichen Bischöfe gleichsam ganz nebenbei einräumen, daß es keinen Sinn macht, Waggonladungen voller Ketzer in Schluchten zu werfen. Die Tatsache, daß die Bischöfe sich nicht von dem Regime lossagten, es nicht anklagten, Pavelic und seine Spießgesellen nicht exkommunizierten, war auf ihre Bedenken zurückzuführen, man könne die Chancen verpassen, die sich durch diese «gute Gelegenheit» eröffneten, dem Katholizismus eine Machtbasis auf dem Balkan zu verschaffen. Die gleiche Neigung, Chancen für den Aufstieg des Katholizismus im Osten nicht ungenutzt vorübergehen zu lassen, war auch im Vatikan vorhanden, und es gab sie letztlich auch bei Pacelli selbst. Tatsächlich war es genau diese Befürchtung, eine einzigartige «Evangelisierungschance» zu versäumen, die Pacelli 1913/14 dazu bewogen hatte, mit Nachdruck für ein serbisches Konkordat einzutreten. Auch damals hoffte er bereits, einen Stützpunkt für den lateinischen Ritus inmitten des Ostchristentums zu schaffen – was auch immer das für Konsequenzen und Risiken mit sich bringen mochte.

Während des Zweiten Weltkriegs gab es außerhalb Italiens keine Gegend in Europa, über die Pacelli besser informiert war als über Kroatien. Sein Apostolischer Legat Marcone konnte frei zwischen Zagreb und Rom hin und her reisen, und für Reisen im neuen Kroatien standen ihm Militärflugzeuge zur Verfügung. Gleichzeitig konnten sich die Bischöfe des Landes, von denen einige im kroatischen Parlament saßen, frei mit dem Vatikan austauschen, und sie waren in der Lage, reguläre *ad limina* Besuche beim Papst in Rom zu machen.[27] Während solcher Besuche hatten der Papst und die zuständigen Mitglieder der Kurie ausführlich Gelegenheit, Fragen nach der Lage in Kroatien zu stellen, was sie gewiß auch taten.

Pacelli verfügte persönlich über weitere Informationsquellen, nicht zuletzt wurden während des Krieges die täglichen Radiosendungen der BBC von Osborne, Londons Gesandtem im Vatikan, für den Papst aufgezeichnet und übersetzt. Es gab regelmäßig BBC-Sendungen über die Situation in Kroatien; so hieß es etwa in einem durchaus typischen Beitrag vom 16. Februar 1942: «In der Region des Erzbischofs von Zagreb (Stepinac) werden die größten Greueltaten verübt. Das Bruderblut fließt in Strömen und reißt einen immer tieferen Graben auf. Die Orthodoxen werden mit Gewalt zum Katholizismus bekehrt, und wir hören nicht, daß die Stimme des Erzbischofs Empörung dagegen predigt. Wir lesen aber, daß er an den Paraden der Nazis und Faschisten teilnimmt.»[28]

Eine Flut von Anweisungen an die kroatischen Bischöfe von der päpstlichen Kongregation für die Ostkirchen, die für die Katholiken des östlichen Ritus in der Region zu sorgen hatte, zeigt an, daß die Zwangskonversionen im Vatikan seit Juli 1941 wohlbekannt waren. Vor allem bestand der Vatikan in diesen Dokumenten darauf, potentielle Konvertiten zum Katholizismus abzulehnen, wenn sie offensichtlich aus den *falschen Gründen* um Taufe nachsuchten – nämlich (und dies ist die, wenn auch unausgesprochene Schlußfolgerung) um Terror und Tod zu entgehen.

Am 14. August richtete der Vorsitzende der Israelitischen Gemeinde von Alatri im Namen von vielen tausend kroatischen Juden eine Bitte an Kardinalstaatssekretär Maglione. Dies geschah im Auftrag von «Einwohnern von Zagreb und anderen Zentren Kroatiens, die ohne Grund verhaftet worden sind, denen man ihr Eigentum genommen und die man deportiert hat». Er schilderte zunächst, wie 6000 Juden auf einer kahlen und gebirgigen Insel ausgesetzt worden waren, ohne Schutz vor der Witterung, ohne Nahrungsmittel und Wasser. Alle Versuche, ihnen zu Hilfe zu kommen, seien «von den kroatischen Behörden verboten worden».[29] Der Briefschreiber ersuchte um eine Intervention des Heiligen Stuhls bei der italienischen und der kroatischen Regierung. Es gibt keinerlei Hinweise auf eine Reaktion des Heiligen Stuhls.

Am 30. August 1941 schrieb der päpstliche Nuntius in Italien, Monsignore Francesco Borongini Duca, an Maglione und berichtete über ein seltsames Gespräch, das er mit dem kroatischen Kulturattaché, der von zwei kroatischen Franziskanern begleitet war, im Quirinal geführt hatte. Sie kamen dabei auf die 100 000 orthodoxen Konvertiten zum Katholizismus zu sprechen, und der Nuntius erkundigte sich nach den Protesten über die «Verfolgungen, die den Orthodoxen durch Katholiken angetan wurden», von denen er gehört habe. Der Attaché versuchte, den Nuntius «unter starkem Nicken der Priester» hinsichtlich solcher Geschichten «eines Besseren zu belehren». Er betonte, wie «der Papst es den Geistlichen und den Gläubigen sage, sollten die Katholiken den Lehren unseres Herrn folgen und den Glauben durch Mittel der Überzeugung und nicht durch Gewalt propagieren.»[30]

Im folgenden Monat kam Pavelics Sonderbotschafter, Pater Cherubino Seguic, nach Rom, um herauszufinden, wie das Zagreber Regime dort eingeschätzt wurde, und um negativen «Gerüchten» entgegenzutreten. In seinen stark apologetischen Erinnerungen beklagt er sich über die «falschen Anschuldigungen», die man zum Thema Kroatien in Rom zu hören bekam, und behauptet: «Das alles ist entweder verzerrt oder erfunden. Wir werden als eine Masse von Barbaren und Kannibalen dargestellt.» Er sprach mit Giovanni Montini, und dieser bat «um vollständige Information über die Ereignisse in Kroatien. Da sparte ich nicht an Worten. Er hörte mit großem Interesse und Aufmerksamkeit zu. Die üblen Gerüchte haben den Vatikan erreicht und müssen überzeugend widerlegt werden.»[31] Daraus ergibt sich, daß die Greueltaten oder «Verleumdungen» im Sommer 1941 in Rom allgemein bekannt waren und der Heilige Stuhl über diplomatische Kanäle verfügte, durch die Pacelli das Geschehen hätte überprüfen und beeinflussen können.

Der Apostolische Legat Ramiro Marcone, den Pacelli zu seinem persönlichen Repräsentanten in Kroatien ernannt hatte, war ein Amateur, der gleichsam wie ein Schlafwandler durch diese blutrünstige Zeit schritt. Der sechzigjährige Benediktinermönch besaß keinerlei diplomatische Erfahrung und hatte einen großen Teil seines Lebens als Dozent für Philosophie am Benediktiner-Kolleg San Anselmo in Rom verbracht. Seine Wirkungsstätten waren das Kloster und der Hörsaal. Jetzt, da er in Kroatien war, verbrachte er seine Zeit weitgehend mit der Teilnahme an Feierlichkeiten, Festessen, öffentlichen Paraden und damit, sich an Pavelics Seite fotografieren zu lassen. Er war ganz eindeutig ausgewählt worden, um zu beschwichtigen und zu ermutigen.

Marcones diplomatischer Kollege auf kroatischer Seite war zunächst Nicola Rosinovic, ein Arzt, der in einem römischen Hospital arbeitete. Als dessen Nachfolger war ein «geheimer» päpstlicher Kammerherr im Vatikan, Fürst Erwin Lobkowicz, der aus Böhmen stammte, vorgesehen. Diese Regelungen waren halbgeheimer Natur, da der Heilige Stuhl offiziell immer noch diplomatische Beziehungen zur königlich-jugoslawischen Exilregierung unterhielt. Im März 1942 tat der Heilige Stuhl trotz zahlreicher Hinweise auf Massenmorde einen weiteren Schritt in Richtung auf die Aufnahme offizieller Beziehungen mit dem Ustascha-Staat. Monsignore Montini verkündete Rusinovic: «Empfehlt eurer Regierung und den Regierungskreisen ein maßvolles Verhalten, und mit unseren Beziehungen wird alles gut gehen. Ihr braucht nur gut zu handeln und die Form der Beziehungen wird von selbst kommen.»[32] Am 22. Oktober 1942 gewährte Pacelli Lobkowicz eine Audienz, über die letzterer berichtet: «Der Heilige Vater hat mich immer auf äußerst wohlwollende Art empfangen, wobei er mit einem Lächeln betonte, daß er mich als seinen Geheimkämmerer empfange, aber er hoffe, daß es bald anders sein werde.»[33]

Inzwischen ging über Monsignore Filippe Bernardini, den apostolischen Nuntius in Bern, vom Jüdischen Weltkongreß und der schweizerischen Israelitischen Gemeinschaft ein Hilferuf für die verfolgten Juden Kroatiens im Vatikan ein. In einer materialreichen Denkschrift, datiert auf den 18. März 1942, weniger als zwei Monate, nachdem auf der Wannsee-Konferenz die Grundlinien der «Endlösung» festgelegt worden waren, dokumentieren die Vertreter der obengenannten Vereinigungen die Verfolgung von Juden in Deutschland, Frankreich, Rumänien, der Slowakei, Ungarn und Kroatien. Sie bitten insbesondere, der Papst solle seinen Einfluß in den letztgenannten drei Ländern geltend machen, die durch enge diplomatische und kirchliche Kontakte mit dem Heiligen Stuhl verbunden waren – in der Slowakei war beispielsweise zu diesem Zeitpunkt ein katholischer Priester Staatspräsident. In dem Abschnitt über Kroatien heißt es:

«In *Kroatien* ... wo nach der Aufteilung Jugoslawiens 30 000 Juden lebten, wurden mehrere tausend Familien entweder auf verlassene Inseln an der dalmatinischen Küste transportiert oder in die Konzentrationslager gesperrt. Einige Zeit später wurden alle *männlichen* Juden Kroatiens (entsprechend den Vorgängen in dem von den Deutschen besetzten Serbien) in Arbeitslager eingeliefert, wo sie zu Dränage- und Sanierungsarbeiten herangezogen werden und infolge der unmenschlichen Behandlung und des Mangels an Lebensmitteln und Kleidung in großer Zahl zugrunde gingen. Die kroatische Regierung hat nicht einmal gestattet, ihnen Hilfe zukommen zu lassen, und es ist beinahe unmöglich, mit den Internierten Verbindung aufzunehmen. Gleichzeitig wurden ihre Frauen und ihre Kinder in ein anderes Lager eingeliefert, in dem sie ebenfalls die schwersten Entbehrungen leiden.»[34]

Dieses Aide-mémoire, dessen Text sich im Zionistischen Zentralarchiv in Jerusalem befindet, ist von Saul Friedländer in seiner Sammlung von Dokumenten über Pacelli und das Dritte Reich veröffentlicht worden. Im Oktober 1998 erhob Gerhard Riegner, ein noch lebender Unterzeichner des Memorandums, in seinen damals unter dem Titel *Ne Jamais Désespérer*[35] veröffentlichten Erinnerungen den Vorwurf, der Vatikan habe diesen Text bewußt nicht in die elfbändige Sammlung der diplomatischen Dokumente aus der Kriegszeit aufgenommen. Damit deutet Riegner an, daß sich der Vatikan mehr als ein Vierteljahrhundert nach dem Krieg immer noch nicht offen zu dem bekenne, was er über die kroatischen Greuel und die Anfangsphase der «Endlösung» wußte, und wann er davon erfuhr.

Die drei führenden Männer des Staatssekretariats im Vatikan, Maglione, Montini und Tardini, haben wiederholt angedeutet, daß sie von diesen Protesten und Hilfeersuchen wußten, aber ihre Gespräche mit Rusinovic und Lobkowicz folgten, wie Falconi anhand der vorliegenden Dokumente festgestellt hat, einem stets gleichen Schema: «Nur so tun, als greife man an, geduldig zuhören, großmütige Kapitulation». Daher waren die kroatischen Geheimdiplomaten im Vatikan über die Art und Weise auch höchst befriedigt, wie sie diese Kreuzverhöre bestanden. So schrieb Rusinovic nach einer seiner Begegnungen mit Montini: «Ich habe alles in Ordnung gebracht, indem ich die Feindpropaganda ins rechte Licht rückte. Was die Konzentrationslager betrifft, so habe ich gesagt, er werde darüber besser bei der Apostolischen Delegation in Zagreb Erkundigungen einziehen können. Ich habe auch hinzugefügt, Journalisten aus dem Ausland seien zu einem Besuch der Konzentrationslager eingeladen worden, und danach hätten sie erklärt, die Lager seien zu einem ordentlichen Aufenthalt völlig geeignet, da sie hygienischen Anforderungen genügten.»[36]Am Ende des Gespräches wies Rusinovic darauf hin, daß es in Kroatien nun fünf Millionen Katholiken gebe, worauf Montini versicherte: «Der Heilige Vater wird Euch helfen, seid dessen gewiß.»

Das Wissen des Vatikans um den wirklichen Stand der Dinge in Kroatien läßt sich an einem Gespräch erkennen, das Rusinovic mit dem französischen Kardinal Eugène Tisserant, einem Experten für slawische Angelegenheiten und engem Vertrauten Pacellis, am 6. März 1942 führte: «Ich ... weiß positiv», so Tisserant zu Rusinovic, «daß die Franziskaner selbst, wie zum Beispiel Pater Simic aus Knin, an den Angriffen auf die orthodoxe Bevölkerung und an der Zerstörung der orthodoxen Kirche teilgenommen haben. Auf die gleiche Art habt Ihr die orthodoxe Kirche in Banja Luka zerstört. Ich weiß ganz sicher, daß sich die Franziskaner in Bosnien-Herzegowina elend aufgeführt haben, und das tut mir weh. So etwas darf nicht einmal von einer wohlerzogenen, gebildeten Zivilperson begangen werden, um wieviel weniger von einem Priester.»[37] Während einer späteren Begegnung am 27. Mai teilte Tisserant Rusinovic mit, daß nach deutschen Angaben «350000 Serben verschwunden seien ... Allein in einem Konzentrationslager befänden sich 20000 Serben.»[38]

Pacelli persönlich brachte für die Führer und Repräsentanten des Pavelic-Regimes stets Wohlwollen auf. Eine Aufzählung seiner Audienzen, neben den bereits erwähnten, ist bezeichnend: Im Juli 1941 begrüßte er 100 Mitglieder der kroatischen Polizei unter Führung des Zagreber Polizeichefs. Am 6. Februar 1942 gab er eine Audienz für die Ustascha-Jugend, die Rom besuchte. Im Dezember des gleichen Jahres empfing er eine weitere Gruppe von Ustascha-Jugendlichen.

Über ein Gespräch mit Pacelli im Jahre 1943 berichtet Fürst Lobkowicz: «Der Papst war sehr liebenswürdig, er hat über das von unserem Poglavnic an ihn gerichtete persönliche Schreiben seine Zufriedenheit ausgedrückt.» Später sagte Pacelli bei dieser Audienz weiter, «es bekümmere ihn, daß trotz allem noch niemand den hauptsächlichen, einzigen, wahren Feind Europas erkennen wolle, und daß man gegen den Bolschewismus nicht einen richtigen, gemeinsamen, bewaffneten Kreuzzug beginne».[39]

Aber hatte Hitler nicht im Sommer 1941 genau diesen Kreuzzug begonnen? Pacellis Erwägungen über das Verhältnis von Kommunismus, Nationalsozialismus, Kroatien und katholischer Evangelisierung des Ostens können seine Schweigsamkeit gegenüber den Massakern in Kroatien erklären – aber nicht entschuldigen.

Christentum im Osten und kommunistische Bedrohung 1941–1945

Als Hitler das «Unternehmen Barbarossa», den Angriff auf die Sowjetunion am 22. Juni 1941 begann, sah sich Pacelli einem komplexen Bündel von Hoffnungen und Befürchtungen gegenüber. Wenn der «hauptsächliche, einzige, wahre Feind Europas» auch für eine baldige Niederlage im Laufe des Sommers 1941 bestimmt zu sein schien, so gab es doch keine Gewißheit darüber, wohin die Ausdehnung des Krieges schließlich führen würde. Es war wahrscheinlich, daß die Sowjetunion ein Verbündeter Großbritanniens und zu gegebener Zeit vielleicht auch der Vereinigten Staaten wurde, was den Papst vor die unbequeme Aussicht stellte, dem bewaffneten Kommunismus stillschweigend seine Billigung gewähren zu müssen. Und was würde geschehen, wenn Hitlers Feldzug ins Stocken geriet und schließlich scheiterte? Dann würde die Rote Armee nach Westen vorstoßen, und ein neues finsteres Zeitalter der Verfolgung und Vernichtung der Christenheit würde heranziehen.

Was aber, wenn Hitler Erfolg hatte und Herr über ganz Europa wurde? War Pacelli wirklich davon überzeugt, daß die Nationalsozialisten unter den beiden totalitären Übeln das geringere waren? Gewiß waren einige Mitglieder der Kurie, etwa Tisserant, schon immer der Meinung gewesen, daß der Nationalsozialismus die größere Bedrohung sei, und Pacelli soll sich diese Ansicht nach einigen Quellen bereits Ende 1942 zu eigen gemacht haben. «Ja», soll er zu einem Jesuiten, der ihn besuchte, bemerkt haben, «die kommunistische Gefahr besteht, aber im Augenblick ist die nationalsozialistische Gefahr ernster. Sie wollen die Kirche zerstören und sie wie einen Wurm zertreten.»[40]

Es gab in dem komplexen Spektrum der Möglichkeiten jedoch auch noch andere, verlockende Alternativen, darunter nicht zuletzt die Chance für eine katholische Evangelisierung im Gefolge der nach Moskau vorstoßenden Wehrmacht. Und das eröffnete die Aussicht auf ein Ende der uralten Spaltung zwischen römischem Katholizismus und orthodoxem Osten. Welche geistige Kraft würde ein solches neues, vereinigtes Christentum mobilisieren können, während die totalitären Giganten sich im Krieg erschöpften!

Zunächst sah es auch so aus, als unterstütze die Wehrmacht diesen Evangelisierungsprozeß. Als die Ukraine im Juni 1941 «befreit» wurde, zeigte die deutsche Propaganda, daß man die Religionsfreiheit im Osten wieder einführe. Kirchen, die als Museen des Atheismus, Lagerhäuser und Klubunterkünfte benutzt worden waren, wurden wiederhergestellt, um erneut ihren religiösen Aufgaben zu dienen, und es gab nach den sowjetischen Niederlagen der ersten Wochen und Monate Anzeichen einer weitverbreiteten religiösen Erneuerung.

Franz von Papen, der katholische Ex-Vizekanzler, hatte sich über die Chancen des Katholizismus in den neu eroberten Gebieten Gedanken gemacht und Hitler nicht lange nach Beginn des Angriffs eine Denkschrift dazu geschickt. Hitlers Reaktion Mitte Juli ließ keinen Zweifel daran, daß solche Überlegungen unerwünscht waren. Es komme überhaupt nicht in Frage, daß der «alte Herrenreiter» missionarisch tätig werde, soll Hitler gesagt haben; wenn man überhaupt etwas unternehme, solle man allen christlichen Glaubensrichtungen gestatten, nach Rußland hineinzugehen, damit sie einander gegenseitig «mit ihren Kruzifixen zu Tode schlügen».[41]

Hitler hatte andere Pläne. Etwa zu dieser Zeit, Mitte Juli 1941, erklärte er: «Der schwerste Schlag, der die Menschheit getroffen hat, ist das Christentum; der Bolschewismus ist der uneheliche Sohn des Christentums; beide sind eine Ausgeburt des Juden.»[42] Er beschäftigte sich bereits mit der Vernichtung der Kirchen: «Der Krieg wird sein Ende nehmen, und ich werde meine letzte Lebensaufgabe darin sehen, das Kirchenproblem noch zu klären. Es wird dann die deutsche Nation ganz gesichert sein … In meiner Jugend stand ich auf dem Standpunkt: Dynamit! Heute sehe ich ein, man kann das nicht über das Knie brechen. Es muß abfaulen wie ein brandiges Glied.»[43]

So verflüchtigte sich schon bald die Propagandalegende von den religionsfreundlichen deutschen Angreifern; die Idee einer katholischen Proselytenmacherei im Osten wurde von Hitler selber nachdrücklich abgelehnt. Im November 1941 gab er über Bormann die Anordnung heraus, «bis auf weiteres nichts über die religiöse Lage in der Sowjetunion zu veröffentlichen.»[44]

Papen sollte den Tag noch erleben, an dem er in Abrede stellte, daß seine Begeisterung für die Re-Christianisierung der Sowjetunion vom Vatikan inspiriert gewesen sei. Doch eine Behörde der Kurie für die missionarische Arbeit im Osten – die Kongregation für die Ostkirchen unter Kardinal Eugene Tisserant – existierte weiter. Tisserant stammte aus dem französischen Lothringen und war wegen seiner Offenheit im Vatikan etwas besonderes. Carlo Falconi beschreibt ihn als einen Kirchenfürsten, «aber mit einem profanen, einem Welt-Urteil, für den die Politik nahezu alles ist und die Welt ausschließlich in Verbündete und Gegner zerfällt. Der Priester kommt nur selten zum Vorschein, aber wenn, dann bleiben seine Worte dem Gesprächspartner wie eingebrannt in der Seele.»[45] Es war Tisserant, der im Mai 1940 privat an Kardinal Suhard in Paris schrieb: «Ich fürchte, die Geschichte wird den Heiligen Stuhl verurteilen, weil er eine selbstsüchtige Bequemlichkeitspolitik und wenig sonst praktiziert hat.»[46]

Tisserants Evangelisierungsaktivitäten im Osten spielten seit Juli 1941 in den Erörterungen der Nationalsozialisten eine gewisse Rolle. Alfred Rosenberg, der antikatholische Chef des neuen *Ostministeriums* (sein Buch *Der Mythus des 20. Jahrhunderts* stand auf dem Index), untersagte sogleich das Eindringen von Missionaren in die «befreiten» Gebiete des Ostens. Doch es war Reinhard Heydrich, der Chef des Reichssicherheitshauptamts (RSHA), der seine besondere Aufmerksamkeit darauf richtete, die Absichten des Vatikans zu vereiteln und seinen Handlungsspielraum einzuengen.

In einer Denkschrift über «neue Taktiken der Rußlandarbeit des Vatikans» vom 2. Juli 1941 teilte er dem Außenminister mit, der Vatikan habe ein neues Projekt entwickelt, das er den «Tisserant-Plan»

nannte. Angesichts der Tatsache, daß Deutschland gegen die Sowjetunion Krieg führe, habe der Heilige Stuhl sich dazu entschlossen,
seine gesamte Rußlandpolitik in der Slowakei und in Kroatien zu
konzentrieren. Hier sollten, so Heydrich, Feldgeistliche rekrutiert
und durch spanische und italienische Priester ergänzt werden. Sie alle
sollten die Einheiten begleiten, die an der Ostfront kämpften. Diese
verdeckt tätigen Geistlichen sollten geheime Nachrichten sammeln
und im Gefolge des Vorstoßes der Wehrmacht nach Gelegenheiten
zur Etablierung des Katholizismus Ausschau halten.[47]

Hitlers Sorgen wegen eines möglichen politischen und religiösen
Katholizismus im neuen «Lebensraum» der Deutschen waren groß
genug, ihn am 6. August und dann am 6. Oktober zu zwei Befehlen
zu veranlassen, in denen das Verbot kirchlicher Aktivitäten unter der
einheimischen Bevölkerung verfügt wurde. Ein Befehl vom 4. September wies die Kommandeure an, dem Oberkommando des Heeres
(OKH) über alle Anzeichen einer etwaigen Intensivierung der vatikanischen Rußlandarbeit zu berichten.[48]

Bis zu einem bestimmten Punkt war Heydrichs Information kor-
rekt. Aber Pacellis Ostpolitik war komplexer als die Deutung, die
die Nationalsozialisten dem sogenannten Tisserant-Plan gaben. Es
hat in der Tat einen langfristig angelegten Plan gegeben, den Katholizismus in der Sowjetunion zu verbreiten – doch dieser stammte
nicht von Kardinal Tisserant, sondern von Pius XI., ergänzt mit wesentlichen Beiträgen Pacellis. Die Lehre der frühen zwanziger Jahre
bestand nach dem Schauprozeß gegen katholische Führer in Moskau
1923 darin, daß es unmöglich sei, mit dem Bolschewismus zu verhandeln und Abkommen zu schließen. Zu seiner Zeit als Nuntius in
Berlin hatte Pacelli versucht, Verhandlungen mit Sowjetdiplomaten
zu führen, dabei aber nichts erreicht.

Bereits 1925 waren die meisten Bischöfe des lateinischen Ritus in
Sowjetrußland aus dem Lande gejagt, ins Gefängnis gesteckt oder
hingerichtet worden. In jenem Jahr schickte Pius XI. den französischen Jesuitenpater Michel d'Herbigny in einer Geheimmission dorthin, um ein halbes Dutzend im Untergrund wirkender Priester zu
Bischöfen zu weihen. Auf seinem Weg nach Moskau hielt sich d'Herbigny eine Weile bei Pacelli in Berlin auf, der ihn beriet und heimlich
zum Bischof weihte. D'Herbignys Mission war insofern erfolgreich,
als es ihm gelang, sechs russische Bischöfe zu ordinieren – aber sie
alle wurden entdeckt und liquidiert.

Am 6. April 1930, nachdem Pacelli in den Vatikan zurückgekehrt
war, wurde eine vatikanische «Kommission für Rußland» aus der

Kongregation für die Ostkirchen ausgegliedert. Schon zuvor war 1929 auf vatikanischem Gebiet ein «päpstliches Russisches Kolleg», besser bekannt als Russicum, eröffnet worden. Darüber hinaus gab es seit 1897 das «päpstlich Ruthenische Kolleg», das Studenten für den Dienst in der Sowjetunion ausbildete. Andere Institutionen wurden ebenfalls insgeheim herangezogen, um Männer auf die Rußlandmission vorzubereiten. Darunter waren die Abtei von Grotta Ferrata vor den Toren Roms, die Abtei von Chevetogne in Belgien und die Abtei von Velehrad in Mähren. Einige der mächtigsten Orden der Kirche – die Jesuiten, die Redemptoristen, die Assumptionisten, – und Geistliche unterschiedlichster Ausrichtung in Polen entwickelten allesamt ihre eigenen Programme innerhalb des Gesamtprojekts einer heimlichen Evangelisierung in Rußland. Typisch für den Eifer einfacher Pfarrgeistlicher, die sich von weither freiwillig für die Rußlandmission meldeten, ist die Geschichte von John Carmel Heenan, einem Gemeindepfarrer in einem Bezirk im Osten Londons, der später Kardinalerzbischof von Westminster werden sollte. Heenan erhielt einen längeren Urlaub von seinem Ortsbischof und begab sich, ohne daß dieser Bischof davon wußte (allerdings mit dem Segen des Erzbischofs von Westminster, Kardinal Hinsley), 1932 als Handelsreisender getarnt nach Rußland. In seinem Gepäck führte er ein zusammenklappbares Kruzifix in der Attrappe eines Füllfederhalters mit sich. Während seiner vielen Abenteuer verliebte er sich in seine Übersetzerin, und schließlich wurde er verhaftet; es gelang ihm, sich aus allen Schwierigkeiten herauszureden, und am Ende eilte er in seinen sicheren englischen Sprengel zurück.[49]

Nach Hitlers Angriff auf die Sowjetunion machten sich Priester des Russicum und des Ruthenischen Kollegs im Vatikan wie auch Freiwillige aus Polen, Ungarn, der Slowakei und Kroatien nach Osten auf. Manche reisten als Militärseelsorger; andere gaben sich als Zivilisten aus und wurden als solche in die deutsche Wehrmacht eingezogen, andere übernahmen etwa Arbeitsstellen als Pferdepfleger bei deutschen Transporteinheiten. Wenn sie dann irgendwo zwischen Ostsee und Schwarzem Meer in einer für die Gemeinde- oder Missionsarbeit geeigneten Gegend angekommen waren, setzten sie ihren Weg allein fort. Jene, die in früher katholische Gebiete (teils des lateinischen, teils des orthodoxen Ritus) gelangten, sahen sich sofort und dringend gebraucht. Sie zogen Hunderte von Menschen an, die seit Jahren ohne Sakramente geblieben waren. Die meisten dieser Priester wurden früher oder später als Deserteure oder Spione gefangengenommen und erschossen oder in Konzentrationslager verschleppt. Jene, die den Russen in die Hände fielen, endeten in den Gulags. Bis heute ist noch keine Liste der Vermißten, Gefangenen und Hingerichteten veröffentlicht worden.[50]

Ein Wesenszug der Evangelisierungspolitik im Osten war die Unterscheidung zwischen Katholiken des lateinischen und jenen des östlichen Ritus, der manchmal auch der byzantinische oder orientalische Ritus genannt wird. Die Katholiken der östlichen Riten hatten viel mit den «schismatischen» orthodoxen Christen gemein, und in einigen Gegenden, wie der Ukraine, hatte man katholischen Priestern sogar erlaubt zu heiraten, wie es der Praxis der orthodoxen Kirche entsprach. Kardinal Tisserants Kongregation für die Ostkirchen war grundsätzlich für Katholiken zuständig, die diese östlichen Liturgien pflegten, sich aber zu der vom Papst geführten katholischen Kirche bekannten. In einigen Gegenden existierten der lateinische und der östliche Ritus nebeneinander, so in der Ukraine und vor allem im neuen Kroatien. Der sogenannte «Tisserant-Plan» förderte den östlichen katholischen Ritus durch Versorgung dieser Gegenden mit Priestern sowie mit katechetischer und liturgischer Literatur.

Für Pacelli jedoch gingen von der veränderten Lage des östlichen katholischen Ritus im unabhängigen Staat Kroatien neue Impulse für den ehrgeizigen Traum aus, der ihn und die Kurie 1913 zum Abschluß des serbischen Konkordats verlockt hatte: Das große Ziel war die Evangelisierung nach Osten und Süden hin, unter den Auspizien beider Riten – des lateinischen und des östlichen, beide loyal gegenüber dem Papst – durch Rumänien hindurch in die Ukraine hinein nach Rußland und in südwestlicher Richtung nach Griechenland. Die Aussicht, orthodoxe «Schismatiker» durch ihre große Nähe zum östlich-katholischen Ritus zur Massenkonversion zu veranlassen, erklärt weitgehend Pacellis Politik gegenüber Pavelic und seinem mörderischen Regime. Hätte er Pavelics Zwangskonversionen, Deportationen und Massaker mit Exkommunikationen bekämpft, dann wäre der kroatische Brückenkopf des Katholizismus im Osten möglicherweise in Gefahr geraten. Geduld, Widerspruchslosigkeit, stillschweigendes Wegsehen: Dies waren allem Anschein nach die Optionen, die Pacelli wählte.

Für Pius XII. hatte die Idee der Ökumene nur eine Bedeutung: daß die getrennten christlichen Brüder ihre Irrtümer einsehen und in einem Akt der Unterwerfung zu voller Einheit mit dem Papst und Rom zurückkehren. 1940 hatte Erzbischof Stepinac dem jugoslawischen Prinzregenten Paul gesagt: «Am idealsten wäre es, wenn die Serben zum Glauben ihrer Väter zurückkehrten, das heißt, wenn sie ihr

Haupt vor Christi Stellvertreter auf Erden, dem Heiligen Vater, beugten. Dann könnten wir in diesem Teil Europas wenigstens atmen, denn der Byzantinismus hat eine schreckliche Rolle in der Geschichte dieses Teils der Welt gespielt.»[51] Indem er in seiner Enzyklika *Orientalis ecclesiae decus (9. April 1944)* ausdrücklich dieses Ziel formulierte, betete Pacelli für die Überwindung «uralter Hindernisse ... während der Tag heraufdämmert, da wir eine Herde in einer Hürde sein werden, mit einer Ansicht von Jesus Christus und seinem Stellvertreter auf Erden». Die Einheit, die er verlangte, war um so dringender, damit «gläubige Christen zusammenwirken in der einen Kirche Jesu Christi, so daß sie eine gemeinsame, dichte, vereinte und unnachgiebige Front gegen die täglich zunehmenden Angriffe der Feinde der Religion bilden.»[52]

Doch Pacellis Streben nach Evangelisierung im Osten erklärt nicht sein Schweigen zur Vernichtung der jüdischen Bevölkerung Kroatiens, ein Schweigen, das seinem Verhalten gegenüber dem Schicksal der Juden im Rest Europas glich. Aber bevor wir uns wieder Pacellis Rolle in der Geschichte des Holocaust zuwenden, ist eine letzte Betrachtung über die Zusammenhänge zwischen dem Schicksal des Ustascha-Vermögens aus der Kriegszeit und den Taten des Vatikans notwendig, Zusammenhänge, die bis heute Nachwirkungen haben.

Das kroatische Gold und die Akte Odessa

Untersuchungen der Alliierten nach dem Kriege ergaben, daß der geraubte Schatz der fliehenden Ustascha-Leute einen Wert von etwa 80 Millionen Dollar hatte und großenteils aus Goldmünzen bestand.[53] Die Belege für eine Zusammenarbeit zwischen dem Vatikan und dem Ustascha-Regime, die kürzlich ans Licht gekommen sind, betreffen die Gastfreundschaft einer päpstlichen religiösen Institution und die Gewährung sicherer Lagermöglichkeiten für den Ustascha-Schatz, der zum Teil den Opfern der Vernichtung – Serben und Juden – gestohlen worden war.

Während des Krieges wurde das Kolleg *San Girolamo degli Illirici* in Rom zur Heimat für kroatische Priester, die eine vom Vatikan geförderte theologische Ausbildung genossen. Später wurde es zum Hauptquartier des Nachkriegsuntergrunds der Ustascha und versorgte kroatische Kriegsverbrecher mit Fluchtmöglichkeiten. Hier erhielten Ustaschi falsche Pässe und Identitäten, um der Verhaftung durch die Alliierten zu entgehen.[54] Die führende Gestalt am Kollegium San Girolamo war der kroatische Seminarprofessor Pater Krunoslav Dragonovic, der von US-Geheimdienstlern als Pavelics Alter ego bezeichnet wurde. Dragonovic kam 1943 unter dem Vorwand nach Rom, für das Rote Kreuz zu arbeiten, aber nach amerikanischen Geheimdienstquellen bestand seine wahre Rolle darin, Aktivitäten der Ustascha in Italien zu koordinieren. Nach dem Krieg war er eine zentrale Figur bei der Bereitstellung von Fluchtrouten für frühere Ustaschi nach Südamerika, insbesondere nach Argentinien. Es wird außerdem in zeitgenössischen CIA-Quellen behauptet, daß er die Genehmigung erhielt, die Archive der Ustascha-Gesandtschaft im Vatikan sowie die Wertsachen aufzubewahren, die fliehende Ustaschi aus Kroatien mitgebracht hatten.[55] Pater Dragonovic arbeitete auch mit dem U.S. Army Counter Intelligence Corps (CIC) bei der Organisation der Flucht des antikommunistischen Informanten und Kriegsverbrechers Klaus Barbie nach Südamerika zusammen.[56] Barbie hatte als Chef der Gestapo in Lyon (1942–1944) Juden und Mitglieder der französischen Widerstandsbewegung gefoltert und ermordet. Im Kalten Krieg schützte ihn das amerikanische CIC und half ihm, nach Bolivien zu gelangen. Von Anfang 1946 bis Ende 1947 lebte Klaus Barbie unter dem Schutz von Dragonovic im Kolleg San Girolamo. Erst einige Tage nach Pacellis Tod, Mitte Oktober 1958, wurde Dragonovic auf Befehl des vatikanischen Staatssekretariats aus dem Kollegium San Girolamo entfernt, was zumindest nahelegt, daß der Priester bis zum letzten Tage unter dem persönlichen Schutz Pius XII. stand.[57]

Wenn Pacelli Verdienste für die Unterbringung von Juden in vatikanischen exterritorialen Gebäuden während der deutschen Besetzung Roms in Anspruch nehmen kann, dann kommt ihm gleichermaßen die Verantwortung für den Mißbrauch der gleichen Gebäude als Verstecke für NS- und Ustascha-Verbrecher zu.

Es gibt jedoch keinen Beweis dafür, daß Pacelli und der Vatikan an einer Organisation beteiligt waren, die unter dem Namen ODESSA bekannt geworden ist und von der es heißt, sie habe die Flucht berüchtigter NS-Verbrecher nach Südamerika finanziert und geplant. Es ist gewiß so, daß Gestalten wie Franz Stangl, Lagerkommandant von Treblinka, durch den NS-Sympathisanten Bischof Alois Hudal mit falschen Papieren und einem Versteck in Rom versorgt wurden. Aber die Bemühungen seriöser Journalisten, Zusammenhänge zwischen der ODESSA-Organisation, dem Vatikan und dem «Nazi-Gold» nachzuweisen, haben sich als erfolglos erwiesen.

Zu diesen Journalisten zählt Gitta Sereny, die in ihrem Werk *Am Abgrund. Gespräche mit dem Henker* zu dem Ergebnis kommt, die Existenz von ODESSA sei «bis jetzt nie bewiesen worden».[58] Aber sie betont auch, daß es wichtig sei, die Motive von Leuten wie Hudal zu prüfen, die sich als so effektiv wie eine ganze Organisation erweisen sollten. Drei britische Journalisten – Magnus Linklater, Isabel Hilton und Neal Ascherson – behandeln in ihrem Buch über Klaus Barbie ebenfalls die ODESSA, doch auch ihnen gelang es nicht, ausreichende Beweise zusammenzutragen: «Amerikanische und britische Untersuchungen führten immer wieder zu enttäuschenden Ergebnissen.» Etwas wie ODESSA mag sehr wohl existiert haben, bilanzieren die Autoren, aber «es hat sich nie beweisen lassen, daß ODESSA so etwas wie ein einzelnes zusammenhängendes Netzwerk war».[59]

15

Die Frömmigkeit Pius' XII.

Als Pius XII. im Frühjahr 1942 erste verläßliche Informationen über das wahre Ausmaß der «Endlösung» erhielt, versuchte er – trotz wiederholter Bitten der Alliierten und jüdischer Organisation um eine Stellungnahme – Zeit zu gewinnen. Er rang mit sich bis zum 24. Dezember, als er schließlich am Ende einer langen Radioansprache gleichsam als Nachgedanken die «Hunderttausende» erwähnte, «die persönlich schuldlos bisweilen nur um ihrer Volkszugehörigkeit oder Abstammung willen dem Tode geweiht oder einer fortschreitenden Verelendung preisgegeben sind».[1] Dies war seine umfassendste öffentliche Verurteilung der «Endlösung» zu einem Zeitpunkt, da klare Worte von Bedeutung gewesen wären.

Eine Vielzahl von Motiven für sein Verhalten ist schon von zeitgenössischen Beobachtern genannt und über die Jahre hinweg immer wieder erörtert worden: Ängstlichkeit, Unentschiedenheit, Vorurteile zugunsten der Nationalsozialisten, politische Klugheit im Hinblick auf die möglichen Konsequenzen, der Wunsch, unparteiisch zu bleiben, um als zukünftiger Friedensstifter auf den Plan treten zu können, Unsicherheit angesichts der vorliegenden Informationen, die Sorge vor der Ausbreitung des Kommunismus auf Kosten des «kleineren Übels» Nationalsozialismus. Doch wie können wir in der Seele eines so zurückgezogenen Papstes lesen?

Eine Alternative mag sein – ohne Sentimentalität, ohne Voreingenommenheit und ohne unangebrachte Ehrerbietung – zu prüfen, was für ein Papst er für die Kirche seiner Zeit war. Denn seine Persönlichkeit war völlig vom Bewußtsein geprägt, Stellvertreter Christi auf Erden zu sein, und in diesem Bewußtsein lebte und handelte er. Wenn er überhaupt ein Programm, ein Projekt vertrat, wie bewährte sich das angesichts eines Weltkriegs und des Hitlerregimes?

Er war von Kindheit an in die Kultur und die Geschichte der Päpste eingetaucht. Er war während der dreißiger Jahre von der Idee erfüllt, *papabile* zu sein. Pacelli war nicht damit zufrieden, ein reagierender Papst zu sein, der sich den Zwängen des Weltkrieges beugte. Viele Jahre später erklärte Kardinal Giuseppe Siri, der Pacelli aus dessen Zeit als Kardinalstaatssekretär gut kannte, Pius XII. habe einen großen Plan verfolgt, den er, lange bevor er Papst wurde, ersonnen habe.[2]

Erstens war offensichtlich, daß Pacelli spirituelle Ambitionen hatte – er strebte nach einem heiligmäßigen Leben. Zweitens wollte er die Reichweite und die Macht seines Amtes im Verhältnis zu Kirche und Welt vertiefen und erweitern. Drittens versuchte er einen historischen Beitrag zur Bibelwissenschaft und zur Form der Liturgie zu liefern – zum formalen, gemeinschaftlichen Gottesdienst der Katholiken überall in der Welt. Und viertens war er, wie alle großen Päpste in der Vergangenheit, entschlossen, an Ort und Stelle, im Vatikan, einen sichtbaren Eindruck zu hinterlassen. Er ließ in der Krypta des Petersdoms Ausgrabungen vornehmen in der Hoffnung, die Gebeine des ersten Bischofs von Rom zu finden – eine Aufgabe, die er in die Hände seines Vertrauten Ludwig Kaas legte. Er verfolgte schließlich noch ein letztes und höchstes Ziel, nämlich etwas Besonderes, etwas Außergewöhnliches für die Jungfrau Maria zu tun.

Die erste und die letzte dieser Bestrebungen waren mit seiner persönlichen Vorstellung von einer angemessenen päpstlichen Spiritualität verknüpft; die zweite und dritte zogen ihn in tiefe und zeitraubende theologische Streitfragen mit weitreichenden Konsequenzen für das Lehramt der Kirche hinein. Daher waren Pacellis Energie und Aufmerksamkeit während der dunkelsten Tage der Jahre 1941–1943 geteilt zwischen vorwiegend spirituellen und theologischen Aufgaben und seiner täglichen Pflicht, auf die Ereignisse des Krieges zu reagieren.

Pacellis Spiritualität gründete auf einer lebenslangen persönlichen Frömmigkeit, die sich in ständigem Gegensatz zum Profanen, zur Welt überhaupt verstand. Er wuchs auf mit der *Nachfolge Christi* des Thomas a Kempis. Erinnerung, Bescheidenheit, Innerlichkeit, Ergebenheit, Reinheit, Einfachheit, Selbstverleugnung, Abstand: Dies waren die Eigenschaften, die Pacelli von seiner Kindheit an besonders kultiviert hatte. Ihre Wirkung verstärkte sich durch sein asketisches Erscheinungsbild – schlank und blaß, erweckte er zu jeder Zeit den Eindruck, als vollziehe er einen kirchlichen Ritus. Er war stets in ein rockartiges Klerikergewand gekleidet, und die Posen, die er beim Gebet einnahm, erinnerten an eine Heiligengestalt in einem alten Kirchenfenster.

Vor dem Hintergrund der barocken Etikette des Vatikans wirkten seine Schüchternheit und seine Bescheidenheit um so demütiger, erschien sein eifriges Interesse an seinen Besuchern um so heiligmäßiger. Den Seligsprechungsakten zufolge schlief er während seines Pontifikats niemals länger als vier Stunden je Nacht: Er zog sich zwischen eins und zwei am Morgen zurück. Um sechs Uhr früh war er bereits aufgestanden und ins Gebet vertieft.[3] Er aß stets allein – seine Hauptmahlzeit bestand aus ein wenig Pasta, Wasser, einem Stück Obst und drei Pflaumen. Er versagte sich belebende Genußmittel wie Kaffee, ließ auch während des tiefsten Winters nicht heizen und verbrachte viele Stunden des Tages und der Nacht im Zwiegespräch mit Gott – als befinde er sich auf einem Berggipfel oder in einer Katakombe. Giovanni Montini, der spätere Paul VI., erinnerte sich daran, wie Pacelli einmal in tiefster Nacht in den Gruften der Päpste unter dem Petersdom betete. «Nie zuvor war die Gemeinschaft der Heiligen und die spirituelle Genealogie der Nachfolger Christi, so schien es, bewegender zum Ausdruck gekommen ... Die Kirche, diese lebende Realität, ist spirituell und sichtbar gegenwärtiger denn je ...»[4] «Nachfolger Christi» statt «Nachfolger des Heiligen Petrus» war eine vielsagende Fehlleistung Montinis.

Und während andere Päpste zuvor und seitdem die Einsamkeit des Papsttums als quälend empfunden haben, schien Pacelli daran Gefallen zu finden. Bei ihm gab es nicht die leiseste Spur eines Wunsches oder eines Bedürfnisses nach kollegialen Gesprächen, nach Konsultationen, nach kritischer Auseinandersetzung mit der politischen Weltlage oder gar mit alltäglicher Kirchenpolitik. Von seinem hohen Gipfel herab betrachtete er alles *sub specie aeternitatis*. Das geistige Reich, in dem er zu existieren behauptete, war die wahre Realität; dagegen erschien das «irdische Jammertal» schattengleich, nebensächlich, woran er die Gläubigen in seinen Ansprachen und Gebeten immer wieder erinnerte. Dabei blickte er auf die kriegführenden Parteien aus einer großen Höhe herab und verfügte mit vollkommener Unparteilichkeit ein moralisches Gleichgewicht zwischen den Kriegführenden auf beiden Seiten – den Alliierten und den Achsenmächten, den Demokratien und den totalitären Staaten.

Die Einsamkeit der modernen Päpste wurde damals als ein mystischer Aspekt dieser Rolle betrachtet. Sie galt nie als ein Nachteil oder eine Schwäche. Kardinal Augustin Bea, der zehn Jahre lang Beichtvater des Papstes war, sprach einmal in glühenden Worten von Pacellis Einsamkeit. Er war, so Bea (der wie Leiber deutscher Jesuit war), «im Grunde ein einsamer Mann in seiner Größe und mit seinem mutigen Sinn für Verantwortlichkeit, und auf diese Weise war er auch einsam in seiner persönlichen Strenge und Art zu leben».[5]

Pacellis eigene Sichtweise dieser Einsamkeit kam in emblematischer Form in einem Film zum Ausdruck, den er im Sommer 1942 über sich selber in Auftrag gab. Sogar als die Nachrichten über die «Endlösung» in den Vatikan gelangten, arbeitete er mit Luigi Gedda, dem Vorsitzenden der Katholischen Aktion in Italien, an einem einstündigen Film, der weltweit unter dem Titel «Pastor Angelicus» verbreitet werden sollte. Hier sollte gezeigt werden, wie das «Alltagsleben des Papstes aussieht und wie er persönlich die Prophezeiung des irischen Mönchs Malachias erfüllt, daß der 262. Nachfolger des Heiligen Petrus am Namen Pastor Angelicus – Hirt der Engel – zu erkennen sein wird».[6]

Der Film beginnt und endet mit dem Standbild des guten Hirten – Pacelli und/oder Christus –, der ein Lamm auf den Schultern trägt, und entwickelt in erbaulichen Bildern das Leben des Papstes von der Geburt bis zur Krönung, gefolgt vom Einblick in seinen Arbeitsalltag.[7] Nur zwei kurze Sequenzen mit feuernden Kanonen und sinkenden Schiffen geben einen Hinweis auf den Krieg. Es werden kurz vatikanische Beamte gezeigt, die im Vermißtensuchdienst tätig sind. Auch Barmherzige Schwestern, die Verwundete versorgen, sind zu sehen. Doch der Film verweilt sehr viel ausgiebiger in den Gärten, den Loggien, den Marmorhallen der Vatikanstadt, und er präsentiert in üppigen Bildern die Großartigkeit des Petersdoms. Vor den Hintergrundklängen andächtiger Chöre wirkt alles friedlich. Die Monsignori und Kardinäle in prächtigen Gewändern knien nieder und neigen sich vor dem Pontifex maximus. In einer Sequenz wandelt Pius wie eine reine, weiße Geistererscheinung allein über einen uralten Olivenhain und liest dabei ein Dokument. Ohne die Augen zu heben, steigt er in seine Limousine, in der sich anstelle des Rücksitzes ein Thron befindet. Der Chauffeur kniet nieder und schlägt das Kreuzzeichen. Der Papst begrüßt die königliche Familie von Italien, den König und die Prinzessinnen, die sich vor jenem verbeugen, der über allen irdischen Königen steht. Und in einer anderen Szene grüßt er Erstkommunikantinnen, die Lilien in den Händen halten. Die glänzende weiße Soutane inmitten der unschuldigen Kinder in weißen Kommunionskleidern verbreitet die Botschaft: Der Papst ist die Quelle der Reinheit. Wieder und wieder breitet er seine Arme aus in einer Gebärde, die Tardini als Geste der «Opferung» bezeichnet hat, und er segnet die ihn anbetenden Massen. In den frühen Morgenstunden brennt das Licht in seinem Büro: Der wachsame Papst bemüht sich jeden Augenblick um das Wohl der gesamten Menschheit, während die Welt schläft.

Es war diese Aura entrückter Zeitlosigkeit, einer Art irdischen Himmels fern vom «Festland» des Lebens, die so viele tief beeindruckte. Für andere, weniger romantisch oder spirituell veranlagte Menschen deutete diese Ausstrahlung auf Autosuggestionen beim Besucher hin. Der Schriftsteller John Guest, der Pacelli während des Krieges kennenlernte, stellte verblüfft fest, daß ein seltsam «durchdringender *Geruch*» vom Papst ausging. «Nicht ein Geruch im weltlichen Sinne», so Guests Beschreibung, «nicht süß oder in irgendeiner Weise erregend, sondern ein kühler, sehr sauberer Duft ... Er erinnerte an einen taufrischen frühen Morgen, man könnte ihn fast als das plötzliche Fehlen aller anderen Gerüche charakterisieren ... Möglicherweise ist das Phantasie; vielleicht auch von Sympathie geleitete nervöse Zustimmung der Nase, wenn alle anderen Sinne in einem Höchstmaß stimuliert werden; möglicherweise sogar handelt es sich hier um den wirklichen und originalen ‹Geruch der Heiligkeit›.»[8] Tatsächlich war es so, daß Pasqualina die Hände und die Taschentücher Pacellis regelmäßig in eine keimtötende Lösung tauchte, damit der Papst sich nicht durch menschliche Kontakte mit Viren infizierte.

Soweit die äußere Seite der päpstlichen Frömmigkeit. Es berührt jedoch merkwürdig, daß damals nur wenige die ausgedehnten Posen vor dem Auge der Kamera und die fragwürdigen Ursprünge von Pacellis Beinamen Pastor Angelicus registrierten.[9] Gelegentliche Besucher des Vatikans bekamen nicht unbedingt mit, daß Pacelli darauf bestand, nicht durch die Gegenwart anderer Menschen bei seinem täglichen Spaziergang in den Gärten behelligt zu werden (Arbeiter, die sich zufällig dort aufhielten, hatten sich bei seinem Erscheinen in den Büschen zu verstecken).

Zentral für Pacellis persönliche Spiritualität war seine Marienfrömmigkeit. Mit Beginn des Krieges wandte er sich insbesondere dem Kult unserer Lieben Frau von Fátima zu, dem Glauben an eine Reihe von Marienerscheinungen, die drei Kinder in Portugal während des Ersten Weltkriegs hatten, verbunden mit bestimmten Botschaften und Geheimnissen der Jungfrau Maria. Ein Grundthema dieser Botschaften war die Forderung, die Gläubigen sollten zur Gottesmutter beten, um einen Weltkonflikt, die Ausbreitung des Kommunismus und zuletzt die Zerstörung der Welt in einem Holocaust göttlicher Strafe abzuwenden. Pius XI. hatte die Visionen von Fátima anerkannt, und die Diktatoren von Portugal und Spanien, Salazar und Franco, hatten den Kult zu einem massenwirksamen Symbol faschistischer Solidarität umgemünzt. Pacelli schenkte all dem nicht nur Glauben, sondern er sah auch eine persönliche, eine mystische Beziehung in dem Umstand, daß er am 13. Mai 1917 sein erstes Bischofsamt übernommen hatte, dem Tag der ersten Marienerscheinung und späteren Festtag des Kultes. Im Jahre 1940 schrieb das einzige überlebende der drei Kinder, die die Vision hatten, inzwischen eine Nonne, die den Namen Schwester Lucia angenommen hatte, an Pacelli und bat ihn im Namen der Jungfrau, Rußland dem Unbefleckten Herzen Mariä zu weihen.

Am 31. Oktober 1942 schließlich gab Pacelli in einer Rundfunkbotschaft nach Portugal einen undeutlichen Hinweis auf Rußland und die Jungfrau Maria (wobei er es allerdings vermied, Rußland direkt zu erwähnen). Dabei betete er: «Für jene ... unter denen es kein Haus gab, wo Deine verehrungswürdige Ikone nicht zu sehen war ... Gib ihnen Frieden und führe sie wieder in die eine Hürde zurück.»[10]

Schließlich entsprach er am 8. Dezember 1942 Schwester Lucias Marienbitte, wenn auch in abgewandelter Form. Er versammelte im Petersdom vierzig Kardinäle um sich, und er weihte nicht Rußland, sondern die ganze Welt dem Unbefleckten Herzen Mariä (später hieß es, daß er nicht wortwörtlich den Befehl der Jungfrau ausführte, habe dazu geführt, daß sich die Macht der Sowjetunion während des Kalten Krieges ausbreitete). Schließlich, vertraute Schwester Lucia Pacelli 1944 das berühmte Dritte Geheimnis von Fátima an, das angeblich das Datum des Dritten Weltkriegs enthielt. Der Brief, in dem dieses Geheimnis enthalten war, sollte im Jahre 1960 durch den dann regierenden Papst geöffnet werden. Pacelli bewahrte das versiegelte Geheimnis in einem Schränkchen auf seinem Schreibtisch auf, wo es bis zu seinem Tode blieb. Als Johannes XXIII. 1960 die Botschaft hervorholte, las er sie und ließ sie dann ohne weiteren Kommentar – unveröffentlicht – in den Tiefen der Vatikanischen Archive verschwinden.

Die Bedeutung des Fátima-Kults für Pacellis Denken hängt mit dessen gnostischen Zügen zusammen – dem Glauben an zwei einander widerstreitende Reiche, das der Dunkelheit und das des Lichts, jenseits des bloßen «Schleiers der Erscheinungen»; im ersten residieren Gottvater, die Jungfrau Maria, der Heilige Michael sowie alle Engel und Heiligen; im Gegensatz dazu steht die Macht des Fürsten der Finsternis und seiner gefallenen Engel, «die in der Welt umherziehen, um Seelen zu ruinieren», wie Papst Leo XIII. es in einem

Gebet formuliert hat, das am Ende jeder Messe gesprochen werden sollte. Was in unserer Welt geschieht, hängt nach dieser Vorstellung von dem Eingreifen der Heiligen Maria gemeinsam mit ihrem Sohn ab, welche die Macht des Satans beschneiden, damit Krieg und Uneinigkeit überwunden werden. Die genaueren Umstände gehen aus Marienoffenbarungen hervor, die vom Papst als authentisch bestätigt werden müssen, dessen Macht damit zu derjenigen Marias in eine Parallele gestellt wird. Von dem Moment an, da Pius IX. im Jahre 1854 ohne bischöfliche Zustimmung das Dogma der Unbefleckten Empfängnis der Heiligen Jungfrau Maria verkündet hatte, verbanden sich im Denken der modernen Päpste Marienkult und päpstliche Macht. Die Entwicklung der menschlichen Geschichte hängt demnach, kurz gesagt, nicht von gemeinschaftlichem und gesellschaftlichem Handeln und der Wahrnehmung von Verantwortung ab, sondern von wunderhaften Interventionen, vermittelt durch Maria und bestätigt durch das Papsttum.

Solch eine Weltsicht stimmte über weite Strecken mit einem anderen volkstümlichen katholischen Kult überein, den das Papsttum in der ersten Hälfte des Jahrhunderts förderte: das Königtum Christi, eine fromme Überzeugung, der Pius XI. besonders stark anhing und die in Pacellis erster Enzyklika «Summi Pontificatus» vom 20. Oktober 1939 zur Sprache kam. Der Zweite Weltkrieg war nach Auffassung einiger Anhänger dieser Überzeugung eine Herausforderung des Königtums Christi durch die Mächte des Satans; Christi siegreiche Vormachtstellung wurde zeitweise aufgehoben.[11] Im Einklang mit dieser Vorstellung hatte Pacelli, nach Aussage eines seiner Neffen im Seligsprechungsprozeß, während des Krieges die Gewohnheit, eine Form des Exorzismus durchzuführen, nämlich den Teufel auszutreiben, von dem er annahm, daß er die Seele Hitlers bewohne – dies tat er in tiefster Nacht in seiner Privatkapelle in den päpstlichen Gemächern.

Pacelli, der Mystische Leib Christi und der Holocaust

Während Pacelli seine Spiritualität entfaltete und seine Vorliebe für den Marienkult pflegte, hielt er sich zugleich, wie seine modernen Vorgänger, für den alleinigen Hüter des «Magisterium» – der offiziellen Lehre der Kirche, wie sie über die Jahrhunderte hinweg überliefert wurde. Pacelli, der jeden Aspekt des Wesens und der Geschichte seiner Kirche genau kannte, hatte seine entscheidenden Jahre nicht als Theologe, sondern als Kirchenrechtler verbracht. Zwischen 1941 und 1943 jedoch, als der Krieg auf allen Kontinenten wütete, grübelte er mit Hilfe von gelehrten Jesuiten, insbesondere des belgischen Theologen Sebastian Tromp von der Universität Gregoriana, lange und tief über eine Reihe von religiösen Kernfragen nach. Was ist das wahre Wesen der katholische Kirche? Wie kann Christus eine lebendige Realität innerhalb dieser Kirche bleiben? Wer befindet sich in Gemeinschaft mit dieser Kirche? Und wie?

Solche Fragen waren seit den allerersten Anfängen der Christenheit immer wieder gestellt worden und hatten zur Formulierung machtvoller und sich aufeinander beziehender Metaphern – der «Mystische Leib Christi» und der «Wirkliche Leib Christi» – geführt. Dies waren Begriffe, ja lebende Symbole, die im «Realismus» des Opfers in der Messe und der «wirklichen Gegenwart» des Sakraments der Eucharistie gipfelten: in der Opferung von Brot und Wein, ihrer Wandlung in Leib und Blut Christi und ihrem Empfang in der Heiligen Kommunion. In Pacellis Entscheidung, sich inmitten eines Weltkriegs in die Geschichte und die schriftliche Überlieferung dieser Doktrinen sowie in die reich fließenden Kommentare dazu zu vertiefen, kann man einerseits eine extreme Fluchthaltung sehen. Aber da er bei Begriffen verweilte, die mit der Opferung zu tun haben – dem Vergießen von Blut für die Menschheit –, scheint es sich – andererseits – um eine unbewußte Reaktion auf die Vernichtung des gesamten «Körpers» eines Volkes Gottes zu handeln, die genau zu dieser Zeit in Europa im Gange war. War dies nicht der Augenblick, Solidarität mit den Angehörigen der Vaterreligion der Christenheit zu verkünden? Und gewiß hatte es im Katholizismus starke Tendenzen zu einer derartigen Solidarität gegeben.

Während die Welt sich Ende der dreißiger Jahre auf einen Krieg zubewegte, hatte eine Gruppe französischer Gelehrter und insbesondere der Jesuit Henri de Lubac (1896–1991) mit der Arbeit an einer theologischen Erneuerung begonnen.[12] Diese Kräfte strebten ein Ende der langen Phase antimodernistischer und antiprotestantischer Vorurteile in Frankreich an, während sie gleichzeitig das Neuheidentum und den Antisemitismus der Nationalsozialisten bekämpften. Im Verlauf ihrer Bemühungen kehrten sie zu den Wurzeln des christlichen Glaubens zurück. Henri de Lubac glaubte, der Katholizismus habe die Überzeugung verloren, daß die Kirche im wahrsten Sinne sie selber sei bei der Feier der Eucharistie, bei der Opferung und bei der Darreichung von Brot und Wein in der Kommunion. Ferner glaubte er, der Katholizismus befinde sich in der Gefahr, den Gedanken der

Kommunion mit der gesamten Menschheit preiszugeben, eine Solidarität, die auf Gottes Menschwerdung in Jesus Christus zurückging.

In seinen Schriften vor dem Krieg versuchte de Lubac die Katholiken davon zu überzeugen, daß das Christentum vor allem eine soziale Religion sei. Der Katholizismus[13] bedeute Erlösung und Heil nicht nur für den Einzelnen, sondern für ganze Gemeinschaften. Doch das Individuum dürfe niemals den Interessen der Gemeinschaft geopfert werden, wie es totalitäre Ideologen behaupteten, denn schließlich sei jeder Mensch nach dem Ebenbild Gottes geschaffen. Dies heiße allerdings nicht, daß einzig durch privates, individuelles Beten oder ausschließlich im Milieu der institutionalisierten «offiziellen» Religion nach der Gegenwart Gottes zu streben sei oder daß Gott nur dort der Menschheit seine Gegenwart schenke.

In de Lubacs zweitem Buch *Corpus Mysticum*,[14] das 1938 vollendet wurde, aber in den ersten Jahren des Krieges von großem Einfluß war (obwohl nicht vor 1944 veröffentlicht), wurden diese Gedanken in einem Kommentar über die Eucharistie und den Mystischen Leib der Kirche vertieft. De Lubac behauptete, daß im 11. Jahrhundert die Vorstellung von der «wirklichen Gegenwart» Christi schwächer geworden sei. Das geheiligte Brot wurde, so die neue Vorstellung, durch ein Wunder «die wirkliche Gegenwart», und die Gegenwart Christi in realen Gemeinden der Kirche wurde somit symbolisch und also weniger real. Die Folge war, nach de Lubac, eine Schwächung des sozialen Katholizismus und ein Anwachsen von Macht und Kontrollzeremonien, zu denen etwa die Corpus-Christi-Prozessionen zählen.[15]

De Lubacs Ansichten waren eine Herausforderung für die Machtstruktur der katholischen Kirche des 20. Jahrhunderts, betonte diese doch das «Wunderbare», das Individuelle, eine private Volksfrömmigkeit und insbesondere die privilegierte Macht der Geistlichkeit mit dem Papst an der Spitze. Vor allem stellte de Lubac die Auffassung von der Kirche als organisatorisches und juristisches Machtgebilde in Frage. Außerdem ermutigten seine Gedanken zur christlichen Einheit zwischen katholischen und anderen Christen sowie zwischen Christen und anderen Religionen, einschließlich des Judentums.[16] Diese Ideen mögen aus dem Abstand der Jahrzehnte im Kontext eines Weltkriegs als abstrus und kaum relevant erscheinen; aber sie bilden einen wichtigen Hintergrund für Pacellis Haltung gegenüber dem Judentum und dem Holocaust.

Am 29. Juni 1943 veröffentlichte Pacelli seine Enzyklika *Mystici corporis*.[17] Zwar erweckte das Dokument den Anschein, Ideen, die als Ergebnis der Arbeit von de Lubac und seinem Kreis zirkulierten, eine gewisse Verbreitung zu geben, doch tatsächlich enthält es hochfliegende neue Ansprüche auf päpstliche Macht und moralische Überlegenheit, verbunden mit einer Definition der christlichen Einheit, die alle ausschließt, die nicht in Abendmahlsgemeinschaft mit dem Papst leben. Ist nicht die Kirche am ehesten sie selber, so fragte Pacelli, aufgrund ihrer Treue zum Papst, der nichts anderes ist als der Stellvertreter Christi auf Erden und daher die lebende Verkörperung, der physische Kopf, des Mystischen Leibes?

Der Krieg, so behauptete der Papst, lasse «Zwietracht und Mißgunst, wie der Same der Feindschaft ins Ungemessene wachsen». Weiter verkündete Pius XII.: «Denn Wir wissen es, wenn das namenlose Weh und Leid dieser sturmbewegten Zeit, das schier unzählbare Menschen aufs bitterste heimsucht, wie aus Gottes Hand in stiller Ergebung hingenommen wird, dann lenkt es wie mit Naturgewalt das Herz der Leidenden vom irdisch Vergänglichen weg dem Himmlischen und ewig Bleibenden zu ... So schauen die Katholiken von überall her, obgleich ihre Völker untereinander im Kampfe stehen, zum Vertreter Jesu Christi wie zum Vater auf, der alle liebt, der von völlig unparteiischem und unbestechlichem Urteil geleitet über den aufgewühlten Wegen der menschlichen Wirren steht, der die Wahrheit, Gerechtigkeit und Liebe empfiehlt und nach Kräften vertritt.»

Scheinbar wird hier die menschliche Gemeinsamkeit unterstrichen, dann aber folgt die einschränkende Aussage: «Denn nicht jede Schuld, mag sie auch ein schweres Vergehen sein, ist dergestalt, daß sie, wie dies die Folge der Glaubensspaltung, des Irrglaubens und des Abfalls vom Glauben ist, ihrer Natur gemäß den Menschen vom Leib der Kirche trennt. Auch gehen die nicht in allem übernatürlichen Lebens verlustig, die zwar durch ihre Sünde die Liebe und heiligmachende Gnade verloren haben und deswegen unfähig geworden sind zu übernatürlichem Verdienst, die aber den Glauben und die christliche Hoffnung bewahren.»[18] Mit anderen Worten: Katholiken, ganz gleich, wie schwer ihre Sünden sind, können sich darauf verlassen, daß sie ein Teil des Volkes Gottes sind; während jene, die sich weigern, dem Papst die Treue zu halten, wie gut und anständig sie auch immer sein mögen, als ausgeschlossen betrachtet werden müssen. «In einem gefährlichen Irrtum befinden sich jene», so mahnt Pius XII., «die meinen, sie könnten Christus als Haupt der Kirche verehren, ohne seinem Stellvertreter auf Erden die Treue zu wahren.»

«Im Bewußtsein der Uns auferlegten hohen Amtspflicht», so erklärte der Papst abschließend, «glauben wir diesen ernsten Satz heute erneut betonen zu müssen: Mit großem Schmerz erleben Wir es, wie körperlich Mißgestaltete, Geistesgestörte und Erbkranke als Last der Gesellschaft zuweilen ihres Lebens beraubt werden, ja wie dies von manchen als neue Erfindung menschlichen Fortschritts und überaus gemeinnützige Tat angepriesen wird ... Das Blut derer, die unserem Erlöser gerade deswegen teuer sind, weil sie größeres Erbarmen verdienen, ‹schreit von der Erde zum Himmel›.»[19]

An diesem «ernsten Satz», der nebenbei gesagt, nicht einmal die nationalsozialistischen Täter erwähnte, war nichts besonders Bemerkenswertes oder Mutiges, da der deutsche Bischof Clemens August von Galen bereits am 5. August 1941 von der Kanzel herab das nationalsozialistische «Euthanasie»-Programm mit scharfen Worten verurteilt hatte. Kopien dieser Predigt waren von der Royal Air Force über Deutschland abgeworfen worden. Besonders makaber war, wie Michael Burleigh in seinem Werk *Death and Deliverance* (1994) darlegt, daß das «Euthanasie»-Programm nicht nur wegen Galens Predigten eingeschränkt worden war, sondern weil die Tötungs-»Ressourcen» Ende 1941 auf die «Endlösung» umgelenkt worden waren. Ganz abgesehen davon jedoch ziehen Pacellis Worte gegen die «Euthanasie» die Aufmerksamkeit auf etwas anderes – sein totales Schweigen zu den gewaltigen Verbrechen der Shoah, die damals im Gange waren.

Pacellis persönliche Frömmigkeit war geprägt von einer zutiefst privaten Innerlichkeit, die mit einer geradezu gnostischen Marienverehrung einherging. Beides stellt die Bedeutung der sozialen Verantwortung für die Gewinnung christlicher Erlösung in den Hintergrund. Bei seinen doktrinären Spekulationen distanzierte er sich entsprechend von zeitgenössischen Versuchen, eine theologische Basis für ein soziales Christentum und für die Solidarität der Menschheit wiederzugewinnen. Tatsächlich vertiefte seine Version der Lehre vom Mystischen Leib seinen Glauben an die päpstliche Machtideologie und sein Vorurteil, daß Nichtkatholiken dem Gottesvolk gegenüber Fremde seien.

Mitten im Kriege trug Pacellis päpstliches Programm – sein Streben nach Heiligkeit und seine Ansichten über das Verhältnis von Papsttum und Kirche – in keiner Weise dazu bei, das Gefühl der Verantwortung für die Juden Europas und eine gemeinsame Identität mit ihnen zu stärken.

16

Pacelli und der Holocaust

Während der ersten drei Kriegsjahre – es waren zugleich die ersten drei Jahre von Pacellis Pontifikat – wurde die «Endlösung» vorbereitet. Vieles wurde geheim geplant und durchgeführt, denn das NS-Regime agierte vorsichtig, man mochte Gründe haben, eine unkontrollierte Publizität zu fürchten. Doch ein so weitreichendes Projekt wie der Plan zur Vernichtung eines ganzen Volkes konnte nicht lange verborgen bleiben, überdies hatte Hitler seine Absichten gegenüber den Juden am 30. Januar 1939 klar gemacht: «Wenn es dem internationalen Finanzjudentum inner- und außerhalb Europas gelingen sollte, die Völker noch einmal in einen Weltkrieg zu stürzen, dann wird das Ergebnis nicht die Bolschewisierung der Erde und damit der Sieg des Judentums sein, sondern die Vernichtung der jüdischen Rasse in Europa.»[1] Ende Juli 1941, einen Monat nach dem Angriff auf Rußland, erhielt Reinhard Heydrich von Göring Weisung, alle notwendigen Vorbereitungen für eine Endlösung «Judenfrage» in der deutschen Einflußsphäre in Europa zu treffen. An dieser Stelle betritt Adolf Eichmann die Szene. Er hatte als Leiter des Referates IV B 4 («Judenangelegenheiten») im Reichssicherheitshauptamt/RSHA über das Schicksal der Juden in Serbien zu entscheiden, die unter der deutschen Besatzung in Belgrad seit April 1941 Sklavenarbeit hatten verrichten müssen. Zwei seiner Mitarbeiter reisten im Oktober 1941 nach Belgrad, gemeinsam mit Franz Rademacher, dem Referenten für «Judenangelegenheiten» des Auswärtigen Amtes. Rademacher berichtete, in Belgrad habe er statt der erwarteten 8000 jüdischen Männer nur die Hälfte angetroffen, «von denen außerdem nur 3500 erschossen werden können». Gleichzeitig waren Berichte und Fotos über die Untaten der Einsatzgruppen in den von der deutschen Wehrmacht besetzten Gebieten aufgetaucht: Männer, Frauen und Kinder wurden zu Tausenden mit Maschinengewehren niedergemäht. Seit Herbst 1941 wurde die systematische Versklavung, Deportation und Vernichtung eines ganzen Volkes vorbereitet.

Seit September 1941 mußten alle Juden in Deutschland den Gelben Stern tragen. Die stigmatisierende und demoralisierende Wirkung auf jene, die den Gelben Stern tragen mußten – unter ihnen auch «Nichtarier», die Christen geworden waren – war katastrophal. Die deutschen katholischen Bischöfe baten nicht darum, den Juden das Tragen des Sterns zu ersparen, sie begnügten sich damit, nur für die «nichtarischen» Katholiken darum zu bitten. Die Gestapo lehnte ab. Als im Oktober Massendeportationen deutscher Juden nach Osten begannen, überlegten die Bischöfe erneut, ob man nicht um bevorzugte Behandlung «nichtarischer» Christen bitten sollte, beschlossen aber, das Regime mit diesem Wunsch nicht zu reizen, auch jetzt, wo es um ihre eigenen Gläubigen ging.[2] Im gleichen Monat fiel der Beschluß für den Einsatz von Giftgas zur Massenvernichtung. Im November hatte Goebbels erklärt, für das Schicksal der Juden sei weder Mitleid noch Trauer angebracht, denn jeder Jude sei «unser Feind».[3]

Am 20. Januar 1942 fand Am Großen Wannsee 58 in Berlin eine Konferenz statt. Teilnehmer waren 15 hochrangige Beamte. Der Chef des RSHA, Reinhard Heydrich, forderte alle Anwesenden zur Mitarbeit bei der «Endlösung» auf. Im Planungskonzept Eichmanns hieß es: «Unter entsprechender Leitung sollen im Zuge der Endlösung die Juden in geeigneter Weise im Osten zum Arbeitseinsatz kommen. In großen Arbeitskolonnen, unter Trennung der Geschlechter, werden die arbeitsfähigen Juden straßenbauend in diese Gebiete geführt, wobei zweifellos ein Großteil durch natürliche Verminderung ausfallen wird.»[4]

Nach Statistiken, die Eichmann für die Konferenz vorbereitet hatte, sollten elf Millionen Juden «ausfallen», darunter Juden in Ländern, die noch gar nicht erobert waren. Kroatien, der katholische Staat, der sich Pacellis besonderer Zuneigung erfreute, wurde zu einem Gebiet erklärt, wo es kaum noch Probleme gebe: «In der Slowakei und Kroatien ist die Angelegenheit nicht mehr allzu schwer, da die wesentlichen Kernfragen in dieser Hinsicht dort bereits einer Lösung zugeführt werden.» Eichmann sollte von seinem Amt in Berlin aus die Leitung der «Endlösung» übernehmen und Vertreter in die Hauptstädte aller eroberten Länder entsenden, die der Zentrale Rechenschaft über Planung und Verlauf der Deportationen abzulegen hatten.

Die Deportationen begannen im März 1942 und dauerten bis zum Januar 1945. Die Todeslager wurden in Polen eingerichtet: Auschwitz,

Treblinka, Belzec, Sobibor, Chelmno und Majdanek. Von besonderer Bedeutung war die Logistik der Transporte, die Bereitstellung von Waggons und Wachpersonal. Eichmanns Mitarbeiter wurden zu diesem Zweck auch nach Frankreich, Belgien, Holland, Luxemburg, Norwegen, Rumänien, Griechenland, Bulgarien, Ungarn, Polen und ins Protektorat Böhmen und Mähren entsandt.

Für Christen war die «Endlösung» eine beispiellose Herausforderung. Ihre Religion gründet auf die Nächstenliebe gegenüber jedem Menschenwesen. Diese Liebe unterscheidet, wie Pacelli in seiner ersten Enzyklika von 1939 erklärt hatte, nicht zwischen «Heiden oder Juden, Beschnittenen oder Unbeschnittenen, Barbaren oder Szythen, Sklaven oder Freien: Christus ist alles und in allen» (Kol. 3, 10–11). Gab es da nicht eine eindeutige Christenpflicht, gegen die Ausrottung der Juden zu protestieren und Widerstand zu leisten, welche Konsequenzen das auch immer haben mochte?

Zwar hatte die Geschichte des christlichen Antisemitismus im 20. Jahrhundert mitnichten ihr Ende gefunden, aber die katholische Kultur ließ keineswegs die Judenverfolgung aufgrund der nationalsozialistischen Rassenideologie zu, geschweige denn die Vernichtung der «jüdischen Rasse». Und doch schien sich der Katholizismus allem Anschein nach mit genau den rechten politischen Strömungen des Nationalismus zu verbinden, die den rassistischen Antisemitismus propagierten. Praktisch jeder rechtsextreme Diktator jener Zeit war als Katholik geboren und erzogen worden: so Hitler, Horthy, Franco, Pétain, Mussolini, Pavelic und Tiso (letzterer war sogar katholischer Priester). Es gab vereinzelte, aber bedeutsame Beispiele von katholischen Bischöfen, die antisemitische Ansichten zum Ausdruck brachten, und dies selbst dann noch, als sich die Verfolgung der Juden in Deutschland Mitte der dreißiger Jahre verschärfte: Kardinal Hlond, der Primas von Polen, erklärte 1936: «Es wird ein jüdisches Problem geben, solange die Juden existieren.»[5] Verspätet hatte Pius XI. in seiner berühmten Enzyklika *Mit brennender Sorge* von 1937 den Rassismus zurückgewiesen; aber es fand sich auch in dieser Enzyklika, wie wir gesehen haben, noch ein antijudaistischer Ton. Und trotz der päpstlichen Leitlinie verbreitete beispielsweise ein slowakischer Bischof einen Hirtenbrief, in dem die traditionellen Anschuldigungen wiederholt wurden, die Juden seien Gottesmörder und «bösartig».[6] Es gab Belege für Antijudaismus, ja Antisemitismus im Herzen des Vatikans während des Krieges. Der führende dominikanische Theologe und Neo-Thomist Garrigou-Lagrange war gleichzeitig theologischer Berater Pacellis und entschiedener Anhänger Pétains. Er war mit dem Botschafter Vichys beim Heiligen Stuhl eng befreundet. Der Diplomat teilte seiner Regierung in einem berüchtigten Telegramm mit, der Heilige Stuhl habe nichts gegen die judenfeindliche Gesetzgebung des Vichy-Regimes. Und er fügte sogar Quellennotizen aus den Schriften des Heiligen Thomas von Aquin hinzu, die von in Rom residierenden Neo-Thomisten zusammengestellt worden waren.[7]

Aber wie stand Eugenio Pacelli, der «Stellvertreter Christi auf Erden», zur Frage der Verfolgung, Deportation und Vernichtung der Juden?

Pacellis Weg ins Schweigen

Im Laufe des Jahres 1942 erreichte Pacelli eine ganze Flut zuverlässiger Informationen über Einzelheiten der «Endlösung». Zur gleichen Zeit sah er sich immer dringlicheren Forderungen aus aller Welt gegenüber, eine klare Ablehnung auszusprechen.

Am 30. Januar 1942, zehn Tage nach der Wannseekonferenz, erklärte Hitler auf einer Rede im Berliner Sportpalast, «daß das Ergebnis dieses Krieges die Vernichtung des Judentums sein wird ... Und es wird die Stunde kommen, da der böseste Weltfeind aller Zeiten auf ein Jahrtausend seine Rolle ... ausgespielt haben wird.» Der römische *Messaggero* druckte die Rede ab, Osborne las sie, ebenso Kardinalstaatssekretär Maglione, der Osborne seine Meinung über «Hitlers neuen Ausbruch gegen die Juden» kundtat.[8] Osbornes Versuche, aus dem Innern des Vatikans Pacelli zu einer Stellungnahme zu veranlassen, lassen Rückschlüsse auf Pacellis Kenntnis der Vorgänge und seine Reaktionen auf sie zu.

Am 18. März 1942 erhielt der Vatikan über seinen Nuntius in Bern eine ausführliche Denkschrift von Richard Lichtheim und Gerhart Riegner, die einen Überblick über gewalttätige antisemitische Maßnahmen in der Slowakei, Kroatien, Ungarn und im unbesetzten Frankreich bot. Die Denkschrift konzentrierte sich auf jene katholischen Länder, in denen der Papst Einfluß besaß. Abgesehen von einer Intervention in der Slowakei, deren Präsident der katholische Priester Monsignore Tiso war, kam es, soweit wir dies nach den Dokumenten des Vatikans beurteilen können, zu keinen päpstlichen Reaktionen oder Eingriffen, von ganz sanften örtlichen Initiativen des Nuntius in Frankreich abgesehen, von denen wir noch erfahren werden.[9]

Im Laufe desselben Monats traf im Vatikan eine Vielzahl von Telegrammen aus verschiedenen osteuropäischen Quellen ein, in denen vom Schicksal von etwa 90 000 Juden die Rede war, darunter eine beträchtliche Anzahl «getaufter», die in Lager in Polen verbracht worden waren.[10] Der Nuntius in Bratislava erklärte ganz unmißverständlich, die Deportation bedeute für die meisten der Betroffenen den sicheren Tod.

Im Laufe des Frühjahrs 1942 verbreitete sich weltweit die Nachricht von Geiselerschießungen zur «Vergeltung für Partisanenangriffe» in den besetzten Gebieten. Im Vatikan wußte man davon aus erster Quelle: Die Deutschen verbreiteten diese Nachricht gern selbst in der Absicht, von weiteren Freischärlerangriffen abzuschrecken. Osborne wollte sein Material über diese Vorgänge an den Papst weiterleiten und schrieb am 21. April seiner Freundin Bridget McEwan: «Gestern, an Hitlers Geburtstag, trug ich einen schwarzen Schlips in Trauer um die Millionen, die er massakriert und gefoltert hat.» An jenem Tag legte er Kardinal Maglione seine persönliche Ansicht zu diesem Thema dar: «Hitler und all seine teuflischen Taten könnten den Prozeß der Austreibung des Teufels aus dem Unterbewußtsein der germanischen Rasse darstellen.» Die Deutschen «könnten, wenn dieser schmerzhafte Prozeß vollendet ist, sich wieder in anständige Mitglieder der Gemeinschaft der Nationen verwandeln». Maglione jedoch «schien dies, nachsichtig, wie eine kindische Torheit abzuweisen».[11]

Die Grausamkeiten gegen Geiseln spitzten sich zu, nachdem Reinhard Heydrich, zu dieser Zeit stellvertretender Reichsprotektor von Böhmen und Mähren, in Prag von zwei tschechischen Widerstandskämpfern ermordet worden war, die der britische Geheimdienst ins Land geflogen hatte. 10 000 Menschen wurden daraufhin verhaftet und 1 300 von ihnen ermordet. Am 10. Juni wurde das Dorf Lidice, das angeblich den Mördern Schutz gewährt hatte, dem Erdboden gleichgemacht, und all seine männlichen Bewohner, auch die Knaben, wurden hingerichtet.

Am Tag darauf schrieb Osborne an Bridget McEwan: «Es ist mir versichert worden, daß (Seine Heiligkeit) im britischen Außenministerium – und ich wage zu behaupten: auch in der britischen Öffentlichkeit – einen schlechten Ruf hat. Daran ist er zum größten Teil selbst schuld, andererseits ist er dies jedoch nicht: Er ist eben so, wie er ist. All das tut mir leid, denn ich denke, es ist sehr vieles zu seinen Gunsten zu sagen.»[12]

Diese Bemerkung konstatiert zutreffend den Zusammenbruch von Pacellis Ruf in Großbritannien als Ergebnis seines Schweigens, und doch offenbart sie zugleich auch die ambivalenten Gefühle, denen jene unterlagen, die ihm im Vatikan nahe waren. Zwei Tage später fühlte sich Osborne weniger gespalten, als er im Stockwerk unter den päpstlichen Wohngemächern Erstkommunionkinder sah, die auf den Papst warteten. Es war ein «reizvoller Anblick», stellte Osborne in seinem Tagebucheintrag vom 13. Juni fest, «aber unglücklicherweise wird die moralische Führung der Welt nicht durch einen Massenandrang italienischer Erstkommunikanten geregelt». Adolf Hitler, so sinnierte Osborne, «benötige mehr als das Wohlwollen des Pastor Angelicus, und durch praktisch folgenloses Zitieren der zehn Gebote wird die moralische Führung nicht sichergestellt».[13]

Als die USA im Dezember 1941 nach dem japanischen Angriff auf die amerikanische Pazifikflotte in Pearl Harbor in den Krieg eintraten, bat Washington seinen Beauftragten in der römischen Botschaft, Harold Tittmann, wie Osborne in den Vatikan umzuziehen. Der Heilige Stuhl gab sich zunächst zögerlich, aber nach einigem diplomatischen Hin und Her erhielt Tittmann am 2. Mai 1942 die erforderliche Akkreditierung, und damit begann eine bis dahin beispiellose diplomatische Beziehung zwischen dem Heiligen Stuhl und den Vereinigten Staaten von Amerika.

Osborne und Tittmann sprachen regelmäßig miteinander über Pacellis Haltung. Die Berichte sind inzwischen Teil ihrer offiziellen Nachlässe. Osborne erklärte nach Tittmann, der Papst sei in Großbritannien unpopulär, und seine Regierung sei überzeugt, Pacelli setze auf einen Sieg der Achsenmächte. Am 16. Juni 1942 schickte Tittmann einen Bericht nach Washington, in dem es hieß, Pacelli stecke den Kopf in den Sand wie der Vogel Strauß und wende sich nur noch rein religiösen Themen zu; er, Tittmann, sei besorgt, daß die von Pius XI. für das Papsttum geschaffene Autorität zerfalle. Er hatte mit Kardinal Maglione über die Möglichkeit gesprochen, daß der Papst eine Verurteilung der Vergeltungsakte nach Heydrichs Tod ausspreche, aber der Staatssekretär hatte bloß den Kopf geschüttelt und bemerkt, dies würde die Lage nur noch verschlimmern.[14] Tittmann schloß mit seiner üblichen Bemerkung über Pacellis Untätigkeit und sein Schweigen: Pacelli halte es eben für besser, seine Freunde in Zorn zu versetzen als seine Feinde, da die Freunde Unterlassungssünden eher vergeben würden. All dies zeigt die ratlose Verblüffung der Diplomaten und ihrer Regierungen über Pacellis Verhalten.

In der letzten Juniwoche des Jahres 1942 erfuhr die Welt durch die Medien vom Schicksal der Juden im nationalsozialistischen Europa – eine Million von ihnen war zu diesem Zeitpunkt schon tot. Der Londoner *Daily Telegraph* berichtete als erstes Blatt in einer Serie von der systematischen Ausrottung der Juden: «Mehr als 700 000 polnische Juden sind von den Deutschen bei einem der größten Massaker der Weltgeschichte abgeschlachtet worden.» (25. Juni 1942) Dieser Bericht gründete sich auf ein Telegramm, das man heimlich an Shmuel Zygilebojm, den jüdischen Repräsentanten im polnischen Nationalrat, geschickt hatte. Dort hieß es, die Menschen würden mit Giftgas ermordet. Die Gleichgültigkeit des Westens trieb Zygilebojm später in den Selbstmord. Ein zweiter Artikel vom 30. Juni trug die Überschrift: «Mehr als eine Million Juden in Europa getötet.» Hier wurde berichtet, es sei Ziel der Nationalsozialisten, «die (jüdische) Rasse aus dem Kontinent herauszupeitschen». Beide Artikel wurden von der BBC übernommen und verbreitet, auf diese Weise gelangten sie – über Osborne – auf den Tisch des Papstes. Auch die *New York Times* übernahm die Beiträge am 30. Juni und am 2. Juli, und dies führte am 21. Juli zu einer Protestkundgebung im New Yorker Madison Square Garden. Etwa zu diesem Zeitpunkt gelangten detaillierte Informationen über die Todeslager in Polen durch drei jüdische Flüchtlinge in den Westen; auch ihre Berichte erschienen in amerikanischen Zeitungen.

In der letzten Juliwoche trafen sich Osborne, Tittmann und der brasilianische Botschafter Pinto Accioly, um sich auf einen Plan zu einigen, der Pacelli veranlassen sollte, sich gegen die NS-Greuel auszusprechen. Zwei Tage später vertraute Osborne seinem Tagebuch an: «Ich zweifle nicht daran, daß er, wenn immer es möglich wäre, seine Sympathien für andere Völker zum Ausdruck bringen würde. Nur warum prangert er dann die deutschen Greuel gegen die Bevölkerung der besetzten Länder nicht an?»

Der Historiker Owen Chadwick hat trotz der geschilderten Informationslage Zweifel, ob Pacelli vollständig über das wirkliche Schicksal der Juden im Bilde war, und er vermutet, daß selbst Osborne hinsichtlich dieser Berichte seine Zweifel hatte.[15] Osbornes kürzlich entdeckte Briefe aus dem Innern des Vatikans sprechen eine andere Sprache. Am 31. Juli 1942 schrieb er an Bridget McEwan:

«Sie erinnern sich doch wohl an Ihren letzten Brief, zumindest den letzten, den ich erhalten habe, mit seinem Angriff gegen das Schweigen des Vatikans angesichts der deutschen Greuel in den besetzten Ländern? Ich empfinde genau dasselbe, und habe es gesagt, und andere haben es auch gesagt; Sie haben all dies so bewundernswert ausgedrückt, daß ich eine nur leicht bearbeitete Kopie davon an den Papst schicke. Ich hoffe, Sie halten das nicht für einen Vertrauensbruch. Ich werde sagen, dies komme von einer katholischen Freundin von mir, und ich hielte es als Hinweis auf Meinungen unter Protestanten und Katholiken in Großbritannien für interessant. Persönlich stimme ich jedem Wort davon zu und habe im Vatikan weitgehend dasselbe gesagt. Es ist sehr traurig. Tatsache ist, daß die moralische Autorität des Heiligen Stuhls, die Pius XI. und seinen Vorgängern zu weltweiter Bedeutung verholfen hat, sich nun aufs Betrüblichste verringert. Ich vermute, Seine Heiligkeit hofft, einmal eine große Rolle als Friedensstifter zu spielen, und daß zumindest teilweise dies der Grund ist, warum er versucht, eine neutrale Stellung zwischen den Kriegführenden zu behalten. Aber, wie Sie richtig sagen: Angesichts der deutschen Verbrechen hört jede Neutralität auf ... und es ist Tatsache, daß das Schweigen des Papstes seinen eigenen Absichten schadet, denn es zerstört seine Aussichten, zum Frieden beizutragen. Unterdessen leitet er seine Enttäuschung um, indem er den Pastor Angelicus spielt, sich damit selbst erschöpft und seine eigene Moral untergräbt. Es ist ein großes Unglück, daß jener irische Mönch, ich glaube er hieß Malachias, den 262. Papst als ‹Pastor Angelicus› bezeichnete. Hätte er ihn statt dessen Leo Furibundus (grimmiger Löwe) genannt, dann könnten die Dinge ganz anders stehen. Man stellt hier einen Film her, der unter dem Titel ‹Pastor Angelicus› weltweit verbreitet werden soll. Ich kann gar nicht sagen, wie sehr ich dies verabscheue. Es erinnert an Hollywood-Reklame.»[16]

Owen Chadwick muß die McEwan-Briefe gekannt haben, denn er erwähnt, daß in Osbornes Tagebuch davon die Rede ist. Aber bei seinen systematischen Versuchen, Pacelli zu entlasten, äußert er Zweifel, ob der Papst diesen Brief je gesehen hat. «Wir haben keinen Beweis», teilt Chadwick uns mit, «daß er den Brief dem Papst gezeigt hat.» Am 25. August jedoch schrieb Osborne erneut an die Freundin und teilte mit, er habe den Brief in der Tat an den Papst weitergeleitet, oder zumindest das, was er «einen gereinigten Auszug davon» nannte. Er fügte hinzu, daß er deshalb Schuldgefühle verspüre, «aber Sie haben wirklich so bewundernswert zum Ausdruck gebracht, was viele von uns meinen und was er, wenn es geht, aus so vielen Ecken wie möglich hören solle».[17] Im gleichen Brief schrieb Osborne, der Papst habe bei seiner wöchentlichen öffentlichen Audienz «drei lange, eloquente, aber für mein Verständnis sehr zähe Vorträge über die Beziehungen zwischen Herren und Knechten gehalten. Man hätte denken können, daß die Beziehungen zwischen den deutschen Besatzern und den Bevölkerungen der besetzten Länder ein angemesseneres und dringlicheres Thema für Erörterungen und Ratschläge bieten.»

Im folgenden Monat bestätigte Osborne erneut, daß er den Brief an den Papst weitergegeben habe, der habe aber nicht darauf reagiert. «Letzte Woche hatte ich eine Audienz. Ich hatte den Eindruck, der Papst sehe älter, schlanker und müder aus als beim letzten Mal ... Er war einfach und freundlich wie immer, und wir gingen über schwierige Fragen mit Leichtigkeit hinweg. Er ging nicht auf den

Auszug aus Ihrem Brief ein, den ich ihm geschickt hatte. Ich hoffe, wir werden ihn in diesem Herbst von jeglichem Friedensgerede abhalten können.»[18] Tatsächlich brauchte Pacelli noch ein Jahr für das Eingeständnis, den Auszug aus dem Brief von Mrs. McEwan zu kennen: «Er ging auf Ihren Brief ein, den ich ihm geschickt hatte und in dem Sie dafür eingetreten sind, eine etwas offenere Sprache zu sprechen.»[19]

In der Zwischenzeit hatten die Deportationen aus Frankreich und Holland begonnen. Im Juli 1942 wurde das Vélodrome d'Hiver, eine Radsporthalle in Paris, zum Internierungzentrum für jüdische Familien, die man zusammengetrieben hatte. Von dort schaffte man die Opfer nach Drancy, einem nördlichen Vorort von Paris, der gleichsam als «Vorzimmer» für Auschwitz fungierte. Ziel war, die 28 000 Juden im Großraum Paris zu verhaften, eine Aufgabe, die 9000 französische Polizisten übernehmen sollten. Bei den Razzien wurde dieses Ziel nur zur Hälfte erreicht – 12 884 Juden wurden zusammengetrieben –, aus deutscher Sicht eine enttäuschend geringe Zahl ... Die Opfer waren, so scheint es, bis zum bitteren Ende wie gelähmt und konnten nicht fassen, was mit ihnen geschah. Während der Razzien und der darauffolgenden Tage soll es mehr als 100 Selbstmorde gegeben haben.[20]

Im Sommer 1942 wurden etwa 15 000 holländische Juden in die Todeslager deportiert. Einige Berichte über die Vernichtungsmaßnahmen wurden in Holland bekannt, obwohl die Nationalsozialisten die Medien beherrschten. Dennoch herrschte – wie in Frankreich – unter den Juden selbst eine tragische Skepsis über ihr mögliches Schicksal und den Bestimmungsort der Deportationen. Hier zeigte sich erneut, wie dringlich eine mächtige moralische Initiative von erheblicher Reichweite war. Pacellis Versäumnis, hier die Führungsrolle zu übernehmen und eine Warnung an die Juden Europas auszusprechen, sobald man Kenntnis von den Massakern hatte, kann nicht hoch genug veranschlagt werden. Günter Lewy hat diesen Aspekt zusammengefaßt: «Es wird vielfach der Standpunkt vertreten, Pius XII. hätte die Massenmorde öffentlich verurteilen müssen; wenn eine solche Verurteilung über Radio Vatikan und von den Bischöfen von den Kanzeln verlesen worden wäre, hätte sie eine breite Öffentlichkeit erreicht; auf diese Weise hätten Juden wie Christen zumindest erfahren, was es mit der Deportation in den Osten auf sich hatte. Dem Papst wäre geglaubt worden, während man die Rundfunksendungen der Alliierten dagegen oft als Kriegspropaganda abgetan hat.»[21]

In Holland verständigten sich die katholischen Bischöfe mit den protestantischen Kirchen, und man schickte ein gemeinsames Protesttelegramm gegen die Deportationen von Juden an den deutschen «Reichskommissar». Man drohte mit breitem Protest christlicher Kreise. Die Nationalsozialisten reagierten darauf mit dem Angebot, «nichtarische» Christen (allerdings nur, soweit sie vor 1941 konvertiert waren) unter der Voraussetzung zu verschonen, daß die Kirchen weiterhin schwiegen. Die Niederländisch Reformierte Kirche ließ sich auf das Schweigen ein, aber der katholische Erzbischof von Utrecht wies diesen Kompromiß zurück und erließ einen Hirtenbrief mit einer klaren Anschuldigung, der von allen Kanzeln zu verlesen war. Daraufhin griffen die Deutschen durch und deportierten alle katholischen «Nichtarier», derer sie habhaft werden konnten. Darunter befand sich auch Edith Stein, die Karmeliterin und Philosophin jüdischer Herkunft, die bereits im Frühjahr 1933 Pius XI. dringend um eine Stellungnahme gegen den Antisemitismus gebeten hatte. Edith Stein wurde später in Auschwitz ermordet.

In den Zeugenaussagen im Seligsprechungsprozeß für Pius XII. finden sich entlastende Äußerungen. Hier wird behauptet, die Ereignisse in den Niederlanden hätten Pacelli veranlaßt, sich unwiderruflich dafür zu entscheiden, sich nicht gegen die Deportationen durch die Nationalsozialisten zu äußern. Schwester Pasqualina teilte dem Seligsprechungstribunal mit, der Papst habe, als die Nachricht eintraf, daß nach dem holländischen Hirtenbrief 40 000 holländische Juden auf Befehl Hitlers ermordet worden seien, ein Dokument verfaßt, in dem er «das Treiben Hitlers verurteilte». «Ich erinnere mich», so sagte sie, «wie der Heilige Vater zur Mittagszeit in die Küche kam und zwei mit der Hand beschriebene Blätter Papier mitbrachte. ‹Sie enthalten›, so sagte er, ‹meinen Protest gegen die grausame Verfolgung der Juden und ich wollte sie eigentlich heute abend im *Osservatore* veröffentlichen lassen. Aber ich denke jetzt: Wenn der Hirtenbrief der Bischöfe 40 000 Menschenleben gekostet hat, dann kann mein eigener Protest, der noch nachdrücklicher formuliert ist, leicht das Leben von 200 000 Juden kosten. Eine so schwere Verantwortung kann ich nicht auf mich nehmen. Es ist besser, in der Öffentlichkeit zu schweigen und insgeheim alles Erdenkliche zu tun.›»[22] Mutter Pasqualina behauptete, Monsignore Montini habe angeordnet, da jederzeit mit einer Besetzung des Vatikans zu rechnen sei, sollten keinerlei wichtige Dokumente herumliegen. «Ich erinnere mich», so die Nonne, «daß er (Pius XII.) in der Küche blieb, bis das gesamte Dokument vernichtet war.»

Es gibt jedoch keine Beweise dafür, daß nach dem Protest der holländischen Bischöfe 40 000 «nichtarische» Katholiken zusammengetrieben wurden. Die neueste und gründlichste Untersuchung dazu, die der BBC-Produzent Jonathan Lewis mit seinem Forschungsstab in Holland durchgeführt hat, gelangt zu dem Schluß, die Zahl der Verhafteten und Deportierten habe nicht mehr als 92 katholische «nichtarische» Konvertiten betragen.[23] Nach den Statistiken, die Martin Gilbert veröffentlicht hat, wurden bis zum 14. September 1942 20 588 Juden aus Holland deportiert.[24] Das einzig Bemerkenswerte an der geschilderten, lächerlichen Küchenepisode und der angeblichen feierlichen Ansprache des Papstes an seine Haushälterin besteht darin, daß sie für seine Verteidiger seitdem als Alibi in der Frage seines Schweigens zum Holocaust dient. Stutzig macht, daß der Papst die Zahl der Opfer vor Schwester Pasqualina so stark übertrieben haben soll, um sein Schweigen zu verteidigen, während er sie bei anderen Gelegenheiten aus genau dem gleichen Grunde zu niedrig veranschlagte – wie es am nächsten Weihnachtsfest geschehen sollte.

Die Wahrheit über die Lage in Holland ist, daß seit Spätsommer 1942 jeden Tag, an dem es der Vatikan unterließ, sein enormes Kommunikationsnetzwerk zu mobilisieren, zahllosen Juden dadurch lebenswichtige Warnungen vorenthalten wurden, die sie hätten veranlassen können, der Verhaftung zu entgehen. Pacellis Schweigen erwies sich als geradezu ideal für Hitlers Pläne.

Im Monat darauf begann eine größere Razzia im unbesetzten Teil Frankreichs. Die Verhafteten schickte man, wie die Gefangenen aus dem Norden Frankreichs, sogleich ins Sammellager Drancy. Bahnreisende nahmen die Deportationswaggons wahr, als die Judentransporte unterwegs Bahnhöfe passierten. Die Menschen waren entsetzt über den schauderhaften Gestank, verursacht durch die unbeschreiblichen sanitären Bedingungen und noch verstärkt durch die Sommerhitze. Ende des Jahres hatte man 42 000 Juden aus Frankreich nach Auschwitz gebracht. Wie die vom Vatikan veröffentlichten Dokumente zeigen, informierte der Nuntius in Frankreich den Vatikan umfassend über jede Stufe der Deportation. Er konfrontierte auch Pétain mit den Sorgen der katholischen Kirche angesichts dieser Vorgänge; aber der alte Marschall wollte nichts davon hören. Wichtiger noch: Pacelli schwieg weiterhin öffentlich und privat. Zu Neujahr 1943 besuchte der Pariser Kardinal Emmanuel Suhard Pacelli, um wichtige Fragen mit ihm zu erörtern, die Frankreich und den Vatikan betrafen. Ein Augenzeuge dieser Gespräche berichtet, Pacelli habe «mit Nachdruck die Arbeit des Marschalls (Pétain) gelobt und sich sehr stark für die Taten der Regierung interessiert, die ein Zeichen für die glückliche Erneuerung des religiösen Lebens in Frankreich sind».[25]

Nun entschlossen sich einige Diplomaten im Vatikan – die Vertreter Frankreichs, Polens, Brasiliens, der USA und Großbritanniens – sowohl einzeln als auch gemeinsam zu handeln. Sie forderten Mitte September, der Papst solle die Greueltaten der Nationalsozialisten anprangern, wobei die Briten insbesondere das Schicksal der Juden erwähnten. Osborne schrieb in seinem Beitrag: «Eine Politik des Schweigens angesichts solcher Herausforderungen an das Gewissen der Welt muß notwendigerweise einen Verzicht auf moralische Führung mit sich bringen und damit zum Ende des Einflusses und der Autorität des Vatikans führen; und von der Aufrechterhaltung und Bewährung einer solchen Autorität hängt jede Aussicht auf einen päpstlichen Beitrag zur Wiederherstellung des Weltfriedens ab.»[26]

Der amerikanische Abgesandte

Während die Initiative der Botschafter weiterging, schickte Roosevelt einen persönlichen Vertreter zu Pacelli mit dem Verlangen, eindeutig gegen die Vernichtung der Juden Stellung zu nehmen. Es war eine gefährliche Mission; sie machte Reisen durch feindliches Gebiet erforderlich. Roosevelts Sonderbotschafter Myron Taylor erschien im Vatikan am 17. September, er war vom Flughafen Litorio in einem Wagen, dessen Scheiben mit braunem Papier beklebt waren, hergefahren worden. Es war bemerkenswert, daß Mussolini den Vertreter des Präsidenten eines Landes, mit dem er sich im Kriegszustand befand, nach Rom hineinließ. Die Deutschen brachten ihren Unwillen darüber zum Ausdruck. Osborne war voller Bewunderung: «Myron Taylor kam gestern Abend hier an mit Clipper von New York und Flugzeug von Lissabon nach Rom. Er ist ein bewundernswerter Mann, er nimmt eine solche Reise auf sich, obwohl er bereits über 60 Jahre alt ist. Er wird ein sehr guter Gesprächspartner für den Papst sein.»[27]

Am Sonnabend, den 19. September, hatte Taylor seine erste Audienz beim Papst, und er versuchte diesen davon zu überzeugen, daß die Amerikaner den Krieg nicht verlieren könnten; ihre Entschlossenheit werde beflügelt von der Absicht, einen moralischen Kreuzzug gegen ein Verbrecherregime zu führen. Taylor überbrachte auch neue Informationen über die deutschen Kriegsverbrechen im besetzten Europa, insbesondere in Frankreich. Eines seiner Ziele war es, jedem Schritt Pacellis zuvorzukommen, einen Kompromißfrieden zu fördern: «Alles spricht für die Annahme», sagte Taylor zum Papst, «daß unsere Feinde von der Achse versuchen werden, den Heiligen Stuhl auf Umwegen zu drängen, in nächster Zeit Vorschläge zu machen, die auf einen Kompromißfrieden hinauslaufen.»[28] Aber Taylors Hauptaufgabe bestand darin, Pacelli zu einer deutlichen Stellungnahme aufzufordern, und zu diesem Zweck versicherte er ihm, Amerika stehe auf der Seite des Rechts: «Weil wir wissen, daß wir im Recht sind, und weil wir allergrößtes Vertrauen in unsere Kraft haben, sind wir entschlossen, solange weiterzukämpfen, bis wir einen vollständigen Sieg errungen haben.»[29]

In weiteren Begegnungen mit Tardini und Maglione rückte Taylor immer wieder die Notwendigkeit einer päpstlichen Stellungnahme in den Vordergrund. In Tardinis Notizen heißt es: «Mr. Taylor sprach von der Chance und der Notwendigkeit eines Papstwortes angesichts so gewaltiger Greuel der Deutschen. Er sagte, überall verlangten die Menschen solch ein Wort. Ich stimmte mit einem Seufzer zu, denn ich weiß ja, wie recht er hat! Ich antwortete dann, der Papst hätte bereits mehrmals Stellung genommen, um Verbrechen zu verdammen, von wem auch immer sie begangen wurden ... Taylor hielt dem entgegen: ‹Er kann das wiederholen›.»[30]

Während seines letzten Gespräches mit Maglione betonte Taylor erneut, wie wichtig eine klare Stellungnahme Pius' XII. sei. Der amerikanische Monsignore, der das Protokoll über diese Begegnung verfaßte, schrieb: «Mr. Taylor sagte, es herrsche sowohl in Amerika als auch in Europa allgemein der Eindruck – und er betonte, er könne nicht falsch liegen, wenn er über diesen Eindruck berichte –, es sei jetzt notwendig, daß der Papst die unmenschliche Behandlung von Flüchtlingen, Geiseln und vor allem der Juden in den besetzten Ländern erneut anprangere. Nicht nur Katholiken wünschten, daß der Papst Stellung nehme, sondern auch Protestanten. Kardinal Maglione wiederholte, der Heilige Stuhl sei ununterbrochen dabei zu versuchen, den Leidenden zu helfen.»[31] Magliones letztes Wort in dieser Angelegenheit lautete, bei erster sich bietender Gelegenheit werde der Papst es «nicht verabsäumen, erneut seine Gedanken mit Klarheit zum Ausdruck zu bringen».

Am Ende von Taylors Besuch jedoch ließ sich Pacelli auf eine ganz und gar formalistische Antwort ein, die die Abgründe seiner Intransigenz verdeutlichte: Erstens gehe es ihm darum, festzuhalten, daß er eindeutig gesprochen *habe* – und dies mit großer moralischer Kraft

– und daß er Dank verdiene, weil er dies getan habe. Zweitens sei er nicht bereit, moralische Unterschiede zwischen den Kriegführenden zu machen: «Dem Heiligen Stuhl ging es immer und geht es weiterhin in erster Linie von ganzem Herzen und mit ständiger Sorge um das Schicksal der Zivilbevölkerung, die sich gegen die Angriffe des Krieges nicht verteidigen kann. Seit Ausbruch des gegenwärtigen Konflikts ist kein Jahr vergangen, in dem wir nicht öffentlich von allen Kriegführenden – von Menschen, die ebenfalls menschliche Herzen haben und mit Mutterliebe aufgezogen worden sind – verlangt haben, sie sollten Gefühle des Mitleids und der Fürsorge für die Leiden der Zivilisten zeigen, für hilflose Frauen und Kinder, für die Kranken und Alten, für die, auf die die Herrschaft des Terrors, des Feuers, der Zerstörung und der Verwüstung von einem schuldlosen Himmel niederbricht. Unser Appell wurde kaum beachtet.»[32] Hier fand sich wiederum kein Wort über die Juden, kein Wort über NS-Deutschland.

Während Myron Taylor sich immer noch im Vatikan aufhielt, gelangte die Nachricht über die Deportation und Ermordung der polnischen Juden, darunter auch der Insassen des Warschauer Ghettos, nach Washington. Die Information ging zunächst über zwei Augenzeugen zur Jewish Agency in Palästina und von da nach Genf, schließlich von Genf nach Washington, das die Meldung an Myron Taylor weiterleitete, der sie dem Papst unterbreitete. Pacelli schwieg.

Währenddessen begann sich die Lage für die Alliierten zu verbessern. Es kamen Nachrichten über Stalingrad, über El Alamein, über die amerikanische Landung in Nordafrika. Aber immer noch stand Pacelli unerschütterlich über den Parteien. Osborne schrieb in der ersten Novemberwoche an den britischen Außenminister Anthony Eden: «Der Papst denkt immer noch nach. Ich zweifle persönlich daran, daß er überhaupt irgend etwas sagen wird.»[33]

Ende 1942 arbeitete Pacelli eifrig daran, die Bombardierung Roms zu vermeiden; dies ging so weit, daß Osborne am 13. Dezember seinem Tagebuch anvertraute: «Je mehr ich darüber nachdenke, um so stärker bin ich empört über Hitlers Massaker an der jüdischen Rasse einerseits und andererseits über die allem Anschein nach exklusive Beschäftigung mit der ... Möglichkeit einer Bombardierung Roms.» Er schloß mit der Bemerkung, daß «der ganze Laden italienisch geworden ist».[34]

Einige Tage später schrieb Osborne an den Kardinalstaatssekretär, der Vatikan solle, «statt an nichts anderes zu denken als an die Bombardierung Roms, seine Pflichten angesichts der beispiellosen

Verbrechen gegen die Menschlichkeit durch Hitlers Feldzug zur Vernichtung der Juden wahrnehmen».[35] Den ganzen Monat Oktober über gingen Bitten jüdischer Gemeinschaften oder Organisationen aus der ganzen Welt ein. Sie enthielten detaillierte Augenzeugenberichte von Jan Karski, der im Warschauer Ghetto und im Todeslager Belzec gewesen war.[36] Pacelli wies Montini an, auf diese Aufforderungen mit der Aussage zu antworten, der Heilige Stuhl tue alles, wozu er in der Lage sei.

Am 18. Dezember überreichte Osborne Tardini ein Dossier voller Informationen über das Schicksal der Juden. Dies geschah in der Hoffnung, Pacelli könne dahingehend beeinflußt werden, in seiner Weihnachtsbotschaft an die ganze Welt eine klare Anprangerung auszusprechen. Als Tardini das Dossier aus Osbornes Händen empfing, bemerkte er dazu, daß «der Papst nicht Partei ergreifen dürfe». Osbornes Zorn wird aus den folgenden Zeilen seines Tagebuchs deutlich. «Seine Heiligkeit hält um jeden Preis, selbst angesichts der schlimmsten Verbrechen gegen Gott und die Menschheit an dem fest, was er für Neutralitätspolitik hält, und er hofft, bei der Wiederherstellung des Friedens eine Rolle zu spielen. Er sieht nicht, daß sein Schweigen für den Heiligen Stuhl höchst schädlich ist und völlig destruktiv in Hinblick für alle Aussichten, daß man auf ihn hören wird.»[37]

Osborne gab nicht auf. Die Alliierten veröffentlichten in London, Washington und Moskau eine gemeinsame Erklärung über die Verfolgung der Juden, und Osborne legte diese dem Papst vor und bat ihn darum, ihr einfach beizupflichten. Die Antwort, die über Maglione erfolgte, bestand in einem definitiven Nein. Der Papst könne nicht «bestimmte» Grausamkeiten verdammen, auch könne er die Berichte der Alliierten über die Zahl der ermordeten Juden nicht bestätigen.[38]

Die Weihnachtsbotschaft

Nachdem er zahllose Entwürfe dazu erarbeitet hatte,[39] hielt Pius XII. am 24. Dezember 1942 seine Weihnachtspredigt, die per Rundfunk in die ganze Welt ausgestrahlt wurde.[40] Sein Thema waren die «Grundelemente des Gemeinschaftslebens» und die Probleme des Einzelnen im Verhältnis zum Staat. Er ging davon aus, daß durch die «zerstörerische Wirtschaftspolitik» der letzten Jahrzehnte, in dem alles «dem Profitmotiv unterworfen» worden sei, ein Ungleichgewicht zwischen

Staat und Individuum entstanden sei. Dies habe die Einzelpersönlichkeit unter «Ausschließung aller ethischen und religiösen Überlegungen» auf eine «nützliche Sache für den Staat» reduziert. In dieser Predigt findet sich keine Unterscheidung, keine Spur von Verständnis der Gegensätze von Totalitarismus und Demokratie, Sozialdemokratie und Kommunismus, Kapitalismus und Wohlfahrtskapitalismus. Aus seiner päpstlichen Perspektive erklärte Pius XII., der Welt mangele es an einer friedlichen Ordnung der Gesellschaft, wie sie die Treue zur Heiligen Mutter Kirche gewährleiste. Pacellis Konzept einer idealen Gesellschaft war jedoch bloß – sieht man von Appellen an das Ideal einer familiären Frömmigkeit ab – eine Mischung aus korporatistischen Rezepturen und dem Ruf nach einem «verantwortlichen christlichen» Geist.[41] All dies stützte sich indessen auf die Voraussetzung des päpstlichen Primats.

Nach diesen langen und trockenen Ausführungen zur katholischen Soziallehre gelangte der Papst schließlich doch zu den Greueln des Krieges. Dies war der Augenblick, auf den die ganze Welt gewartet hatte. Der Krieg, so meinte Pacelli, sei das «unvermeidliche Verhängnis einer Gesellschaftsordnung, die hinter dem trügerischen Gesicht, hinter der Maske hergebrachter Formeln ihre Todeskrankheiten, den zügellosen Erwerbs- und Machttrieb verbarg». (Solche Vagheiten ließen sich natürlich auf beide Seiten – die Achsenmächte und die Alliierten gleichermaßen – anwenden.) Was der Heilige Vater der Welt an diesem Wendepunkt zu bieten hatte, bestand in folgenden Worten: «Müssen nicht vielmehr gerade über den Trümmern einer Gemeinschaftsordnung, die ihre Unfähigkeit zur Schaffung eines Volkswohls so traurig unter Beweis gestellt hat, alle Hochherzigen und Gutgesinnten sich zusammenfinden in dem Gelöbnis, nicht zu rasten, bis in allen Völkern und Ländern die Zahl derer Legion geworden ist, die entschlossen sind, das Gemeinschaftsleben zum unverrückbaren Mittelpunkt seines Kreislaufs, zum göttlichen Gesetz zurückzuführen, die bereit sind, der Persönlichkeit und der in Gott geadelten Gemeinschaft zu dienen?»

Und er fügt hinzu: «Dieses Gelöbnis schuldet die Menschheit den unzähligen Verjagten, die der Sturmwind des Krieges aus ihrem Heimatboden entwurzelt und in fremde Länder verweht hat, wo sie mit dem Propheten klagen könnten: ‹Unser angestammtes Erbe ist den Fremden zuteil geworden, unsere Häuser den Unbekannten.›»

Dann folgte die berühmte Aussage, die, wie er später behauptete, darauf abzielte, als eindeutige Anklage der NS-Vernichtungspolitik gegen das jüdische Volk verstanden zu werden: «*Dieses Gelöbnis schuldet die Menschheit den Hunderttausenden, die persönlich schuldlos bisweilen nur um ihrer Volkszugehörigkeit oder Abstammung willen dem Tode geweiht oder einer fortschreitenden Verelendung preisgegeben sind.»*

Dies war der weitestgehende Ausdruck seines Protests und seiner öffentlichen Verurteilung nach einem Jahr der Ermutigung, der Bitten, der Argumente, der Beweise und der immer wieder erneuten Belege dessen, was in Polen und überall in Europa geschah. Es sollte für den Rest des Krieges sein Äußerstes an Protest und Anklage bleiben.

Und hier handelt es sich nicht nur um eine dürftige Stellungnahme. Der Abgrund zwischen der Ungeheuerlichkeit der Vernichtung des jüdischen Volkes und dieser Art von ausweichenden Worten war erschütternd. Diese Stelle klang, als könne sie sich auch auf andere Opfer der Kriegführenden in diesem Konflikt beziehen. Ganz sicher verwendete er diese doppeldeutige Sprache absichtlich, um jene zu besänftigen, die ihn zum Protest drängten, wobei er es zugleich vermied, das NS-Regime herauszufordern. Aber diese Überlegungen werden von der mit all dem verbundenen Verleugnung und Trivialisierung des Geschehens in den Schatten gestellt. Pacelli hatte die zum Untergang verurteilten Millionen auf «Hunderttausende» reduziert und das Wort «Juden» vermieden, und er machte die beabsichtigte Einschränkung «bisweilen». Nirgends tauchte der Begriff *Nationalsozialismus* oder *NS-Deutschland* auf. Die Täter schienen nicht zu existieren. Hitler hätte sich keine gewundenere, harmlosere und bedeutungslosere Reaktion des Stellvertreters Christi auf das größte Verbrechen der Menschheitsgeschichte wünschen können.

Der angemessenste Kommentar auf diese Ansprache kam wohl von Mussolini: Er tat sie verächtlich ab. Graf Ciano traf den «Duce», als dieser am Weihnachtsabend die Sendung anhörte. «Gottes Vikar, das ist der irdische Vertreter des Herrn des Universums. Er sollte niemals sprechen und sich in den Wolken halten. Diese Rede ist voller Gemeinplätze und könnte genau so vom Priester von Predappio sein.» Predappio war Mussolinis Heimatdorf in der finstersten Provinz.[42]

Harold Tittmann meldete am 28. Dezember nach Washington: «Die Botschaft befriedigt jene Kreise nicht, die gehofft hatten, der Papst würde diesmal eine klare Sprache sprechen und sich nicht wie sonst in Gemeinplätzen ergehen.» Der Papst zeigte sich überrascht, als Tittmann ihm seine Enttäuschung persönlich darlegte. Der französische Botschafter fragte den Papst, warum er den Begriff *Natio-nalsozialisten* bei seiner Verurteilung nicht erwähnt habe, und der Papst erwiderte, dann hätte er auch die Kommunisten anführen müssen.[43] Angemessener wäre wohl die Frage gewesen, warum Pius das Wort *Juden* nicht erwähnt habe. Osborne meldete nach London, die Diplomaten im Vatikan seien enttäuscht, aber Pacelli sei überzeugt, daß er «klar und umfassend» gesprochen habe. Der Papst sagte Osborne persönlich, er habe die Verfolgung der Juden verurteilt.[44] Osborne wußte, daß Pacelli nie über Sätze dieser Art hinausgehen würde. Kasimir Papee, polnischer Botschafter beim Heiligen Stuhl, räumte ein, es sei doch immerhin möglich, eine vage Verurteilung totalitärer Lehren im allgemeinen zu entdecken, wenn man die Ansprache ihrer «Rhetorik entkleide»; aber wo blieb das Wort *Natio-nalsozialisten*?[45]

Indifferenz

Pacelli erschien es, wie vielen anderen Kirchenführern, schwierig, den Massenmord an den Juden zu begreifen und darauf zu reagieren. Der Unterschied zwischen ihm und anderen religiösen Führern bestand selbstverständlich darin, daß er in dem Bewußtsein lebte, der Stellvertreter Christi auf Erden zu sein. Er hatte ganz allein einzigartige Verpflichtungen auf seine Schultern geladen. Doch die schiere Größe des Entsetzens stellte seine Werte, seine Glaubensüberzeugungen und sein Weltbild auf eine Probe, der sich in der langen Geschichte des Papsttums kein Stellvertreter Christi je gegenüber gesehen hatte. Aus diesem Grund sind wir verpflichtet, nicht nur den Menschen Pacelli, sondern auch das moderne Papsttum genau ins Auge zu fassen – jene Institution, die er repräsentierte und die neu zu gestalten er seit dem Jahrhundertbeginn so vieles geleistet hatte. Wir dürfen in der Tat nicht nur fragen, ob sich die Institution des Papsttums in Anbetracht der Herausforderung der «Endlösung» als unzulänglich erwies, sondern ob sie sich nicht auch in schockierender Weise bereits seit 1933 gegenüber Hitlers Plänen aufgeschlossen gezeigt hatte. Gab es irgendein Element in der modernen Ideologie der päpstlichen Macht, das den Heiligen Stuhl ermutigte, angesichts von Hitlers Verbrechen zu schweigen, statt ihm Widerstand zu leisten?

Pacelli hielt, wie die Päpste seit Pius IX., an einer Spiritualität fest, die die Seele gegenüber der Leiblichkeit und die hohe Bedeutung eines ewigen Lebens hervorhob, dem diese Seele bestimmt war.

Seine Predigten und Diskurse offenbarten ein schwach ausgeprägtes Bewußtsein für die Geschichte des sozialen Christentums, eine Vernachlässigung der Gegenwart Gottes in der Gemeinde, eine Zurückweisung von Offenheit und Respekt gegenüber anderen Kulturen und Glaubensrichtungen. All dies deutete auf einen engen Blick für die Bedeutung von Leben und Tod selbst hin. Wenn der Tod eines Menschen nur der Übergang der Seele durch den Schleier der Erscheinungen in die Ewigkeit war – welchen Preis hat dann der Tod von sechs Millionen Menschen, die anderen Glaubens sind, nicht zum Mystischen Leib gehören und nicht teil an ihm haben? Die überlieferte römisch-katholische Lehre, wie sie von Pacelli und auch von seinem Vater Filippo vertreten wurde – der so an seinem Büchlein *Massime Eterne* und den Pilgerfahrten zum Friedhof hing –, scheint überhaupt nicht in der Lage zu sein, zu begreifen, was dem jüdischen Volk angetan wurde. Diese traditionelle Lehre der römischen Kirche versagte auch, wenn es darum ging, in der Isolation der Juden eine Parallele zu Christus festzustellen, der allein war in Gethsemane, der allein war auf Golgatha. «Allein. Das ist das Schlüsselwort, das ständig wiederkehrende Thema», schreibt Elie Wiesel, «allein, ohne Verbündete, ohne Freunde, total verzweifelt, allein ... Die Welt wußte, was geschah, und schwieg ... Die Menschheit ließ sie leiden und Todespein erdulden und allein untergehen. Und doch starben sie nicht allein, weil irgend etwas von uns allen mit ihnen starb.»[46]

Die Ungeheuerlichkeit des Holocaust machte viele fromme, christliche und jüdische Führungspersönlichkeiten nach dem Kriege sprachlos; aber das war etwas anderes als Pacellis taktisches Schweigen. Der jüdische Gelehrte Arthur A. Cohen hat geschrieben, daß er viele Jahre lang nicht über Auschwitz habe sprechen können, «weil ich keine Sprache hatte, die der Ungeheuerlichkeit dieses Wortes entsprach».[47] Pacellis Schweigen angesichts der Ungeheuerlichkeit des Holocaust bedeutete nicht nur ein persönliches Versagen, sondern ein Versagen des Papsttums als Institution und der von ihm geprägten Kultur des Katholizismus. Dieses Versagen wurde durch die Gegensätze verursacht, die der Katholizismus hervorbrachte und aufrechterhielt – zwischen dem Geheiligten und dem Profanen, dem Spirituellen und dem Weltlichen, dem Körper und der Seele, der Geistlichkeit und den Laien, der Exklusivität der Wahrheit des Katholizismus und allen anderen Konfessionen und Glaubensrichtungen. Es war ein Grundzug von Pacellis Ideologie der päpstlichen Macht, daß Katholiken ihr soziales und politisches Denken einer

Instanz «überantworten» sollten; daß sie ihre Verantwortung als Katholiken für das, was auf der Welt geschah, aufgeben und nach oben blicken sollten zum Heiligen Vater und darüber hinaus in die Ewigkeit.

Und es gibt eine noch dunklere These, die Guenter Lewy formuliert. In einem Aufsatz in *Commentary* (Februar 1964) fragt Lewy, nachdem er Dokumente und Argumente abgewogen hat: «Schließlich ist man dazu geneigt, den Schluß zu ziehen, daß der Papst und seine Berater – beeinflußt von der langen Tradition eines gemäßigten Antisemitismus, der in vatikanischen Kreisen weithin akzeptiert wurde – die Notlage der Juden nicht als dringliche Angelegenheit und nicht mit sittlichem Abscheu betrachteten.» Er fügt wohlbedacht hinzu: «Diese Behauptung läßt sich nicht dokumentarisch belegen, aber die Schlußfolgerung ist kaum zu vermeiden.»

Pacelli und der Antisemitismus

Es war bislang nicht möglich, eine umfassende Geschichte von Pacellis Karriere als Diplomat und Kardinalstaatssekretär zu schreiben. Das neue Material, auf das sich die vorliegende Darstellung stützt, gibt Pacellis langwährende antijüdische Einstellung zu erkennen und deutet darauf hin, daß das Schicksal der Juden ihn moralisch nicht wirklich oder nicht tief genug empörte.

Dies ist es, was wir von Pacellis Einstellungen, von seiner Politik, von seinen Entscheidungen im Hinblick auf die Juden über ein Vierteljahrhundert hinweg sicher wissen.

Pacelli empfand eine latente Antipathie gegen die Juden, die in München offenkundig wurde, als er 43 Jahre alt war. Diese Abneigung hatte sowohl religiöse als auch rassistische Wurzeln, was mit späteren Behauptungen unvereinbar ist, er habe die Juden respektiert und seine Handlungen und Unterlassungen während der Kriegszeit seien in bester Absicht erfolgt.

Seit 1917 und bis zu der wiederentdeckten «unterschlagenen Enzyklika» – *Humani generis unitas* – von 1939 vertraten Pacelli und die Kongregation eine feindselige Politik gegenüber den Juden, die sich auf die Überzeugung gründete, daß es eine Verbindung zwischen dem Judentum und der bolschewistischen Verschwörung zur Vernichtung des Christentums gebe.

Pacellis Konkordatspolitik erschwerte, wie er sehr wohl wußte, mögliche katholische Proteste gegen die Verfolgung von «Juden», seien sie nun Konvertiten zum Christentum oder nicht, als eine Einmischung von «außen». Die Möglichkeiten, die das Reichskonkordat für eine Politik der Judenverfolgung bot, wurden von Hitler selbst in der Kabinettsitzung vom 14. Juli 1933 hervorgehoben.

Während er bis Mitte oder Ende der dreißiger Jahre in der Öffentlichkeit rassistische Theorien zurückwies, unterließ es Pacelli, einen Protest des deutschen katholischen Episkopats gegen den Antisemitismus zu sanktionieren. Auch versuchte er nicht, einzugreifen, als katholische Geistliche bei der Beurkundung rassischer Abstammung zwecks Identifizierung von Juden mitarbeiteten – womit sie wesentliche Informationen lieferten, die Millionen Menschen für die Gaskammern bestimmten.

Nach Pius XI. Enzyklika *Mit brennender Sorge* versuchte Pacelli insgeheim, die Wirkung dieser Enzyklika durch private diplomatische Versicherungen gegenüber den Deutschen abzuschwächen.

Eine Vielzahl von Belegen, darunter die unveröffentlichte Enzyklika *Humani generis unitas*, zeigt eindeutig, daß Pacelli glaubte, die Juden selber hätten ihr Unglück über sich heraufbeschworen. Ein Eingreifen in ihrem Interesse könne, so meinte er, die Christen in Bündnisse mit Kräften verwickeln, deren Endziel die Zerstörung der Institution Kirche sei – und damit meinte er hauptsächlich die Sowjetunion. Aus diesem Grund war er zu Kriegsbeginn entschlossen, sich auf der Ebene der internationalen Politik von jedem Appell zugunsten der Juden fernzuhalten. Dies hielt ihn nicht davon ab, Anweisungen herauszugeben, die darauf gerichtet waren, den Juden ihre Lage durch karitative Hilfe zu erleichtern.

Vor diesem Hintergrund gelangen wir zu dem Schluß, daß Pacellis Schweigen mehr mit habitueller Furcht und Mißtrauen gegenüber den Juden zu tun hatte, als daß es auf einer diplomatischen Strategie oder einer Festlegung auf Unparteilichkeit beruhte. Nach dem Überfall auf Frankreich, Holland, Belgien und Luxemburg im Mai 1940 war er zu parteiergreifenden Stellungnahmen durchaus in der Lage. Und als sich deutsche Katholiken beschwerten, schrieb er an die deutschen Bischöfe und legte dar, daß «diese Unparteilichkeit nicht gleichbedeutend sein durfte mit Unempfindsamkeit und Schweigen, wo sittliche und menschliche Erwägungen ein offenes Wort bedingten».[48] Machten dagegen moralische und menschliche Überlegungen, die mit dem Mord an sechs Millionen Menschen zu tun hatten, kein «offenes Wort» erforderlich?

Dieses Versäumnis, ein klares Wort zu den ungeheuerlichen Verbrechen der «Endlösung» zu finden, offenbarte der Welt, daß der

Stellvertreter Christi nicht von Mitleid und Zorn bewegt war. Aus dieser Perspektive war er geradezu der ideale Papst für Hitlers Pläne. Er war ein Bauer in Hitlers Schachspiel. Er war insofern Hitlers Papst.

Pacelli unterbrach dieses selbstauferlegte Schweigen über die Vernichtung der Juden nur einmal, nämlich bei seiner Weihnachtsansprache von 1942 – doch Worte wie *Juden*, «*Nichtarier*», *Deutsche* und *Nationalsozialisten* kamen darin nicht vor.

Bewußte Zweideutigkeit – Diplomatensprache – ist begreiflich in Fällen, wo das Gewissen eines Einzelnen unausweichlichem Druck ausgesetzt ist. In Kriegszeiten nehmen solche Fälle zu und werden durch die ständige Notwendigkeit verschärft, von zwei Übeln das geringere zu wählen. Pacellis Weihnachtsansprache mag man mit dem Argument zu verteidigen suchen, daß seine Pflicht zur Stellungnahme in Konflikt mit der Aufgabe gestanden habe, Vergeltungsmaßnahmen zu vermeiden, die vielleicht durch eine deutliche Sprache provoziert worden wären. Aber selbst dieses zweifelhafte Argument kann nicht das Recht begründen, eine inhärente Verpflichtung ein für allemal fallenzulassen. Die unabweisbare moralische Pflicht des Papstes, die «Endlösung» anzuprangern, blieb bestehen, bis Pacellis Gewissen von solchen «Zwängen», weiter zu schweigen, «befreit» war. Selbst dann allerdings unterließ er es nicht nur, seine Schweigsamkeit zu erklären und sich dafür zu entschuldigen, sondern er beanspruchte im nachhinein sogar noch eine moralische Überlegenheit, weil er freimütig gesprochen habe.

Bei einer Rede vor Delegierten des Obersten Rates des Arabischen Volkes von Palästina behauptete Pius XII. am 3. August 1946: «Es ist überflüssig für mich, ihnen zu sagen, daß wir jede Zuflucht zu Zwang und Gewalt ablehnen, wo auch immer es dazu kommen mag, so wie wir bei verschiedenen Gelegenheiten in der Vergangenheit die Verfolgungen verdammt haben, die ein fanatischer Antisemitismus dem hebräischen Volk auferlegt hat.»[49] Seinem unverzeihlichen Schweigen im Angesicht der «Endlösung» stand sein nachträglicher Versuch gegenüber, sich als entschlossener Verteidiger des jüdischen Volkes auszugeben. Die hochmütige Selbstrechtfertigung von 1946 zeigt, daß er nicht nur ein bequemer Papst für die geräuschlose Durchführung der nationalsozialistischen «Endlösung» war, sondern überdies ein Heuchler.

Aber Pacellis Papsttum sollte noch einer ganz unmittelbaren Prüfung unterzogen werden. Dies geschah kurz vor der Befreiung Roms durch die Alliierten, als er die einzige italienische Autorität in der

Stadt war. Am 16. Oktober 1943 drangen deutsche Truppen in den römischen Ghettobezirk ein, trieben alle Juden, derer sie habhaft werden konnten, zusammen und setzten sie, nur einen Kilometer vom Vatikan entfernt, im Collegio Militare in der Via della Lungara gefangen. Und wie verhielt sich Pacelli jetzt?

17

Die Juden von Rom

Im Juli 1943 landeten die Alliierten auf Sizilien. Trotz Pacellis unaufhörlicher diplomatischer Bemühungen, Rom zur offenen Stadt erklären zu lassen, griffen 500 amerikanische Bomber die Hauptstadt am 19. Juli an. Das strategische Ziel waren die Verschiebebahnhöfe in der Nähe der Stazione Termini. Eine Reihe von Bomben verfehlte das Ziel; 500 Bürger Roms wurden getötet und viele verletzt. Die Kirche San Lorenzo, die große Basilika, in der Pio Nono beerdigt war, wurde beschädigt. Pacelli eilte in Begleitung Montinis zum Ort des Geschehens und verbrachte zwei Stunden unter dem römischen Volk, wo er Geld verteilte und sein Mitgefühl aussprach. Inmitten der Zerstörung kniend betete er das *De profundis* («Aus der Tiefe, oh Herr»). Als er die Stätte verließ, war sein langer weißer Mantel, wie bemerkt wurde, blutbefleckt. Mussolini fiel währenddessen durch Abwesenheit auf. Der Papst, so schien es, war wieder einmal der Patriarch von Rom.

Nach der Bombardierung Roms war Mussolini tatsächlich am Ende. Eine Woche später, am 25. Juli 1943, wurde Mussolini, gealtert und senil, obwohl er erst 60 Jahre zählte, vor den Großen Faschistischen Rat zitiert und mit 19 gegen 8 Stimmen aus dem Amt gewählt. Der Rat verlangte die Wiederherstellung der konstitutionellen Monarchie, ein demokratisches Parlament und die Unterstellung der Streitkräfte unter den Befehl König Viktor Emmanuels III. Die faschistische Partei wurde offiziell aufgelöst. Marschall Pietro Badoglio, bislang Gouverneur von Libyen und niemals Mussolini nahestehend, bildete eine Übergangsregierung aus Generälen und Beamten.

Mussolini wurde im Krankenwagen ins Gefängnis und von dort in die Verbannung geschafft. Jedoch am 12. September wurde er von einem deutschen Kommandounternehmen in einem einsam gelegenen Skiort, dem Gran Sasso, hoch in den Bergen des Apennin befreit

*Nach einem Bombenangriff am 13. August 1943 zeigt sich Pius XII.
der römischen Bevölkerung, um Trost zu spenden*

(oder entführt). Schließlich etablierte Hitler ihn als Führer der Marionettenrepublik von Salò im besetzten Norden Italiens.

Indessen befahl Badoglio die Fortsetzung des Krieges, während er
insgeheim mit den Alliierten über einen Separatfrieden verhandelte.
Da es gleichwohl einige Zeit dauerte, bis man sich einigte, mußte
Italien noch einen hohen Blutzoll entrichten. Erst am 13. Oktober
1943 schloß sich Italien den Alliierten als «Mitkombattant» an und
erklärte Deutschland den Krieg. In der Zwischenzeit waren deutsche
Heere nach Italien eingedrungen, und am 11. September wurde Rom
von den Deutschen besetzt. Feldmarschall Albert Kesselring erließ
eine Proklamation, die überall in der Stadt angebracht, das Kriegs-
recht verkündete. Streikenden, Saboteuren und Heckenschützen wurde sofortiges Erschießen angedroht. Privatkorrespondenz war verboten. Telefone wurden überwacht. Pacelli mußte nun gleichzeitig die
Verantwortung für die Weltkirche und (in einem direkten und unmittelbaren Sinne) für die Bürger Roms übernehmen, und dies galt
auch für die römischen Juden.

Die römische jüdische Gemeinschaft bildete eine der ältesten Dia-
sporagemeinden in Westeuropa. Sie blickte auf eine Geschichte von
2082 Jahren zurück. Bevor die ersten Christen in Rom auftauchten,
hatte es dort bereits Juden gegeben. Sie waren schon da, als Julius
Cäsar ermordet wurde. Sie hatten den Niedergang des Imperiums

erlebt, die Plünderung durch die Westgoten, die Pogrome der tridentinischen Kirche. Sie waren von Generation zu Generation verfolgt worden. Aber es hatte auch große und heiligmäßige Päpste gegeben, die ihre jüdischen Brüder liebten und als besondere Mitglieder einer erweiterten Familie schützten.[1] Gregor der Große durchkreuzte im 7. Jahrhundert Versuche, die jüdische Liturgie zu verbieten. Innozenz III. unterband im 12. Jahrhundert Zwangstaufen und die Schändung jüdischer Friedhöfe. Benedikt XV. widersprach im 18. Jahrhundert der Legende vom jüdischen Blutfrevel. Aber keine zeitweilige Freundlichkeit gegenüber dieser alten Gemeinschaft konnte die Flecken beseitigen, die über die Jahrhunderte hinweg auf dem christlichen Gewissen entstanden waren. Dazu trugen viele Ereignisse bei: So die Entscheidung des mittelalterlichen Laterankonzils, das den Talmud verboten und das Tragen des Gelben Flecks erzwungen hatte, Jahrhunderte bevor die Nationalsozialisten den Gelben Stern einführten. Alexander VI. hatte den spanischen Juden Gastfreundschaft in der Stadt gewährt. Aber im 16. Jahrhundert hatte Paul IV. das römische Ghetto gegründet. Mehr als zwei Jahrhunderte lang wurden die Juden dann beim alljährlichen römischen Karneval symbolisch erniedrigt und herabgesetzt, bis sie schließlich dieser Niederträchtigkeit auswichen, indem sie alljährlich die gesamte Rechnung für die Festlichkeiten bezahlten. Ebenfalls im 16. Jahrhundert institutionalisierte Gregor XIII. die christlichen Zwangspredigten an die Juden. Diese Praxis wurde von Pius IX. gemeinsam mit dem Ghetto abgeschafft. Aber wie wir gesehen haben, gründete derselbe Papst das Ghetto nach dem Zusammenbruch der römischen Republik 1849 erneut, als er die Juden nötigte, die Kosten seiner Rückkehr nach Rom zu tragen. Über all diese Wechselfälle zweier Jahrtausende hinweg haben die Juden nie ihren Glauben, ihre liturgische Praxis oder ihre heiligen Schriften aufgegeben.

Die Zahl der Juden im Zentrum von Rom betrug zur Zeit der deutschen Besetzung etwa 7000 Menschen. Das ehemalige Ghetto am Ufer des Tiber war Ende der dreißiger Jahre ein verhältnismäßig freundlicher Ort geworden. Seine verseuchten alten Behausungen waren abgerissen oder renoviert worden. Doch der Bezirk wurde hauptsächlich von den ärmeren Mitgliedern der jüdischen Gemeinde Roms bewohnt.

In den Wochen zwischen der Besetzung durch die Deutschen und der Razzia vom 16. Oktober hatte es einen bemerkenswerten politischen und emotionalen Zusammenstoß zwischen dem Vorsitzenden der jüdischen Gemeinde, Ugo Foa, und dem Oberrabbiner, Israel Zolli, gegeben. Der durch nichts zu erschütternde Vorsitzende, der für die gesellschaftlichen und politischen Belange der römischen Juden verantwortlich war, riet, sich so zu verhalten, als sei nichts besonderes geschehen. Zolli dagegen war überzeugt, daß ein Blutbad bevorstehe. Der Rabbiner drängte die Gemeinde zur Auswanderung oder zum Untertauchen in Verstecken. Foa setzte sich gegen ihn durch.

Ein Mann, der ganz unabhängig von diesen Beratungen die Sorgen Zollis teilte, war Ernst Freiherr von Weizsäcker, früher Leiter der Politischen Abteilung im Auswärtigen Amt in Berlin, nun aber seit kurzem deutscher Botschafter beim Heiligen Stuhl. Während der Krieg in Italien in diese kritische Phase eintrat, war es Weizsäckers Aufgabe, Pacelli zur Aufrechterhaltung der strikten Neutralität des Heiligen Stuhls zu bringen, die der Papst trotz der vielen schrecklichen Grausamkeiten, die vom NS-Regime begangen worden waren, bewahrt hatte. Pacelli hatte bereits im *Osservatore* dargelegt, daß der Vatikan nichts mit den politischen Machenschaften um den italienischen Waffenstillstand zu tun habe.[2]

Würde man den Vatikan dazu veranlassen können, sich entgegenkommend zu verhalten? Weizsäcker informierte den Papst, seine Regierung werde die Exterritorialität des Vatikans und seiner 150 Besitzungen überall in der Stadt respektieren.[3] Im Gegenzug wurde erwartet, daß der Heilige Stuhl mit der Besatzungsmacht kooperierte. Das bedeutete ganz eindeutig, daß Pacelli angesichts von nationalsozialistischen Greueltaten in den besetzten Gebieten, zu denen nun auch Rom gehörte, weiter schweigen sollte.

Weizsäcker jedoch war überzeugt, daß für die Juden von Rom im Zuge der deutschen Besetzung das Schlimmste zu befürchten sei. Er war, im Einvernehmen mit den nationalsozialistischen Besatzungsbehörden, über eine Deportation der römischen Juden nicht zuletzt deshalb besorgt, weil er davon ausging, daß Pacellis Position der Unparteilichkeit dann nicht mehr zu halten sein würde und jeder Schritt gegen den Vatikan zu einem Volksaufstand führen könne.

Auch der Vatikan hatte Schwierigkeiten für die Juden vorausgesehen und deshalb seine karitativen Bemühungen um sie verstärkt. Dies betraf insbesondere die Unterstützung bei der Emigration. Einer der prominenteren Juden, der von der Hilfe Gebrauch machte, die durch kirchliche Stellen geboten wurde, war Zolli. Gemeinsam mit Frau und Tochter fand er Unterschlupf in der Wohnung einer katholischen Familie, bis er schließlich in den Vatikan zog, zum Entsetzen jüdischer Gemeindeführer, die den Rabbiner Zolli anschuldigen sollten, in der Stunde der Not sein Volk verlassen zu haben.

Der Befehl zur Deportation der Juden Roms, ging in der zweiten Woche der Besetzung aus Himmlers Büro in Berlin bei SS-Obersturmbannführer Herbert Kappler ein.[4] Kappler jedoch verschleppte den Auftrag, weil er nicht glaubte, daß «in Italien eine Judenfrage existiere». Diese Ansicht wurde von Feldmarschall Kesselring, dem Oberbefehlshaber der deutschen Streitkräfte auf dem italienischen Kriegsschauplatz, geteilt. Er zögerte, für diesen Zweck Truppen zur Verfügung zu stellen. Kappler hatte in der Zwischenzeit seine eigene Politik formuliert, die darauf hinauslief, die Juden Roms für Spionagezwecke zu benutzen – beispielsweise zum Eindringen in die «internationale jüdische Finanzverschwörung». Durch Drohung mit Deportation wollte er von der jüdischen Gemeinschaft eine hohe Summe erpressen: «Wir wollen Gold», sagte er dem Gemeindevorsitzenden Foa, «um neue Waffen für unser Land kaufen zu können. Innerhalb von 36 Stunden müßt ihr 50 Kilogramm Gold zahlen.»[5]

Die Goldsammlung begann am 27. September um 11.00 Uhr vormittags in der Synagoge am Ufer des Tiber. Der Empfang des Edelmetalls wurde von einem Buchhalter und drei jüdischen Goldschmieden überwacht. Bis zum Nachmittag waren nur wenige Geber gekommen, obwohl sich die Nachricht über die neue Situation mit außerordentlicher Schnelligkeit in Rom verbreitet hatte.

Es kam die Idee auf, den Papst um Hilfe zu bitten. Ein Abgesandter machte sich auf den Weg, um mit einem Ordensoberen im Konvent des Heiligen Herzens zu sprechen, der Kontakte zur Kurie hatte. Währenddessen beschleunigte sich der Lauf der Dinge, es wurde entschieden, auch Bargeld entgegenzunehmen, um das erforderliche Gold kaufen zu können, das nun reichlich und gern von Christen zum Verkauf angeboten wurde. Allmählich aber kamen immer mehr Römer vorbei, Christen wie Juden, die ihre Ringe, Juwelen, Medaillen brachten – nicht zum Verkauf, nicht als Leihgaben, sondern als Geschenke.[6]

Um vier Uhr nachmittags ging eine Nachricht aus dem Vatikan ein. Der Papst hatte einer Anleihe zugestimmt. Der Priester vom Konvent des Heiligen Herzens machte unmißverständlich deutlich, daß der Beitrag des Vatikans eine Leihgabe und kein Geschenk sei: «Das ist ganz klar, wir wollen es zurückhaben.» Es wurde jedoch kein Rückzahlungstermin festgelegt, noch wurde Zins gefordert. Wollten die Juden Barren oder Münzen haben? Die Führer der Juden erwiderten, sie würden ihr Ziel ohne vatikanische Hilfe erreichen.[7] Dennoch lief das Gerücht um, und es währt bis heute, Pius XII. habe sich zu einer großzügigen Geste bereitgefunden und habe angeboten, den Großteil des Lösegelds zur Verfügung zu stellen, in dem er eilends liturgische Gefäße einschmelzen ließ. Am Ende jedoch wurde nicht eine einzige Unze vatikanischen Goldes verschenkt oder verliehen.[8]

Das Lösegeld in Gold wurde vollständig und termingerecht bezahlt. Es mußte zweimal gewogen werden, da die Deutschen die Juden des Betrugs beschuldigten. Für dieses gewaltige Vermögen wurde keine Quittung ausgestellt. Kappler schickte eine Botschaft an seine Vorgesetzten, in der es hieß: «Dem Feind, dem man die Waffen abnimmt, stellt man keine Quittungen aus.»[9] Das Gold wurde schnellstens nach Berlin gebracht, wo es bis nach dem Krieg in Pappkartons auf dem Boden eines Büros in einem Ministerium unangetastet herumstehen sollte.

Die Deportation

Der Mann, der letztlich für die Durchführung der Deportation der römischen Juden – trotz der Zahlung des erpreßten Goldes – verantwortlich war, war Adolf Eichmann, Leiter des Judenreferats im Reichssicherheitshauptamt. Auf der Wannsee-Konferenz im Januar 1942 hatte Eichmann unter den elf Millionen Juden, die in die «Endlösung» einbezogen werden sollten, auch 58 000 italienische Juden gezählt. Bis September 1943 war nicht ein einziger Jude aus den italienischen Besatzungsgebieten in Jugoslawien, Südostfrankreich und Griechenland deportiert worden. Wie Jonathan Steinberg in *Deutsche, Italiener und Juden*, seiner Untersuchung über den Holocaust und das faschistische Italien, gezeigt hat, entsprach es nicht dem Wesen der Italiener, die Liquidierung der Juden zu unterstützen oder dabei mitzuwirken. Tatsächlich gibt es zahlreiche Beispiele dafür, daß sie alles, was in ihrer Macht stand, taten, um diesen Prozeß zu behindern und ihm entgegenzuarbeiten.[10]

In der letzten Septemberwoche erhielt Eichmann eine Denkschrift Kapplers, in der es hieß, es gebe nicht genug SS-Leute in Rom, um die Razzia durchzuführen, und von der nichtjüdischen Bevölkerung sei eine gewalttätige Gegenreaktion zu erwarten. Eichmann jedoch war nun, da Rom von den Deutschen besetzt war, zum Handeln entschlossen. Es gab aus seiner Sicht offenbar ein Führungsproblem, und das löste er durch den Einsatz von SS-Hauptsturmführer Theodor Dannecker, einen bewährten «Kämpfer», wenn es um das Töten von Juden ging.

Anfang Oktober bestieg Dannecker den Zug nach Rom, er war ausgestattet mit einem Dokument, das ihm die notwendige Vollmacht verlieh, und begleitet von einer Gruppe von 14 Offizieren und Unteroffizieren sowie 30 Mannschaftsangehörigen aus der SS-Division «Totenkopf» der Waffen-SS, die in Rußland gedient hatten. In der folgenden Woche bereitete die SS sich darauf vor, die römischen Juden zusammenzutreiben, obwohl führende Vertreter Deutschlands in Rom wiederholt versuchten, das Projekt aufzuhalten. (Ein Vorschlag lief darauf hinaus, die jüdische Gemeinschaft zur Zwangsarbeit einzusetzen.)

Am Samstag, den 16. Oktober, drangen um 5.30 Uhr früh Dannecker und 365 SS-Männer, ausgestattet mit Maschinenpistolen, mit offenen Armeelastwagen ins alte römische Ghetto ein. Es war dunkel, und es regnete stark. Der Plan lief darauf hinaus, das erste Tausend zusammenzutreiben und ins Collegio Militare zu transportieren, das zwischen Tiber und Gianicolo-Hügel lag, etwa einen Kilometer vom Petersplatz entfernt. Man wollte, wie in Paris, die Juden zu einem Sammelpunkt bringen, so daß die Aufgabe, sie in Eisenbahnwaggons zu verladen, leicht zu erledigen war, nachdem Verhaftungen und Überprüfungen durchgeführt waren. Ausgestattet mit Namen und Adressen, die in der Vorwoche zusammengestellt worden waren, überreichten die Offiziere und Unteroffiziere jedem Haushaltsvorstand ein Dokument. Es enthielt Listen von den Dingen, die man mitbringen durfte – darunter «Lebensmittel für acht Tage ... Geld und Schmuck ... Kleidung, Decken und so weiter». Wo sie solche fanden, zogen Danneckers Leute die Telefondrähte heraus.

Pacelli war einer der ersten, die von der Razzia erfuhren. Eine junge, dem Papst wohlbekannte Aristokratin, Enza Pignatelli-Aragona, empfing den Telefonanruf eines Freundes, der längs dem Lungotevere die Lastwagen hatte parken sehen. Die Principessa eilte in den Vatikan und wurde vom *Maestro di camera* vorgelassen. Sie berichtet, sie sei sofort in die Privatkapelle des Papstes geleitet worden, wo sie ihn betend antraf. Als sie ihm von der Razzia erzählte, telefonierte er erregt mit Kardinal Maglione, den er beauftragte, Kontakt zu Botschafter von Weizsäcker aufzunehmen.[11]

In der Zwischenzeit legten die Lastwagen, beladen mit Männern, Frauen und Kindern, vielfach unter Schwierigkeiten ihren Weg durch den schweren Regen zu den finsteren Kasernengebäuden des Collegio Militare zurück. Einige Lkws fuhren am Petersdom vorbei; sie nahmen bewußt diesen Weg, so ist berichtet worden, damit SS-Leute, die man für die Razzia nach Rom beordert hatte, einen Blick auf die berühmte Kirche werfen konnten. Die Juden, so ist ebenfalls überliefert worden, riefen den Papst um Hilfe an, während sie den Rand des Platzes passierten. Die Augenzeugenberichte bedürfen keines Kommentars. Ein italienischer Journalist schrieb: «Die Augen der Kinder waren weit aufgerissen und starrten ins Leere. Es war so, als fragten sie nach einer Erklärung für so viel Entsetzen und Leid.»[12] In einer Straße waren drei Lastwagen mit einer besonders großen Kinderschar zum Stehen gekommen. Die Marquise Fulvia Ripa di Meana, die die Straße passierte, berichtet: «Ich erkannte an ihren von Entsetzen gezeichneten Augen, an ihren von Schmerzen blassen Gesichtern und an ihren kleinen zitternden Händen, die sich seitlich an den Lastwagen klammerten, die wahnsinnige Angst, die sie beherrschte.»[13]

Szenen wie jene, die sich an diesem Morgen in Rom abspielten, hatten sich in den vergangenen zwei Jahren zahllose Male und an zahllosen Orten überall in Europa ereignet. Der Unterschied war aber, daß es in der Ewigen Stadt einen Mann mit einer starken Stimme gab, der die Loyalität von einer halben Milliarde Menschen hinter sich wußte und dessen Fähigkeit zum Protest selbst auf Hitler ihre Wirkung nicht verfehlen konnte.

Nach einem Bericht des deutschen Botschafters von Weizsäcker verhielt sich Pacelli an jenem Morgen so: «Der Papst hat sich, obwohl dem Vernehmen nach von verschiedenen Seiten bestürmt, zu keiner demonstrativen Äußerung gegen den Abtransport der Juden aus Rom hinreißen lassen.»[14] Ein großer Teil des Drucks kam von den Deutschen selbst, insbesondere vom deutschen Konsul in Rom, Albrecht von Kessel, und von Weizsäcker persönlich. Kessel drängte Pacelli an jenem Tag zu einem »offiziellen Protest».[15] Die Repräsentanten des Deutschen Reiches in Rom befürchteten, wie erwähnt, daß die Deportation eine gewalttätige Reaktion der italienischen Bevölkerung auslösen konnte. Nach Kessels Ansicht würde das Volk sich beruhigen, wenn der Papst sofort protestiere und dabei einen Erfolg erziele.

Nach einer handschriftlichen Notiz von Maglione vom 16. Oktober, die sich unter den vom Vatikan veröffentlichten Dokumenten aus der Kriegszeit befindet, tauchte Weizsäcker zu einem nicht genau bezeichneten Zeitpunkt, vermutlich am Morgen, im Staatssekretariat auf. Wie Maglione berichtet, bat er den Botschafter um ein Eingreifen zugunsten dieser unglücklichen Menschen um der «Menschlichkeit und christlichen Nächstenliebe» willen.[16]

Magliones Bericht ist seltsam zwiespältig. Im allgemeinen strebt der Verfasser danach, sich selbst in ein günstiges Licht zu stellen, statt als jemand zu erscheinen, der zögerte, einen offiziellen Protest einzulegen; gleichzeitig läßt er Einzelheiten über das Gespräch mit Weizsäcker weg. Wie sich noch zeigen wird, benutzte Weizsäcker dieses Gespräch ganz offensichtlich, um den Kardinal zu einem Protest gegen die Deportationen zu bewegen. Maglione erwähnt dies nicht. Weizsäcker hat aus verständlichen Gründen keine Aufzeichnung über dieses Gespräch angefertigt. Er tat alles, um Maglione deutlich zu machen, daß diese Unterredung vertraulich bleiben müsse, was der Kardinal in seiner Notiz gleich dreimal erwähnt.

Maglione zitiert den Botschafter mit einem Satz, den er nach einer langen Denkpause gesagt haben soll: «Was wird der Heilige Stuhl unternehmen, wenn diese Dinge weiterlaufen?» Offensichtlich meinte der Botschafter damit die Razzien. Magliones Antwort ist zweideutig: «Ich erwiderte: Der Heilige Stuhl wolle nicht in eine Situation geraten, wo es notwendig werde, eine Mißbilligung auszusprechen.»[17]

Wie der Kardinal mitteilt, ließ Weizsäcker nun eine ganze Reihe schmeichelhafter Bemerkungen folgen. Er lobte den Heiligen Stuhl, weil er in den vergangenen vier Kriegsjahren das Schiff nicht auf Grund gesetzt habe. Am Schluß sagte er, was Maglione allerdings nur in indirekter Form wiedergibt, der Heilige Stuhl solle bedenken, ob es die Sache wert sei, «alles zu gefährden, während das Schiff gerade in den Hafen einlaufe». Dann bat er den Kardinal nochmals um strengste Vertraulichkeit.

Nachdem er den Botschafter beruhigt hatte, machte Maglione eine zweite Bemerkung von historischer Bedeutung: «Ich wollte ihn daran erinnern, daß der Heilige Stuhl mit größter Besonnenheit bestrebt war, beim deutschen Volk in keiner Weise den Eindruck aufkommen zu lassen, während dieses schrecklichen Krieges auch nur das geringste gegen die Interessen Deutschlands getan oder auch nur erwogen zu haben.»[18]

Dann sagte Maglione dem Diplomaten noch, er wolle nicht in eine Lage geraten, in der er Protest einlegen müsse,[19] doch sollte der Heilige Stuhl sich dazu gezwungen sehen, vertraue er auf die göttliche Vorsehung. Dann versicherte er dem Botschafter erneut, daß er dessen Wunsch entsprechend über dieses Gespräch schweigen werde.

Maglione überläßt somit der Nachwelt die Vorstellung, er habe gegen das Zusammentreiben der Juden Roms protestiert; doch während er Weizsäckers Bitte um einen offiziellen Protest nicht erwähnt, verleihen seine wiederholten Hinweise auf Vertraulichkeit und seine zweideutigen Aussagen, man wolle sich nicht zum Protest drängen lassen, der deutschen Version der Ereignisse Glaubwürdigkeit.

So wie sich die Dinge entwickelten, ergriffen weder Pacelli noch sein Kardinalstaatssekretär die Initiative, im eigenen Namen oder für den Heiligen Stuhl an jenem Tage oder später zu protestieren. Ihr Versäumnis, zu reden oder zu handeln, erstaunte selbst die führenden Deutschen in der Stadt. Schließlich versicherte sich Pacelli auf Rat des ranghöchsten deutschen Offiziers in Rom, General Rainer Stahel, der Dienste von Pater Pankratius Pfeiffer, einem deutschen Priester, der wegen seiner karitativen Arbeit in Rom bekannt und zugleich einer von Pacellis persönlichen Verbindungsleuten zu den Deutschen war. Der Papst gestattete es Pfeiffer, in seinem Namen zu sprechen. Aber da dieser Priester innerhalb des Klerus nur einen niederen Rang einnahm, meinte man unter den führenden Deutschen, ein Brief, der von einem deutschen Kirchenfürsten, einem Bischof also, unterzeichnet war, sei vorzuziehen. Daher wandte man sich an Bischof Alois Hudal, den Rektor der deutschen katholischen Kirche in Rom, Santa Maria dell' Anima. Hudal sollte später als Schlüsselfigur bei der Unterstützung von NS-Verbrechern bekannt werden, die auf der Flucht vor der Justiz römische Ordenshäuser frequentierten.[20]

Geradezu farcenhaft formulierten und diktierten Kessel und sein Kollege Gerhard Gumpert einen Brief an General Stahel und zugleich an Botschafter von Weizsäcker. Der Text war so formuliert, als spreche hier Bischof Hudal im Namen von Pius XII. Dies war der erste von zwei Protestbriefen am Morgen der Razzia gegen die Juden von Rom:

«Eben berichtet mir eine hohe vatikanische Stelle aus der unmittelbaren Umgebung des Heiligen Vaters, daß heute morgen die Verhaftungen von Juden italienischer Staatsangehörigkeit begonnen haben. Im Interesse des guten bisherigen Einvernehmens zwischen Vatikan und dem hohen deutschen Militärkommando, das in erster Linie dem politischen Weitblick und der Großherzigkeit Eurer Exzellenz zu verdanken ist und einmal in die Geschichte Roms eingehen wird, bitte ich vielmals, eine Order zu geben, *daß in Rom und Umgebung diese Verhaftungen sofort eingestellt werden*; ich fürchte, daß der Papst sonst öffentlich dagegen Stellung nehmen wird, was der deutschfeindlichen Propaganda als Waffe gegen uns Deutsche dienen muß.»[21]

Nach vielen bürokratischen Verzögerungen wurde der Text des Briefes nach Berlin geschickt, wo er am Samstagabend um 23.30 Uhr im Auswärtigen Amt einging. Auf ihn folgte ein zweiter Brief, diesmal von Botschafter Ernst von Weizsäcker:

«Die von Bischof Hudal (vergl. Drahtbericht der Dienststelle Rahn vom 16. Oktober) angegebene Reaktion des Vatikans auf den Abtransport der Juden aus Rom kann ich bestätigen. Die Kurie ist besonders betroffen, da sich der Vorgang sozusagen unter den Fenstern des Papstes abgespielt hat. Die Reaktion würde vielleicht gedämpft, wenn die Juden zur Arbeit in Italien selbst verwendet würden.

Uns feindlich gesinnte Kreise in Rom machen sich den Vorgang zu Nutzen, um den Vatikan aus seiner Reserve herauszudrängen. Man sagt, die Bischöfe in französischen Städten, wo ähnliches vorkam, hätten deutlich Stellung bezogen. Hinter diesen könne der Papst als Oberhaupt der Kirche und als Bischof von Rom nicht zurückbleiben. Man stellt auch den viel temperamentvolleren Pius XI. dem jetzigen Papst gegenüber.

Die Propaganda unserer Gegner im Ausland wird sich des jetzigen Vorgangs sicher gleichfalls bemächtigen, um zwischen uns und der Kurie Unfrieden zu stiften.»[22]

Die Denkschrift wurde erst spät am Sonntag und dann mit einem Nachtkurier abgeschickt. In der Zwischenzeit wurde die Zeit für die Familien knapp, die im Collegio Militare eingekerkert waren.

Pacellis Intransigenz

Als es am Abend jenes Sonnabends dunkel wurde, kamen Menschen an die Kasernentore der Via della Lungara, um Nahrungsmittel, Kleidung, Briefe zu bringen oder Wache zu halten. Unter den Besuchern waren Familienmitglieder und Freunde, die meisten gaben vor, christliche Freunde oder Diener zu sein. Sie konnten nicht hineingelangen und wurden schließlich verscheucht. Die Aufenthaltsbedingungen in der Kaserne waren fürchterlich, es gab weder zu essen noch zu trinken, noch angemessene sanitäre Einrichtungen. Bei einer Schwangeren traten die Wehen ein, sie wurde in den Hof gebracht, um dort ihr Kind zu gebären. Das Baby kam wie seine Mutter sogleich unter Arrest und mußte ihr Schicksal teilen. Als die Nacht einfiel, kehrte ein Zug von SS-Leuten in einige Wohnungen von Juden mit Schlüsseln zurück, die sie den Gefangenen abgenommen hatten. Unter dem Vorwand, Nahrung und Kleidung zu holen, plünderten sie die Heimstätten jüdischer Gefangener und eigneten sich Wertsachen an.

Auf heftiges Verlangen der Gefangenen untersuchte Dannecker nun die Dokumente jener, die behaupteten, sie seien keine Juden oder sie hätten nichtjüdische Ehepartner. Der Hauptsturmführer sprach mit jedem einzelnen. Daraufhin wurden schließlich 252 Personen freigelassen, eine Tatsache, die langlebige Legenden über die guten Dienste des Vatikans auslöste. Es kursiert sogar eine Geschichte, derzufolge ein Kardinal im Collegio Militare aufgetaucht sei, sich mit Dannecker im Auftrag des Papstes auseinandergesetzt und schließlich die Freilassung der 252 Menschen erreicht habe. Während der Vatikan diese Geschichte niemals dementiert hat, hat Robert Katz sie in seiner Untersuchung überzeugend widerlegt. Schätzungsweise 1060 Menschen blieben in der Kaserne. Sie standen auf den Deportationslisten nach Auschwitz.

Am Sonntag, dem 17. Oktober, erschienen in den Zeitungen in aller Welt Nachrichten über die Razzia. Sie kolportierten Mythen, die bis heute fortwähren. Die *New York Times* beispielsweise übernahm eine Kabelmeldung von UPI, die angeblich aus London kam. Da wurde berichtet, der Papst habe für die Freilassung von 100 Geiseln das Lösegeld bezahlt, das die Deutschen gefordert hätten. Doch dann hieß es: «Die Deutschen weigerten sich, nachdem sie das Gold erhalten hatten, die Geiseln freizulassen, statt dessen begannen sie mit einem allgemeinen Zusammentreiben der Juden, wobei Italiener den gejagten Familien halfen, sich zu verstecken und zu flüchten.»

Bevor der Montagmorgen des 18. Oktober 1943 heraufdämmerte, befahl man den jüdischen Gefangenen, sich reisefertig zu machen. Die Lastwagen brachten sie schichtweise zum Verschiebebahnhof in der Nähe des Bahnhofs Tiburtina, wo einige Viehwaggons auf einem Nebengleis bereitstanden. In jeden Waggon wurden 60 Menschen gepfercht. Im Inneren war es vollkommen dunkel. Die zuerst Herbeigeschafften mußten bis zur Abreise acht Stunden lang warten.

Der Auschwitz-Transport setzte sich um 14.05 Uhr in Bewegung; der Zug überquerte den Tiber und dampfte nach Norden. Ein wenig außerhalb der Stadt wurde er von alliierten Flugzeugen angegriffen. Als die Nacht hereinbrach, fuhr der Zug den Apennin hinauf, die Temperatur fiel unter den Gefrierpunkt. Kälte, Hunger, Durst, Mangel an sanitären Einrichtungen kamen zusammen und vermehrten das Leid, die Angst und die Demütigung. Der Zug passierte Padua, und der dortige Diözesanbischof teilte dem Vatikan mit, die Juden befänden sich in einem erbarmungswürdigen Zustand. Er bat den Papst nachdrücklich, etwas zu unternehmen. Als der Zug dann später Wien erreichte, wurde der Vatikan informiert, daß die Gefangenen um Wasser bettelten.[23] Auf jeder Etappe des Transports wurde der Vatikan über die Fahrt und die Zustände im Zug informiert.

Während der Zug mit den Juden aus Rom am 19. Oktober nach Norden weiterfuhr, beschäftigte sich Pacelli gedanklich in erster Linie mit den Auswirkungen der Razzia auf die italienischen Partisanen (selbstverständlich machten sich darüber auch die deutschen Herren in Rom Gedanken, die ihre Kollegen in Berlin auf dem laufenden hielten). Pacellis Angst vor den «Kommunisten» – wie er die Partisanen gewöhnlich nannte – übertraf an jenem Tag bei weitem sein Mitgefühl für die Juden. Er fürchtete, die NS-Besatzer könnten ihre Polizeipräsenz in der Hauptstadt verstärken, um die Möglichkeit einer Übernahme der Macht durch die Partisanen auszuschließen. Wir wissen dies, weil Pacelli am 18. Oktober, also genau an dem Tag, da die Juden in die Züge verladen wurden, die sie in die Todeslager brachten, seine Besorgnisse dem US-Diplomaten Harold Tittmann mitteilte. Tittmann telegraphierte daraufhin nach Washington. Er berichtete dem State Department, der Papst mache sich Sorgen, daß «beim Fehlen eines ausreichenden polizeilichen Schutzes unverantwortliche Elemente (er sagt, es sei bekannt, daß gegenwärtig kleine kommunistische Banden in der Umgebung von Rom stationiert sind) Gewalttätigkeiten in der Stadt verüben könnten». Laut Tittmann fügte Pacelli dann hinzu, die «Deutschen hätten die Vatikanstadt und das Eigentum des Heiligen Stuhls in Rom respektiert und der deutsche Stadtkommandant (Stahel) scheine dem Vatikan gegenüber positiv eingestellt zu sein». Schließlich, so Tittmann, bemerkte Pacelli noch, «er verspüre Einschränkungen aufgrund der ‹anormalen Situation›».[24] Die «anormale Situation» bestand in der Deportation der römischen Juden.

Auch Osborne traf Pacelli, und ihm wurde versichert, der Vatikan habe keine Klagen über den deutschen Stadtkommandanten oder gegen die deutsche Polizei vorzubringen; beide hätten die Neutralität des Vatikans respektiert. In seinem Bericht nach London teilte Osborne mit, es sei die Meinung einer «Anzahl von Leuten, daß (Pacelli) die eigene moralische Autorität und den vorsichtigen Respekt unterschätze, den er wegen der katholischen Bevölkerung in Deutschland bei den Nationalsozialisten genieße». Osborne fuhr fort, er habe Pacelli gedrängt, sich dieser moralischen Autorität bewußt zu sein, denn «im Verlauf der kommenden Ereignisse könne sich eine Situation ergeben, in der es darauf ankomme, eine feste Haltung einzunehmen».[25]

Ende Oktober berichtete Osborne erneut nach London über die Judendeportation. Er habe erfahren, so informierte er das Foreign Office, daß Kardinalstaatssekretär Maglione, als er von den Verhaftungen hörte, den deutschen Botschafter einbestellt und einen Protest formuliert habe. Weizsäcker, so war Osborne zugetragen worden, habe sogleich Schritte unternommen, «mit dem Ergebnis, daß viele freigelassen wurden». Osborne fügte hinzu: «Die vatikanische Intervention scheint daher wirksam gewesen zu sein, durch sie wurde eine große Zahl dieser unglücklichen Menschen gerettet.» Dann erkundigte sich Osborne bei dem Kardinalstaatssekretär, ob er über diese Tat berichten solle, die von Mut und Großzügigkeit im Vatikan zeuge. Er wurde aber gebeten, darüber zu schweigen. «Man sagte mir, ich könne das weiterleiten, aber nur zur Information (...) Publizität dagegen sei vollkommen unerwünscht, da sie möglicherweise zu erneuter Verfolgung führen würde.»[26]

Es war sicher so, daß Maglione Weizsäcker zu sich rief, mündlich protestierte und eine Aktennotiz über das Gespräch anlegte.[27] Aber wegen seines matten Protests konnte er keinerlei Verdienste für die Freilassung der Juden in Anspruch nehmen. Die Behauptung, sein Handeln habe zur Freilassung vieler Juden geführt, entspricht nicht der Wahrheit.

Fünf Tage, nachdem der Deportationszug den Bahnhof Tiburtina verlassen hatte, waren die meisten der Juden aus Rom bereits in Auschwitz und Birkenau vergast worden; 149 Männer und 47 Frauen wurden zur Sklavenarbeit bestimmt. Im *Kalendarium der Ereignisse im Konzentrationslager Auschwitz-Birkenau*, das Danuta Czech herausgegeben hat, heißt es dazu: «Mit einem Transport des RSHA aus Rom sind 1035 jüdische Männer, Frauen und Kinder eingetroffen. Nach der Selektion werden 149 Männer, die die Nummern 158491 bis 158639 erhalten, und 47 Frauen, die die Nummern 66172–66218 erhalten, als Häftlinge ins Lager eingewiesen. Die übrigen 839 Menschen werden in den Gaskammern getötet.» Nur 15 dieser Menschen überlebten den Krieg; es handelte sich dabei ausschließlich um Männer, mit Ausnahme eines jungen Mädchens – Settimia Spizzichino, die bei Dr. Mengeles Experimenten als menschliches Versuchskaninchen gedient hatte. Als das Lager Bergen-Belsen, in das man Settimia verlegt hatte, befreit wurde, fand man sie unter einem Haufen von Leichen, wo sie seit zwei Tagen geschlafen hatte.

Die Initiativen Weizsäckers und anderer bei Pacelli haben möglicherweise die weitere Verfolgung der römischen Juden – allerdings nur zeitweilig – zum Stillstand gebracht. Die in Rom noch verbliebenen italienischen Faschisten, die im Auftrag der Deutschen arbeiteten, trieben bei Einzelmaßnahmen nach dem 16. Oktober weitere 1080 Juden zusammen. Die Opfer dieser späteren Phase wurden zunächst in italienische Konzentrationslager geschickt und danach nach Auschwitz, wo nur wenige überlebten. Zu diesen Zahlen muß man 70 Juden hinzuaddieren, die am 24. März 1944 aus römischen Gefängnissen geholt und gemeinsam mit 265 Nichtjuden bei dem Massaker in den Ardeatinischen Höhlen durch die Gestapo exekutiert wurden. Dies geschah als Vergeltung für einen Bombenanschlag der Partisanen auf deutsche Truppen in der römischen Via Rassella.

Eine nicht genau bekannte Anzahl der übriggebliebenen 7000 römischen Juden entging der Verhaftung, weil sie sich in den etwa 150 vom Vatikan geschützten «extraterritorialen» religiösen Institutionen in Rom versteckt hatten, darunter auch im Vatikan selbst. Ein großer Teil der damit verbundenen humanitären Arbeit wurde von gewöhnlichen italienischen Ordensleuten und Laien geleistet und stand im Einklang mit der üblichen italienischen Gastfreundschaft und dem relativen Schutz der Juden in der gesamten italienischen militärischen Besatzungssphäre während der vorangegangenen zwei Jahre. Aber was ist mit jenen 1060 Menschen, die aus der unmittelbaren Nähe des Vatikans deportiert worden waren?

Als das Schicksal der verhafteten Juden besiegelt war und man ihnen nunmehr weder helfen noch sie retten konnte, erschien im *Osservatore Romano* am 25./26. Oktober 1943 ein Beitrag unter der Überschrift «Die karitative Fürsorge des Heiligen Vaters». Man kann sich kaum vorstellen, wie der Autor das Ausmaß an Selbstbeweihräucherung noch hätte steigern können:

«Zum Heiligen Vater dringt eindringlicher und mitleiderregender denn je der Widerhall des Unglücks, welches der gegenwärtige Konflikt durch seine Dauer ständig vermehrt.
Nachdem der Papst sich, wie man weiß, vergebens bemüht hat, den Ausbruch des Krieges zu verhindern, indem er die Leiter der Völker warnte, zu der heute so entsetzlichen Gewalt der Waffen zu greifen, hat er es nicht unterlassen, von allen in seiner Macht stehenden Mitteln Gebrauch zu machen, um die Leiden zu lindern, die in irgendeiner Form Folgen des ungeheuren Weltbrandes sind.
Mit dem Anwachsen so vielen Leides hat sich die universale und väterliche Hilfstätigkeit des Papstes noch vermehrt; sie kennt keinerlei Grenzen, weder der Nationalität noch der Religion noch der Rasse.
Diese vielgestaltige und rastlose Aktivität Pius' XII. hat sich in diesen letzten Zeiten noch weiter vertieft durch die erhöhten Leiden so vieler Unglücklicher.»

Der deutsche Botschafter von Weizsäcker las diesen Artikel und schickte eine Übersetzung mit einem Begleitschreiben nach Berlin:

«Der Papst hat sich, obwohl dem Vernehmen nach von verschiedenen Seiten bestürmt, zu keiner demonstrativen Äußerung gegen den Abtransport der Juden aus Rom hinreißen lassen. Obgleich er damit rechnen muß, daß ihm diese Haltung von Seiten unserer Gegner nachgetragen und von den protestantischen Kreisen in den angelsächsischen Ländern zu propagandistischen Zwecken gegen den Katholizismus ausgewertet wird, hat er auch in dieser heiklen Frage alles getan, um das Verhältnis zu der deutschen Regierung und den in Rom befindlichen deutschen Stellen nicht zu belasten. Da hier in Rom weitere deutsche Aktionen in der Judenfrage nicht mehr durchzuführen sein dürften, kann also damit gerechnet werden, daß diese für das deutsch-vatikanische Verhältnis unangenehme Frage liquidiert ist.

Von vatikanischer Seite jedenfalls liegt hierfür ein bestimmtes Anzeichen vor. Der *Osservatore Romano* hat nämlich am 25./26. Oktober an hervorragender Stelle ein offiziöses Kommuniqué über die Liebestätigkeit des Papstes veröffentlicht, in welchem es in dem für das vatikanische Blatt bezeichnenden Stil, d. h. reichlich gewunden und unklar, heißt, der Papst lasse seine väterliche Fürsorge allen Menschen ohne Unterschied der Nationalität, Religion und Rasse angedeihen. Die vielgestaltige und unaufhörliche Aktivität Pius XII. habe sich in letzter Zeit infolge der vermehrten Leiden so vieler Unglücklicher noch verstärkt. Gegen diese Veröffentlichung sind Einwendungen umso weniger zu erheben, als ihr Wortlaut, der anliegend in Übersetzung vorgelegt wird, von den wenigsten als spezieller Hinweis auf die Judenfrage verstanden werden wird.»[28]

Dieser Brief verdeutlicht das subtile Vorgehen Weizsäckers während der Ereignisse um die Deportationen. Es war Weizsäcker, der weitere Verhaftungen von Juden unterband, indem er auf drohende päpstliche Proteste hinwies, von denen Pacelli jedoch aufgrund von Weizsäckers eigenen Interventionen abgesehen hatte. Nun, da keine weiteren Verhaftungen mehr in Aussicht standen, konnte er süffisant von der Schweigebereitschaft des Papstes sprechen. Aber was ist mit den Tausend, die deportiert und ermordet wurden? Pacellis Entscheidung am 16. Oktober, nicht für sie einzutreten, hatte sie zum Untergang verurteilt, und dies war eine Entscheidung, die weniger mit der Angst vor größeren Vergeltungsakten als mit der Furcht vor den «Kommunisten» zu tun hatte.

In Berlin hat ein namenloser Beamter die wichtigen Stellen des Weizsäcker-Briefs unterstrichen:

«Papst hat sich ... zu keiner demonstrativen Äußerung gegen den Abtransport der Juden aus Rom hinreißen lassen ... hat er auch in dieser heiklen Frage alles getan ... kann also damit gerechnet werden, daß diese für das deutsch-vatikanische Verhältnis unangenehme Frage liquidiert ist.»[29]

Aber wie groß war eigentlich das Risiko einer massiven deutschen Vergeltung als Reaktion auf einen päpstlichen Protest wegen des Schicksals der Juden am 16. Oktober? War es vorstellbar, daß die SS in den Vatikan eindrang und den Papst verhaftete?

Die führenden Männer der Besatzungsbehörden in Rom waren nicht die einzigen Deutschen, die im Herbst 1943 über die Folgen gewalttätiger Vergeltungsakte gegen den Vatikan nachdachten. Hitler selbst sah sich veranlaßt, Überlegungen in dieser Richtung anzustellen, da er sich mit einem Plan beschäftigte, Pacelli zu entführen und nach Deutschland zu schaffen.

Ein Hinweis auf diesen Plan befindet sich in Händen der Jesuiten, die für den Seligsprechungsprozeß Pacellis verantwortlich sind. Er hat die Form einer eidesstattlichen Erklärung des SS-Obergruppenführers Karl Wolff, der das Projekt durchführen sollte. Wolff hat seine Geschichte dokumentiert und Pater Paolo Molinari S. J. zugänglich gemacht. Das Begleitschreiben dazu ist auf den 24. März 1972 datiert.[30]

Seit September 1943 war der damals dreiundvierzigjährige Karl Friedrich Otto Wolff Höherer Polizeiführer in Italien. Ein paar Tage nach der Besetzung Italiens wurde Wolff am 9. September in die «Wolfsschanze» geflogen, Hitlers Hauptquartier in Ostpreußen, um mit dem «Führer», die «Besetzung des Vatikans und die Verbringung von Papst Pius XII. nach Liechtenstein zu erörtern».[31] Wolff schildert, daß Hitler über die Vorgänge in Wut geriet, die er als «Verrat Badoglios» bezeichnete, und «finstere Drohungen» gegen Italien und gegen den Vatikan ausstieß. Wolff hielt in schriftlicher Form das folgende Gespräch mit Hitler fest[32]:

«Hitler: Nun, Wolff, ich habe eine Sonderaufgabe für Sie, die von weltpolitischer Bedeutung ist, und es handelt sich um eine Angelegenheit, die zwischen Ihnen und mir vertraulich bleiben muß. Ohne meine Erlaubnis dürfen sie niemals mit jemandem darüber sprechen mit Ausnahme des Reichsführers SS (Himmler), der über alles Bescheid weiß. Verstanden?

Wolff: Verstanden! Mein Führer!

Hitler: Sie sollen mit Ihren Leuten, solange in Deutschland die Wut über den Verrat Badoglios noch groß ist, den Vatikan und die Vatikanstadt besetzen, die Archive und die Kunstschätze sichern, die von einzigartigem Wert sind, Sie sollen dann den Papst und die Kurie unter Ihren Schutz stellen und fortschaffen, damit sie nicht in alliierte Hände fallen können. Je nach Entwicklung der militärischen und politischen Lage wird dann entschieden, ob sie nach Deutschland oder an einen neutralen Ort wie Liechtenstein gebracht werden. Wie schnell können Sie all das vorbereiten?»[33]

Wolff erwiderte, er könne die Frage nicht sofort beantworten, weil die «SS-Einheiten und (die) Polizei bereits überlastet sind». Hitler reagierte darauf, so Wolff, mit einer enttäuschten Miene. Er sagte

dem Obergruppenführer, er wolle Geduld haben, da er jeden Soldaten an der Südfront benötige und für diese Aufgabe auf jeden Fall
SS-Leute einsetzen wolle. Dann fragte er Wolff erneut: «Wie lange
dauert es, bis Sie mir einen Plan ausgearbeitet haben?» Wolff erwiderte, angesichts der Notwendigkeit, die Schätze des Vatikans zu
bewerten und zu sichern, könne er nicht sehen, wie er all das in
weniger als vier bis sechs Wochen schaffen könne. Darauf entgegnete
Hitler: «Das ist viel zu lang, entscheidend ist, daß Sie mir alle zwei
Wochen berichten, wie Sie vorankommen. Ich würde es vorziehen,
den Vatikan sofort zu übernehmen.»

Wolff berichtete, er habe in den folgenden Wochen etwa sechs bis
acht vertrauliche Berichte an Hitler geschickt und seine Zeit im übrigen damit verbracht, eine detaillierte Analyse der Sicherheitslage in
Italien zu erarbeiten. Anfang Dezember 1943, so Wolff weiter, drängte
Hitler ihn erneut, seinen Plan endlich vorzulegen. Etwa zu der Zeit,
so informierte Wolff das Tribunal, bat er von Weizsäcker, ihn mit
jemandem innerhalb des Vatikans in Verbindung zu bringen. Die
ausgewählte Person war der Rektor des Collegium Germanicum, der
Jesuit Ivo Zeiger. «Der Zweck meiner Gespräche war, die Deportation des Papstes zu erschweren und dem Heiligen Vater zu versichern,
daß ihm nichts geschehen werde.»[34]

Anfang Dezember wurde Wolff von Hitler erneut in die «Wolfsschanze» beordert, um über den Stand der Vorbereitungen zu berichten.

Wolff schrieb, er habe dem «Führer» gesagt: «Ich habe meine
Vorbereitungen für die Durchführung Ihres Geheimprojekts gegen
den Vatikan beendet. Darf ich noch eine kurze Bemerkung zur Lage
vor Ort in Italien vortragen, bevor Sie ihren endgültigen Befehl erteilen?»

Hitler ließ ihn fortfahren.

Wolff gab eine Einschätzung der Loyalität und Kampfmoral der
italienischen Bevölkerung: Die entscheidenden Faktoren seien der
vollständige Sympathieschwund für den Faschismus, Kriegsmüdig-
keit, Haß auf den «Duce», Feindseligkeit gegen die Deutschen, Zerstörung des sozialen und wirtschaftlichen Gefüges Italiens, zunehmende Erbitterung über die Fortsetzung des Krieges. Und dann kam
er zum zwingendsten seiner Argumente:

«Die einzige anerkannte Autorität, die in Italien noch existiert, ist
die katholische Kirche, die ganz unangreifbar («saldamente struttur-
ata») bleibt und der die Frauen Italiens unerschütterlich treu sind,
die, wie indirekt auch immer, einen starken Einfluß ausüben, trotz

der Tatsache, daß viele ihrer Männer, Brüder und Söhne dem Klerus nicht gerade positiv gegenüberstehen.»

Wolff führte Hitler dann vor Augen, daß das italienische Volk seine Kirche um jeden Preis verteidigen werde: «In den letzten drei Monaten meiner Arbeit in Italien haben wir sorgfältig darauf geachtet, die Italiener nicht zu hart anzufassen, und infolgedessen besitzen wir die stillschweigende Billigung *(appogio discreto)* der Geistlichkeit. Ohne Unterstützung der Kirche, die die Massen ruhig gehalten hat, hätte ich meine Arbeit nicht mit solchem Erfolg durchführen können.» Die Ruhe der Bevölkerung habe der Südfront geholfen und es überflüssig gemacht, Truppen von der Kampflinie abzuziehen.

Hitler dankte Wolff und fragte ihn dann nach seiner ehrlichen Meinung.

Wolff erwiderte: «Geben Sie das Vatikan-Projekt auf, es ist eine verständliche Reaktion auf den Verrat Badoglios. Meiner Ansicht nach wird eine Besetzung des Vatikans und eine Zwangsverbannung des Papstes in Italien außerordentlich negative Reaktionen auslösen, dies gilt ebenso für die deutschen Katholiken in der Heimat und an der Front, wie auch für die Katholiken in der übrigen Welt, einschließlich der neutralen Staaten – all diese Gegenreaktionen übertreffen die zeitweiligen Vorteile, die durch eine politische Ausschaltung des Vatikans und die Erbeutung seiner Schätze zu gewinnen sind.»[35]

Daraufhin beruhigte sich Hitler, und der Entführungsplan wurde fallengelassen.

Alle Tatsachen deuten demzufolge darauf hin, daß jeder Versuch, als Reaktion auf einen Protest des Papstes den Vatikan zu überfallen, sein Eigentum zu konfiszieren oder gar den Papst zu verhaften, Auswirkungen in ganz Italien gehabt hätte, die möglicherweise die Kriegsanstrengungen der Nationalsozialisten ernsthaft beeinträchtigt hätten. Selbst Hitler erkannte schließlich an, was Pacelli zu ignorieren schien: daß die katholische Kirche im Herbst 1943 die stärkste soziale und politische Kraft in Italien war und daß ihr Spielraum für eine Politik der Verweigerung und der Opposition gewaltig war.

Pacellis liturgisches Schweigen

Die deutschen Besatzer hatten den territorialen Sonderstatus des Vatikans und seiner religiösen Stätten in und um Rom garantiert. Der Preis dafür war Willfährigkeit und Nichteinmischung – Schweigen über nationalsozialistische Greuel, nicht nur in Italien, sondern auch überall sonst im besetzten Europa. Als die Razzia am 16. Oktober begann, waren die Verantwortlichen der deutschen Besatzungsmacht dennoch überzeugt, Pacelli werde früher oder später protestieren müssen. Sie glaubten, ein sofortiger päpstlicher Protest werde sich zu ihren Gunsten auswirken, indem er der tatsächlichen Deportation und einer Spirale von nachträglichen päpstlichen Protesten und darauf folgenden Vergeltungsmaßnahmen zuvorkomme, die in einer Besetzung des Vatikans durch die SS und Gegenreaktionen der Bevölkerung gipfeln würden.

Aber Pacelli beabsichtigte zu keiner Zeit, gegen die Verschleppung und Deportation der römischen Juden zu protestieren. Er machte sich, wie er gegenüber Harold Tittmann formulierte, Sorgen, ein Protest würde einen Zusammenstoß mit der SS auslösen, was sich letztlich nur zugunsten der Kommunisten auswirken könne. Pacellis Schweigen war, anders gesagt, kein Akt der Verzagtheit oder der Furcht vor den Deutschen. Er wollte einfach den Status quo der nationalsozialistischen Besetzung bis zu dem Zeitpunkt aufrechterhalten, da die Stadt durch die Alliierten befreit werden konnte. Von welchen Schreckensvisionen bolschewistischer Greuel auch immer gejagt, die aus seiner persönlichen Vergangenheit in München oder von den entsetzlichen Gewalttaten gegen die Kirche im «Roten Dreieck» Rußland, Mexiko, Spanien herrühren mochten – er war jedenfalls bereit, zur Vermeidung der Konsequenzen einer kommunistischen Machtübernahme in Rom den Tod von tausend römischen Juden in Kauf zu nehmen.

Es gab jedoch ein weiteres, noch tieferes Versagen, das die moralische und spirituelle Verwirrung seines Pontifikats offenbart. Pacellis Schweigen hatte nicht nur diplomatische Gründe, weil er sich zeitweilig unter politischen Druck gesetzt sah. Es war ein seltsam liturgisches Schweigen. Nach der Befreiung Roms soll er zum jüdischen Friedhof geeilt sein, um dort heimlich zu beten.[36] Aber es gibt keinen Bericht über ein einziges öffentliches Gebet, über eine einzige angezündete Votivkerze, einen Psalm, ein Klagelied, ein *De profundis* (wie er es in den Ruinen von San Lorenzo hat aufführen lassen), eine Messe in Solidarität mit den römischen Juden, entweder während ihres schrecklichen Leidens oder nach ihrer Vernichtung. Noch hat es bis heute keine angemessene Erklärung, Entschuldigung oder Wiedergutmachungstat gegeben (trotz der Initiativen Papst Johannes Pauls II. von 1986 und 1998, die im Schlußkapitel dieses Buches erörtert werden). Dieses spirituelle und moralische Schweigen angesichts einer Greueltat, die im Herzen der Christenheit begangen wurde, im Schatten des Heiligtums des ersten Apostels, geht bis heute weiter und betrifft alle Katholiken. Dieses liturgische Schweigen bringt zum Ausdruck, daß Pacelli über keine wirkliche spirituelle Sympathie für die Juden Roms verfügte, die seit seiner Kindheit seine Nachbarn gewesen waren. Wenn man, wie es die Katholiken tun, glaubt, Teil des Mystischen Leibs Christi zu sein, und daß das Sakrament des Abendmahls die Kirche ausmacht, dann muß man wissen, was in ihrem Namen getan und unterlassen wird, insbesondere durch die Nachfolger der Apostel, denn dies wirkt sich auf sie alle aus.

Wie sollen Katholiken mit der Tatsache fertig werden, daß der Bischof von Rom es unterließ, eine einzige liturgische Handlung für die deportierten Juden der Ewigen Stadt zu vollziehen? Als er vom Tod Adolf Hitlers erfuhr, befahl der greise Fürsterzbischof von Breslau, Adolf Kardinal Bertram, handschriftlich allen Gemeindepfarrern seiner Erzdiözese, «ein feierliches Requiem zu halten im Gedenken an den Führer und an alle im Kampf für das deutsche Vaterland gefallenen Angehörigen der Wehrmacht, zugleich verbunden mit innigstem Gebete für Volk und Vaterland und für die Zukunft der katholischen Kirche in Deutschland».[37]

Jüdische Zeugenschaft

Es gab dennoch Juden, die im Zweifel zugunsten Pacellis sprachen und dies weiterhin tun. Am Donnerstag, dem 29. November 1945 traf Pacelli ungefähr 80 Vertreter jüdischer Flüchtlinge aus verschiedenen Konzentrationslagern in Deutschland, die «es als große Ehre (empfanden), dem Heiligen Vater persönlich danken zu können für seine Großzügigkeit gegenüber jenen, die während der nazifaschistischen Zeit verfolgt wurden». Man muß eine Achtungsbezeigung respektieren, die von einigen Überlebenden eines Volk kam, das Verfolgung erlitten hatte. Und wir sollten die Bemühungen Pacellis auf der Ebene karitativer Hilfe oder seine Ermutigung für die Arbeit zahlloser katholischer Ordensleute und Laien nicht herabsetzen, die Hunderttausenden Trost spendeten und Sicherheit verschafften.

Aus demselben Grunde müssen wir die Stimme von Settimia Spizzichino anhören und respektieren, der einzigen Römerin, die die Deportation überlebt hat, und die man unter einem Leichenhaufen gefunden hatte, bevor sie schließlich nach Rom zurückkehren konnte. In einem BBC-Interview sagte sie 1995: «Ich bin allein aus Auschwitz zurückgekehrt. Ich verlor meine Mutter, zwei Schwestern, eine Nichte und einen Bruder. Pius XII. hätte uns vor dem warnen können, was passieren würde. Wir hätten aus Rom fliehen und uns den Partisanen anschließen können. Er spielte den Deutschen direkt in die Hände. Es geschah alles direkt vor seiner Nase. Aber er war ein antisemitischer Papst, ein pro-deutscher Papst. Er nahm nicht das geringste Risiko auf sich. Und wenn die Leute sagen, der Papst sei wie Jesus Christus, so ist das nicht wahr. Er hat nicht ein einziges Kind gerettet. Keines.»[38]

Wir müssen akzeptieren, daß diese beiden kontroversen Ansichten über Pacelli sich nicht gegenseitig ausschließen.

Es ist hart für einen Katholiken, den Papst anzuklagen, den Hirten der Welt, weil er aus welchen Gründen auch immer und mit welchen Gewissensqualen auch immer angesichts der Pläne Hitlers geschwiegen hat. Aber eine der bittersten Ironien von Pacellis Papsttum betrifft gerade sein Selbstbild als Hirte. Am Beginn und am Ende des Films «Pastor Angelicus» konzentriert sich die Kamera auf die Statue des guten Hirten in den Vatikanischen Gärten. Der Hirte trägt das verlorene Schaf auf seinen Schultern. Die neutestamentliche Parabel berichtet von einem Hirten, der jedes seiner Schafe so sehr liebt, daß er alles tun wird, alles riskieren wird, jeden Schmerz auf sich nehmen wird, um ein Glied seiner Herde zu retten, das verlorengegangen ist oder in Gefahr schwebt. Zu seiner ewigen Schande und zur Schande der katholischen Kirche brachte Pacelli es nicht über sich, die Juden von Rom als Schutzbefohlene seiner römischen Herde anzusehen.

18

Der Retter von Rom

Während sich der Vorstoß der Alliierten in Süditalien verzögerte, gelang es ihnen im Januar 1944, bei Anzio einen Brückenkopf zu bilden. Damit verbanden sie die Hoffnung auf eine zweite, nördliche Front. Es hieß, die Deutschen hätten die Absicht, Rom zu räumen, um in den Abruzzen ihre Verteidigungslinie aufzubauen. Das verschärfte Pacellis Sorge, die im Umland von Rom operierenden kommunistischen Partisanen könnten die Macht an sich reißen, wenn die Deutschen die Stadt aufgäben. So bestand er darauf, Rom müsse sofort nach dem Abzug der Deutschen von den Alliierten besetzt werden. Aber seine Befürchtungen gingen noch weiter. So meldete Osborne am 26. Januar nach London:

«Der Kardinalstaatssekretär hat mich heute zu sich bestellt, um mir zu sagen, der Papst hoffe, daß keine alliierten Einheiten mit farbigen Soldaten unter der kleinen Zahl derer sein würden, die nach der Besetzung in Rom stationiert würden. Er fügte eilig hinzu, der Heilige Stuhl mache keine Rassenunterschiede, aber dennoch hoffe man, es sei möglich, dieser Bitte zu entsprechen.»[1]

So wenig in vatikanischen Dokumenten wie in den britischen und amerikanischen Regierungsarchiven werden «farbige Truppen» fortan erwähnt. Der «Berichterstatter» oder Biograph im Seligsprechungsfall Pacelli, Pater Peter Gumpel, zieht eine Parallele zwischen dieser Bitte Pacellis und den Ereignissen um die «Schwarze Schmach» in Deutschland nach dem Ersten Weltkrieg, als französische Besatzungstruppen von deutschen Behörden der Vergewaltigung und Plünderung beschuldigt worden waren. Nach Gumpel war Pacelli davon überzeugt, schwarze Soldaten neigten eher als weiße zu Vergewaltigungen. Er war sich überdies sicher, daß es während des alliierten Vormarschs bereits zu Vergewaltigungen durch Schwarzamerikaner gekommen sei.[2]

Der Versuch, einen Brückenkopf bei Anzio zu bilden, mißlang. Die

Deutschen blieben zunächst in der Ewigen Stadt, während die Alliierten östlich von Rom weiter nach Norden vorrückten. So geriet die Stadt im Winter in schwere Bedrängnis: Gas, Elektrizität, Heizöl-, Trinkwasserversorgung wurden knapp, ebenso die Grundnahrungsmittel. Osborne erschienen die Lebensbedingungen in Rom wie «ein Traum, der manchmal gefährlich an einen Alptraum grenzt».[3] Die Nahrungsmittelpreise auf dem Schwarzen Markt schossen nach oben. Pacelli veranlaßte die Verteilung vatikanischer Ressourcen, um das Schlimmste zu verhüten. Osborne teilte London mit, der Heilige Stuhl verteile 100 000 Mahlzeiten täglich für eine Lira. Hinzu kamen die alliierten Bombardements, die viele Menschenleben forderten. Dann kam es zu einer – längst befürchteten – Katastrophe.

Am 23. März sprengten Partisanen eine Kompanie deutscher Soldaten, die durch die Via Rasella marschierte, in die Luft. 31 Tote blieben auf dem Platz. Am nächsten Abend wurden auf Befehl Hitlers 335 Italiener, darunter etwa 70 Juden, viele aus römischen Gefängnissen, zusammengetrieben und in den Ardeatinischen Höhlen südlich der Stadt von der SS ermordet. Die Eingänge zu den Höhlen wurden mit Dynamit «versiegelt».

Man warf Pacelli vor, daß er nicht eingegriffen hat, um das Massaker zu verhindern. Überdies habe er es versäumt, diesen Racheakt öffentlich zu verdammen. Seine Verteidiger halten dem bis heute entgegen, er habe von Hitlers Befehl nichts gewußt. Doch am Morgen nach dem Anschlag traf ein Beamter der römischen Stadtverwaltung mit Kardinal Maglione zusammen. In Magliones Gesprächsprotokoll heißt es: «Von Vergeltung ist bislang nichts bekannt: Aber es ist zu erwarten, daß für jeden getöteten Deutschen zehn Italiener hingerichtet werden.»[4] Am gleichen Tag verurteilte der *Osservatore Romano* – wie üblich sehr gewunden – generell Terroranschläge und wies dabei auf die Bomben in der Via Rasella hin. Am Nachmittag erfuhr ein Kardinal, der das römische Gefängnis Regina Coeli besuchte, daß man Gefangene wegschaffe, um sie hinzurichten. Er teilte dies eilends dem Papst mit. Offenbar schlug Pacelli die Hände vors Gesicht und murmelte: «Das ist nicht möglich, ich kann es nicht glauben.»[5]

Möglicherweise hat Ernst von Weizsäcker, deutscher Botschafter beim Heiligen Stuhl, Feldmarschall Kesselring, den Oberbefehlshaber Südwest (Mittelmeerraum), aufgefordert, Vergeltungsakte zu unterbinden, wenigstens aber auf Unumgängliche zu beschränken. Verteidiger Pacellis behaupten, der päpstliche Verbindungsmann zur deutschen Kommandantur, Pater Pancratius Pfeiffer, habe ebenfalls versucht, Einfluß auf die Entscheidung zu nehmen.[6] Am 26. März brachte der *Osservatore Romano* einen Artikel, der Trauer und Mitgefühl für die getöteten deutschen Soldaten zum Ausdruck brachte und für «die 320 (sic) Menschen», die «anstelle» der «Schuldigen, die der Verhaftung entgangen sind», «geopfert» worden waren. Die Deutschen protestierten gegen diesen Artikel mit der Begründung, die Opfer seien sowieso zum Tode verurteilt gewesen (das traf keineswegs für alle von ihnen zu) – und die Partisanen waren erzürnt, daß die Vatikanzeitung mit den nationalsozialistischen Besatzern sympathisierte, während man jene verdamme, die für die Freiheit Italiens kämpften.

Es ist freilich unwahrscheinlich, daß eine Initiative Pacellis diese grausame Vergeltungsaktion hätte verhindern können. Aber der Papst hatte den kommunistischen Partisanen immerhin signalisiert, daß sie mit seiner Sympathie für ihr Programm und ihre Methoden nicht rechnen dürften.

Befreiung

Am 4. Juni 1944 wurde Rom befreit. Pius XII., der Petersdom und der Petersplatz wurden zum Mittelpunkt einer Jubelfeier für die Italiener und für die siegreichen alliierten Truppen. In den letzten Wochen vor dem Abzug der Deutschen war es Pacelli gelungen, für Rom den Status einer «offenen Stadt» auszuhandeln, und so schrieben ihm die Römer die Bewahrung der Stadt vor heftigeren Bombardements und zerstörerischen Straßenkämpfen zu (Mussolini hatte über den Rundfunk aus seiner Marionettenrepublik von Salò dazu aufgerufen). Man jubelte Pacelli als dem *defensor civitatis*, dem Retter der Stadt zu. Er wurde, so Carlo Falconi, zum moralischen Inspirator und Propheten des Sieges ausgerufen. Aber auch die Kommunisten wurden überall in Italien gefeiert und gingen gestärkt aus den Kämpfen hervor.

Der Befreiung folgte die Rache an Kollaborateuren. Der Gefängnisleiter von Regina Coeli wurde auf dem Tiber mit Rudern zu Tode geprügelt. Rabbi Zolli, der Zuflucht im Vatikan gefunden hatte, und in späteren Jahren der entschiedenste jüdische Anhänger Pacellis sein sollte, wurde erbittert mit dem Vorwurf verfolgt, seine Pflicht versäumt zu haben. Davon berichtete der amerikanische Korrespondent Michael Stern:

«Der Vorsitzende der jüdischen Gemeinde, ein Laie, kam zu mir. ‹Dieser Mann hat sein Volk in Zeiten der Not verlassen›, sagte er, ‹er ist nicht mehr unser

Rabbiner›. Rabbi Zolli sah mich flehentlich an. ‹Er weiß, daß mein Name ganz oben auf der Gestapo-Liste der zu liquidierenden Juden stand. Hätte ich als Toter für mein Volk Gutes tun können?› Ein neuer Rabbiner wurde an die römische Synagoge berufen, aber Zolli weigerte sich zu weichen. Der Kampf endete nicht, bis Zolli – ein Skandal für das Judentum – zum Katholizismus übertrat.»[7]

Die Besetzungsliste jener, denen der Vatikan diplomatischen Schutz angedeihen ließ, wurde quasi auf den Kopf gestellt. Nach der Befreiung zogen zunächst der slowakische Gesandte, dann der deutsche und der japanische Botschafter, von Weizsäcker und Harada, in den Vatikan. Sie übernahmen nun die Plätze der Briten, Amerikaner, Polen und all der anderen. Einige britische Soldaten, zumeist entflohene Kriegsgefangene, die sich im Vatikan oder in den päpstlichen Gebäuden der Stadt versteckt hatten, wurden abgelöst von deutschen Soldaten, die aus Lagern in Süditalien geflohen waren.

Pacelli hielt täglich eine allgemeine Audienz für Soldaten ab und zeigte sich auf der Loggia des Petersdoms. Außer den Kommunisten bezeugten alle ihm ungeteilte Dankbarkeit. Wieder schien er ein bemerkenswertes Charisma zu entfalten. Der britische Romancier Evelyn Waugh, der Rom nach der Befreiung als Besatzungsoffizier erlebte, schrieb nach dem Tode von Pius XII.: «Alle hatten das Gefühl, mit einem Mann von höchster Bedeutung in persönlichem Kontakt gewesen zu sein – einer von ihnen, und doch anders als sie ... Ich habe niemals irgend jemanden erlebt, der je in seiner Anwesenheit spöttisch von Pius XII. gesprochen hat. Er repräsentiert die Verbindung von menschlicher Genialität und göttlicher Gnade.»[8]

Einige Wochen lang war in alliierten Kreisen die Rede davon, ganz Rom wieder dem Papsttum zu übertragen, dem Vatikan einen eigenen Flughafen einzurichten, wenigstens aber das vatikanische Territorium zu erweitern. Die vatikanischen Hilfsorganisationen brachten unter der päpstlichen Flagge Nahrungsmittel aus verschiedenen Teilen Italiens mit Motorbooten nach Rom. Man sprach sogar von der Restitution einer «päpstlichen Flotte».[9] Doch hinter all diesen Geschichten von einer Erneuerung der weltlichen Macht der Päpste steckte nichts.

Als der Krieg seinem Ende entgegenging, konsultierte man Pius nicht einmal zu den Nachkriegsregelungen in Europa. Doch die großen Gestalten der westlichen Welt, darunter Winston Churchill und Charles de Gaulle, drängten darauf, dem Papst zu begegnen. Harold Macmillan, ein künftiger Premierminister Großbritanniens und damals der höchste politische Vertreter der Alliierten in Italien, hat eine bemerkenswerte Schilderung seiner Audienz bei Pacelli hinterlassen. Der Papst, so schrieb er, schien niedergeschlagen und «verwirrt wie ein unruhig umherflatternder Vogel». Macmillan «sprach leise beruhigend wie auf ein Kind» auf Pacelli ein. Er erschien ihm wie ein «heiligmäßiger Mensch, voller Kummer, offensichtlich ganz selbstvergessen ... kläglich und gewaltig zugleich».[10]

Für seinen britischen Besucher mag er etwas «Klägliches» an sich gehabt haben; Pacelli aber stieg zu jener Zeit zu beispielloser Selbstherrlichkeit und Erhöhung auf. Kurz nach der Befreiung starb der Kardinalstaatssekretär Maglione, und Pacelli übernahm seine Aufgaben selbst. Nun mußte er niemanden mehr konsultieren. Er sagte damals zu Tardini: «Ich will nicht Mitarbeiter, sondern Ausführende!»[11] «Auch in dieser Hinsicht», so schrieb Tardini, «war Pius XII. der große ‹Einsame› ... Allein bei seiner Arbeit, allein bei seinem Kampf.»[12]

Sein Alltag sah in der Nachkriegszeit so aus: Pacelli betrat um 8.50 Uhr sein Arbeitszimmer. Genau eine Minute vor neun drückte er mit seinem karmesinrot beschuhten Fuß einen Knopf am Boden, um Tardini herbeizurufen. Um 9.14 Uhr hatte Montini anzutreten, der 14 Minuten später ging. Genau um 9.28 Uhr begannen die Audienzen des Tages. In den Nachkriegsjahren wollte Pacelli nicht einmal mehr auch nur ein paar Sekunden verschwenden. Alles geschah nach Vorschrift und in Übereinstimmung mit seinem rigiden «Fahrplan».

Um 18.30 Uhr traten bei Pacelli die beiden Kardinäle mit Dokumenten und Korrespondenzen ein, die der päpstlichen Unterschrift bedurften. Bei den Gesprächen, zu denen es kam, durfte nicht der Anschein erweckt werden, daß die Untergebenen den Papst berieten; Fragen waren nicht zugelassen.[13] Tardini berichtete: Falls Pacelli die Art und Weise nicht paßte, in der ein Dokument konzipiert war, gab er es ohne Erklärung zurück. Er weigerte sich, ein Dokument zu unterzeichnen, das auch nur den geringsten Fehler hatte, das galt auch für nicht korrekte Abstände vor einem Absatz. Im päpstlichen Bürobetrieb gab es keine Kollegialität, keine Konsultation, obwohl Charme und Bescheidenheit des Papstes sprichwörtlich waren. «Eines Tages fand Pacelli ein Buch nicht, das er auf der Stelle brauchte», berichtete ein vatikanischer Bürokrat dem Seligsprechungstribunal. «Er ließ seinen Bibliothekar, Pater Hentrich, kommen, warf ihm vor, er habe es falsch eingeordnet und schrie: ‹Ich habe überall nachgesehen und viel Zeit mit Suchen verloren›.» Pacelli wußte aber nach Aussage des Gewährsmanns sehr genau, daß er Pater Hentrich tief gekränkt hatte. Er ging in sein Büro, fiel vor dem Priester auf die

Knie und bat seinen Untergebenen um Vergebung für die Kränkung. Pater Hentrich war so erschüttert, daß er in Tränen ausbrach.[14] Der Vorfall änderte freilich nichts an Pacellis Zeitökonomie, auch wies er die Unterwürfigkeit seiner vatikanischen Bürokraten keineswegs zurück. Aus dieser Zeit stammt der Brauch, daß vatikanische Beamte Pacellis Telefonanrufe mit gebeugtem Knie entgegennahmen.

Pacelli und das Schicksal der ungarischen Juden

Außer den aktuellen italienischen Problemen nahmen auch andere Aufgaben, die mit dem Krieg zusammenhingen, Pacellis Zeit in Anspruch. Nach der Besetzung Ungarns durch das nationalsozialistische Deutschland im März 1944 hatte Eichmann die persönliche Verantwortung bei der Durchführung der «Endlösung» für die 750 000 Juden des Landes übernommen. Die faschistischen Pfeilkreuzler sollten ihn dabei unterstützen. Zwischen dem 23. März, als die neue Regierung unter der Besatzungsherrschaft eingesetzt wurde, und dem 15. Mai, als die Massendeportation der Juden aus den Provinzen begann, sprach der päpstliche Nuntius in Ungarn, Angelo Rotta, häufig bei Regierungsmitgliedern zugunsten der Juden vor. Am 15. Mai übermittelte Rotta zusammen mit anderen Geschäftsträgern neutraler Staaten der Regierung eine Note in der er die Behandlung der Juden verurteilte: «Die ungarische Regierung bereitet die Deportation von 100 000 Personen vor ... Die Apostolische Nuntiatur hält es für ihre Pflicht, gegen solche Maßnahmen zu protestieren. Nicht aus einer Regung falschen Mitleids, sondern im Namen Tausender von Christen fordert sie die ungarische Regierung noch einmal auf, ihren Krieg gegen die Juden nicht über die vom Naturrecht und von den Geboten Gottes vorgeschriebenen Grenzen hinaus fortzusetzen und jede Handlung zu vermeiden, gegen die zu protestieren der Heilige Stuhl und das Gewissen der ganzen christlichen Welt sich verpflichtet sähen.» Diese Note ist von großer Bedeutung für die Geschichte des Vatikans, wie der Historiker des ungarischen Holocaust, Randolph L. Braham, betont hat, denn sie ist der erste offizielle Protest gegen die Deportation von Juden von einem Vertreter des Papstes.[15] Die Note war höchst diplomatisch formuliert, sie betonte, wie die Holocaust-Forscherin Helen Fein dargelegt hat, daß «kein Vertreter des Vatikans jemals öffentlich den Katholiken sagte, sie dürften nicht mit Deutschland zusammenarbeiten, weil Deutschland Juden systematisch und umfassend töte und das Töten von Juden eine Sünde sei».[16]

Seit der deutschen Besetzung Ungarns stand Pacelli unter Druck, die Deportationen der ungarischen Juden zu verurteilen. Dies forderte das U.S. War Refugee Board von Pacelli am 24. März über den apostolischen Delegierten in Washington. Harold Tittmann, der US-Vertreter im Vatikan, bat Pacelli am 26. Mai, die ungarischen Behörden auf die moralischen Auswirkungen des «Massenmords an hilflosen Männern, Frauen und Kindern» hinzuweisen. Über den apostolischen Delegierten in Kairo gingen auch Bitten von jüdischen Führern in Palästina ein, der Papst möge «seinen großen Einfluß (geltend machen), um den teuflischen Plan zu verhindern, die ungarischen Juden zu vernichten».[17] Im Mai 1944 konnten zwei slowakische Juden aus Auschwitz fliehen, die dann der alliierten Seite mitteilten, man bereite das Vernichtungslager für die Ankunft der ungarischen Juden vor. Ihr Bericht gelangte schließlich in die Hände von Monsignore Angelo Roncalli, dem päpstlichen Nuntius in Istanbul und späteren Papst Johannes XXIII. Er wurde von dort an den Vatikan und an Präsident Roosevelt in Washington weitergeleitet.

Ende Juni begann die Schweizer Presse von den Schrecken der Deportation der Juden aus Ungarn zu berichten. Endlich handelten nun der Vatikan und das Internationale Rote Kreuz. Am 25. Juni schließlich telegraphierte Pacelli an den ungarischen Reichsverweser Horthy und bat ihn, «allen möglichen Einfluß zu benutzen, um die Leiden und Qualen anzuhalten, die zahllose Menschen einfach auf Grund ihre Nationalität oder ihrer Rasse erdulden».[18] Am nächsten Tag schickte Präsident Roosevelt über die Schweiz eine Botschaft an die ungarische Regierung mit der Aufforderung, sofort die Deportationen von Juden einzustellen, andernfalls hätte sie die Konsequenzen zu tragen. Am gleichen Tag informierte Horthy seinen Kronrat, daß «die Grausamkeiten der Deportationen» sofort zu beenden seien.[19] Am 1. Juli telegraphierte Horthy an Pacelli und versicherte, er werde alles in seiner Macht stehende tun, «die Anforderungen der christlichen humanitären Prinzipien durchzusetzen». Die Razzien und Deportationen wurden jedoch bis zum 9. Juli fortgesetzt. Zu diesem Zeitpunkt waren die meisten Gegenden Ungarns «judenrein».[20] Die Jagd auf die Juden und die Deportationen gingen unter Leitung von Eichmann weiter, aber viele tausend ungarische Juden, die in Budapest geblieben waren, wurden durch «Schutzpässe» Schwedens, der Schweiz und des Heiligen Stuhls und durch Verstecke in Wohnungen von Katholiken und in Ordenshäusern gerettet. So heißt es in einer Zeugenaussage: «Man darf sagen, daß es im Herbst und Winter 1944 kaum eine katholische

378

Anstalt in Budapest gab, wo Verfolgte nicht Obdach gefunden hätten.»[21] Dennoch stellt Braham fest: «Der Erfolg von Horthys verspätetem Handeln ist ein weiteres Beweisstück dafür, daß selbst nach der Besetzung deutsche Forderungen im Rahmen der Endlösung zurückgewiesen oder sabotiert werden konnten. Wären Horthy und die ungarischen Behörden wirklich um all ihre Bürger jüdischen Glaubens besorgt gewesen, dann hätten sie die Zusammenarbeit verweigern können.»[22] Nach einer Untersuchung des Holocaust-Forschers David Cesarani wurden zwischen dem 15. Mai und dem 7. Juli 437 000 Juden zusammengetrieben und nach Auschwitz-Birkenau deportiert. Nur von denen, die zur Arbeit eingeteilt wurden, haben ein paar tausend überlebt.[23]

Die Initiativen der päpstlichen Nuntiator in Ungarn und anderswo haben zweifellos zu den Rettungsbemühungen der katholischen Kirche beigetragen. Aber sie kamen zu spät, um den Tod der halben Million ungarischer Juden zu verhindern, die aus der Provinz deportiert wurden. Darüber hinaus weigerte der Papst selbst sich bis zuletzt, die Nationalsozialisten oder die Juden beim Namen zu nennen. Neben dem mutigen Nuntius Rotta haben vor allem gewöhnliche Ordensleute, Geistliche und Laien, die ohne Pacellis Ermutigung allein oder in kleinen Gruppen handelten, an den katholischen Rettungsbemühungen in Budapest während des Sommers 1944 mitgewirkt. Ein früherer Protest von Pacelli selbst hätte gleichwohl demgegenüber eine sehr viel stärkere Wirkung gehabt.

Pacelli bekämpft den italienischen Kommunismus

Doch für den Papst stand die politische Situation in Italien im Jahre 1945 ganz und gar im Vordergrund. Mit dem Zusammenbruch der faschistischen Bewegung war das Land auf der Suche nach einer neuen gesellschaftlichen und politischen Identität. Zwei Modelle präsentierten sich dem italienischen Volk. Auf der einen Seite stand die an Moskau orientierte Kommunistische Partei Italiens, die Stalin als Helden verehrte und sich selbst als den wahren Verteidiger der sozialen Gerechtigkeit und den Sieger über den Faschismus ansah. Auf der anderen Seite lockte eine Demokratie nach amerikanischem Muster mit freiem Unternehmertum, verbunden mit dem Lobpreis des Individualismus, des Konsums und des amerikanischen Lebensstils. Da sich zahlreiche US-Soldaten im Land aufhielten, wurde Italien von der neuen amerikanischen Lebensart und Kultur gleichsam überflutet. Das Magazin *Reader's Digest* wurde mit Unterstützung der US-Regierung an eine halbe Million Familien in Italien verteilt.

Pacelli schätzte diese ausländischen Modelle keineswegs und drängte auf eine dritte Option: nämlich die Italiener für eine Erneuerung nach katholischem Muster zu erwärmen. Für Pacelli deckte sich die beste aller vorstellbaren Welten mit dem spanischen Modell eines katholisch-korporatistischen Staates (dessen Führung eher auf «Auswahl» denn auf Wahl beruhte) – hier herrschte Partnerschaft zwischen zwei Souveränen, dem weltlichen und dem geistlichen, man war zugleich katholisch und loyal gegenüber dem Papst. Trotz Francos Entschlossenheit, der Kirche seinen Willen aufzuzwingen, ehrte Pacelli den Caudillo mit dem höchsten vatikanischen Orden, dem Christusorden.[24] Von Franco finanzierte Pilger riefen auf dem Petersplatz immer wieder aus: «Spanien für den Papst». Und Pacelli antwortete: «Und der Papst für Spanien».

Aber die komplexe Situation Italiens nach dem Ende des Faschismus verhinderte die Verwirklichung all dieser Träume, auch wenn der Lateranvertrag weiter bestand, der der katholischen Kirche eine privilegierte Stellung in der italienischen Verfassungsordnung gewährleistete. Pacelli war bestrebt, die neu gegründete Christlich Demokratische Partei zu manipulieren, die unter Führung von Alcide de Gasperi zum Sammelbecken im Kampf gegen die Kommunisten wurde. Die Christlichen Demokraten waren keine katholische Bekenntnispartei im Sinne des alten *Partito Popolare* unter Don Luigi Sturzo oder der deutschen Zentrumspartei, doch sie sollten dank Pacellis Förderung, mit Unterstützung der Katholischen Aktion und mit Hilfe von Geistlichen und Ordensleuten sowie wegen der beträchtlichen Zahl von Wählern gedeihen, die sich vor den Kommunisten fürchteten.

In seiner Weihnachtsansprache von 1944 gewährte Pacelli der Demokratie widerwillig und vorsichtig seinen Segen.[25] Zuerst zitierte er seinen Vorgänger Leo XIII., der eingeräumt hatte, die katholische Kirche verdamme «keine von den verschiedenen Regierungsformen (...), vorausgesetzt, daß sie in sich geeignet sind, dem Wohl der Bürger zu dienen».[26] Dann legte er die Gefahren der Demokratie als gedankenloser Herrschaft der «Massen» dar und erklärte, daß die Demokratie selbst im günstigsten Fall nicht ohne den Beistand der katholischen Kirche funktionieren könne: «Sie (die Kirche) ist es in der Tat, welche die Wahrheiten lehrt und verteidigt, sie, welche die übernatürlichen Kräfte der Gnade mitteilt zur Verwirklichung der von Gott festgesetzten Ordnung des Seins und der Zwecke, jener

Ordnung, die letzte Grundlage und Richtschnur jeder Demokratie ist.» Es gab kein christliches Argument für das Ideal eines kulturellen, religiösen und politischen Pluralismus; mit keinem Wort ging Pius auf den sozialen Katholizismus und die Notwendigkeit komplexer gesellschaftlicher Geflechte ein, die den Raum zwischen Staat und Individuum mit Leben erfüllen konnten.

Pius XII. beendete seine Botschaft mit einem besonderen Wort des Dankes an die Vereinigten Staaten für «die weitgreifende Hilfstätigkeit, die trotz der außerordentlichen Transportschwierigkeiten (...) ausgeübt wurde».

Pacellis laue Konzessionen an die Demokratie kamen nicht einen Augenblick zu früh, denn es gab andere, die bald nach dem Krieg wie de Gasperi in den Vordergrund treten sollten: Robert Schuman in Frankreich und Konrad Adenauer in Westdeutschland. Sie sollten die Ideale und Hoffnungen der Christlichen Demokratie im neuen Europa vertreten.

Für Pacelli führte die Demokratie entweder zu den zweifelhaften Wertorientierungen der Vereinigten Staaten, die er trotz ihres Wohlstands in vieler Hinsicht verabscheute, oder zum Gespenst des Sozialismus, der für ihn stets eine Vorstufe zum Kommunismus war. Die Vereinigten Staaten, so glaubte er, standen für einen gefährlichen Relativismus, der alle Arten von Überzeugungen, Glaubensgemeinschaften und Bindungen zuließ, darunter den Protestantismus und die Freimaurerei. Ihr unbegrenzter Materialismus war für Pacelli ein Pendant zum atheistischen Materialismus der Sowjetunion. In der Praxis jedoch stand eine Entscheidung für einen der beiden großen Nachkriegsblöcke an. Die Frage lautete, ob man für den Kommunismus oder dagegen sei. Von Jugoslawien nur durch die Adria getrennt, lag Italien an der Frontlinie zwischen Ost und West. Der Feind stand vor den Toren; und Pacelli fürchtete eine kommunistische Machtübernahme in Italien, auf die ein Martyrium der katholischen Kirche folgen würde. Er stand daher nachdrücklich auf der Seite des Westens, in dem er das kleinere Übel sah. Das sollte ihm die ironische Bezeichnung «Feldgeistlicher der Nato» einbringen. Er war nicht zu der geringsten Konzession an die italienischen Kommunisten bereit, obwohl Palmiro Togliatti, der Führer der italienischen KP, der Gewalt – zumindest in der Öffentlichkeit – eine Absage erteilt hatte. Nach Ansicht des Vatikans, wo die Ereignisse in Osteuropa aufmerksam beobachtet wurden, sagten die Kommunisten das eine, wenn sie nach der Macht streben, und taten dann etwas ganz anderes, wenn sie diese erlangt hatten. Das gleiche schien auch für die Sozialisten zu gelten. So kam es nach der Bildung einer Verfassunggebenden Versammlung, die der Vorbereitung allgemeiner Wahlen diente (die Monarchie war durch Volksabstimmung mit Pacellis voller Unterstützung abgeschafft worden), zu einer pragmatischen Allianz zwischen den Vereinigten Staaten, den italienischen Christdemokraten und Papst Pius XII. Die Parole lautete, man müsse verhindern, daß «Stalin und seine Kosaken ihr Lager auf dem Petersplatz aufschlagen».

Von der Überzeugung getragen, daß die Anziehungskraft des Kommunismus ein Ergebnis von kontinuierlicher Arbeit an der gesellschaftlichen Basis sei, versicherte sich Pacelli der Hilfe Luigi Geddas, der die Massenbewegung der Katholischen Aktion kontrollierte. Dieser gründete katholische Wahlvereine, die *comitati civici* (Bürgerkomitees), nach dem Muster kommunistischer Zellen. Gedda hatte während des Krieges Pacellis Propagandafilm «Pastor Angelicus» produziert. Er war daher der geeignete Mann zur Zusammenarbeit mit dem Papst und zur Führung der Gegenpropaganda der Katholischen Aktion. Die 20 000 *comitati civici* wurden zu lokalen Rekrutierungsagenturen für die Christlichen Demokraten und waren im Wahlkampf von 1948 von entscheidender Bedeutung. Zuvor hatte man die Kommunisten aus der ersten Koalitionsregierung herausgeworfen.

Die Wahl von 1948, ausgefochten zwischen den Christdemokraten und ihren Koalitionspartnern auf der einen und einer Volksfront von Kommunisten und Sozialisten auf der anderen Seite, erklärte Pacelli zum Kampf um die «christliche Zivilisation». Er stellte 100 Millionen Lire seiner Bank, des *Istituto per le Opere di Religione* (gegründet 1942), zur Verfügung, eine Summe, die allem Anschein nach aus dem Verkauf von Restbeständen amerikanischen Kriegsmaterials resultierte, das dem Vatikan zur Finanzierung antikommunistischer Aktivitäten überlassen wurde.[27] In den zwölf Monaten vor den Wahlen am 18. April pumpten die Vereinigten Staaten 350 Millionen Dollar als Hilfsleistungen und für politische Zwecke nach Italien. Den Katholiken verkündete man auf Anweisung Pacellis, es sei ihre Bürgerpflicht, sich an der Wahl zu beteiligen. Kardinal Tisserant erklärte, Kommunisten und Sozialisten dürften die Sakramente nicht empfangen; ja er verkündete sogar, sie könnten nicht einmal mehr ein christliches Begräbnis erhalten.[28]

Nach der Wahl erwartete man Gewalttätigkeiten, wenn nicht gar einen Bürgerkrieg. Joseph Walshe, der irische Botschafter beim Heiligen Stuhl, hatte am 28. Februar 1948, drei Wochen vor der Wahl, eine Audienz bei Pacelli und fand, der Papst sehe «tatsächlich sehr müde aus, und zum ersten Mal sah ich ihn in einer Stimmung von tiefstem Pessimismus». Pacelli war «gebeugt, fast körperlich überwältigt vom Gewicht seiner gegenwärtigen Last ... der unmittelbaren Gefahr für die Kirche in Italien und ganz Westeuropa».[29] Pius fragte den Diplomaten: «Wenn sie (die Kommunisten) die Mehrheit gewinnen, was kann ich dann tun, um die Kirche so zu regieren, wie Christus es von mir verlangt?»[30] Walshe erwiderte, wenn die Dinge schlecht liefen, sei der Papst in Irland stets willkommen; woraufhin Pacelli lebhaft wurde: «Mein Standort ist Rom, und wenn es der Wille Gottes ist, dann bin ich bereit, für ihn in Rom den Märtyrertod zu sterben.»

Die Wahlen vom 18. April waren überall in Italien von äußerstem Engagement der Bischöfe, der Geistlichen, Ordensleute und der Seminaristen begleitet. Die Wahlparole der Christdemokraten knüpfte an Ignatius von Loyolas *Exercitia spiritualia* an und lautete: «Entweder für Christus oder gegen ihn.» Der gestrenge Kardinal-Erzbischof von Mailand, Ildefonso Schuster, sagte den Gläubigen: «Der Kampf zwischen Satan und Christus und seiner Kirche hat ein akutes Krisenstadium erreicht.»[31] Am Vorabend der Wahl teilte der Erzbischof von Genua, Giuseppe Siri, seiner Diözese mit, es sei eine «Todsünde», nicht zur Wahl zu gehen, und «für die Kommunisten zu stimmen, sei nicht vereinbar damit, ein Katholik zu sein». Die Beichtväter «sollten jedem die Absolution verweigern, der sich an diese Instruktionen nicht gehalten habe».[32] Die Streitkräfte der Vereinigten Staaten demonstrierten ihre Stärke, indem sie eine Abteilung Panzer, die für Griechenland bestimmt war, in Neapel an Land brachten. Frank Sinatra, Bing Crosby und Gary Cooper widmeten dem italienischen Volk besondere Rundfunksendungen und erinnerten Filmfreunde daran, daß es bei ihrer Wahlentscheidung um «Freiheit oder Sklaverei» gehe.

Es stellte sich heraus, daß Pacellis Befürchtungen unbegründet waren; das Wahlergebnis war für die Christlichen Demokraten mit 48,5 Prozent der Stimmen ein gewaltiger Sieg, und dies bei einer Wahlbeteiligung von 90 Prozent. Die Partei sollte die italienische Politik während der nächsten 35 Jahre beherrschen. Die Volksfront aus Kommunisten und Sozialisten erreichte 31 Prozent. Aber die Gewaltdrohung lag weiter in der Luft. Nach einem gescheiterten Attentat auf Togliatti in Sizilien am 14. Juli riefen die Kommunisten zum Generalstreik auf. Dies veranlaßte die US-Botschaft, über Gedda Mittel in die katholischen Gewerkschaftsorganisationen zu pumpen.[33]

Pacelli hatte gesiegt, aber der Vatikan stand nun mit fast leeren Taschen da. Es gibt Belege dafür, daß Bischof (später Kardinal) Spellman sich im August 1948 mit einem vatikanischen Klingelbeutel zu General George Marshall begab, dem Schöpfer des Marshallplans zur Förderung der Wirtschaft und zur Konsolidierung der antisowjetischen Kräfte in Westeuropa, ausgestattet mit einem Kapital von 11,4 Milliarden Dollar).[34] Im Jahr zuvor hatte Pacelli dem Marshallplan durch Billigung eines bejahenden Artikels im *Osservatore Romano* seine Unterstützung zugesichert. Ein weiterer positiver Artikel von Montini, dem Stellvertretenden Kardinalstaatssekretär, erschien im *Quotidiano*.[35] Nach John Cooney, dem Biographen Spellmans, informierte der amerikanische Bischof Pacelli in einer geheimen Denkschrift über das Ergebnis seines Treffens mit Marshall: Die US-Regierung habe insgeheim «große Summen von ‹Schwarzgeld› in Italien für die katholische Kirche freigegeben».[36]

Im August 1948 verschärfte sich die Spannung zwischen dem Westen und dem Sowjetblock. Die Berliner Luftbrücke war eingerichtet, und ein dritter Weltkrieg schien vor dem Hintergrund von Amerikas wachsendem Nukleararsenal unmittelbar bevorzustehen. Es sollte kein weiteres Jahr vergehen, da verfügte auch die Sowjetunion über die Atombombe, sie führte im September 1949 erfolgreich ihren ersten Test durch. Pacelli hatte fünf Jahre zuvor eine Warnung gegen den zerstörerischen Gebrauch von Nuklearenergie herausgegeben. Dies geschah schon vor dem Abwurf einer Atombombe über Hiroshima in einer feierlichen Ansprache vor der Päpstlichen Akademie der Wissenschaften (einer exklusiven Gemeinschaft internationaler Wissenschaftler, ausgewählt und finanziert vom Papst). Am 3. August 1948 lud der Ausschuß für Unamerikanische Umtriebe des Repräsentantenhauses Whittaker Chambers vor, einen Redakteur des Magazins *Time*, um Auskünfte über amerikanische Beamte zu erhalten, die unter dem Verdacht standen, Kommunisten zu sein: Er nannte unter anderem Alger Hiss, einen früheren Beamten des State Department. Damit begannen die Hexenjagden nach Kommunisten unter Senator Joe McCarthy. Die «Knights of Columbus», ein Verband katholischer Männer, der mit dem Radiobischof Fulton Sheen und Kardinal Spellman zusammenarbeitete, unterstützten McCarthys antikommunistischen Kreuzzug. Die «Ritter» sammelten «Wahrheitsdollars» für Radio Free Europe und gemeinsam mit Bischof Sheen Geldmittel für den Vatikan. Während der fünfziger Jahre wurden in den Vereinigten Staaten durchschnittlich 12,5 Millionen Dollar im Jahr für den Heiligen Stuhl aufgebracht.[37]

Inzwischen tauchte ein Vorschlag von Alfredo Ottaviani, einem Aufsteiger in der Kurie, auf, der von der einflußreichen Jesuitenzeitschrift *Civiltà Cattolica* unterstützt wurde: Die Regierung Italiens solle die Kommunistische Partei offiziell verbieten. Pacelli war instinktiv dagegen: «So etwas zu tun, würde zu einer Revolution führen», soll er gesagt haben, «und es stünde nicht im Einklang mit demokratischen Verfahrensweisen.»[38] Aber er war bereit, das nächstbeste zu tun, indem er am 2. Juli 1949 einen Erlaß herausgab, der es Katholiken verbot, Mitglieder der Kommunistischen Partei zu sein; es sei außerdem nicht gestattet, Artikel zu publizieren, die den Kommunismus befürworteten, und den Priestern sei untersagt, Kommunisten oder ihren Sympathisanten die Sakramente zu verabreichen.[39] Diese Verfügung wurde an den Beichtstühlen Italiens angeschlagen und machte deutlich, daß man nicht gleichzeitig Katholik und Kommunist sein konnte. Die Warnung richtete sich nicht nur an die Italiener, sondern auch an die Katholiken Osteuropas.

Der Katholizismus in Osteuropa

Die unerträgliche Last der Verantwortung, die in den späten vierziger Jahren auf Pacelli lastete, beruhte, wie Joseph Walshe schildert, zum Teil auf der Furcht, Italien könnte vor der Katastrophe eines Bürgerkriegs, ähnlich wie in Spanien, stehen. Gleichzeitig war er sich des Schicksals der katholischen Kirche in Osteuropa unter Stalins Diktatur bewußt. Der Blick vom Apostolischen Palast auf die dortigen Länder mit großen katholischen Bevölkerungsanteilen – Polen, die Slowakei, Litauen, Ungarn – bot düstere Perspektiven und zeigte, wie die Zukunft ganz Europas aussehen könnte, wenn man dem Kommunismus freien Lauf ließ. Durch Veröffentlichung des Exkommunikationserlasses erklärte Pacelli dem Kommunismus den Krieg. Diese Intransigenz – die später unter Paul VI. und seinem Kardinalstaatssekretär Agostino Casaroli gemildert wurde – nahm eine Haltung vorweg, die dreißig Jahre später auch der Bischof von Krakau, Kardinal Wojtyla, der künftige Johannes Paul II., einnehmen sollte.

Pacelli sah keine Möglichkeit zum Ausgleich mit einer Ideologie, die systematisch Atheismus, Diktatur des Proletariats, Klassenkampf, Abschaffung des Privateigentums (das für die modernen Päpste eine materiell wertvolle Grundlage für das Familienleben war) propagierte und förderte – und die schließlich «die Existenz der göttlich inspirierten und unsterblichen Seele» leugnete. Die Haltung der Kommunisten gegenüber dem Katholizismus war nicht weniger feindselig. In den Augen der osteuropäischen sozialistischen Regime war der Katholizismus etwas Entzweiendes; er ermutigte zu Trägheit, zu bürgerlichen Einstellungen und förderte Ungerechtigkeit. Den Katholiken wurde vorgeworfen, sich während des Krieges auf die Seite der Nationalsozialisten gestellt zu haben. Die Heftigkeit, mit der der Katholizismus angegriffen wurde, unterschied sich von Land zu Land, sie reichte von sanften Formen der Knebelung bis zu Schauprozessen, Gefängnis, Folter und Mord. Insgesamt lief die kommunistische Politik darauf hinaus, die Ausübung religiöser Praktiken zu unterbinden, Religionsunterricht zu verbieten, religiöse Publikationen und Sendungen zu untersagen, künftigen Priestern Schwierigkeiten zu bereiten. Gleichzeitig wurde in den Schulen der «wissenschaftliche Materialismus» gelehrt. Religiöse Überzeugungen wurden herabgesetzt, und der Atheismus wurde systematisch vermittelt.

Die Kirche sah sich einem quälenden Dilemma gegenüber. Sollte sie mit diesen Regimes Kompromisse eingehen, um eine Struktur aufrechtzuerhalten, die ein Überleben ermöglichte und Hoffnung auf bessere Tage ließ? Oder sollte die Kirche besser Widerstand leisten, deutlich sprechen, sich auf Konfrontationen einlassen, ihre Auslöschung riskieren? Im Deutschland der dreißiger Jahre hatte Pacelli sich klar entschieden, als Hitlers Partei nach der Macht strebte und noch aufzuhalten war. Pacelli hatte die katholische Kirche in Deutschland von Anfang an in Richtung auf einen Ausgleich mit den Nationalsozialisten geführt. Im Osteuropa der späten vierziger Jahre waren die marxistischen Regime durch die Unterstützung der ungeheuren militärischen und totalitären Macht der Sowjetunion gegebene Tatsachen. Hoffnung auf bessere Tage erschien unmöglich. Diesmal jedoch, angesichts des Sowjetkommunismus, betrieb Pacelli eine radikale Politik der Konfrontation. Es sollte keine Kompromisse geben.

Die Geschichte des ungarischen Kardinals József Mindszenty verdeutlicht die schwierigen Entscheidungen, denen sich Pacelli ausgesetzt sah, wenn er auf Osteuropa unter dem Kommunismus blickte. Betrachtet man die Dinge in der Rückschau, so offenbart sich die nachhaltige moralische Kraft jener, die sich dafür entschieden, dem Kommunismus wegen seiner Feindseligkeit gegenüber dem Christentum Widerstand zu leisten. Ende 1945 gab es in Ungarn freie Wahlen. Eine konservative, demokratische Partei gewann eine Mehrheit und übernahm die Macht. Nach einer Inflationswelle putschten die Kommunisten und etablierten mit Unterstützung der sowjetischen

Besatzungsarmee ein Terrorregime. József Mindszenty war im März 1944, nachdem die Wehrmacht Ungarn besetzt hatte, zum Bischof geweiht worden. Ungeniert verurteilte er die Nationalsozialisten, die ihn ins Gefängnis warfen, später verdammte er dann die russischen Invasoren wegen ihrer Angriffe auf die Kirchen. Pacelli unterstützte die feste Haltung des neuen Bischofs. Im Oktober 1945 ernannte er Mindszenty zum Primas von Ungarn und forderte ihn auf, nach Rom zu kommen. Im folgenden Monat konnte Mindszenty unter Schwierigkeiten nach Bari gelangen und dann per Bus in den Vatikan weiterreisen. Pacelli, so heißt es, unterbrach eigens seine geistlichen Exerzitien in der Adventszeit, um ihn zu empfangen.

Mindszenty schrieb in seinen Memoiren: «Ich hatte Pius XII. immer schon als eine überragende Persönlichkeit geschätzt und gewürdigt, jetzt durfte ich es selbst erfahren, welch einen gütigen Hl. Vater Gott uns in ihm geschenkt hatte.» Mindszenty sagte dem Papst, wie glücklich er sei, daß Rom die schlimmsten Auswirkungen des Krieges erspart geblieben seien, und Pacelli antwortete: «Ihr, die ihr so viel gelitten habt, habt noch die Kräfte, euch darüber zu freuen?» Am Schluß der Audienz sagte Pacelli zu Mindszenty, er werde ihn zum Kardinal ernennen.

Der 54 Jahre alte Primas von Ungarn reiste zu dieser Zeremonie im Februar 1946 erneut nach Rom. Als Pacelli ihm den roten Kardinalshut aufs Haupt setzte, sagte der Papst: «Unter den 32 (neuen Kardinälen) wirst du der erste sein, der das Martyrium erleidet, dessen Symbol diese rote Farbe ist.»[40] Im Gegensatz zu seiner Anpassung an die Nationalsozialisten in Deutschland in den dreißiger Jahren ermutigte Pacelli nun ganz offen zum Widerstand bis zum Tode. Mit Pacellis Segen wurde Mindszenty zum Brennpunkt der Opposition gegen ein Regime, das keine Unterschiede zwischen religiösem und politischem Katholizismus machte. Mindszenty verurteilte die kommunistische Regierung Ungarns als die schlimmste in der Geschichte des Landes.

Nach einem Propagandafeldzug gegen ihn in den von der Regierung kontrollierten Medien wurde Mindszenty Weihnachten 1948 unter dem Vorwurf der Kollaboration mit den Nationalsozialisten, der Spionage, des Verrats und des Währungsbetrugs verhaftet. Keine dieser Anschuldigungen traf zu. Er wurde psychisch und körperlich gefoltert und täglich mit Gummiknüpppeln geschlagen, bis er eine Art Geständnis unterzeichnete. Am 3. Februar 1949 begann der Schauprozeß. Er wurde von den Vereinten Nationen verurteilt, Pacelli verdammte ihn umfassend und öffentlich. Dieser politische Prozeß, über den im Westen ausführlich berichtet wurde, erregte und erschreckte die Katholiken in aller Welt. Mindszenty, der offensichtlich unter Drogen stand (angeblich unter «Actedron», das, so hieß es, die «psychische Widerstandskraft» schwächte), legte ein umfassendes «Geständnis» ab und wurde nach 33 qualvollen Prozeßtagen zu einer lebenslänglichen Freiheitsstrafe verurteilt.

Am 15. Februar hielt Pacelli vor den in Rom anwesenden Kardinälen eine unmißverständliche Ansprache, die später weltweit publiziert wurde:

«Wir halten es insbesondere für unsere Pflicht, die im Verlauf des Prozesses gemachte Behauptung als vollständig falsch zu brandmarken, daß die ganze Frage, um die es ging, die war, daß dieser Apostolische Stuhl in Verfolgung eines Plans zur politischen Beherrschung der Nationen Anweisungen gab, der Republik Ungarn und ihren Herrschern Widerstand entgegenzusetzen, folglich falle alle Verantwortung auf diesen Apostolischen Stuhl. Jeder weiß, daß die katholische Kirche nicht aus weltlichen Motiven handelt und daß sie jede Art von staatlicher Regierung unter der Voraussetzung akzeptiert, daß sie nicht im Widerspruch zu göttlichen und menschlichen Rechten steht. Wenn sie aber diese Rechte verletzt, dann sind die Bischöfe und die Gläubigen selbst aus ihrem eigenen Gewissen heraus verpflichtet, Gesetzen, die Unrecht sind, zu widerstehen.»[41]

Dies waren kämpferische Worte, ganz im Gegensatz zu allem, was Pacelli in den dreißiger Jahren den katholischen Bischöfen und Gläubigen in Deutschland gepredigt hatte. Auf den ungarischen Episkopat hatten sie indessen wenig Einfluß. Mindszentys Brüder im Bischofsamt kapitulierten am 22. Juli 1951 und leisteten unter höchster Medienpräsenz einen Treueid auf das Regime. Ungarn, die sich öffentlich zum Katholizismus bekannten, mußten mit Entlassung rechnen. Orden wurden aufgelöst, ihre Mitglieder verließen Klöster und Konvente. Die katholische Kirche erhielt staatliche Zuwendungen, die aus ihrem früheren Vermögen finanziert wurden. Katholische Priester und Laien, die als «progressive Katholiken» bekannt werden sollten, arbeiteten mit den Kommunisten zusammen. Weder Mindszenty in seinem Gefängnis noch Pacelli in Rom hörten auf, diese Form der Anpassung zurückzuweisen. «Stets trat (Pacelli)» schrieb Mindszenty nach seiner Freilassung, «für mich ein, wies, wo er es konnte, die Machenschaften der Kommunisten und auch die der sogenannten ‹fortschrittlichen Katholiken› mit aller Entschiedenheit zurück.»[42]

Mindszenty siechte bis Oktober 1956 im Gefängnis dahin, bis er während der antikommunistischen Revolution in Ungarn freigelassen wurde. Er reiste nach Budapest, wurde als großer Held gefeiert, war aber bald gezwungen, in die amerikanische Botschaft zu fliehen, als

388

russische Panzer durch die Straßen fuhren und schließlich das Parlamentsgebäude umzingelten. Pacelli verurteilte öffentlich die Zerschlagung des ungarischen Aufstands.

Mindszenty blieb die nächsten 15 Jahre über in der US-Botschaft in Budapest. Die ungarische Regierung wünschte, daß er das Land verlasse, und bot Vereinbarungen über eine sichere Ausreise an, aber er wies jede Möglichkeit zurück, nach Rom gebracht zu werden. Am Ende wurde er zu einer Belastung für den Heiligen Stuhl, als eine neue Führung im Vatikan im Rahmen einer *Ostpolitik* nach Ausgleich mit den Kommunisten strebte. Schließlich befahl Paul VI. 1971 Mindszenty, Budapest nach einer Vereinbarung mit der ungarischen Regierung zu verlassen. Der Kardinal begab sich in ein ungarisches Seminar in Wien, wo er seine Erinnerungen niederschrieb. Papst Paul VI. untersagte ihm die Veröffentlichung. Das Buch konnte das delikate Gleichgewicht der Beziehungen stören, die sich zwischen dem Vatikan und den Ostblockstaaten entwickelten. Mindszenty publizierte dennoch sein Buch. Agostino Casaroli, der Kardinalstaatssekretär Pauls VI., meinte, Mindszenty sei «wie Granit, und er kann so unangenehm wie Granit sein».[43]

19

Triumphierende Kirche

Pacellis Feindseligkeit gegenüber dem Kommunismus hieß nicht, daß er beabsichtigte, die bisherige Linie im Blick auf die Zentralisierung der innerkirchlichen Politik zu verlassen. Ganz im Gegenteil: Ende der vierziger und Anfang der fünfziger Jahre verhärtete sich seine Haltung in kirchlichen Fragen. Seine Vision von der Kirche und der päpstlichen Autorität hatte triumphierende Züge; und der weltweite Beifall, den er bei Kriegsende gefunden hatte, schien ihm eine Bestätigung im Sinn einer untrüglichen Gewißheit zu sein. Seine Vorstellung von Papsttum gründete bei all seiner menschlichen Bescheidenheit und all seinem Anstand auf der Existenz einer allseits anerkannten Macht, die in geheimnisvoller Weise von Gott im Interesse dessen übertragen worden war, was er um des Überlebens und der Einheit der katholischen Kirche willen für notwendig hielt.

Robert Leiber, der vierzig Jahre sein engster Mitarbeiter war, bemühte sich, Pacellis Neigungen und Fähigkeiten zu beschreiben: «Weil realistisch denkend, besaß Pius XII. einen ausgesprochenen Sinn dafür, was ‹Macht› bedeutet. Für Pläne, wenn auch noch so ideale, hinter denen keine Macht stand, sie auszuführen und zu sichern, hatte er wenig übrig ... Nüchternheit besagte bei Pius XII. jedoch keineswegs Empfindungslosigkeit. Pius XII. war im Gegenteil in ausnehmendem Maß empfindsam und feinfühlig.»[1]

Pacellis Triumphalismus erreichte 1950 einen bemerkenswerten physischen und historischen Ausdruck, als er im Rahmen einer Tradition, die auf das Jahr 1300 zurückging, ein Heiliges Jahr verkündete – ein Jahr also, in dem Millionen von Pilgern aus aller Welt aufgefordert wurden, in die Ewige Stadt zu reisen. Der Gedanke des Heiligen Jahres ging auf eine Tradition der Juden zurück, die solche Jubiläen nach jedem Halbjahrhundert begingen. In der katholischen Kirche wurde der Rhythmus auf 25 Jahre festgelegt. 1950 kamen so viele Pilger, daß die meisten gezwungen waren, in der Campagna zu kampieren. Es wurde jenen ein vollkommener Ablaß gewährt, die bestimmte Basiliken in der Ewigen Stadt besuchten. Man setzte Sonderfahrten der Straßenbahn ein, um diese Touren zu erleichtern. Devotionalienläden boten eine mechanische Statue Pacellis an, bei der sich ein Arm automatisch zum Segen hob. Der Petersplatz wurde zu einem Amphitheater für Massenversammlungen und päpstliche Prachtentfaltung. Pacellis Wohlgefallen an Gymnastik- und Sportvorführungen wirkte wie ein Widerhall von Demonstrationen auf dem Roten Platz in Moskau. Die gewaltigen Versammlungen von Gruppen der Katholischen Aktion auf dem Petersplatz hatten weniger mit einem sozialen und kommunitären Katholizismus zu tun als mit der Bekundung von Loyalität gegenüber dem Kult des Papsttums.

Diese äußerliche Bekräftigung eines monolithischen, autokratischen Katholizismus wurde begleitet von einem tiefgreifenden ideologischen Programm für das intellektuelle Leben der Kirche. 1943, also mitten im Kriege, hatte Pacelli seine Enzyklika *Divino Afflante Spiritu* veröffentlicht. Sie handelte vom Studium der Heiligen Schrift, zielte auf Ermutigung zur Anwendung moderner Methoden in der Bibelwissenschaft und drängte auf eine Rückkehr zu biblischen Quellen unter den Theologen. Die Enzyklika, die angeblich auf Drängen von Pacellis Beichtvater, dem Jesuiten und Bibelwissenschaftler Augustinus Bea, entstanden und von diesem verfaßt worden war, schien ein Signal für eine lang erwartete Verwerfung der Antimodernismus-Kampagne zu sein. Sie deutete auch auf ein Tauwetter in den Haltungen der Kurie zu modernen Ansätzen der Schriftauslegung hin. 1947 ließ Pacelli dann seine Enzyklika *Mediator dei* veröffentlichen, die darauf abzielte, durch Reformen die Liturgie der katholischen Kirche zugänglicher für die Gläubigen zu machen. Diese beiden Enzykliken schienen auf eine höchst notwendige Ermutigung zu Kreativität und Offenheit in der Kirche hinzudeuten, aber sie erwiesen sich als Vorboten eines Frühlings, der nie eintreten sollte. Im Lichte von Pacellis sich später verhärtender Einstellung erscheint die Entstehung von *Divino afflante* unerklärlich. Im Jahre 1950, mitten im so aufwendig begangenen Heiligen Jahr, ließ Pacelli eine Enzyklika veröffentlichen, die alle kreativen gelehrten Bemühungen konterkarierte und eine geistige Hexenjagd auslöste, die mit der Kampagne gegen den Modernismus im ersten Jahrzehnt des Jahrhunderts zu vergleichen war. Mit dem Ziel, neue theologische Gedanken zu bekämpfen, die hauptsächlich aus Frankreich kamen und die weithin als Neue Theologie bezeichnet wurden, griff Pacellis Enzyklika *Humani generis* auf rigide orthodoxe Auffassungen der Vorkriegszeit zurück.

Die Enzyklika, die am 12. August 1950 herauskam,[2] ist tadelsüchtig und engstirnig. «Uneinigkeit und Irrtümer», so begann der Papst, «sind nur außerhalb der Kirche Christis zu finden», denn dort treffe man die von den Kommunisten propagierte Ansicht an, «daß das Weltall einer ständigen Entwicklung unterworfen sei». Aber es gab daneben, so die Enzyklika, eine Vielzahl alter philosophischer Irrtümer, die sich unter neuen Gewändern verbargen, darunter «den Existenzialismus», der sich «nicht um das unveränderliche Wesen der Dinge (kümmert) und (...) seine Aufmerksamkeit nur der ‹Existenz› der Einzelgegenstände zu(wendet)». Außerdem gebe es «einen falschen ‹Historizismus›» (ein Seitenhieb auf das Geschichtsbewußtsein der Neuen Theologie in Frankreich), den der Papst gemeinsam mit dem Rationalismus und dem Pragmatismus unter die intellektuellen Krankheiten der Zeit einordnete – moderne intellektuelle Haltungen, die sich gegen die Gewißheiten und die nicht hinterfragbaren Dogmen des römischen «Magisteriums» aussprachen.

Diese Irrtümer, darauf bestand Pacelli, könnten nicht «gut geheilt werden (...), wenn sie nicht richtig erkannt sind». Selbst katholische Gelehrte, so fuhr er fort, werden durch einen «unklugen Eifer» in die Irre geführt. Es gebe eine «traurige Sucht nach Neuerungen (...) das bringen morgen andere, die weniger zurückhaltend sind, offen, in übertriebener Weise vor; und zwar zum Ärgernis für viele, besonders für den jüngeren Klerus, und zum Schaden der kirchlichen Autorität». Es gebe einige Gelehrte, die die wortwörtliche Wahrheit der Heiligen Schrift in Frage stellten, sie lieferten eine neue «Schrifterklärung (...), die sie die symbolische oder geistige nennen»; andere äußerten Zweifel an der Erbsünde und stellten die These auf, «daß Adam eine Menge von Stammvätern bezeichne» (eine Irrlehre, die unter dem Namen «Polygenismus» bekannt wurde). Am schlimmsten unter all diesen katholischen Gelehrten mit Drang nach Neuem aber seien die Vertreter des «dogmatischen Relativismus», die die Auffassung verträten, Dogmen seien zwar ihrer jeweiligen Zeit angemessen, befänden sich aber in einem ständigen Zersetzungsprozeß.

Pacellis Heilmittel für all diese Krankheiten bestand in einer Klarstellung im Kodex des Codex iuris canonici, für dessen Entwurf er fast ein halbes Jahrhundert zuvor verantwortlich gewesen war. Es sei die Pflicht der Gläubigen, so erklärte er und zitierte dabei Kanon 1324 (der Irrtum und Häresie verschmilzt), «ebenfalls diese Irrtümer zu fliehen, die sich mehr oder weniger der Häresie nähern, und also ‹auch die Konstitutionen und Erlasse zu beachten, mit denen der Heilige Stuhl falsche Ansichten dieser Art verworfen und verboten hat›»,[3] und damit meinte er Dokumente wie die päpstlichen Enzykliken. Dann folgte ein dogmatischer Paukenschlag. Die Enzykliken des Papstes, die im allgemeinen als «gewöhnliche Lehrmeinung» betrachtet wurden und daher nicht als unfehlbar galten, seien in Zukunft, so erklärte er, ohne Widerrede zu akzeptieren, und dies selbst unter kompetenten Theologen, wenn der Papst sie für definitiv erklärt. Kanon 1323 des Kodex von 1917 hatte den Weg für solch eine Ansicht bereitet, obwohl selbst das Erste Vatikanische Konzil eindeutig klargestellt hatte, daß nur «feierliche Definitionen», Dogmen also, die *ex cathedra* verkündet werden, für die ganze Kirche «unwiderruflich» seien. Aber alle Schlupflöcher, auf die die Theologen noch vertraut haben mochten, wurden nun geschlossen:

«Wenn die Päpste in ihren Akten ein Urteil über eine bislang umstrittene Frage aussprechen, dann ist es für alle klar, daß diese nach der Absicht und dem Willen dieser Päpste nicht mehr der freien Erörterung der Theologen unterliegen kann.»[4]

Pacelli behauptete also nicht frei heraus, daß jede Enzyklika, jeder Apostolische Brief oder jedes päpstliche Dokument an sich schon unwiderruflich sei, dies sei vielmehr eine Frage der Sprache, die innerhalb der Enzyklika verwendet werde. Wenn sich der Papst also bewußt einschalte und deutlich mache, daß er eine Auseinandersetzung beenden wolle, dann solle es keine weitere Diskussion mehr geben, nicht einmal mehr unter Fachleuten, die sich für qualifiziert hielten, in Kontroversen einzutreten. Hier hatte Pacelli eine Art von Unfehlbarkeit «durch die Hintertür» eingeführt oder eine «schleichende Unfehlbarkeit», wie sie später genannt werden sollte.

Diese außerordentliche Ausdehnung der päpstlichen Freiheit von Irrtum war Pacellis anmaßende Reaktion auf das neue Denken. Er schuf so ein reaktionäres Umfeld, das an die antimodernistische Kampagne fünfzig Jahre zuvor erinnerte. Wie Louis Duchesne und Alfred Loisy im ersten Jahrzehnt des Jahrhunderts durch ebenso originelle wie unwillkommene Erwägungen Roms Vorstellungen von katholischer Orthodoxie herausgefordert hatten, so drängten auch in der Nachkriegszeit französische Gelehrte auf neue Wege in Liturgie, Kirchengeschichte, Bibelwissenschaft und Theologie, Pacelli und die Kurie erfüllte dieses Denken mit Abscheu.

Die Tatsache, daß Tausende französische katholische Geistliche während des Ersten Weltkriegs in der Armee dienten und im Zweiten Weltkrieg in nationalsozialistischen Arbeitslagern arbeiten mußten, hatte eine Generation von französischen «Neuen Theologen» motiviert, den Katholizismus für die moderne Welt relevanter zu machen. Gleichzeitig hatte eine Gruppe von Priestern in Frankreich ein Projekt in die Wege geleitet, das als Bewegung der Arbeiterpriester bekannt werden sollte. Hier entwickelte sich ein Apostolat, das in die industriellen Realitäten Nachkriegsfrankreichs eindrang. In der Befürchtung, Rom könne die intellektuelle Kontrolle über die Neue Theologie verlieren, die mit Sozialismus und Kommunismus liebäugele, disziplinierte Pacelli die Arbeiterpriester und brachte die Gelehrten zum Schweigen, indem er über das Heilige Offizium unter Kardinal Giuseppe Pizzardo auf Bischöfe und Ordensobere Druck ausübte. In der Annahme, daß die Arbeiterpriester ein Bündnis mit den Kommunisten eingehen würden, verbot er sie schließlich.

Zu den berühmtesten Opfern von Pacellis geistiger Unterdrückungspolitik in den fünfziger Jahren zählte Pierre Teilhard de Chardin, der französische Jesuit und Paläontologe, der den Versuch unternommen hatte, biologisches und kosmologisches Evolutionsdenken mit der Theologie des Mystischen Leibes zu verbinden. Er wurde vor die krasse Entscheidung gestellt, sich unter strikter Überwachung in einem ländlichen Exerzitienhaus einsperren zu lassen oder in die Vereinigten Staaten ins Exil zu gehen. Teilhard entschied sich für New York. All jene, die er beeinflußt hatte, verloren ihre Lehrposten und wurden an weit auseinanderliegende Orte versetzt und von ihren Studenten getrennt.[5] Jesuiten mit liberalen Tendenzen, darunter Henri de Lubac, der in seinen Schriften für einen sozialen Katholizismus eintrat, wurden versetzt, um eine vermeintliche Verschwörung aufzubrechen. Sie erhielten Lehr- und Publikationsverbot. Ihre Bücher kamen auf den Index. Der amerikanische Jesuit Daniel Berrigan sagte zu einem Journalisten, der über diese Ereignisse berichtete: «Ich sah aus nächster Nähe, daß intellektuelle Spitzenleistungen wie bei einer großen stalinistischen Säuberung von einer Welle der Orthodoxie zertrümmert wurden. Es traf mich direkt, es verursachte tiefes Leid in mir. Es weckte in mir die Entschlossenheit, die Arbeit der Männer fortzuführen, die zum Schweigen gebracht worden waren.»[6]

Der andere große intellektuelle Orden der Kirche, die Dominikaner, wurde in ähnlicher Weise getroffen.[7] Pater Emmanuel Suárez, der Ordensmeister der Dominikaner, hatte von Kardinal Pizzardo eine ganze Flut von Beschwerden erhalten, darunter die folgende: «Sie kennen die neuen Ideen und Tendenzen sehr wohl. Diese übertreiben nicht nur, sondern sie verbreiten auch Irrtümer. Diese Gedanken entwickeln sich auf den Feldern der Theologie, des kanonischen Rechts und der Gesellschaft und finden in gewissen Orden eine recht große Resonanz ... Dieser bedauerliche Stand der Dinge muß den

Heiligen Stuhl beschäftigen, wenn er in Betracht zieht, daß die Ordensgemeinschaften Kräfte darstellen, auf die sich die Kirche im
Kampf gegen die Feinde der Wahrheit in besonderer Weise verlassen
kann und können muß.»[8]

Schließlich ging es um das schiere Überleben des Dominikaner-
ordens in Frankreich. Zwei seiner berühmten «Neuen Theologen»
waren die Patres M.-D. Chenu und Yves Congar. Sie hatten beträchtlichen Einfluß im ganzen Orden und insbesondere unter den jüngeren
Ordensmitgliedern. Von diesen beiden Geistlichen wurde verlangt,
sie sollten «den Heiligen Stuhl zufriedenstellen, indem sie Zeichen
des Gehorsams und der Disziplin geben». Chenu war herausgegriffen
worden, weil er über die Bewegung der Arbeiterpriester geschrieben
und weil er Priester ermutigt hatte, Arbeit in Fabriken anzunehmen,
Gewerkschaftsmitglieder und politische Aktivisten zu werden. Congar hatte sich für die ökumenische Bewegung und für eine Kirchen-
reform ausgesprochen. Rom unterband neue Auflagen ihrer Werke.
Congar erhielt strenge Weisung, nichts mehr zu publizieren, und wurde nach England ins Exil geschickt.

Den Schaden, den Pacelli unter dieser Generation von Gelehrten
anrichtete, von denen viele in den sechziger Jahren Berater des Zweiten Vatikanischen Konzils wurden, betraf nicht nur den Verlust an
Einfluß durch Lehr- und Publikationsverbot, er bestand auch in der
Unterbindung ihrer Fortentwicklung durch Austausch mit Gleichge-
sinnten.

Als gleichermaßen fatal sollte sich Pacellis Unterdrückung der Arbeiterpriester erweisen. Die Arbeiterpriester waren aus einer Zwangs-
maßnahme hervorgegangen: Geistliche mußten während des Krieges
für die deutsche Industrie arbeiten. Darauf ging ein Erfahrungsbe-
richt zurück, den zwei junge Priester unter dem Titel *France, Pays
de Mission* verfaßt hatten. Er handelte von der Lage der Arbeiterklasse in Frankreich. Einer der engagiertesten Unterstützer der Bewegung war der Kardinalerzbischof von Paris, Emmanuel Suhard, der
1946 schrieb: «Wenn ich in die Fabrikgebiete gehe, dann wird mein
Herz von Sorge zerrissen ... Eine Mauer trennt die Kirche von den
Massen.»[9] Schließlich wurde die «Mission de Paris», ein Missions-
projekt unter der Arbeiterklasse der Hauptstadt, gegründet. Ähnliches geschah bald in verschiedenen Diözesen überall in Frankreich.
Seminaristen lernten in Fabriken und Werkstätten, wie man Missio-
nar wird. Junge Priester arbeiteten Vollschichten und lebten in Indu-
striegebieten unter den gleichen Bedingungen wie ihre Arbeitskolle-
gen. Chenu hatte sie mit Hintergrundartikeln versorgt. Er legte dar,

wie die handarbeitenden kirchlichen Orden des Mittelalters den Weg für die Arbeiterpriester bereitet hatten: «Wirkliche Evangelisierung entwickelt sich nicht einfach zu einer Institution, sondern entsprechend dem Wesen der Kirche ergibt sich daraus eine Lehre, also eine neue Art des Denkens, der Begründung von Theologie, der Erklärung von Religion.»[10]

Den Arbeiterpriestern wurde Pacellis Mißfallen bereits 1949 deutlich. Doch sie wurden damals zunächst noch von vielen französischen Bischöfen geschützt, die die missionarische Begeisterung der Bewegung und ihre Identifizierung mit den Bedürfnissen und spirituellen Erwartungen der arbeitenden Menschen begrüßten. Nach 1950 nahm der Druck zu, bis 1953 schließlich eine Gruppe von Arbeiterpriestern, die in Paris tätig waren, den Befehl erhielt, keine weiteren Stellungen anzunehmen. Im gleichen Jahr teilte Kardinal Pizzardo dem französischen Episkopat mit, daß Seminaristen nicht in Bergwerken oder Fabriken arbeiten sollten. Später in jenem Jahr begaben sich drei französische Kardinäle (Lienart, Gerlier und Feltin) demütig nach Rom, um nach einem Kompromiß zu suchen. Das Ergebnis kam einer Kapitulation gleich. Sie erklärten sich einverstanden, daß die Arbeiterpriester künftig nicht mehr in den Gemeinden leben sollten, wo sie arbeiteten, sondern in Pfarrhäusern oder Ordensgemeinschaften, daß sie nur Teilzeitstellungen annehmen und aus den Gewerkschaften austreten sollten. Die Dominikaner waren nicht so fügsam, und ihr ständiger Widerstand gegen Rom führte zur Entlassung von drei Provinzialen (örtlichen Ordensleitern) in Paris, Toulouse und Lyon. Im Januar 1954 wurde die Bewegung der Arbeiterpriester verboten. Die Bischöfe Frankreichs schickten einen Brief an alle Gruppen dieser Bewegung und befahlen ihnen unter Strafe der Exkommunikation, die Vollzeitarbeit einzustellen. Sie mußten die Gewerkschaftsmitgliedschaft kündigen, sich einer religiösen Gemeinschaft anschließen und davon Abstand nehmen, Gruppen zu bilden.[11] Daniel Berrigan kommentierte: «Unser Eisschrankpapst Pius XII. ließ die Bewegung auf einen Schlag auflösen, er befahl, jeder einzelne Arbeiterpriester in Frankreich solle sich einem Bischof unterstellen.»[12]

Was durch diese Katastrophe verloren ging, war das Streben nach einer sozialen, stärker pluralistischen Kirche, die sich um die von ihr getrennten Brüder bemüht, die die Schranken zwischen dem Heiligen und dem Profanen, zwischen der Geistlichkeit und den Laien niederreißt und die Bedeutung des Apostolats unter den Arbeitern anerkennt. Vor allem war Pacellis Vorgehen gegen diese Tendenzen innerhalb der Kirche eine Unterdrückung der Liebe im Interesse von

Konformität und Macht. Charles Davis, ein berühmter englischer katholischer Theologe jener Zeit, beschreibt es so: «Die dauernde Frustration dynamischer Bewegung des Menschen zur Wahrheit hin verhindert persönliche Entfaltung und läßt die Quellen persönlicher Freiheit versiegen. Jede echte Liebe stützt sich auf die Wahrheit. Christliche Liebe ist keine Ausnahme.»[13] Die Unterdrückung dieser Pioniere hatte ihren Preis; Viele gaben wie Davis damals oder später – oft in den sechziger Jahren – das Priesteramt auf und verließen die katholische Kirche. Für jene, die ausharrten, dauerten die Auswirkungen von Pacellis Repression bis in die Sitzungen des Zweiten Vatikanischen Konzils hinein fort.

Am 3. Juni 1951 wurde Pacelli in einer Sänfte von den Bronzetüren zur Treppe des Petersdoms getragen, wo er eine Predigt zur Vorbereitung der Seligsprechung von Pius X. verlas, dem Papst der Antimodernismus-Kampagne, der im ersten Jahrzehnt des Jahrhunderts viele hundert katholische Gelehrte verfolgt und zum Schweigen gebracht hatte. «Wenn heute die Kirche Gottes», so erklärte Pacelli, «weit entfernt davon, den Kräften nachzugeben, die die Zerstörer ihrer spirituellen Werte sind, für die göttliche Wahrheit leidet, kämpft und voranmarschiert, so ist dies großenteils ein Verdienst des weitsichtigen Handelns und der Heiligkeit von Pius X.»

Pacellis Marienverehrung

Bei all seiner Unterdrückungspolitik gegenüber authentischer, kreativer Theologie fehlte Pacelli keineswegs das starke Gespür für die Notwendigkeit einer spirituellen und liturgischen Erneuerung der Kirche. Er ermutigte beispielsweise praktische Veränderungen der Liturgie der Osterwoche und der Fastenvorschriften vor dem Empfang der Kommunion. Die von ihm eingeführten Abendmessen machten es arbeitenden Gläubigen leichter, dem Gottesdienst an kirchlichen Feiertagen beizuwohnen, und dies verhinderte in den fünfziger Jahren wohl einen noch stärkeren Exodus aus der Kirche. Aber seine Versuche zur Wiederbelebung des religiösen Lebens der Kirche konzentrierten sich auf eine Mischung von Volksfrömmigkeit und Selbstherrlichkeit des Papstamtes. Seine Marienfrömmigkeit, die aus seiner Jugend herrührte und bis ins Erwachsenenalter anhielt und täglich mit einem Rosenkranzgebet sowie zweimal am Tage mit dem Angelus zelebriert wurde, fand nun eine salbungsvolle Verbreitung in Form eines päpstlichen Dogmas.

Am 1. November des Heiligen Jahres 1950 trat Pacelli auf die Loggia über dem Petersplatz und gab unter dem donnernden Applaus eines Millionenpublikums bekannt, daß «die Unbefleckte Muttergottes Maria, die immer Jungfrau war und blieb, als ihr Leben zu Ende ging, mit Körper und Seele in die himmlische Seligkeit emporstieg». Die formale Definition des Auferstehungsdogmas erschien unter dem Titel *Munificentissimus deus*[14] drei Tage später. Es war das erste (und bleibt bis heute das einzige) feierliche und unwiderrufliche Dekret eines Papstes, das der Definition von Unfehlbarkeit des Ersten Vatikanischen Konzils 1870 entsprach.

Das Dogma verkündete, wie es jemand angemessen sei, der unbefleckt durch die Erbsünde zur Welt gekommen ist, sei Marias Körper nicht gestorben und verwest, um auf die Wiederauferstehung zu warten, sondern vielmehr direkt in den Himmel und in den Stand der Herrlichkeit aufgenommen worden. Maria thront dort als Königin über den Engeln und den Heiligen. Diese feierliche Erklärung stützte sich auf eine umstrittene frühchristliche Tradition, für die es in der Heiligen Schrift keine Grundlage gibt. Doch zweifellos wurde dieser Schritt durch Bischöfe, Theologen und Gläubige innerhalb der katholischen Kirche in aller Welt unterstützt, und Pacelli bewegte sich innerhalb der Regeln, wie sie vom Ersten Vatikanischen Konzil festgelegt waren.

Das Dogma war von großer Tragweite. Im Kern ging es hier um den Triumph eines Individuums, das Gehorsam und Keuschheit miteinander verbunden hatte, um Zeit, Verwesung und Tod zu überwinden. Daher brachte die zentrale Metapher einen wesentlichen Antagonismus zum Ausdruck: auf der einen Seite stand die Vergänglichkeit von Zeit und sexueller Befriedigung, auf der anderen die Unvergänglichkeit der Reiche des Geistes und der Keuschheit. Im Text der Apostolischen Konstitution zitierte Pacelli Johannes von Damaskus, einen Kirchenvater des 8. Jahrhunderts: «Es mußte die, die in der Geburt die Jungfrauschaft unversehrt bewahrt hatte, auch nach dem Tode ihren Leib frei bewahren von aller Verwesung.» Wie es bei Pius IX. der Fall gewesen war, der 1854 das Dogma von der Unbefleckten Empfängnis verkündet hatte, erhöhte auch das Dogma der Auferstehung Mariä zugleich das Gewicht des Papstes, der es verkündete. Es zeugte eher von Pacellis Entschlossenheit, seine eigene Unfehlbarkeit als Ausdruck seiner Machtstellung zu unterstreichen, als daß es eine umstrittene Frage von vitaler Bedeutung für die Kirche beantwortet hätte. Es hatte schließlich schon in der frühchristlichen Kirche einen anerkannten Kult der Himmelfahrt Mariä gegeben, und der entsprechende Festtag fiel seit unvordenklichen Zeiten auf den 15. August. Doch der Zeitpunkt seiner Verkündigung läßt das Dogma eigentümlich beharrlich und geradezu trotzig wirken. Auch ein militantes Element spielt hinein. Seit 1940 hatte Generalissimus Franco sich den Auferstehungskult, der in Spanien mit Marias Himmelskönigtum in Zusammenhang gebracht wurde, als Kampfruf gegen den Kommunismus zunutze gemacht. Der Auferstehungsglaube war von zentraler Bedeutung für bestimmte marianische Privilegien, deren sich verschiedene spanische Legionäre und Heere Mariä rühmten. Heiligenbilder und Medaillons, die das Auferstehungsmysterium veranschaulichten, begleiteten francistische Freiwillige im Kampf gegen die Rote Armee an die Ostfront.

Dieses Dogma leistete für Maria etwas besonders Spektakuläres; es hatte die Kraft, die Bindung der Massen an den Marienkult zu fördern und wiederzubeleben. Gleichzeitig verstärkte es die Loyalität gegenüber dem Papst und seiner einzigartigen Macht, im Himmel und auf Erden zu binden oder zu lösen. Bedauerlicherweise schlug das neue Dogma jedoch zeitgenössischen Bemühungen um eine christliche Einheit zwischen Katholiken, Protestanten und Orthodoxen ins Gesicht. Protestanten konnten nicht akzeptieren, daß die Tradition der Auferstehung auf der gleichen Ebene lag wie beispielsweise die Lehre von der Heiligen Dreifaltigkeit. Und die Orthodoxen des Ostens waren unglücklich über eine Entwicklung, die Maria zu vergöttlichen und von der Menschheit abzusondern schien. So meinte ein protestantischer Theologe: «Die Verkündung eines Auferstehungsdogmas (wird) heute, inmitten von Bemühungen um engere Beziehungen zwischen den Kirchen als ein fundamentales Veto der römischen Kirche verstanden.»[15]

Pacellis marianischer Eifer wurde zum Zeitpunkt der Verkündung des Dogmas durch eine persönliche «mystische» Erfahrung beflügelt. Beim Spaziergang in den Vatikanischen Gärten, so behauptete er, sei er Zeuge des Phänomens der rotierenden Sonne geworden, das mit der Marienerscheinung von Fátima im Jahre 1917 in Zusammenhang gebracht wurde. Dieses Ereignis ist um so seltsamer bei einem Papst, der nicht eben besonders emotional oder sentimental war. Das Geschehen wurde im folgenden Jahr vom päpstlichen Legaten, Kardinal Frederico Tedeschini (dem offiziellen Schirmherrn des spanischen Opus Dei), vor einem Publikum von einer Million Pilgern in Fátima offenbart.[16]

Das Auferstehungsdogma und die Vision des Papstes gingen der Verkündung eines marianischen Jahres für 1954 voraus, das weitverbreitete «Kreuzzüge» mit Mariengebeten, Massenversammlungen, Krönungen ihrer Statuen, Sondermessen und Weihen von Marienheiligtümern auslöste. Hinzu kamen zahllose Marienerscheinungen. Ein spanischer Jesuit berichtete ironisch: «Wogen von Erscheinungen überfluteten die Völker Ost- und Westeuropas, und der Wunderglaube hat sich bis nach Amerika und Asien ausgebreitet, wo er ein nicht weniger glänzendes Blühen von Wundertaten hervorgebracht hat.»[17] In den Vereinigten Staaten zielte die Kampagne von Pater Patrick Peyton darauf ab, zum Rosenkranzgebet daheim zu ermutigen, begleitet von Schlagworten wie «Die Familie, die zusammen betet, bleibt zusammen» und «Eine betende Welt ist eine friedliche Welt.»

Das Vakuum, das in der Nachkriegszeit durch die Unterdrückung dynamischer und kreativer Theologie entstanden war, wurde so durch Marienverehrung gefüllt, deren Zugkraft in einer volkstümlichen Kombination von persönlicher Frömmigkeit mit der Demonstration von Massenloyalität und Inbrunst lag. Kirchlich gesehen förderte all dies die Erhöhung und den Triumphalismus des Papsttums. Die persönlichen Tugenden, zu denen das Dogma ermutigte, hießen Disziplin, Gehorsam, Bescheidenheit, strenge Keuschheit. Politisch wurde Marienverehrung als Waffe im Kalten Krieg betrachtet. Bei einer «Rosenkranzproklamation» in Cadiz im Jahre 1954 erklärte ein Jesuitenprediger, «die friedliche Beilegung des Kalten Krieges» könne nur erreicht werden durch «Zusammenkünfte himmlischer Diplomatie» in Lourdes und Fátima.[18] Im selben Jahr sprach Franco zur spanischen Nation über die Bedrohung durch sowjetische Nuklearwaffen: «In der Hoffnung, daß diese Stunde nicht kommt, vertrauen wir uns selbst im vollen Glauben dem Schutz unserer heiligen Patronin an, der uns nicht versagt bleiben kann, sowie der Fürsprache des Unbefleckten Herzens Mariä.»[19]

Maria Goretti, Heilige der Keuschheit

Pacellis Erhebung der Keuschheit auf den höchsten Thron der Tugenden fand während des Heiligen Jahres einen bemerkenswerten Ausdruck mit der Kanonisierung von Maria Goretti, die am Abend des 24. Juni 1950 vor der größten Menschenmenge, die sich je zu solch einem Ereignis versammelt hatte, auf dem Petersplatz stattfand. Die Zeremonie wurde auf der Treppe vor der Basilika vollzogen und durch Lautsprecher die ganze Via della Conciliazione entlang und den ganzen Weg bis zum Castel Sant Angelo übertragen. «Wollt ihr sie als Beispiel nehmen?» rief Pacelli aus. «Sì, sì», erwiderten die Massen.

Maria Goretti war die Tochter eines Bauern in der römischen Campagna. Im Alter von elf Jahren wurde sie Opfer einer sexuellen Mißhandlung durch Alessandro Serenelli, der in ihrem Elternhaus wohnte. Er drohte mit dem Tode, falls sie das Geschehene ihrer Mutter offenbare. Etwa fünf Wochen nach ihrer Erstkommunion brachte er sie ein drittes Mal in seine Gewalt. Es heißt, ihre Weigerung, seinen sexuellen Forderungen nachzugeben, habe zu ihrer Ermordung geführt. In seiner Wut stach er vierzehnmal auf sie ein. Sie lebte gerade noch lange genug, um ihrem Mörder zu vergeben und in ihren letzten Minuten die Heilige Kommunion zu empfangen. In seiner Predigt erklärte Pacelli, sie habe die Heiligsprechung durch ihre Bereitschaft verdient, eher ihr Blut zu vergießen, als ihre Reinheit hinzugeben.[20] Sich angesichts einer Drohung zu unterwerfen, so war dies zu verstehen, sei ein Zeichen von Unvollkommenheit. Er sagte damit der Jugend der Welt, sie solle bereit sein, eher das Martyrium zu erleiden, als nachzugeben, um ihr Leben bei einer sexuellen Aggression zu retten. Dieses Prinzip wurde durch verschiedene fromme Kommentatoren auf andere Gebiete übertragen. So heißt es im *Concise Biographical Dictionary of the Saints* von 1958: «Menschen wie Maria Goretti ... sind sich stets dessen bewußt, daß leichthin nachzugeben, die eigene körperliche Integrität dahinzugeben, selbst wenn dies unter den zwingendsten Notwendigkeiten des Augenblicks geschieht, den gesamten Rhythmus des Universums unterbricht.» In den fünfziger Jahren gab es in katholischen Klassenzimmern überall in der Welt einen Platz an der Wand für ein Bild oder eine Statue der Heiligen Maria Goretti.

In auffallendem Gegensatz zu seinen Erwartungen an das sittliche Verhalten jener, die während des Krieges durch Teilnahme an den Massenmorden an Juden schuldig geworden waren, zögerte er nicht, jenen zum Martyrium zu raten, deren sexuelle Moral herausgefordert wurde.

20

Absolute Macht

Mitte der fünfziger Jahre herrschte Pius XII. über eine imposante Kirche. Niemals in der Weltgeschichte hatte ein Mensch über die bereitwilligen Herzen und den Verstand so vieler geherrscht. Nach offiziellen vatikanischen Zahlen betrug 1958 die Zahl der praktizierenden Katholiken 509 Millionen bei einer Weltbevölkerung von etwa zwei Milliarden Menschen. Pius XII. stand im Mittelpunkt einer kurialen Bürokratie, die aus 20 Kongregationen, Tribunalen und Ämtern bestand. Nach dem Zweiten Weltkrieg hatten sich die Aktivitäten der Kurie schnell vermehrt, ihre Reichweite hatte sich durch moderne Kommunikation vervielfacht. Nun konnte man wirklich von einer Weltkirche sprechen: Die jährlichen «Akten» des Heiligen Stuhls, die jeweils als *Acta Apostolicae Sedis* veröffentlicht wurden, waren von 300 Seiten 1945 auf 1000 Seiten 1953 angewachsen.

Die Rolle des Papstes bestand darin, als alleiniger Stellvertreter Christi auf Erden zu lehren und richtigzustellen. Die Kongregationen, Tribunale und Ämter berieten den Papst nicht, noch nahmen sie Rücksprache mit ihm. Sie interpretierten vielmehr sein Wünschen und Wollen und gehorchten seinen ausdrücklichen Befehlen.

Das Heilige Offizium wachte über Ketzerei und Irrtümer, ihm oblag die Zensur. Seinen Augen und Ohren entging nichts, obwohl seine Reaktionen manchmal bis zur Lächerlichkeit spät kamen (der katholische Autor Graham Greene wurde wegen «Irrtümern» in seinem Roman *Die Macht und die Herrlichkeit* getadelt, die man 14 Jahre nach der Veröffentlichung entdeckte). Die Kongregation für die Propagierung des Glaubens leitete die missionarischen Aktivitäten der Kirche bis in den letzten Winkel der Erde. Die Ritenkongregation sorgte für liturgische Einheitlichkeit. Die Kongregation für Seminare und Universitäten, auch Studien-Kongregation genannt, überwachte die Lehrpläne der katholischen Hochschul- und Priesterausbildung.

Die Religiosenkongregation regelte das Leben von etwa 400 000 Diözesanpriestern, einer Viertelmillion Ordenspriestern und einer Million Nonnen. Priester und Nonnen waren verpflichtet, zölibatär und gehorsam zu leben; zu jener Zeit hielten sie gemeinhin ihre Versprechen ein, und von abtrünnigen Klerikern, Nonnen oder Ordensgeistlichen, die man von ihrem Gelübde entbunden hatte, hat man damals in der Regel nie wieder etwas gehört. Die Nonnen waren immer noch von Kopf bis Fuß in ein alles verbergendes Gewand gehüllt; sie versorgten die Kirche nicht nur mit Lehrerinnen und Krankenschwestern, viele von ihnen übten auch, meist im Dienste von Priestern, niedere Arbeiten als Putzfrauen und Wäscherinnen aus. In den Vereinigten Staaten, die über eine der am schnellsten wachsenden katholischen Bevölkerungen verfügten (26 Millionen im Jahre 1950), gab es 141 000 Nonnen, die in 260 verschiedenen Orden wirkten.

Im Kern der vatikanischen Bürokratie befand sich die Konsistorialkongregation, die die Aufgabe hatte, Bischofskandidaten zu überprüfen. Nur die Namen jener, die Gehorsam und Unterwerfung unter Beweis gestellt hatten, wurden nach Rom gemeldet. Alle zwei Jahre wurden über die apostolischen Delegaten oder die Nuntien (die päpstlichen Vertreter in den jeweiligen Ländern) Nominierungsvorschläge an den Vatikan geschickt, wo sie durch die Kongregation genauer überprüft wurden. Am Ende hatte nur der Papst das Recht zur Entscheidung und Ernennung. Und jeder Bischof der Welt mußte darüber hinaus alle fünf Jahre nach Rom kommen, um dem Papst persönlich Bericht zu erstatten.

Dennoch leitete Pacelli der Idee der Subsidiarität Lippendienste, einem Gedanken, der von Pius XI. als ein Prinzip formuliert worden war, demzufolge übergeordnete Institutionen nicht das an sich ziehen sollen, was untergeordnete selber leisten können. Am 20. Dezember 1946 bestätigte Pacelli das Prinzip und fügte hinzu: «Diese Worte sind in der Tat erhellend: sie sind nicht nur auf die Gesellschaft anzuwenden, sondern auch auf das Leben der Kirche.» Leider unterstützte er mit seiner Berufung auf dieses Prinzip ausschließlich die Bedeutung des Individuums gegenüber der Gemeinschaft.[1]

Inzwischen war Pacelli, so konnte man sagen, der erhabenste Autokrat auf Erden, doch sein Lebensstil blieb einfach, mönchisch, streng geregelt. Wenn er Neigungen zur Selbstverherrlichung zeigte, dann mit seiner Neigung, sich über immer mehr Themen auszulassen. Diese den unterschiedlichsten Spezialthemen geltenden Gespräche oder «Allokutionen» waren so zahlreich und überschritten so weit seine Kompetenzen, daß sie symptomatisch für seinen wachsenden

Allwissenheitswahn zu sein schienen. Er belehrte Besuchergruppen über Themen aus den vielfältigsten Bereichen: Zahnheilkunde, Gymnastik, Gynäkologie, Luftfahrtkunde, Kinematographie, Psychologie und Psychiatrie, Landwirtschaft, plastische Chirurgie und Nachrichtensendungen. Auch scheute er nicht davor zurück, technische Empfehlungen auszusprechen. Ein Besucher erkundigte sich einmal in seinem Arbeitszimmer nach den Stapeln von dickleibigen Büchern in der Nähe seines Schreibtischs. Pacelli erwiderte, er bereite eine Rede über Gaszentralheizungen vor. Als T. S. Eliot, zu seiner Zeit vielleicht der führende Dichter und Literaturkritiker englischer Sprache, 1948 zu einer Privataudienz in den Vatikan kam, hielt Pacelli ihm einen Vortrag über Literatur.[2]

Um sein vorgebliches Expertenwissen zu erweitern, unterhielt Pacelli eine gewaltige Bibliothek von technischen Werken, Enzyklopädien und Kompendien, die mehr als 50 000 Bände umfaßte. Bei seinen Recherchen halfen ihm Pater Hentrich und der stets dienstbereite Pater Robert Leiber sowie je nach Bedarf Gruppen von beflissenen Jesuiten. Als Pedant, der er war, forderte er von diesen Hilfskräften Höchstleistungen. Sie hatten jede Tatsache und jedes Zitat zu kontrollieren und immer wieder zu überprüfen. Einmal sagte er zu einem Monsignore: «Der Papst ist verpflichtet, alles besser zu tun auf allen Gebieten; anderen kann man ihre Unzulänglichkeiten verzeihen, aber niemals dem Papst!»[3] Leiber, der in der Universität Gregoriana, fünf Kilometer vom Vatikan entfernt, lebte und arbeitete, beklagte sich nach Pacellis Tod, dieser habe von ihm erwartet, alles, was er gerade tat, stehen und liegen zu lassen und eiligst in den Vatikan zu kommen, wenn sein Pontifex ihn rief. Obwohl Leiber unter starkem Asthma litt, bot man ihm nie das Auto des Papstes an, sondern er war gezwungen, sich mit der Straßenbahn durch die belebtesten Stadtteile zu quälen.

Pacelli schrieb seine Ansprachen in den frühen Morgenstunden. Er skizzierte sie in seiner kleinen Handschrift mit Tinte, bevor er sie auf einer weißen Reiseschreibmaschine übertrug. Er war, wie sein Sekretariatsleiter mitteilte, so sehr von Ordnungssinn besessen, daß er bis früh um zwei aufblieb, um jedes Dokument und jedes Buch richtig einzuordnen, bevor er sich zur Ruhe legte.[4] Tardini hat in leicht säuerlichen Worten einen Eindruck von Pacellis übertriebener Genauigkeit bei der Unterzeichnung eines Dokuments hinterlassen: «Dann untersuchte er aufmerksam die Feder, um sich zu vergewissern, ob dort nicht irgendein Fädchen oder andere feine Schmutzteilchen hängengeblieben waren, die die Schriftstücke zu stark gezeichnet hätten.

Wenn er so etwas bemerkte oder auch nur im Verdacht hatte, nahm er ein Stückchen schwarzen Stoff (das ebenfalls immer auf seinem Schreibtisch und stets auf demselben Platz lag) und reinigte sorgfältig die Feder.» Danach ging das Ritual weiter. Sorgfältig tauchte er die Feder in das Tintenfaß, versuchte vorsichtig zu verhindern, zuviel Tinte aufzunehmen, was zu einer Verschmutzung des Schreibtisches oder des Papiers hätte führen können. «Endlich begann der Papst mit der Unterschrift ... Dann trocknete der Papst die Feder mit demselben schwarzen Läppchen achtsam ab und überzeugte sich, ob die Tinte ganz abgewischt war (‹sonst›, sagte der Papst, ‹rostet die Feder, und man kann sie nicht mehr gebrauchen›). Dann legte er Läppchen und Feder an ihren Platz zurück.»[5]

Ein anderes Anzeichen der Tendenz des späten Pacelli zum Alleskönnertum war sein Wunsch, vielsprachig zu erscheinen. Außer Italienisch und Latein sprach er Französisch und Englisch, und sein Deutsch war nach dreizehn Jahren in jenem Land einigermaßen flüssig. Während seines Pontifikats lernte er angeblich außerdem zunächst Spanisch und Portugiesisch, dann Dänisch, Holländisch, Schwedisch und Russisch – weil er es liebte, Besucher aus fremden Ländern in ihrer jeweiligen Sprache zu begrüßen. Er besaß eine große Sammlung von Grammatiken und Wörterbüchern, die er ständig konsultierte. Und dennoch vermutete Evelyn Waugh, wie schon Bernhard Wall, daß Pacellis Englisch dürftig sei. Waugh bemerkte in einem Brief an seine Frau: «Traurig beim Papst ist, daß er gern englisch spricht und wie ein Papagei verschiedene elegante kleine Ansprachen auswendig gelernt hat. Er hält sie praktisch ohne Akzent, aber von der Sprache versteht er kein Wort.»[6] Pacelli war erleichtert, als Waugh französisch zu sprechen begann.

Im Laufe der Jahre entwickelte sich im Apostolischen Palast eine immer stickigere Atmosphäre. Dabei fehlte es nicht an Streß und Spannungen. Robert Leiber behauptet in seinen Erinnerungen an Pacelli, das Verhalten des Papstes sei allzeit durch eine «nüchterne Sachlichkeit» geprägt gewesen.[7] Da entsteht der Eindruck von dem, was geistliche Autoren einstmals *accidie* – geistige Leere – genannt haben, und das hat möglicherweise oft zu neurotischen und manchmal sogar psychotischen Symptomen geführt: Das zeigt sich in mannigfaltigen Phobien im Blick auf seine Gesundheit und in gelegentlichen Visionen und Halluzinationen. Beim Spaziergang in den Vatikanischen Gärten hatte er, wie gesagt, am 30. Oktober 1950 die Sonne in verschiedenen Farben rotieren sehen (sein Chauffeur, Giovanni Stefanori, der ihn begleitete, sah nichts).[8] Bei einer anderen Gelegenheit glaubte Pius,

*Pius XII. verkündigt am 29. Mai 1954 die Heiligsprechung Pius' X.
auf dem Petersplatz*

Jesus Christus sei ihm persönlich in seinem Schlafzimmer erschienen;
überall in der Welt wurde in Zeitungen darüber berichtet. Aber die
«nüchterne Sachlichkeit» setzte sich wieder durch, und schon bald
weigerte er sich barsch, über seine Visionen zu sprechen, wenn fromme Besucher ihn danach fragten. Dennoch gibt es Anzeichen dafür,
daß ihm die Vorstellung, er sei zum Heiligen bestimmt, nicht abwegig
erschien. Die Zeugenaussagen im Seligsprechungsverfahren berichten
von einer Wunderheilung, die sich auf sein Geheiß ereignete. Während man ihn auf seinem Tragstuhl trug, tauschte er regelmäßig sein
Käppchen mit solchen, die Pilger bei Gamarelli, dem Ausstatter der
Geistlichen, gekauft hatten. Frische Reliquien zweiter Klasse!

Nach dem Krieg traf er sich regelmäßig mit seinem Neffen Carlo
und mit Graf Galeazzi. Dabei ging es meist um die Leitung des
vatikanischen Stadtstaats. Er unterhielt sich sehr gern mit Monsignore Ludwig Kaas, der möglicherweise der einzige war, der sich in
Anwesenheit des Papstes unverblümt äußern durfte – allerdings niemals zu kirchlichen Themen.[9] Nach Kaas' Tod 1952 schien Pacelli
vereinsamt inmitten vieler Menschen. Selbst seine engere und weitere
Verwandtschaft sah ihn gerade einmal im Jahr, nämlich am Weih-

nachtstag. Und dieses Fest war streng geregelt. Pünktlich um vier Uhr versammelten sich drei Generationen von Pacellis unter den aufmerksamen Augen von Mutter Pasqualina in seinem Arbeitszimmer. Zuerst zeigte er den Kindern die Krippe aus Deutschland, die er während seiner Zeit in München gekauft hatte. Dann verteilte er Geschenke, und die Nonnen trugen Kuchen und heiße Schokolade herein. Nachdem er sich eine Weile mit den Erwachsenen unterhalten hatte, die in seinem Arbeitszimmer im Kreis saßen, verabschiedete er sie und kehrte zu seinen einsamen, unveränderlichen Tagesgeschäften zurück.

Es hieß, daß Mutter Pasqualina, das «Kreuz, das er zu tragen hatte» (wie es seine jüngere Schwester formulierte), zunehmend seinen Tagesablauf kontrollierte und den Zugang zu ihm überwachte. Sie widersprach in ihrer Zeugenaussage im Seligsprechungsprozeß dem Gerücht, sie sei einst in eine Audienz mit US-Außenminister John Foster Dulles hineingeplatzt, um dem Papst zu sagen, daß seine Suppe kalt werde.[10] Solchen Geschichten wurde dennoch im Laufe der Jahre immer mehr Glauben geschenkt, und sie haben dem Seligsprechungstribunal eindeutig Probleme bereitet.[11]

Pacelli schien immer weniger Vertrauen in die jüngere Generation zu haben. So weigerte er sich, einen neuen Kardinalstaatssekretär zu ernennen, und zog es vor, diese Aufgabe auch noch auf sich zu nehmen. Tardini schildert in seinen Erinnerungen an Pius, der Papst habe ungern Berufungen und Beförderungen vorgenommen. Er hielt nur zwei Konsistorien zur Ernennung neuer Kardinäle ab, 1946 und 1953. Unter dem Druck der Amerikaner traf er nach dem Krieg unter den insgesamt 32 neuen Kardinälen eine internationaler orientierte Auswahl als je zuvor in der Geschichte des Heiligen Kollegiums. Im nächsten Konsistorium stellte er das Gleichgewicht wieder her. Von 24 neu ernannten Kardinälen waren zehn Italiener. Die meisten dieser Italiener waren für die Kurie, also die vatikanische Bürokratie tätig.

Pius hielt kaum regelmäßige Audienzen für die Ressortleiter der Kurie ab. Das vertiefte seine erhabene Einsamkeit, gab aber zugleich den starken Persönlichkeiten unter den Kurienmitgliedern mehr Spielraum. Opfer waren die Diözesanbischöfe, die, wie Falconi formulierte, «vom Papst ignoriert und von den Abteilungen (der Kurie) erniedrigt» wurden. Durch diese zweigleisige Befehlsstruktur an der Spitze der Kirche wurde der gewöhnliche Klerus vernachlässigt, seine Ausbildung, seine materielle Lage, seine wachsenden Probleme angesichts einer sich rasch wandelnden Welt.

Im Oktober 1954 verstieß Pacelli seinen einstmals so geliebten Giovanni Montini mit einer Beförderung, die gleichzeitig eine Degradierung war. Er schickte ihn in die schwierige und stark bevölkerte Erzdiözese Mailand. Man hat vermutet, Montini, der spätere Papst Paul VI., habe Pacelli herausgefordert, indem er Unregelmäßigkeiten bei der vatikanischen Bank aufdeckte, die nunmehr von zwei Neffen Pacellis geleitet wurde. Den wirklichen Gründen kommt wohl die Vermutung näher, daß Gegner innerhalb der Kurie die Ansicht vertraten, Montini verhalte sich zu weich gegenüber dem Sozialismus.[12]

Je älter Pacelli wurde, desto mehr verengte sich sein Blick. Im Jahre 1952 beklagte er sich über die Schönheitskonkurrenzen zur Wahl der Miß Europa und der Miß Italien.[13] Er hielt solche Wettbewerbe für unzüchtig und verlangte ihr Verbot. Im Laufe der Jahre ereiferte er sich immer wieder über Jazz und über Filme mit offenkundig sexueller Thematik. Nach den Zeugenaussagen im Seligsprechungsprozeß bat er Journalisten, von der Formulierung Abstand zu nehmen, er habe die Köpfe von Kindern «gestreichelt». Er sah es lieber, wenn sie schrieben, er habe auf ein Kind «seine Hand gelegt»: «Wir leben in einer bösen Welt», erklärte er. Er weigerte sich, für einen bestimmten Seligsprechungskandidaten einzutreten, weil dieser «Diener Gottes» ein Raucher gewesen war. In einem anderen Fall wies er einen Kandidaten zurück, von dem man wußte, daß er ein «obszönes Wort» ausgesprochen hatte.[14] Er bat Monsignore Kaas, der für die Verwaltung des Petersdoms verantwortlich war, in der Basilika Statuen und Bilder von Nackten zu verhüllen. Außerdem gab er bekannt, daß er nicht damit einverstanden sei, daß Priester Gruppen von unverheirateten jungen Frauen zur Pilgerfahrt nach Rom führten. Solche priesterlichen Aktivitäten stellten seiner Ansicht nach eine Gelegenheit zur Sünde dar.[15] Darüber hinaus führte er einen Feldzug gegen Zigaretten rauchende Jesuiten. Seit dem Krieg hatte er stets in Anerkennung der Dienste, die sie ihm durch Recherchen leisteten, die Tabakrechnungen der Jesuitenpatres der Universität Gregoriana bezahlt. Aber als er Mitte der fünfziger Jahre einmal die Ausgaben für ein Jahr überprüfte, war er entsetzt über die Menge an Tabak, die sie verbrauchten, und er befahl den Mitgliedern der Gesellschaft Jesu in aller Welt, in Zukunft nicht mehr zu rauchen. Ganz sicher, so teilte er ihnen mit, passe dies nicht mit dem Armutsgelübde zusammen. Die Jesuiten, die begeisterte Raucher waren, begegneten dieser Zumutung mit der ihnen eigenen Kasuistik und fuhren fort zu rauchen, wie sie es gewohnt waren.[16]

Für die Frauenemanzipation in der Kirche hatte Pacelli wenig oder nichts übrig. Noch immer galt die Vorschrift, «daß eine *Frau* in der Weise ministriert, daß sie dem Priester von Ferne (ex longinquo) antwortet und keinesfalls an den Altar herantritt».[17] Allerdings rang er sich zögernd zu dem Zugeständnis durch, daß weibliche Chormitglieder in der Kirche singen durften, wenn auch nicht im Altarbereich.[18]

Was aktuelle Fragen der Sexualmoral anging, so war es Pacellis Schicksal, über pharmakologische Entwicklungen, die Vorläufer der Antibabypille waren, nachdenken und Aussagen machen zu müssen. Sein Urteil sollte Paul VI. mehr als zwanzig Jahre später nötigen, in der Enzyklika *Humanae vitae* schließlich die Pille zu verdammen.

Pius XI., Pacellis Vorgänger, hatte in den dreißiger Jahren ganz vorsichtig die Verwendung der sogenannten Zyklusmethode gestattet, bei der Ehepaare unfruchtbare Phasen ausnutzten, um ohne das Risiko einer Schwangerschaft Geschlechtsverkehr zu haben. Es begann die Tyrannei der Tabellen und der Temperaturmessungen, die das Sexualleben von Millionen katholischer Eheleute kennzeichnete, die (oft erfolglos) versuchten, unerwünschte Schwangerschaften und Todsünden zu vermeiden. Im Jahre 1934 jedoch hatten Biologen das natürliche Hormon Progesteron isoliert (das die Auslösung des Eisprungs bewirkt), und John Rock, ein frommer, katholischer, amerikanischer Pharmakologe, begann mit Forschungen über die therapeutischen Möglichkeiten der Regulierung des Eisprungs bei Frauen, die Schwierigkeiten hatten, schwanger zu werden. In den fünfziger Jahren interessierte sich Rock dann stärker für Progesteron als Mittel zur *Vermeidung* von Schwangerschaften. Er behauptete, die möglichen Auswirkungen seien mit jenen des Drüsensystems des Körpers gleichzusetzen und daher «natürlich». 1955 führten Rock und seine Kollegen einen klinischen Test in Puerto Rico durch, der sich als erfolgreich erwies.[19] Pacelli geriet nun unter wachsenden Druck, sich zu diesem Themenkomplex zu äußern.

Am 12. September 1958, einen Monat vor seinem Tod, gab der Papst, um alle weiteren Auseinandersetzungen zu beenden, ein Urteil in einem Extremfall ab. Die Frage lautete (vor der Massenfabrikation der «Pille»), ob es erlaubt sei, eine Progesteron-Therapie anzuwenden, um den Eisprung bei einer Frau zu verhindern, die eine Schwangerschaft voraussichtlich nur mit großen Komplikationen überstehen würde. Pacelli behauptete: «Man führte eine direkte und unerlaubte Sterilisation herbei, wenn man die Ovulation ausschaltet, um den Organismus vor den Folgen einer Schwangerschaft zu bewahren, die er nicht durchtragen kann.»[20] Die feministische Theologin Uta Ranke-Heinemann interpretiert die Position Pacellis so: «Die Absicht der Natur, die Zeugung, darf auf keinen Fall durchkreuzt werden, selbst dann nicht, wenn die Natur diese Zeugung gar nicht durchtragen kann und die Frau durch die Schwangerschaft stirbt.»[21] Diese Entscheidung basierte jedoch auf dem traditionellen Standpunkt, der bereits von Pius XI. in seiner Enzyklika *Casti connubii* (1930) bestätigt worden war, daß Individuen die Freuden der Sexualität nicht genießen dürften, ohne voll mit dem göttlichen Schöpfungszweck «zu kooperieren».

Hypochondrie

Mitte bis Ende der fünfziger Jahre erwies sich die Atmosphäre im Vatikan trotz einer allgegenwärtigen puritanischen Repression als moralisch wenig aufbauend und psychisch gesund. 1954 gab es einen häßlichen Skandal, als Fürst Filippo Orsini, ein päpstlicher Thronassistent, sich die Schlagadern durchschnitt. Anlaß war das Ende seiner Liebesaffäre mit der englischen Schauspielerin Belinda Lee. Der Vatikan sorgte im Einvernehmen mit der Ehefrau des Fürsten für seine Einlieferung in eine Anstalt für Geisteskranke, und selbstverständlich nahm man ihm seine Sonderstellung am «päpstlichen Thron», aber es blieb ein Unbehagen auch im Apostolischen Palast zurück.[22]

Der immer anspruchsvollere und hypochondrischer werdende Pacelli gelangte zu der Überzeugung, er sei ernsthaft krank, obwohl das Muster seiner Unpäßlichkeiten nahelegte, daß sie auf eine psychosomatische Störung zurückzuführen waren. Sein Leibarzt seit den dreißiger Jahren, der Augenarzt Professor Riccardo Galeazzi-Lisi, ein Halbbruder von Graf Galeazzi, wurde immer wichtiger für ihn. Schon als Kardinalstaatssekretär hatte Pacelli ihn konsultiert, wenn er neue Brillen brauchte, und er war von seinen medizinischen Kenntnissen derart beeindruckt, daß er ihn offiziell zum Arzt des Papstes oder *Archiatra* ernannte. In den Augen vieler anderer war Galeazzi-Lisi jedoch ein Quacksalber, und es gab innerhalb der Kurie laufend Empfehlungen, ihn zu entlassen. Aber wie die Seligsprechungsakten und insbesondere die Aussage von Pacellis jüngerer Schwester zeigen, wurde der Augenarzt von Mutter Pasqualina protegiert, die ihn für den perfekten Arzt hielt. Bei Galeazzi-Lisi verbanden sich Ignoranz, Nachlässigkeit und eigenartige Indikationen.

Das sollte langfristige Auswirkungen auf den Gesundheitszustand Pacellis haben.

Nach Darlegung seines Neffen, Fürst Carlo Pacelli,[23] mußte der Papst häufig Zahnärzte konsultieren. Er fürchtete, der Verlust der Zähne werde zu einer noch schlechteren Verdauung führen und seine Aussprache, die für all die Verkündungen in verschiedenen Sprachen so wichtig war, undeutlich machen. Pacelli glaubte fest, sein Zahnfleisch werde weich, und er ließ sich durch die entsprechenden Spezialisten von nichts anderem überzeugen. Auf Empfehlung von Galeazzi-Lisi suchte er einen fragwürdigen römischen Dentisten auf, der Chromsäure verschrieb, wie sie zum Färben von Lederhäuten benutzt wird. Im Laufe der Zeit schluckte Pacelli soviel von dieser Substanz, daß er Probleme mit der Speiseröhre bekam, die möglicherweise zum permanenten Schluckauf führten, der ihn Tag und Nacht plagte und schließlich chronisch wurde. Der Vatikan erhielt viele hunderttausende von Kinderbriefen aus aller Welt, die ihre Gebete und Mittelchen gegen den Schluckauf anboten.[24]

Im Oktober 1953 erkrankte Pacelli an einer nicht genau erkannten Verbindung von Beschwerden. Da er zu keiner Diagnose imstande war, schlug Galeazzi-Lisi eine Lösung vor, die damals unter Filmstars und narzißtisch orientierten Staatsmännern in Mode war. Er ließ den Schweizer Spezialisten Paul Niehans kommen, der eine sogenannte Frischzellentherapie erfunden hatte. Die Behandlung, die üblicherweise in seiner Klinik oberhalb des Genfer Sees durchgeführt wurde, fand in diesem Fall im Vatikan statt, sie basierte auf der Injektion von «lebenden» Zellen unter die Haut des Patienten. Die Zellen stammten von den Föten von Schafen und Affen, wobei vorzugsweise Zellen aus dem vorderen Teil des Gehirns der Embryos verwandt wurden. Niehans gab seine Therapie als Universalheilmittel aus. Er berichtete von Heilerfolgen in Fällen von Zirrhose, Nierenentzündung, Krebs und Sexualschwäche.[25] Niehans behauptete auch, seine Behandlung könne den Alterungsprozeß umkehren. Zum Glück für Niehans' Ruf im Vatikan hatte seine Therapie keine schädlichen Auswirkungen. Pacelli ging es auf natürliche Weise bald wieder besser, und er konnte wieder arbeiten – allerdings erlitt er im November 1954 einen Rückschlag. Darauf wurde Niehans erneut herbeigerufen, und er führte eine Reihe weiterer Injektionen von Tierzellen durch.[26]

1956 wurde Galeazzi-Lisi als Archiatra entlassen. Es gab Gerüchte über Spielschulden und eine «Persönlichkeitsveränderung»[27]; er wurde durch Dr. Antonio Gasbarrini ersetzt. Der entlassene Augenarzt spukte dennoch weiter im Vatikan umher und tauchte bei öffentlichen Audienzen auf.

Im Herbst 1958 wurde Pacelli wiederum vom Schluckauf geplagt. Am 5. Oktober 1958 nahm der Schauspieler Alec Guinness an einer Audienz für eine Gruppe von Fachärzten für plastische Chirurgie in der päpstlichen Sommerresidenz Castel Gandolfo teil. Pacelli erteilte seine üblichen fachmännischen Ratschläge und wurde dabei vom Schluckauf unterbrochen. «Wir saßen auf vergoldeten Stühlen Seiner Heiligkeit gegenüber, die blaß und ausgezehrt aussah», berichtete der Schauspieler. Als der Papst von seinem Podium hinabstieg, um die Besucher zu segnen, erlebte Guinness den folgenden Vorgang zwischen dem Papst und einem Ehepaar, das ihm am nächsten saß: «Beide knieten nieder ... und dann brach der Mann in lautes Schluchzen aus ... Die Frau rechtfertigte ihren Gatten ... ‹Er ist so gerührt, Eure Heiligkeit›, sagte sie. ‹Und stellen Sie sich nur vor, Eure Heiligkeit, wir sind den ganzen weiten Weg von Michigan hierher gekommen› ... ‹Ich kenne Michigan›, sagte der Papst. Es gelang ihm, sich aus dem Griff des plastischen Chirurgen zu befreien, und er hob seine Hand zum Segen: ‹Ein besonderer Segen für Michigan.›»[28]

Guinness spekuliert darüber, daß dies möglicherweise die letzten Worte waren, die Pacelli in englischer Sprache von sich gab. Sein Gefolge geleitete ihn aus dem Audienzsaal heraus, der päpstliche Leibarzt folgte und blickte finster auf all die «Plastikchirurgen», aber besonders auf Alec Guinness.

Tod und Begräbnis Pius' XII.

Am 6. Oktober 1958 legte sich Pacelli krank zu Bett. Eine halbe Stunde nach Mitternacht wurde Pater Hentrich an Pacellis Bett gerufen. «Er zeigte mir eine kleine spanische Ausgabe der *Exercitia spiritualia* und sagte immer wieder unter Tränen: ‹Diese Woche habe ich die ganze Zeit in diesem Buch gelesen und ständig das Gebet *Anima Christi* gesprochen.›»

Am folgenden Tag verschlechterte sich der Zustand des Papstes. Es standen mindestens drei Leibärzte zur Verfügung, und auch dem entlassenen Galeazzi-Lisi gelang es, sich in das Krankenzimmer zu schleichen, er hatte eine Kamera dabei. Paul Niehans eilte aus Paris an das Bett des Kranken, aber diesmal empfahl er keine Frischzellentherapie.

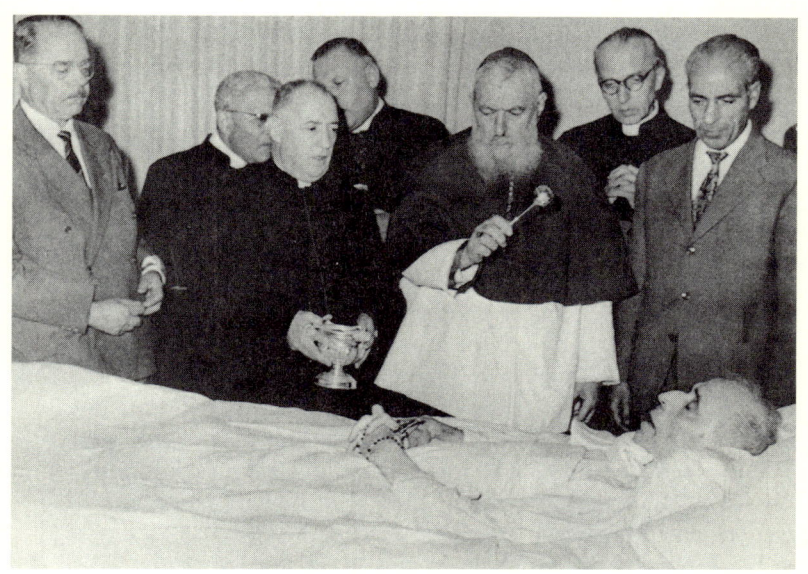

Pius XII. auf dem Totenbett

Pacellis drei Nonnen waren ständig um den sterbenden Papst. Monsignore Tardini las die Messe. Pater Hentrich spendete die Letzte Ölung. Doch während seines Todeskampfes schien sich Pius einmal wieder aufzuraffen. Er rief aus: «An die Arbeit! Akten! Dokumente! An die Arbeit!»

Dienstag früh, um zehn vor vier, es war der 9. Oktober, erklärte Dr. Gasbarrini den Pontifex aufgrund eines «Kreislaufvorfalls» für tot. Wenig später wurde der Tod durch den *Camerlengo* der Heiligen Römischen Kirche, Kardinal Tisserant, bestätigt, der von diesem Augenblick an die Verantwortung für den Leichnam und für die Vorbereitung der Bestattung und des Begräbnisses übernahm.

Am nächsten Abend wurde Pacellis Leichnam mit einem Leichenwagen zur römischen Kirche San Giovanni in Laterano gefahren. Massen von Trauernden säumten den gesamten Fahrweg. Angelo Giuseppe Roncalli, der zukünftige Papst Johannes XXIII., beobachtete in Venedig Pacellis letzte Reise im italienischen Fernsehen, und er spekulierte in seinem Tagebuch darüber, ob irgendein römischer Kaiser jemals einen derartigen Triumphzug erlebt habe. Das Volk von Rom, so überlegte er, ehre nicht nur das Dahinscheiden eines

413

bloß zeitlichen Herrschers, sondern die Verkörperung von «spirituteller Majestät und religiöser Würde».[29]

In den Stunden nach Pacellis Tod gingen ohne Unterlaß von westlichen Staatsmännern Achtungsbezeigungen ein. Harold Macmillan, der britische Premierminister, sagte: «Die Welt ist ärmer geworden durch den Verlust eines Mannes, der eine so große Rolle bei der Verteidigung geistiger Werte und der Arbeit für den Frieden gespielt hat.» Präsident Eisenhower verkündete: «Sein Leben war von Frömmigkeit gegenüber Gott und Dienst an seinen Mitmenschen geprägt ... (Er) war ein wohlinformierter und sich klar artikulierender Feind der Tyrannei.» Die israelische Außenministerin Golda Meir schrieb: «Als in dem Jahrzehnt des nationalsozialistischen Terrors unser Volk ein schreckliches Martyrium überkam, hat sich die Stimme des Papstes für die Opfer erhoben. Das Leben unserer Zeit wurde von einer Stimme bereichert, die über den Lärm der täglichen Streitigkeiten hinaus deutlich die großen sittlichen Wahrheiten aussprach. Wir betrauern einen großen Diener des Friedens.»[30]

Bei Einbruch der Dunkelheit und unter dem düsteren Klang der Glocken von 100 Glockentürmen überall in der Ewigen Stadt wurde der Leichnam weitergefahren. Dem Leichenauto folgte eine Prozession von Klerikern und Nonnen, die den Rosenkranz beteten, durch die Straßen, am Colosseum vorbei über den Tiber hinweg zum Petersdom. Am Straßenrand standen hunderttausende schweigende Römer, die sich bekreuzigten, als der Sarg vorbeirollte. Während der öffentlichen Aufbahrung im Petersdom in den nächsten drei Tagen und Nächten defilierten, so schätzte man, mehr als 500 Menschen pro Minute an dem zur Schau gestellten Leichnam vorbei. Einem Bericht nach wurde Pacellis sterbliche Hülle vor dem Requiem, das am Montag, dem 13. Oktober, stattfand, von mehr als einer Million Menschen betrachtet.[31]

Der *Osservatore Romano* schilderte sein Leichenbegängnis als das «größte in der langen Geschichte Roms, es übertraf sogar das von Julius Cäsar». Der Körper lag auf einem Katafalk unter dem großen *Baldacchino* von Bernini; rechts davon befanden sich die drei Särge, in die sein Körper gelegt werden sollte. Indem er voraussetzte, daß Pacelli bereits in die ewige Seligkeit eingegangen sei, verkündete der Datar der Apostolischen Pönitentiarie und Brevensekretär, Monsignore Antonio Bacci, in seiner Trauerrede: «Mit seinem Tod hat ein großes Licht die Erde verlassen, und es leuchtet ein neuer Stern am Himmel.» Das feierliche Requiem wurde vom Fernsehen übertragen und live per Eurovision auf dem ganzen Kontinent ausgestrahlt. Die

Kameras wurden diskret geschwenkt, als der Leichnam in den ersten Sarg gelegt wurde. Das Gesicht wurde mit weißer Seide bedeckt. Dann wurde der Körper in ein karmesinrotes Leichentuch gehüllt. Die Lobpreisung wurde dann in einer Bronzeröhre plaziert, neben einer Börse mit Gold-, Silber- und Bronzemünzen, die während seines Pontifikats geprägt worden waren. Dann wurde dieser innere Sarg mit Seidenbändern verschlossen, die mit Siegeln verbunden waren, bevor er in einem Schutzsarg aus Blei untergebracht wurde. Der äußere Sarg aus Ulmenholz wurde daraufhin mit goldenen Nägeln verschlossen, und der schwere dreifache Sarg wurde schließlich auf Räder gesetzt, vor den Hochaltar gerollt und an Flaschenzügen in die darunterliegende Gruft herabgelassen, wo Pius XII. sechs Meter vom Grabmal des Heiligen Petrus entfernt ruhen sollte.

So ging einer der bemerkenswertesten Päpste in der Geschichte des Papsttums dahin. Man gedachte seiner mit höchster Wertschätzung. Die ehrfürchtige Selbstzensur, die seinen Namen und sein Pontifikat umgab, war der Grund dafür, daß einige Jahre dahingingen, bis unbefangenere Darstellungen über seinen Tod und die darauffolgenden Trauerfeierlichkeiten ein größeres Publikum erreichten. Von seinem Sterben waren Fotos überliefert, die sein früherer Arzt Galeazzi-Lisi gemacht hatte. Diese Bilder wurden für 25 000 Dollar an *Paris-Match* verkauft. Darüber hinaus hatte der gute Doktor die Verantwortung für die Einbalsamierung übernommen. Dabei experimentierte er mit einer neuen Methode und ließ die inneren Organe an ihrem Platz. Deshalb verweste der Körper rasch in der noch sommerlichen Hitze. Als der Leichenwagen vor San Giovanni in Laterano eine Pause machte, war eine Reihe von schrecklichen Lauten aus dem Sarg zu hören. Die Organe zerplatzten beim Zersetzungsprozeß. Während der Aufbahrung im Petersdom verfärbte sich das Gesicht des Toten, es wurde zuerst grau, dann grün und purpurrot. Der Geruch war so entsetzlich, daß einer der Aufseher in Ohnmacht fiel. Das unwürdige Geschehen endete damit, daß die Nase des Toten schwarz wurde und vor der Beisetzung abfiel.[32]

In den folgenden Jahren sprachen Kritiker seines Pontifikats auch von diesen unhygienischen Umständen, als seien sie das düstere, finale Sinnbild des absolutistischsten Pontifikats in der modernen Geschichte. Im Laufe der Zeit jedoch traten andere Themen in den Vordergrund, bei denen es um seine Taten und Unterlassungen ging, die für die Erinnerung an ihn und die Institution des modernen Papsttums selbst bedrückender waren, als es zu seinen Lebzeiten für möglich gehalten worden wäre.

Die ersten Worte seines persönlichen Testaments lauteten wie folgt:

«Sei barmherzig mit mir, Herr, sei mir gnädig; das Wissen um die Schwächen, Fehler und Sünden, zu denen es während eines so langen Pontifikats und einer so schrecklichen Zeit gekommen ist, hat mir meine Unzulänglichkeiten und meine Unwürdigkeit noch deutlicher gemacht. Ich bitte bescheiden alle um Verzeihung, die ich gekränkt habe, denen ich Schaden zugefügt oder die ich verleumdet habe.»

21

Pius XII. Redivivus

Pacelli hatte eine zentralisierte Kirche hinterlassen, die gleichsam eine Festung bildete, mit einem Papst, der stets und ständig auf Wache stand, der für alle Zeiten die erste und letzte Autorität war und allein mit Gott Zwiesprache hielt. Aber diese monolithische Kirche – in vielfacher Hinsicht diszipliniert, triumphierend, bewundernswert – befand sich mit der Welt nicht in Einklang.

Für Pacelli war es schwierig, die Sozialdemokratie vom Bolschewismus, den Pluralismus vom Relativismus zu unterscheiden. Nur widerwillig gab er zu, daß die christlichen Kirchen ihre Freiheit und ihre Ausweitung dem pluralistischen Milieu von mehr oder weniger demokratischen Gesellschaften im Westen verdankten. Spanien unter Franco und Portugal unter Salazar standen weiterhin für seine Auffassungen von idealen Gesellschaften. Nichts deutete darauf hin, daß er aus seinem Umgang mit NS-Deutschland während der dreißiger Jahre gelernt hatte.

Wie wir gesehen haben, gab es, vor allem in Frankreich, einen Kreis von Arbeiterpriestern und Theologen, die unter dem Vorzeichen einer Neuen Theologie auftraten und die Katholiken aufforderten, sich am Laienapostolat mit neuen priesterlichen Ämtern in industriellen Kerngebieten zu beteiligen. Gleichzeitig verlangten sie eine pluralistische Kirche, offen für die Möglichkeit der Ökumene, und ein gemeinsames Handeln gegen den Totalitarismus. Ihre sozialen und politischen Interessen hingen untrennbar zusammen mit neuen Zugängen zur Bibelwissenschaft, der Reform der Liturgie (einschließlich des Gebrauchs der Landessprache) und dem Dialog zwischen verschiedenen Glaubensrichtungen. Kurzum, sie wünschten eine Kirche, die sich in der Welt engagierte und die mit der Zeit ging, statt sich gegen sie zu stellen.

Nach Pacellis Tod wurden diese Exponenten der Neuen Theologie zu Katalysatoren eines tiefgreifenden Wandels. Es gab darüber hinaus unter den Gläubigen eine unwiderstehliche Grundströmung in Richtung auf Reform und Erneuerung. Viele Katholiken sehnten sich nach einer anderen Art von Kirche; sie wünschten ein Ende des legalistischen Monolithen, der von Pacelli geformt und beherrscht worden war.

Angelo Roncalli, der Mann, der Johannes XXIII. werden sollte, war der Sohn eines Kleinbauern aus Bergamo. Er hatte einen Großteil seines Priesterlebens als Nuntius verbracht und kannte die Ostkirchen gut. Während des Krieges hatte er versucht, den Juden zu helfen. Eine seiner ersten Taten als Papst war die Bitte an die Juden, den christlichen Antijudaismus zu vergeben. Schon drei Monate nach seiner Wahl am 25. Januar 1959 kündigte er die Einberufung eines allgemeinen Konzils mit dem Ziel der pastoralen Erneuerung und der Förderung der christlichen Einheit an.

Es gab beträchtlichen Widerstand innerhalb des Vatikans. Als es den höheren Würdenträgern der Kurie nicht gelang, das Projekt aufzuhalten, versuchten sie, seine Beratungen und Entscheidungen abzuwürgen. Die alte Garde wollte, daß dieses Konzil jegliche moderne Ketzerei verdamme. Das gelang ihr nicht. Papst Johannes griff ein, um sicherzustellen, daß es keinen Kirchenbann und keine Exkommunikation gab und daß Vertreter anderer christlicher Kirchen anwesend waren. Er bestand auf dem Prinzip des *aggiornamento* (demzufolge die Kirche sich mit der Gesellschaft und der Geschichte entwickeln und wandeln solle) und signalisierte damit die Bereitschaft zu radikalen Reformen.

Die Entscheidungen des Zweiten Vatikanischen Konzils hatten viele historische Veränderungen zur Folge – sie umfaßten die Liturgie und die biblischen Studien, den Dialog mit protestantischen und orthodoxen Kirchen und eine Erklärung über die Religionsfreiheit. Viele Dinge würden nie wieder so sein wie zuvor: die lateinische Messe verschwand. Aber die für den Wandel wichtigste Einzelentscheidung betraf den Ruf nach «Kollegialität» – die Anerkennung der Notwendigkeit einer Teilung der Gewalt zwischen Bischöfen und Papst. Der anhaltende Schwung und Erfolg des Konzils hing davon ab. Dies war verknüpft mit dem Glauben an die Gegenwart des Heiligen Geistes in der weiteren Gemeinschaft der Kirche – allerorten und umfassend und nicht nur im Zentrum. Das Konzil zeigte damit das Ende der Ideologie von der päpstlichen Macht an, deren Durchsetzung vom Ersten Vatikanischen Konzil eingeleitet und über siebzig Jahre lang fortgeführt worden war, bis sie unter Pius XII. in den fünfziger Jahren ihren Höhepunkt erreichte. Ein Ausdruck der Kollegialität war die neue Metapher der Konzilsväter für die Kirche, die sich ganz und gar vom Bild einer undurchdringlichen stabilen Festung unterschied. Sprachen sie nun von einer «pilgernden Kirche», so betonten sie damit den Gang der Geschichte, menschliche Fehlbarkeit trotz päpstlicher Führung, Respekt vor der geistigen Authentizität anderer Kirchen.[1] Unter Übernahme eines Ausdrucks des Alten Testaments sprach man von der Kirche als dem «Volk Gottes». Geführt durch den Geist des Herrn, so die Konzilsväter, sollten die Gläubigen versuchen, in den Ereignissen, den Bedürfnissen und den Sehnsüchten, die sie mit anderen Menschen unserer Zeit teilen, das zu erkennen, was wirkliche Anzeichen der Präsenz oder der Absichten Gottes sein können.[2]

Das Scheitern der Kollegialität

Im Vatikan traten dem Prinzip der Kollegialität jedoch Ablehnung und Widerstand entgegen. Einen Teil der Verantwortung dafür trugen reaktionäre Teile der Kurie, insbesondere das Heilige Offizium (als Bewahrer der doktrinären Orthodoxie), aber es gab auch fortwährende Auswirkungen der Unterdrückung kreativer Theologie, des rigiden, intellektuellen und institutionellen Konformismus, der auf die Tage Pius' X. zurückging. Es war unrealistisch, sich vorzustellen, daß die Erstarrung von sechzig Jahren innerhalb eines Jahrzehnts dahinschmelzen könne. Die Bischöfe und ihre Berater traten gehemmt durch Jahre der Vorsicht ins Konzil ein.

Papst Johannes XXIII. tat vieles, um das Konzil daran zu hindern, in die Hände von Reaktionären zu fallen. Aber er starb bereits am 3. Juni 1963, und am 21. Juni folgte auf ihn Pacellis früherer Pro-Staatssekretär Giovanni Battista Montini. Als Paul VI. führte er den Vorsitz in der dritten und vierten Sitzungsperiode des Konzils, und er war der Papst der kritischen Ära nach dem Konzil. In dieser Phase gab es in der Kirche eine Polarisierung zwischen Progressiven, die meinten, daß ein tiefgreifender Transfer der Autorität beschlossen, aber nicht durchgeführt worden sei, und Traditionalisten, die darauf bestanden, daß es dazu nie kommen solle oder würde.

Die Konzilsväter lösten die Strukturen nicht auf, die der Ideologie der päpstlichen Macht zugrunde lagen. Es wurde keine Reform der Kurie beschlossen (die vatikanische Bürokratie wurde eher noch mächtiger); und es gab keinen Versuch, den Codex Iuris Canonici von 1917 zu widerrufen oder wenigstens die Bestimmungen zu streichen, die der Aufrechterhaltung der zentralisierten Macht dienten. Die totale Autorität blieb daher exklusiv beim Papsttum. Es gab zwar eine moralische Verpflichtung für die Päpste, das Kollegialitätsprinzip anzuwenden, es fehlte aber ein institutioneller Mechanismus, der dies gewährleistete. Die Päpste, die auf Johannes folgten, waren nicht bereit «loszulassen».

Die Schlüsselfrage war damals und bleibt bis heute die Wahl der Bischöfe. Kollegialität kann nicht blühen, solange der Papst das Recht zur Ernennung und Überwachung jedes Bischofs auf der Welt in Anspruch nimmt. Alles andere ergibt sich daraus. Hier zeigt sich, welch tiefe und weitreichende Auswirkungen die Bestimmungen über die Nominierungen von Bischöfen im neuen Kirchenrecht von 1917 hatten: die Entmachtung und Demoralisierung des Diözesanklerus und der Laienschaft; die Aushöhlung der Synoden (Sonderzusammenkünfte von Bischöfen, die Paul VI. zur Fortsetzung der Arbeit des Konzils geschaffen hatte); die schädliche Abwesenheit von lokaler Entscheidungsgewalt.

Papst Paul, der im Grunde ein Liberaler war, schien zwischen den Progressiven und den Traditionalisten zu schwanken, bis er schließlich in die Beratungen über die Kontrazeptiva eingriff. Es waren geeignete Beratungsgremien zusammengekommen, die mit der Stimmenmehrheit der Bischöfe der Welt die Verhütungspille unter bestimmten Bedingungen sanktionieren wollten – ein Kurswechsel, der geistliche Tröstung für Millionen bedeutet und die sich ausweitende Kluft zwischen Lehre und Praxis überbrückt hätte. Papst Paul jedoch löste die Angelegenheit ganz allein in seiner Enzyklika *Humanae vitae* (1968) durch autokratischen Machtspruch. Betonköpfe im Vatikan hatten Paul geraten, sich nicht um ein Jota zu bewegen, und sie beriefen sich dabei auf Erklärungen früherer Päpste. Er entschied nach Zwiegesprächen mit Gott allein, als habe das Konzil mit all seinen Umwälzungen nie stattgefunden. Während der nächsten zehn Jahre seines Pontifikats verfaßte Paul VI. nicht eine einzige weitere Enzyklika. Sein Eingreifen, um dem Ergebnis eines kollegialen Prozesses in einer Frage von höchster Bedeutung für katholische Laien zuvorzukommen, erwies sich als Katastrophe. Es markierte den Beginn einer massiven Spaltung zwischen Progressiven und Konservativen, die für Johannes Paul II. zur Erblast wurde, als er, nach dem nur drei Wochen dauernden Pontifikat von Johannes Paul I., am 16. Oktober 1978 zum Papst gewählt wurde.

Johannes Paul II.

Am Pfingstsamstag, den 2. Juni 1979, stand Karol Wojtyla, Johannes Paul II., der damals noch nicht einmal ein Jahr Papst war, im Zentrum des kommunistischen Polen, auf dem Warschauer Siegesplatz, einer Million Menschen gegenüber. «Komm Heiliger Geist», intonierte er, «erfülle die Herzen der Gläubigen und erneuere das Antlitz der Erde.» Dann fügte er unter dem ekstatischen Aufschrei der Massen hinzu: «*Dieser* Erde». Und er deutete mit einer Bewegung seiner rechten Hand auf das Land Polen und auf das polnische Volk.

Wenn es einen bestimmenden Augenblick für das Pontifikat Johannes Pauls II. gab, dann war es der Moment dieser Verkündung im Herzen seines unterdrückten Heimatlandes. Die Geschichte wird es ihm uneingeschränkt positiv anrechnen, die Volksbewegung inspiriert und unterstützt zu haben, die Polen vom atheistischen Kommunismus befreite und zu einem Prozeß beitrug, der schließlich zum Zusammenbruch des Sowjetsystems führte. Seine Vision von Solidarität, von Zusammenarbeit zwischen der Infrastruktur der polnischen Kirche und ihren Gläubigen zum Sturz der Tyrannei, knüpft an die katholische Opposition gegen den Kulturkampf und an die Reaktion der Basis auf die Verfolgungen Bismarcks an. Gleichzeitig steht sie in einem auffallenden Gegensatz zu Pacellis Anpassung an Hitler und die Unterdrückung des politischen Katholizismus in Deutschland in den dreißiger Jahren. Und doch ist auch Wojtylas Pontifikat alles in allem von tiefen Widersprüchen geprägt. Zwar hat er in den siebziger und achtziger Jahren einen sozialen und politischen Aktivismus in Polen befürwortet und ermöglicht, aber andererseits hat er sich als konservativer Autokrat erwiesen und die Kirchengeschäfte nicht weniger despotisch geführt als Pacelli es je tat.

Und doch könnte man sich kaum eine Persönlichkeit vorstellen, die weniger Ähnlichkeit mit Eugenio Pacelli hat. Als breitschultriger Skiläufer und Bergsteiger, als Schauspieler und Dichter in seiner Jugend verkörpert Wojtyla geradezu die Ambivalenz zu dem asketischen «Eisschrank»-Papst. Er brachte Elan, Humor und Menschlichkeit in den Apostolischen Palast. Die erste Begegnung seines irischen Sekretärs mit ihm bringt seine menschliche Gegenwart lebhaft zum Ausdruck:

«Er saß an *meinem* Schreibtisch. Er hatte seine *zuchetto* (Käppchen) einfach abgelegt, seine Soutane bis zur Brust aufgeknöpft, ohne Kragen saß er da seitlich am Schreibtisch und schrieb nicht wie Paul VI. aufrecht und elegant, sondern zusammengekauert, mit dem Kopf in die Hand gestützt wie ein Mann, der eher körperliche Arbeit als wissenschaftliches Arbeiten gewohnt ist. Ich klopfte an, und als er sich umdrehte, tat er es wie ein Weltmann – gar nicht wie ein Papst. Er war sehr menschlich, nüchtern. Er sprang auf und kam zu mir herüber. Er ließ mich seinen Ring nicht küssen. Er ergriff mich und legte die Arme um mich.»[3]

Wojtyla war von seinen Kardinalskollegen im achten Wahlgang mit großer Mehrheit gewählt worden: mit 104 von 111 Stimmen. Als er auf die Loggia oberhalb des Petersplatzes trat, bezeichnete er sich selbst als einen Mann «aus einem fernen Land» und erklärte, sein Papsttum solle ein «Zeugnis der universellen Liebe» werden. Die Progressiven glaubten, dies sei der Papst, der die Reformen des Zweiten Vatikanums durchsetzen werde. Die Konservativen dagegen vertrauten darauf, daß ein Prälat, der im polnischen Katholizismus aufgewachsen war, die Disziplin und die Werte der Vergangenheit wiederherstellen würde. Wenige sahen voraus, in welchem Ausmaß er die progressive Seite enttäuschen würde.

Die Politiker der Welt standen Schlange, um seine Aufmerksamkeit, seinen Rat, seine Zustimmung zu suchen. Er erinnerte sie alle – Reagan, Bush, Clinton, Gorbatschow und Jelzin – an ihre moralische Verantwortung für die Armen, die Entmündigten, die Unterprivilegierten. Er war ein Gegner des Totalitarismus in jeder Form. Eine Reihe von Diktatoren der Nachkriegszeit – Marcos auf den Philippinen, «Baby Doc» in Haiti, Pinochet in Chile, Jaruzelski in Polen, Stroessner in Paraguay – verlor die Macht, nachdem Wojtyla den Boden ihrer Länder geküßt hatte.

Was die Innenpolitik der Kirche anging, so schien Wojtylas Papsttum zuerst wie eine lebendige Zurückweisung der einsamen Herausgehobenheit seiner Vorgänger. Er war ein Mann, der bis zum Ausbruch der Parkinsonschen Krankheit Freude hatte am gemeinsamen Frühstück mit Nonnen, Priestern und Laien, an Arbeitssessen mit Theologen und Bischöfen. Und während er aß, hörte er zu – oder er erweckte zumindest den Eindruck.

Aber sein Pontifikat hat auch das unaufgelöste historische Dilemma des modernen Papsttums wieder ins Licht gerückt, während die katholische Kirche auf das dritte Jahrtausend zugeht. Ist die römisch-katholische Kirche eine Pyramide, von oben beherrscht durch den Mann in der weißen Soutane? Oder ist sie eine pilgernde Kirche, ein Volk in Bewegung, wie sie von den Vätern des Zweiten Vatikanischen Konzils charakterisiert wurde?

Wojtyla wurde am 18. Mai 1920 in Wadowice, einer Marktstadt etwa 30 Kilometer südwestlich von Krakau, nicht fern der tschechischen Grenze geboren. Als er noch nicht einmal zwanzig Jahre alt war, erlebte Wojtyla die Schrecken der nationalsozialistischen Besatzung in Polen und erfuhr sehr bald aus erster Hand vom Völkermord an den Juden. Auschwitz liegt 25 Kilometer von seiner Heimatstadt und 50 Kilometer von Krakau entfernt.

Nach seiner Priesterweihe im Jahre 1946 begann für ihn eine Phase der intellektuellen Orientierung, in der seine besondere apokalyptische Vision vom Handeln Gottes in der Welt Gestalt annehmen sollte. Er ging nach Rom, um eine Dissertation über den Heiligen Johannes vom Kreuz zu schreiben, einen spanischen Mystiker des 16. Jahrhunderts. Die Auffassung des Heiligen Johannes von «der dunklen Nacht der Seele» behauptet, göttliches Wissen werde in jenen Geist einfließen, der durch Leiden, Zweifel und Gebet gereinigt sei. Johannes Paul II., so schrieb der verstorbene Kardinal von Philadelphia, John Krol, in einem Kommentar über Wojtylas Dissertation, «studierte Theologie auf den Knien».

Wieder in Polen, versah Wojtyla verschiedene Stellungen als Gemeindepfarrer und Lehrer in Seminaren. Er verbrachte die nächsten sieben Jahre mit dem Studium der Philosophie. Seine Meditationen über die «handelnde Person» wurden durch den deutschen Philosophen Max Scheler geprägt, dessen Einfluß, wie wir bereits gesehen haben, in den zwanziger Jahren in Deutschland weit verbreitet war. Während sein Denken heranreifte, gelangte Wojtyla jedoch zu einem engen neothomistischen philosophischen Standpunkt. Dies betraf insbesondere Fragen der Moral – so beharrte er darauf, daß «unerlaubte» Geschlechtsakte an sich böse seien. Vom Westen intellektuell isoliert, geprägt durch die ständige Notwendigkeit, Konflikte mit dem Marxismus-Leninismus auszutragen, scheint Wojtyla an der Oberfläche Sympathie für den Pluralismus zu zeigen; in den tieferen Schichten jedoch wird eine unnachgiebig absolutistische Geisteshaltung deutlich.

Wojtylas Meditationen konzentrierten sich auf das Rätsel seiner frühen Lebenserfahrung: Wie können menschliche Wesen Kinder Gottes sein und gleichzeitig die Schrecken von Auschwitz hervorbringen? Als er älter wurde, war er zunehmend davon überzeugt, daß die Sündhaftigkeit der Welt über humane Verantwortung und menschliches Verständnis hinausreichte. «Das Böse, das in der Welt existiert», sagte er in einer Predigt, «scheint *größer denn je* zu sein, viel größer als das Böse, für das jeder einzelne von uns sich persönlich verantwortlich fühlt.» In einer Zeit, da sich viele Theologen stärker rationalistischen, soziologischen Lösungsansätzen zuwandten, erneuerte Wojtyla seinen Glauben an den außerweltlichen Konflikt zwischen den Mächten der Finsternis und den Mächten des Lichts sowie seine Überzeugung vom Eingreifen der Jungfrau Maria in die Geschichte – er entwickelte eine Art von Marienfrömmigkeit, wie sie Pacelli gegenüber der Jungfrau von Fátima pflegte. Die Gottesmutter, so glaubt Wojtyla, rettete ihn bei dem Anschlag auf sein Leben im Jahre 1981. «Ein Finger zieht den Abzug», teilte er 1982 einer riesigen Menge am Heiligtum in Fátima beim Fest Unserer Lieben Frau mit, «ein anderer lenkt die Kugel.» Ein Jahr nach dem Attentat ließ er die Kugel in der Krone über der Statue der Jungfrau am Heiligtum von Fátima anbringen.

Im September 1958 wurde er zum Bischof geweiht. Es war eine der letzten Ernennungen, die Pacelli vorgenommen hat. 1964 wurde Wojtyla Nachfolger des Erzbischofs von Krakau. Er war ein listiger Gegner des repressiven kommunistischen Regimes in Polen. Im Alter von 46 Jahren wurde er zum Kardinal erwählt. Kühn reformulierte er das Konzept der Solidarität als praktische Inspiration für einen gewaltlosen Volksaufstand. Wojtyla ermutigte die Gewerkschaft Solidarnósc, die einzige freie Arbeiterorganisation im Ostblock, er unterstützte die Herausforderung des Kommunismus in Polen und trug darüber hinaus viel zu den Tendenzen bei, die zur drastischen Neugestaltung der politischen Landschaft in Osteuropa führten. Mit typischer Bescheidenheit hat er dazu gesagt: «Der Baum war verfault; ich habe ihn nur ordentlich geschüttelt.»

Aber ihn trieb noch eine andere Kraft: die Last der Geschichte selbst. Er blickte vom Zentrum des katholischen Glaubens aus auf die Kirche, wurde in diese und in jene Richtung gezogen, schulterte eine Vielzahl von Lasten in der weltumspannenden Kirche. In wachsendem Maße neigte er dazu, allein zu handeln; je länger sein Pontifikat dauerte, mit desto größerem Nachdruck ist er den Weg seiner modernen Vorgänger gegangen. Ein Schlüssel zu diesem scheinbaren Widerspruch ist seine Ansicht von der Doppelnatur des Menschen. Er glaubt, wie es der Papstbiograph Michael Walsh formuliert hat, daß die menschliche Person «die Gesellschaft braucht, sie aber auch transzendiert». Daher wird soziales und politisches Handeln besser den Laien überlassen, während die transzendentale Realität Reservat der Kirche ist. Er hat die Ideologie der päpstlichen Macht wiederhergestellt. Pluralismus, so glaubt er, führt nur zu zentrifugaler Zersplitterung; allein ein starker Papst, der von der Spitze her regiert, kann die Kirche retten.

Während des längsten Pontifikats des Jahrhunderts, hat sich Johannes Paul II. unentwegt, als hänge alles von ihm ganz allein ab, mit einer Reihe von Krisen auseinandergesetzt, die die Integrität und das Überleben der Weltkirche zu bedrohen schienen. In Lateinamerika leistete er heftigen Widerstand gegen das, was er als «marxistisch beeinflußte» Befreiungstheologie ansieht, die Auffassung also, daß die Sünde nicht so sehr in der Weigerung besteht, das Wort Gottes zu hören, sondern Ergebnis ungerechter sozialer und politischer Strukturen ist. Erst vier Jahre im Amt, wetterte er voller Abscheu, als er sich bei einer Messe unter freiem Himmel in Nicaragua einem Mob von linksradikalen Störern gegenübersah. Er wies den Vorwurf der Demonstranten zurück, er unterstütze die «Option für die Armen» nicht. Warum verstanden sie nicht, daß Christus und nicht Karl Marx der Befreier der Unterdrückten ist? Am Ende des Jahrhunderts wird der Katholizismus in Lateinamerika, trotz des Zusammenbruchs des Kommunismus und vor dem Hintergrund der missionarischen Erfolge protestantischer Sekten, immer noch durch den explosiven Konflikt zwischen linken und rechten Katholiken beherrscht.

In den Vereinigten Staaten mit ihren 60 Millionen Katholiken haben Interessengruppen wie diejenigen der Schwulen, der Lesben, der Feministinnen, der Pro-choicers (Anhänger einer freien Entscheidung über Abtreibungen) und der New-Agers nach individualistischen Ausdrucksformen für ihren Glauben gesucht. Bei einer Reise durch Nordamerika im Jahre 1987 predigte Wojtyla Erbarmen, doch katholische Dissidenten protestierten mit Transparenten und Parolen gegen seinen Kurs. Während Lateinamerika nach Befreiung von politischer und sozialer Unterdrückung strebt, scheinen nordamerikanische Katholiken die Befreiung von päpstlicher Autorität ebenso wie die von der Erbsünde selbst zu verlangen. In Denver forderte er 1993 bei einer Massenversammlung junger Menschen, «falsche Propheten und falsche Lehrer zurückzuweisen, denn sie führen auf die Wege einer unmöglichen Befreiung». Seine Zielscheiben waren Abtreibung, Empfängnisverhütung, Hedonismus und schrankenloser Kapitalismus. Vielleicht, so scheint er zu sagen, würde die nächste Generation seine Warnungen beachten, denn die gegenwärtige scheine zur Erlösung offenbar nicht fähig: Er liebt Massenveranstaltungen katholischer Jugendorganisationen, die an die Katholische Aktion der dreißiger und fünfziger Jahren erinnern.

Unterdessen fordern in Afrika und Asien traditionelle einheimische Religionen – mit Elementen, die vom Animismus bis zur Ahnenverehrung reichen – die römische Form von Glaube und Gottesdienst heraus. Kulturen, die das Fehlen gelebter männlicher Sexualität als

Perversion betrachten, erzeugen einen gewissen Druck, in der Frage des klerikalen Zölibats nachzugeben. Es gibt unter erschütternden Bedingungen arbeitende Missionare, die Kondome verteilen, um die Aids-Epidemie in Zentralafrika einzudämmen.

Und dann stellen sich noch die Fragen der doktrinären Orthodoxie. Die Progressiven haben erlebt, wie Johannes Paul seine ehrfurchtgebietende Macht einsetzte, um Theologen zu maßregeln. Im zweiten Jahr seines Papsttums entzog er dem in Deutschland lehrenden Schweizer Theologen Hans Küng die Lehrerlaubnis, da er die Unfehlbarkeit des Papstes in Frage gestellt hatte. Der angesehene flämische Gelehrte Edward Schillebeeckx wurde dreimal zu Befragungen über seine Interpretation der Heiligen Schrift in den Vatikan zitiert. Mitte der achtziger Jahre wurde Charles Curran von der Katholischen Universität in Washington D.C. wegen seiner gemäßigten Ansichten zur Sexuallehre die Lehrerlaubnis entzogen. Der Erzbischof von Seattle, Raymond Hunthausen, ein bekannter Gegner der Nuklearrüstung, sah sich genötigt, eine Überprüfung seiner Ausführungen zur Auflösung von Ehen und seines Umgangs mit der örtlichen Gemeinschaft der Homosexuellen zu akzeptieren. 1997 exkommunizierte Wojtyla den Autor und Priester Tissa Balasuriya aus Sri Lanka, weil er die orthodoxe römische Lehre verwässert habe: Balasuriyas Schriften hatten Zweifel an den Lehren von der Erbsünde und von der Jungfräulichkeit der Mutter Gottes genährt. Er wurde jedoch schließlich rehabilitiert.

Obwohl er gleichsam nach allen Seiten kämpfen mußte, scheint es Wojtyla gelungen zu sein, die zentrifugalen Kräfte unter Kontrolle zu halten. Seine beträchtliche körperliche und seelische Energie entsprach der Gewißheit vom mystischen Wesen seiner Berufung, die das Vertrauen in seine Strategie der Einheit stärkte: die straffe Kontrolle über die Auswahl der Bischöfe der Welt und über ihre Amtsführung.

Bei öffentlichen Veranstaltungen für Laien begeistert er in den Stadien der Welt riesige Massen. Hinter verschlossenen Türen kanzelt er Ortsbischöfe ab, die es versäumt haben, sich nachdrücklich gegen Empfängnisverhütung, Abtreibung, Homosexualität und Scheidung auszusprechen. Immer wieder hat er die reaktionärsten Kandidaten für Bischofsämter begünstigt; wiederholt ist er den Wünschen der Ortskirche nach bestimmten Kandidaten nicht nachgekommen. Seine Ernennung von Wolfgang Haas, einem unpopulären Erzkonservativen, zum Bischof von Chur in der Schweiz führte dazu, daß Gemeindemitglieder einen menschlichen Teppich vor der Kathedrale bildeten und die Zelebranten zwangen, über sie hinwegzuschreiten, um ins Gebäude zu gelangen. Einen ähnlichen Aufschrei rief er hervor, als er den ultrakonservativen Hans Groer zum Erzbischof von Wien machte; die österreichischen Gläubigen waren gezwungen, gegen ihren Willen drei weitere reaktionäre Kandidaten zu akzeptieren. Groer ist später der Pädophilie beschuldigt und in ein Kloster verbannt worden.

In den Vereinigten Staaten war die Ernennung von Erzbischof Pio Laghi zum apostolischen Pro-Nuntius, dem persönlichen Botschafter des Papstes bei der Ortskirche, mit dem ausdrücklichen Auftrag verbunden, neue Bischöfe auf Herz und Nieren zu prüfen, um liberale Tendenzen in der nordamerikanischen Kirche zu bekämpfen. Drei Viertel der amerikanischen und britischen Bischöfe sind inzwischen von Johannes Paul II. ernennt worden. Wojtyla bemerkte dazu sehr charakteristisch: «Man darf gar keine Zweifel am Recht des Papstes aufkommen lassen, frei über die Ernennung von Bischöfen zu entscheiden.»

Weltliche und nichtkatholische Beobachter und Kommentatoren haben ihm für seine Verteidigung unverrückbarer moralischer Maßstäbe gegen eine Flut des Relativismus gratuliert. Im Jahre 1994 erklärte *Time* ihn zum Mann des Jahres – eben wegen seines «einsam dastehenden» Autoritarismus. «In einem Jahr, da so viele Menschen sich über den Niedergang moralischer Werte beklagt oder sich für schlechtes Verhalten entschuldigt haben», so hieß es in der Laudatio, «hielt Papst Johannes Paul II. energisch an seiner Vision eines guten Lebens fest und drängte die Welt, ihr zu folgen.» Die Konservativen freuen sich über so viel uneingeschränkte Zustimmung aus der nichtkatholischen Welt. Nichtkatholische Anhänger des heutigen Papstes in den Medien übersehen jedoch häufig, daß Johannes Paul sich auch als Freund des Opus Dei, des weit rechtsstehenden modernen religiösen Ordens spanischen Ursprungs erwiesen hat, und daß er die Interessen von sektenartigen Massenbewegungen wie *Communione e Liberazione* fördert, in denen Kontrollmechanismen nach militärischem Vorbild herrschen und die die modernen Medien und den pluralistischen Konsens gleichermaßen verabscheuen.

Nach mehr als zwanzig Jahren des Papsttums von Wojtyla und 35 Jahre nach Beginn des Konzils hat, wie es Adrian Hastings formulierte, «die große Strömung, die durch das Zweite Vatikanum ausgelöst wurde, zumindest institutionell ihre Kraft verloren».[4] Pacellis monolithisches Pyramidenmodell der Kirche hat sich wieder einmal behauptet, und Begriffe wie «die pilgernde Kirche» und das «Volk

Gottes» werden heute selten benutzt. Pluralismus und Kollegialität werden so dargestellt, als stünden sie im Widerspruch zur zentralen Autorität.

Die Gläubigen stimmen in großer und möglicherweise wachsender Zahl tatsächlich völlig mit Johannes Pauls II. Bekräftigung der Ideologie der päpstlichen Macht überein. Sie glauben, hierin liege die größte Hoffnung auf Einheit und Überleben. Dies kann in der Zukunft nur zu einer sich ausdehnenden Spaltung und einem unvermeidlichen Zusammenstoß führen. Erste Anzeichen eines Ringens lassen sich in Nordamerika feststellen, wo der Episkopat sich weiterhin schweigsam und konformistisch verhält, während die Theologen an den meisten katholischen Universitäten nicht vatikanischer Kontrolle unterstehen und sich zunehmend ausgesprochen «abweichlerisch» äußern.

Auf der einen Seite gibt es eine große Zahl von Gläubigen, die das Recht des Papstes befürworten, von der Spitze her autoritär mit einer dominanten und Konformität erzwingenden Kurie zu regieren und sich auf Diözesanbischöfe zu stützen, die auf die ihnen angemessene Autorität und Freiheit verzichten. Diese Vorstellung von Kirche ist allmählich hinderlich für die Entwicklung der christlichen Ökumene geworden. Sie ist außerdem unbeugsam männerdominiert und zölibatär orientiert. Es herrscht eine Marienfrömmigkeit vor, die Erlösung durch Wunder und Offenbarungen gnostischer Art betont. Die Kanonisierung von Heiligen bildet ein zentrales Anliegen. Johannes Paul II. hat während seines Pontifikats mehr Heiligsprechungen verkündet, als alle anderen Päpste dieses Jahrhunderts zusammen, seitdem der formale Prozeß etabliert wurde. Der Bedeutung der Heiligsprechung des antimodernistischen Papstes Pius X. durch Pacelli entsprechen die Seligsprechung des Opus-Dei-Gründers Escrivá de Balaguer durch Wojtyla und sein Eifer für die Kanonisierung Eugenio Pacellis. Pius XII. selig zu sprechen, wäre ein entscheidender Sieg der Traditionalisten über die Progressiven bei der Interpretation des Zweiten Vatikanums.

Die fortschrittlichen Kreise, die ebenfalls sehr groß sind, erklären weiterhin, der Papst und die Kurie hätten es unterlassen, die grundlegende Entscheidung des Konzils für das Kollegialitätsprinzip in die Praxis umzusetzen. Sie können auf die Gewißheiten eines Papstes verzichten, der den Mechanismus der Unfehlbarkeit in Gang setzt, falls es ihm notwendig erscheint. Sie beklagen eine Herrschaftsstruktur, mit deren Hilfe der Papst, häufig gegen lokale Wünsche, bei der Ernennung von Bischöfen in aller Welt interveniert, denn dies entspricht nicht der Art, wie kollegiale Körperschaften gebildet werden oder arbeiten können. Sie wünschen einen Papst, der mit Güte und Nachsicht als letzte Appellationsinstanz der Kirche vorsteht. Sie argumentieren, der modernen Ideologie der päpstlichen Macht fehle es an Tradition, sie mißachte die Erfahrungen der Geschichte und die Autorität der konziliaren Kirche.

Jene, die sich nach der Verwirklichung echter Kollegialität in der katholischen Kirche sehnen, mögen im Lichte dieser Darstellung zu dem Schluß gelangen, daß die erneute Behauptung des päpstlichen Machtmodells die bitteren Lehren der Geschichte unseres Jahrhunderts ignoriert. Eine extreme päpstliche Alleinherrschaft kann christliche Gemeinschaften nur demoralisieren und schwächen.

In vielen Teilen der Welt erfreut sich die katholische Kirche der Vorzüge des Pluralismus, die von den katholischen Traditionalisten stark unterschätzt werden. In einer Zeit, die für religiöse Freiheiten weithin aufgeschlossen ist, läßt sich das volle Ausmaß der moralischen und gesellschaftlichen Schwächung der Ortskirchen nicht leicht einschätzen. Die wichtigste These dieses Buches lautet jedoch: Wenn das Papsttum zu Lasten des Gottesvolkes zu stark wird, erleidet die katholische Kirche zum Schaden für uns alle einen Verlust an moralischem und spirituellem Einfluß.

Quellen, die Debatte über das «Schweigen» und die Seligsprechung

Das Studium der jüngsten Geschichte des Papsttums ist keine leichte Aufgabe, da die vatikanischen Archive in der Regel eine Sperrfrist vorsehen. Zudem war Eugenio Pacelli ein einsiedlerischer und verschlossener Mensch, der keine Tagebücher führte, bevor er Papst wurde, und der nur sehr wenige persönliche Briefe schrieb. Soweit etwas von dieser Art existiert, ist es Gelehrten nicht zugänglich. Für Wissenschaftler, die sich mit der Geschichte des Vatikans in der Kriegszeit beschäftigen, sind die elf Bände mit Dokumenten, die auf Anweisung von Paul VI. zwischen 1965 und 1981 publiziert wurden, eine große Hilfe, obwohl es hinsichtlich der Vollständigkeit dieser Sammlung offene Fragen gibt, wie ich in meiner Darstellung deutlichgemacht habe. Von unschätzbarem Wert ist die Arbeit des verstorbenen Ludwig Volk S.J. und anderer, die den langen Prozeß dokumentiert haben, der zur Unterzeichnung des Reichskonkordats zwischen dem Dritten Reich und dem Heiligen Stuhl im Juli 1933 führte. Umfangreiche Bestände an Dokumenten zu den Beziehungen zwischen dem Vatikan, den Kirchen und dem NS-Regime sind durch die Regierungsarchive in Paris, in London und in Deutschland (insbesondere das Archiv des Erzbistums München und Freising) zugänglich gemacht worden.

Daß Pacellis Lebensgeschichte hier unter Zuhilfenahme neuen Materials geschrieben werden konnte, ist auf den Zugang zu zwei gesperrten Beständen von unpublizierten Quellen in römischen Archiven zurückzuführen. Dabei handelt es sich erstens um die Sammlung Eidesstattlicher Erklärungen zum Seligsprechungsprozeß Pius' XII., die sich unter der Aufsicht des Jesuitenordens befindet. Angesichts der Tatsache, daß der moderne Prozeß der Selig- und Heiligsprechung eine akribische Ermittlung von Hinweisen vorsieht, die *gegen* die Heiligkeit eines «Dieners Gottes» sprechen, haben sich diese Dokumente, die auf 76 vor einem Vierteljahrhundert unter Eid gemachten Aussagen beruhen (und über tausend Seiten Text umfassen), als sehr wichtig erwiesen. Aus ihnen wird hier zum ersten Mal zitiert.

Die zweite Sammlung enthält Dokumente über Pacellis Aktivitäten als vatikanischer Bürokrat von 1913 bis 1917 und als päpstlicher Nuntius in Deutschland von 1917 bis 1922. Sie wurde mir durch die Freundlichkeit des Zweiten Sekretärs im päpstlichen Staatssekretariat, Erzbischof Jean-Louis Touran, und die liebenswürdige Mithilfe des Archivars des Sekretariats, Marcel Chapin, S.J., zugänglich gemacht.

Durch die Großzügigkeit von Christian Lady Hesketh war ich in der Lage, aus einer Anzahl privater Kriegsbriefe von Francis d'Arcy Osborne, dem britischen Gesandten im Vatikan, an ihre Mutter, Mrs. Bridget McEwan, zu zitieren. Diese Briefe ergänzen die Osborne-Tagebücher, die in Owen Chadwicks Werk *Britain and the Vatican during the Second World War*, Cambridge 1986, herangezogen wurden. Sie bieten ein einzigartiges Portrait Pacellis aus der Kriegszeit und geben Antworten auf Fragen, die Chadwick aufgeworfen hat.

Angesichts der wichtigen Rolle Pacellis bei der Neufassung des kanonischen Rechts hatte ich das Glück, von Professor Giorgio Felliciani von der Katholischen Universität Mailand ausführlich über den Prozeß, der zur Publikation des *Codex Iuris Canonici* im Jahre 1917 führte, und über das Ausmaß von Pacellis Einfluß auf diese Arbeit, informiert zu werden. Professor Felliciani hat anhand von Mikrofilm-Kopien des gesamten Vorgangs über die historischen Ursprünge des Codex gearbeitet.

Meine größte Schuld, ja geradezu meine Ehrerbietung gilt der meisterhaften Gelehrsamkeit des verstorbenen Klaus Scholder, dessen Studie über *Die Kirchen und das Dritte Reich* ein unübertroffenes Standardwerk ist.

Jeder, der sich auf eine Untersuchung über Pius XII. einläßt, muß den Fußstapfen jener folgen, die versucht haben, sein Schweigen während des Krieges zu erklären. Die Debatten über Eugenio Pacellis Reaktion auf die «Endlösung» wogen nun seit mehr als 35 Jahren hin und her und haben zu einer umfangreichen Reihe von Beiträgen in der Wissenschaft und den Medien geführt. Jeder Versuch, zu einem endgültigen Urteil zu gelangen, ruft eine scharfe Reaktion der Gegenseite hervor. Die Grundlagen, auf denen diese Urteile über das Wissen und das Verhalten des Papstes beruhen, betreffen Auseinandersetzungen über Dokumente und Daten. Im Hinblick auf fehlende Dokumente unterstellen sie auch Unredlichkeit und ergehen sich in

Spekulationen über das Gewissen des Mannes, der Pius XII. war. Wie es Jonathan Steinberg formuliert hatte, ist dies «eine leidige und schwierige Frage, an die niemand übereilt herangehen sollte». Aber das anhaltende Interesse offenbart, daß mehr als ein halbes Jahrhundert nach Ende des Zweiten Weltkriegs neue Generationen immer versuchen, sich über die noch unbeglichene Gewissensschuld des Papsttums und der katholischen Kirche Klarheit zu verschaffen. Im Unterschied zu den evangelischen Kirchen in Deutschland, deren Bischöfe in der Stuttgarter Erklärung vom Oktober 1945 ihre Schuld an den Verbrechen des Regimes anerkannten,[1] hat der Heilige Stuhl keine derartige spezifische Erklärung abgegeben.

Es haben jedoch päpstliche Initiativen zur Heilung des Bruchs zwischen den beiden biblischen Religionen stattgefunden: Johannes' XXIII. generelles Eingeständnis einer religiösen Judenfeindlichkeit über die Jahrhunderte hinweg, die Israel-Reise Pauls VI., Johannes Pauls II. zwei Besuche in Synagogen und sein Shoahdokument über die Geschichte der Verfehlungen gegen die Juden. Doch Johannes Paul benutzte die letztgenannte Gelegenheit, um das Verhalten seines Vorgängers während der Kriegszeit gegen Anschuldigungen zu verteidigen. Es gebe nichts, wofür Pacelli sich hätte entschuldigen müssen, dagegen jeden Grund, auf ihn stolz zu sein. «Bei zahlreichen Gelegenheiten wurde von jüdischen Organisationen und Persönlichkeiten öffentlich die kluge Diplomatie von Papst Pius XII. gewürdigt», schrieb er, «so sagte zum Beispiel am 7. September 1945 Dr. Joseph Nathan als Vertreter der italienischen Judenkommision: ‹Vor allem danken wir dem Pontifex Maximus und den Männern und Frauen in der Kirche, die in Ausführung der Direktiven des Heiligen Vaters die Verfolgten als ihre Brüder anerkannten und uns tatkräftig und selbstlos zu Hilfe eilten, ungeachtet der schrecklichen Gefahren, denen sie ausgesetzt waren.›»[2]

Zum frühesten und bekanntesten Angriff auf die Haltung Pacellis während der Kriegszeit kam es im Jahre 1963 mit der Uraufführung von Rolf Hochhuths Stück *Der Stellvertreter* in Berlin.[3] Das Werk wurde im gleichen Jahr auch in London und im Jahr darauf in New York unter dem Titel *The Deputy* aufgeführt, und es wurde in mehr als zwanzig Sprachen übersetzt. Auf das in Blankversen geschriebene Werk gründen bis heute viele Leute, selbst solche, die das Schauspiel niemals gesehen oder gelesen haben, ihr Bild von Pacelli.

Die Haltung des Heiligen Stuhls wird in der ersten Szene charakterisiert, als eine historische Gestalt, Kurt Gerstein, der als Augenzeuge die Gaskammern gesehen hatte, dem Nuntius in Berlin, Erzbischof Orsenigo, von seiner Entdeckung berichtet. Der Nuntius weigert sich jedoch, irgend etwas von dem zu glauben, was der Zeuge ihm mitteilt, und ist nicht bereit, die Informationen an den Papst weiterzuleiten.[4] Schließlich gelangt ein Abgesandter Gersteins in den Vatikan, und es wird ihm eine Audienz gewährt. Aber Pacelli, der im vierten Akt zum ersten Mal persönlich auftritt, erweist sich als gleichgültig. Hochhuth stellt den Papst als einen herzlosen, habsüchtigen Zyniker dar, der dem Westen zürnt und freundliche Gefühle gegenüber Deutschland hegt. In erster Linie interessieren ihn seine Investitionen, die unter den alliierten Bombenangriffen auf italienische Industrieanlagen leiden. Hochhuths Pacelli denkt darüber nach, einige seiner Investitionen an einflußreiche Amerikaner zu verkaufen, weil er die Hoffnung hegt, daß dies von weiteren Bombenangriffen auf Rom abschrecken könne. Als er von den Todeslagern in Polen und dem Einsatz von Zyklon B erfährt, verschließt er die Ohren. Die Szene wird dadurch dramatisch verstärkt, daß im Schauspiel die römischen Juden gerade zusammengetrieben werden, als Gersteins Gewährsmann seine Bitte um Hilfe überbringt.

Beim *Stellvertreter* handelt es sich um ein Werk historischer Fiktion, das auf ungenügender Dokumentation beruht.[5] Gerstein traf niemals mit Orsenigo zusammen, und das lange Gespräch, das auf der Bühne wiedergegeben wird, fand nie statt. Problematischer ist, daß auch die Darstellung Pacellis als geldgieriger Heuchler jeder Grundlage entbehrt. Den in Hochhuths Drama vorgetragenen Thesen wurde dennoch vielfach geglaubt, und die Tilgung einer so stark vereinfachten Sichtweise Pacellis dürfte schwierig, wenn nicht gar unmöglich sein.

Hochhuths Schauspiel hatte jedoch auch für die Historiker Folgen. Der Krieg der Worte, Verurteilungen und Gegenverurteilungen, der auf Hochhuths Werk folgte, gab der Erarbeitung zuverlässiger Dokumentationen Auftrieb. Arbeiten, die vor dem *Stellvertreter* bereits im Gange waren, wurden durch die Kontroverse beschleunigt vorangetrieben. Elie Wiesel, ein Überlebender von Auschwitz und Buchenwald, erinnert sich, wie er 1962 in Paris mit einem niedergeschlagenen Saul Friedländer zusammentraf. Friedländer, Jahrgang 1932, war ein Historiker, der sich auf die Zeit des Nationalsozialismus spezialisiert hatte. Seine Eltern starben in Auschwitz, und er hatte den Krieg in einem katholischen Kloster in Frankreich überlebt. «Wir sitzen auf der Terrasse eines Cafés am Boulevard Saint-Germain», schreibt Wiesel. «Er schluckt eine Valium und erzählt mir dann von seinem Kummer. Bei seiner Doktorarbeit über die Diplomatie des Dritten Reichs ist er auf sensationelle Dokumente über die Politik Pius' XII. gegenüber Nazideutschland gestoßen. Aber kein Verleger hat mehr Interesse an dieser Zeit. Ich kenne das Problem aus eigener Erfahrung und verspreche ihm, mit jemandem zu reden, der ihm helfen kann. Am nächsten Tag nehme ich Saul zu Le Seuil mit und stelle ihn Paul Flamand vor. Es ist das Ende einer Depression und der Beginn einer Karriere.»[6]

Friedländers Werk *Pius XII. und das Dritte Reich. Eine Dokumentation* wurde mitten in den Auseinandersetzungen um das Hochhuth-Werk 1964 in Paris publiziert (und erschien 1965 in deutscher Sprache); in New York und London kam es 1966 heraus. Es war der konsequente Versuch, die zur Verfügung stehenden Dokumente für sich sprechen zu lassen. Die Dokumentation stützt sich hauptsächlich, aber nicht ausschließlich auf Berichte der deutschen Botschafter beim Heiligen Stuhl während des Krieges. Friedländers Buch hatte beträchtliche Wirkung im Vatikan, denn es enthüllte, wie sein Verfasser im Schlußteil des Werkes vorsichtig feststellt, daß «der Papst anscheinend eine Vorliebe für Deutschland (hatte), an der die Natur des nationalsozialistischen Regimes nichts änderte und die bis 1944 unerschüttert blieb». Selbstverständlich hoffte Friedländer, sein Buch werde den Vatikan veranlassen, seine Archive zu öffnen, «und es ist selbstverständlich, daß man keine endgültigen Schlüsse ziehen kann, bevor man die Dokumente des Vatikans kennt». Und genau dies geschah.

Im Jahre 1964 wies Paul VI. eine Gruppe gelehrter Jesuiten an, die vatikanischen Kriegsdokumente für eine baldige Publikation vorzubereiten. Das Werk erschien zwischen 1965 und 1981 in elf Bänden. Unter dem Titel *Actes et Documents du Saint Siège relatifs à la Seconde Guerre Mondiale* wurden die Dokumente in ihren Originalsprachen und mit einem wissenschaftlichen Apparat in französischer Sprache publiziert. Nur ein Band, nämlich der erste, erschien in englisch. Der Umfang des Quellenmaterials, das auf diese Weise zugänglich wurde, war beeindruckend, und all dies entsprach wissenschaftlichen Ansprüchen – aber wie stand es um die Vollständigkeit? War es mitten im Krieg der Worte über das, was Pius XII. wußte und wann er es wußte, nicht denkbar, daß belastende Dokumente vom Vatikan zurückgehalten wurden? Der letzte Überlebende unter den vier Herausgebern, Pierre Blet S.J., ein Kirchenhistoriker an der Universität Gregoriana, hat mir berichtet, daß die Dokumente in Schachteln in einem verstaubten Raum im Vatikan lagerten. Man schien sich seit dem Krieg nicht dafür interessiert zu haben. Er ist davon überzeugt, daß es, bevor das Material an die Herausgeber ging, weder Verfälschungen noch Aussonderungen gegeben hat. «Auf jeden Fall», so sagte er lakonisch zu mir, «hatten die Italiener unsere Kodes gebrochen und kannten praktisch alles, was wir ausschickten. Niemand hat irgend etwas entdeckt, was wir zurückgehalten hätten.»[7]

Das wurde, wie bereits erwähnt, kürzlich durch die Memoiren von Gerhart Riegner, *Ne jamais désespérer* in Frage gestellt.[8] Riegner, der während des Krieges in der Schweiz Informationen aus ganz Europa sammelte und weiterleitete, weist darauf hin, daß in den Dokumenten des Heiligen Stuhls eine höchst wichtige Denkschrift fehlt, die er am 18. März 1942 dem päpstlichen Nuntius in Bern, Monsignore Filippe Bernadini, zur Übermittlung an den Vatikan übergeben hat. «Unsere Denkschrift», schreibt Riegner, «offenbarte die katastrophale Lage der Juden in einer Reihe katholischer Länder oder Länder mit großen katholischen Bevölkerungsanteilen, wie Frankreich, Rumänien, Polen, Slowakei und Kroatien ... Die Lage wurde Land für Land im Detail geschildert. Wir konnten die Maßnahmen nachweisen, die die Nationalsozialisten zur Vernichtung des gesamten jüdischen Volkes unternahmen.»[9]

Die vom Vatikan publizierten Dokumente – die *Actes et Documents* – zeigen, daß eine Denkschrift von Riegner und seinem Kollegen Richard Lichtheim im vatikanischen Staatssekretariat eingegangen ist, daß das Dokument erhalten ist und sich im Vatikan befindet, denn in einer Fußnote in Band 8 findet sich eine nüchterne Zusammenfassung seines Inhalts: *«des mesures antisemites»*.[10] Und dennoch fehlt der tatsächliche Text des Dokuments.

Riegner fügt hinzu, diese Auslassung sei um so bedauerlicher, als er und seine Kollegen betont hätten, daß «in einigen dieser Länder die politischen Führer Katholiken sein, die aufgeschlossen gegenüber einer vatikanischen Initiative reagieren würden». Aber er versichert, nur im Falle der Slowakei, wo ein katholischer Priester, Josef Tiso, Staatspräsident war, habe der Vatikan interveniert, um eine «Mäßigung dieser antisemitischen Politik» zu erreichen.[11] Riegner brachte abschließend die Hoffnung zum Ausdruck, daß der Vatikan alle Dokumente vorlegen wird, die sich zum Thema Pius XII. und die Shoah in seinen Händen befinden.

Während der Vatikan also in den sechziger Jahren an seinem unvollständigen elfbändigen Projekt arbeitete, gelangten verschiedene Autoren zu ihren jeweiligen Einschätzungen. Vor allem ist hier Guenter Lewys Werk *Die katholische Kirche und das Dritte Reich* (1965) zu nennen. Ein Auszug davon erschien auch im Februar 1964 in der

Zeitschrift *Commentary*. Lewy liefert eine faire Beurteilung von Pacellis quälendem Dilemma. Er räumt ein, daß Protest die Dinge sowohl für die Juden als auch für die Katholiken hätte schlimmer machen können. Lewy stellt jedoch nachdrücklich – wenn auch nicht in die Tiefe gehend – die Ethik der Verwendung diplomatischer Sprache oder bewußter Zweideutigkeiten in Frage, wenn es darum geht, etwas beispiellos Böses zu bekämpfen. «Katholische Theologen», so schreibt er, «haben sich des langen und breiten mit der Grenzlinie zwischen ‹christlicher Klugheit› und ‹unchristlicher Feigheit› auseinandergesetzt. Es ist oft schwierig, hier deutlich zu unterscheiden. Keine Kasuistik über ein Schweigen zu Verbrechen, das erlaubt ist, um Schlimmeres zu verhüten, wird die mühsame Aufgabe erleichtern. Es gibt Situationen, in denen man durch Unterlassung schuldig wird. Das Schweigen hat seine Grenzen.»[12]

Unsere Thematik wurde dann durch den Journalisten und früheren Priester Carlo Falconi in seinem Werk *Das Schweigen des Papstes: eine Dokumentation* (1966, zuerst italienisch 1965) überzeugend behandelt.[13] Falconis besonderer Beitrag zur Diskussion bestand in der Präsentation des umfangreichen und geradezu niederschmetternden kroatischen Materials, das eine wichtige Quellengrundlage für jeden bleibt, der sich auf die Auseinandersetzung darüber einläßt, ob Pacelli von den Greueln der Ustascha gewußt, dazu aber nichts gesagt oder getan habe, und seine Zustimmung zu dem Regime unter Beweis gestellt habe. Falconis Schlußfolgerungen über Pacelli und die «Endlösung» sind jedoch äußerst vorsichtig. Er war nicht bereit, über das hinaus, was die Dokumente aussagen, Schlußfolgerungen zu ziehen: «Was die Schlüsse betrifft ... und das heißt, daß der Vatikan vollkommen informiert war, daß der Papst ständig angespornt wurde, zu sprechen, so sind sie gewiß nicht zugunsten einer reinen Rehabilitierung der Vorsicht und des Schweigens Pius' XII. ausgefallen.» Gleichzeitig meint der Autor über seine eigene Arbeit, er habe «mit Glück einen Boden sondiert, der an geheimen Schätzen noch unabsehbar reich ist. Und er wünscht sich aufrichtig, ein anderer könne so bald als möglich, die von ihm angeschlagenen Adern ausbeuten und noch reichere Ergebnisse erzielen.»[14]

Auf Falconis Buch folgte eine engagierte Entlastung Pacellis in Pinchas E. Lapides *Rom und die Juden*, (Freiburg, 1967). Lapide, der in den frühen sechziger Jahren israelischer Konsul in Mailand war, hatte das Yad Vashem Archiv, das Zionistische Zentralarchiv und die Jewish Historical General Archives in Jerusalem nach Einzelheiten über die Hilfe des Vatikans für die Juden während des Krieges durchforscht. Aufgrund positiver Aussagen aus vielen jüdischen Kreisen behauptet Lapide, der Heilige Stuhl habe mehr getan, den Juden zu helfen, als jede andere Organisation im Westen, einschließlich des Roten Kreuzes. Nach seinen Berechnungen hat Pius XII. während des Krieges direkt oder indirekt das Leben von etwa 860 000 Juden gerettet. Insbesondere ging es Lapide darum, Papst Johannes XXIII. Bemühungen anzuerkennen, sich für die lange Tradition der Judenfeindlichkeit in der katholischen Kirche zu entschuldigen, und er stellte Johannes' Gebet um Vergebung heraus, indem er es auf der Titelseite des Buches wiedergab: «Vergib uns den Fluch, den wir zu Unrecht an ihren Namen Jude hefteten. Vergib uns, daß wir dich in ihrem Fleisch zum zweitenmal ans Kreuz schlugen. Denn wir wußten nicht, was wir taten ...»[15]

Lapide scheint jedoch Falconis Ergebnisse nicht berücksichtigt zu haben, obwohl Falconis Buch zwei Jahre vor dem seinen publiziert worden ist. Bei ihm findet sich nichts über Kroatien, um das es sehr häufig geht, wenn von Pacellis Schweigen die Rede ist, und das in den frühen fünfziger Jahren durch den Prozeß gegen Kardinal Stepinac in Titos Jugoslawien zum Brennpunkt des öffentlichen Interesses wurde. Es ist jedoch zu bezweifeln, ob Lapide sich durch irgendwelche, auch noch so negative Tatsachen über Pius XII. hätte verunsichern lassen, ging es ihm doch hauptsächlich darum, das «Judenschema» des Zweiten Vatikanischen Konzils willkommen zu heißen, das, so Lapide, «die ganze Kraft einer offiziellen katholischen Anerkennung des jüdischen Volkes, seiner gleichen Rechte und der unlösbaren Bande besitzt, die das Christentum mit der älteren Religion verknüpfen». Diese Feier des Neubeginns war in Lapides Sichtweise von dem Wunsch nicht zu trennen, daß Israel durch den Vatikan anerkannt werden solle. Daher resultiert der Hinweis am Ende des Buches auf «Papst Roncalli ... Pontifex Maximus – [den] höchste[n] Brückenbauer», der Maurice Fisher, dem Botschafter Israels in Rom, gesagt hat: «‹Wenn ich auf mein Herz hören dürfte ..., würde ich den Staat Israel hier und jetzt anerkennen.›»[16] Lapides Buch war ein gewaltiger und gelehrter Schlag gegen jene, die Pius XII. und den Heiligen Stuhl als Übeltäter darstellten, aber es war durch außenpolitisches Eigeninteresse belastet. Doch wenn man zwischen den Zeilen liest, dann scheint Lapide von seiner eigenen Sache nicht völlig überzeugt zu sein. Die betrüblichste Feststellung in diesem Buch ist wohl, daß es die Behauptung in Abrede stellte, Pius XII. habe es weniger als anderen an Mut gefehlt, er sei nur weniger durch die «Krankheit» infiziert gewesen, die «über den Seelen der freien Welt» gelegen habe.[17]

Zu den von Lapide großzügig entschuldigten Vorgängen zählte die Tragödie von mehr als 1000 Juden in Rom, die am 16. Oktober 1943 im Schatten des Vatikans zusammengetrieben, festgesetzt und zwei Tage später nach Auschwitz deportiert wurden. Diese Greueltat, die zu einem Zeitpunkt erfolgte, da Pacelli nach dem Sturz der Regierung Badoglio und der Abreise des Königs die einzige italienische Autorität in Rom war, ist ein Stolperstein für jene geblieben, die Pacelli uneingeschränkt verteidigen. Drei Jahre nach Lapides Werk rekonstruiert Robert Katz in seinem Buch *Black Sabbath* die Vorfälle vom 16. Oktober. (Früher schon hatte Katz sein Werk *Mord in Rom* über den Mord an 335 Römern, darunter 70 Juden, in den Ardeatinischen Höhlen am 24. März 1944 publiziert. Dieser Mord geschah als Vergeltung für den Tod von 33 deutschen Soldaten durch eine Partisanenbombe. Katz deutete an, daß Pacelli von dem Racheakt der Nationalsozialisten wußte und mit den Opfern nicht sympathisierte.) Je länger Katz Pacellis Reaktion auf die NS-Grausamkeiten in Rom während der deutschen Okkupation studierte, um so mehr war er überzeugt, daß der Heilige Stuhl eine Erklärung schuldig geblieben sei. Seine anthropologisch ausgerichtete Darstellung der Deportation der römischen Juden, die er mit dem Untertitel *A Journey Through a Crime Against Humanity* versah, erschien 1969 und warf neues Licht auf die Beziehung zwischen Opfer und Täter. Er hatte mit der Arbeit an dem Buch im Jahre 1964 vor dem Hintergrund der Kontroverse um Hannah Arendts Werk *Eichmann in Jerusalem: Ein Bericht über die Banalität des Bösen* begonnen, in dem die Autorin die Theorie von den nationalsozialistischen Monstern in Frage stellte und Ebenen der Komplizenschaft bei normalen deutschen Bürgern und den Judenräten in den Ghettos neu diskutierte. Im Falle der römischen Juden meint Katz, daß die Deportation weit mehr über deren uralte Gemeinschaft offenbarte, als es das akzeptierte Geschichtsverständnis von der NS-Tyrannei zuließ. Das Geschehen teile uns «sehr viel über den realen Wert dessen mit, auf das in Rom Wert gelegt wurde, (und) ganz eindeutig spricht es auch von den Untiefen und allem anderen dazwischen. Niemand in Europa, ob Jude oder Nichtjude, lebte außerhalb des Systems von Werten, das durch die Gesellschaft des 20. Jahrhunderts geschaffen oder übertragen wurde.» Spricht Katz von Pacellis Schweigen, so scheint ihm das heimliche Einverständnis des Papstes mit dem NS-System unabweisbar. Die Deutschen belohnten sein Schweigen mit der Anerkennung des extraterritorialen Status des Vatikans und seiner Schlüsselinstitutionen überall in Rom. Katz argumentiert, um die Institution Kirche zu schützen, sei Pius bereit gewesen, das Leben von Juden zu opfern, und er sei daher an ihrem Tod mitschuldig. Katz wurde in Italien, wo es möglich ist, Beleidigungsklagen im Namen von Toten vorzubringen, von Pacellis Schwester und von seinem Neffen verklagt, nachdem Carlo Ponti *Mord in Rom* verfilmt hatte. Die Pacellis verloren den Prozeß, legten aber Berufung ein, und am Ende wurde in diesem Rechtsstreit gar keine Entscheidung gefällt.

Die nächsten ernsthaften Anschuldigungen gegen Pacellis Verhalten während des Krieges wurden 1980 in Walter Laqueurs Buch *Was niemand wissen wollte: Die Unterdrückung der Nachrichten über Hitlers Endlösung* (1981) vorgetragen. Obwohl Laqueur einige Bände der Kriegsdokumente des Vatikans zur Verfügung standen, scheint er sich dieses Materials nicht bedient zu haben, doch er zitiert nach Friedländer aus dem Riegner-Memorandum, das über den päpstlichen Nuntius in der Schweiz nach Rom übermittelt wurde. Laqueur war überzeugt: «Man war dort (im Vatikan) besser informiert als anderswo in Europa»[18], und er gibt dafür folgende Erklärung: «Der Vatikan war im Vergleich zu den Protestanten wegen seiner überlegenen Organisation und weitreichenden internationalen Verbindungen besser informiert.» Laqueur behauptet, der Vatikan habe systematisch gelogen, was sein angebliches Nichtwissen über die «Endlösung» anging – eine nicht gerade weitsichtige Politik – «denn früher oder später werden wenigstens manche Tatsachen bekannt.»[19] Laqueur setzte seine Zuversicht in die Entdeckung belastender Dokumente aus Archiven deutscher und italienischer Geheimdienste, die den vatikanischen Nachrichtenverkehr abgehört und gespeichert hatten. Seither sind fast 20 Jahre vergangen, und es tauchen keine derartigen Quellen auf, obwohl Riegners Memorandum ausreichender Beleg dafür ist, daß der Vatikan wichtige Dokumente zurückhielt. Laqueurs Urteil über Pacelli beruhte also auf einer Vermutung. Warum also hat Pacelli nicht klar gesprochen? «Möglicherweise», so schrieb Laqueur, «handelte es sich hier eher um einen Fall von Verzagtheit als von Antisemitismus. Wenn der Vatikan nicht wagte, Hunderten von polnischen Priestern zu Hilfe zu kommen, die in Auschwitz starben, so war es unrealistisch, zu erwarten, daß er mehr Mut und Initiative zeigen würde, wenn es sich um Juden handelte.»[20]

Laqueur schien jedoch über General Ludwig Becks Verschwörung gegen Hitler und Pacellis Rolle als Mittelsmann nichts zu wissen. Pacellis Charakter wirklich zu verstehen ist ebenso wichtig, zum sein rätselhaftes Verhalten zu begreifen, wie es die Jagd nach Dokumenten

439

ist. Doch bislang hat kein Autor versucht, Pacellis komplexen Charakter ganz zu erfassen.

Den ersten und bislang einzigen seriösen und ausführlichen Versuch eines Pacelli-Portraits während der Kriegszeit hat der britische Kirchenhistoriker Owen Chadwick in seinem Buch *Britain and the Vatican during the Second World War* (1986) unternommen. Chadwick standen nicht nur die vollständigen päpstlichen *Actes et Documents* zur Verfügung, er profitierte auch vom Material des Foreign Office und des Kriegskabinetts im Public Records Office, dem britischen Staatsarchiv in Kew und von Berichten französischer Diplomaten am Quai d'Orsay. Entscheidend jedoch war, daß er Zugang zu den Tagebüchern von Francis d'Arcy Osborne hatte, dem britischen Gesandten am Heiligen Stuhl, der während des Krieges im Vatikan in unmittelbarer Nähe Pius' XII. residierte.

Osbornes Pacelli ist im Grunde der Papst. Er ließ sich von Pacelli bezaubern. Gelegentlich beklagte er sich bitter über Pacellis Schweigen während der ersten Jahre des Krieges. Doch sein späteres Urteil nach der Affäre Hochhuth lautete so:

«Weit davon entfernt, ein kühler Diplomat zu sein (was, wie ich vermute, Kaltblütigkeit und Unmenschlichkeit impliziert), war Pius XII. der warmherzigste, schlichteste, freundlichste, großzügigste, sympathischste (und nebenbei bemerkt heiligste) Charakter, den kennenzulernen ich in meinem Leben das Privileg hatte. Ich weiß, daß diese sensible Natur sich vollkommen des tragischen Ausmaßes an menschlichem Leid bewußt war, das der Krieg verursachte, und ohne jeden Zweifel wäre er bereit gewesen, sein Leben hinzugeben, um die Menschheit von den Folgeerscheinungen des Krieges zu erlösen. Und dies ganz unabhängig von Nationalitäten oder Glaubensrichtungen. Aber was hätte er effektiv tun können?»[21]

Die allgemeine Tendenz in Chadwicks wohlwollender Darstellung der Reaktionen Pacellis auf die Nachrichten über die «Endlösung» unterscheidet sich nicht sehr von der zitierten Einschätzung. Pacelli war für Chadwick ein zaghafter, sensibler, heiliger Mann, der in einem unwägbaren Dilemma steckte. Sollte er sich klar äußern und die Dinge für Juden und Christen noch schlimmer machen? Chadwicks Urteil wird von der festen Überzeugung bestärkt, das Pacelli zu Arglist, Narzißmus, Ehrgeiz, Machtinteressen oder Feigheit nicht fähig war. Wenn Pacelli irrte, dann lagen diesem Irrtum nur die besten Absichten zugrunde.

Wieweit Chadwick sich mit Osbornes Ansichten über Pacelli identifizierte, wurde von Jonathan Steinberg in seiner Besprechung des Buches in *The Journal of Ecclesiastical History* im Oktober 1987 hervorgehoben: «Es gibt keine Einleitung, in der (Chadwick) seine

Leser direkt anspricht, noch gibt es einen Schlußteil, in dem er unsere Aufmerksamkeit auf die Hauptpunkte seiner Argumentation richtet. Außer in der Danksagung benutzt er niemals das Wort ich. Seine Charaktere sprechen ganz für sich und der einzige direkte Kommentar zu den Hochhuth-Vorwürfen kommt von Osborne, nicht von Chadwick.» Steinberg schließt mit der Bemerkung: «Wie Pius XII. schweigt Professor Chadwick.»

Während diese «weltlichen» Untersuchungen über Pacelli im Lauf von mehr als zwanzig Jahren erschienen, war in Rom, im Hauptquartier der Jesuiten in Borgo Santo Spirito, eine Untersuchung ganz anderer Art im Gange, die bis heute nicht beendet ist. Es ging hier um die Recherche und die Niederschrift einer *positio*, einer speziellen «Heiligenbiographie», zur Unterstützung des Seligsprechungsprozesses und letztlich der Heiligsprechung Pacellis. Seligsprechung und Heiligsprechung sind unfehlbare Erklärungen durch den Papst, die besagen, daß eine verstorbene Person ein Leben von heroischer Tugendhaftigkeit geführt habe und nun im Himmel wohne. Seligsprechung bedeutet, daß der Papst einen örtlichen Kult in Hinblick auf die «Heiligkeit» einer Person zugelassen hat und daß man zu ihr beten darf; Heiligsprechung bedeutet eine weltweite kultische Verehrung. Die *positio*, die viele tausend Seiten umfassen kann, ist die Geschichte des heiligen Lebens einer Person; sie muß genau sein und muß die Ansichten vieler Menschen reflektieren, die den «Diener Gottes» kannten.

Der Seligsprechungsprozeß für Pacelli ist sowohl innerhalb als auch außerhalb der Kirche eine hochpolitische Angelegenheit. Wenn er erfolgreich abgeschlossen wird, dann wird damit Pacellis Politik nachdrücklich bestätigt – und damit die moderne Ideologie der päpstlichen Macht und Pacellis Handeln während des Krieges gerechtfertigt. Der Prozeß begann im Herbst 1964, als fortschrittliche Väter des Zweiten Vatikanums Johannes XXIII. per Akklamation kanonisierten und damit den langwierigen Prozeß umgehen wollten, der Jahrhunderte lang dauern kann. Die Progressiven betrachteten diesen Schritt als einen Versuch zur Durchsetzung des reformistischen Geistes des Konzils. Papst Paul VI. verhinderte die Initiative, indem er ankündigte, die Kongregation für die Heiligsprechungen werde mit den formalen Prozessen für beide, für Pius XII. und für Johannes XXIII., beginnen. «Es stellte sich jedoch bald heraus», so kommentierte Kenneth L. Woodward, «daß Papst Paul die heikle kirchenpolitische Kontroverse durch die Verknüpfung der Fälle Pius' und Johannes' nicht gelöst, sondern nur verschoben hatte.»[22]

Der Franziskanerorden übernahm die Verantwortung für das Verfahren für Papst Johannes, und die Jesuiten wurden für Papst Pius zuständig. Zwei Spezialisten für Heiligsprechungen, Pater Paolo Molinari und Pater Peter Gumpel, wurden 1965 ernannt, um dieses Verfahren zu leiten, und als über siebzigjährige arbeiten sie immer noch daran.

Gumpel, ein Deutscher adeliger Abstammung, dessen Familie von den Nationalsozialisten verfolgt wurde, ist die Schlüsselfigur. Er ist der *Relator*, der unabhängige, autonome Richter, den der Papst ernannt hat, die Materialien zu überprüfen, die in der Sache Pacelli vorgelegt wurden. Während der zwei Jahre, als ich in den römischen Archiven gearbeitet habe, kam ich oft mit Gumpel ins Gespräch. Er ist hochintelligent, weiß unendlich viel über Pacelli und seine Zeit, und er erschien mir faszinierend und rätselhaft zugleich. In der *positio* oder Biographie Pacellis, für die Gumpel verantwortlich ist, sollen sehr viele wissenschaftliche Untersuchungen zusammengetragen werden. Hunderte von Menschen sind angesprochen worden, um vor dem Seligsprechungstribunal auszusagen. Detaillierte Aussagen unter Eid sind in vielen Ländern der Welt festgehalten worden. Ein großer Strom von Dokumenten aus vielen Archiven Europas ist zusammengeführt und überprüft worden. Das Material nimmt weiterhin zu, aber niemand außerhalb der Kongregation für die Heiligsprechungen wird die *positio* je zu sehen bekommen, bis der Seligsprechungsprozeß erfolgreich abgeschlossen ist.

Gewiß wird es gegen Ende des Seligsprechungsverfahrens eine höchst kontroverse Zwischenphase geben, sollte der Papst Pacelli zu einem «Ehrwürdigen» – die unterste Stufe der Heiligkeit – ernennen. Denn dann beginnt die vorletzte Phase des Prozesses, in der das Tribunal vermeintliche Wunder zur Unterstützung der unmittelbar bevorstehenden Erklärung von Pacellis «Heiligkeit» genau untersuchen wird. Im Moment gibt es sehr viele Spekulationen, die darauf hinauslaufen, daß der Papst diesen Schritt sehr bald tun wird; und seine «Heiligsprecher» scheinen den Boden dafür zu bereiten. Molinari und Gumpel kannten beide Pacelli persönlich, und vierzig Jahre nach seinem Tod sind sie vollkommen von seiner Heiligkeit überzeugt. Gumpel, möglicherweise der größere Experte, soweit es die Dokumente angeht, hat im internationalen Wochenblatt *The Tablet* einen Angriff auf Pacellis Kritiker publiziert.[23]

Bei unseren zahlreichen Gesprächen hat er Pacelli kein einziges Mal kritisiert. Vielleicht hat er auch belegbare Gründe, um zu positiven Schlußfolgerungen zu kommen. Mein Eindruck jedoch war, daß seine Informationen nicht vollständig sind und seine Auswahl an «Experten» höchst selektiv war. Die Memoiren von Heinrich Brüning tat er geringschätzig ab; auch zeigte er kein Interesse an jüngsten wissenschaftlichen Ergebnissen zur Authentizität des Materials.

Beim Vergleich miteinander konkurrierender Werke in der Debatte über Pacellis Verhalten während des Krieges lobt Gumpel Pater Michael O'Carrolls *Pius XII: Greatness Dishonoured* (1981) und Pinchas Lapides *The Last Three Popes and the Jews* (1967), dagegen mißbilligt er die Arbeiten von Robert Katz, Guenter Lewy und Saul Friedländer als «ungerechtfertigte und verleumderische Angriffe auf diesen großen und heiligen Mann».[24]

Es hat in den letzten Jahren starke Kritik am Seligsprechungsprozeß gegeben, weil man die Rolle des «advocatus diaboli» gestrichen hat, der als unabhängiger Untersuchungsführer kritische Fragen über den «Diener Gottes» zu stellen hat. Die neuen Regeln für die Abfassung einer *positio,* die aus dem Jahre 1983 stammen, sollen diesen Nachteil durch Untersuchungen ausgleichen, die den Kandidaten kritisch unter die Lupe nehmen. Gumpel jedoch ist, so scheint es mir, so apologetisch gegenüber Pacelli eingestellt, daß er selbst die gelehrteste Kritik, für die Friedländer beispielhaft ist, als «unbegründete Angriffe» betrachtet.[25]

Gumpels letztes Wort in dieser Sache – so sein im *Tablet* publizierter Aufsatz – lautet, Kritiker Pacellis (wie Katz, Lewy und Friedländer) sollten «erkennen (...), daß sie auf den Gefühlen von Katholiken herumtrampeln, und indem sie das tun, Bemühungen zum Aufbau besserer Beziehungen zwischen der katholischen Kirche und den Juden behindern». Dieses bemerkenswerte Argument (es gibt schließlich, wie wir alle wissen, sehr viele Katholiken, die gegenüber Pacelli kritisch eingestellt sind) unterscheidet den *Relator* vom ernstzunehmenden Historiker und macht ihn zum bloßen Apologeten.

Wenn es bessere Beziehungen zwischen der katholischen Kirche und den Juden geben soll, werden sie nicht auf die Stimme katholischer Apologeten gründen, sondern auf Katholiken, die sich ohne Beschönigung der Geschichte stellen. Am Ende meiner Reise durch Leben und Zeit Eugenio Pacellis bin ich überzeugt, daß das historische Urteil ihn nicht als Beispiel von Heiligkeit für künftige Generationen sehen wird, sondern als in sich gebrochenes menschliches Wesen. Wenn wir Katholiken, auch in unserem Verhältnis zu anderen Religionen, aus der Geschichte seines Lebens eine Einsicht gewinnen wollen, so muß sie mit dem Eingeständnis unseres Versagens beginnen.

ANHANG

Abkürzungsverzeichnis

Anmerkungen

Prolog

1 *Teste*, S. 229. Fürst Carlo Pacelli, ein Neffe des Papstes, teilte dem Seligspre-chungstribunal mit, sein Onkel sei 1,82 m groß gewesen und habe während eines Großteils seines Lebens 57 kg gewogen.

2 C. Pallenberg, *Hinter den Türen des Vatikan*, München 1961, S. 33.

3 J. Lees-Milne, *Midway on the Waves: Diaries 1945–1949*, London 1985, S. 98.

4 Zitiert nach P. Hebblethwaite, *Paul VI*, London 1993, S. 339.

5 C. Dessain (Hrsg.), *Letters and Diaries of John Henry Newman*, London 1961, S. 314 f.

6 *Akten der Reichskanzlei. Regierung Hitler 1933–1938*, I, 1, Bearb. v. K.-H. Minuth, Boppard 1983, S. 683.

1. Die Pacellis

1 Neben den Vorlagen für die Seligsprechung Pacellis, die als *Teste* zitiert wer-den, finden sich die zuverlässigsten veröffentlichten Quellen über Pacellis Kindheit und Familie in «Articoli Per Il Processo», einer von Jesuiten erar-beiteten chronologischen Darstellung, Privatdruck: Borgo Santo Spirito, Rom 1967. Ansonsten sind in diesem Zusammenhang von Bedeutung: I. Giordani, Pio XII: Un Grande Papa, Turin 1961; I. Konopatzki, *Eugenio Pacelli. Pius XII. Kindheit und Jugend in Dokumenten*, München 1974; N. Padellaro, *Pius XII.*, Bonn 1952; J. Smit, *Pope Pius XII.*, London 1961.

2 G. Trevelyan, *Garibaldi's Defence of the Roman Republic*, London 1928, S. 228.

3 Siehe D. Kertzer, *Die Entführung des Edgardo Mortara*, München 1998.

4 C. Butler, *Das 1. vatikanische Konzil*, München 1961, S. 379.

5 Denzinger-Schönmetzer, *Enchyridion symbolorum definitionum et declara-tionum*, Freiburg i. Br., S. 601.

6 H. E. Manning, *True Story of the Vatican Council*, London 1877, S. 145.

7 *Teste*, S. 30.

8 D. Holmes, *Triumph of the Holy See*, London 1978, S. 160.

9 Vgl. Kertzer, *Entführung des Edgardo Mortara*, S. 458 f.

10 Padellaro, *Pius XII.*, S. 26.

11 Ibid.
12 Konopatazki, *Eugenio Pacelli*, S. 34.
13 Giordani, Pio XII, S. 14f.
14 *Teste*, S. 109.
15 Zitiert nach P. Lehnert, *Ich durfte ihm dienen*, Würzburg [10]1996, S. 9f.
16 R. Leiber, *Pius XII. †*, in: *Stimmen der Zeit*, 163 (1958/59), S. 81–100.
17 Ibid., S. 85f.
18 Zitiert nach B. O'Reilly, *Leo XIII. Seine Zeit, sein Pontifikat und seine Erfolge*, Köln 1887, S. 355.
19 Enzyklika *Aeterni Patris* 1879.
20 *Teste* Elisabetta Pacelli (Rosignani), S. 3.
21 Zitiert nach P. E. Lapide, *Rom und die Juden*, Freiburg i. Br. u. a. 1967, S. 34.
22 Siehe G. Kisch, *Forschungen zur Rechts- und Sozialgeschichte der Juden in Deutschland während des Mittelalters*, Stuttgart 1955.
23 Es gibt eine umfangreiche Literatur über den Blutfrevel und die Hostienschändung. Siehe beispielsweise R. Po-chia Hsia, *The Myth of Ritual Murder: Jews and Magic in Reformation Germany*, Yale 1988.
24 «Oremus et pro perfidis Judaeis: ut Deus et Dominus noster auferat velamen de cordibus eorum; ut et ipsi agnoscant Jesum Christum Dominun nostrum.» Bei diesem Bittgebet nach dem Tridentinischen Ritus unterlassen Priester und Gemeinde das sonst übliche Niederknien.
25 *Civiltà Cattolica*, 20. August 1881, S. 478; 3. Dezember 1881, S. 606; 21. Januar 1882, S. 214.
26 Siehe Lapide, *Rom und die Juden*, S. 33f.

2. Leben im Verborgenen

1 Siehe *Articoli Per Il Processo*, Rom 1967, S. 16 und Giordani, *Pio XII*, S. 31f.
2 Siehe *Processo*, S. 16.
3 E. Pacelli, *La personalità e la territorialità delle leggi specialmente nel diritto canonico*, Vatikan 1912.
4 *Teste*, S. 255f.
5 Ibid., S. 256.
6 C. Falconi, *Popes in the Twentieth Century. From Pius X to John XXIII*, London 1967, S. 2.
7 G. Daly, *Transcendence and Immanence*, Oxford 1980, S. 165.
8 N. Lash, *Modernism*, aggiornamento *and the night battle*, in: G. Sweeney (Hrsg.), *Bishops and Writers*, Cambridge 1977, S. 55f.
9 Zitiert nach G. Fogarty, *The Vatican and the American Hierarchy from 1870 to 1965*, Wilmington (Delaware) 1985, S. 178. Lat. Originaltext: Acta Sanctae Sedis, 31 (1899), S. 470–477.
10 Zitiert nach O. Chadwick, *A History of the Popes 1830–1914*, Oxford 1998, S. 357.
11 Ibid., S. 55.
12 Daly, *Transcendence and Immanence*, S. 51.
13 Acta Sanctae Sedis, 40 (1907), S. 593–650.

14 Ibid., S. 631.

15 Motu proprio «Sacrorum antistium» vom 1. Sept. 1910, in: AAS, 2 (1910), S. 669 ff.

16 P. Collins, *Papal Power*, London 1997, S. 66.

17 Siehe Padellaro, *Pius XII.*, S. 22 f., über Romolo Murri, den Gründer der christlich-demokratischen Bewegung.

18 H. Dal-Gal, *Pius X.*, Freiburg i. d. Schweiz 1952, S. 500.

3. Päpstliche Machtspiele

1 Zur Entstehungsgeschichte des *Codex Iuris Canonici*, Rom 1917, im folgenden: CIC, siehe: C. van de Wiel, *History of Canon Law*, Löwen 1989; J. Coriden, *An Introduction to Canon Law*, New York 1990.

2 Siehe G. Feliciani *La Codificazione del Diritto Canonico e la Riforma della Curia Romana*, in: *La Chiesa e la Società Industriale*, Teil II, hrsg. von E. Guerriero und A. Zambarbieri – *Storia della Chiesa*, XXII/2, Mailand 1990, S. 293–315.

3 U. Stutz, *Der Geist des Codex Juris Canonici*, Stuttgart 1918, S. 50 f.

4 Siehe CIC can. 246: «Singulis Congregationibus praeest Cardinalis Praefectus vel, si eisdem praesit ipsemet Romanus Pontifex, eas dirigit Cardinalis Secretarius; quibus adjunguntur Cardinales quos Pontifex eis adscribendos censuerit, cum aliis necessariis administris.» (An der Spitze der einzelnen Kongregationen steht ein Kardinalpräfekt, oder sie wird von einem Kardinalsekretär geleitet, wenn der Papst selber ihr vorsteht; jede besteht aus den Kardinälen, die der Papst ihr zugewiesen hat, sowie aus den erforderlichen Mitarbeitern.)

5 CIC can. 1323: «Fide divina et Catholica ea omnia credenda sunt quae verbo Dei scripto vel tradito continentur et ab Ecclesia sive sollemni iudicio sive ordinario et universali magisterio tanquam divinitus revelata credenda proponuntur.» (All jene Wahrheiten müssen *fide divina et catholica* geglaubt werden, die Bestandteile der Heiligen Schrift oder der Tradition sind, und die die Kirche durch feierliche Verkündigung oder durch allgemeine und universelle Lehre als von Gott geoffenbart bezeichnet).

6 T. L. Bouscarew S. J. und A. C. Ellis S. J., *Canon Law: A Text and Commentary*, Milwaukee 1951, S. 743.

7 CIC can. 1325, § 3: «Caveant catholici ne disputationes vel collationes, publicas praesertim, cum acatholicis habeant, sine venia Sanctae Sedis aut, si casus urgeat, loci Ordinarii.»

8 G. Sweeney, *Bishops and Writers*, Cambridge 1977, S. 208.

9 Siehe canon 749, § 2 in: *Letter and Spirit. Commentary on the 1983 Code*, London 1995, S. 416.

10 Siehe R. Astorri, *Diritto Comune e Normativa Concordataria. Un Scritto Inedito di Mons Pacelli sulla Decadenza degli Accordi tra Chiesa e Stato*, in: *Storia Contemporanea*, 4. 8. 1991, S. 685–701.

11 Zitiert nach A. Rhodes, *The Power of Rome in the Twentieth Century*, London 1983, S. 122 f.

449

12 E. Hales, *The Catholic Church in the Modern World*, London 1958, S. 252.
13 Padellaro, *Pius XII.*, S. 114
14 Falconi, *Popes in the Twentieth Century*, S. 76.
15 Ibid.
16 Pacelli wurde am 7. März 1911 Nachfolger Benignis. Siehe E. Poulat, *Integrisme et catholicisme integral*, Paris 1969, S. 258. Bereits 1912 wurde Pacelli Pro-Sekretär der Kongregation.
17 Rhodes, *Power of Rome*, S. 223.
18 Ibid., S. 224. (Die Zeitungszitate auf den Seiten 72 f. und 80 f. konnten vom deutschen Verlag nicht ermittelt werden. Es handelt sich um Rückübersetzungen aus dem Englischen.)
19 Über Cardons Vermittlungsmission berichtet *L'Eclaireur de Nice* am 26. 6. 1914. Andere Versionen bringen das Pariser *Journal* und das *Echo de Paris* vom 27. 6. 1914.
20 SRS Austria-Ungheria (1913/14), fasc. 448, Bl. 26–29.
21 Ibid. fasc. 448, Bl. 32–34.
22 Ibid. fasc. 449, Bl. 53–54.
23 Ibid. fasc. 448, Bl. 34 ff.
24 Ibid. Bl. 38.
25 Ibid. Serbia (Rapporti Sessioni) 1914, fasc. 1186.
26 Ibid. fasc. 1187.

4. Nach Deutschland

1 A. Hasler, *Wie der Papst unfehlbar wurde. Macht und Ohnmacht eines Dogmas*, Frankfurt/M. u. a. 1981, S. 214.
2 Zitiert nach H. Daniel-Rops, *A Fight for God*, London 1963, S. 241.
3 A. Hatch und S. Walshe, *Crown of Glory*, London 1958, S. 62.
4 F. Johnston, *Fatima*, Chulmleigh 1980, S. 28.
5 «La conciliazione ufficiosa». Diario del barone Carlo Monti 1914–1922, hrsg. von A. Scottà, II, Vatikan 1997, S. 96.
6 SRS Guerra Europa 1914–1918, I. VIII. 17, III, Bl. 50 f.
7 Ibid., Bl. 62.
8 Ibid., Bl. 64.
9 Siehe Th. v. Bethmann Hollwegs Darstellung in *Betrachtungen zum Weltkriege*, II, Berlin 1921, S. 211 ff; ebenso Hatch/Walshe, *Crown of Glory*, S. 62.
10 Wilhelm II., *Ereignisse und Gestalten aus den Jahren 1878–1918*, Leipzig/Berlin 1922, S. 225–230.
11 Siehe Hatch/Walshe, *Crown of Glory*, S. 74.
12 Padellaro, *Pius XII.*, S. 140.
13 SRS Germania 1917, fasc. 852, Bl. 2–5.
14 Ibid., Bl. 4
15 SRS Germania 1917, fasc. 853, Bl. 6 f.
16 SRS Baveria, fasc. 40, Bl. 6 u. 9 f.
17 Ibid., Bl. 11.
18 Ibid., Bl. 17.

19 SRS Baveria, fasc. 42, Bl. 57. Der erste vorhandene Brief in diesen Akten, den Pacelli 1919 von München aus schrieb, stammt vom 3. Februar 1919.
20 SRS Baveria, Brief Pacellis an Gasparri, 18. 4. 1919.
21 Ibid., S. 37
22 Siehe zum Beispiel M. Martin, *Decline and Fall of the Roman Catholic Church*, London 1981, S. 262.
23 Lehnert, *Ich durfte ihm dienen*, S. 16.
24 SRS Baveria, Brief Pacellis an Gasparri, 18. 4. 1919, Bl. 46 f.

5. Pacelli und die Weimarer Republik

1 S. Stehlin, *Weimar and the Vatican*, New Jersey 1983, S. 275.
2 Siehe die Enzykliken Leos XIII.: *Diuturnum Illud*, 1881; *Immortale Dei*, 1885.
3 Siehe H. Spiegelberg, *The Phenomenological Movement*, Den Haag 1969, S. 228–268; siehe auch M. Scheler, *Der Formalismus in der Ethik und die materiale Wertethik*, Bern u. a. 1980 (erstmals erschienen 1916).
4 Zu den konfessionsübergreifenden Tendenzen in der Zentrumspartei und den katholischen Gewerkschaften in der Auseinandersetzung mit dem «Integralismus» des Heiligen Stuhls siehe H. Hürten, *Deutsche Katholiken 1918–1945*, Paderborn u. a. 1992, S. 7 f.
5 M. Scheler, *Soziologische Neuorientierung und die Aufgaben der deutschen Katholiken nach dem Krieg*, 1915, zitiert nach K. Scholder, *Die Kirchen und das Dritte Reich*, I, Frankfurt/M. u. a. 1986, S. 17.
6 Siehe Stehlin, *Weimar and the Vatican*, S. IX.
7 Zitiert nach E. R. Huber und W. Huber, *Staat und Kirche im 19. und 20. Jahrhundert. Dokumente zur Geschichte des deutschen Staatskirchenrechts*, II, Berlin 1976, S. 540.
8 Die päpstliche Konstitution *De Salute Animarum* und der sie begleitende apostolische Brief *Quad de fidelium*, beide 1821.
9 SRS Germania, fasc. 885, Bl. 3.
10 SRS Germania, fasc. 885, Bl. 5.
11 N. Trippen, *Das Domkapitel und die Erzbischofswahlen in Köln 1821–1929*, Köln u. a. 1972, S. 484 f.
12 SRS Germania, fasc. 885, Bl. 10.
13 Ibid., Bl. 17.
14 Ibid., Bl. 11.
15 Ibid., Bl. 18.
16 SRS Germania 1919, fasc. 885, Bl. 11–12.
17 Zitiert nach G. Franz-Willing, *Die Bayerische Vatikangesandtschaft 1803–1934*, München 1965, S. 164.
18 Ibid., S. 167.
19 Stehlin, *Weimar and the Vatican*, S. 12.
20 Scholder, *Kirchen*, I, S. 77.
21 E. Deuerlein (Hrsg.), *Das Reichskonkordat. Beiträge zu Vorgeschichte, Abschluß und Vollzug des Konkordates zwischen dem Heiligen Stuhl und dem Deutschen Reich vom 20. Juli 1933*, Düsseldorf 1956, S. 12 f.

22 Scholder, *Kirchen*, I, S. 78.
23 Zitiert nach R. Morsey, *Zur Vorgeschichte des Reichskonkordats aus den Jahren 1920 und 1921*, in: Zeitschrift der Savigny-Stiftung für Rechtsgeschichte, Kan. Abt., 44 (1958), S. 237–267, hier S. 248.
24 Stehlin, *Weimar and the Vatican*, S. 54.
25 *Teste*, S. 6 ff.
26 Ibid., S. 6.
27 Ibid., S. 69.
28 SRS Germania 1921, fasc. 902, Bl. 9.
29 Ibid., Bl. 20 ff.
30 U.S. House Joint Resolution 433, 1920.

6. Der glänzende Diplomat

1 Scholder, *Kirchen*, I, S. 81 f.
2 L. Volk, *Das Reichskonkordat vom 20. Juli 1933*, Mainz 1972, S. 11–13.
3 Morsey, *Vorgeschichte des Reichskonkordats*, S. 262.
4 Volk, *Reichskonkordat*, S. 19.
5 Scholder, *Kirchen*, I, S. 84.
6 *The Tablet*, 18. 2. 1939.
7 Stehlin, *Weimar and the Vatican*, S. 256.
8 Scholder, *Kirchen*, I, S. 87.
9 Ibid.
10 DBFP 1919–1939, 2. Reihe, V, 1933, London 1956, S. 525.
11 Zitiert nach Hatch/Walshe, *Crown of Glory*, S. 83.
12 Lehnert, *Ich durfte ihm dienen*, S. 38–40.
13 A. Stahlberg, *Verdammte Pflicht. Erinnerungen 1932–1945*, Erw. Neuausgabe, Berlin 1994, S. 52.
14 Scholder, *Kirchen*, I, S. 89.
15 Für den Text des preußischen Konkordats, siehe D. Golombek, *Die politische Vorgeschichte des Preußenkonkordats (1929)*, Mainz 1970 (Abdruck des Textes S. 119–131).
16 Scholder, *Kirchen*, I, S. 91.
17 Zitiert in Hatch/Walshe, *Crown of Glory*, S. 85.
18 *Teste*, S. 54.
19 Lehnert, *Ich durfte ihm dienen*, S. 42.

7. Hitler und der deutsche Katholizismus

1 A. Hitler *Mein Kampf*, München 1944, S. 127.
2 Siehe P. Hoser, *Hitler und die Katholische Kirche. Zwei Briefe aus dem Jahr 1927*, in: *Vierteljahrshefte für Zeitgeschichte*, 42 (1994), S. 473–492, hier S. 483.
3 H. Rauschning, *Gespräche mit Hitler (1940)*, Wien 1973, S. 50. Vgl. auch F. Zipfel *Kirchenkampf in Deutschland 1933–1945*, Berlin 1965, S. 9.
4 Hoser, *Hitler und die Katholische Kirche*, S. 486 f.

5 Zur Entwicklung des Katholizismus in den zwanziger Jahren siehe E. C. Helmreich, *The German Churches under Hitler*, Detroit 1979, S. 99 f.

6 Helmreich, *German Churches*, S. 100. Vgl. Hürten, *Deutsche Katholiken*, S. 119–130.

7 Siehe O. Heilbroner, *The Black Forest. The Disintegration of the Workers Catholic Milieu*, in: C. Fischer (Hrsg.), *The Rise of National Socialism and the Working Classes in Weimar Germany*, Providence, RI u. a. 1996, S. 217–236.

8 Zitiert nach Th. Abel, *Why Hitler Came into Power*, Harvard 1986, S. 98.

9 Diese Korrespondenz ist u. a. wiedergegeben bei H. Müller, *Katholische Kirche und Nationalsozialismus, Dokumente 1930–1935*, München 1963, S. 13–15. Siehe auch Scholder, *Kirchen*, I, S. 167 f. Zum Folgenden: H. Müller (Hrsg.), *Katholische Kirche und Nationalsozialismus. Dokumente 1930–1935*, München 1963, S. 14 f.

10 Scholder, *Kirchen*, I, S. 168 f.

11 Scholder, *Kirchen*, I, S. 170.

12 *Teste*, S. 6 ff.

13 Siehe Daniel-Rops, *Fight for God*, S. 326 f.; R. Graham, *The Vatican and Communism in World War II*, San Francisco 1996, S. 48 ff.

14 Daniel-Rops, *Fight for God*, S. 327 ff.

15 J. D. Holmes, *The Papacy in the Modern World*, London 1981, S. 80.

16 Siehe Volk, *Reichskonkordat*, S. 45.

17 Ibid.

18 Scholder, *Kirchen*, I, S. 187.

19 Zitiert nach Scholder, *Kirchen*, I, S. 188.

20 G. A. Craig, *Deutsche Geschichte 1866–1945. Vom Norddeutschen Bund bis zum Ende des Dritten Reiches*, München 1993, S. 485.

21 W. Patch, *Heinrich Bruening and the Dissolution of the Weimar Republic*, Cambridge 1998, S. 88–91.

22 Siehe ibid., S. 2–4.

23 R. Morsey, *Die Deutsche Zentrumspartei*, in: E. Matthias und R. Morsey (Hrsg.), *Das Ende der Parteien 1933*, Düsseldorf 1984, S. 281–453, hier S. 301.

24 H. Brüning, *Memoiren 1918–1934*, Stuttgart 1970, S. 358.

25 Ibid.

26 Ibid.

27 Ibid.

28 Ibid., S. 195 f. Siehe auch I. Kershaw, *Hitler*, I, Stuttgart 1998, S. 429.

29 Brüning, *Memoiren*, S. 358.

30 Ibid.

31 Ibid., S. 359.

32 Ibid.

33 Ibid., S. 359.

34 Ibid, S. 360.

35 Brüning MS. «Memoirs», S. 351 f.: Harvard University Archive FP 93.4, zitiert nach W. Patch, *Heinrich Bruening and the Dissolution of the Weimar Republic*, Cambridge 1998, S. 295 f.

36 Brüning, *Memoiren*, S. 361.

37 Scholder, *Kirchen*, I, S. 193.
38 Zitiert nach Scholder, *Kirchen*, I, S. 193 f.
39 Ibid., S. 195.
40 Scholder, *Kirchen*, I, S. 198.
41 Ibid., S. 198 f.
42 L. Kaas, *Der Konkordatstyp des faschistischen Italien*, in: *Zeitschrift für ausländisches öffentliches Recht und Völkerrecht*, 3,1 (1933), S. 488–522. Vgl. dazu K. Repgen, *Über die Entstehung der Reichskonkordat-Offerte im Frühjahr 1933 und die Bedeutung des Reichskonkordats*, in: *Vierteljahrshefte für Zeitgeschichte* 26 (1978), S. 499–534, hier S. 508–511.

8. Hitler und Pacelli

1 Scholder, *Kirchen*, I, S. 515.
2 *Akten der Reichskanzlei, Regierung Hitler*, I, 1, S. 683.
3 Scholder, *Kirchen*, I, S. 304; zum Folgenden: *Akten der Reichskanzlei, Regierung Hitler*, I, 1, S. 161.
4 Zitiert nach Scholder, *Kirchen*, I, S. 308.
5 Zitiert nach L. Volk (Hrsg.), *Akten Kardinal Michael von Faulhabers, 1917–1945*, I, München 1975, S. 715.
6 Zitiert nach Müller, *Katholische Kirche und Nationalsozialismus*, S. 72; siehe auch Helmreich, *German Churches*, S. 237.
7 Zitiert nach Scholder, *Kirchen*, I, S. 309.
8 Zitiert nach ibid., S. 312.
9 O. Chadwick, *Britain and the Vatican During the Second World War*, Cambridge 1986, S. 86.
10 Die Tagebücher von Joseph Goebbels. Sämtliche Fragmente. Hrsg. von E. Fröhlich, T. 1, II, München 1987, S. 395; siehe auch Scholder, *Kirchen*, I, S. 312.
11 Zitiert nach R. Morsey (Bearb.), *Die Protokolle der Reichstagsfraktion und des Fraktionsvorstands der Zentrumspartei. 1926–1933*, Mainz 1969, S. 631; *Verhandlungen des Reichstags, 8. Wahlperiode 1933, Bd. 457, Stenographische Berichte*, Berlin 1934, S. 31 A; Brüning, *Memoiren*, S. 656; siehe auch Scholder, *Kirchen*, I, S. 316. Zum Folgenden: Deuerlein, *Reichskonkordat*, S. 12.
12 Scholder, *Kirchen*, I, S. 316.
13 Zitiert nach A. Kupper (Hrsg.), *Staatliche Akten über die Reichskonkordatsverhandlungen, 1933*, Mainz 1969, S. 496; siehe auch Scholder, *Kirchen*, I, S. 313. Zum Folgenden: G. Kretschmar (Hrsg.), *Dokumente zur Kirchenpolitik des Dritten Reiches*, I, Bearb. von C. Nicolaisen, München 1971, S. 22 f.
14 Zitiert nach B. Stasiewski (Bearb.), *Akten deutscher Bischöfe über die Lage der Kirche 1933–1945*, I, Mainz 1968, S. 17; siehe auch Helmreich, *German Churches*, S. 239. Zum Folgenden: Scholder, *Kirchen*, I, S. 319.
15 Zitiert nach Müller, *Katholische Kirche und Nationalsozialismus*, S. 77; siehe auch Helmreich, *German Churches*, S. 239.
16 Zitiert nach Volk, *Akten Kardinal Michael von Faulhabers*, S. 719; siehe auch J. S. Conway, *The Meeting Between Pope Pius and Ribbentrop, Historical Papers of the Canadian Historical Association*, 1986.

17 Zitiert nach J. Becker (Hrsg.), *Zentrum und Ermächtigungsgesetz 1933*, in: *Vierteljahrshefte für Zeitgeschichte*, 9 (1961), S. 195–210, hier S. 204–206; siehe auch Patch, *Heinrich Brüning*, S. 301.

18 Zitiert nach Scholder, *Kirchen*, I, S. 320.

19 S. Friedländer, *Das Dritte Reich und die Juden*, I, München 1998, S. 55.

20 L. Volk (Bearb.), *Kirchliche Akten über die Reichskonkordatsverhandlungen 1933*, Mainz 1969, S. 11; zitiert nach Ders., *Der bayerische Episkopat und der Nationalsozialismus 1930–1934*. Mainz ²1966, S. 79; Friedländer, *Das Dritte Reich und die Juden*, I, S. 56f.

21 Zitiert nach Kupper, *Staatliche Akten*, S. 10 u. 13; zitiert nach Scholder, *Kirchen*, I, S. 485f.

22 Lehnert, *Ich durfte ihm dienen*, S. 28–31.

23 Zitiert nach Volk, *Kirchliche Akten*, S. 26 u. 50; siehe auch Scholder, *Kirchen*, I, S. 495.

24 Brüning, *Memoiren*, S. 666; Volk, *Kirchliche Akten*, S. 15; siehe auch Scholder, I, S. 491.

25 *Völkischer Beobachter*, 22. 2. 1929, S. 1 f., siehe auch Scholder, *Kirchen*, I, S. 489.

26 Zitiert nach Kupper, *Staatliche Akten*, S. 30–32; siehe auch Scholder, *Kirchen*, I, S. 489

27 Scholder, *Kirchen*, I, S. 498.

28 Zitiert nach Stasiewski, *Akten deutscher Bischöfe*, I, S. 232 u. 238, siehe auch Scholder, *Kirchen*, I, S. 498.

29 Zitiert nach Volk, *Kirchliche Akten*, S. 59; siehe auch Scholder, *Kirchen*, I, S. 500.

30 Zitiert nach Volk, *Kirchliche Akten*, S. 62; siehe auch Scholder, *Kirchen*, I, S. 501.

31 Volk, *Akten Kardinal Michael von Faulhabers*, I, S. 737f.; zitiert nach K. Schwend, *Die Bayerische Volkspartei*, in: E. Matthias und R. Morsey (Hrsg.), *Das Ende der Parteien 1933. Darstellungen und Dokumente*, Düsseldorf 1984, S. 455–519, hier S. 515.

32 Volk, *Kirchliche Akten*, S. 82–85.

33 Volk, *Reichskonkordat*, S. 231.

34 Brüning, *Memoiren*, S. 674.

35 Stehlin, *Weimar and the Vatican*, S. 243.

36 R. Leiber, *Reichskonkordat und Ende der Zentrumspartei*, in: *Stimmen der Zeit*, 167 (1960/61), S. 213–223, hier S. 220.

37 Leiber, *Pius XII*. †, S. 97.

38 H. Gf. Kessler, *Tagebücher 1918 bis 1937*, Frankfurt/M. 1982, S. 789.

39 Hierzu sowie zum Folgenden: Kupper, *Staatliche Akten*, S. 159f. u. 167; Scholder, *Kirchen*, I, S. 510.

40 Kupper, *Staatliche Akten*, S. 166.

41 Ibid., S. 175.

42 Zitiert nach ibid., S. 219f.; siehe auch Scholder, *Kirchen*, I, S. 511.

43 Helmreich, *German Churches*, S. 245.

44 *Akten der Reichskanzlei, Regierung Hitler*, I, 1, S. 683.

45 Friedländer, *Das Dritte Reich und die Juden*, I, S. 52.

46 Siehe D. J. Goldhagen, *Hitlers willige Vollstrecker*, Berlin 1996, S. 141.

47 G. Lewy, *Die katholische Kirche und das Dritte Reich*, München 1965, S. 309.

48 *DBFB*, 2. Reihe, V, London 1956, S. 524.
49 Ibid., S. 525.

9. Das Konkordat in der Praxis

1 Scholder, *Kirchen*, I, S. 630.
2 Zitiert nach Müller, *Katholische Kirche und Nationalsozialismus*, S. 190; siehe auch Helmreich, *German Churches*, S. 253.
3 Zitiert nach Kupper, *Staatliche Akten*, S. 412; siehe auch Helmreich, *German Churches*, S. 254.
4 Kupper, *Staatliche Akten*, S. 412 f.; siehe auch Helmreich, *German Churches*, S. 254.
5 Helmreich, *German Churches*, S. 257; Scholder, *Kirchen*, I, S. 521.
6 Volk, *Kirchliche Akten*, S. 263; ADAP, Serie C (1933–1937), Göttingen 1971, S. 910; siehe auch Scholder, *Kirchen*, I, S. 635.
7 W. Conrad, *Der Kampf um die Kanzeln. Erinnerungen und Dokumente aus der Hitlerzeit*, Berlin 1957, S. 80; siehe auch Helmreich, *German Churches*, S. 259.
8 Siehe auch M. v. Faulhaber, *Judentum, Christentum, Germanentum. Adventspredigten, gehalten in St. Michael zu München 1933*, München 1934. Zum Folgenden: ibid., S. 20, 23 u. 180.
9 Siehe Scholder, *Kirchen*, I, S. 660 f. und Friedländer, *Das Dritte Reich und die Juden*, S. 60 f.
10 L. Volk, *Kardinal Faulhabers Stellung zur Weimarer Republik und zum NS-Staat*, in: *Stimmen der Zeit*, 177 (1966), S. 173–195, hier S. 183; siehe auch Helmreich, *German Churches*, S. 262.
11 Zitiert nach H. Boberach, *Berichte des SD und der Gestapo über Kirchen und Kirchenvolk in Deutschland 1934–1944*, Mainz 1971, S, 21, siehe auch Scholder, *Kirchen*, I, S. 661. Zum Folgenden: ibid.; Volk, *Der bayerische Episkopat*, S. 172.
12 Zitiert nach Stasiewski, *Akten deutscher Bischöfe*, I, S. 483; siehe auch Helmreich, *German Churches*, S. 262.
13 Zitiert nach ADAP, Serie C, II. 1, S. 234; siehe auch Helmreich, *German Churches*, S. 262. Zum Folgenden: ADAP, Serie C, II. 1, S. 240.
14 D. Albrecht, *Der Notenwechsel zwischen dem Heiligen Stuhl und der Deutschen Reichsregierung*, I: *Von der Ratifizierung des Reichskonkordats bis zur Enzyklika «Mit brennender Sorge»*, Mainz 1965, S. 126.
15 J. S. Conway, *Die nationalsozialistische Kirchenpolitik 1933–1945*, München 1969, S. 112–114.
16 Ibid, S. 84.
17 D. Tardini, *Pio XII.*, Rom 1959, S. 94.
18 Siehe Padellaro, *Pius XII.*, S. 272–287.
19 Falconi, *Popes*, S. 239.
20 P. Preston, *A Concise History of the Spanish Civil War*, London 1986, S. 55.
21 Zitiert nach Padellaro, *Pius XII.*, S. 287.
22 Hatch/Walshe, *Crown of Glory*, S. 109.

23 Zitiert nach N. Perry und L. Echeverria, *Under the Heel of Mary*, London 1988, S. 178.

24 Padellaro, *Pius XII.*, S. 289–291; einige Zitate nur in der engl. Ausgabe *Portrait of Pius XII*, London 1956, S. 122.

25 Daniel-Rops, *Fight for God*, S. 425.

26 Padellaro, *Portrait of Pius XII*, S. 123.

27 Ibid., S. 124; Hatch/Walshe, *Crown of Glory*, S. 121.

28 Zitiert nach *ADAP*, Serie D (1937–1941), I, Baden-Baden 1950, S. 761.

29 Daniel-Rops, *Fight for God*, S. 332–335.

30 Ibid., S. 333.

31 Zitiert nach J. Ridley, *Mussolini*, London 1997, S. 263.

32 Ibid., S. 263.

33 Hatch/Walshe, *Crown of Glory*, S. 115.

34 «Spellman Diary», 22. Dezember 1936, zitiert nach J. Cooney, *The American Pope*, New York 1984, S. 107.

10. Pius XI. nimmt Stellung

1 Zitiert nach Müller, *Katholische Kirche und Nationalsozialismus*, S. 395; zitiert nach Domarus, *Hitler, Reden und Proklamationen 1932–1945*, I. 2, München 1965, S. 526; siehe auch Helmreich, *German Churches*, S. 276.

2 Zitiert nach Volk, *Akten Kardinal Michael von Faulhabers*, II, S. 194.

3 Falconi, *Popes*, S. 228.

4 Für Pacellis Beteiligung, siehe Helmreich, *German Churches*, S. 280 u. 526 f.; K. Scholder, *Kirchenkampf*, in: ders., *Die Kirchen zwischen Republik und Gewaltherrschaft. Gesammelte Aufsätze hrsg. von K. O. v. Aretin und G. Besier*, Berlin 1988, S. 131–170, hier S. 147; S. Friedländer, *Pius XII. und das Dritte Reich. Eine Dokumentation*, Reinbek 1965, S. 18; *L'Osservatore della Domenica*, 28. 6. 1964; Falconi, *Popes in the Twentieth Century*, S. 228 ff.; A. Martini, *Il Cardinali Faulhaber e l'enciclica di Pio XI. contro il nazismo*, in: *Civiltà Cattolica*, 5. 12. 1964, passim.

5 Diesen Hinweis verdanke ich Pater Peter Gumpel SJ von der Kurie der Jesuiten, der selbst als Kurier fungierte.

6 Die Enzyklika ist abgedruckt in Albrecht, *Notenwechsel*, I, S. 404–443, hier S. 404 u. 406.

7 Ibid., S. 431.

8 Zitiert nach *ADAP*, Serie D *(1937–1941)*, I, S. 761; siehe auch Helmreich, *German Churches*, S. 280.

9 Zitiert nach Domarus, *Hitler*, I. 2, S. 690; siehe auch Helmreich, *German Churches*, S. 282.

10 Helmreich, *German Churches*, S. 282.

11 *L'Osservatore Romano*, 19./20. 7. 1937.

12 Zitiert nach *ADAP*, S. 804; siehe auch Friedländer, *Pius XII.*, S. 7.

13 K. Scholder, *Ein Requiem für Hitler. Kardinal Bertram, Hitler und der deutsche Episkopat*, in: ders., *Die Kirchen zwischen Republik und Gewaltherrschaft*, S. 228–238, hier S. 231.

14 Zitiert nach ibid.
15 Zitiert nach Padellaro, *Pius XII.*, S. 306.
16 M. Y. Herczl, *Christianity and the Holocaust of Hungarian Jewry*, New York 1993, S. 94.
17 L. Volk, *Kardinal Faulhabers Stellung zur Weimarer Republik und zum NS-Staat*, in: *Stimmen der Zeit*, 177 (1966), S. 189; siehe auch Helmreich, *German Churches*, S. 294.
18 Friedländer, *Das Dritte Reich und die Juden, I,* München 1998, S. 299f.
19 Padellaro, *Pius XII.*, S. 308.
20 Zu den Details der Auftragsvergabe für die Enzyklika *Humani generis unitas* und zu den Textentwürfen dazu siehe G. Passelecq und B. Suchecky, *Die unterschlagene Enzyklika. Der Vatikan und die Judenverfolgung*, München 1997 (dort auch die Zitate, bes. S. 262–272); R. Hill, *The Lost Encyclica*, in: *The Tablet*, 8. 11. 1997; S. Friedländer, *Das Dritte Reich und die Juden*, I, S. 272.
21 R. Hill, *Tablet*, 8. 11. 1997, S. 1453.
22 Zitiert nach Lapide, *Rom und die Juden*, I, S. 71.
23 *Cité Nouvelle*, 15. 9. 1938.
24 Siehe D. Kertzer, *Entführung des Edgardo Mortara*.

11. Dunkelheit über Europa

1 Für den Kulturkampf und Vergleiche zum katholischen Widerstand siehe D. Blackbourn, *Wenn ihr sie wieder seht, fragt wer sie sei*, Reinbek 1997, passim, bes. S. 175–182. Zum Folgenden: ibid., S. 175.
2 Blackbourn, *Wenn ihr sie wieder seht*, S. 187.
3 Zitiert nach ibid.
4 Ibid., S. 433.
5 Siehe N. Stoltzfus, *Widerstand des Herzens*, München, Wien 1999.
6 Siehe J. P. Stern, *Hitler. Der Führer und das Volk*, München 1978, S. 200; G. Lewy, *Die katholische Kirche und das Dritte Reich*, München 1965.
7 Stoltzfus, *Widerstand des Herzens*, S. 193; siehe auch I. Kershaw, *Popular, Opinion and Political Dissent in the Third Reich. Bavaria 1933–1945*, Oxford und New York 1983, S. 340–357.
8 Stoltzfus, *Widerstand des Herzens*, S. 205.
9 Zitiert nach ibid.
10 Siehe M. Burleigh, *Death and Deliverance. Euthanasia in Germany 1900–1945*, Cambridge 1994, S. 176ff.
11 Lewy, S. 293.
12 Padellaro, *Pius XII.*, S. 8–15; das Zitat «gekennzeichnet von Konzentration ...» nur in der engl. Ausgabe *Portrait of Pius XII*, S. 1.
13 *Teste*, S. 12.
14 Falconi, *Popes in the Twentieth Century*, S. 215.
15 Ibid.
16 Domarus, II.1, S. 1067; siehe auch Helmreich, *German Churches*, S. 299.
17 Siehe Padellaro, *Pius XII.*, S. 312f.

18 Siehe N. Lo Bello, *Vatican Papers*, London 1982, S. 70.

19 G. Ciano, *Tagebücher*, Bern 1946, S. 37 f.

· 20 Chadwick, *Britain and the Vatican*, S. 34.

12. Triumph

1 Siehe Chadwick, *Britain and the Vatican*, S. 34.

2 Ibid., S. 42.

3 Ibid., S. 36.

4 Ibid., S. 45.

5 Ibid., S. 43.

6 G. Zizola, *Quale Papa?*, Rom 1977, S. 145 ff, zitiert nach Chadwick, *Britain and the Vatican*, S. 47.

7 Padellaro, *Pius XII.*, S. 336; Spinosa, *L' Ultimo Papa*, S. 141.

8 F. Charles-Roux, *Huit Ans au Vatican, 1932–1940*, Paris 1947, S. 267.

9 Padellaro, *Pius XII.*, S. 338.

10 Zitiert nach Chadwick, *Britain and the Vatican*, S. 56.

11 Zitiert nach *ADSS*, II, S. 420.

12 Ibid., S. 413 f. Zum Folgenden: ibid., S. 420–425.

13 Zitiert nach B. Schneider (Hrsg.), *Die Briefe Pius' XII. an die deutschen Bischöfe 1939–1945*, Mainz 1966, S. 318; siehe auch Scholder, *Ein Requiem für Hitler*, S. 231.

14 Zitiert nach W. Adolf, *Hirtenamt und Hitler-Diktatur*, Berlin 1965, S. 161; siehe auch Scholder, *Ein Requiem für Hitler*, S. 231 f.

15 A. Rhodes, *Der Papst und die Diktatoren*, Wien 1980, S. 195 (Anm. 20).

16 Brief an H. Belloc, 22. März 1939, zitiert nach A. N. Wilson, *Hilaire Belloc*, London 1984, S. 358.

17 *The Tablet*, 18. 3. 1939, S. 345.

18 T. Driberg *Ruling Passions*, London 1977, S. 111.

19 I. Giordani, *Pio XII.*, Turin 1961, S. 130.

20 *The Tablet*, 11. 3. 1939, S. 314.

21 *The Tablet*, 18. 3. 1939, S. 345.

22 H. Walpole, *Roman Fountain*, London 1940, zitiert in Driberg, *Ruling Passions*, S. 112 f.

23 Zitiert in Chadwick, *Britain and the Vatican*, S. 47.

24 Charles-Roux an Bonnet, 9. 3. 1939.

25 Zitiert nach Chadwick, *Britain and the Vatican*, S. 48.

13. Pacelli, der Papst des Friedens

1 B. Wall *Report on the Vatican*, London 1958, S. 71 ff.

2 Zitiert nach *ADAP*, Serie D, IV, S. 170.

3 Siehe *AAS*, XXXI, 1939, S. 130. Das Motto lautete: «Scutum coeruleum, quod in edio prae se ferat colore argenteo columbam tribus innixam montibus italicis e terra marique prodientibus. Columba autem prefata gestet

rostello olivae ramum. Immineant scuto Claves decussatae ac Tiara de more.»

4 Ibid., S. 149.
5 Ibid., S. 153 f.
6 FO 371/23790/110.
7 Chadwick, *Britain and the Vatican*, S. 63.
8 Siehe *ADAP*, Serie D, VI, S. 352–354.
9 *ADSS*, I (engl. Ausgabe), S. 129–132.
10 Ibid.
11 FO, 372/23790/133 f.
12 D. Alvarez und R. A. Graham, *Nothing Sacred. Nazi Espionage Against the Vatican 1939–1945*, London 1997, S. 143.
13 Dazu eingehend Alvarez/Graham, *Nothing Sacred*, S. 150.
14 Chadwick, *Britain and the Vatican*, S. 67.
15 Ibid., S. 70 f.
16 FO 371/23790/283.
17 Chadwick, *Britain and the Vatican*, S. 72.
18 *ADSS*, I, S. 197.
19 Chadwick, *Britain and the Vatican*, S. 73.
20 Ibid., S. 74.
21 *ADSS*, I, S. 242 f.
22 *The Oxford Companion to the Second World War*, hrsg. von I. C. B. Dear, Oxford, New York 1995, S. 905 f.
23 *ADSS*, I, S. 280.
24 Zitiert nach Chadwick, *Britain and the Vatican*, S. 81.
25 FO 371/23791/27.
26 *AAS*, XXXI, 1939, S. 413 ff.
27 Chadwick, *Britain and the Vatican*, S. 84.
28 R. Graham, *Summi Pontificatus*, in: *Civiltà Cattolica*, Oktober 1984, S. 139 f.
29 Für Pacellis Verwicklung in die Verschwörung gegen Hitler 1939/40 siehe K. v. Klemperer, *Die verlassenen Verschwörer. Der deutsche Widerstand auf der Suche nach Verbündeten 1938–1945*, Berlin 1994; H. C. Deutsch, *Verschwörung gegen den Krieg. Der Widerstand in den Jahren 1939–1940*, München 1969.; J. Fest, *Staatsstreich. Der lange Weg zum 20. Juli*, Berlin 1994; M. O'Carroll, *Pius XII: Greatness Dishonoured*, Dublin 1980; Chadwick, *Britain and the Vatican*, S. 86 ff.; P. Ludlow, *Papst Pius XII., die britische Regierung und die deutsche Opposition im Winter 1939–40*, in: *Vierteljahrshefte für Zeitgeschichte*, 22 (1974), S. 229–341; sowie FO- und CAB-Unterlagen Januar–Februar 1940.
30 Deutsch, *Verschwörung gegen den Krieg*, S. 121.
31 FO 800/318/6.
32 Ibid./7.
33 CAB 65/11/159.
34 FO 800/318/25.
35 Ibid./27.
36 Ibid./34.
37 Ibid./36.

38 Siehe J. Conway, *The Meeting Between Pope Pius XII. and Ribbentrop, Historical Papers* of the Canadian Historical Association (1968), S. 215–227.
39 *ADAP*, Serie D., VIII, S. 705 f.; siehe auch Conway, *Meeting*, S. 222.
40 Conway, *Meeting*, S. 224.
41 Ibid., S. 225.
42 Chadwick, *Britain and the Vatican*, S. 98 f.

14. Ein Freund Kroatiens

1 Chadwick, *Britain and the Vatican*, S. 110.
2 *ADSS*, I, S. 442–447.
3 Chadwick, *Britain and the Vatican*, S. 111.
4 *Tablet*, 30. 8. 1941.
5 Chadwick, *Britain and the Vatican*, S. 114.
6 Nach Informationen von John Pollard in seinem Arbeitspapier «*The Vatican and the Wall Street Crash. Bernardino Nogara and Papal Finances in the Early 1930s*».
7 Chadwick, *Britain and the Vatican*, S. 117.
8 *ADSS*, IV, S. 63–65 u. S. 7.
9 Dieses Argument bringt Chadwick, *Britain and the Vatican*, S. 223.
10 Zu Cianos Dankbarkeit siehe *ADSS*, VII, S. 186.
11 Chadwick, *Britain and the Vatican*, S. 227
12 C. Falconi, *Das Schweigen des Papstes*, München 1966, S. 320.
13 J. Steinberg, *All or Nothing*, London 1996, S. 179 f. Die deutsche Ausgabe *Deutsche, Italiener und Juden*, Göttingen 1997 (hier S. 48 f.) weicht sehr stark von der englischen Originalfassung ab und wird deshalb im weiteren nicht immer verwendet.
14 Steinberg, *All or Nothing*, S. 276.
15 Ibid., S. 277 f.
16 C. Falconi, *Das Schweigen des Papstes*, München 1966; siehe auch J. Morley, *Vatican Diplomacy and the Jews During the Holocaust*, New York 1989, S. 147–165.
17 Falconi, *Das Schweigen des Papstes*, S. 372–378.
18 J. Steinberg, *Types of Genocide? Croatians, Serbs and Jews, 1941–1945*, in: *The Final Solution*, hrsg. von D. Cesarini, London 1996, S. 175.
19 Falconi, *Das Schweigen des Papstes*, S. 329.
20 Zitiert nach Steinberg, *Deutsche, Italiener und Juden*, S. 49 f.
21 Siehe Falconi, *Das Schweigen des Papstes*, S. 361–365.
22 Steinberg, *Deutsche, Italiener und Juden*, S. 49.
23 Ibid., S. 176.
24 Falconi, *Silence*, S. 318.
25 Steinberg, *Deutsche, Italiener und Juden*, S. 177 f.
26 H. Butler (Hrsg. R. F. Foster), *The Sub-Prefect Should Have Held His Tongue*, London 1990, S. 275.
27 Falconi, *Das Schweigen des Papstes*, S. 368.
28 Falconi, *Das Schweigen des Papstes*, S. 369.

29 *ADSS*, VIII, S. 250 ff.

30 Ibid., S. 259.

31 Ibid., S. 307.

32 Falconi, *Das Schweigen des Papstes*, S. 407.

33 Ibid.

34 Friedländer, *Pius XII. und das Dritte Reich*, S. 81.

35 G. Riegner, *Ne jamais désespérer*, Paris 1998, S. 164 f.

36 Falconi, *Das Schweigen des Papstes*, S. 409 f.

37 Ibid., S. 471.

38 Ibid., S. 479.

39 Ibid., S. 421 f.

40 Zitiert nach W. Purdy, *Die Politik der katholischen Kirche*, Gütersloh 1967,
    S. 270.

41 Notiz von Botschaftsrat Hasso von Etzdorf, 17. Juli, zitiert nach R. A. Gra-
    ham, *The Vatican and Communism During World War II*, San Francisco
    1996, S. 122.

42 W. Jochmann (Hrsg.), *Adolf Hitler. Monologe im Führerhauptquartier 1941–
    1944*, Hamburg 1980, S. 41.

43 Ibid., S. 150.

44 Graham, *Communism*, S. 121.

45 Falconi, *Das Schweigen des Papstes*, S. 467.

46 Zitiert nach M. Carroll, *Greatness Dishonoured*, Dublin 1980, S. 14.

47 Falconi, *Silence*, S. 124.

48 Ibid., S. 125 f.

49 J. Heenan, *Not the Whole Truth*, London 1971, S. 101 ff.

50 Graham, *Communism*, S. 134 f.

51 Zitiert nach Steinberg, *Types of Genocide*, S. 178.

52 Pius XII., *Selected Encyclicals and Addresses*, New York, 1989, S. 166 und 153.

53 Dieser Absatz stützt sich auf das «Supplement to Preliminary Study on U.S.
    and Allied Efforts to Recover and Restore Gold and Other Assets Stolen or
    Hidden During World War II» von William Slany, amtlicher Historiker des
    U.S. Department of State. 1998 privat veröffentlicht vom Department of Eco-
    nomic, Business and Agricultural Affairs, der Forschungsabteilung der CIA,
    sechs US-Ministerien und dem U.S. Holocaust Museum, künftig zitiert als
    «Ustasha Treasury». Da der Text nicht paginiert ist, wird auf die alphabetisch
    geordneten Kapitel-Überschriften verwiesen. Ich danke Professor Jonathan
    Steinberg für die Gelegenheit, dieses Material kennenzulernen.
      Siehe auch M. Aarons and J. Loftus, *Unholy Trinity*, New York 1991,
    S. 88–119.

54 Ustasha Treasury D.

55 CIA Operational Files 11. Oktober 1946, zitiert in ibid., D 28.

56 U.S. Department of Justice, Criminal Division, *Klaus Barbie and the U.S. Go-
    vernment. A Report to the Attorney General of the United States.*

57 CIA Operational Files, Dezember 1958, zitiert in Ustasha Treasury D, An-
    merkung 31.

58 G. Sereny, *Into that Darkness*, London 1995, S. 273. Deutsche Ausgabe weicht
    z. T. ab: *Am Abgrund. Gespräche mit dem Henker*, München ²1995.

59 M. Linklater et al., *The Fourth Reich. Klaus Barbie and the Neo-Fascist Connection*, New York 1984, S. 137 f.

15. Die Frömmigkeit Pius' XII.

1 AAS 1943, XXXV, S. 23 «Questo voto l'umanità lo deve alle centinaia di migliaia di persone, le quali, senza veruna colpa propria, talora solo per ragione di nazionalità o di stirpe, sono distinate alla morte o ad und progresso deperimento.»

2 Vatikanisches Presseamt, Bulletin vom 6. 10. 1983, S. 2; zitiert bei Hebblethwaite, *Paul VI. The First Modern Pope*, London 1993, S. 181.

3 *Teste*, S. 31.

4 Zitiert nach Hebblethwaite, *Paul VI*, S. 159 f.

5 Zitiert nach Carrol, *Greatness Dishonoured*, S. 68.

6 L. Gedda, *18. Aprile 1948. Memorie Inedite del'Artefice della Sconfitta del Fronte Popolare*, Mailand 1998, S. 74.

7 «Pastor Angelicus» – als Video erhältlich in der Filmoteca, Vatikanstadt.

8 J. Guest, *Broken Images*, London 1949, S. 192.

9 Die Prophezeihungen des Heiligen Malachias waren ein Werk des Benediktinermönchs Arnold Wion von Douai im 16. Jahrhundert.

10 Graham, *Communism*, S. 94.

11 W. Carr, *Angels and Principalities. Society for NT Studies*, Nr. 42, Cambridge 1981, S. 1 f.

12 Siehe F. Kerr, *French Theology. Yves Congar and Henri de Lubac*, in: *The Modern Theologians*, hrsg. von D. Ford, Oxford 1997.

13 H. de Lubac, *Catholicisme. Les aspects sociaux du dogme*, Paris 1938.

14 H. de Lubac, *Corpus Mysticum. L'Eucharistie et l'Eglise au moyen age*, Paris 1944.

15 Zur Diskussion von de Lubacs *Corpus Mysticum* und zu den historischen Veränderungen der Bedeutung der Liturgie, siehe Kerr, *French Theology*, S. 110; sowie C. Pickstock, *After Writing*, Oxford 1998, insbesondere S. 158 – 164.

16 De Lubac behauptete, die Kontinuität zwischen dem «Mystischen» und dem «Realen» oder dem Buchstäblichen sei im frühen Mittelalter verlorengegangen, und dies habe zu strengen Absonderungen geführt; eine Wiederentdekkung könne zu einer neuen Erweiterung und Vertiefung führen. Siehe Pickstock, S. 159.

17 *AAS*, XXXV, 1943, S. 193 ff.

18 Ibid., S. 203: «Siquidem non omne admissum, etsi grave scelus, ejusmodi est ut – sicut schisma, vel haeresis, vel apostasia faciunt – suapte natura hominem ab Ecclesiae Corpore separet.» Hier deutsch zitiert nach: Pius XII., *Rundschreiben über den Mystischen Leib Jesu Christi und unsere Verbindung mit Christus in Ihm: «Mystici Corporis Christi»*, Münster 1947, S. 15.

19 Ibid., S. 42; sowie AAS, XXXV, 1943, S. 239.

1 Zitiert nach E. Jäckel, *Hitlers Herrschaft. Vollzug einer Weltanschauung*, Stuttgart ²1988, S. 94.
2 G. Lewy, *The Jewish Question*, in: *The Star and the Cross*, hrsg. von C. T. Hargrove, Milwaukee 1966, S. 162.
3 Zitiert nach M. Gilbert, *Final Journey*, London 1979, S. 64.
4 Zitiert nach L. Poliakov und J. Wulf (Hrsg.), *Das Dritte Reich und die Juden*, Wiesbaden 1989, S. 122f.; siehe auch M. Gilbert, *Holocaust*, London 1987, S. 281f.
5 Zitiert nach J. Carroll, *The Silence*, in: *The New Yorker*, 7. 4. 1997.
6 Y. Bauer, *Freikauf von Juden? Verhandlungen zwischen dem nationalsozialistischen Deutschland und jüdischen Repräsentanten von 1933 bis 1945*, Frankfurt/M. 1996, S. 114.
7 F. Kerr, *French Theology: Yves Congar and Henri de Lubac*, in: D. Ford (Hrsg.), *The Modern Theologians*, Oxford 1997, S. 112.
8 Zitiert nach Domarus (Hrsg.), *Hitler. Reden und Proklamationen 1932–1945*. II/2, Wiesbaden 1973, S. 1829; Osbornes Tagebuch zitiert nach Chadwick, *Britain and the Vatican*, S. 205.
9 Friedländer, *Pius XII.*, S. 79–82.
10 *ADSS*, VIII, S. 457.
11 Brief von Osborne an McEwan, 21. 4. 1942.
12 Ibid., 11. 6. 1942.
13 Osbornes Tagebuch, zitiert nach Chadwick, *Britain and the Vatican*, S. 206.
14 Tittmann Nachlaß, zitiert nach Chadwick, *Britain and the Vatican*, S. 207.
15 Chadwick, *Britain and the Vatican*, S. 208f.
16 Brief von Osborne an McEwan, 31. 7. 1942.
17 Ibid., 25. 8. 1942.
18 Ibid., 18. 9. 1942.
19 Ibid., 1. 7. 1943.
20 M. Marrus und R. Paxton, *Vichy France and the Jews*, Stanford 1995, S. 250f.
21 G. Lewy, *Die katholische Kirche und das Dritte Reich*, München 1965, S. 331.
22 *Teste*, S. 85.
23 Siehe Jonathan Lewis' Dokumentarfilm «The Silence of Pius XII», BBC 1996.
24 M. Gilbert, *Final Journey*, S. 159f.
25 Ibid., S. 278.
26 Zitiert nach Chadwick, *Britain and the Vatican*, S. 213.
27 Brief von Osborne an McEwan, 18. 9. 1942.
28 *ADSS*, V, S. 689.
29 Ibid., S. 685.
30 Zitiert nach Chadwick, *Britain and the Vatican*, S. 213.
31 *ADSS*, V, S. 721.
32 Ibid., S. 723.
33 FO, 380/86.
34 Chadwick, *Britain and the Vatican*, S. 216.
35 Ibid., S. 216.
36 Siehe W. Laqueur, *The Terrible Secret*, 1980, S. 229.

37 Chadwick, *Britain and the Vatican*, S. 217.
38 Ibid.
39 O. Chadwick, in: *The Tablet*, 23. 3. 1998, S. 401.
40 Amtlicher Text in italienischer Sprache: *AAS*, XXXV, 1943, S. 9 ff. Deutsch Utz/Groner, I, S. 98 ff.
41 Die Versäumnisse der katholischen Soziallehre von Leo XII. bis Johannes Paul II. erörtert J. Millbank, *Complex Space*, in ders., *The World Made Strange*, Oxford 1997, S. 268–285.
42 Ciano, *Tagebücher*, S. 502.
43 Chadwick, *Britain and the Vatican*, S. 219.
44 Ibid., S. 220; siehe auch FO 371/34363; M. Gilbert, *Auschwitz und die Alliierten*, München 1982, S. 121.
45 Ibid., zitiert Tittmann an Cordell Hull, 8. 2. 1943, National Archives, Washington, 866A/001/142.
46 Zitiert nach S. Shapiro, *Hearing the Testimony of Radical Negation*, in: *The Holocaust as Interruption*, Edinburgh 1984, S. 3 f.
47 A. Cohen, *The Tremendum. A Theological Interpretation of the Holocaust*, New York 1981, S. 37.
48 Zitiert nach B. Schneider (Hrsg.), *Die Briefe Pius' XII. an die deutschen Bischöfe 1939–1944*, Mainz 1966, S. 92; siehe auch *ADSS*, II, Brief 53, S. 155 ff.
49 *AAS*, XXXVIII, 1946, S. 323.

17. Die Juden von Rom

1 Beim folgenden historischen Abriß stütze ich mich auf P. J. Fitzpatrick, *In Breaking of Bread*, Cambridge 1993, S. 274.
2 *L'Osservatore Romano*, 8. 9. 1943.
3 P. Blet S. J., *Pie XII et la Seconde Guerre Mondiale d'après les archives du Vatican*, Paris 1997, S. 241.
4 Zu den Einzelheiten des Zusammentreibens der Juden und der Deportation stütze ich mich auf R. Katz, *Black Sabbath*, London 1969.
5 Ibid., S. 65.
6 Ibid., S. 85.
7 Ibid., S. 87.
8 O. Hacki, *Pius XII*, New York 1951, S. 192.
9 Ibid., S. 97.
10 Siehe Steinberg, *All or Nothing*, passim, dt. *Deutsche, Italiener und Juden*.
11 P. Blet, S. 243; siehe auch Jonathan Lewis, «The Silence of Pius XII», BBC-Dokumentarfilm 1996.
12 Katz, *Black Sabbath*, S. 197.
13 Ibid.
14 Zitiert nach *ADAP*, Serie E, VII, S. 130; siehe auch Katz, *Black Sabbath*, S. 198.
15 Telegramm von Möllhausen an Ribbentrop, 7. 10. 1943 in *Inland II Geheim*, Dok. E421524 – Documents of the German Foreign Ministry 1920–1945, in: National Archives, Washington; zitiert nach Katz, *Black Sabbath*, S. 202.

16 Zitiert nach *ADSS*, IX, S. 505.
17 Ibid., S. 506, «Ho Risposto: La Santa Sede non vorrebbe essere messa nella necessità di dire la sua parola di disapprovazione.»
18 «Volevo ricordargli che la Santa Sede è stata, come egli stesso ha rilevato, tanto prudente per non dare al popolo germanico l'impressione di aver fatto o voler fare contra la Germania la minima cosa durante una guerra terribile.»
19 «... che la Santa Sede non deve essere messa nella necessità di protestare.»
20 S. Wiesenthal, *Recht, nicht Rache. Erinnerungen*, Frankfurt/M. [2]1988, S. 79.
21 Zitiert nach Friedländer, *Pius XII.*, S. 144.
22 Ibid.
23 *ADSS*, IX., S. 511.
24 Telegramm von Tittmann an Außenminister Hull, 19. 10. 1943, zitiert nach Katz, *Black Sabbath*, S. 259.
25 FO 371/37571/R10995.
26 FO 371/3725/19; Chadwick, *Britain and the Vatican*, S. 289.
27 *ADSS*, IX, S. 505; zum Folgenden: D. Czech, *Kalendarium der Ereignisse im Konzentrationslager Auschwitz-Birkenau. 1939–1945*, Reinbek 1989, S. 636.
28 Zitiert nach *ADAP*, Serie E, VII, S. 130f.; siehe auch Katz, *Black Sabbath*, S. 287.
29 Katz, *Black Sabbath*, S. 288
30 *Teste*, S. 822 ff.
31 Ibid., S. 831.
32 Ibid., S. 832 f.
33 Ibid., S. 832.
34 Ibid., S. 834.
35 Ibid., S. 836 f.
36 Zeugenaussage in Jonathan Lewis' Dokumentarfilm für die BBC.
37 Zitiert nach K. Scholder, *Ein Requiem für Hitler. Kardinal Bertram, Hitler und der deutsche Episkopat im Dritten Reich*, in: ders., *Die Kirchen zwischen Republik und Gewaltherrschaft*, S. 236.
38 Jonathan Lewis, BBC-Dokumentarfilm.

18. Der Retter von Rom

1 FO 371/43869/21; zitiert nach Chadwick, *Britain and the Vatican*, S. 290.
2 Gespräch mit Pater Gumpel S. J., 14. 2. 1998.
3 Brief von Osborne an McEwan, 3. 4. 1944.
4 Zitiert nach *ADSS*, X., S. 190.
5 Zitiert nach R. Trevelyan, *Rome '44. The Battle for the Eternal City*, London 1981, S. 227.
6 R. Graham, *La rappresaglia nazista alle Fosse Ardeatine: P. Pfeiffer, messaggero della carità die Pio XII*, in: *Civiltà Cattolica*, 124 (1973), 4, S. 467 ff.
7 M. Stern, *An American in Rome*, New York 1964, S. 22 f.
8 *Sunday Times*, 12. Oktober 1958.
9 Chadwick, S. 302.
10 H. Macmillan, *The Blast of War*, London 1967, S. 555 f.

11 Tardini, *Pius XII. Als Oberhirte, Priester und Mensch,* Rom 1959, S. 68. «Io non voglio collaboratori, ma esecutori.» (Italienischer Originalton)

12 Ibid., S. 69.

13 J. Glorney Bolton, *Roman Century 1870–1970,* London 1970, S. 58.

14 *Teste,* S. 340.

15 Die Note vom 15. 5. 1944 zitiert nach Friedländer, Pius XII., S. 151. Vgl. auch R. Braham, *The Politics of Genocide: The Holocaust in Hungary,* New York 1981, II, S. 1068.

16 Ibid., S. 1068 f., Zitiert nach H. Fein, *Accounting for Genocide,* New York 1979, S. 110.

17 Siehe Ibid., S. 1070.

18 Zitiert nach *ADSS,* X., S. 328.

19 P. E. Lapide, *Rom und die Juden,* Freiburg i. Br. u. a. 1967, S. 116.

20 R. Braham, *The Holocaust in Hungary. A Retrospective Analysis,* in: *Genocide and Rescue. The Holocaust in Hungary 1944,* hrsg. von D. Cesarani, Oxford 1997, S. 41.

21 Lapide, *Rom und die Juden,* S. 125.

22 Braham, *Holocaust in Hungary,* S. 41.

23 D. Cesarani, Introduction, ibid., S. 5.

24 P. Preston, *Franco,* London 1995, S. 622.

25 *ADS,* XXXVII, 1945, S. 10–23.

26 Siehe die Enzyklika *Libertas* von Leo XIII., 20. 6. 1888.

27 S. Magister, *La Politica Vaticanà e l'Italia,* Rome 1979, S. 98.

28 *Vatican Pre-Election Activities.* Report from J. Graham Parsons to U.S. State Department, 16. 1. 1948 (865-001-2848A/VS).

29 Zitiert nach D. Keogh, *Ireland, the Vatican and the Cold War,* The Smithsonian Institute, Washington DC, April 1988, S. 21 f.

30 Ibid., S. 34.

31 L. Gedda, *18. Aprile 1948. Memorie inedite del'Artefice della Sconfitta del Fonte Popolare,* Mailand 1998, S. 131.

32 Ibid., S. 132.

33 P. Hebblethwaite, *Pope Pius XII. Chaplain of the Atlantic Alliance?* in: *Italy in the Cold War: Politics, Culture and Society 1948–58,* hrsg. von C. Duggan und C. Wagstaff, Oxford 1995, S. 74.

34 Siehe J. Cooney, *The American Pope,* New York 1984, S. 213 f. und S. 414 Anmerkung.

35 Siehe *Osservatore Romano,* 27. 7. 1947.

36 J. Cooney, *The American Pope,* S. 214.

37 Ibid., S. 253.

38 A. Riccardi, *The Vatican of Pius XII and the Roman Party,* in: *Concilium* 197, 1987, S. 47.

39 O. Chadwick, *The Christian Church in the Cold War,* London 1993, S. 15 f.

40 J. Mindszenty, *Erinnerungen,* Frankfurt/M. 1974, S. 86–88.

41 Nach *The Tablet,* 19. 2. 1949. *AAS,* XLI, 1949, S. 41–45.

42 Mindszenty, *Erinnerungen,* S. 89.

43 Chadwick, *Christian Church,* S. 71.

467

19. Triumphierende Kirche

1 R. Leiber, Pius XII.
2 *AAS*, XLII, 1950, S. 561–578. Dt. Text Herder-Korrespondenz, 5 (1950/51), S. 25–31.
3 Ibid., S. 567.
4 Ibid., S. 568; siehe auch die Diskussion in F. Sullivan, *Creative Fidelity*, Dublin 1996, S. 22.
5 J. Aveling, *The Jesuits*, London 1981, S. 360.
6 Zitiert nach F. du Plessix Gray, *Divine Disobedience*, New York 1970, S. 70.
7 Über die Repression gegen die Dominikaner berichtet Thomas O'Meara, *Raid on the Dominicans*, in: *America*, 5. 2. 1994. O'Meara stützt sich dabei vor allem auf F. Leprieur, *Quand Rome Condamne*, Paris 1989.
8 Ibid., S. 9.
9 M. Ward (Hrsg.), *France, Pagan?*, New York 1949.
10 O'Meara, *Raid on the Dominicans*, S. 9.
11 H. Perrin, *Priest and Worker*, London 1965, S. 235.
12 Zitiert nach Gray, *Divine Disobedience*, S. 70
13 C. Davis, *Katholizismus heute? Was ich meinen Kritikern zu sagen habe*, München 1969, S. 78.
14 *AAS*, XLII, 1950, S. 753 ff. Dt. Text Herder-Korrespondenz, 5 (1950/51), S. 119–125.
15 E. Schlink, *An Evangelical Opinion on the Proclamation of the Dogma of the Bodily Assumption of Mary*, in: *Lutheran Quarterly*, 3 (1951), S. 138; siehe auch die Diskussion in J. Pelikan, *Mary through the Centuries*, Yale 1996, S. 201 ff.
16 *The Tablet*, 20. 10. 1951.
17 C. Staehlin S. J., *Apariciones. Ensayo Critico*, Madrid 1954, S. 11.
18 Zitiert nach N. Perry und L. Echeverría, *Under the Heel of Mary*, London 1988, S. 232.
19 Ibid., S. 233.
20 *AAS*, XLII, 1950, S. 581.

20. Absolute Macht

1 So kürzlich Kardinal Franz König in *My Vision for the Church of the Future*, in: *The Tablet*, 27. 3. 1999, S. 426.
2 P. Ackroyd, *T. S. Eliot*, London 1984, S. 286.
3 *Teste*, S. 102.
4 Ibid., S. 334.
5 D. Tardini, *Pio XII*, Rom 1959, S. 128 f.
6 M. Amory (Hrsg.), *The Letters of Evelyn Waugh*, London 1980, S. 202.
7 R. Leiber, Pius XII.
8 *Teste*, S. 219.
9 C. Pallenberg, *Hinter den Türen des Vatikan*, München 1961, S. 40 f.
10 *Teste*, S. 219.
11 Vgl. zu Pasqualinas Rolle oben, passim.

12 P. Hebblethwaite, *Paul VI.*, S. 260f.

13 *Teste*, S. 37.

14 Ibid., S. 249.

15 Ibid., S. 210.

16 Diese Information verdanke ich Peter Gumpel S. J.

17 CIC 813/2. Hier deutsch zitiert nach: A. Retzbach, *Das Recht der katholischen Kirche nach dem Codex Iuris Canonici*, Freiburg i. Br. [6]1961.

18 *AAS*, XLVIII, 1958, S. 658.

19 Siehe R. Porter, *Greatest Benefit to Mankind*, London 1997, S. 569f.

20 U. Ranke-Heinemann, *Eunuchen für das Himmelreich. Katholische Kirche und Sexualität*, Hamburg 1988, S. 306.

21 Ibid., S. 306f.

22 P. Hebblethwaite, *Paul VI.*, S. 258.

23 *Teste*, S. 229f.

24 Ein Gewährsmann hat mir versichert, daß die Knaben der Klosterschule der Benediktiner in Fort August, Schottland, 1953 den Auftrag erhielten, «persönliche» Briefe an den Papst zu schreiben.

25 C. Pallenberg, *Hinter den Türen des Vatikan*, S. 42.

26 *Teste*, S. 276ff.

27 Ibid., S. 227.

28 A. Guinness, *Das Glück hinter der Maske*, München 1988, S. 86.

29 Loris Capovilla (Hrsg.), *Vent'Anni dalla Elezione di Giovanni XXIII.*, Rom 1978, S. 13.

30 Lapide, *Rom und die Juden*, S. 204.

31 *The Tablet*, 18. 10. 1958, S. 340.

32 P. Hoffman, *O Vatican*, New York 1984, S. 25.

21. Pius XII. Redivivus

1 Paul VI., *Konzilsdokumente. Zweites Vatikanisches Konzil. Band 1: Pastoralkonstitutionen über die Kirche*, Luzern, München 1966, S. 55.

2 Vgl. ebd., *Band 2: Pastoralkonstitutionen über die Kirche in der Welt von heute*, Luzern, München 1966.

3 J. Cornwell, *Wie ein Dieb in der Nacht. Der Tod von Papst Johannes Paul I.*, München u. a. 1992, S. 286.

4 A. Hastings, *The Shaping of Prophecy*, London 1995, S. 105.

Quellen, die Debatte über das «Schweigen» und die Seligsprechung

1 J. S. Conway, *How Shall the Nations Repent*, in: *The Journal of Ecclesiastical History*, 38 (1987), S. 596.

2 Päpstliche Kommission für die religiösen Beziehungen zu den Juden: *Wir erinnern. Eine Reflexion über die Shoa*, Vatikanstadt, 13. 3. 1998, Anm. 16; Joseph Nathans Beitrag erschien ursprünglich in: *Osservatore Romano*, 8. 9. 1945, S. 2.

3 R. Hochhuth, *Der Stellvertreter*, Reinbek 1963.
4 Ibid., 1. Akt, 1. Szene (S. 22–27).
5 Nach A. Rhodes, *The Vatican in the Age of the Dictators*, London 1973, S. 551 f., beschränkte sich Hochhuths Quellenfundus auf einen Vortrag von Kardinal Tardini aus dem Jahre 1959 sowie auf zwei Artikel von Pater Leiber und die Biographie Pius' XII. des bekanntlich höchst unzuverlässigen Dr. Galeazzi-Lisi, die auf französisch erschien, weil kein italienischer Verlag sie veröffentlichen wollte. Hinzu kamen «vertrauliche Mitteilungen an Hochhuth während einer Reise nach Rom durch ein Mitglied der Kurie, das bei Lebzeiten ungenannt bleiben wollte».
6 E. Wiesel, *Alle Flüsse fließen ins Meer. Autobiographie*, München 1997, S. 507.
7 Interview mit P. Blet S.J. von der Gregorianischen Universität, Rom, 21. 5. 1997.
8 G. Riegner, *Ne jamais désespérer: Soixante années au service du people juif et des droits de l'homme*, Paris 1998.
9 Ibid., S. 165.
10 *ADSS*, VIII., S. 466 Anmerkung.
11 Riegner, S. 166.
12 G. Lewy, *Die katholische Kirche und das Dritte Reich*, München 1965, S. 336.
13 C. Falconi, *Das Schweigen des Papstes*.
14 Ibid., S. 8.
15 *Catholic Herald*, 14. 5. 1965. Siehe P. Lapide, *Rom und die Juden*, S. 5
16 Ibid., S. 346 f.
17 Ibid., S. 197.
18 W. Laqueur, *Was niemand wissen wollte. Die Unterdrückung der Nachrichten über Hitlers ‹Endlösung›*, Frankfurt/M. 1981., S. 73.
19 Ibid., S. 76 Anmerkung.
20 Ibid., S. 73.
21 *The Times*, 20. 5. 1963, zitiert nach Chadwick, *Britain and the Vatican*, S. 316.
22 K. L. Woodward, *Die Helfer Gottes*, München 1993, S. 360.
23 P. Gumpel, *Pius XII. As He Really Was*, in: *The Tablet*, 12. 2. 1999, S. 204.
24 Ibid.
25 Ibid., S. 206.

Auswahlbibliographie

Actes et Documents du Saint Siège pendant la seconde guerre mondiale. Hrsg. von Pierre Blet, Robert A. Graham, Angelo Martini und Burkhart Schneider. 11 Bde in 12. Vatikan-Stadt 1965–1981.

Akten zur deutschen auswärtigen Politik. Serie C (1933–1937), Göttingen 1971 ff.

Akten zur deutschen auswärtigen Politik. Serie D (1937–1941), Baden-Baden/Göttingen 1950 ff.

Albrecht, Dieter (Bearb.): *Der Notenwechsel zwischen dem Heiligen Stuhl und der Deutschen Reichsregierung*. Bd. 1: Von der Ratifizierung des Reichskonkordats bis zur Enzyklika «Mit brennender Sorge». Mainz 1965.

Alvarez, David/Graham, Robert A.: *Nothing Sacred. Nazi Espionage Against the Vatican*. 1939–1945. London 1997.

Arendt, Hannah: *Eichmann in Jerusalem. Ein Bericht von der Banalität des Bösen*. München u. a. 1996.

Bea, Fernando: *Mezzo Secolo della radio del Papa. Radiovaticana 1931–1981*. Rom 1981.

Blackbourn, David: *Wenn ihr sie wieder seht, fragt wer sie sei. Marienerscheinungen in Marpingen. Aufstieg und Niedergang des deutschen Lourdes*. Reinbek bei Hamburg 1997.

Blanshard, Paul: *American Freedom and Catholic Power*. Boston [18]1953.

Blet, Pierre: *Pie XII et la Seconde Guerre mondiale d'après les archives du Vatican*. Paris 1997.

Bull, George: *Im Innern des Vatikan*. Zürich 1987.

Burleigh, Michael: *Death and Deliverance. «Euthanasia» in Germany c. 1900–1945*. Cambridge 1994.

– *Ethics and Extermination. Reflections on Nazi Genocide*. Cambridge 1997.

Butler, Hubert: *The Sub-Perfect Should Have Held His Tongue. And Other Essays*. Hrsg. von R. F. Foster. London 1990.

Cardinale, Hyginus E.: *The Holy See and the International Order*. Gerrards Cross 1976.

Cesarani, David (Hrsg.): *The Final Solution. Origins and Implementation*. London u. a. 1997.

Chadwick, Owen: *Britain and the Vatican During the Second World War*. Cambridge u. a. 1986.

– *A History of the Popes. 1830–1914*. Oxford 1998.

- *Weizsäcker, the Vatican, and the Jews of Rome*. In: *The Journal of Ecclesiastical History* 28 (1977), S. 179 ff.

Charles-Roux, François: *Huit ans au Vatican 1932–1940*. Paris 1947.

Chélini, Jean u. a.: *Pie XII et la Cité. La pensée et l'action politiques de Pie XII*. Marseille 1988.

Cianfarra, Camille M.: *The War and the Vatican*. London 1945.

Ciano, Galeazzo: *Tagebücher. 1939–1943*. Bern 1946.

I Documenti diplomatici italiani. Reihe 9. 1939–1943. Rom 1954 ff.

Documents on British Foreign Policy. Series 3. London 1949–1955.

Cohen, Philip J.: *Serbia's Secret War. Propaganda and the Deceit of History*. College Station, Texas 1996.

Collins, Paul: *Papal Power. A Proposal for Change in Catholicism's Third Millennium*. London 1997.

Conway, John S.: *Myron C. Taylor's Mission to the Vatican 1940–1950*. In: *Church History* 44 (1975), S. 85 ff.

- *The Meeting Between Pope Pius and Ribbentrop*. In: *Historical Papers of the Canadian Histerial Association*. 1968, S. 103 ff.

- *Die nationalsozialistische Kirchenpolitik 1933–1945. Ihre Ziele, Widersprüche und Fehlschläge*. München 1969.

Dal-Gal, Hieronymo: *Pius X*. Freiburg i. d. Schweiz, 1952.

Daly, Gabriel: *Transcendence and Immanence. A Study in Catholic Modernism and Integralism*. Oxford 1980.

Daniel-Rops, Henri: *The Church in an Age of Revolution. 1789–1870*. London 1965. (*L'Église des révolutions*. Paris 1960.)

Davis, Charles: *Katholizismus heute? Was ich meinen Kritikern zu sagen habe*. München 1969.

Deutsch, Harold: *Verschwörung gegen den Krieg. Der Widerstand in den Jahren 1939–1940*. München 1969.

Di Nolfo, E.: *Discorsi e radiomessagi di Sua Santità Pio XII*. 20 Bde. Vatikan-Stadt 1955–1959.

Duffy, Eamon: *Die Päpste. Die große illustrierte Geschichte*. München 1999.

Falconi, Carlo: *Das Schweigen des Papstes. Eine Dokumentation*. München 1966.

FitzPatrick, P. J.: *In Breaking of Bread. The Eucharist and Ritual*. Cambridge u. a. 1993.

Fogarty, Gerald P.: *The Vatican and the American Hierarchy from 1870 to 1965*. Wilmington, Delaware 1985.

Friedländer, Saul: *Pius XII. und das Dritte Reich. Eine Dokumentation*. Reinbek bei Hamburg 1965.

- *Das Dritte Reich und die Juden*. Bd. 1: *Die Jahre der Verfolgung. 1933–1939*. München 1998.

Furlong, Paul/Curtis, David (Hrsg.): *The Church Faces the Modern World. Rerum Novarum and its Impact*. Boston, Lincolnshire 1994.

Garrone, Gabrièl-Marie u. a.: *Pio XII nel centenario della nascita*. Rom 1979.

Ginsborg, Paul: *A History of Contemporary Italy. Society and Politics 1943–1988*. London 1996.

Giordani, Igino: *Pio XII: un Grande Papa*. Fuori testo illustr. di Francesco Giordani. Turin 1961.

Goldhagen, Daniel J.: *Hitlers willige Vollstrecker. Ganz gewöhnliche Deutsche und der Holocaust.* Berlin 1996.

Graham, Robert A.: *La rappresaglia nazista alle Fosse Ardeatine. P. Pfeiffer, messaggero della carità di Pio XII.* In: *Civiltà Cattolica* 1973, 4, S. 467 ff.

– *The Vatican and Communism in World War II. What Really Happened?* San Francisco 1996.

Hales, Edward E.: *Pio Nono. A Study in European Politics and Religion in the Nineteenth Century.* London 1956.

– *The Catholic Church in the Modern World. A Survey from the French Revolution to the Present.* London 1958.

Hanson, Eric O.: *The Catholic Church in World Politics.* Princeton 1987.

Hastings, Adrian (Hrsg.): *Bishops and Writers. Aspects of the Evolution of Modern English Catholicism.* Wheathampstead, Hertfordshire 1977.

– *Modern Catholicism. Vatican II and After.* London 1991.

Hatch, Alden/Walshe, Seamus: *Crown of Glory. The Life of Pope Pius XII.* London 1957.

Hebblethwaite, Peter: *Johannes XXIII. Das Leben des Angelo Roncalli.* Zürich u. a. 1986.

– *The Next Pope. An Enquiry.* London 1995.

– *Paul VI. The First Modern Pope.* New York u. a. 1993.

Helmreich, Ernst Christian: *The German Churches under Hitler. Background, Struggle and Epilogue.* Detroit 1979.

Herczl, Moshe Y.: *Christianity and the Holocaust of Hungarian Jewry.* London 1993.

Hill, Leonidas E. (Hrsg.): *Die Weizsäcker-Papiere 1933–1950.* Frankfurt/M.–Berlin–Wien 1974.

Hofmann, Paul: *Anatomy of the Vatican. An Irreverent View of the Holy See.* London 1985.

Holmes, J. Derek: *The Triumph of the Holy See. A Short History of the Papacy in the Nineteenth Century.* London 1978.

Hughes, Philip: *Pope Pius the Eleventh.* London 1937.

Johnston, Francis: *Fatima. The Great Sign.* Chulmleigh, Devon 1980.

Katz, Robert: *Black Sabbath. A Journey Through a Crime Against Humanity.* London 1969.

– *Mord in Rom.* München 1968.

Kelly, John N. D.: *Reclams Lexikon der Päpste.* Stuttgart 1988.

Kershaw, Ian: *Hitler 1889–1936.* Stuttgart 1998.

Kertzer, David I.: *Die Entführung des Edgardo Mortara. Ein Kind in der Gewalt des Vatikans.* München u. a. 1998.

Kretzmann, Norman/Strump, Eleonore: *The Cambridge Companion to Aquinas.* Oxford u. a. 1993.

Küng, Hans: *Unfehlbar? Eine Anfrage.* Zürich, Köln 1970.

Kupper, Alfons (Hrsg.): *Staatliche Akten über die Reichskonkordatsverhandlungen 1933.* Mainz 1969.

Kwitny, Jonathan: *Man of the Century. The Life and Times of Pope John Paul II.* London 1997.

Laqueur, Walter: *Was niemand wissen wollte. Die Unterdrückung der Nachrichten über Hitlers «Endlösung».* Frankfurt/M. 1981.

Lehnert, Sr. M. Pascalina: *Ich durfte ihm dienen: Erinnerungen an Papst Pius XII.* Würzburg [10]1996.

Leiber, Robert: *Pio XII e gli ebrei di Roma.* In: *Civiltà Cattolica* 1961, 1, S. 449 ff.

– *Pius XII.* †. In: *Stimmen der Zeit* 163 (1958/59), S. 81–100.

Mack Smith, Denis: *Modern Italy. A Political History.* London 1997.

Marconi, Maria Cristina: *Mio marito Guglielmo.* Mailand 1995.

Marrus, Michael R./Paxton, Robert O.: *Vichy France and the Jews.* Stanford 1995.

Matheson, Peter (Hrsg.): *The Third Reich and the Christian Churches.* Edinburgh 1981.

Matt, Loenard von/Vian, Nello: *Pius X.* Würzburg 1962.

McDermott, John M. (Hrsg.): *The Thought of Pope John Paul II. A Collection of Essays and Studies.* Rom 1993.

Milbank, John: *The Word Made Strange. Theology, Language, Culture.* Oxford 1997.

Mommsen, Hans: *Die verspielte Freiheit. Der Weg der Republik von Weimar in den Untergang 1918 bis 1933. (Propyläen Geschichte Deutschlands. Bd. 8.)* Berlin 1989.

Noel, Gerard: *The Anatomy of the Catholic Church. Roman Catholicism in an Age of Revolution.* London 1980.

Padellaro, Nazareno: *Pius XII.* Bonn 1952.

Patch, William L., Jr.: *Heinrich Brüning and the Dissolution of the Weimar Republic.* Cambridge 1998.

Perry, Nicholas/Echeverria, Loreto: *Under the Heel of Mary.* London 1988.

Peters, Walter H.: *The Life of Benedict XV.* Milwaukee 1959.

Pius XII.: *Aufbau und Entfaltung des gesellschaftlichen Lebens. Soziale Summe Pius XII.* Hrsg. von Arthur-Fridolin Utz u. a. 3 Bde. Freiburg i. d. Schweiz 1954–1961.

Pollard, John F.: *The Vatican and Italian Fascism. 1929–1932.* Cambridge 1985.

Preston, Paul: *A Concise History of the Spanish Civil War.* London 1996.

Ratté, John: *Three Modernists: Alfred Loisy, George Tyrrell, William L. Sullivan.* London 1972.

Rhodes, Anthony: *Der Papst und die Diktatoren. Der Vatikan zwischen Revolution und Faschismus.* Wien 1980.

Riccardi, Andrea (Hrsg.): *Le Chiese di Pio XII.* Bari 1986.

Ridley, Jasper: *Mussolini.* London 1997.

Scholder, Klaus: *Die Kirchen und das Dritte Reich.* 2 Bde. – Geringfügig erg. Ausg. Frankfurt/M., Berlin 1986 u. 1988.

– *Die Kirchen zwischen Republik und Gewaltherrschaft.* Gesammelte Aufsätze hrsg. von Karl Otmar von Aretin und Gerhard Besier. Berlin 1988.

Seidel, Gill: *The Holocaust Denial. Antisemitism, Racism and the New Right.* Leeds 1986.

Spinosa, Antonio: *Pio XII. L'Ultimo Papa.* Mailand 1992.

Stasiewski, Bernhard (Bearb.): *Akten deutscher Bischöfe über die Lage der Kirche 1933–1945.* 2 Bde., Mainz 1968 u. 1976.

Stehlin, Stewart A.: *Weimar and the Vatican 1919–1933. German-Vatican Diplomatic Relations in the Interwar Years.* Princeton, New Jersey 1983.

Steinberg, Jonathan: *Deutsche, Italiener und Juden. Der italienische Widerstand gegen den Holocaust.* Göttingen 1997.

Stoltzfus, Nathan: *Widerstand des Herzens. Der Aufstand der Berliner Frauen in der Rosenstraße – 1943.* München, Wien 1999.

Sullivan, Francis A.: *Creative Fidelity. Weighing and Interpreting Documents of the Magisterium.* Dublin 1996.

– *Magisterium. Teaching Authority in the Catholic Church.* Ramsey, New Jersey 1983.

Tardini, Domenico: *Pio XII. Als Oberhirte, Priester und Mensch.* Rom 1959.

Trevelyan, Raleigh: *Rome '44. The Battle for the Eternal City.* London 1981.

Trinchese, Stefano: *La Repubblica di Weimar e la Santa Sede tra Benedetto XV e Pio XI (1919–1922).* Neapel 1994.

Vaillancourt, Jean-Guy: *Papal Power. A Study of Vatican Control over Lay Catholic Elites.* Berkeley u. a. 1980.

Vidler, Alexander R.: *The Church in an Age of Revolution. 1789 to the Present Day.* London 1961.

Volk, Ludwig (Hrsg.): *Akten Kardinal Michael von Faulhabers 1917–1945.* 2 Bde. München 1975 u. 1978.

– *Der bayerische Episkopat und der Nationalsozialismus 1930–1934.* Mainz ²1966.

– *Die Fuldaer Bischofskonferenz von der Enzyklika «Mit brennender Sorge» bis zum Ende der NS-Herrschaft.* In: *Stimmen der Zeit* 178 (1966), S. 241–267.

– *Kardinal Faulhabers Stellung zur Weimarer Republik und zum NS-Staat.* In: *Stimmen der Zeit* 177 (1966), S. 173–195.

– (Bearb.): *Kirchliche Akten über die Reichskonkordatsverhandlungen 1933.* Mainz 1969.

– *Das Reichskonkordat vom 20. Juli 1933.* Mainz 1972.

Walsh, Michael J.: *John Paul II. A Biography.* London 1994.

Woodward, Kenneth L.: *Die Helfer Gottes. Wie die katholische Kirche ihre Heiligen macht.* München 1993.

Zahn, Gordon C.: *Die deutschen Katholiken und Hitlers Krieges.* Graz u. a. 1965.

Abbildungsnachweis

Personenregister

(Kursive Zahlen verweisen auf Abbildungen)

ANZEIGEN

Zeitgeschichte bei C.H. Beck

Saul Friedländer
Das Dritte Reich und die Juden
Band 1: Die Jahre der Verfolgung 1933–1939
Aus dem Englischen von Martin Pfeifer
2., durchgesehene Auflage. 1998. 458 Seiten.
Leinen

Theodore S. Hamerow
Die Attentäter
Der 20. Juli –
von der Kollaboration zum Widerstand
Aus dem Englischen von Matthias Grässlin
1999. 458 Seiten mit 13 Abbildungen. Leinen

David Clay Large
Hitlers München
Aufstieg und Fall der Hauptstadt der Bewegung
Aus dem Englischen von Karl Heinz Siber
1998. 515 Seiten mit 66 Abbildungen und 2 Karten.
Leinen

Christoph Gann
Raoul Wallenberg
So viele Menschen retten wie möglich
1999. 274 Seiten mit 18 Abbildungen. Gebunden

David A. Hackett (Hrsg.)
Der Buchenwald-Report
Bericht über das Konzentrationslager
Buchenwald bei Weimar
2. Auflage. 1997. 456 Seiten
mit 2 Abbildungen und 1 Karte. Gebunden

Heinrich August Winkler
Weimar 1918–1933
Die Geschichte der ersten deutschen Demokratie
20. Tausend. 1998. 709 Seiten. Leinen

Verlag C.H. Beck München

Biographien bei C. H. Beck

Nicholas Boyle
Goethe. Der Dichter in seiner Zeit
Band 1: 1749–1790
Aus dem Englischen von Holger Fliessbach
2., durchgesehene Auflage. 1999
885 Seiten mit 37 Abbildungen. Leinen
Band 2: 1790–1803
Aus dem Englischen von Holger Fliessbach
1999. 1115 Seiten mit 55 Abbildungen. Leinen

Otto Pflanze
Bismarck
Band 1: Der Reichsgründer
Aus dem Englischen von Peter Hahlbrock
1997. 906 Seiten mit 87 Abbildungen und 2 Karten. Leinen
Band 2: Der Reichskanzler
Aus dem Englischen von Peter Hahlbrock
1998. 808 Seiten mit 79 Abbildungen und 1 Karte. Leinen

Hermann Kurzke
Thomas Mann
Das Leben als Kunstwerk. Eine Biographie
12. Tausend. 1999. 672 Seiten mit 40 Abbildungen. Leinen

Margit Szöllösi-Janze
Fritz Haber 1868–1934
Eine Biographie
1998. 928 Seiten mit 20 Abbildungen. Leinen

Petra Weber
Carlo Schmid 1896–1979
Eine Biographie
1996. 968 Seiten mit 21 Abbildungen. Leinen

John Felstiner
Paul Celan
Eine Biographie
Aus dem Amerikanischen von Holger Fliessbach
1997. 432 Seiten mit 16 Abbildungen und 1 Karte. Leinen

Verlag C. H. Beck München